Performanz und Diskurs

TEXTE UND STUDIEN
ZUR EUROPÄISCHEN GEISTESGESCHICHTE

HERAUSGEGEBEN VON
IÑIGO BOCKEN, JOHANN KREUZER, KLAUS REINHARDT (†) UND
HARALD SCHWAETZER

REIHE B
BAND 12

Christian Ströbele

Performanz und Diskurs

Religiöse Sprache und negative Theologie bei Cusanus

Vorliegende – für den Druck gekürzte und überarbeitete – Arbeit wurde am 26.6.2013 unter dem Titel „Negative Theologie als praeambula fidei? Fundamentaltheologische Studien zum Verhältnis von Performativität und Propositionalität des Glaubens bei Nikolaus von Kues“ von der Katholisch-Theologischen Fakultät der Eberhard-Karls-Universität Tübingen als Dissertation angenommen.
Dekan: Prof. Dr. Andreas Odenthal
Erstgutachten: Prof. DDr. Michael Eckert
Zweitgutachten: Prof. em. Dr. Dr. h.c. mult. Peter Hünermann
Drittgutachten: Prof. Dr. Walter Andreas Euler
Tag der mündlichen Prüfung: 23. und 24.10.2013
Beschluss der Gesamtnote („summa cum laude“): 25.10.2013.

Printed in Germany
ISSN 2365-015X

ISBN 978-3-402-15998-9

Inhaltsverzeichnis

Vorwort 5

I. Negative Theologie zwischen Performanz und Diskurs 7

I.1 Fragestellung und Erkenntnisinteresse 7

I.2 Vorbestimmungen des Begriffs „negativer Theologie“ 13

I.3 Methodische Vorentscheidungen 22

II. *Omnia nihil omnium.* Ontologische Voraussetzungen der cusanischen Rede vom Göttlichen 26

II.1 Die Suche nach dem *einen Namen* Gottes als Suche nach der *Form* und *Washeit* von Allem 28

II.2 Die Problematisierung des Seinsbegriffs in Anwendung auf Gott 73

III. Offenbarkeit und Verborgenheit des Göttlichen: Epistemologische Rahmenbedingungen der cusanischen negativen Theologie 85

III.1 Die Hinordnung menschlichen Geistes auf das Göttliche als Spannungsverhältnis von Gegebensein und Entzogensein 87

III.2 Die Einheit und Annäherungsbewegung der „mens“ in der Ordnung ihrer Funktionen und Gegenstandsbereiche .. 94

III.3 Namensbildung und Unterscheidung durch die ratio und Unnennbarkeit Gottes durch diese Konstrukte der ratio .. 114

III.4 Die „Angleichung“ menschlicher Erkenntnis in Abbildlichkeit und die Urbildlichkeit menschlichen Geistes zu seinen Produkten 118

III.5 Alle Erkenntnis ist Erkenntnis nur von „Zeichen“, nicht von *der* Wahrheit oder der Seinsweise 133
III.6 Zwischenfazit 140

IV. Sprachtheoretische und methodologische Gesichtspunkte der cusanischen Rede vom Göttlichen 146
IV.1 Exposition der Namensproblematik in den frühesten Sermones 152
IV.2 Die absolute Maximität, Aktualität und Genauigkeit des Göttlichen im Gegensatz zur bloßen Verhältnismäßigkeit unseres Begreifens und Benennens 200
IV.3 Die Bedeutungskraft der Namen (vis vocabuli) durch unsere Setzung (impositio) und ihr Rückbezug auf Gott .. 222
IV.4 Der Rückverweis jeder Frage nach Gott auf ihre Präsupposition in Gott 237
IV.5 Naturästhetik und Performanz des Lobes göttlicher Herrlichkeit als Grundlage „affirmativer Theologie“ 246
IV.6 Modalitäten der Verhältnisbestimmung von „Affirmation“ und „Negation“ 272
IV.7 Negative Theologie als philosophisch-theologische Propädeutik 306

V. Negative Theologie zwischen Performanz und Diskurs – Systematischer Ertrag 343
V.1 Resümee 343
V.2 Profilierungen der These und Ausblicke 353

VI. Zitierte Literatur 384

Vorwort

Vorliegende Arbeit ist eine überarbeitete und dabei u.a. gekürzte und in ihrer Titulierung veränderte Fassung meiner im Juni 2013 von der Katholisch-Theologischen Fakultät der Eberhard Karls Universität Tübingen angenommenen Dissertation.

In diesem Zusammenhang gilt mein erster Dank dem Betreuer und ersten Gutachter, Prof. DDr. Michael Eckert, Ordinarius für Fundamentaltheologie an der Universität Tübingen, an dessen Lehrstuhl ich in inspirierender Atmosphäre geraume Zeit als Wissenschaftlicher Assistent und vordem bereits als Wissenschaftliche Hilfskraft mitarbeiten durfte. Mannigfache Anstöße und konstruktive kritische Impulse, nicht nur im Zusammenhang der Entstehung dieser Arbeit, sondern überhaupt in der Beschäftigung mit Grundfragen philosophischer Theologie, verdanke ich Prof. Eckert ebenso wie weiteren Kolleginnen und Kollegen am Lehrstuhl, insbesondere meinem Vorgänger Johannes Hoff, inzwischen Professor für Systematische und Philosophische Theologie am Heythrop College, London.

Zahlreichen weiteren Lehrern – angefangen bereits mit Oberstudiendirektor Karl Hack, selbst geprägt von den fundamentaltheologischen Überlegungen damals des Tübinger Lehrstuhlinhabers Prof. Dr. Max Seckler –, Professoren und KollegInnen aus dem Umfeld der Tübinger Theologie, Philosophie und Mediävistik verdanke ich vielerlei Anregungen. Nur beispielhaft genannt seien hier Prof. Dr. Otmar Fuchs, der u.a. die, in dieser Arbeit fast gänzlich außen vor bleibenden, praktischen Implikationen negativer Theologie in ebenso behutsamer wie beeindruckender Weise verfolgt hat, sowie Prof. em. Dr. Dr. h.c. mult. Peter Hünermann, welcher dankenswerterweise das Zweitgutachten zu dieser Arbeit verfasste.

Ein besonderer Dank gebührt zudem Prof. Dr. Walter Euler, Ordinarius für Fundamentaltheologie und Ökumenische Theologie an der Theologischen Fakultät Trier, Direktor des Instituts für Cusanus-Forschung und Vorsitzender des Wissenschaftlichen Beirats der Cusanus-Gesellschaft, für seine freundliche Bereitschaft zur Verfertigung eines dritten Gutachtens, aber auch die Koordination zahlreicher Forschungsaktivitäten mit Bezug auf Cusanus.

Impulsgebend und mit tragend für zahlreiche cusanusbezogene Forschungsfragen und –projekte der letzten Jahre war gleichfalls der vormalige Leiter des Trierer Instituts für Cusanus-Forschung, der im April 2014 verstorbene Prälat Prof. Dr. Klaus Reinhardt, vordem Ordinarius für Dogmatik und Dogmengeschichte an der Theologischen Fakultät Trier. Mit ihm hat die Cusanus-Forschung einen ihrer großherzigsten Förderer verloren hat, gerade auch im Bereich der Nachwuchswissenschaft. Bei zahlreichen Gelegenheiten durfte ich, wie viele andere, seine stets zugewandte, interessierte und hilfsbereite Gegenwart und Aufmerksamkeit erfahren. Bereichernd waren die zahlreichen Tagungen, Forschungsprojekte und Kontakte, die in diesem Umfeld angestoßen wurden und vielfach fortgeführt werden an den inzwischen gegründeten Institutionen der Kueser Akademie für Europäische Geistesgeschichte und jüngst der Cusanus-Hochschule in Bernkastel-Kues. Ein zentraler Knotenpunkt der sich von dort ausspannenden, in ihrer Produktivität und Dynamik immer wieder beeindruckenden internationalen Forschungsnetzwerke ist Prof. Dr. Harald Schwaetzer.

Ihm und den weiteren Herausgebern danke ich für die Aufnahme dieser Arbeit in die Buchreihe der Texte und Studien zur Europäischen Geistesgeschichte sowie Dr. Dirk Paßmann vom Aschendorff-Verlag für die hervorragende Begleitung der Buchpublikation.

Tübingen, September 2015

I. Negative Theologie zwischen Performanz und Diskurs

I.1 Fragestellung und Erkenntnisinteresse

„Aber in der Gemeinde will ich
– um auch andere zu unterweisen –
lieber fünf Worte mit meinem Verstand
als tausend Worte mit verzückter Zunge sagen." (1 Kor 14,9)

Die paulinische Skepsis gegenüber religiösen Schwärmereien[1] hat sich nicht überlebt. Wo aus persönlicher, auf's Ganze des eigenen Sinnhorizonts gehender Erfahrung gesprochen wird, besteht per se die Gefahr, nur noch „Eingeweihten" verständlich zu sein. Das wird gerade dort zum Problem, wo Rede von Gott Anspruch auf Anschlussfähigkeit nicht nur in den eigenen Reihen erhebt. Diesen Anspruch muss sie jedoch erheben – spätestens, wenn sich Rede von Gott als wissenschaftliche Disziplin formiert. Aber nicht nur im akademischen Kontext ist die Verwischung der Grenzen von subjektiver und allgemeiner Rede bedenklich. Wo ein allgemeiner Ausweis des Wahrheits- und Geltungsanspruchs religiöser Rede ausbleibt und lediglich eine unmittelbare Ursprungsbeziehung zu Gott prätendiert wird, sind fideistische bis fundamentalistische Fehlformen eines Verständnisses von Religion und religiösem Glauben eine naheliegende Gefahr.

Wie aber angemessen von Gott sprechen? Also: von *Gott*, nicht einem leeren Begriff, nicht von einer bloß subjektiven Befindlichkeit; *angemessen*: auf dem Forum kritischer Vernunft ausweisbar, aber ohne nur einen „Gott der Philosophen" zu dublettieren; *sprechen*: anstatt in pseudomystisches Schweigen oder gehaltloses Geraune auszuweichen – schließlich: *wie* überhaupt aus der Krise immanenter Deutesysteme herausfinden? Fragen wie diese haben keine einfache Antwort; es gibt bestenfalls Modelle. Derartige Modelle kamen insbesondere zur Ausarbeitung in Traditionen sogenannter „negativer Theologie" bzw. in der Auseinandersetzung mit diesen. Damit ist zugleich gesagt, dass diese Traditionen ein breites Spektrum unterschiedlich akzentuierter Ansätze einschließen – beispielsweise eher glaubenswissenschaftlich-kreuzestheologisch und eher *philosophisch*-theologisch ausgerichtete. Die hier

[1] In der Sache wohl zurecht bezieht Söhngen: Einübung, 131 die Passage aus dem Korintherbrief auf die kantische Kritik religiöser „Schwärmerei" (wie etwa in den „Träumen eines Geistersehers"). Unter dem paulinischen Motiv des „vernünftigen Gottesdienstes" (Röm 12,1) stehen die für das Verhältnis direkter, primärsprachlicher (zur Terminologie siehe Fn. 7, S. 10), liturgischer Rede einerseits und deren theologisch-wissenschaftssprachlicher Rekonstruktion andererseits vielfach einschlägigen Beiträge in Winter (Hg.): Gottesdienst.

vorgelegte Arbeit orientiert sich an Nikolaus von Kues. Dessen Werk weist freilich in sich selbst bereits eine unübersehbare Varianz auf, wenn auch, wie darzulegen sein wird, nicht in der Weise eines radikalen Theoriewandels, wie dies u.a. einer der namhaftesten Cusanus-Interpreten, Kurt Flasch, wiederholt aufzuzeigen suchte, sondern in der Weise fortschreitender Explikation und Präzisierung.[2]

Für das Erkenntnisinteresse dieser Arbeit an der Problematik negativer Theologie, wie sie hier an Cusanus verfolgt wird, ist die Frage nach dem *systematischen Ort* ihres Operierens zentral. Nach der hier unterbreiteten Hypothese kann dieser als philosophisch-theologische Propädeutik bestimmt werden. Gemeint ist damit dezidiert nicht, dass entsprechende Reflexionen, namentlich zumal diejenige des Cusanus, *nur* als philosophisch-theologische Propädeutik plausibel wären[3], sondern erörtert wird die Frage, *inwiefern* sie dies insbesondere sind.

2 Flasch sieht „Dunkel", Negation und Schweigen im Frühwerk, eine Korrektur des Verhaftetbleibens bei Gegensätzen und deren Koinzidenz in späteren Werken. Vgl. die literarisch eindrückliche Darstellung bei Flasch: Entwicklung, 37: „Aber die dabei gewonnene Erkenntnis war negativ, unbestimmt, dunkel. [...] Zumindest schien alle bestimmte Gotteserkenntnis im Abgrund des Unendlichen, also Unbestimmten, zu versinken. Doch dann kam der Umbruch. Die Dunkelheit lag hinter ihm. Jetzt heißt es, die Wahrheit sei offensichtlich und leicht". S. 38: „Er theologisierte sein Scheitern, das vorherzusehen war, statt es zu analysieren." S. 39: „Die Dunkelheit [...] setzt voraus, daß der Vorrang der negativen Theologie durchgeführt war. Gilt, strikt genommen, deren Priorität, dann versinkt sogar die Trinität im Unbestimmten, im Unbestimmbaren." Diesen Thesen wird die hier vorgelegte Interpretation im Einzelnen begründet zu widersprechen suchen. Nicht nur sind „Licht" bzw. „Sich-Zeigen" (S. 42) und „Dunkel" bzw. ein „Vorrang der negativen Theologie" gleichermaßen in frühem wie spätem Werk präsent, auch schließen sie sich keineswegs einfachhin aus. Auch „einen neuen Durchbruch" mit der „Theorie des reinen Könnens" (S. 41) und einer „radikale[n] Verringerung der Voraussetzungen" wird die hier vorgelegte Deutung nicht in gleicher Weise veranschlagen.

3 Ralf Stolina hat die einschlägigen Werke des Johannes vom Kreuz und Erich Przywara als Ausarbeitungen negativer Theologie, und zwar, wie er passend formuliert, als eine „glaubenstheologische" und eine „kreuzestheologische" Konzeption, interpretiert (Stolina: Niemand). Weit entfernt davon, die Legitimität dieser Ansätze oder des Anliegens Stolinas zurückweisen zu wollen, intendiert diese Arbeit eine andersgeartete Fragestellung, nämlich, inwiefern negative Theologie *als philosophisch-theologische Propädeutik* durchführbar ist. Als solche kann sie nicht bereits kreuzestheologisch *ansetzen*, auch wenn womöglich retrospektiv im Rahmen glaubenswissenschaftlicher Selbstvergewisserung einsichtig wird, dass sie *theologisch gesehen* und der sachlichen Ordnung nach, wenn auch nicht schon der Ordnung unseres Erkennens nach, christologisch fundiert gewesen sein muss, um überhaupt als sachgemäß gelten zu können. Es bleibt also völlig unbestritten, dass auch die cusanische Theologie glaubens- und kreuzestheologisch zu verstehen ist: Unverkennbar ist die cusanische Theologie etwa vom Gedanken des intellectus *fidei* bestimmt und wiederkehrend reflektiert Cusanus das „ineffabile crucis mysterium" (De docta ign. (h I) III c. 6 n. 220), den „excessus omnium testimoniorum" (Sermo CLXXVI (h XVIII) n. 6; vgl. z.B. auch die Sermones LI-LIII (h XVII) und Sermo CLIV (h XVIII) n. 2); in seiner Habilitationsschrift hat Albert Dahm präzise die

Die Problematik negativer Theologie wird hier also im „Vorraum" glaubenswissenschaftlicher Theologie verortet, d.h. im Vorraum theologischer Wissenschaft, insofern sie – in noch zu klärendem Sinne – Gehalte voraussetzt, die sie erst und nur durch Offenbarung als in ihrer Realität gegründet einzusehen vermag. Es ginge in diesem *philosophisch*-theologischen Kontext dann, wie es etwa W. Pannenberg formuliert, um die Problemstellung, „Minimalbedingungen" religiöser Rede vom Göttlichen zu erarbeiten und einen „*Rahmenbegriff*[ ] für das, was ‚Gott' genannt zu werden verdient"[4]. Eine solche Verortung kann anknüpfen an die Tradition der „praeambula fidei", wenn diese in modifiziertem Sinne fortbestimmt wird. Negative Theologie, wie sie von Cusanus her verstehbar ist, wäre also eine Rahmenreflexion von Möglichkeitsbedingungen religiöser Rede von Gott im Status philosophisch-theologischer Propädeutik. Umgekehrt gewendet, wird damit also diskutiert, philosophisch-theologische Propädeutik *als negative Theologie* zu bearbeiten. Dies konvergiert mit Pannenbergs Anliegen, Rahmenbegriffe zu erarbeiten, welchen eine „kritische[ ] Funktion" zukommt in Bezug auf die Bewährung des „Wahrheitsanspruches jedes religiösen Redens von Gott". Damit ist (anders als in vormaligen Verständnissen der „praeambula fidei") keine „selbständige Gotteserkenntnis" beabsichtigt. Vielmehr ist methodologisch der wohl unabweislichen Tatsache Rechnung zu tragen, dass „der Gedanke Gottes Realität"[5] hat nur in einer ihm je schon vorausgehenden konkreten religiösen Praxis.

Genau diese Anforderungen an eine philosophisch-theologische Propädeutik vermag, so also die These dieser Arbeit, eine sachgerechte Ausarbeitung negativer Theologie zu erbringen oder, kaum vorsichtiger formuliert, in jedem Erbringen dieser Anforderung hätte negative Theologie ein integraler Bestandteil zu sein. Eine solche Statusbestimmung negativer Theologie impliziert, dass diese ein sehr viel stärkeres Gewicht erhält als in verbreiteten Engführungen ihrer Problematik. Von ihrer Problemstellung verblieben in

Entwicklung der cusanischen Soteriologie und Kreuzestheologie bis 1445 nachgezeichnet und u.a. aufgezeigt, wie der Kreuzestod Christi bei Cusanus die „soteriologische Problemstellung", wie sie weithin verstanden und von Cusanus in mehrfachen Angängen diskutiert wurde, etwa im Rahmen von Satisfaktionsmodellen, vertieft und „überschreite[t]" hin zur „Schau Christi als Vollendung der ganzen Schöpfung" (Dahm: Soteriologie, 70ff). Das Anliegen der hier verfolgten Untersuchung setzt, insoweit komplementär zum weitestgehend zu bestätigenden Befund der Interpretationen cusanischer Christologie und Soteriologie durch Haubst, Dahm und andere, methodisch nicht an bei der Frage, inwiefern die cusanische Theologie, insbesondere in ihrer apophatischen Ausrichtung, glaubens- und kreuzestheologisch fundiert und pointiert ist, sondern bei der Frage, inwieweit sich *rekonstruktiv* die Entwicklung seiner negativen Theologie als *philosophisch*-theologische Propädeutik darstellen lässt.

4 Wie die direkt nachfolgenden Zitate nach Pannenberg: Systematische Theologie. 3 Bände, 119f.

5 Wie die direkt vorausgehenden Zitate nach ibid., 119f.

den schulmäßigen Kompendien schon des hohen und v.a. späten Mittelalters, etwa in den Sentenzen-Kommentaren, aber vor allem in den dogmatischen Manualen der Neuzeit und noch des vergangenen Jahrhunderts, nur Marginalien: „Negative Theologie“ erscheint dann reduziert auf die Unterscheidung affirmativer und negativer Einzelattribute Gottes. So erhält sie einen wohldefinierten Platz unter und neben vielen anderen Einzelproblemen: ein abgrenzbares Unterkapitel der Gotteslehre bei der Klärung der „Eigenschaften Gottes“. Für die übrigen Themenbehandlungen der Gotteslehre und Theologie aber kommt die Problematik „negativer Theologie“ dann kaum zum Ausdruck.[6]

Ganz anders bei Cusanus: In seinen Werken ist das Bezugsproblem negativer Theologie von unübersehbar konstitutivem Rang für das Gesamt seiner Theologie. Es entspricht dies, gemäß dem hier vorgeschlagenen Verständnis negativer Theologie als philosophisch-theologischer Propädeutik, jenem Rang, welcher der Sache negativer Theologie in der Tat zuzusprechen wäre. Negative Theologie nämlich fokussiert, diesem Verständnis zufolge, die wissenschaftstheoretisch-propädeutischen Vorfragen von Theologie überhaupt.

In „negativer“, „kritischer“ oder kriteriologischer Hinsicht kommt ihr dabei die Funktion zu, Kriterien zu entwickeln *zur Abgrenzung unangemessener* Rede von Gott. Der Ort der Anwendung dieser Kriterien ist freilich keineswegs *jegliche* Rede vom Göttlichen, sondern – wie im Titel dieser Arbeit anzuzeigen versucht – präzise dort, wo die Performanz religiösen Glaubens und damit zusammenhängend primärsprachlicher[7] Rede von und zu Gott (etwa in Gebet, Doxologie, Hymnus, liturgischem Vollzug) zu „übersetzen“ versucht wird in Glaubenswissen in propositional wohlstrukturierter und wohlbestimmter Form. Hier, und erst hier, ist zu prüfen, ob dabei zur Anwendung gebrachte wohlbestimmte Termini, wie sie im Rahmen unseres wissenschaftlichen Begriffssystems Prägung und Anwendung finden, in den entsprechenden Typen von Aussagen geeignet sind, auf Gott bezogen zu wer-

6 Beispielhaft sei für jüngere Darstellungen Systematischer Theologie das im übrigen hervorragende Kompendium von Konrad Stock (Stock: Einleitung) angeführt: Dort wird die Problematik „negativer Theologie“ lediglich S. 62 kurz angesprochen, mit Verweis auf zwei Publikationen von Ralf Stolina und in der Formulierung: „Inwiefern ist und bleibt uns Gottes Wirklichkeit nicht schlechthin in einem großen Schweigen verborgen?“ Es war freilich gemeinhin keineswegs die Intention negativer Theologie, *alle* Gottrede durch „Schweigen“ einfachhin zu ersetzen, sondern vielmehr bezüglich *sachbestimmend-wissenschaftlicher* Gott-Rede auf die relativ größere Unangemessenheit deskriptiver Gegenstandsbestimmungen hinzuweisen.

7 Die hier verwendete Terminologie nimmt Bezug auf das von Seckler: Glaubenswissenschaft entwickelte Modell dreier integral zusammengehöriger Typen von Theologie: „Gott-Künden“, „Vernunftinteresse an Gott“, „Verstehenwollen des Glaubens“ (133-140). Den Primat des ersteren Modus von Theologie sieht Seckler zurecht „aus zeitlichen und sachlichen Gründen“ (133) gegeben.

den. Bereits die frühesten Ausarbeitungen negativer Theologie, wie sie in den alexandrinischen Schulen jüdischer und christlicher Theologie entwickelt wurden, brachten hier Grundunterscheidungen wie jene von Wesens- und Wirkungs- oder Tätigkeits-Aussagen (bzw. Aussagensinne) zur Anwendung – und bezogen die Negationspflichtigkeit auf erstere, keineswegs aber letztere. Es entspricht der Natur dieser Vorgehensweise, dass dabei jeweils diejenigen Begriffe und Schemata zur Anwendung und Prüfung gelangen, welche in den *jeweiligen* Rahmentheorien zur Erklärung der Struktur und Bedingtheit von Wirklichkeit im Ganzen dienen. Im Kontext aristotelisch geprägter Metaphysik zählen zu diesen Grundbegriffen etwa die Begriffe von Form und Materie oder die in diesem Begriffsrahmen unterschiedenen Typen von Kausalitäten und Wirklichkeitsbereichen. Schon von daher sind die theologisch-prädikationstheoretischen Überlegungen etwa im frühchristlichen oder, wie im Falle des Cusanus, spätmittelalterlich-frühneuzeitlichen Kontext nicht einfachhin „übertragbar“ in Kontexte spätmodernen Denkens. Ein Versuch, die Problemstellung der cusanischen negativen Theologie, ihre Eigenlogik, ihren modus operandi und ihre philosophisch-theologische Option erklärend herauszuarbeiten, muss sie schon darum einerseits rückbeziehen auf die Rahmenbedingungen ihrer Entwicklung einerseits, sollte andererseits aber auch Differenzen und Sperrigkeiten gegenüber späteren und gegenwärtigen Rahmenbedingungen offen legen.

Zugleich aber bleibt unter je anderen Kontextbedingungen die Relevanz eines Vorgehens bestehen, das die Identität und Legitimität von Theologie im Sinne eines *instrumentum falsificationis* zu wahren versucht, wie dies für negative Theologie zu beanspruchen ist. Es versteht sich, dass dazu ein Operieren allein im Modus von Negationen und Zurückweisungen nicht hinreichen kann, insbesondere nicht, um zu gewährleisten, dass es dabei um den Sinn *religiöser* Diskurse bzw. Rede *vom Göttlichen* geht. Aber der Ausdruck „negative Theologie“ stand nie für eine auf sich allein gestellte bloß negative oder bloß zurückweisende „Verfahrensweise“ oder eine Reduktion religiöser Rede überhaupt auf einen einzigen Sprachmodus. Es bestehen bereits deshalb gute Gründe, den Ausdruck „negative Theologie“ *nur dann* für eine Rede von Gott zu verwenden, die in bestimmten Kontexten für einen Vorrang von „Negationen“ plädiert, wenn ein solches Plädoyer auf sinnkonstituierende und -stabilisierende Momente rückbezogen bleibt.[8] Es handelt sich dabei wesentlich auch um Momente, die Überführungen religiöser Praxis und religiöser Primärsprache in die Genauigkeit sach- und sachverhaltsbestimmender

8 Eine alternative Möglichkeit besteht darin (vgl. Fn. 28, S. 21), den Ausdruck „negative Theologie“ als *Oberbegriff* für Absprechungen wie auch Beilegungen göttlicher Attribute zu verwenden und in dieser Weise das Funktionsganze von Negationen und anderen Sprach- und Erkenntnismodi konzeptionell zu erinnern.

Propositionen je vorausgehen, also vortheoretischen und auch vorprädikativen Status haben, kurz: welche der Performanz religiöser Sprache vorausliegend eigentümlich sind, bevor diese Sprache auf der Ebene theologischer Wissenschafts-Sprache theoretisch ihrem Gehalt nach rekonstruiert wird – oder aber inadäquate Rekonstruktionsversuche relativiert bzw. zurückgewiesen werden.

Die „kritische" Funktion negativer Theologie steht, insoweit sie diese auch ihr vorausliegenden Bedingungen reflektiert, einerseits im Zusammenhang einer Analyse der Bedingungen symbolischer Kommunikation in religiöser Rede von Gott. Andererseits ist sie bezogen auf Bestimmungsversuche von Grenzbegriffen des Absoluten. Insofern ist negative Theologie je rückgebunden und eingebunden in Versuche, Sinnpotentiale religiöser Praxis als eines wesentlichen Vollzugs bewussten Lebens zu erschließen und Perspektiven für deren reflexive Durchhellung zu eröffnen, gerade weil und indem sie dabei je zugleich unangemessene Überformungen auszuscheiden weiß.

Die Struktur dieser Arbeit nimmt (wie nachfolgend in Abschnitt I.3 näher motiviert) den Weg einer rekonstruktiven Analyse: Nach Vorbemerkungen zu Hypothesen und Methoden der Untersuchung (Kapitel I.2) werden zunächst die ontologischen (II), epistemologischen (III) und schließlich (IV) die sprachtheoretisch-methodologischen Grundlagen und Aspekte der cusanischen negativen Theologie diskutiert. Die vorstehend umrissene Fragerichtung kommt also erst in diesem letzten Teil ins Zentrum, wenn Fundierung und Ermöglichung negativer Theologie in religiöser Praxis und vorprädikativ-vortheoretischer Kommunikation zu erörtern sein werden.

I.2 Vorbestimmungen des Begriffs „negativer Theologie“

„toute religion
qui ne dit pas que Dieu est caché n'est pas véritable,
et toute religion qui n'en rend pas la raison n'est pas instruisante.
La nôtre fait tout cela. Vere tu es deus absconditus.“[9]

Eine philosophisch-theologische Erschließung der Möglichkeitsbedingungen religiösen Sinns, eine Erarbeitung von Rahmenbegriffen und Minimalbestimmungen seiner Versprachlichung kann methodisch in unterschiedlichster Weise erfolgen. Diese Arbeit verfolgt Möglichkeiten ihrer Bearbeitung unter einem spezifischen Fokus: In der Rekonstruktion von Bedingungen der Möglichkeit eines sich vernünftig Rechenschaft gebenden Glaubensvollzugs und theologischer Reflexion unternimmt negative Theologie, die Inkommensurabilität des Absoluten zu wahren und zu erinnern. Insistiert sie auf der Unabschließbarkeit rationaler Verantwortung unbedingten, absoluten Sinns, so, um jedes bedingende Einbegreifen des Absoluten in regionalen Rationalitäten zu überschreiten. Der Terminus „negative Theologie“ wird allerdings sowohl in Geschichte wie Gegenwart in unterschiedlichster Weise verstanden und gebraucht. Deshalb sollen nachfolgend zunächst Grundlinien des hier vorausgesetzten Begriffs negativer Theologie vorgezeichnet werden. Dem schließen sich Hinweise zum methodischen Vorverständnis der Cusanus-Interpretation an.

Eine ganze Reihe von Problemen begleiten jeden Versuch von Verhältnisbestimmungen zwischen einem Einzelautor bzw. Werkganzen einerseits und andererseits einem Konzept, das nicht allein an der Textoberfläche ablesbar ist, sondern unter verschiedensten Begrifflichkeiten kursiert und auch in gegenwärtigen Debatten von unterschiedlichsten Verständnissen begleitet ist, mit teilweise darauf zurückführbaren entsprechenden Bewertungen und Gebrauchsweisen. Dabei besteht letztlich eine hermeneutisch unvermeidbare Zirkularität. Ein viel diskutierter Unterfall ist etwa das Hantieren mit dem Mystikbegriff in der Beschreibung der Anliegen von Autoren und Texten. In diesem Sinne hat etwa Dietmar Mieth treffend formuliert: Wer einen bestimmten Autor (im fraglichen Fall Eckhart von Hochheim) „als Mystiker bestimmt, [...] setzt ihn selbst als Interpreten ein. Dies bedeutet, dass weniger der Begriff Mystik für [diesen] erschließend, als umgekehrt dieser selbst für

9 Dt. etwa: „Jede Religion, die nicht aussagt, dass Gott verborgen ist, kann keine Wahrheit beanspruchen, und jede Religion, welche keinen Grund dafür nennt, ist ohne Lehrgehalt. Unsere Religion realisiert beide Forderungen. Wahrlich, Du bist ein verborgener Gott!“ Aus: Blaise Pascal, Pensées, (Pascal/Lafuma: Pensées, 242; Pascal/Brunschvicg: Pensées, 585). Der Schluss entstammt Deuterojesaja, 45,15.

den Begriff Mystik erschließend wird".[10] Auch dann allerdings gilt, dass ein solches Unterfangen bereits Vorverständnisse unterlegen muss, welcherart Textgattungs-Merkmale, sprachlicher Eigentümlichkeiten, inhaltlicher Optionen, rezeptionsgeschichtlicher Linien und intertextueller Bezüge für maßgeblich gehalten werden, um von „mystischer Theologie" oder „Mystik" überhaupt zu sprechen.

Entsprechendes gilt für den Begriff Negativer Theologie, wenngleich dieser in vielen Fällen mit erheblich engerem Primärtextbezug ausweisbar ist. Gleichwohl wäre gerade im Blick etwa auf Cusanus keineswegs bereits sein Verhältnis zu Traditionen und Sache negativer Theologie zureichend eruierbar, wenn allein isolierte Textstellen herangezogen würden, an welchen Ausdrücke wie „theologia negativa", „abnegatio" u.dgl. explizit begegnen.

Andererseits kursieren gegenwärtig sowie in den letzten Jahrzehnten die unterschiedlichsten Adaptionen von Begriff und Sache negativer Theologie – mit ganz unterschiedlicher analytischer Tauglichkeit im Kontext einer Cusanus-Interpretation. Wenn insofern eine gewisse hermeneutische Zirkularität also unvermeidbar ist, so kann lediglich versucht werden, ihre Schädlichkeit zu minimieren.

In diesem Interesse seien nachfolgend einige der für diese Untersuchung orientierenden Verständnisse von Problem und Sache negativer Theologie vorausgeschickt. Wie bereits einleitend festgehalten, bestehen nicht nur faktisch unterschiedlichste Auffassungen negativer Theologie, sondern können zumindest viele ihrer Nuancierungen gleichermaßen, ggf. je nach Problemkontext, als theologisch legitim gelten. Die nachfolgenden Vorbestimmungen beanspruchen daher selbstredend keinerlei Exklusivität oder Universalgeltung. Sie erfolgen vielmehr in thetischer bzw. hypothetischer Form im Sinne eines heuristischen[11], in der Auseinandersetzung mit Cusanus zu erprobenden Vorgriffs. Dem folgen knappe Absetzungen gegenüber häufigeren alternativen Verständnissen. Auf beides wird im Schlussteil dieser Arbeit (v.a. Kapitel V) ausführlicher zurück zu kommen sein.

10 Mieth: Meister Eckhart. Mystik und Lebenskunst, 96. Vgl. auch Ströbele: Christliche und Islamische Mystik.

11 Hier in Analogie zur Terminologie z.B. bei Kant: Ein heuristischer Begriff „zeigt an, nicht wie ein Gegenstand beschaffen ist, sondern wie wir, unter der Leitung desselben, die Beschaffenheit und Verknüpfung der Gegenstände der Erfahrung überhaupt suchen sollen" (Kant: KrV, IV, 584).

I.2.1 Negative Theologie setzt die Performanz primärsprachlicher Gottesrede voraus

Sachlich und genealogisch primär gegenüber theoretischen Ausformungen ist „Theo-logie“ Rede *zu* Gott. Zumal Negative Theologie ist von ihrem zumeist als „affirmativ“ etikettierten Komplement nicht isolierbar. Es wäre aber eine problematische Engführung, dieses Komplement nur in Propositionen[12] des wissenschafts-sprachlichen Diskurses zu sehen. Vielmehr handelt es sich um ein auch *vortheoretisch-performatives,* auch präreflexive Momente einschließendes Fundament im Kontext einer religiösen Lebensform, also in Traditionen spiritueller, insbesondere doxologischer Praxis.

Diese auch vorthematisch fundierende insbesondere doxologische Sprachpraxis motiviert auch sprachpragmatisch, dass nicht nur gilt, dass von Gott reflektierterweise *nicht eigentlich gesprochen* werden kann, sondern auch, dass dem je vorausliegt, *nicht einfachhin schweigen* zu können. Diese performative Dimension hat ihr religiös-praktisches Fundament darin, dass Gott je schon Ziel menschlichen Strebens ist. Die Unauflösbarkeit des performativen double-binds von Nichtredenkönnen und Nichtschweigenkönnen kommt erst vollständig ins Bild, wenn dieser double-bind nicht nur reduziert wird auf Assertionen und Negationen eines theoretischen Diskurses.

Von vornherein konstitutiv an dieses Fundament gebunden, kann sich negative Theologie auch gegen jeden Selbstabschluss von Theologie richten, zumal im Modus bloß äußerlicher Produktion von Negation oder kontextindifferenten Schweigens.

I.2.2 Negative Theologie operiert an der Schnittstelle zum Diskurs wissenschaftlich-propositonaler Rede über Gott

Sobald[13] das Denken des Glaubens sich ausgestaltet als *lehr-* und *wissenschaftsförmige* Theologie, prägt sich negative Theologie als ein Theoriestück

12 Zutreffend ist insoweit die Beobachtung von Mortley: negative theology, 5.8f: „die Negationen sind parasitär gegenüber vorausgehenden Affirmationen und können sich nicht selbst erfinden“. Negative Theologie in ihren Standardformen fordert dabei die Verneinung *ganz bestimmter* Attribute, die zunächst einmal als Kandidaten für eine solche Anwendung *zusammengestellt* wurden. Auch die Charakterisierung von Carabine: Unknown God, 2 ist präzisierungsbedürftig: Affirmative Theologie stelle Formen bereit, die Aspekte der göttlichen Wahrheit dem menschlichen Geiste zugänglich machen. Bezogen auf christliche Kontexte (auch Carabine zitiert zuvor die späte Unterscheidung des Pseudo-Dionysius), wäre deutlicher herauszustellen, dass diese „Formen“ durch eine symbolische Hermeneutik religiöser Überlieferung im Rahmen des spirituell-praktischen Gebrauchs- und Funktionszusammenhangs erschlossen werden.

13 Für exemplarische historische Konstellationen siehe nachfolgend insb. Fn. 735 ff, S. 246f.

von Theologie mit *transzendenzwahrender* Funktion aus. Dies bedingt unter anderem, dass deren Einspruch zunächst gerade nicht einfachhin affirmative Ausdrucksweisen als solche betrifft, sondern deren fehlgeleitetes *Verständnis* insbesondere auf der Ebene wissenschafts-sprachlicher Rekonstruktion.

Wenn hier von Transzendenzwahrung gesprochen wird, so ist damit die *Differenz und Einheit* von Transzendenz und Immanenz im Blick. Dieses Verhältnis wurde grundlegend schon in den negativ-theologischen Leitmarkierungen der frühen christlichen Apologeten festgehalten und als Unterscheidungsmerkmal besonders gegenüber gnostischen religiösen Spekulationen herausgearbeitet. In moderner systemtheoretischer Terminologie reformuliert, wird dabei „die Paradoxie der Einheit"[14] präsent gehalten.

Klassischer spricht Beierwaltes vom „In- und Über-Sein" Gottes[15] – eine bildhafte Formulierung, die sich fast wörtlich in Texten apophatisch-theologischer Tradition des 2.-4. Jahrhunderts findet und auch dort bereits das Bezugsverhältnis von Gott und menschlicher Vernunft umschreibt. Die einschlägigen Redeweisen sprechen beispielsweise davon, dass Gott bzw. das Eine alles umschließe (etwa sofern Grund von allem Seiendem und Wahrem und Gutem), aber durch nichts umschlossen werde (etwa sofern keiner Variante des Prinzipiiertseins und in keiner epistemischen, axiologischen oder ontologischen Hierarchie gegenüber irgendetwas unterlegen). Bezogen auf die Dialektik der Vernunft: Gott ist ebenso *Grund* der Vernunft wie ihr *entzogen*. Traditioneller: Gerade weil Gott in höchstem Sinne Vernunft und Wahrheit selbst ist, kann die menschliche Vernunft ihn nicht gegenständlich fassen oder theoretische Unterscheidungen über Gottes Natur gewinnen. Gerade deswegen kann endliche Vernunft aber durch abstraktive Reduktion und Rück-Wendung auf ihr eigenes Ungenügen den Sinngrund religiöser und überhaupt rationaler Verhältnisse erschließen.

Negative Theologie fragt dann – in transzendenzwahrender Funktion – danach, ob, wie und mit welchem Recht wir ‚Namen' Gottes gebrauchen können, göttliche ‚Namen' unterscheiden (von Normalbegriffen, von der Welt, von Götzen) und theoretisch respezifizieren können (etwa als Zuschreibung von Eigenschaften im technischen Sinne).

14 Fuchs/Luhmann: Reden und Schweigen, 73, bezogen auf Sprachformen der „Mystik". Zur Explikation vgl. ebd., 71: „Die Welt, intramundan beobachtet, erhält den Titel Immanenz nur, wenn Transzendenz mitgedacht wird, und Transzendenz gerät nur in den Blick, wenn die Diesseitigkeit der Beobachtung von Diesseitigem beobachtet wird."

15 Beierwaltes: Platonismus, 169. In ganz ähnlichen Formulierungen erklärt schon Philo von Alexandrien in seiner Synthese mittelplatonischen und jüdischen Denkens die Redeweise von Gott als Ort, dem Insein von allem in Gott und umgekehrt, vgl. z.B. De posteritate Caini 6ff; De sobrietate I, 63; die Rede vom Insein Gottes in Allem und „Unumschlossensein" Gottes von Allem ist seit den frühesten systematischen Darstellungen christlicher Theologie ein wiederkehrendes Prinzip, vgl. z.B. schon das Fragment aus Clemens Alexandrinus: De Providentia, PG 9, 749D-751A.

Als theoretisches *Falsifikationsinstrument* kann negative Theologie sich kontextsensitiv ausformen etwa als (antirationalistische) Abwehr theoretischer Überformung, als (antifideistischer) Motor zur vernunftförmigen Reflexion oder als Einspruch gegenüber vorschnellen Identifikationen subjektiver Erfahrungen als Gotteserfahrungen.

Sofern negative Theologie weiß, dass jede Besprechung sich bereits in der Dialektik von Immanenz und Transzendenz bewegt, sollte sie auch darum wissen, dass nie *direkt* Schlussfolgerungen aus – „echten" oder prätendierten – Einheitsbeobachtungen zu ziehen sind.[16] Ein Rekurs auf absolute Einheit, sei sie als entzogener Grund von Vernunft, als absolutes Strebensziel oder als ontologisch erstes Prinzip gefasst, ist daher für sonstige Sachverhalte ein immer auch dilemmatischer Ausgangspunkt.

Um diese Aporetik von Einheitsbeobachtungen und darauf basierenden sachhaltigen Schlussforderungen wissend, beobachtet negative Theologie kritisch, wenn aus Motivgebrauch in doxologischen Zusammenhängen oder aus als „unmittelbar" deutbarer „religiöser Erfahrung" einzelne Sachverhalte oder Normierungen zu gewinnen versucht werden. Sobald etwa spezifische Einzelwahrheiten gleichermaßen als unbedingt gedeutet werden, mahnt negative Theologie zur Vorsicht: Jeder Übergang vom Gebrauchszusammenhang symbolischer, primärsprachlicher Kommunikation zu Ausweisungen der Wahrheitsbedingungen in exakter wissenschafts-sprachlicher Terminologie ist bereits interpretativ vermittelt. Die Unbedingtheit eines absoluten Einheitsgrundes transportiert sich dabei keineswegs einfachhin. Vielmehr sind dann die Regionalitäten endlicher Rationalität betreten, einschließlich der Fallibilität von Identifikation und Interpretation. Negative Theologie kann gerade auch für diese Situation aber grenzbegriffliche Kriterien erarbeiten: Handelt es sich bei einzelnen Ausformulierungen dessen, was als religiöse Gewissheit, Wahrheit oder religiöse Erfahrung beansprucht wird, bereits um einen Gehalt, welcher dem Begriff eines absolut Unbedingten gerecht wird – oder nur um ein theoretisches oder praktisches Provisorium?

I.2.3 Negative Theologie markiert die Unzugänglichkeit Gottes in ontologischer, epistemischer und sprachlich-semantischer Hinsicht

Wenn negative Theologie sich als Theoriestück von Theologie ausformt, nimmt sie je nach theologischer Theoriegestalt und spiritueller Tradition unterschiedliche Ausprägung an. Schon deswegen gibt es notwendig verschiedenste negative *Theologien*. Deswegen sind inhaltliche Konkretisationen nur

16 Dies formuliert abermals pointiert Fuchs/Luhmann: Reden und Schweigen, 72; dort systemtheoretisch: Jede Besprechung benutzt die Unterscheidung von Immanenz und Transzendenz bereits – und sorgt für ihre Weiterbenutzung.

abstraktiv im Rahmen etwa typologischer Modelle erhebbar. So können zumindest charakteristische (Familienähnlichkeits-) Merkmale negativer Theologien angegeben werden. Hierzu gehören metaphysik-, erkenntnis- und sprachkritische Momente, die ihrer Begründungsstruktur nach indes voneinander untrennbar sind:

- Die ontologische Dimension: Gott *ist* kein Seiendes wie andere Seiende.
- Die epistemische Dimension: Uns ist kein präzises gegenstandsbestimmendes *Wissen* möglich von der Wesensbestimmtheit Gottes.[17]
- Die sprachlich-semantische Dimension: Wir können nicht in theoriesprachlicher Exaktheit über das Wesen Gottes *reden*, indem wir sagen, was er ist.[18]

I.2.4 Abgrenzungen zu alternativen Auffassungen

Die vorstehenden Vorbestimmungen sind in vielerlei Hinsicht keineswegs unkontrovers. Dies lässt sich ausschnitthaft bereits – bevor im Schlussteil (V.2) auf einige dieser Punkte zurück zu kommen sein wird – durch die folgenden Abgrenzungen der hier vertretenen Auffassung markieren.

i) Negative Theologie ist *kein Agnostizismus* und mit negativer Theologie sind nicht etwa alle sonstigen, insbesondere verkündigenden Reden von Gott nichtig und revisionsbedürftig.[19] – Man kann demgegenüber vorläufig festhalten, dass negative Theologie vielmehr in ‚Affirmationen' gründet. Deren Status ist aber präzisierungsbedürftig. Denn es geht dabei nicht nur um den Unterschied von religiöser Rede in attributbeilegender oder -verneinender Gestalt, sondern auch um eine kontemplativ-strebensethische Kontextualisierung auf dem Hintergrund vortheoretischer religiöser Praxis von Rede und

17 Eine Formulierung wie diejenige von Mortley: negative theology, 5, bei negativer Theologie handle es sich um eine Methode, Wissen vom transzendenten Wesen der Dinge zu erwerben, ist in zweifacher Hinsicht missverständlich: Positiv-gegenstandsbestimmendes Wissen der essentia (dei) wird gerade negiert, und um das Wesen sonstiger Dinge handelt es sich allenfalls bei spezifischen Zuspitzungen, wie zumal, wenn *essentia* und *ens* per se mit Gott identifiziert werden. Mortley qualifiziert „the transcendent essence of things" freilich sogleich: „called the Good by Plato, the One by the Neoplatonists, and Father by the Christians".

18 Eine ontologische, epistemische und semantische Dimension unterscheidet auch Buijs: Maimonides and Aquinas (dem sich Westerkamp: Via negativa anschließt), aber in anderer Fassung, etwa ohne Einschränkung auf theoretische Sätze über das Wesen Gottes. Wenn Buijs hinzusetzt, dass negative Rede von Gott eher *wahr* sein könne, kann man dies als Vereinfachung verstehen. Denn viele Ausarbeitungen negativer Theologie zielen auf ein ein Weder-Noch von Affirmation und Negation (vgl. diesbezüglich zu Cusanus v.a. Kapitel IV.6 dieser Arbeit). Die Rede von einer größeren Wahrheit der Negationen hat freilich Vorlagen insbesondere bei Pseudo-Dionysius (dann vielfach weiterzitiert, vgl. Schönberger: Negationes, 488f).

19 So versteht beispielsweise Stolina: Niemand, 105 die Position Oelmüllers.

intentionaler Ausrichtung bewussten Lebens. Negative Theologie kommt aber kritisch zum Einsatz, wo diese Sprachformen *in eine theologische Theorie importiert* und dabei etwa als Wesensattributionen *wörtlich genommen* werden oder z.B. unkritisch philosophische Schematisierungen mittransportiert werden.

ii) Es ist nicht vorab festzulegen, sondern kann sich nur im Einzelfall durch Überprüfung an den Texten ergeben, ob ein Kandidat für eine plausible Option negativer Theologie einhergeht mit

- schlichter Widersprüchlichkeit[20],
- Unvereinbarkeit mit religiöser Tradition (näherhin biblischem Fundament): Verdeckt nicht negative Theologie, die an der Abstreifung aller Bilder zu arbeiten behauptet, tatsächlich den Gott Jesu und Abrahams mit einem Gottesdenken z.B. antiker Philosophie und trägt damit einen Gott zu Grabe, den sie nach eigenem Dünken als unfähig konzipiert hat, selbst seine Verborgenheit zu überwinden? Während eine *Kreuzestheologie*, wie sie Stolina vorschlägt, solchen Anfragen direkt Rechnung trägt, spitzt sich der Einwand zu einer grundsätzlichen Anfrage an negative Theologie im Status philosophisch-theologischer Propädeutik zu, da diese bei der Endlichkeit philosophischer Begriffe und menschlichen Verstehens ansetzen muss.
- „hyperessentialistischer“ Überbietung illegitimer „Präsenzmetaphysik“[21],
- Kompatibilität mit *politischer* Theologie[22].

iii) Diese Ausweispflichtigkeit eventueller Vorannahmen an konkreten Konstellationen und Texten betrifft insbesondere auch das Verhältnis zu philosophischen Vorlagen, also die Frage, ob ein konkreter Entwurf negativer Theologie zu verstehen und ggf. kritisieren ist als als Überformung durch

20 Dies will Englebretsen: Logic zeigen. Einwände der Form „[Wie] kann man ein Dasein zur Sprache bringen und beim Namen nennen, wenn man nicht sagen kann, was da ist?“ (Jüngel: Gott als Geheimnis, 321) werden seit Duns Scotus (vgl. Schönberger: Negationes, 483f) vorgebracht und verschärft, wenn um emotionale phänomenale Qualitäten („Gottesliebe“) bereichert.

21 Dies behauptet Derrida: Wie nicht sprechen, 17 u.ö. und in dessen Rezeption beispielsweise Caputo: Mysticism and transgression, 38.

22 Diese Frage legt Hochstaffl: Negative Theologie vor: Inwiefern dient negative Theologie der „Legitimierung bestimmter Prinzipien, Normen und Ordnungen“ (12) und sanktioniert „kritiklose Bravheit“ (151)? Sie verdient durchaus, verfolgt zu werden. Aber eine Überblendung der Unversöhntheit der Geschichte in eine eschatologische Geschichtstheologie (deutlich in den 215, 220 formulierten Thesen) und Totalausrichtung auf Hoffnung wird den Scheiterhäufen der Geschichte ebenso wenig gerecht wie dem eigentlichen Anliegen Hochstaffls. So auch die Kritik von Valentin: Atheismus in der Spur Gottes, 214-217. Die hermeneutische Brille einer ideologiekritischen negativen Dialektik schon vorab aufzusetzen, führt zudem zu Fehlrepräsentationen. Auch Stolina: Niemand, 4 bemerkt, dass das Primäranliegen *angemessener Gottesrede* und die *mystagogische* Anlage paradigmatischer Vertreter aus dem Blick geraten.

entsprechende philosophische Vorgaben[23], oder gar auf diese schlichtweg reduzierbar wäre.

Das gilt insbesondere für den in christlichen Kontexten einschlägigsten Ausgangspunkt: Die Wortbildung „negative Theologie" geht zwar auf Pseudo-Dionysius zurück[24], nicht aber muss *jede* Form (auch nicht nur jede christliche) negativer Theologie eine direkte Rezeption desselben, umso weniger bestimmter (mittel- oder neu-) platonischer Theoreme einschließen.

Problematisch wäre in der Tat, ließe sich christliche negative Theologie reduzieren etwa auf eine neuplatonische Erkenntnistheorie[25]. Dazu mögen erhebliche begriffliche, methodische und argumentative Entsprechungen bestehen – aber gilt das auch für die Geltungsgrundlagen im Ganzen? Zum ersten nötigt die Perspektive auf negative Theologie an der Schnittstelle von primärsprachlicher Performanz und wissenschafts-sprachlichem Diskurs der Rede von Gott dazu, auch für platonische Konstellationen die Verankerung in Bedingungen einer kontingenten Lebensform mit zu akzentuieren.[26] Weiters diskutiert die jüdische, dann die christliche und später auch islamische Theologie die Verwendungs- und Verstehenszusammenhänge der „Namen" und Beschreibungsformen Gottes dezidiert im Gefolge einerseits spezifischer religiös-kultischer, zumal liturgischer Lebensformen, zum anderen im Ausgang von den Offenbarungstexten. Erst von da aus nimmt die Explikation theoretischer Grundlagen notwendigerweise Anhalt an spezifischen Rahmentheorien, wie sie für Ontologie, Semantik und Epistemologie zunächst platonische, aber auch aristotelische Traditionen bereit stellen. Gerade im Blick auf die von daher beziehbaren Rahmenbegriffe etwa von den Kategorien präziser Sachbestimmungen und den Bedingungen sicheren und genauen Wissens um das Was eine Gegenstands, erarbeitet negative Theologie dann deren *Unzureichen*, das Göttliche einzubegreifen.

23 Entsprechend urteilen Theill-Wunder: Verborgenheit, 12; Flasch: Von Dietrich zu Albert, 403; Jüngel: Gott als Geheimnis, 318; Striet: Offenbares Geheimnis. Für kriteriologische Leitlinien im historischen und systematischen Problemzusammenhang der Beziehung frühchristlicher Theologie zu nicht-christlicher Metaphysik vgl. exemplarisch Bultmann: Anknüpfung und Widerspruch; Pannenberg: Aufnahme; O'Leary: overcoming of metaphysics; Stead: Doctrine. Da die frühesten Traditionen apophatischer Theologie in dieser Arbeit aus ökonomischen Gründen nicht zureichend behandelbar sind, sei für wichtige Hinweise auf ihre Wurzeln in der Theologie der frühchristlichen Apologeten und der Patristik verwiesen auf vor allem Palmer: Negative Theology und immer noch Puech: ténèbre.

24 Vgl. Iohannes Scotus Eriugena/Sheldon-Williams/Bieler: De divisione naturae, I, 230f (und nachstehend Fn. 888, S. 295) mit Hinweis auf die Rezeption der Distinktion von „apophatischem" und „kataphatischem" Status bei Hermagoras von Temnos durch Cicero (als intentio und repulsio) und Pseudo-Dionysius. Zum Vorkommen des dreifachen Schemas bei Alkinoos und Kelsos s.u. S. 247.

25 Letzteres ist eine der Grundannahmen von Theill-Wunder: Verborgenheit.

26 Hierzu ausführlich Hadot: Philosophie als Lebensform.

iv) Negative Theologie ist insbesondere kein Unterbau der Dogmatik in dem Sinne, dass auf ihrem Grunde, etwa qua Rekurs auf eine nicht mehr vermittelte absolute Einheit der Vernunft, eine positive theologische Doktrin installierbar wäre, deren Einzelbefunde nicht ggf. nochmals in jeweils kritischen Bezug zur Kriteriologie negativer Theologie zu setzen wären. Insbesondere ist negative Theologie nicht *reduzierbar auf* rein glaubenstheologische Vorstellungen religiöser Geheimnishaftigkeit oder einen Bezug auf Glaubensmysterien etwa der Kreuzestheologie.[27]

Sondern negative Theologie erfüllt eine bestimmte Funktion im Gesamt der Theologie[28], und zwar jene der Transzendenzwahrung; aber durch philosophisch ausweisbare Orientierung über Grenzbegriffe endlicher Vernunft; sie bleibt daher orientierender Rahmen und kritisches Korrektiv auch *im* Denken des *Glaubens*. Dies entspricht dem bereits angeführten Insistieren Pannenbergs darauf, dass zwar „aufgrund von Offenbarungen zur Sprache kommende[ ] Gottesbestimmungen" mit einem philosophisch zu bestimmenden Rahmenbegriff in Widerspruch treten können, aber strikt unter der Bedingung, dass „das Recht solchen Widerspruchs auf dem Boden der Diskussion um die Fassung jenes Rahmenbegriffs erwiesen"[29] wird.

Damit markiert negative Theologie also auch methodisch „nach" göttlicher Offenbarung die bleibende Verborgenheit und Geheimnishaftigkeit Gottes. Umgekehrt gilt natürlich: Nicht jeder, der von Gottes Geheimnis spricht, bietet deswegen schon negative Theologie.

27 Nach dem hier abgesteckten Rahmen überschreiten, wie einleitend bereits konstatiert (vgl. Fn. 3, S. 9), die Gewährsleute von Stolina: Niemand, Johannes vom Kreuz und Erich Przywara, die Grenzen streng philosophischer Reflexion, oder, wie aus säkularwissenschaftlicher Perspektive zuspitzbar wäre: der Gattungsgrenzen von Wissenschaft und Poesie. Dies ist Stolina bewusst, wie etwa ebd., 28, 45 zu entnehmen. Ohne die Legitmität der von Stolina analysierten Positionen auch nur in Frage stellen zu wollen, unterscheidet sich die Ausrichtung von Stolinas Studien wesentlich vom hier verfolgten und an Cusanus zu prüfenden Interesse an negativer Theologie als philosophisch-theologischer Propädeutik.

28 Das Strukturmodell von Hochstaffl: Negative Theologie expliziert dies, bestimmt aber negative Theologie als *Oberbegriff von* negativem und affirmativem Strukturmoment, weicht darin von der traditionellen Verwendung für das negative Vollzugsmoment ab und ist begrifflich und heuristisch problematisch. Auch der Begriff der Affirmation wäre zu disambiguieren nach doxologischen, kerygmatischen und theoretischen Kontexten, zumal negative Theologie entsprechende Überblendungen kritisieren kann.

29 Pannenberg: Systematische Theologie. 3 Bände, 120 (gegen Jüngel), vgl. obig Fn. 4, S. 9.

I.3 Methodische Vorentscheidungen

> „Die Sprache der Tradition dependiert von Voraussetzungen, die man gar nicht explizieren kann, so lange man sich ihr anvertraut. Theoretische Modelle, die sich an ihr orientieren, lassen sich also nur rechtfertigen, wenn es zugleich gelingt, eine von ihnen selber unabhängige Begründung und Form der Darstellung für sie zu finden."[30]

Aus dieser von Dieter Henrich in anderem Zusammenhang formulierten Maxime lassen sich Leitlinien der methodischen Akzentuierung der nachfolgenden Studien entfalten.

Die Verständnis- und Verständigungshorizonte klassischer Texte lassen sich nicht mit denen der Gegenwart verschmelzen. Privative Intentionen der Autoren sind schon darum methodisch weitestgehend unzugänglich. Auch ein Verständnisbemühen aus den Texten gegenüber nochmals zeitlich *fernerliegenden*, etwa aristotelischen oder mittel- und neuplatonischen Theorieformen *heraus* kann nur ein – oftmals unverzichtbarer – Etappenschritt sein. Ein *Verstehens*vollzug setzt vielmehr zunächst und zuletzt *Erklärung*[31] als Angabe von Gründen (nicht Ursachen als „Prägungen") voraus.

Solche übersetzende *Rekonstruktion* auch in einer Darstellungsform, die methodisch von Form und Voraussetzungen des Gegenstands abstrahiert, ist immer auch ein Gewaltakt. Sich dessen bewusst zu sein, kann aber auf der Gegenseite die *Eigenlogik* der Texte sowie ihre nicht expliziten, auch prädiskursiven Voraussetzungen sichtbar werden lassen. Ein solcher interpretativer und in gewisser Weise gewaltsamer Zugriff wird gegenüber der cusanischen Textbasis hier in mehrfacher Weise vorgenommen.

Zum Ersten werden, auch umwillen der Frage danach, inwieweit die cusanische Theologie ihrem Selbstverständnis, vor allem aber ihrer faktischen Durchführung nach und insoweit in der Perspektive heutiger rekonstruktiver Bemühung als philosophisch-theologische Propädeutik verstanden werden kann, in methodischer Hinsicht jeweils mehrere sachliche Zusammenhänge größtenteils ausgeblendet bleiben. Dies betrifft vor allem die manifeste Verzahnung der Problematik von Grundbegriffen wie jenen der Einheit oder des Seins Gottes, wie sie Grundlagen der Attributionsproblematik und damit der negativen Theologie sind, mit zahlreichen dogmatischen Einzelthemen. Schon die traditionellen Attributenlehren schließen ja die Diskussion der

30 Henrich: Konzepte, 54 profiliert so die schon für Heidegger, dann für frühe Richtungen analytischer Philosophie initiale Problemlage.

31 Dies ist im Sinne (weniger Diltheys als) der Ausführungen bei Henrich: Fluchtlinien, 74ff. formuliert.

wichtigsten göttlichen Attribute thematisch und in der unmittelbaren Werkgliederung explizit mit ein, also etwa von Gottes Ewigkeit, Güte, Allmacht, Freiheit.[32] Diese Attribute müssen nicht nur allgemein, sondern *im Einzelnen* erklärt werden. Die Kompatibilisierung dieser Attribute und ihrer Implikate führt rasch auf Probleme des Determinismus in Bezug auf Wissen und Willen sowohl für Gott wie den Menschen und ebenso rasch etwa auf das Problem des Übels (also der Theodizee) sowie zu schöpfungstheologischen Problemen. Denn wenn Gott Wissen zukommt, und wenn eine solche Attribution ein Attribut verwendet, das oder dessen Wahrmacher in Ewigkeit in Gott subsistiert, dann scheint Gott seit Ewigkeit alles zu wissen; wie können dann aber noch Alternativen für den Lauf der Welt und das menschliche oder göttliche Handeln bestehen? Wenn Gott seit Ewigkeit Wille und Güte zukommen, wie ist dann seine Schöpfung als freier Akt begreifbar? Wie ist sein fortdauerndes Erhalten der Welt je und je, seine unbeschränkte Vorsehung und sein geschichtliches Engagement, von dem doch die Überlieferungen aller Offenbarungsreligionen berichten, zu vereinbaren mit den zentralen Vorgaben seiner Ewigkeit, Ungeteiltheit und seinem Herausgenommensein aus allen Relationierungen? Wenn Gott unendliche Güte ist und zugleich allmächtig, wie passt dies zur apparenten Existenz des Übels? Darüber hinaus sind viele Fragen direkt verzahnt mit kosmologischen und naturphilosophischen Zusammenhängen. Und im Falle des Christentums hängt die Attributendiskussion seit je mit trinitätstheologischen und christologischen Fragen zusammen: Wie ist die Beziehung zwischen den göttlichen Personen verstehbar, wie genau sind Begriffe wie „Hypostase" zu analysieren, wie genau bleibt dabei die Einheit Gottes erhalten, wie verhalten sich die göttlichen Personen zu den einzelnen göttlichen Attributen? Wenn Gott ewig und unveränderlich sein soll, wie kann er als Sohn und Geist wirken?

Fast alle vorbenannten Zusammenhänge bleiben hier weitestgehend außen vor. Das heißt selbstverständlich nicht, dass diese – nach heutigen Disziplinengrenzen meist in Traktatzusammenhänge der Dogmatik aufgelösten – Fragen unfruchtbar, illegitim oder gar mit „negativer Theologie" überholt wären. Nahezu alle bedeutenden Vertreter negativer Theologie wussten darum, dass ihr Ansatz *sich daran zu bewähren hat*, ob er *im Detail jeweils* befriedigende Antworten auf Problemlagen wie die eben geschilderten bereit stellen kann. Dabei bleibt andererseits unbenommen, dass, jedenfalls aus Sicht maßgeblicher Vertreter negativer Theologie, diese Fragen dabei teilweise einen neuen Sinn erhalten – oder dass zahlreiche der im vorstehenden Absatz zusammengeballten Probleme sich auflösen in oder zumindest zurückzube-

32 Für eine skizzenhaften Versuch in Bezug auf den Freiheitsbegriff in Anwendung auf Gott vgl. Ströbele: Freiheit (eingereicht nach Abschluss vorliegender Dissertation und von deren Resultaten stellenweise mit abhängig).

ziehen sind auf Komplikationen und Konfusionen unserer Begriffsverwendungen, Sprachpraxen und unserer in Scheinprobleme treibenden vorschnellen Wörtlichnahmen oder ontologischen Reifizierungen.

Im Falle der cusanischen negativen Theologie scheint es zwar, verglichen etwa mit den traktatförmigen Einzelabschnitten in theologischen Summen und Großkommentaren, so, dass einer Erarbeitung ihrer Grundlagen im Stile *philosophischer* Theologie sehr viel größere Eigenständigkeit und Ausführlichkeit zukommt. Doch auch für die cusanischen Texte ist es ein methodischer Eingriff, von manifesten Verzahnungen der hier diskutierten Grundbegriffe und Zusammenhänge mit anderen Themen systematischer Theologie wie der Schöpfungstheologie, Christologie oder Trinitätstheologie im engeren Sinne methodisch abzusehen.

Ein weiterer und noch offensichtlicherer interpretativer Eingriff liegt in der Verfolgung der Grundlagen der cusanischen negativen Theologie unter systematischer Zusammenschau zunächst der für diese leitenden Diskussion ontologischer Grundbegriffe (Kapitel II), dann epistemologischer (III), und schließlich (IV) sprachtheoretischer und methodologischer Zusammenhänge. In diesem letzten Schritt wird eingegangen auch auf den integrativen Zusammenhang theologischer Theoriebildung und sprititueller Praxis und der Performanz religiöser Rede insbesondere in ihrer doxologischen Dimension, die Cusanus in ihm eigentümlicher Fügung als „Wissenschaft des Lobes" reflektiert. Die zunächst weitgehend erfolgende Absehung von diesen prädiskursiven und performativen Bedingungen religiöser Rede scheint unter modernen Perspektiven einer weitgehenden jeweiligen Isolierung theoretischer und praktischer Vernunftvollzüge der aufschlussreichere Zugang.

Dazu bestünden zwei offensichtliche Alternativen: Erstens, einzig auf rationale Rekonstruktion zu setzen – um den Preis hermeneutischer Überformung, schwieriger Beobachtbarkeit des jeweils bleibenden Rests an rekontruktiv Uneinholbarem und einer letztlich unhaltbaren Unterstellung eines voraussetzungsunabhängigen Vernunftdiskurses, in dessen Rahmen hinein die Rationalität eines philosophisch-theologischen Entwurfs abbildbar wäre.

Die zweite Alternative wäre, *von Anfang an* eine rekonstruktive theoretische Analyse rückzubinden an praktische und spirituelle Momente und diejenigen spezifisch offenbarungstheologischen Vokabulare, welche traditionell die theologische Integration von philosophischer Theorie, praktischer Rationalität und spiritueller Praxis zu religiöser Philosophie leisteten. Die Gefahr dieser Alternative lässt sich im Kontext radikal-orthodoxer Interpretationsmethoden beobachten. Eine Differenz von prinzipiell universalisierbarem wissenschaftlichem und partikularem religiösem Diskurs wird von Anfang an unterlaufen; Untersuchungsgegenstand und eigener Theoriehintergrund werden von vorneherein identifiziert und dabei, zumindest bei manchen Vertretern und Durchführungen, gegen rationale wie diskursanalytische Kritikansprüche nahezu immunisiert, insbesondere, indem diese Identifikation *theologisch* autorisiert wird (als „orthodox"). Die hermeneutische Leistungsfähigkeit dieser Methode für die Erschließung der „eigenen" Tradition ist zwar hoch und die ihr zugrunde liegende Diagnose diesbezüglicher Defizite moderner Theologie vielfach unabweisbar. Ihre Fähigkeit zur kritischen Unterscheidung im Sinne des kontinentaleuropäischen Kritikbegriffs (etwa eines Kant oder Foucault) ist aber ebenso anzufragen wie ihre Anschlussfähigkeit an sonstige systematische religionsphilosophische Debatten.

Die hier versuchte Methode unterschreitet das Abstraktionsniveau der ersten Alternative und den eigensprachlich-theologischen Optimismus der zweiten. Erst, nachdem methodisch der theoretisch rekonstruierbare Kern in Grundzügen herausgearbeitet ist, kann deutlich werden, dass eine intellektualistische Rekonstruktion ein bloßes Skelett belässt, das erst dann lebensfähig ist, wenn es rückgebunden wird an diejenigen Vollzugszusammenhänge bewussten Lebens und spiritueller Praxis, die es der Sache nach von vornehe-rein konstituierten. Ein Überschlag von Gewinn und Verlust eines solchen Vorgehens wird erst nach dessen Erprobung möglich sein.

II. *Omnia nihil omnium.* Ontologische Voraussetzungen der cusanischen Rede vom Göttlichen

Wenn „negative Theologie", wie vorstehend knapp in Vorbegriffen bereits skizziert, keine bloße Sprachtechnik der Produktion von „Negationen" meint, sondern ein Verfahren kritischer Begleitung von Versprachlichungen der Theologie in der Rekonstruktion der Gehalte primärsprachlicher Ausdrucksformen und vorprädikativer Bedingungen der Rede zu Gott, dann ist nach den Rahmenbestimmungen zu fragen, die „negative Theologie" dabei leiten und ihr Unternehmen begründen. Es bedeutet einen interpretatorischen Zuschnitt, die cusanischen Texte in dieser Weise zu befragen und, wie es im Folgenden versucht wird, diese Voraussetzungen bezüglich der Behandlung der ontologischen Grundbegriffe durch Cusanus zu erheben. Die vorstehende Formulierung ist bewusst gewählt: Gefragt wird nicht etwa nach „*der* Ontologie" des Cusanus, schon deshalb, weil, wie sich zeigen wird, es Cusanus nicht um ein System stabiler „Substanzen", „Eigenschaften" und der Gesetzmäßigkeiten ihrer Verhältnisse geht, sondern um die Grundbedingungen von „Bestehen" und Bestimmbarkeit *als* Seiendes einer begreiflichen und benennbaren Sinngestalt.[33]

Dieses Anliegen behält seine Relevanz auch dann, wenn man, etwa mit Hans-Johann Glock, antirealistische meta-ontologische Auffassungen teilt: „Ontologie" ginge es dann nicht um eine „abgegrenzte philosophische Untersuchung der Bausteine der Realität", sondern um *Begriffsklärungen*; Forschungsbeiträge zur Ontologie etablieren, unter dieser Perspektive, dann bei andersartigen Selbstverständnissen nicht beispielsweise, ob Objekte wie ‚tropes' „wirklich existieren", sondern erhellen die *Rolle* solcher Begriffe in unseren Erklärungsversuchen.[34] Selbst in einem derart „deflationären" Verständ-

33 Diese Grundtendenz des Cusanus wird z.B. auch in der Darstellung von Flasch: Entwicklung herausgestellt, vgl. dort etwa S. 37f, 115 (Die „Koinzidenzlehre" von De docta ign., die Flasch freilich zurecht eher als Methode erklärt, „zerstört einen kompakten Dingbegriff. Eine Seite des aristotelischen Denkens [...] hatte die Neigung, im sinnlichen Dieses-da den Anhalt des Denken zu suchen [...]"); S. 62 ist die implizite Anlehnung an Heideggers Kritik überkommener (und seinem, etwa in „Was ist Metaphysik?", Heidegger: Wegmarken, 103-121, konzentriert vorgetragenen Verständnis nach nur *vermeintlicher*) „Metaphysik" unverkennbar. Flasch spricht hier (Flasch: Entwicklung, 62) davon, dass wir „gegängelt" seien von „Denkformen, deren Entstehung wir nicht durchschauen und deren Tragweite wir folglich nicht abschätzen"; so „legen wir die gesuchte Einheit einseitig aus [...] wir haben Verstandes-Gestelle zwischen die Wirklichkeit und uns gestellt [...]. Die Koinzidenzlehre beseitigt ‚Gestelle'; sie analysiert die gängigen Zurechtlegungen, welche die unendliche Einheit notwendig verfehlen."

34 Vgl. Glock: Does Ontology Exist?, 236.

nis „ontologischer" Problemdiskussionen verlieren die cusanischen Fragen nach einem ersten Grund aller Anwendung ontologischer Bestimmungen nichts von ihrer Brisanz.

Dass die cusanische Diskussion dabei Voraussetzungen und Anwendungsbedingungen eines begrifflichen Apparats problematisiert, der von den ihm zeitgenössischen Diskussionsvoraussetzungen zehrt, ist offensichtlich, und soll in der nachfolgenden Darstellung auch nicht überspielt werden durch verfrühte Transformationsversuche etwa in transzendentalphilosophische Theorieformate oder Reduktionen auf ggf. vertrautere Schematisierungen systematischer Philosophie.

Für die hier verfolgte Fragestellung nach Funktion und Status negativer Theologie kann und muss zunächst ein Nachvollzug der Eigenlogik der cusanischen Problemdiskussionen genügen. Dies entspräche insoweit der Voraussetzung der zugrundegelegten Hypothese, wonach negative Theologie *in ihrem jeweiligen Kontext* von, in diesem Falle, ontologischen Schemata einer Erfassung der Strukturen von Wirklichkeit, *deren Applikationen* auf ihren sie ermöglichenden Grund kritisch reflektiert und diese Reflexion in Rahmenbegriffen und Kriterien philosophischer Theologie konzentriert.

Ein solches Vorgehen wird im Folgenden nachvollzogen zunächst anhand jener Frage, die Cusanus als Grundmotiv menschlicher Verstehensversuche von Wirklichkeit überhaupt auffasst, der Frage nach der „Washeit" des Wirklichen (II.1). Im Anschluss werden die dabei deutlich gewordenen Strukturen in ihren Implikationen für Anwendungsbedingungen des Seinsbegriffs diskutiert (II.2). Was hier im Rahmen ontologischer Begrifflichkeit aufscheint, ist ein Reflex des cusanischen Grundgedankens von Gott als *Voraussetzung* auch aller Bestimmbarkeit und aller rationalen Bestimmungen. Dem entspricht in *methodologischer* Hinsicht, dass Gott nur in der Weise eines Rekurses auf die *Präsuppositionen jeder Frage* nach Gott in angemessener Weise in den Blick kommt – Zusammenhänge, die in den nachfolgenden Abschnitten zu Epistemologie (III) sowie Sprachtheorie und Methodologie (IV) der cusanischen negativen Theologie weiterzuverfolgen sein werden.

II.1 Die Suche nach dem *einen Namen* Gottes als Suche nach der *Form* und *Washeit* von Allem

„[M]an kann sagen, daß die positiven Wissenschaften, über ihre Untersuchung der Phänomene, bereits auf der Suche nach Gott sind.“[35]

„Alle Suchenden nach Wahrheit (indagatores veritatis) haben immer gesucht nach der Lösung dieses Problems.“[36] – Alle Suchbewegungen der Philosophie sieht Cusanus auf eine einzige leitende Frage hin orientiert. Diese betrifft in erster Hinsicht das Problem, zu erklären, *warum* etwas *dieses* ist, *was* es ist (z.B. *ein Haus* ist). Es ist dies für ihn keineswegs ein Einzelproblem innerhalb nur einer bestimmten Architektonik metaphysischer Begrifflichkeit. Vielmehr sieht Cusanus die Jagd nach Weisheit der Philosophie überhaupt als Aufsuchung der Washeit (quidditas) von Allem.[37] Es ist für Cusanus ein Einzelvollzug dieser allgemeinen Suchbewegung, wenn Aristoteles alles eigentliche Wissen von einem Gegenstand je als ein Wissen um die Was-Bestimmtheit desselben verstehen möchte[38] und weiter fragt nach den Prinzipien solcher Was-Bestimmtheit. Diese Problematik der Washeit von Allem, die Cusanus in singularischer Form dahin gehend interpretiert, dass eine einfache Washeit aller Was-Bestimmtheit zugrunde liegt, hängt auf das Engste zusammen mit der Problematik der Rede vom Göttlichen. Denn das Verhältnis der einen und einfachen unaussprechlichen Washeit von Allem zu den einzelnen Washeiten der Einzeldinge entspricht genau dem Verhältnis

35 Chevalier: Histoire de la pensée, IV, 470, hier zit. nach Verweyen: Einleitung, 22.

36 De beryl. (h ^{2}XI/1) c. 29 n. 48; ähnlich z.B. De ven. sap. (h XII) c. 29 n. 86: „Frustra se plerique venatores fatigarunt quaerentes rerum essentias apprehendere.“

37 Der Terminus „quidditas“, wie Cusanus ihn üblicherweise gebraucht, geht insbesondere auf die Avicenna-Übertragung des Dominicus Gundissalinus zurück, vgl. dazu Nikolaus von Kues/Steiger: Der Laie über die Weisheit, 121; h XII 165 zu De ven. sap. (h XII) c. 8 n. 21. In der Betonung, dass seit jeher nach dem Was und Wesen gefragt worden sei, knüpft Cusanus offensichtlich an entsprechende Bemerkungen bei Aristoteles an, v.a. Met. VII 1 1028b2-4; in der Übersetzung des W. v. Moerbeke: „Et quod olim et nunc et semper qu[a]esitum est et semper dubitatum, quid ens, hoc est qu[a]e substantia.“ In der Diskussion dieser Stelle findet sich dann auch in den lateinischen Übertragungen des (großen) Averroes-Kommentars eine Terminologie etwa der Form „[...] quid est illud, quod est quid[d]itas huius substantiae [...]“ (Averroes: Met. VII 5 ed. Venedig 1562, v. 8 f. 156A).

38 Entsprechende Aristoteles-Passagen zu „quidditas“, „(quod) quid est“ werden in scholastischen Problemdiskussionen vielfach herangezogen bei der Frage nach der Möglichkeit der Gotteserkenntnis, so z.B. bei Thomas von Aquin: De Trin. q. 1 a. 2 arg. 5; SCG I, 3 (mit Bezug auf An. Post. II, 3). Vgl. zum Zusammenhang mit dem Formbegriff z.B. Lee: Wirklichsein, 34ff; einen bündigen Überblick zur thomasischen Redeweise von „quidditas“ gibt Bernard Lonergan: Lonergan/Doran/Shields: Triune God, 576-578.

des uns unzugänglichen göttlichen Namens zu allen übrigen, uns verfügbaren Prädikationen. „Der Natur nach" gibt es nur einen unaussprechlichen Namen aller Dinge[39] und das Entzogensein dieses Namens und unser durch ihn begründetes und auf ihn hin orientiertes Ringen um alle Versprachlichung ist ein und dasselbe Ringen, welches in der Suche nach der Washeit von Allem zum theoretischen Ausdruck kommt.

Sofern die „Washeiten der Dinge" letztlich also keineswegs als separatexistente Universalien auszumachen sind und jene Instanz, worauf die Frage verweist, unserem Erkennen in mehrfacher Hinsicht entzogen ist, ist Jacobi zuzustimmen, wenn er konstatiert: „Der Ausgang von den ‚Washeiten der Dinge' gilt Nikolaus als grundsätzlich verfehlt".[40] Doch gerade ein Aufweis, *warum* diese Fragestellung in ihrer klassischen Durchführung und Beantwortung für Cusanus verfehlt ist, erlaubt einen direkten Zugriff auf die Grundzüge seiner Ontologie und damit auch des Begründungszusammenhangs für seine Problembehandlung der Rede vom Göttlichen. Dabei soll nachfolgend zunächst in unterschiedlichen Hinsichten verfolgt werden, wie Cusanus in seiner Entwicklung dieser Problembehandlung an derjenigen des Aristoteles ansetzt und sich dabei zugleich von dieser absetzt, und zwar nicht durch das Ersetzen einer Erklärungslücke durch eine bündige Antwort, sondern eine Umorientierung der grundsätzlichen Herangehensweise. Dies wird im Folgenden unter vier Hinsichten herauszuarbeiten versucht: (1.) Die cusanischen Unzufriedenheiten mit einer klassifikatorisch-explanativen Herangehensweise im Sinne einer Rückführung von Sachbestimmungen auf eine Pluralität von Gattungs- und Artbegriffen. (2.) Der Einbezug von teleologischen Gesichtspunkten und der Zusammenhang mit dem allgemeinen Vollzug menschlichen Strebens. (3.) Die Problemfassung in singularischer Weise und deren transzendental-formale Auffassung insbesondere bezüglich der Anwendung des Formbegriffs. (4.) Die Problemzuspitzung durch Insistenz auf der bleibenden Unzugänglichkeit der Washeit von Allem.

II.1.1 Die Frage nach der „Washeit" ist durch klassifikatorische Schemata nicht klärbar

Cusanus geht bei seiner Themenbehandlung vielfach aus von der aristotelischen Herangehensweise bei der Suche nach der „Washeit von Allem".[41] Er hält diese jedoch in grundlegenden Hinsichten für explanatorisch unbefriedi-

39 Vgl. De mente (h ^{2}V) c. 2 n. 67.

40 Vgl. Jacobi: Einführung, 28.

41 Vgl. z.B. De ven. sap. (h XII) c. 12 n. 31, wo Cusanus die Nichtwissbarkeit des Wesens aller Dinge mit der Nichtwissbarkeit der Washeit ihrer ersten, göttlichen Ursache begründet.

gend. Dies betrifft zum einen ein vorschnelles Abbrechen bei klassifikatorischen Bezugnahmen und zum anderen innersystematische Aporien.

Zum Ersten. Die aristotelische Antwort auf Fragen dergestalt, *warum etwas ist, was es ist*, bleibt für Cusanus, wiewohl immer wieder Ansatzpunkt seiner eigenen Problembehandlungen, letztlich unbefriedigend. In „De Beryllo" benennt Cusanus dafür den Grund, dass Aristoteles, so seine hier forcierte Lesart, nur *einzelne Artbegriffe* anführen kann, von welchen aber stets weiter gefragt werden kann, *warum* denn ein spezifischer Artbegriff die Art eines bestimmten Einzeldinges konstituiert und begreifen lässt. Die Problembehandlung bricht, so betrachtet, also vorschnell und mit unzureichend einsichtiger Bezugnahme, wenn nicht gar bloßer Stipulation, ab. Cusanus geht für diese Diagnose zunächst von der Frage aus nach „dem, was etwas ist": *Weshalb* ist ein Einzelding so und nicht anders „*festgesetzt*" (constitutum)[42]? Wenn bezüglich dieser Frage dann aber *irgendein* Artbegriff (species) angeführt wird, so ist damit gewissermaßen nicht mehr gesagt, als wenn auf irgendeine arbiträre Stipulation eines (und sei es eben substantialen) Sortalbegriffes rekurriert würde:[43]

> „Aristoteles [...] hätte darum noch nicht auf ‚das, was etwas ist' kommen können, außer in der Weise, in welcher jemand dahin gelangt, dass *dieses Maß* hier *ein Schoppen* ist, weil es ist, „was ein Schoppen ist", und zwar, weil es *dergestalt* ist, wie vom Herrscher des Staats festgelegt wurde, *dass ein Schoppen ist.*"[44]

42 Vgl. De beryl. (h ^{2}XI/1) c. 30 n. 51.

43 Vgl. zur Terminologie, bereits in Anwendung auf die einschlägigen Problematisierungen bei Aristoteles selbst z.B. Weidemann: Zum Begriff des ti ên einai und zum Verständnis von Met. Z4, 1029b22-1030a6, 92ff.

44 Vgl. De beryl. (h ^{2}XI/1) c. 30 n. 51. Ganz ähnlich fasst Cusanus in De quaer. (h IV) c. 5 n. 49 die Beschränkung der ratio zusammen: Ausgehend von der Einsicht, dass Gott „besser (melius)" ist, als was erkannt werden kann, verwerfe man Sinnlichkeit und die Charakteristika entsprechender Gegenstände wie Körperlichkeit, (vorstellbare) Qualität und zugeordnete Vermögen, auch Gemeinsinn und Einbildungskraft, und dann ebenso – was die Schau Gottes, wie er an sich ist – die ratio, denn: „Wenn du (unter Anwendung der ratio) wissen willst, *warum* dies ein Mensch ist, *warum* jenes ein Stein, und (entsprechend bei) allen Werken Gottes, (dann) erfasst du *keinen* Wesenssinn (ratio)." Selbst der Intellekt umfasse zwar alles, aber bleibe dem Vermögen nach begrenzt. Von daher versteht sich, dass es bei der cusanischen Auffassung der Problemstellung der Suche nach Washeit, Form oder Wesenssinn (ratio) von Allem auch um eine andersgeartete epistemologische Statusbestimmung geht: Im Unterschied zur aristotelischen Herangehensweise handelt es sich nicht mehr um eine Thematik, die mittels der ratio und ihrer konstitutiven Vollzüge behandelbar ist, insbesondere der Unterscheidungen von Gattungen, Arten und Einzeldingen. Cusanus verweist vielmehr sogar über die Zusammenschau auch von Gegensätzlichem hinaus und bringt den Begriff des Glaubens in erkenntnisleitender Funktion ins Spiel. Diese epistemologischen Statusbestimmungen negativer Theologie werden nachfolgend noch genauer zu diskutieren sein.

Die Auskunft also, dass die Frage nach der genauen Washeit von etwas *jeweils eine bestimmte, allgemeine Washeit* anführt, ist demnach insoweit unbefriedigend, als damit noch unbeantwortet bleibt, warum es *genau diese* Washeit ist, welche für eine bestimmte konkrete Sache „das, was etwas ist" ausmacht. Man kann bei dieserart Antworten deshalb jeweils weiterfragen und würde in der Tat, darin ist das etwas humorige Beispiel des Cusanus durchaus verpflichtend, erst dann auf einen Grund des Fragens stoßen, wenn von diesem aus nicht mehr weiter zu fragen ist.

Was zum Zweiten innersystematische Aporien der aristotelischen Herangehensweise an die Frage nach dem, „was etwas ist", betrifft, so äußert sich zu diesen Cusanus in „De Beryllo" in gedrängter und skizzenhafter Weise. Gleichwohl lässt sich ersehen, dass für Cusanus eine Bezugnahme auf den species-Begriff nicht als Antwort zureicht, weil sich für das Verhältnis von species und Einzeldingen ein zweiseitiges Dilemma ergibt: (i) Entweder existieren die species separat und früher als die Einzeldinge. Dann sind sie zwar an sich selbst als Allgemeinbegriffe wissbar, aber nicht mehr in hinreichend engem Zusammenhang mit den Einzeldingen verständlich, um zu erklären, warum diese „sind, was sie sind". (ii) Oder die species sind bereits so eng an die Einzeldinge gebunden, dass sie diese nicht mehr erklären können, weil sie selbst ontologisch von ihnen abhängig sind.

Aristoteles hatte bezüglich der Frage nach „dem, was etwas ist", so setzt Cusanus in seiner Zusammenschau in „De Beryllo" ein, drei Momente unterschieden: 1. substantielle Materie, 2. Form, 3. Zusammengesetztes. Während (ad 1) die substantielle Materie nur „Möglichkeit des Seins" ist[45], also als anführbares Prinzip für die gesuchte Erklärung ausscheidet, gilt (ad 3) entsprechendes für das Zusammengesetzte bzw. Werdende (da es durch die beiden anderen Momente allererst konstituiert ist). Was ist dann aber (ad 2) mit der Form gemeint, die, so die Paraphrase des Cusanus, das „im Zusammengesetzten formende" Prinzip ist oder „das, was etwas ist" (quod erat esse)

45 Vgl. zu dieser Terminologie z.B. De poss. (h XI/2) n. 28: „essendi possibilitas in sensibilibus materia dicitur"; ähnlich De docta ign. (h I) II c. 1 n. 97; vgl. dazu (mit Nikolaus von Kues/Steiger: Dreiergespräch über das Können-Ist, 100) Librum hunc II, 19: „possibilitas a philosophis materia nominatur que per formarum abstractionem ad intelligentiam satis aperte reducitur" (ed. Häring: Commentaries, 74). In De poss. (h XI/2) n. 63-64 unterscheidet Cusanus einen Begriff der Materie als körperlich-unbeständigem Komplement zur Form (die dann nicht selbst das Sein gibt, sondern dieses ergibt sich aus der Verbindung von Form und Materie) von einem weitergehenden Materiebegriff, der auch mit intelligiblen und vom Körperlichen abstrahierten Begriffen wie z.B. mathematischen Figuren als „Untergrund" (subiectus) zusammengeht, insoweit diese *noch vorstellbar* sind. Die theologische Betrachtung Gottes als absoluter Form von Allem (die tatsächlich für sich selbst Allem das Sein gibt) führt über *beide* Formbegriffe als Korrelat entsprechender Materiebegriffe hinaus.

oder, wenn getrennt (separata) betrachtet, Artform (species)? Die aristotelischen Überlegungen führen von daher für Cusanus in Aporien.

Denn wie etwa verhält sich dann die „species" im Schema von Möglichem und Wirklichem? Als Prinzip ist mit Aristoteles festzuhalten, dass jedes In-Möglichkeit-Seiende überführt wird in Wirklichkeit durch ein In-Wirklichkeit-Seiendes. Denn nur so steht ein Prinzip bereit, zu erklären, *wie* etwas aus Möglichkeit zur Wirklichkeit kommt; das In-Möglichkeit-Seiende kann dieses Prinzip nicht selbst sein, da es sonst ja *bereits selbst* in Wirklichkeit ist.[46] Also wird man sagen müssen, dass die species *früher* in Wirklichkeit ist.

Eben dies aber führt, so versucht Cusanus in recht gedrängter Darstellung aufzuzeigen, auf ein weiteres Problem: Wenn die species Prinzipien dafür sind, dass etwas ist, *was es ist* und als das eigentlich-Wirkliche „früher" sind, dann sind die species gewissermaßen ‚zu weit' von den konkreten Objekten abgetrennt – sowohl in ontologischer wie epistemischer Hinsicht. Denn es würden dann (i) (von der sinnlich-fasslichen Realität im Konkreten *getrennte*) species und (ii) (mit dem *Was* dieses Konkreten identisches) „das, was etwas ist" gewissermaßen auseinander gerissen.[47] Denn (ad i): Wenn die species *nicht* getrennt davon sind, dann sind sie *nicht allgemein* und man kann dann nichts von ihnen *wissen* (da das Wissen das Allgemeine erfasst). Wenn dagegen (ad ii) die species *getrennt* sind vom Sinnlich-Erfassbaren (aber dennoch wissbar sein sollen), dann müssten sie sein „wie Zahlen, getrennte Größen oder mathematische Formen". Von dieserart Objekten lässt sich, so dürfte Cusanus hier unterstellen, ja zumindest begreifen, wie diese sowohl allgemein und wissbar wie auch prädizierbar von Einzelobjekten sind. Allerdings besitzen sie dann *„Sein"* nur *im Zusammenhang mit* materiellen Einzelobjekten.[48] Insofern *hängen* etwa Zahlen dem Wirklichsein nach also von der Materie und jeweils einem zugrunde Liegenden *ab.* So verstanden, wären die *species*

46 Vgl. De beryl. (h ²XI/1) c. 29 n. 49. Cusanus setzt freilich (mit Aristoteles) in seiner knappen Paraphrase *bereits voraus*, dass das Mögliche *früher* ist als das Wirkliche („si est *prius* in actu, esset in actu, *antequam* esset in actu"). Ganz ähnlich noch vielerorts im cusanischen Werk, z.B. De non aliud (h XIII) n. 125 (propositio 20).

47 Vgl. De beryl. (h ²XI/1) c. 29 n. 49: „Oporteret enim idem esse separatum et non separatum, cum non possit dici quod sit alia species separata et alia substantia ‚quod erat esse' […]".

48 Dem hier in De beryl. (h ²XI/1) auszumachenden Problembefund entspricht in dieser Hinsicht auch die zu De poss. (h XI/2) n. 64 zu vergleichende Problemdiskussion bei Johannes von Salisbury (Metalogicon II, 20 PL 199, 883B, worauf auch Renate Steiger (Nikolaus von Kues/Steiger: Dreiergespräch über das Können-Ist, 109) verweist) im Anschluss an Boethius: Dieser hebt hervor, dass die Form (von welcher Aristoteles spricht, die aber *von Gott* aus dem Nichts geschaffen sein muss) gewissermaßen erst *durch die Materie* existiert: „[…] ex nihili ipsique materiae concreta est forma, eo quod simul aeque de nihilo creata […] Quodam enim modo, per materiam existit forma, sicut discernitur materia ipsa per formam."

gerade *nicht* getrennt (und würden als Erklärungsprinzip wiederum ausscheiden).

Die species müssten demnach sowohl (i) getrennt sein und dann allgemein wissbar sein *wie auch* (ii) nicht-getrennt (vom Sinnlich-Erfassbaren) sein, sondern vielmehr mit diesem (mindestens) dergestalt zusammenhängen, wie die Zahlen sich zum Zählbaren verhalten.

Die Diskussion, die Cusanus in dieser knappen Passage in „De Beryllo" gibt, ist zwar nur skizzenhaften Charakters, lässt aber zumindest erkennen, dass er sowohl grundsätzliche wie auch innersystematische Probleme der aristotelischen Antwort auf die Frage sieht, „warum etwas ist, was es ist". Auf beide Hinsichten wird nachfolgend zurückzukommen sein, sofern nämlich Cusanus diese Fragestellung nach der Washeit von Etwas und Allem unter Einbezug teleologischer Bezüge und unter Ansetzung einer spezifischen Betrachtungsweise des Inbegriffenseins analysiert.

II.1.2 Die Frage nach der Washeit von Allem muss teleologische Bezüge mit einbeziehen

„Et stabo atque solidabor in te, in forma mea, veritate tua."[49]

Bei der Kritik an der aristotelischen Herangehensweise an Fragen danach, warum etwas ist, was es ist, hatte Cusanus in „De Beryllo" einen Abbruch der Antwort kritisiert: Es müsste schlicht stipuliert oder hingenommen werden, dass ein bestimmter, von sonst woher bereits gesetzter Artbegriff zur Anwendung kommt. Es könne dann von Aristoteles nicht weiters erklärt werden, warum gerade *dieser* Artbegriff es sei, der die Washeit von Etwas ausmache und erfasse – außer etwa in der Weise, dass auf eine vorausliegende willentliche Setzung rekurriert würde:

[49] Augustinus: Confessiones XI 30. Die Stelle sei hier angeführt, um zu erinnern an Bedeutungsgehalt und auch strebensethisch-praktischen Kontext der Termini von forma, veritas, aeternitas in jener Tradition, in welcher auch Cusanus unsere Suchbewegung nach dem, was allem „Form", „Washeit" und damit „Sein" gibt, mitverortet: Es geht dabei letztlich um den Begriff Gottes als jenem, in welchem das endliche Subjekt „Gestalt hat" und „Wahrheit" hat im Sinne jenes festen Standes, den Augustinus mit der göttlichen Ewigkeit und ewigen Ruhe identifiziert, welche die Zielbestimmung unseres hier und jetzt je unruhigen, „umherlaufenden" Daseins ausmacht: „at ego in tempora dissilui quorum ordinem nescio, et tumultuosis varietatibus dilaniantur cogitationes meae, intima viscera animae meae, donec in te confluam purgatus et liquidus igne amoris tui" (Confessiones XI, 29, 39) – damit sich dem Sinngehalt des hebräischen Begriffs für „Wahrheit" gewissermaßen kongenial annähernd, wie Söhngen: Einübung, 91f herausstellt.

„[...] weil es (das fragliche Objekt, das in seiner Wasbestimmtheit soeben als Schoppen erkannt wurde) dergestalt ist, wie vom Herrscher des Staats festgelegt wurde, dass ein Schoppen ist."[50]

Tatsächlich tendiert Cusanus in gewisser Weise selbst in diese Richtung. Denn ein letzter Grund für die Frage danach, warum etwas ist, was es ist, ist für Cusanus tatsächlich mit Gott selbst unter mehreren Hinsichten gegeben, und dabei insbesondere hinsichtlich des *Willens* Gottes. Freilich muss, wie noch (in Abschnitt III.4) ausführlich zu diskutieren sein wird, die Redeweise von einer „Absicht eines Intellekts" in der Sicht des Cusanus eine eher unbeholfene Annäherung bleiben. Gleichwohl orientiert diese Annäherung unsere Erkenntnisbemühung zutreffend auf eine Hinsicht, die insgesamt maßgeblich bleibt nicht nur für die Behandlung der Problematik der „Washeit" an sich selbst. Denn wenn als Grenzbestimmung unserer Suche, wie auch immer unbeholfen nur formulierbar, gesetzt ist, dass mit der Erfassung der *göttlichen Absicht* unser Fragen nach der Washeit zur Ruhe käme, dann erfordert ein derartiger Ausblick auf eine Lösung der fraglichen Problematik, wie auch immer unvollendbar deren Erreichen uns bleiben mag, eine bestimmte Charakteristik des Theorierahmens, in welchem diese Problematik überhaupt formuliert wird. Cusanus geht es dabei keineswegs um einen theologischen Voluntarismus, wonach an die Stelle theoretischen Verstehens schlicht ein rational nicht mehr zureichend rechtfertigbarer Akt religiösen Glaubens im engeren Sinne zu treten hätte[51] und das theoretische Vokabular (etwa von stabilen Substanzen) durch spezifisch theologisches Vokabular (etwa einer Rede von Gottes Absichten) einfachhin *ersetzt* würde. Durchaus aber intendiert Cusanus, eine Ontologie stabiler Substanzen und kategorialer Sachbestimmungen nicht zu ersetzen, aber in methodischer Hinsicht zu integrieren bzw. der Sache nach zu grundieren in einem teleologisch-intentionalen Wirklichkeitsverständnis. Anders formuliert, ist für Cusanus die Suche nach der Wesensbestimmtheit von Allem daher nicht nur ein Unternehmen theoretischer Vernunft. Es geht dabei nicht nur um eine zureichende Erklärung unter Anführung ontologischer Konstituenten, sondern auch um ein Verstehen der Sinnzusammenhänge als wesentlich teleologischer Zusammenhänge, in welchen Gegenstände stehen und aufgrund welcher etwas ist, *was es ist*.

Nicht also schon in der Sachangabe eines bestimmten Substanzbegriffs käme unser Fragen nach dem, warum etwas ist, was es ist, zur Ruhe, sondern erst dann, wenn unser Verstehen eine *Absicht, worumwillen* etwas ist, erreichte. Dabei kann sich Cusanus durchaus mit gewissem Recht wiederum auf

50 De beryl. (h ²XI/1) c. 30 n. 51, vgl. obige Fn. 44, S. 30.

51 Cusanus spricht vielmehr dezidiert von einem „Zusammenfall" der Hinsichtnahmen auf Gott, sofern ihm „Wille" zuzuschreiben ist sowie, sofern er als „ratio" anzusprechen ist, da, so etwa De gen. (h IV) c. 5 n. 181 (und n. 183), bei Gott „das Gewollte (volitum) das Überlegte bzw. Begründete (rationale) ist".

Aristoteles berufen, nämlich etwa, was die Individuierung von Substanzen aufgrund ihrer funktionalen (bzw. teleologischen) Rolle betrifft. Cusanus zieht den Fall eines konkreten Artefakts heran, hier eines Hauses: Es ist insofern demgemäß, „was es ist", ein Haus, insofern es sinnlich-fasslich wird *umwillen des Zweckes, worumwillen es ist.* Eben darum, so Cusanus, habe Aristoteles auch letztlich völlig richtig gesehen, dass der *species* (hier des Hauses) keineswegs eine *separate* Realexistenz zukommen könne.[52] Und ebenfalls gehe Aristoteles zutreffend von dem Prinzip aus, dass man jeweils größere und *primäre* Wahrheit einer Sache zusprechen sollte, wie sie *in der Absicht* ihres Urhebers ist; von hierher sei überhaupt erst die Washeit endgültig zu bestimmen.

Dies gilt für Cusanus für die Gesamtheit endlicher Wirklichkeit: Deren Strukturganzes gründet darum letztlich nicht in einer Pluralität von Prinzipien, sondern ist als Zur-Erscheinung-Kommen göttlicher Absicht aufzufassen. Das Prinzip aller Was-Bestimmtheit ist demnach selbst, wie behelfsweise auch immer, *intentional* und *intellektual* zu qualifizieren: Gottes *Absicht* ist der Grund von Allem, wie er in der Ordnung des Universums widerstrahlt.[53] Insofern ist daher auch dieser Wesensgrund alles Seienden (zumindest in heuristisch-erkenntnisleitender Annäherung) als „Geist" anzusprechen.[54] Die Fragen nach dem Was und Warum von Allem führen von daher nicht nur auf *andere Washeiten* und nicht nur auf eine erste Ursache aus den Gegens-

52 Vgl. De beryl. (h ²XI/1) c. 33 n. 56. Vgl. z.B. auch De poss. (h XI/2) n. 13, wonach in der Form der Formen die Formen und Dinge „wahreres und lebendigeres Sein" haben als in der Materie.

53 Vgl. z.B. Apol. (h ²II) n. 34-35. Cusanus veranschaulicht das Verhältnis von Gottes Willen zum Universum hier an der Säule des Trajan: In jener Säule strahle Trajans „Wille" wieder, „in dem Weisheit ist und Macht", so dass die Säule dem Willen Trajans dient, „seine Herrlichkeit den Späteren zu zeigen", wie er ihn „nur im sinnlich-anschaulichen Gleichnisbild (in aenigmate)" zeigen konnte, so dass die Säule „durch seinen Willen ist, was sie ist". In ähnlicher Weise habe Gott, „der König der Könige", das Universum und alle Teile desselben „geschaffen, um seine Herrlichkeit zu zeigen durch seinen Willen, in welchem Weisheit und Macht ist".

54 Vgl. z.B. De ven. sap. (h XII) c. 28 n. 84, wonach die Arten (species) „keine Urbilder (exemplaria) haben als den göttlichen Geist, durch welchen sie sind, was sie sind, und von dem sie bestimmt werden (terminatur)"; diese „Bestimmung" betrifft die Konstitution von Wesen bzw. Washeit bzw. Form durch das einfach-einzige göttliche Urbild als Wesensgrund (ratio) bzw. als „Form des Seins" von Allem; aller Dinge „Wesenheiten und Wesensformen (essentias et essentiales formas)" sind dabei in Gottes „Kraft" (virtus) und „wirksamen Vermögen" (potentia causali) enthalten, so Cusanus De ven. sap. (h XII) c. 29 n. 86. Letztere Formulierung erinnert an Augustinus: De Genesi ad litteram V, 23, 44, wo diskutiert wird, wie Gott alles simultan schaffen kann, was Augustinus mit dem Samen vergleicht, der alles enthält, freilich nicht körperlicher Größe nach, sondern der Kraft und dem „wirksamen Vermögen" nach (vi potentiaque causali). Diese Passage wird auch in den hochscholastischen Diskussionen desöfteren herangezogenen, insbesondere in Sentenzenkommentaren, vgl. z.B. Bonaventura: In I Sent. d. 18 a. 1 q. 2 sc 4.

tandsbereichen nur kausaler oder substanzontologischer Terminologie, sondern auf einen „Urheber" des Sinnzusammenhangs von Wirklichkeit im Ganzen. Von daher kann Cusanus nicht nur davon sprechen, dass die Washeit aller Einzeldinge und jedes Einzeldinges ihr erstes und eigentliches Sein „im göttlichen Intellekt" habe, sondern anstatt von Washeiten direkt auch sprechen von „Intentionen" Gottes. Beide Hinsichtnahmen und Termini, also die Rede von „Allgemeinbegriffen" wie von „göttlichen Intentionen", entsprechen einem Zusammengehen von Perspektiven, das in beiderlei Richtung funktionieren kann und soll. Wenngleich dabei Termini wie „Intentionen" oder „Urheber" für Cusanus nur sprachliche Annäherungen darstellen, so könnte doch auch jede andere Formulierung gleichfalls nur von *unserem* Begriffsschema ausgehen. Von daher ergibt sich, dass zumindest vorläufig mit Termini anzusetzen ist, wie wir sie ansonsten anwenden auf Personen und Konzepte, die grundsätzlich im Blick auf Sinnbezüge intelligibel sind – wobei noch hinzukommt, dass aus Sicht des Cusanus diese Termini keineswegs einfachhin ersetzbar sind; stattdessen muss es darum gehen, *deren Status* näherhin zu verstehen.

Diesem Einbezug teleologisch-intentionaler Momente, die in letzter Hinsicht auf das Begründetsein aller Wirklichkeit in der „Intention" ihres Urhebers führt, entspricht ein spezifischer und der Sache nach grundlegender *Modus der sprachlichen Fassung* unserer Bezugnahme auf Wirklichkeit im Ganzen und ihr Begründetsein. Es handelt sich dabei nämlich zwar durchaus auch, aber keineswegs nur und nicht einmal primär um *deskriptive* oder *explanative* Versuche. In erster Hinsicht nämlich hätte für Cusanus unsere diesbezügliche Rede *Ausdruck des Lobes* ihres Urhebers zu sein. Wenn wir in aller Einzelwirklichkeit einen Ausdruck der „Absicht Gottes" wiederfinden, so manifestiert sich Gott in Allem *in preiswürdiger Weise*.[55] „Alles ist, was es ist, infolge der Lobpreisungen und Seligpreisungen Gottes"[56]. *Unser* Lob spiegelt dabei in je unvollkommener, aber eigentümlicher und damit die Vielfalt des Lobpreises insgesamt je bereichernder Weise, wieder, dass *von vornherein bereits alle Wirklichkeit* Ausdruck des Lobes des Göttlichen als ihres Urhebers ist: Gott hat „alles *aus* seinen Lobpreisungen *hingeordnet auf* seine Lobpreisungen gebildet"[57] und „*durch Teilhabe an seinem Lobpreis* hat

55 Vgl. De beryl. (h ^{2}XI/1) c. 25 n. 37; c. 32 n. 54. Dass Gottes in sich einfache Absicht der Grund von Allem ist, beschreibt auch De ludo (h IX) II n. 78 ff.

56 De ven. sap. (h XII) c. 18 n. 52.

57 De ven. sap. (h XII) c. 18 n. 53: „[...] omnia ex suis laudibus ad sui laudem constituit", was dann insbesondere auf „jede Art (species)" bezogen wird und besonders auf den Menschen, der „ein lebendiger und Intellekt-begabter Lobgesang von Lobpreisungen in vorbildlicher Gestalt ist", der „mehr als alles Sichtbare von den Lobpreisungen Gottes besitze, so dass er Gott vor allen übrigen (Werken Gottes) unablässig preise. Sein Leben bestehe nur darin, dass er Gott zurückerstattet (reddat), was er von ihm empfing, um zu sein, nämlich die Lobpreisungen [...]". („Ex his elicui hominem, vivum quendam et in-

Gott alles, was er schuf, ‚gut' genannt und gesegnet". An dieser Verherrlichung des Göttlichen, die, wie Cusanus wieder und wieder variierend betont, cantus firmus der Wirklichkeit im Ganzen und in allem Einzelnen ist, *partizipiert* auch unsere Bemühung um die Auffindung der Washeit von Allem.

Die metaphysische Fragestellung bezüglich der Washeit von Allem ist von daher für Cusanus ein Teilvollzug unserer grundsätzlichen, ebenso theoretischen wie praktischen und für ihn näherhin und letztlich spirituell-praktischen Bemühung um den „Schatz unseres Lebens", an welchem jede Einzelbemühung an Wissensaufsuchung partizipiert.[58] Die diskursiv-propostional feststellende Aufsuchung und Formulierung von Wissen gründet in der Performanz menschlichen Strebens nach Grund und Bestimmung menschlichen Lebens, woran die theoretische Lebensform[59] und wissen-

telligentem laudum dei hymnum optime compositum [...]"). In c. 20 n. 56 nennt Cusanus dann den Menschen mit seinem denkenden Geist (spiritus intellectualis) eine „lebendige Harfe", ausgestattet mit allem, um Gottes Lob zu singen.

58 So in De beryl. (h ^{2}XI/1) c. 31 n. 53. Sehr deutlich wird der Zusammenhang mit dem praktisch-lebensweltlichen Streben auch, wenn in c. 36 n. 64 Cusanus zunächst bei der sinnlichen Wahrnehmung ansetzt: Je eher diese die Objekte in „harmonischer Einung" sieht, desto eher kommt in diesem Wahrnehmungsvollzug das „Leben der Sinnenseele" zur Verwirklichung. Analog im Intelligiblen, wenn in einem einzigen Prinzip viele Unterschiede im Erkennbaren (ersichtlich) sind. Genau dies ist für Cusanus im ersten Prinzip der Fall, weshalb er davon spricht, dass die darauf gerichtete Erkenntnis „höchstes Leben des Intellekts ist und unsterbliche Freude" (delectatio). Cusanus spricht z.B. in De poss. (h XI/2) n. 64-65 auch vom „Schatz der Weisheit" und „Schatz des Seins", den er mit Anleihen an platonischer Emanations-Motivik mit Gott als Form der Formen vereinbart; da freilich „alles nach dem Guten strebt und nichts erstrebenswerter (appetitibilius) ist als das Sein" (hier n. 65 und ähnlich vielerorts), konvergieren ontologische und strebensethische Terminologie.

59 Cusanus hat im Stile geradezu einer „interpretatio christiana" mehrfach die aristotelischen Aussagen zu Vernunft und Glückseligkeit in seinen christlich-theologischen Rahmen integriert und zugleich eigenwillig reinterpreitert. In Sermo CXCIX (h XVIII) etwa deutet er eine Bemerkung des Aristoteles, wonach „nur für kurze Zeit" „das Beste" „bei uns" ist, auf die ekstatische Entrückung, in welcher das Auge hineingetragen wird in die Sonne und das „beste Leben" nur Gott zukommt (vgl. n. 4). Zur Bestimmung der „besten" Tätigkeit als kontemplativer und zur Aussage, dass die Weisheit die „größte Lust" aller Tätigkeiten sei, ergänzt Cusanus vorsichtig die Mutmaßung (vgl. n. 7-8, dass dies „in entsprechender Form" (conformiter) für die Lehre der christlichen Religion verstehbar sei: Wir glauben in dieser „durch die Lehre Christi", dass die Glückseligkeit bestehe in der Kontemplation oder Schau der Weisheit, die Gott ist; auch spricht Cusanus hier von der „großen Freude" im Erfolg der Jagd nach Weisheit – geradezu ein Leitmotiv der späteren cusanischen Werke. Diese Jagd nun komme, damit beschließt Cusanus seine Anmerkungen zu den Aristoteles-Exzerpten zum Predigtentwurf, nicht ins Ziel mittels der Weisheit der „philosophischen Jäger"; sie haben nur die Spur, nicht aber die Wahrheit selbst, die wie der schnelle Hirsch zu schnell ist, als dass irgendeine „geschaffene Macht" sie fangen könnte; gefangen werde sie vielmehr durch die Liebe und weil die Weisheit selbst sich in die Seelen begibt, damit sie gefangen werde – eine solche Jagd kannten die „philosophischen Jäger" nicht, wie denn auch die „reine Sicherheit" verborgen blieb vor den „Augen aller Weisen"; eröffnet hat sie uns erst Christus, dessen Lehre zufolge der Jäger mit „wirkendem Glauben" sich der Liebe bzw.

schaftliche Theoriebildung ein wesentliches Moment ausmacht. Das Ringen um sprachlichen Ausdruck erreichter Einsichten, und seien es Einsichten *ex negativo*, ist insbesondere je ein Teilmoment des Vollzug des „Lobes“ des Grundes aller Wirklichkeit, der für Cusanus der allgemeine Grundvollzug und erste Sinn aller Wirklichkeit überhaupt ist. Auf diesen Rahmen, in welchem auch die theoretischen Bemühungen des Cusanus um eine Fassung der Prädikationsproblematik in Bezug auf das Göttliche stehen, wird noch ausführlich zurückzukommen sein (v.a. in Abschnitt IV.5).

II.1.3 Alles ist in und durch die eine „Washeit“ bzw. „Form“

Bereits in einigen der obig angeführten Formulierungen wurde ersichtlich, wie Cusanus die Frage nach einer Washeit von Allem in singularische Ausdrucksweise fasst. In der Tat geht es Cusanus bei dieser Fragestellung um *die* Washeit von allem im Singular, also um in letzter Hinsicht nur *eine* in sich einfache Washeit, welche alle Einzeldinge konstituiert und so, wie sie in sich ist (uti in se est), das eine Urbild oder die eine Idee *aller* Dinge ist.[60] Dieses eine und einfache Prinzip aller Was-Bestimmtheit identifiziert Cusanus mit dem Göttlichen auch insofern, wie soeben gezeigt, als dabei die teleologischen Sinnbezüge (letztlich als „göttliche Intentionen“, wie sie sich freilich unserer Einsicht im Einzelnen entziehen) ein Objekt erst als das konstituieren, *was* es ist. Die Reduktion auf ein *eines* und *einfaches* erstes Prinzip liegt auch den vielfachen Stellungnahmen des Cusanus zur Problematik einer separaten Realexistenz von Universalien zugrunde.[61] Zumindest spart Cusa-

Weisheit zu eigen geben muss (vgl. n. 8-9). Auch z.B. in Sermo CXCVII B (h XVIII) n. 2-3 hat Cusanus das kontemplative Leben als das „wahre Leben“ des intellektualen Geistes beschrieben und (in paulinischem Duktus und mit entsprechenden Bezugnahmen) abgesetzt vom „Leben des Fleisches“, das „zum Nicht-Sein führt“ (n. 3, 23-24: „[...] ducit ad non esse“; die Übersetzung bei Nikolaus von Kues/Euler/Schwaetzer/Reinhardt: Predigten Band 3, 511, „weil es nicht zum Sein führt“, ist etwas ungenau).

60 Vgl. De docta ign. (h I) I c. 17 n. 48, 8-9.

61 Vgl. z.B. De ven. sap. (h XII) c. 1 n. 3, wonach im Anschluss an Platon (der dort gegen „schlechte Interpreten“ verteidigt wird) insbesondere die Natur eines Individuums mit der Idee „vereint“ sei und ein Individuum alles „der Natur nach“ (naturaliter) habe; nach Proklos seien dabei die Wesensprinzipien (principia essentialia) „intrinsisch“ zu verstehen. Mit seiner Lehre von der Einzigkeit des Prinzips von Allem wendet sich Cusanus dezidiert gegen die Thesen von einer Mehrheit ewiger und separater Ideen, wie er sie bei Platon und (vgl. dazu De princ. (h X/2b) n. 25) z.B. auch Proklos vorzufinden erklärt. Wenn Cusanus dagegen nur von genau einem ersten Prinzip ausgeht und dieses als drei-einheitlich versteht, beansprucht er, dass sich die im platonischen System ergebende Annahme einer universalen Weltseele erübrige (vgl. etwa De beryl. (h ^{2}XI/1) c. 24 n. 37), da ihm der drei-eine Ursprung von Allem explanativ hinreicht.
Wenn hier von „Universalien“ gesprochen wird, ist die auch moderne Redeweise im Sinne von Allgemeinbegriffen überhaupt gemeint. Cusanus selbst dagegen spricht von

nus detaillierte theoretische Argumentationsstränge im Vergleich eher aus. Stattdessen zielt er von Vornherein auf ein in sich einfaches Prinzip, das nicht als eine weitere Washeit, Form, Substanz oder Universalie *neben und über* anderen auffassbar ist.

In der Diskussion über die selbständige Realexistenz urbildlicher Formen äußert sich Cusanus zwar des Öfteren dieser Position gegenüber zustimmend, doch kann dies nur unter mehreren Modifikationen als Positionierung des Cusanus verstanden werden. Die Abweichungen betreffen mindestens drei wesentliche Punkte: Erstens ist für Cusanus gleichwohl alles, was den Sinnen vorliegt, Grundlage *derjenigen* Formen, mit welchen die ratio *als ihren eigenen Produkten* hantiert (hinsichtlich der epistemologischen Rahmenbestimmunge wird darauf in Abschnitt III.3 zurück zu kommen sein). Zweitens handelt es sich aber dabei je um Widerspiegelungen einer urbildlichen Form, die der ratio so, wie sie an sich selbst ist, immer unzugänglich und daher durch die Namen, welche die ratio bildet, auch unnennbar bleibt. Drittens kann es nur eine derart unendliche, absolute urbildliche Form, nicht aber mehrere geben[62]. Sie ist vielmehr mit Gott selbst zu identifizieren und hat insbesondere auch die – für die in dieser Arbeit im Zentrum stehende Prädikationsthematik maßgebliche – Funktion, jedem Einzelding „Sein und Namen" zu vermitteln.[63]

Zwar findet sich auch bei Cusanus eine Redeweise von Urbildern im Plural. In „De docta ignorantia" etwa führt Cusanus eine gestufte Partizipations-Schematik ein, wonach die „einfachen endlichen Substanzen" „unmittelbarer" teilhaben am absolut-Größten, während die Einzelobjekte daran je nur *vermittels* jener einfachen endlichen Substanzen teilhaben.[64] Und auch z.B. in „De Beryllo" erklärt Cusanus, dass „die Theologen", wenn sie vom „Willen Gottes" sprechen, sich auf nichts anderes beziehen denn die Urbilder oder Ideen Gottes, der alle Urbilder in sich habe.[65] Doch erklärt Cusanus derarti-

„universalia" auch mit Bezug auf die *fünf* Typen universeller Klassen aus der Isagoge des Porphyrius: genus, species, differentia, proprium, accidens; vgl. z.B. De ludo (h IX) II n. 93 und die Nachweise im Apparat zur Stelle.

62 Vgl. De mente (h ²V) c. 2 n. 66-68; in z.B. De mente (h ²V) c. 11 n. 138 nennt Cusanus Gott „einende Einheit", „wahre Substanz" und „Substanz im eigentlichen Sinne". Die Lehre von der Einzigkeit der Form bzw. Idee entstammt der „Schule" von Chartres bzw. ihnen nahestehenden Autoren. Mehrere Nachweise dazu bei Nikolaus von Kues/Bormann: Über den Beryll, 102f; vgl. besonders Comm. De Trin. (Librum hunc) II, 45 (ed. Häring: Commentaries, 82). Dass Gott Idee aller Dinge ist, vertritt z.B. auch Wilhelm von Lucca in seinem Kommentar zu Pseudo-Dionysius: De divinibus nominibus (nachfolgend kurz „DN").

63 Vgl. z.B. De poss. (h XI/2) n. 64.

64 Vgl. De docta ign. (h I) I c. 18 n. 52, 23-25. Zur Entwicklung im Gebrauch des participatio-Begriffs: Schwaetzer: Einheit und Vielheit.

65 Vgl. De beryl. (h ²XI/1) c. 16 n. 17, dort in Gegenwendung zur Darstellung der Lehrmeinung des Aristoteles bei Averroes (Met. XII, 18.24) und Albert (Kommentar zu DN

ge pluralische Redeweisen näherhin wie folgt: Wenn im Plural von Urbildern gesprochen wird, dann bezieht sich dies auf die verschiedenen Gründe *(rationes) verschiedener (varias) Dinge* – Cusanus spricht auch von „Abbildbaren" (exemplabilia).[66] Im Absoluten aber fallen diese (nur vom Vielen her als Viele erscheinenden) *mehreren* Gründe ineins.

In seinen Versuchen, das Verhältnis Gottes als Prinzip von Allem und aller Was-Bestimmtheit zu den einzelnen Washeiten zu fassen, knüpft Cusanus vielfach an den Formbegriff an, wie er auch bei den Chartrensern gebraucht wurde.[67] Die Form als Konstituens des „Wesens von Allem" ist in dieser Tradition, sofern als *Form für Alles* begriffen, genaugenommen nicht eine einzelne Form *von* etwas im Sinne einzelner Instanzen von Form-Materie-Komplexen.[68] Auf den Vorwurf des Johannes Wenck, wie Eckhart vertreten zu haben, dass „Gott der Form nach alles ist", so dass ein Mensch „selbst ohne Unterschied (distinctio) der Natur nach Gott" sein könnte[69], entgegnet Cusanus daher zurecht, dass dies keineswegs seiner Auffassung entspreche;

c. 2 q. 18, ed. Simon, ed. Col. 37/1, S. 73; die Passage bei Albert ist u.a. angeführt und ausgewertet bei Ruello: noms divins, 74; eine kompakte ideengeschichtliche Einordnung gibt Hasse: Giver of Forms, vgl. hier bes. 242f). Vgl. z.B. auch De poss. (h XI/2) n. 4, wonach wir die ewigen Gründe (rationes) „im (ersten) Prinzip" zu betrachten haben.

66 Vgl. De sap. (h ²V) II n. 38-39.

67 Vgl. zur Lehre von Gott als forma essendi in diesem Kontext immer noch Brunner: Deus forma essendi und v.a. Kremer: Seinsphilosophie , 120 u.ö. Für die These, dass das (bestimmte) Sein der Sache durch die Form zukommt, wird insbesondere Boethius maßgeblich (vgl. bes. De Trin. II und bei Cusanus u.a. De sap. (h ²V) I n. 23); für den chartrenser Kontext ist hinzuweisen v.a. auf Thierrys Traktat über das Sechstagewerk, n. 31-32 mit den Parallelen z.B. in De ven. sap. (h XII) c. 36 n. 107; c. 39 n. 120. Die Bezüge zwischen Thierry (bzw. Pseudo-Thierry) und Cusanus hinsichtlich des Konzeptes der göttlichen „forma essendi" erörtert Rusconi: Cusanus und Thierry. Ideengeschichtlich handelt es sich auch um eine Weiterführung der Adaptation, die Ideen im Geistes Gottes zu verorten (so z.B. bei Augustinus: De ideis = De diversis quaestionibus q. 46, 2, PL 40, 30 / CCSL 44A, 71: „[...] quae in divina intelligentia continentur"; in Ep XIV, 4 auf den Sohn als Wort bezogen). Die Frühgeschichte dieser Überlegungen erörtern Wolfson: Extradeical and Intradeical; Krämer: Geistmetaphysik; Norris: Divine Ideas; zu Thomas unter Mitbehandlung dieser Frühgeschichte: Boland: Ideas in God.

68 Letzteres betont Cusanus v.a. in De poss. (h XI/2) n. 12: „[...] nec forma alicuius, sed omnibus forma [...]".

69 Angeführt Apol. (h ²II) n. 32. Johannes Wenck bezieht sich auf Eckhart von Hochheim: BgT, DW V, 12f. Johannes Wenck meint, dies folge aus der negativen Theologie des Cusanus: „Das absolut Größte lässt nicht ein Überschreitendes und ein Überschrittenes zu. Daher ist ihm nichts entgegengesetzt (oppositum). Und folglich ist es, wegen des Fehlens der Unterscheidung (discretio), selbst die Gesamtheit der Dinge (universitas rerum). Und ihm kann kein Name in eigentlicher Weise zukommen, weil die Beilegung (impositio) des Namens von einer bestimmten Qualität her stammt, welcher der Name beigelegt wird. Darauf spielt der Magister Eckhart an".

das Geschöpf sei weder Gott noch nichts.[70] Es geht also, wenn Gott als „Form der Formen" betrachtet wird, nicht um einen Formbegriff dergestalt, wie ein Einzelding als nach einer *bestimmten* Form bestimmt betrachtet wird. Cusanus hebt diesen Unterschied deutlich hervor und hält fest, dass demnach die „Subsistenzen der Dinge in ihren eigentümlichen Formen nicht aufgehoben" seien.[71] Im Hintergrund steht dabei die in der chartrensischen philosophischen Theologie entwickelte Auffassung vom „id quod est" als „subsistens": Das, was etwas ist, ist ein Objekt nicht durch sich selbst. Sondern das, wodurch etwas ist und das ist, was es ist (*quo est* und *id quod est*), ist in einem Prinzip begründet, welches das Bestehen von etwas *als etwas* überhaupt erst begründet. Dieses begründende Prinzip fällt selbst nicht in den Objektbereich des dergestalt *begründeten* Bestehenden. Es ist *hinsichtlich dieser Prinzipialität* auch gesondert von seinen Instantiierungen betrachtbar, nämlich als „einfache und reine Form".[72] Entsprechend spricht Cusanus da-

70 Apol. (h ^{2}II) n. 33. Es ist zur Absetzung der cusanischen Position von derjenigen Eckharts indes nicht hinreichend, mit Meuthen: Nikolaus von Kues 1401-2001, 60, das „Widerspruchsprinzip" als nicht mehr „Seinsprinzip", wie ihm zufolge bei Eckhart, sondern „Erkenntnisprinzip" aufzufassen. Denn nach Cusanus folgt das Erkennen dem Sein je nach. Wenn im „Erkennen" oberhalb des Niveaus der ratio eine „Leugnung" des Widerspruchsprinzips statt hat, muss daher weitergefragt werden, was dem aufseiten des „Seins" korrespondiert. Überhaupt bleibt in jedem Fall zu fragen, wie es in Überschreitung der ratio und ihrem Bereich der entgegengesetzten Seienden mit dem Verhältnis von Einzelintellekt und seinem Grund bestellt ist. Andererseits geht es in Eckharts Diskussion gleichermaßen um das Erkennen als von aller Besonderung bloßem Aktuieren, während von einer univoken Anwendung des Seinsbegriffs nur in eigentümlicher Weise gesprochen werden kann, da diese nur dort statt hat, wo gleichfalls keine Besonderung mehr erwägbar ist – keinesfalls also auch eine Univozität für *zwei* substantiell unterscheidbare Vorkommnisse. Es ist gerade eine Pointe und ein Axiom Eckharts (vgl. z.B. Prologus in opus propositionum n. 3, LW I, 166f), dass vom Einzelseienden nicht so geredet werden darf wie vom Sein als solchen, was gleicherweise für den Intellektvollzug gilt. Zu Unterschieden in den Auffassungen vom Intellektvollzug zwischen Eckhart und Cusanus vgl. Ströbele: Möglichkeit.

71 So Apol. (h ^{2}II) n. 37 gegen den Vorwurf des Johannes Wenck, der Cusanus zuschreibt, eine Lehre wie Eckhart vertreten zu haben, wonach „die Subsistenzen der Dinge in ihrer eigentümlichen Gattung aufgehoben werden (tolli)". Cusanus zitiert dazu Eckhart: Prol. in op. prop. LW I, 176ff: Gott sei das Sein und gebe das Sein und auch die Einzelformen (formas particulares) des So- und So-Seins und dadurch seien auch die *Subsistenzen der Dinge in ihrem eigentümlichen Sein* nicht aufgehoben (tolli), sondern eher *begründet* (fundari). Ähnlich auch Apol. (h ^{2}II) n. 50.

72 Vgl. Thierry: Lectiones II, 45 ed. Häring: Commentaries, 169 („[...] simplex puraque forma [...]") / Abbreviatio Monacensis, ed. Ibid., 349: „Ens enim est tantum quod est ex materia et forma. Materia enim non convenit esse sed subesse. Forme non convenit esse sed preesse. Enti vero convenit esse. Ens enim est quod accepta forma subsistit i.e. quod constat ex materia et forma." Lectiones IV, 34, ed. Ibid., 198 / Abbrev. Monac. ed. Ibid., 374: „Ens enim est quod suscepta forma essendi subsistit: scilicet quod forma participat. Sed deus nullo participat quoniam ex se est quicquid est. Unde non est ens sed entitas a quo fluunt omnia entia." Im Kommentar zu Contra Eutychen et Nestorium erklärt Thierry „substantia" als Entsprechung zu gr. „ypostasis" und „subsistentia"

von, dass Gott „in allem subsistiert" bzw. die Subsistenz vom allem ist.[73] Von daher kann Cusanus Gott ebenso „formator" wie „creator" nennen.[74]

In diesem Sinne sind auch Formulierungen verstehbar, die von einer Hinsichtnahme auf Objekte sprechen, wie sie „*in* Gott" sind: „In Gott" etwa sei jedes Geschöpf „das, was es ist (id, quod est)", „denn dort ist jedes Geschöpf [...] in seiner Wahrheit".[75] Nur in dieser Hinsicht ist das Wesen Gottes als des absolut-Größten *aller Wesenheiten Wesen*[76]; dabei ist zugleich präzisierend festzuhalten, dass Gottes Wesen zugleich *alle* Wesenheiten und keine Wesenheit *im Besonderen* (singulariter) ist, vielmehr *Maß für* alle Wesenheiten.[77] Die Relation „Wesenheit für" oder „Form von" ist ähnlich wie „Maß für" also eine gerichtete und unumkehrbare Relation: „a ist Maß für b" gilt dann und nur dann, wenn b (bezüglich seiner relativen Vervollkommnung) „hinführt" auf a[78], oder, anderes gesagt, wenn b Vollkommenheiten ermangeln, die in a aktualisiert sind.[79] Eine Bedingung dabei ist, dass das Maß *einfacher*

zu „usiosis", „essentia" zu „usia" (III, 22.36, ed. Ibid., 240.242), wobei er alle drei Termini Gott zuordnet – „subsistentia", „quia subsistit deus nullo indigens. Nullo enim indiget ad esse suum" (III, 66, ed. Ibid., 247). Vgl. auch die bündige Darstellung bei Schrimpf: Axiomenschrift, 67f sowie die ausführliche Vorstellung von Thierrys Ontologie und Naturphilosophie bei Speer: Vom Globusspiel, hier 263ff.

73 So z.B. Apol. (h ^{2}II) c. 10 n. 43.

74 Ersteres in De vis. (h VI) c. 9 n. 35.

75 Apol. (h ^{2}II) n. 37.

76 Vgl. De docta ign. (h I) I c. 16 n. 45; c. 17 n. 47, 10-11 ist dann die Rede davon, das einfachhin-Größte sei „ratio" von Allem. Dass Gott „gleichkommendstes Maß von Allem" ist, formuliert Cusanus auch in De sap. (h ^{2}V) I n. 23.

77 Vgl. De docta ign. (h I) I c. 16 n. 45. Cusanus begründet das (vgl. n. 45, 13-18) mit einer wie folgt resümierbaren Erklärung: (M) „a ist Maß von b" genau dann, wenn (als Zielvorstellung) (NK) a nicht kleiner ist als b und (NG) a nicht größer ist als b. Setzt man für a das absolut-Größte ein, so ist NK erfüllt, da a *größer* ist als jedes b. Da das absolut-Größte zugleich das absolut-Kleineste ist, ist NG erfüllt. Also gilt M für jedes b, also ist das absolut-Größte Maß für Alles. Auch ist das absolut-Größte absolut-genau und *kann* nicht *mehr oder weniger* sein (da das absolut-Größte nicht *weniger* sein kann, das absolut-Kleinste nicht *mehr* sein kann, und beide identisch sind) während jedes andere, das als Maß in Betracht käme, genauer und mehr und weniger sein kann (vgl. n. 46, 9-14).

78 Vgl. De docta ign. (h I) I c. 18 n. 52, 16-23.

79 Vgl. De docta ign. (h I) I c. 18 n. 52, 26-27 mit Bezug auf Aristoteles: Met. V 7 1017a7: Das Gerade ist Maß des Gekrümmten und schon zuvor, Z. 10-13: Das am wenigsten Gekrümmte *ist* das Gerade, das Gekrümmte ist ein „Abfall" (casus) vom Geraden; vgl. auch n. 53, 6ff, wonach die gekrümmte Linie an der Geradheit partizipiert und dabei *mehr oder weniger* gerade ist. Es handelt sich um ein zugleich ontologisches wie semantisches Kriterium: Wenn der Begriff von b den Begriff von a voraussetzt und dabei b *zu verstehen ist* als (mehr oder weniger vollkommene) *privatio* von (und umgekehrt Teilhabe an) a, dann ist b Maß von a. Daher ist auch, vgl. De docta ign. (h I) I c. 23 n. 72f, die größte Ruhe das Maß aller Bewegung, da sich in der Ruhe die Bewegung *vollendet* (und keineswegs kann umgekehrt die Ruhe als privatio von Bewegung gelten, wie von neuzeitlichen naturphilosophischen Auffassungen her vielleicht angenommen werden könnte). Ähnlich z.B. in Sermo CLXVIII (h XVIII) n. 5, wonach in der Bewe-

sein muss als das, was es misst[80] – und da Gott und nur Gott absolut-einfach ist, kann Gott an nichts (als sich selbst) „gemessen" werden, ist aber „Maß" für Alles.

Auch hier kommt Cusanus zu sprechen auf die Problematik der Pluralität oder Einzigkeit von Urbildern: Es scheint „in Hinblick auf die *Dinge*, die *viele* sind", auch *viele* Urbilder (exemplaria) zu geben. Eine geometrische Analogie könne dies behelfsweise veranschaulichen: *In* der unendlichen Linie sind die Linien von zwei und jene von drei Fuß Länge nicht verschieden (non alia). Die unendliche Linie ist Prinzip und Grund (ratio) der endlichen Linie (und damit beider unterschiedlich langer endlicher Linien). Beide Linien *partizipieren* nur *in unterschiedlicher Weise* am Wesensgrund, diese Verschiedenheit ist in dieser Hinsicht (auf das, was es ist, überhaupt Linie zu sein) *akzidentell*.[81]

Diese Darlegung scheint einer insbesondere von Eckhart[82] entwickelten Systematisierung zu entsürechen, die zwischen zwei *Weisen der Hinsichtnahmen* differenziert:

gung nichts gefunden wird als Ruhe – ist doch alle Bewegung nur, was sie ist, in ihrer Hinordnung auf das Ziel, in dem sie zur Ruhe kommt. Bei derartigen Überlegungen ist zu beachten, dass der hier Anwendung findende Bewegungsbegriff keineswegs seinen primären Gebrauch im Bereich mechanischer Abläufe hat und beziehungslos zum Ewigen, Göttlichen stünde, sondern als ein analoger Begriff die Rede vom einzeln-Bewegten und ewig-Göttlichen verbindet und vermittelt, wie dies vonseiten einer ressourcement-orientierten philosophischen Theologie von Simon Oliver sehr ausführlich, orientiert u.a. an Aristoteles und Thomas von Aquin, herausgearbeitet und von neuzeitlichen Bewegungsbegriffen abgesetzt wurde; vgl. Oliver: Motion; Oliver: Philosophy, God, and motion. Abweichend vom üblichen Duktus kann Cusanus sogar von Bewegung in Bezug auf Gott sprechen, nämlich im Blick auf seine Barmherzigkeit: Als solche werde die Bewegung Gottes oder der Geist Gottes *in Bezug auf uns* genannt. (Sermo CXCII n. 3) Cusanus bezieht sich damit wohl auf die Bedingtheit der Seelenbewegung in uns durch Gott, von der er sagt, dass sie „aus der Barmherzigkeit" und „aus dem Heiligen Geist" sein solle. Cusanus ist sich hier deutlich der Unüblichkeit einer Aussage von *Bewegung* von Gott bewusst und setzt hinzu, dass Gott (hier im Kontext einer Predigt über die Bewegung unserer Seele als Verähnlichung an Gott) „bewegt" genannt werde nicht, insofern er etwas zu erreichen habe, da er unendliche, unvermehrbare Fülle sei, sondern, weil er *gut ist*, damit *wir* das Gute erreichen, das er ist. Dass indes der in negativ-theologischer Tradition breit etablierte Ausschluss eines Bewegt*werdens* und *Sichveränderns* Gottes im Normalsinne keineswegs unverträglich mit der Betonung von Barmherzigkeit und Liebe Gottes ist, zeigt mit Blick auf Thomas von Aquin Dodds: unchanging god.

80 Vgl. De beryl. (h ^{2}XI/1) c. 39 n. 71.

81 Vgl. De docta ign. (h I) I c. 17 n. 48, 14ff.

82 Erstere Hinsicht spricht Eckhart z.B. in Formulierungen an wie „secundum se, secundum id quod est in se ipso" (In Ioh. n. 22, LW III, 18, 10f); sie kennzeichnet das Seiende im Werden (vgl. dazu In Sap. n. 19, LW II, 340, 1f); für dieses sind, wie in der ontologischen Grundunterscheidung Avicennas, Sein bzw. Wodurch einerseits und Wesen bzw. Washeit andererseits verschieden (siehe z.B. In Gen. II n. 34, LW I, 501f; Prol. gen. n. 13, LW III, 159,1-2); ebenso differieren Träger und Wesensnatur (vgl. In Gen. II n. 53, LW I, 521, 4-5.8-9); es ist ein Sein in Formbestimmtheit (vgl. etwa In

(H1) Von den Dingen aus gesehen, d.h. – per se – von der Verschiedenheit aus gesehen, gibt es mehrere rationes.

(H2) Blickt man darauf, wie etwas „in" seiner Ursache ist, dann erscheinen die Dinge nicht unter dem Aspekt der Verschiedenheit, sondern Einheit.

In letzterer Weise (per H2) würde sich auch die etwas sperrige Wendung „uti in se est" erklären. Cusanus allerdings spricht bezüglich ersterer Hinsicht (H1) davon, dass jene *nur ein Anschein* sei.[83]

Eine solche Perspektiven-Unterscheidung erlaubt eine entscheidende Präzision: Aussagen der „nicht-Verschiedenheit" gelten jeweils nur insofern, als auf das Sein der Dinge *in* ihrem Prinzip (hier etwa in der unendlichen Linie) geblickt wird. Aussagen des Typs „a ist identisch mit b" sind dann fehlerhaft konstruiert, wenn auf a und b unter jeweils verschiedenen Hinsichten (H1 oder H2) geblickt wird.[84] Das schließt selbstverständlich Lesarten aus, die z.B. Cusanus pantheistische Verpflichtungen zuschreiben wollen, damit auch z.B. die gerade angesprochene Lesart des Johannes Wenck. Nur im Blick auf die Einheit der absoluten Wesenheit (H2), kurz gesagt, nur „in" dieser, gilt die Aussage, dass diese nicht anders sei zu jeder Wesenheit, nicht aber, wenn Letztere für sich betrachtet wird.[85]

Gen. I n. 77, LW I, 238, 3-7). Anders, wie etwas „im Ursprung" ist, und zwar dann in Natur und Seinsstand ohne Andersheit (vgl. In Ioh. n. 5-6, LW III, 7f; siehe auch nachstehende Fn. 110, S. 52); hier handelt es sich um ein „esse virtuale" (so z.B. In Gen. I n. 77, LW I, 238, 6) und ein gedachtes, der Natur nach früheres und höheres Sein (vgl. z.B. In Gen. II n. 55ff, LW I, S. 523, 8ff), wie es der Intellekt in solchem erfasst, was Prinzip für Seiendes allererst ist (vgl. z.B. In Eccl. n. 9, LW II, S. 238, 2-7); um diese Weise der Inblicknahme herauszuheben, gebraucht Eckhart systematisch Formulierungen wie „inquantum est esse", „inquantum ens" oder „ipsum esse" (vgl. z.B. Prol. gen. n. 3.8, LW I, 149.153, 7.10f); diese reduplikative Aspekthervorhebung durch „inquantum"-Klauseln ist für Eckhart völlig unverzichtbar, um seinen Gebrauch ontologischer Termini überhaupt nachvollziehen zu können; diese (in der mittelalterlichen Semantik wohletablierte, vgl. dazu die umfassende Darstellung bei Bäck: On reduplication) Aspektuierung ignoriert zu haben, hebt Eckhart daher in seiner Rechtfertigungsschrift (vgl. LW V, 277, n. 81) vehement als den Grundfehler seiner Kritiker hervor. Die cusanische Position ist aber keineswegs identisch mit derjenigen Eckharts. Wo Eckhart eine Univozität des Seins als Grund- und Zielbestimmung des Intelligierens im Blick hat, führt Cusanus z.B. zunächst eine Partizipations-Terminologie ein (die er u.a. in und seit den Idiota-Schriften präzisiert und ersetzt, insoweit mit ihr eine unzulängliche Orientierung am Seinsmodus des Gegenständlichen einhergeht; s. auch obige Fn. 64, S. 39, und Ströbele: Möglichkeit). In Eckharts Intention wäre eine bloße Partizipation dagegen zuwenig; ihm geht es um eine *Identität* der Form nach.

83 De docta ign. (h I) I c. 17 n. 48, 9-10: „[...] plura videntur [...]".

84 Vgl. dazu auch De docta ign. (h I) I c. 21 n. 65, 1-4.

85 Vgl. z.B. die präzise Formulierung in De docta ign. (h I) I c. 16 n. 46, 9-11 sowie in n. 48, 15f: Die Zwei-Fuß-lange-Linie ist zur Drei-Fuß-langen-Linie *in* der unendlichen Linie keine andere („non esse aliam [...]").

Entsprechendes gilt auch für Aussagen der Form „a ist ganz *in* b". An Stelle von a kein dann „das Unendliche" nicht eingesetzt werden, wenn an Stelle von b ein Objekt „hinsichtlich [H1] der Teilhabe und Begrenzung" erwogen wird.[86] Die Aussage (P) „die unendliche Linie ist ganz *in* jeder endlichen Linie" gilt freilich insofern, als (Q) jede endliche Linie *in* der unendlichen Linie ist, will heißen, nur wenn man erstere Aussage (P) im Lichte letzterer (Q) versteht, ist erstere (P) akzeptabel. Letztere (Q) bezieht sich dann darauf, dass die unendliche Linie als Wesensgrund aller endlichen Linien deren jede einschließt, was hier geometrisch behelfsweise so vorstellbar ist, dass die zwei Fuß lange Linie „enthalten ist in" der drei Fuß langen Linie usw., diese alle also in der unendlichen Linie – wobei dann die Korrektur dazu treten muss, dass die unendliche Linie allerdings *unteilbar* ist (würde man dies vergessen, würde man einen Kategorienfehler begehen, da man mit Inrechnungstellen von Teilungen wieder auf H1 zurückfiele, aber zugleich, per H2, vom Unendlichen spricht). Cusanus kann sogar nicht nur formulieren, dass Gott *nicht* in den Dingen ist, sondern auch, dass er *außerhalb* der Dinge (extra res) ist – was aber dann nicht so verstanden werden dürfe, als ob es sich um eine Existenz bloß mittels des von konkreten Instanzen abstrahierenden Intellekts handeln würde, wie dies bei der ersten Materie der Fall wäre.[87] Fälle, in welchen jeweils dieselbe Hinsichtnahme vorliegt, sind gemäß dieser Kriterien dagegen unproblematisch, und darum auch Aussagen wie „das Größte ist im Größten"[88] (da hierbei nur H2 zur Anwendung kommt).

Im zweiten Band von „De docta ignorantia" entwickelt Cusanus den Grenzbegriff des *Universums* als Strukturganzes der Totalität von endlichem Seiendem. Dabei handelt es sich in der Architektonik der hier entwickelten ontologischen Grundbegriffe um eine zusätzliche Instanz, die zwischen Göttlich-Transzendentem und endlich-Immanentem vermittelt[89] und auch eine Präzisierung der Gebrauchsregeln für Insein-Prädikationen erlaubt. Außerdem präzisiert Cusanus hier seinen Begriff der quidditas und seine These, dass Gott die (ihrem Wesen nach letztlich uns unwissbar bleibende) quidditas von Allem sei, was sich in folgenden Prinzipien resümieren lässt:

86 Vgl. hierzu und zum Folgenden die Diskussion in De docta ign. (h I) I c. 17 n. 50, dort bes. Z. 7-8: „Quare est ita tota in qualibet [per H1], quod est [per H2] in nulla, ut [per H2] una est ab aliis distincta per finitationem."

87 Vgl. De docta ign. (h I) I c. 25 n. 85, 1-4. In De mente (h ^{2}V) c. 9 n. 119 unterscheidet Cusanus bezüglich der Teilbarkeit ins Unendliche zwischen „Betrachtung des Geistes" und dem, was „in Wirklichkeit" erreicht wird: Der Geist behandelt eine Menge so, dass sie „ins Unendliche wächst", aber „in der Wirklichkeit" gelangt man durchaus zu „kleinsten Teilchen", zu Teilen, die nicht mehr teilbar sind.

88 Angesprochen De docta ign. (h I) I c. 17 n. 50, 15.

89 Vgl. zu dieser „Mittelfunktion" Schwarz: Seinsvermittlung, 89ff. Die diesbezügliche contractio-Thematik behandelt u.a. Volkmann-Schluck: Cusanus, 52ff.

Die quidditas absoluta ist *nicht* identisch mit (Q1) der *quidditas contracta*, die das *Ding selbst* ist.

Gott ist (nicht verschieden von der) (Q2) *quidditas absoluta* von allem.[90]

Man wird diesen Begriff der quidditas absoluta beziehen dürfen auf die Argumentation, dass, da es nur genau *ein* „absolut Größtes" geben kann, es auch nur genau *ein* (erstes) Urbild von allem geben kann. Denn gäbe es voneinander verschiedene Urbilder, wäre jedes gegenüber seinen Nachbildern (exemplata) „das Größte und Wahrste". So enthält das einzige Urbild in sich „eingefaltet" alle Wesensgründe (rationes) aller Dinge.[91] Die Dinge sind nur, sofern sie durch eine Form geformt werden.[92] Entsprechend kann dieses erste Urbild (einzige) „Form der Formen" genannt werden.[93] Dies und auch die Rede von Gott als „Form des Seins" alles Seienden wird man daher gemäß Q2 aufzufassen haben.[94] Die Betrachtung „in Gott" bezieht sich demnach auf Gott als quidditas absoluta von allem, wobei, wie Cusanus formuliert, „alles *in* Gott er selbst in Wirklichkeit ist"[95].

90 Vgl. De docta ign. (h I) II c. 4 n. 115, 4-12. Den Terminus „quidditas absoluta" gebraucht Thomas in De ente 1c; STh I q. 3 a. 4 arg. 2. Besonders zur fraglichen Passage (De docta ign. (h I) II c. 4 n. 115) vgl. auch Grotz: Negationen, 162ff.

91 Vgl. De docta ign. (h I) II c. 9 n. 148, 16-25.

92 Vgl. z.B. De poss. (h XI/2) n. 13.

93 Vgl. De docta ign. (h I) II c. 9 n. 147, 9; n. 149, 20-23 mit Rückverweis wohl auf De docta ign. (h I) II c. 2 n. 103-104, vgl. auch De docta ign. (h I) I c. 23 n. 70, 23. In De coni. (h II) I c. 1 n. 5, 7-11 vergleicht Cusanus Gott als Form der wirklichen Dinge mit dem menschlichen Geist als Form der „mutmaßlichen Welt"; Gott ist in jedem Seienden „das, was es ist" (est in quolibet quod est) und so ist die Einheit des menschlichen Geistes die Seinsheit (entitas) seiner Mutmaßungen.

94 Als Betrachtung des Seienden „in seinem absoluten Aspekt" hat z.B. auch Rombach: Substanz, I, 168 diese Rede von einer quidditas absoluta erkärt.

95 Vgl. De docta ign. (h I) II c. 8 n. 135, 18-19: „[...] omnia in ipso ipse actu", so in c. 8 n. 136, 7 auch von der absoluten Möglichkeit: „[...] in deo est deus". Ähnlich z.B. In De Princ. (h X/2b) n. 37; De poss. (h XI/2) n. 56; De ven. sap. (h XII) c. 7 n. 18; c. 16 n. 47-48 – demnach ist auch „das Verursachte in der Ursache die Ursache" (n. 47). Das Prinzip, wonach alles in Gott Gott selbst ist, findet sich (vgl. Nikolaus von Kues/Steiger: Dreiergespräch über das Können-Ist, 107) auch bei Iohannes Scotus Eriugena/Sheldon-Williams/Bieler: De divisione naturae, III, 5C, S. 220, 20 / PL 704C („Non enim Deus vidit nisi seipsum, quia extra ipsum nihil est, et omne, quod in ipso est, ipse est, simplexque visio ipsius est, et a nullo alio formatur ipsa nisi a seipso.") Eckhart formuliert mehrfach in ähnlicher Weise, z.B. in Sermo XXII n. 220, LW IV, 206); auch die neunte der „Regulae theologicae" des Alanus (PL 210, 628) lautet „Quidquid est in Deo, Deus est" mit der Erläuterung: „[...] quicumque terminus in naturalibus praedicat inhaerentiam, de deo dictus praedicat essentiam [...] non refertur ad pluralitatem significatorum, sed significantium et effectuum; unus enim et ejusdem causae effectus sunt diversi diversis nominibus significati [...] Est ergo universitas in dicendo, in efficiendo, sed singularitas in essendo [...]". Die vielen Aussagen über das, was „in Gott" ist, werden demnach wahr gemacht einzig durch das einfache und einzige göttliche Wesen. Das ist auch die Auffassung des Cusanus, der darüberhinaus aber, wie auch in der Anleihe an der chartrensischen Auffassung von der forma formarum bzw. forma essendi omnium, den Blick auch darauf lenkt, dass das göttliche Wesen eben alle

Die eindrückliche Schlusspassage des zweiten Bands von „De docta ignorantia" kann hier ebenfalls herangezogen werden: Die Dinge, so führt Cusanus hier aus, antworten auf den, der sie „in belehrter Unwissenheit" erfragt, dass sie je aus sich heraus *nichts* sind, sondern *das, was* sie sind, je durch Gottes Erkennen (intelligere) sind, so dass die Dinge gleichsam allesamt „stumm" sind, während Gott allein in ihnen spricht; wer etwas über die Dinge, oder auch über sich selbst, zu wissen begehre, möge dies nicht *in den Dingen* erfragen, sondern *in ihrem Grund* (ratio) *und ihrer Ursache.*[96] Diese „Stummheit" der Dinge bezieht sich nicht nur auf unsere (zuvor von Cusanus behandelten) epistemischen Grenzen, was etwa die Struktur des Raumes oder einen Seinsmodus nach dem Vergehen des Körperlichen betrifft. Es geht dabei auch um das Wissen von der *quidditas* der Objekte. Die Objekte wissen selbst nicht, was sie sind. Sie sind, so könnte man formulieren, insoweit geradezu selbst nichtig, als die Frage nach ihrem Sein und ihrer Washeit erst zur Ruhe kommt in Gott als erster Washeit von allem; auf dem Wege bis dahin sind nur, aber immerhin Annäherungen, mehr oder weniger genaue, wenn auch nie vollkommen genaue Erkenntnisse oder „Mutmaßungen" zu gewinnen. Entsprechend dem Ansetzen der Frage nach der Washeit „in den Dingen" oder „in ihrer (einen göttlichen) Ursache" kann Cusanus auch unterscheiden: Die Aussage, dass der Mensch aufgrund eines anderen Wesensgrundes (ratio) geschaffen sei als der Stein, sei wahr *mit Bezug auf die Dinge* (habendo respecto ad res), aber nicht *mit Bezug auf den Schöpfer.*[97]

vereinzelten (von uns als solche begriffenen) Wesenheiten einschließt und konstituiert, was eine Betrachtung der Objekte „in" Gott ins Zentrum rückt – insoweit eine Zuspitzung, für die ganz ähnlich auch Eckhart eintrat.
Diese Überlegung führt Cusanus in De beryl. (h ^{2}XI/1) c. 24 n. 38 auf Aristoteles (Met. XII 7 1072b18-21) zurück, wonach insbesondere Leben, d.i. Verwirklichung des Intellekts, Schönstes und Bestes in Gott sind. In n. 140 unterscheidet dann Cusanus die Betrachtung der Welt, wie sie in der absoluten Möglichkeit ist, d.i. in Gott, von jener Betrachtung, wie die Welt in ihrer eingeschränkten Möglichkeit (possibilitas contracta) ist. Cusanus führt, wie schon n. 97, so auch n. 125 die Unterscheidung von *privativer* Unendlichkeit (der Materie) und „*negativer* Unendlichkeit" (Gottes) an – eine Unterscheidung, die sich (vgl. die Hinweise im Apparat) auch findet bei Thomas von Aquin: De pot. I a. 2. Thomas versteht hier darunter „das, was kein Ende hat", während privativ-Unendliches am Platze ist, wenn etwas der Anlage nach ein Ende aufweisen müsste, das aber fehlt, was bei Gott nicht statt haben kann, weil dieser nicht der Quantität unterliegt und weil ihm nicht Unvollkommenes zukommt, wie dies bei einer Privation der Fall wäre. Als negativ-Unendliches dagegen sieht Thomas alles, was *in Gott* ist, qualifizierbar: Gott selbst ist durch nichts begrenzt, ebenso wenig wie Gottes Weisheit, Macht usw. Zum Sein von Allem in Gott *eingefalteterweise* vgl. z.B. auch De beryl. (h ^{2}XI/1) c. 15 n. 16: Im „König" ist alles der König selbst und Leben; *im* Ersten ist alles Leben; im Ersten ist Zeit Ewigkeit, Geschöpf Schöpfer.

96 Vgl. De docta ign. (h I) II c. 13 n. 180, 1-11.

97 Vgl. De docta ign. (h I) II c. 9 n. 149, 9-10.

Als eine andere Form der Bezugnahme auf Q2 läßt sich dann die Rede davon verstehen, dass die Dinge ihr Sein in Gott haben bzw. in Gott sind:

(IN0) Alles Wirkliche existiert „in" Gott. Alles Wirkliche ist (als solches) *unmittelbar in* Gott. Alles ist *in Gott* Gott.[98]

Diese Aussage gilt spezifisch für die Betrachtungsweise *in* Gott – gemäß dieser Betrachtungsweise allein oder, was in räumlicher Metaphorik dasselbe meint, „in" Gott allein gilt, dass „alles Gott ist". Dass damit und überhaupt mit der „Koinzidenz der Gegensätze" keineswegs eine „Koinzidenz des Geschöpfes mit dem Schöpfer" gemeint ist, betont Cusanus mehrerenorts, z.B. in der „Apologia docta ignorantiae", wo er hinzusetzt: „Zu behaupten, dass Bild koinzidiere mit dem Urbild oder das Verursachte mit seiner Ursache, gebührt eher einem verrückten Menschen als einem Irrenden".[99] Es handelte

98 Vgl. De docta ign. (h I) II c. 4 n. 118, 1-4. (Die Nummerierung der verschiedenen Schemata und Modi von Insein-Prädikationen im Haupttext erfolgt einzig zum Zwecke ökonomischerer Rückbezüge.) Es handelt sich bei der Formel „quicquid est in deo est deus" um eine Formel, die Thierry von Chartres gegen Gilbert von Poitiers verteidigt hatte und die sich im chartrenser Kontext häufig angeführt findet; vgl. Häring: Commentaries, 44. Cusanus selbst weist in Apol. (h ²II) darauf hin, dass es durchaus möglich ist, in falscher Weise zu verstehen, *wie* Gott alles in Einfaltung ist – Amalricus habe dies in der Tat falsch verstanden und sei zurecht verdammt worden, ebenso etwaige Begarden, falls sie tatsächlich die Ansicht vertreten hätten, dass sie „durch die Natur Gott sind". In einen derartigen Irrtum fallen, so Cusanus, „Männer geringeren Geistes" (wie sein Kritiker Johannes Wenck), „wenn sie Höheres (altiora) ohne die wissende Unwissenheit erforschen". Tatsächlich möchte Cusanus die docta ignorantia ja so verstanden wissen, dass ein Überschritt vom Vielen zum Einen von Ersterem her nicht möglich ist; mit vollem Recht wendet sich Cusanus daher (n. 44) auch gegen die Behauptung, seiner Lehre zufolge sei „die Natur des Abbildes und des Urbildes eine (und dieselbe)". Bei Cusanus ist dagegen jeweils mitzudenken, dass alles in jeweils höherer Weise in seinem jeweiligen Prinzip ist (vgl. auch nachstehende Fn. 117, S. 54). Vgl. auch die Ausführung in Apol. (h ²II) n. 11: „da alles Sein von der (absoluten) Form ist und außerhalb ihrer nicht sein kann, ist alles Sein *in* ihr. Alles Sein aber kann in dieser (absoluten) Form nicht etwas anderes sein als sie (die absolute Form) selbst, da sie die unendliche, einfachste und vollkommenste Form des Seins (forma essendi) ist."

Vgl. z.B. auch De ven. sap. (h XII) c. 14 n. 43, wonach alles in der Definition *Definition*, in der so-bestimmten (diffinito) Welt *Welt*, im so-bestimmten Gott *Gott* ist; nach De ven. sap. (h XII) c. 17 n. 49 ist entsprechend alles „nach Weise des Intellekts" bzw. „nach Weise des Begriffs oder des Erkennbaren" (intellectualiter, notionaliter, cognoscibiliter) „im Intellekt Intellekt". Man kann entsprechende Formulierungen auffassen als einen Unterfall des Prinzips, dass „das Verursachte in der Ursache *die Ursache ist*" (so etwa De ven. sap. (h XII) c. 16 n. 47). Präzisierend z.B. De poss. (h XI/2) n. 9: Alles Geschaffene, was mit den zehn Kategorien bezeichnet wird, ist *eingefalteterweise* (complicite) *in Gott* Gott – wie es ausgefaltet *in der Schöpfung der Welt* Welt ist. In Entsprechung dazu ist, was in der Welt weltlich bzw. in den Sinnen sinnlich ist (z.B. Wärme oder Duft oder Ausdehnung), im Intellekt (und schon in der Vorstellung) nichtsinnlich, sondern intellektual usf.

99 Vgl. Apol. (h ²II) n. 23. Nachfolgend (n. 24) beruft er sich mit Thomas (SCG I, 26) auf Pseudo-Dionysius, der zwar in De caelesti hierarchia (nachfolgend kurz „CH") lehre, dass „Gott das *Sein von* Allem" ist, dass dies aber keineswegs so verstanden werden könne, als gälte „Gott *ist* Alles", wie in DN deutlich werde, wonach „Gott in der Weise das

sich dabei also nicht um einen Irrtum in dem Sinne, dass das Gegenteil falsch sein *könnte*, sondern um einen Kategorienfehler, der die Möglichkeit ruiniert, dass überhaupt eine sinnvolle Behauptung vorliegen könnte.

Im Sinne der *quidditas contracta* (Q1) werden auch die Präzisierungen des Cusanus zu verstehen sein:

(IN1) Gott ist *nicht* einfachhin-in irgendeinem einzelnen x.[100]

(IN1.1) Gott ist *nicht* in x *x*.[101]

Nicht etwa ist Gott in der Sonne *Sonne*, was man so erklären kann, dass von Gottes Sein überhaupt angemessen zu sprechen je Bezug nimmt auf die quidditas absoluta (Q2), während jedes bestimmte Einzelsein (Sonne-sein etc) auf eine quidditas contracta (Q1) Bezug nimmt. Entsprechend bezieht sich die folgende These explizit auf die quidditas absoluta (Q2):

(IN2) Gott ist *in absoluter Weise* in jedem x das, *was* x ist.[102]

Die vieldiskutierte Aussage des Cusanus, dass Gott „alles in allem" sei, ist demnach entweder im Sinne von (Q2) und (IN0) und (IN2) zu verstehen oder aber, wenn im Sinne von (Q1) aufgefasst, dann nur als ungenaue Aussage, die genauer durch folgende Zwischenstationen zu erklären ist:

(IN3) Gott ist einfachhin-im *Universum.*

(IN4) Gott ist *durch Alles* (d.i. durch das Universum) in allem.[103]

Sein von Allem ist, dass er Nichts *von* Allem ist, denn das Verursachte kann nie erhoben werden zur Gleichheit mit seiner Ursache." Ein Missverständnis der cusanischen Auffassung vom Insein „virtualiter" und vom Sinn des complicatio-explicatio-Schemas ist die vitalistisch-pantheistische Lesart Deleuzes, vgl. dazu z.B. die unkritische Aufnahme bei Thacker: After life, 209ff.

100 Vgl. De docta ign. (h I) II c. 4 n. 115, 1-2. Als Variante dazu kann die Formulierung in De docta ign. (h I) III c. 1 n. 182, 1-4 betrachtet werden, wonach das absolut Größte nicht „zu diesem oder jenem einschränkbar" sei, ebenso in n. 183, 10-12.

101 Vgl. De docta ign. (h I) II c. 4 n. 115, 14-16.

102 Vgl. De docta ign. (h I) II c. 4 n. 115, 1-4 und 14-16. Dagegen kann Cusanus auch – siehe De docta ign. (h I) II c. 10 n. 154, 4, auch von der Bedingung sprechen, durch welche die Dinge (nicht absolut, sondern) *conexive* (hinsichtlich ihrer Verbindung, hinsichtlich der Bewegung, die Potenz und Akt verknüpft) sind, *was* sie sind – die Bedingung dafür, dass etwas ein *eines ist* bzw. (als Einzelding) *subsistiert.* Dies bezieht sich also auf das konkrete Sein, die *konkrete bzw. kontrahierte* quidditas (Q1). Diese Bedingung ist zum Ersten (siehe n. 153) der *göttliche* Geist, der durch die Bewegung vom Allgemeinen zum Einzelnen *alles* bewegt (Z. 12-13), zum Zweiten und für die angeführte Formulierung herangezogen dann der *geschaffene* Geist. Der Bewegungsbegriff des Cusanus ist hier insoweit universell, als er sowohl bezogen wird auf körperliche Objekte, deren *Sein Bewegen* sei (vgl. De docta ign. (h I) II c. 11 n. 155, 13-15) wie auf mit Erkennen begabte Wesen, deren *Erkennen* Cusanus dann (ebenfalls) *Bewegen* nennt. (Deutlich wird hier auch eine Parallele zu Eckhart insoweit, als dieser an vielen Stellen die Rede von „Seiendem" mit materieller Wirklichkeit verbindet und das Erkennen davon als höheren Modus ausnimmt.)

103 Vgl. De docta ign. (h I) II c. 5 n. 118, 24-25: „[...] Deum per omnia esse in omnibus et omnia per omnia esse in Deo." Ähnlich vielfach, etwa De docta ign. (h I) III c. 4 n. 204, 10-11: „[...] deus per omnia sit in omnibus et omnia per omnia in deo." Dort dann die Klarstellung, dass Gott keineswegs *gradweise* (secundum gradus) in allem ist

Denn vom Universum kann Cusanus durchaus (im Unterschied zu IN1.1) sagen:

(IN3.1) Das Universum *ist* in x *x*.[104]

So hält er fest, dass Wirklichsein nur den Individuen zukommt. Universalien sind nie an sich selbst „actu", sondern nur jeweils „in kontrahierter Weise" (contracte), sie haben ein *Sein-an-etwas*. Außerdem abstrahiert der Intellekt diese Universalien, so dass sich ein *ens rationis* ergibt. Die Universalien haben daher in doppelter Hinsicht kein absolutes Sein: weder vom Erkenntnisakt gesondert noch vom an-etwas-Sein gesondert. *Einzig Gott* ist gänzlich absolut allgemein.[105]

und sich Gott keineswegs gradweise (gradatim) oder in Teilen (particulariter) mitteilt (communicare), vgl. Z. 15-17. Nichts aber *kann sein* ohne Verschiedenheit dem Grad nach. Darum sind alle Dinge in Gott *hinsichtlich ihrer selbst* (secundum se) mit Verschiedenheit *den Graden nach* (cum graduum diversitate). Ähnlich z.B. auch De beryl. (h ²XI/1) c. 16 n. 18: *Die* Wahrheit (wie sie an sich ist, nämlich), die ist, was sie sein kann, sei nicht partizipierbar, aber aufnehmbar in Ähnlichkeit gemäß der Disposition des Aufnehmenden. Damit zusammen hängt auch die allgemeine Auffassung des Cusanus, dass nichts einem anderen in jeder Hinsicht gleicht (vgl. De docta ign. (h I) I c. 3 n. 9; II c. 1 n. 91-94; II c. 5 n. 120, 9-10, III c. 1 n. 189), sondern es je verschiedene Seinsgrade geben müsse. Auch Thomas vertritt (vgl. SCG II, 44 n. 8 und im Kontext) die Auffassung, dass eine Unterschiedenheit (distinctio) entweder, bei Körpern, durch Geteiltsein (divisio) der Größe bzw. Zahl (quantitatis) nach oder (insbesondere bei Unkörperlichem) durch Geteiltsein der Form nach zu erklären ist, solches aber nicht sein könne ohne Verschiedenheit der Grade nach (sine graduum diversitate). Die Verschiedenheit der Grade wiederum (vgl. c. 45 n. 1-3) ermöglicht, dass es eine *vollkommene* Ähnlichkeit des Universums mit Gott geben kann (die es insoweit geben muss, als etwas umso vollkommener ist, je mehr Ähnlichkeit es seiner Wirkung mitzugeben vermag), daher muss es mehrere Arten und in den geschaffenen Objekten Vielfalt und Mannigfaltigkeit (multiplicitia, varietas) und mehrere Arten und Grade geben. Je mehr Vielfalt (und damit Ordnung), desto mehr Vollkommenheit im Universum, und desto mehr Ähnlichkeit mit Gott, und desto vollkommener Gottes Wirken – eine Leitvorstellung, die Cusanus vor allem in seinen mittleren und späten Werken weiterführt (vgl. bes. Abschnitt IV.5), aber auch in De docta ign., wenn er nicht nur „Grade" durch Artunterschiede differenziert, sondern auch die Hinsichten potenziert, unter welchen eines relativ zu anderem als vollkommener betrachtbar ist. Diese Verschiedenheit den Graden nach gilt nun für Cusanus auch, wenn die Dinge zugleich einerseits in Gott, andererseits hinsichtlich ihrer selbst betrachtet werden. Zur thomasischen Adaptation der Individualisierung durch die materia signata hingegen vgl. u.a. STh I q. 29 a. 2 ad 3 (mit Nikolaus von Kues/Wilpert/Senger: De docta ignorantia, 130).

104 In De docta ign. (h I) II c. 5 n. 121-122 führt Cusanus dazu die Analogie aus: Der Fuß ist im Auge Auge. Und zwar insofern (inquantum), als gilt: Das eingeschränkte Menschsein ist im Auge *Auge*. (vgl. IN3.1) Das Auge ist *unmittelbar* im Menschen (vgl. IN0).

105 Vgl. De docta ign. (h I) II c. 6 n. 125, 19-20. Vgl. auch De docta ign. (h I) II c. 13 n. 177: Nur Gott ist absolut, während brennende Objekte z.B. nicht ohne das Feuer sind und das Feuer nicht ist ohne die Dinge, mit welchen es vermengt (immersus) ist. (Vgl. zum Bild von Feuer und Brennendem bei Cusanus und Eckhart auch nachstehende Fn. 311, S. 110.)

Die Thematik des „Inneseins" des Göttlichen „in allem" ist ein wiederkehrendes Thema in den cusanischen Schriften, das z.B. auch in „De Possest" zu verdeutlichen versucht wird, hier mittels der Weise eines „Rätselbildes" (in aenigmatice), nämlich in der Kreisel-Analogie: Zwei Kreispunkte b und c, die sich auf einem Außenkreis des Kreisels *gegenüber* voneinander befinden, sind, je schneller sich der Kreisel dreht, in desto kürzerer Zeit wieder am selben Ort, etwa an einem angenommenen Kreispunkt d. Der wahrgenommene Distanzunterschied *schrumpft* daher im selben Maße, als der tatsächlich zurückgelegte „Weg" auf der Außenkreisbahn wächst. Da unsere Wahrnehmung nur in begrenztem Maße in der Lage ist, Bewegung zu erfassen, erscheint, je schneller sich der Kreisel dreht, er sich daher desto *weniger* zu bewegen – für Cusanus eine Situation, die so auch „die Kinder" bzw. nach dem Dialogpartner Bernhard „wir als Kinder" so gesehen haben.[106] Der Grenzfall, der Cusanus natürlich weiters interessiert, besteht dann in einer *unendlichen Bewegung.*[107] Zu irgendeinem gegebenen Zeitpunkt wären dann b und c stets am selben als fix gesetzten Punkt d, dasselbe aber gälte für einen Punkt e, der d gegenüber läge, „sonst wäre es nicht die größte und unendliche Bewegung"; aber weil sie sich von diesem insofern auch nicht entfernten, „würde nicht Bewegung herrschen, sondern Ruhe". In gleicher Weise nun verhalte sich die Zeit zur Ewigkeit: Die Ewigkeit ist „als Ganze zugleich *in* jedwedem Punkt der Zeit und Gott, Prinzip und Ziel, ist zugleich ganz *in* allem".[108]

Natürlich ist festzuhalten, dass es sich dabei um eine Grenzbetrachtung handelt, die von räumlicher Distanz und raumzeitlicher Bewegung her eine Annäherung an das Verhältnis von Gott zu den Einzeldingen versucht. Wenn dies der Ansatzpunkt für die „änigmatische" Betrachtung ist, so ent-

106 Vgl. De poss. (h XI/2) n. 18.

107 Vgl. De poss. (h XI/2) n. 19.

108 Vgl. De poss. (h XI/2) n. 19. Bei der cusanischen Behandlung des Verhältnisses von Zeit und Ewigkeit, einem Verhältnis, das strukturgleich zum Verhältnis des Endlichen und Einzelseiendem zum Göttlichen und Unendlichen überhaupt ist, ist zu beachten, dass für ihn „ewig" im Sinne der Unmöglichkeit einer Zuschreibung eines Anfangs *in der Zeit* nicht schon identisch ist damit, wie von Gott als Prinzip alles Wirklichen überhaupt zu denken und sprechen wäre. So kann Cusanus zur Verdeutlichung eines bestimmten Sachverhalts sogar von einer „Ewigkeit" der „Welt" sprechen, aber damit ist dezidiert nicht gemeint, dass sie *die* Ewigkeit wäre (die einzig Gott ist), vgl. De ludo (h IX) I n. 17. In solchen Redeweisen steht „Welt" für die Gesamtheit des Seienden, so dass z.B. die Aussage „die Ewigkeit *ist*" nicht wahr sein könne, wenn nicht auch die Aussage „die Welt ist" wahr ist. Noch zugespitzter in Bezug auf Redeweisen vom Göttlichen n. 87: „Gott *ist gewesen*, bevor die Geschöpfe waren" ist keine zulässige Aussage, weil „[...] ist gewesen [...]" bereits *Zeit voraussetzt*, Zeit aber ein *Geschöpf der Ewigkeit* (die Gott ist) ist – „cum ‚fuisse' sit preateriti *temporis*". Vgl. zur cusanischen Problematisierung der Begriffe von Zeit und Ewigkeit auch nachstehende Fn. 355 (S. 123), 449 (S. 159).

hält doch gerade diese Betrachtung einen Überstieg über die Modalitäten raumzeitlicher Bewegung überhaupt, denn eine *absolut-unendliche* Bewegung wäre in der Tat von vollendeter Ruhe nicht unterscheidbar. Es kann sich daher bei der Rede von solchem „Insein" natürlich auch keineswegs etwa um Zusammenhänge handeln, die adäquat in räumlichen Kategorien konzeptualisierbar sind oder auch nur im Rahmen eines Begriffssystems, das Relationen *raumzeitlicher Einzeldinge* beschreibt. Die räumliche Analogie gibt allerdings zumindest einen Anhaltspunkt für das Gemeinte: Stellt man sich das „absolut Größte" etwa zweidimensional visualisiert vor, müsste es den gesamten beschreibbaren Raum ausfüllen, denn wäre irgendein Raumteil nicht von ihm umschlossen, könnte ja etwas sein, was noch größer wäre.[109]

Wie ist aber die Formulierung in nicht räumlich-visualisierter, sondern metaphysischer Terminologie zu präzisieren? Wollte man es so auffassen, dass alle Einzelobjekte *Teile* des „absolut Größten" wären, so dass dieses etwa (im wohl einfachsten Falle) die mereologische Summe dieser Einzelobjekte wäre (nebst z.B. eventueller struktureller oder emergenter Eigenschaften), wäre die Kontinuität zum Gottesbegriff jüdisch-christlicher Tradition kaum adäquat zu wahren; man könnte dann, je nach weiterer Ausbestimmung, z.B. pantheistische Vorwürfe begründen, auch würden die vorbenannten Meta-Eigenschaften, z.B. dass das absolut Größte (absolute) Einheit ist, verletzt (denn etwa eine mereologische Summe wäre durchaus „vielfach"). Cusanus orientiert sich stattdessen offenbar an einer Terminologie, wie sie in platonischer Tradition vielfach gebraucht wird, auch beispielsweise bei Eckhart, der vom Sein der Dinge *in ihren Prinzipien* und insbesondere im ersten Prinzip, dem Göttlichen, *der Form, dem Sein und der Kraft nach* (virtualiter) spricht[110]

109 Entsprechende Überlegungen finden sich mehrfach in den cusanischen Werken, z.B. Sermo CLXVIII n. 3; analog im Bild Gottes als „Ort, der alle umfasst" in Sermo CXCII n. 10 (dort klingt allerdings auch der Gedanke Eckharts an, Gott als „Ort" und „Wo" der Gottesgeburt zu verstehen (vgl. dazu die Anleihen an Eckhart in Sermo CCXVI, wie sie bereits bei Koch/Nikolaus von Kues: Vier Predigten behandelt wurden) sowie der typische cusanische metaphorische Gebrauch der Orts-Relation vgl. auch Fn. 719f, S. 241). Dass Gott in translativem Sinne als „Ort der Orte" (locus locorum) gedacht werden kann, skizziert auch Iohannes Scotus Eriugena/Sheldon-Williams/Bieler: De divisione naturae I, S. 96-99 / PL 122, 468C-D.

110 Eckhart formuliert so in metaphyischer Hinsicht: So seien die Formen bzw. Prinzipien (rationes) aller Dinge *causaliter et virtualiter* in Gott (In Ex. n. 121, LW II, 114, 6-9; siehe auch vorstehende Fn. 82, S. 43). Dabei unterscheidet Eckhart systematisch zwischen einem Enthaltensein „formaliter" versus „virtualiter": Die Wärme sei in der Sonne *non formaliter, sed spiritualiter et virtualiter* (n. 123, LW II, 115, 10-12). Wie die Hitze im Himmel nicht mehr ihrer Form nach, sondern der Kraft nach sei, so die Gnade in Gott (Sermo IX n. 102, LW IV, 96f). Primär geht es bei diesem „virtuellen" Enthaltensein für Eckhart dabei um die Ebene des Intelligiblen (demgegenüber die metaphysischen Sach- und *Form*bestimmungen sekundär sind): Alles Wissen sei *virtualiter* in den ersten Prinzipien (In Gen. II n. 217, LW I, 694, 7-9); Eckhart beruft sich für ein Enthaltensein des idealen Wissens (wie es Adam zugesprochen wird) in aus sich heraus

und davon, dass die Dinge ihre (höchste) Wirklichkeit in Gott haben. Cusanus selbst formuliert hier: Das absolut Größte ist als *das Absolute* folglich alles mögliche Sein in Wirklichkeit und kontrahiert nichts von den Dingen her; alles ist (vielmehr) *von* ihm.[111] Man kann das „Insein" von Allem in Gott entsprechend in Analogie zur räumlichen Vorstellung dergestalt auffassen, dass das Göttliche das Gesamt des logischen Raums[112] virtualiter einschließt: Gott ist Sinn- und Seinsgrund von allem, was an Einzelnem in Denken oder Sein herauseinzelbar ist.

Den Zusammenhang zwischen der Nicht-Realexistenz mehrerer Artbegriffe mit dem Insein von Allem virtualiter in Gott behandelt Cusanus auch im Predigtwerk. Eine besonders prägnante Passage findet sich in Sermo CCIV. Hier setzt Cusanus das Göttliche ab von instantiierbaren bzw. partizipierbaren Prinzipien: Prinzipien wie „Weiße" (durch die alle weißen Objekte weiß sind) oder „Menschsein" (humanitas). Letztere Prinzipien nämlich seien selbst nochmals *abhängig*: „Menschsein" ist ein Abstraktionsbegriff. Ohne Menschen *subsistiert* das Menschsein gar nicht (während die absolute Notwendigkeit *in sich selbst* und nicht in anderem subsistiert). Insofern ist „Menschsein" ein Sein, das eingeschränkt in seine Grenzen (coartatum intra suos terminos) ist und (auch) nicht alles Sein des Lebewesenseins (animalitas) umfasst (ambit) (während die absolute Notwendigkeit alles Sein überhaupt

bekannten Prinzipien auf eine Konkordanz von Maimonides und Thomas (In Ex. n. 280, LW II, 224f mit Zitat aus Thomas: STh I q. 94 a. 3 co. und IV Sent. d. 49 q. 2 a. 7 ad 9); im Willen sei die Freiheit „formaliter", sie komme ihm aber zu vom Intellekt, in welchem die Freiheit „praeest originaliter et virtualiter" (In Ioh. n. 676, LW III, 590). Die Redeweise vom Enthaltensein „virtualiter" der Prinzipate in ihren Prinzipien entspricht platonischer Terminologie v.a. in der Adaptation durch chartrenser Theologen wie Thierry, welcher auch das Schema von complicatio und explicatio in ähnlicher Weise vorstellt (vgl. dazu allgemein Bredow: Complicatio/explicatio; Überblick und Diskussion der cusanischen Anwendungen bei McTighe: Complicatio-Explicatio; Gandillac: Explicatio); eine solche Redeweise vom Enthaltensein „virtualiter" kommt bei Cusanus zu allerlei Gegenständen zur Anwendung, z.B. nennt er die Bergpredigt „virtualiter" eingefaltet in Mt 5,3 (Sermo CXXXV (h XVIII) n. 23, 20-21).

111 Vgl. De docta ign. (h I) I c. 2 n. 5, 12-14: „Et qua absolutum, tunc est actu omne possibile esse, nihil a rebus contrahens, a quo omnia." Die Wiedergabe mit „*das* Absolute" rechtfertigt sich der Sache nach dadurch, dass es strikt nur genau *ein* Absolutes im Vollsinne geben kann, wie z.B. aus den üblichen klassischen Argumenten, etwa des Justin (Dial. I, 5, 6), folgt. Auch Cusanus setzt die Unmöglichkeit z.B. zweier Unendlicher in „De docta ignorantia" kurz als gegeben voraus. Vgl. De docta ign. (h I) I c. 15 n. 40, 22, vermutlich aus Eckhart: In Ex. n. 146, LW II, 484, 2 oder n. 49, LW II, 52, 15ff, wie auch bei Wilpert/Senger (Nikolaus von Kues/Wilpert/Senger: De docta ignorantia, 121) vermerkt.

112 Dieser Begriff wird hier in ähnlicher Anlehnung an Terminologie, Semantik und Ontologie Wittgensteins gebraucht wie in zahlreichen Arbeiten von A. F. Koch, so etwa Koch: Versuch, 278, wo (dort in Anwendung auf Parmenides und die „antinomische Natur des Diskurses") „logischer Raum" erklärt wird als „Gesamtheit dessen, was widerspruchsfrei gedacht werden und der Fall sein kann".

umfasst) und auch nicht alles kontingente Sein überhaupt. Anders wäre es, wie Cusanus exemplifiziert, in folgendem Szenario: Im Universum gäbe es überhaupt nur Menschen; sie alle wären geistiger Natur und stammten daher von einem geistigen Prinzip ab; diese könnte man dann „Menschsein" nennen und würde dann auf ein Prinzip Bezug nehmen, das *nicht* abstraktiv vom Menschen abhinge.[113] Gäbe es also nur Objekte genau einer Art (Menschen), dann könnte man einen entsprechenden Artbegriff als nicht-abstraktiv und nicht-limitativ verstehen. Da es aber in der aktualen Welt *mehrere* Arten von Objekten gibt, sind Artbegriffe notwendigerweise limitativ und mehr noch, sogar selbst in gewisser Weise, nämlich als „Abstraktionen" durch den Intellekt[114], *abhängig* von den entsprechenden Objekten. Cusanus vertieft in diesem Predigtentwurf die näheren Gründe für diese Analyse nicht. Wichtig ist ihm nur, damit den Status der Aussage „Gott ist Wesen (essentia)" präzisiert zu haben: Es handelt sich dabei *nicht* um eine Bezugnahme auf „Wesen" im Sinne abstraktiv-limitativer Begriffe wie „Menschsein", sondern um ein Prinzip des Seins der Dinge (und zwar per se aller Dinge), so dass Gott als „das Wesen" (in diesem eminenten Sinne) der Kraft nach (virtute) aktual alles einschließt (complicat), was sein kann.[115]

Das „Insein" des Seienden in Gott ist also, das zumindest wird auch an Sermo CCIV deutlich, keineswegs so zu verstehen, dass Gott „Wesen" oder „Form" von Einzeldingen wäre wie ansonsten einzelne „Wesenheiten" in Einzelobjekten instantiiert werden. Diese Absetzung hebt Cusanus bei vielen Gelegenheiten hervor und unternimmt immer weitere Anstrengungen, seinen Gedanken des „Inseins" zu präzisieren, z.B. auch in Absetzung von herkömmlichen Konzeptualisierungen der „Partizipation", soweit diese von der Seinsweise des gegenständlich-Vorhandenen her aufgefasst wird, was, wie v.a. in Kapitel III.4 zu diskutieren sein wird, durch die cusanische mens-Theorie korrigiert wird. Auch in ontologischen Termini ist präzisierbar, wie solche Aussagen des „Inseins" zu verstehen sind. In seinem Spätwerk „De venatione sapientiae" bedient sich Cusanus dazu folgender Unterscheidung:

a) „die höheren (Objekte bzw. Gehalte) sind *in den niedrigeren* in teilhabender Weise (*participative*)".[116]
b) „[...] die niedrigeren sind *in den höheren* in vorzüglicher Weise (*excellenter*)".[117]

113 Vgl. Sermo CCIV (h XIX) n. 3, 23-30.
114 Vgl. Sermo CCIV (h XIX) n. 3, 19.31-34.
115 Vgl. Sermo CCIV (h XIX) n. 3, 35-38.
116 Vgl. De ven. sap. (h XII) c. 8 n. 19.
117 Vgl. De ven. sap. (h XII) c. 8 n. 19. Auch Wendungen der Form „in Gott ist alles Gott selbst" folgen dem Prinzip, dass alles in jeweils höherer Weise in seinem jeweiligen Prinzip ist, so wie etwa das rational-Einsichtige in geeinter, höherer, „klarerer" Weise im Intellekt ist oder das Sinnliche (sensibilia) im Sinn (sensus); der Höchstfall dazu ist

Im Blick auf das Insein des Prinzips „im" Prinzipiierten spricht Cusanus dann auch etwa davon, dass (ad a) in letzter Hinsicht „in allen Seienden" nur eine (einzige) Seiendheit (entitas) ist, die Gott selbst (und Gottes Erkennen) ist und umgekehrt (ad b), so dass letztlich auch die eine Seiendheit zum Unterscheiden (discernere) der Seienden hinreicht (sie ist Grundlage der Möglichkeit ihres Verschiedenseins)[118], wenn auch Qualitäten, Quantitäten u.dgl. beitragen zur *Erkenntnis* der Substanz.[119]

Dieses Insein „in vorzüglicherer Weise" ist für Cusanus, ähnlich wie z.B. für Eckhart, qualifizierbar als ein Insein der Kraft bzw. dem Vermögen nach, *virtualiter.*[120] Kraft des Vermögens, alles ins Sein zu setzen, ist Gott „Grund aller Seinsweisen"[121]. Cusanus vergleicht dieses Vermögen mit dem eines Buch-Autors: „In" dessen aktivem Können (dem insoweit von vornherein „Sein" zukommt), dem Buchschreiben, ist das passive Können, das Geschriebenwerden des Buches (dem für sich selbst noch Nicht-Sein zukommt, da das Buch noch nicht vorliegt) „eingefaltet"; *„im* Können" habe so das „Nichtsein des Buches Sein".[122]

In diesem Sinne kann Cusanus auch davon sprechen, dass alles Sein durch Gott als Form von Allem und „in" der Form von Allem Grund und

die Einfaltung von Allem in Gott, so dass alles im Blick auf dieses Eingefaltetsein nicht mehr als von nur begrenztem Seinsmodus verstehbar ist; vgl. etwa De quaer. (h IV) c. 1 n. 31; vgl. c. 2 n. 36.

118 Vgl. De ludo (h IX) II n. 79-80. Zum „In-sein" von Allem *in Gott* (sofern *Gott* Sein von allem ist) und umgekehrt (sofern *aller* Sein durch Gott ist) n. 63-67 et passim. In De ludo (h IX) II n. 84-86 vergleicht Cusanus dann das Insein Gottes, das nicht vervielfältigt wird (vgl. dazu Fn. 664, S. 225), mit dem Fall, dass immer wieder dasselbe Wort bzw. Schriftzeichen „eins" auf ein Blatt notiert werde – auch dann wird nur das Schriftzeichen, aber nicht *das Eine selbst* vervielfacht; Gott nun sei darum, *weil er „im" Einen ist,* auch „in" aller Vielheit und selbst noch „einfacher" bzw. „feiner" (subtilior) als das (im Verhältnis von Ein- und Ausfaltung zum Vielen stehende) Eine. In De poss. (h XI/2) n. 54 ff. führt Cusanus „IN" als einen Quasi-Namen Gottes ein. Dabei handelt es sich um eine Reflexion der Möglichkeitsbedingung, (nicht nur räumliche) Relationen des Inkludiertseins überhaupt zu denken. Ohne das „IN" „ist alles leer" (n. 55); es kann z.B. keine Substanz und kein Name sein, da für das Erwägen eines Substanzbegriffs dieser „in" einem gegebenen Objekt zu denken ist. Insoweit eine solche Möglichkeitsbedingung diskutierbar ist, insofern ist für Cusanus offenbar auch möglich und ggf. nützlich, auf eine solche Hinsicht, hier der Inklusions-Relation, in komprimierter Weise Bezug zu nehmen. Trotz deren substantivischer Fassung ist damit keine „Substantialisierung" verbunden, schon deshalb, weil es sich um ein Prinzip jeder Einzelsubstanz handelt – für ein Prinzip gilt aber, dass ihm „nichts vom" Prinzipiierten zukommt; vgl. z.B. speziell in De poss. (h XI/2) n. 48; siehe auch nachstehende Fn. 153, S. 65.

119 Vgl. De ludo (h IX) II n. 76.

120 Cusanus bringt dabei insbesondere sein Konzept des „Werden-Könnens" (posse fieri) ins Spiel: *In Gott* „war die (gewordene) Welt das Werden-Können, weil nichts Wirklichkeit geworden ist, was nicht *werden konnte*", so De ven. sap. (h XII) c. 9 n. 25.

121 De poss. (h XI/2) n. 28.

122 Vgl. De poss. (h XI/2) n. 28-29.

Bestand habe. Cusanus behandelt dabei den Begriff der *Form an sich selbst* in spezifischer Weise, wie sich auch in reduplikativen Formulierungen des Schemas „Form der Formen", „Begriff der Begriffe" oder „Ursache der Ursachen"[123] widerspiegelt. In letzterer Wendung sieht Renate Steiger einen „doppelten Rückgang", „den das Erkennen leisten muß": „Dem Überstieg vom sinnlichen zum intellektualen Bereich folgt oder entspricht der transcensus von der quiditas rei, der Washeit des Einzeldinges zu der alle Washeiten begründenden einzigen absoluten Washeit".[124] In der Tat geht es Cusanus um eine absolute Washeit. Allerdings verhält sich diese nicht nur zu den übrigen Washeiten dergestalt, dass abstraktiv von jenen zu dieser fortzuschreiten wäre. Vielmehr ist sie zugleich als absolute Washeit dasjenige, was alle konkrete Washeit ermöglichend dahingehend bestimmt, überhaupt Washeit zu sein. Strukturell ganz analog behandelt Cusanus etwa die Relation der Selbigkeit (etwas ist je sich selbst gegenüber ein Selbes) oder die der Nicht-Andersheit oder den Seinsbegriff und insbesondere auch den *Begriff des Begriffs* (conceptus) oder den Begriff des „Denkens des Denkens" (cogitationum cogitatio[125]). Die „Washeit aller Washeiten" oder „Form der Formen" ist dabei nicht einfach eine Form *wie alle übrigen* Formen, die lediglich jenen übrigen Formen *vorgeordnet* wäre.

123 Sermo CIV (h XVII) n. 10; zur Wendung „causa causarum" vgl. die Nachweise im Apparat, ferner Summa Halensis I q. 1 c. 1 co.; Bonaventura: II Sent. d. 18 a. 1 q. 2; weitere Angaben bei Sabathé: La trinité rédemptrice, 119. Von Gott als ratio aller rationes spricht z.B. De docta ign. (h I) III c. 11 n. 247, 18-21; De gen. (h IV) c. 4 n. 165.

124 Nikolaus von Kues/Steiger: Der Laie über die Weisheit, 122.

125 So z.B. in der propositio 8 zu De non aliud (h XIII) n. 116.

II.1.4 Die Transzendentalität des Form-, Einheits- und Zahlbegriffs

Diese Prinzipialität der „Form von Allem" gegenüber allen einzelnen Formen entspricht genau dem Verhältnis der Eins bzw. Einheit zu den Zahlen, wie es Cusanus in „De docta ignorantia" und vielfach später entwickelt hat. Dabei handelt es sich gleichermaßen um ein Thema der Ontologie wie der Epistemologie, denn die Zahlen stehen sowohl für die Konstituenten der Wirklichkeit wie für die ordnenden Elemente, mittels welcher unser Geist diese Wirklichkeit wiederum begreift – eine Vorgehensweise, die Cusanus in ihrem Grundzug als In-Bezug-Setzen und von den Verhältnissen (proportiones) zwischen den Zahlen her versteht.[126] Wie es schon die Verweise des Cusanus u.a. auf Pythagoras nahelegen, steht „Zahl" hier generisch für ein Prinzip der Ordnung und Unterscheidung.[127] „Zahlen" sind gleichsam idealiter die basalste Form nicht weiter analytisch bestimmbarer logisch-ontologischer Einheiten, logische „Atome", aus welchen eine Vielheit von Wirklichkeit überhaupt konstituierbar ist. Man benötigt, so die hier zugrunde liegende Einsicht, keine weitere Sachbestimmung, keine Angabe von Qualitäten, Wesenskonstituenten oder dergleichen, sondern lediglich *Zählbarkeit*, um eine Vielzahl von Objekten unterscheiden und in Bezüge setzen zu können; ohne *mindestens* Zählbarkeit kann es kein *Ensemble* von zueinander unterscheidbaren Objekten (etwa von ansonsten nicht weiter bestimmten haecceitates) geben. Wenn stattdessen z.B. Kleinbuchstaben Individuen vertreten wie etwa in der Ontologie des Wittgensteinschen Tractatus, so handelt es sich lediglich um eine notationelle und für weitere Inbezugsetzungen schwächere Variation zum Gebrauch von Zahlen, wie er von Cusanus ebenso wie z.B. in der leibnizschen Characteristica Universalis aufgegriffen wird. So versteht sich

126 Vgl. De docta ign. (h I) I c.1 n. 3.

127 Vgl. De docta ign. (h I) I c.1 n. 3. Cusanus führt ein von Aristoteles, Met. I 5 985b26ff überliefertes Diktum des Pythagoras an: Durch die Kraft der Zahlen wird alles konstituiert und erkannt. Ebendiese Formulierung führt auch Eckhart aus Hieronymus an: In Ex. n. 184, LW II, 158, 14. Womöglich hat Cusanus hier Eckhart rezipiert, wie z.B. auch Wilpert (Nikolaus von Kues/Wilpert/Senger: De docta ignorantia, 115) in Betracht zieht. Dass sich die Formen *wie Zahlen* verhalten, hält Cusanus z.B. auch in Sermo CXCVII (h XVIII) n. 3 fest (von 1455). Vgl. auch De mente (h ^{2}V) c. 6 n. 88: Die Pythagoreer sprachen von der Zahl *nicht*, „insofern sie zur Mathematik gehört (prout est mathematicus) und aus *unserem* Geist hervorgeht", denn insofern ist sie *nicht* Ursprung irgendeines Dinges; sondern sie sprachen „symbolisch und der ratio nach (rationabiliter)" von der Zahl, „welche aus dem *göttlichen* Geist hervorgeht" – und von *dieser* Zahl sei die *mathematische* Zahl ein Abbild. Vgl. zur Stelle Flasch: Ars imitatur naturam, 304f; Nagel: Wissenschaften, 35ff. In De mente (h ^{2}V) c. 10 n. 126 spricht Cusanus davon, dass die Zahl dazu tauge (valet) „zu unterscheiden (discernere) bei einer Unordnung (confusio) von Gemeinsamem" und „eine Gemeinsamkeit von Objekten zusammenzufassen (colligere)".

z.B. der cusanische Hinweis auf die Auffassung des Boethius, wonach die Zahl das prinzipiierende Urbild für die zu schaffenden Dinge im Geist des Schöpfers gewesen sei.[128] In diesem Sinne argumentiert Cusanus auch etwas später: Ohne die Zahl verschwänden Unterscheidung, Ordnung, Proportion, Harmonie und damit die Vielheit des Seienden selbst. Dies gilt auch dann, wenn Cusanus, wie in seinen späteren Werken deutlich wird, keine separate Realexistenz der Zahlen akzeptiert.[129] Gleichwohl sind Zahlen Prinzipien jeglicher strukturierten Vielheit, jeglicher Ordnung, der Objekte der ratio ebenso wie dessen, was mittels der ratio erfassbar ist.

Dabei nun besteht ein eigentümliches Verhältnis zwischen dem *Begriff der Zahl* und den *Einzelzahlen*: Ohne *Zahl überhaupt* gäbe es keine geordnete Vielheit. Das Viele ist der Bereich, der als durch Verhältnisse des Mehr und Weniger bestimmt auffassbar ist. Ein aktual-Unendliches kann mithin kein Element des Vielen und graduell Bestimmten sein. *Gäbe es* daher *eine unendliche Zahl*, könnte es ebenso wenig überhaupt Zahlen geben, wie wenn es

128 Vgl. De docta ign. (h I) I c. 11 n. 32, 4-6 mit Bezug auf den im Kontext weithin zugrunde gelegten Text des Boethius: Institutio arithmetica I, 2, hier ed. Friedlein 12, 14-19 (PL 63, 1083B): „Omnia quaecunque a primaeva rerum natura constructa sunt, numerorum videntur ratione formata. Hoc enim fuit principale in animo conditoris exemplar. Hinc enim quattuor elementorum multitudo mutuata est, hinc temporum vices, hinc motus astrorum caelique conversio." Boethius setzt hier also eine Naturphilosophie voraus, wie sie zumal in Rezeption auch peripatetischer Lehren üblich war, wonach die Naturdinge eine Ordnung haben, die auf grundlegende Ordnungszusammenhänge zurückgeht, insbesondere der Himmelsbewegung, wonach überhaupt jede Bewegung durch die Zahl gemessen wird und die Weltdinge durch Kombination von vier Grundelementen konstituiert sind, deren jeweilige Proportionen und Strukturen wiederum durch Zahlen zu beschreiben sind. Es geht ihm dabei um ein *zahlenartiges* Ordnungskonzept des Weltplans, die Rede ist von der „ratio numerorum", nicht nur von Zahlen als *einzelnen* Formen. Vergleicht man die Textgrundlage, die Boethius unter einigen Modifikationen im Wesentlichen paraphrasiert, die Einleitung in die Arithmetik des Nikomachos von Gerasa, so geht es dort zunächst um die Plausibilisierung des arithmetischen Vorhabens mit dem Argument, dass die Behandlung nicht körperlich-veränderlicher, sondern immaterieller Objekte – und mittelbar daran Teilhabender – für die Weisheitssuche weiterführt (I, 1-2); es werden dann die Wissenschaften der Arithmetik (mit dem Gegenstandsbereich absoluter Quantität), Musik (relative Quantität), Geometrie (Ruhendes), Astronomie (Bewegtes) eingeführt, ohne welche eine sachgemäße Behandlung der Formen des Seienden aus detailliert angeführten (I, 2) Gründen unmöglich bliebe (I, 3), während umgekehrt diese Wissenschaften einer Leiter zum Unkörperlichen gleichkommen (I, 3, 6); in besonderer Weise gelte das für die *Arithmetik,* die vor allen Dingen im Geiste des Schöpfergottes existierte wie ein universeller und urbildlicher Plan (I ,4) – hier haben wir dann die Vorlage für den boethianischen Text (Inst. ar. I, 2). Eine Auswahl prominenter Rezeptionen der boethianischen Formulierung bei Wilpert/Senger (Nikolaus von Kues/Wilpert/Senger: De docta ignorantia, 120). Zum Zusammenhang von Zahlbegriff und Semantik auch Bocken: Die Zahl; Bocken: Sein und Zahl.

129 So etwa in „De beryllo", wo Cusanus auf den Status der Zahlen und mathematischen Objekte in Zusammenhang mit der Problematik des Substanzbegriffs näher eingeht: De beryl. (h ^{2}XI/1) c. 23 n. 56.

Zahl überhaupt nicht gäbe. „Unendliche Zahl" ist daher eine Art hölzernes Eisen ebenso wie etwa „einfache Vielheit" oder „unendliche Endlichkeit"; hätte ein derartiges Objekt Bestand, wäre das Wesen der Zahl und damit der Bedingung von Vielheit überhaupt aufgehoben.[130] Gleiches gälte bei einer aktualen Unendlichkeit dergestalt, dass sich jede gegebene Zahl stets in kleinere Zahleinheiten als deren Konstituenten analysieren ließe.[131] Denn in diesem Fall gäbe es gleichfalls keine *atomaren* Ordnungsprinzipien. Daher versteht sich, warum Cusanus alle Zahlbetrachtungen auf dem Vorgang des Zählens der positiven „natürlichen Zahlen" aufbaut und weitere Zahltypen nur als Produkt konstruktiver Operativität anerkennen kann. Aus moderner Sicht muss Cusanus daher als ein mathematik-philosophischer „Konstruktivist" erscheinen, von woher sich auch viele der Eigentümlichkeiten der cusanischen Infinitesimalbetrachtungen erklären.[132]

Gegenüber den Einzelzahlen nun hat der Begriff „Zahl" einen eigentümlichen Status: Einerseits handelt es sich um jenen Begriff, welcher zur Anwendung kommt, um irgendeine einzelne Zahl überhaupt *als Zahl* begreifen zu können und mit welchem jene Strukturmerkmale gegeben sind, welche Zählbarkeit überhaupt konstituieren. So betrachtet ist „Zahl" ein *Prinzip für* alle einzelnen Zahlen – allerdings ist der Zahlbegriff damit zugleich ein Begriff, der mit dem zumindest idealen Gegebensein *einer Vielheit* seiner Natur nach bereits korreliert. Cusanus kann, je nach Kontext, entweder den ersten oder den zweiten Akzent betonen oder auch auf diesen Zwischenstatus weiterführend reflektieren. Im letzteren Fall ist es besonders eine Eigenschaft des Zahlbegriffs, die ihn fasziniert, nämlich jene, dass jegliche Zahl „aus sich selbst zusammengesetzt" ist. Denn damit erfüllt der Zahlbegriff Bedingungen, die in ansonsten höchst problematischer Weise an das „Erstentsprungene" zu stellen sind. Dabei nämlich ergibt sich eine offenbare Aporie: Dem Erstentsprungenen dürfen keine *Bestandteile* seiner vorausgehen, da es sonst nicht Erstentsprungenes wäre; es darf indes auch nicht unendlich-einfach sein (da dies nur dem Ursprung selbst zukommt).[133] Im Begriff der Zahl liegt

130 Vgl. De docta ign. (h I) I c. 5 n. 13, 11-16, vgl. auch Z. 18: „finitus est numerus".

131 Vgl. De docta ign. (h I) I c. 5 n. 13, 22ff.

132 Ausführlich wird die Mathematikphilosophie des Cusanus behandelt von Counet: Mathématique et dialectique.

133 Vgl. De mente (h ^{2}V) c. 6 n. 89. In n. 92 spricht Cusanus dann davon, dass die Zahl das Bild (typus) des Erst-Entsprungenen trage. In De mente (h ^{2}V) c. 15 n. 157-158 folgert Cusanus aus der (Quasi-)Zusammensetzung des Geistes gemäß der Zahl, die „aus sich selbst" zusammengesetzt ist, dessen Nicht-Auflösbarkeit und mithin Unvergänglichkeit. Bei der Rede von einer Zusammensetzung der Zahl aus Geradem und Ungeradem dürfte eine Entsprechung bestehen zur platonischen Auffassung eines Prinzips (der „Weltseele") als „aus Teilbarem und Unteilbarem" (ex dividua et individua) zusammengesetzt, vgl. z.B. De mente (h ^{2}V) c. 7 n. 97; diese in Platon: Timaios 35a formulierte Lehre ist der lateinischen Scholastik bestens bekannt, vgl. etwa Abaelard: Theol. Summi boni I, 6 ed. Niggli, 44.46; Wilhelm von Conches: Comm. Macr. I, 2,

nun also eine uns durchaus bereits vertraute formale Struktur vor, die genau diese scheinbar unvereinbaren Anforderungen erfüllt. In diesem Sinne repräsentiert der Begriff der „Zahl" als ein Konzept (das des „Erstentsprungenen"), welches dem Verhältnis von Einheit zu Vielheit strukturell entspricht. So reflektiert der cusanische Zahlbegriff ein in Varianten pythagoerisch-platonischer Systementwürfe zentrales Problem. Dabei der Zahl nicht separat-wirkliches Sein zukommen, sondern „die Zahl der Dinge sind die Dinge selbst" und die Zahl steht auch nicht vermittelnd zwischen dem göttlichen Geist und den Dingen.[134] In der Tat ist „Zahl" also, wie Cusanus etwas kryptisch formuliert, ein „symbolischer" Name für „das Erstentsprungene".[135]

Während dem Zahlbegriff ein Zwischenstatus zwischen Einheit und Vielheit zukommt, ist es der Begriff der „Eins" bzw. „Einheit", der für Cusanus in besonderer Weise geeignet ist, ein Prinzip für die Vielheit alles Zählbaren zu veranschaulichen. Denn die Eins verhält sich, wie Cusanus mit einer breiten pythagoreisch-platonischen Tradition erörtert, zu den Zahlen bzw. verschiedenen numerischen Einheiten dergestalt, dass die „Eins" keine Zahl im eigentlichen Sinne ist, sondern *Prinzip* der (vielen) Zahlen.[136] So ist

14; Phil. Mundi I, 15; Hugo von St. Viktor: Didasc. I, 1 (PL 176, 741D); Thierry von Chartres: Lect. II 30 (165, 60f); Joh. von Salisbury: De sept. sept. 4 (PL 199, 952B-C). Cusanus bezieht diese Lehre in De mente (h ^{2}V) c. 11 n. 140 auf den Geist (die platonische „Weltseele" bezieht er c. 13 n. 145 auf Gott, „den wir Geist der Allheit nennen", was Aristoteles mit „Natur" bezeichnet habe; Cusanus beansprucht nicht nur eine Erklärung, sondern Korrektur, denn beide Parteien hätten, so in n. 147, diese Identität mit Gott verkannt und irrig identifiziert mit der „Seele" bzw. einer „den Dingen eingesenkten Natur"). Die platonische These von der Zusammensetzung aus Teilbarem und Unteilbarem erklärt Cusanus dann (n. 140) in eigenwilliger Weise: Wenn der Geist *der Form nach* erkennt (z.B. die Form „Menschheit" erfasst), so erfasst (comprehendit) er ungeteilt (individue), wie wir auch nicht von „Mensch*haftigkeiten*" sprechen können; ein *der Materie oder dem Zusammengesetzten nach* erkanntes Ding dagegen werde *geteilt* erkannt. Die einzelnen Kräfte (virtutes) des Geistes, aus welchen sich das Begreifen als Ganzes zusammensetzt, können nach Cusanus keine Akzidentien sein; sie müssten daher *substantielle* Teile sein – *wie* dies aber zu denken sei, sei „schwer zu sagen". Cusanus scheint die platonische Lehrmeinung letztlich nur insofern für intelligibel oder plausibel zu halten, als es dabei um *Modi* des Erkennens (*als* Form ungeteilt versus *der Materie nach* geteilt) geht – und zwar des Erkennens eines in sich einfachen Geistes, so dass eine Rede von „Teilen" zumindest keinesfalls im Sinne von Kombinaten auffassbar ist; andernfalls wäre natürlich auch der Geistbegriff bezüglich Gottes selbst, der ja absoluteinfach ist, besonders unpassend – während Cusanus (vgl. v.a. Abschnitte III.1 und III.4) gerade Gott als „ewigen Geist" und „Urbild" unseres Geistes ausweisen möchte.

134 Vgl. De mente (h ^{2}V) c. 6 n. 96.

135 Vgl. De mente (h ^{2}V) c. 6 n. 92; n. 94 nennt er die Zahl dann „erstes Urbild der Dinge im Geist des Schöpfers". Cusanus spricht dabei von „symbolisch" besonders, sofern es um Vergleiche nach Ähnlichkeiten geht, vgl. z.B. De mente (h ^{2}V) c. 9 n. 125.

136 Vgl. z.B. bereits Sermo XXII (h XVI) n. 16 und auch Sermo CCXLIII (h XIX) n. 23, 10: „in unitate est omnis numerus complicite"; Sermo CCLX (h XIX) n. 23. Weiters z.B. De princ. (h X/2b) n. 39. Cusanus spricht dann oftmals von „monas" für das *Prinzip* der Zahlen, die Einheit-einfachhin, die in jeder konkreten Zahl realisiert ist. In Ab-

die „Eins“ gleichsam „in“ jeder einzelnen Zahl als dasjenige Urelement, von welchem aus die vielen Zahlen gezählt werden, wobei Cusanus, entsprechend der Betrachtungsweise entlang einer Hervorbringung von Ordnungselementen, wiederum die positiven natürlichen Zahlen im Blick hat. Umgekehrt kann man auch davon sprechen, dass jede Zahl „in“ der Eins ist, da man formaliter nichts anderes als die Eins benötigt, die man lediglich mehrfach notieren muss, um die Vielheit der Zahlen zu entwickeln. Der Struktur nach besteht insoweit eine präzise Entsprechung zum vorstehend Modus des Inseins von Allem in der Form von Allem und deren Inseins in Allem. Diese Analogie zieht Cusanus daher z.B. auch heran, um auf Johannes Wenck zu replizieren: Bei seiner, der cusanischen Auffassung eines Inseins von Allem in Gott werde, analog zum Insein der Zahlen in der Einheit, die Einfachheit der Einheit keineswegs tangiert.[137]

II.1.5 Die „Washeit von Allem“ bleibt unserem Verstehen letztlich entzogen

Cusanus spitzt die Problematik bezüglich der Erfassung der Washeit von Allem von zwei Seiten zu: Einerseits, wie gerade angesprochen, durch die Reduktion auf einen *einzigen* Wesensgrund von Allem, auch aller sonstigen positiven Wissensansprüche; andererseits durch die *grundsätzliche Entzogenheit* dieses einen und allgemeinen Wesensgrundes. Bezüglich des Grundes aller Wirklichkeit, dem wir uns überhaupt nur annähern können, weil unser eigenes Erkennen immer schon an diesem Grund partizipiert, greifen Versuche, präzise *sachbestimmende* Beschreibungen mittels theoretischer Einsichten zu artikulieren, prinzipiell zu kurz. Die Washeit von Allem ist, wie sie an sich ist, *„in ihrer Reinheit“* (in sua puritate), für uns unerreichbar.[138]

Auch diese Entzogenheit des ersten Prinzips erklärt Cusanus in Analogie zum Verhältnis der Eins zu den Zahlen: Wie die Eins keine der vielen Zahlen ist, sondern Voraussetzung aller Zählung, so ist auch die „Form der Formen“ keine der Einzelformen, sondern als deren Prinzip durch keine der Einzel-

grenzung von der Menge der Zahlen, die „an der Substanz partizipieren“ anstatt dieser vorauszugehen, spricht Cusanus mit Pseudo-Dionysius für das Eine als Prinzip der Zahlen auch vom „übersubstantialen Einen“, z.B. De non aliud (h XIII) c. 14 n. 61.

137 Vgl. Apol. (h ²II) n. 39 und n. 23, wo Cusanus sich diesbezüglich unmissverständlich erklärt: „Weil in Gott alles als Verursachtes in der Ursache ist, kann das Verursachte [als solches] *nicht* die Ursache sein, wenn es auch *in* der Ursache nichts als die Ursache ist. Derartiges hast du oft gehört von der Einheit und der Zahl. Denn die Zahl ist nicht die Einheit, obgleich jede Zahl *in* der Einheit eingeschlossen (complicitus) ist wie das Verursachte in der Ursache; vielmehr ist das, was wir als Zahl einsehen, die Ausfaltung des Vermögens (virtus) der Einheit. Deshalb ist die Zahl *in* der Einheit nichts als die Einheit“.

138 Vgl. De docta ign. (h I) I c. 3 n. 10; De quaer. (h IV) c. 5 n. 49.

formen zu erfassen.[139] Dass Gott als „Form der Formen“ durch keine Form erfassbar ist, also nicht unter die eigentlichen Einzelobjekte als Form-Materie-Komplexe und nicht unter die durch Formangaben definierbaren Objekte zählt, gleichwohl aber Prinzip aller Formen ist, fasst Cusanus auch in paradoxal anmutende Aussagen. So etwa, dass Gott zugleich „von (a) aller und gleichermaßen (b) keiner Form“ (omniformis pariter et nulliformis) sei.[140]

Da die Anwendung eines Formbegriffs der genaueste Fall der Benennung einer Sache ist, hat diese Sonderstellung des Göttlichen in Bezug auf den Formbegriff ihre genaue strukturelle Entsprechung in Bezug auf die Namensproblematik, also darin, dass Gott für Cusanus durch (a) *jeden* und (b) *keinen Namen* benennbar ist. Die fragliche Aussage führt zwei unterschiedliche Hinsichten zusammen, ohne die Unterschiedlichkeit beider Hinsichtnahmen zu explizieren: (ad a) Sofern Gott „Form der Formen“ ist, kann, bezogen strikt auf diesen Ursprungsbezug jeden sonstigen Falles von Formbestimmtheit und damit spezifischen Soseins, von jeder Einzelform aus auf Gott als deren erstem Prinzip Bezug genommen werden. (ad b) Sofern allerdings Gott erstes Prinzip *für* alle Einzelformen ist, gibt es schlechterdings keinen anführbaren Formbegriff, der *auf Gott anwendbar* wäre gemäß der Wahrheitsbedingungen sonstiger Anwendungen einzelner Formbegriffe auf Gegenstände, insoweit die entsprechende Form die Substanz des entsprechenden Gegenstandes konstituiert.

Gott ist daher nichts, was als durch einzelne Formen bestimmt verstanden werden könnte, sondern Prinzip aller Formbestimmung. Entsprechendes gilt

139 Dass sich Gott *aller Formen unseres Intellekts* entzieht (subterfugit), ist eine mehrfach „Augustinus“ zugeschriebene theologische „Regel“, so z.B. bei Thomas von Aquin: I Sent. d. 22 q. 1 a. 1 arg. 2; III Sent. d. 24 q. 1 a. 2; IV Sent. d. 49 q. 2 a. 1 ad 3 (= STh Suppl. III q. 92 a. 1 ad 3); De veritate q. 2 a. 1 arg. 10; De pot. q. 7 a. 5 arg. 13; De Trin. q. 1 a. 2 arg. 2. Ähnlich bei Wilhelm von Auxerre: Summa aurea I tr. 4 c. 1 (ed. Ribaillier, 37: „Deus qui omnem formam interfugit, intellectu pervius esse non potest“); Summa Halensis I, II inq. 1 tr. 1 q. 1 n. 333 arg. 4, ed. Quaracchi, 492; Bonaventura: I Sent. d. 22 q. 1 a. 1 arg. 4; Nikolaus von Amiens (Pseudo-Alanus ab Insulis): Ars fidei catholica I r. 16, ed. Dreyer, 83 („omnimodam formam subterfugit“; keine Bezugnahme auf „Augustinus“); vgl. dazu Pannenberg: Analogie und Offenbarung, 65. Vgl. auch Com. 2b zu Liber XXIV Philosophorum, 16., ed. Hudry. Herkunft und Prominenz dieser Regel gehört in den Kontext der Kompilationen „Regeln“ der Theologie aus Prinzipien, die in einer theologischen Rezeptionslinie neuplatonischer Modelle liegenden Autoren wie Augustinus, Plotin, Proklos, Ps.-Dionysius, Macrobius, Boethius oder Eriugena entnommen wurden. Die wohl nächstliegende Augustinus-Passage wäre Sermo 117 zu Joh 1,1; c. 2 n. 3: „[...] Est enim forma quaedam, forma non formata, sed forma omnium formatorum; forma incommutabilis, sine lapsu, sine defectu [...] incomprehensibile sit quod lectum est; tamen lectum est [...] est forma omnium rerum, forma infabricata, sine tempore, ut diximus, et sine spatiis locorum. Quidquid enim loco capitur, circumscribitur. Forma circumscribitur finibus [...]“.

140 De poss. (h XI/2) n. 74.

vom absoluten Begriff (conceptus) als „Begriff der Begriffe“: Im Begriff (einfachhin) ist auch jeder (bestimmte) Begriff eingeschlossen (clauditur).[141] Einerseits würde man daher nur, wenn man *alles Begreifbare* wirklich begriffe, Gott begreifen können.[142] Andererseits übersteigt eben deshalb Gott alles (einzelne) Begreifbare: Er übersteigt „all dies“ (d.i. alle bestimmten Begriffe), „denn der Begriff von Gott ist der absolute Begriff oder das absolute Wort, das alles Begreifbare in sich einfaltet, und dieser (absolute Begriff) ist nicht in etwas anderem begreifbar“.[143] Dieses Eingefaltetsein der Begriffe im absoluten Begriff ist auch dahingehend zu verstehen, dass der absolute Begriff *Begrifflichkeit überhaupt* konstituiert. Analog reflektiert der Begriff der „Washeit der Washeiten“, *was es heißt,* Washeit zu sein.[144] Es handelt sich, so gesehen, um jeweils eine Selbstanwendung hier des Formbegriffs auf sich selbst oder um eine transzendentale Reflexion in dem Sinne, dass es um die Möglichkeitsbedingung für die Instantiierung von Formbestimmtheit überhaupt geht – die wiederum selbst von formalem (statt materialiter bereits bestimmtem) Charakter ist. In diesem Sinne ist die Frage nach der Washeit von Allem keine Frage nach den *jeweiligen* Washeiten der Einzeldinge (wonach die Washeit eines Tisches nicht dieselbe wie jene eines Stuhles sein könnte), sondern es geht um den Begriff der Washeit selbst, die Form *aller Wasbestimmtheit.* In dieser Weise ist Gott die Möglichkeitsbestimmung für jede Herauseinzelung washeitlicher Bestimmungen gleichsam wie alle einzelnen geometrischen Objekte „im“ geometrischen Raum selbst als ihrer Möglichkeitsbedingung sind oder alle begreiflichen Objekte eine Ganzheit des logischen Raumes bereits voraussetzen, die als solche gleichwohl kein Unterfall einer einzelnen begrifflichen „Form“ sein kann.

Das erste Prinzip, der Grund von Allem, in welchem die vermeintliche Vielheit an Formbestimmungen oder Universalien letztlich ineinsfällt, ist also, wie anhand des Formbegriffs und des Zahlbegriffs deutlich wurde, unserem Verstehen und allen Versuchen präziser Sachbestimmung entzogen. Dies hat, weil die Washeit von Allem Prinzip aller sonstigen Was-Bestimmtheit und deren Erfassung durch uns ist, Implikationen für alle sonstigen Gegen-

141 Vgl. De poss. (h XI/2) n. 40.

142 Vgl. De poss. (h XI/2) n. 41.

143 De poss. (h XI/2) n. 40. Cusanus gebraucht „absolutus“ fast immer sehr präzise auch in dem Sinne, dass es um ein Bestehen vor jeder Bedingtheit, Bestimmtheit und Einschränkung geht, also z.B. ein Für-Sich-Bestehen ohne Bindung an Materie bzw., wie in De poss. (h XI/2) n. 59: Gott ist *absolut, „weil* er jedem Nichtsein und daher jeder Andersheit und Kontraktion vorausgeht (praecedat)“. In De non aliud (h XIII) c. 20 n. 94 erklärt Cusanus die Rede von einem „absoluten Begriff“ als Entsprechung zum Begriff des Nicht-Anderen, sofern von jedem Begriff gilt, dass dieser „nichts anderes als der Begriff ist“, so dass vom Nicht-Anderen gesagt werden kann, dass es Prinzip jedes (einzelnen) Begriffs ist.

144 In diesem Sinn ist z.B. auch die Passage Apol. (h ^{2}II) c. 10 n. 39 zu verstehen.

standsbestimmungen. So gilt in positiver Wendung: „Wenn jemand den Namen dieses Wesensgrundes (ratio) kennen würde, würde er alles in eigentlicher Weise benennen und vollkommenstes Wissen von Allem haben".[145] Umgekehrt gilt in negativer Wendung: Insoweit dieser Wesensgrund von Allem unbekannt bleibt, ist alle Uneinigkeit (dissensio) und Verschiedenheit strittiger Meinungen darin begründet, dass wir kein (genaues) Wissen und keinen (eigentümlichen) Namen von diesem Wesensgrund (wie er an sich selbst ist) besitzen.[146] Weil wir das Was Gottes nicht wissen, aber das Dasein Gottes Ursache von Allem ist, bleibt uns auch die Washeit von Allem unwissbar.[147] Freilich muss es gewissermaßen einen Vorgriff auf die Washeit von Allem schon geben, denn, so eine von Cusanus häufig angewandte Überlegung, was gesucht wird, kann nicht *gänzlich* unbekannt sein.[148]

Cusanus begründet diese Entzogenheit der Washeit von Allem in mehrfacher Weise. Herausgegriffen sei unter dem Aspekt ontologischer Terminologie ein zentraler Argumentationsstrang: Schon Thomas von Aquin und viele andere hatten im Anschluss insbesondere an Boethius festgehalten, dass uns Washeiten allgemein im Falle immaterieller Substanzen (und umso mehr im Falle Gottes selbst) prinzipiell nicht so, wie sie an sich sind, erkennbar werden – sondern vielmehr nur rücksichtlich der Kausalbezüge, in welchen sie stehen oder im Modus der Negation oder des Überschreitens (per excessum) endlicher Aussagegehalte.[149] Cusanus nun formuliert die Problematik einer Erfassung der Washeit von Allem, wie sie in seiner Sicht mit jener der Erfassung des Wesens des Göttlichen konvergiert, wiederum insbesondere im Hinblick auf den Formbegriff. Denn jedes Einzelding muss, um überhaupt als ein Etwas für uns erwägbar zu sein, *als* von einer stabilen Bestimmtheit beschreibbar sein. Dies ist in seiner Terminologie insbesondere der Begriff der Formbestimmtheit: „Die Form nämlich macht, dass ein Ding *sich selbst gegenüber dasselbe* ist".[150] Was hingegen keiner Formbestimmtheit unterliegt, und Gott unterliegt keinerlei ihm vorausliegender Prinzipien, ist mithin auch

145 De ven. sap. (h XII) c. 33 n. 97.

146 Vgl. De ven. sap. (h XII) c. 33 n. 97: „Nicht-Einigkeit (dissensio) liegt daher nicht im substantiellen Wesensgrund (substantifica ratio) der Dinge, sondern in den Worten (vocabula), die man den Dingen aufgrund verschiedener Gesichtspunkte (rationes) zulegt."

147 De ven. sap. (h XII) c. 12 n. 31; Parallelstellen und begriffsgeschichtlicher Überblick h XII, S. 165f. Vgl. z.B. De coni. (h II) I c. 11 n. 55: Jedes Seiende hat sein Sein nur im göttlichen Erkennen („in solo [...] divino intellectu"); in ihm wird die Wahrheit aller Dinge, wie sie ist (uti est), erreicht.

148 Vgl. etwa De ap. theor. (h XII) n. 3. Es handelt sich dabei um eine Grundstruktur der cusanischen Epistemologie, wie nachfolgend noch darzulegen sein wird, vgl. nachstehende Fn. 226, S. 88.

149 Vgl. etwa Thomas von Aquin: De Trin. q. 6 a. 3 co. (ed. Leonina, 167f) et passim.

150 De gen. (h IV) c. 1 n. 147.

nicht in entsprechender Weise in Begriffe und Worte zu fassen: „Die Form gibt Sein und Erkanntwerden (cognosci). Darum wird, was nicht geformt ist, weil es (dem Geformtsein) vorausgeht oder nachfolgt, nicht begriffen (non comprehenditur), so wie Gott".[151] Während außerdem ansonsten im Rahmen metaphysischer Explikationsversuche von Formbestimmtheiten gilt, dass etwas eine Form annehmen kann, insoweit es dazu in gewisser Proportionalität seiner Konstitution nach disponiert ist, entfällt dieserart Bedingung im Falle des Göttlichen ganz: Wo die Proportion als „Ort der Form" gilt, da kann „ohne eine Proportion, welche passend und angemessen ist für die Form, die Form nicht widerstrahlen".[152] Dieser Sonderfall gegenüber unseren sonstigen Versuchen explikativer Anwendung ontologischer Termini hängt von daher engstens zusammen mit der epistemologischen Entzogenheit des Göttlichen und der Disproportionalität endlichen Erkennens zum Unendlichen.[153]

151 De non aliud (h XIII) c. 9 n. 32. Dass *Gott* es ist, von dem alles Sein und Erkanntwerden hat, formuliert Cusanus vielfach, z.B. De quaer. (h IV) c. 2 n. 36. Die Formlosigkeit Gottes ist z.B. auch Thema bei Iohannes Scotus Eriugena/Sheldon-Williams/Bieler: De divisione naturae II, 1, S. 4 / PL 122, 525A: Gott ist demnach formarum et specierum omnium informe principium. Vgl. zur Stelle Weiner: Eriugenas negative Ontologie, 140f.

152 Vgl. De mente (h ^{2}V) c. 6 n. 92. Cusanus vergleicht hier das Wirken des „ewigen Geistes" (Gottes) mit dem eines „musicus", welcher seinen Entwurf (conceptus) sinnlich-fasslich machen will und dazu harmonische tonale Proportionen wählt – so dass also gleichsam der Entwurf in dieser Proportion „widerstrahlt". Die „Schönheit, die allen Dingen innewohnt" (n. 94) gründe eben darin, dass *die Zahl* „erstes Urbild der Dinge" ist; die Schönheit der Dinge beruhe auf der Proportion, diese auf der Zahl. Dass die „angemessene Proportion" eine Voraussetzung bestimmter Realisierungen ist, ist auch der Fall, sofern der Geist einen Leib in entsprechend „angemessener Proportion" beseelen kann, vgl. De mente (h ^{2}V) c. 12 n. 142 – dort folgert Cusanus daraus die Unmöglichkeit einer numerischen Einheit jeder Vernunft, widerspricht also einer v.a. in der Rezeption des Averroes länger strittigen Gegenthese. Auch einen platonisierenden Rettungsversuch lehnt Cusanus (vgl. n. 143) ab, nämlich, dass unsere Seele in eine einzige aufgelöst werde. Vielmehr versage hier unser Zahlbegriff. Zwar könnten wir, wo die Materie aufgehoben ist, *keine Unterscheidungen der Zahl nach* vornehmen – ähnlich, wie wir das jeweilige Licht einzelner Kerzen in einem Raum, in welchem mehrere Kerzen leuchten, nicht mehr *der Zahl nach* unterscheiden können. Aber das mache nur deutlich, dass eben die Zahl der „(von Materie) reinen Substanzen" *„für uns* nicht eher Zahl ist als Nicht-Zahl"; gleichwohl besteht für den *göttlichen* Geist immer noch (auch wenn wir dies nicht mehr selbst eigentlich begreifen) „Zahl" und Wandelbarkeit jener „reinen Substanzen".

153 Vgl. De princ. (h X/2b) n. 38. Cusanus folgt hier Proklos: In Parm. VI, ed. Cousin, 1076 / ed. Steel, 367. Das erste Prinzip ist demnach zwar „nichts vom Verursachten" und „höher" als Zukommen und Privation von Vermögen des Verursachten, aber der Schöpfer auch nicht so weit entfernt vom Geschaffenen, dass er „etwas anderes" (quid alterum) wäre, denn dann wäre wiederum ein Prinzip nötig für ihn *und* das Geschöpf; insofern er vielmehr Prinzip *des* Geschöpfes ist, spricht Cusanus davon, dass er „im" Geschöpf sei (vgl. n. 38). Eine Nicht-Proportionalität besteht aber nach Cusanus z.B. bereits zwischen sinnlich-Erfassbarem und nicht-sinnlich-Erfassbarem oder zwischen

Wenn also Gott mit jenem Prinzip zu identifizieren ist, auf welches die Frage nach der „Washeit von Allem" führt, dann ist zugleich gesagt, dass Gott kein „aliud quid"[154] ist, kein „anderes *Etwas*". Gott ist also nichts von all den Objekten, die wir von anderen distinkt unterscheiden und durch Benennungen herauseinzeln können oder welche *durch Formbestimmungen* im Normalsinne erfassbar und damit für uns *überhaupt* distinkt erfassbar sind. In allgemeinerer Fassung gilt daher, dass unsere ansonsten im Bereich der Wirklichkeit orientierenden Kriterien, Begriffe und Termini, wie hier der Formbegriff, im Falle des Göttlichen als einfacher Washeit von Allem nicht mehr wie sonst zur Anwendung zu bringen sind.

Cusanus reagiert auf diese Problematik in spezifischer Weise: Es kann nicht um alternative Kandidaten materialer Sachbestimmungen gehen, sondern die grundsätzliche Einsicht in die Unanwendbarkeit entsprechender Bestimmungen erzeugt das Folgeproblem, das *Verhältnis* unseres Begriffssystems hinsichtlich seiner konstitutiven Elemente zur einen und einfachen Washeit von Allem genauer zu fassen. Derartige Verhältnisbestimmungen münden in Einsichten eines jeweils bestimmten formalen Charakters: Es sind zunächst Einsichten *ex negativo* und *zweiter Ordnung*, das heißt, Einsichten nicht über die Wesenheit des Göttlichen an sich selbst, sondern über dessen *Verhältnis zu* unseren sonstigen Begriffen, Vermögen und deren sonstigen Anwendungsbereichen. In dieser Verhältnisbestimmung ergibt sich, wie sogleich noch deutlich werden wird, eine positive Grundlegung unserer ontologischen, epistemologischen und sprachlichen Möglichkeiten, wenn auch nicht im Falle materialer Sachbestimmungen des sie ermöglichenden absoluten Grundes.

Die Einsicht *ex negativo* in das Unzureichen sonstiger materialer Bestimmungen der Washeit von Allem bleibt also in jedem Fall festgehalten. Gerade darin sieht Cusanus eine wiederum größere Nähe zwischen seiner eigenen und der aristotelischen Position. In „De Beryllo" war die aristotelische Antwort auf die Frage nach der Washeit vor allem als Bezugnahme auf Materie, Form und deren Zusammensetzung erklärt worden. In „De non aliud" dagegen schlägt Cusanus eine Lesart vor, die seiner eigenen Position bereits sehr nahe kommt. Hier, wo es Cusanus um die Reflexionsform des Nicht-Anderen als erkenntnisleitendem Supplement für einen eigentlichen „Namen" Gottes geht, äußert er sich bereits zu Anfang in aufschlussreich ambiva-

„erschaffender Welt" (dem Göttlichen) und „erschaffener Welt". Wo eine derartige Nicht-Proportionalität besteht, wie insbesondere beim „ersten Prinzip", da kann weder von einer Relation der Andersheit noch der Identität gesprochen werden, sondern das erste Prinzip ist „vor" solchen Relationen.

154 Vgl. z.B. De non aliud (h XIII) c. 1 n. 5, wo sich Cusanus auf Pseudo-Dionysius bezieht: Mystische Theologie (nachfolgend kurz MT) V, ed. Ritter, 149f.

lenter Weise auf die Frage, was Aristoteles im Wege seiner Suche nach der Washeit denn eigentlich „fand“:

> „In der Tat, um es offen einzugestehen, ich weiß es nicht. Er (Aristoteles) sagt aber, dass die Washeit, der Gegenstand des Intellekts, stets gesucht *und nie gefunden* werde.“[155]

In gewisser Weise bleibt, wie sogleich zu zeigen sein wird, genau dies auch das Resultat und sogar die Pointe des cusanischen Gedankengangs. Denn die quidditas, das, was eine Sache sein läßt, was sie ist, ist auch nach Cusanus für das Erkennen unerreichbar.[156] In diesem Kontext also hebt Cusanus zunächst zustimmend hervor, dass Aristoteles den „Grundbestand“, die *substantia* der Dinge als nicht-vielfach, sondern einfach verstanden habe. Das steht im Gegensatz zu alternativen Antworten, die etwa auf Luft, Wasser oder dergleichen rekurrierten – Prinzipien, die „alle etwas Anderes sind“, während das Prinzip von Allem kein „anderes Was“ (aliud aliquid) sein könne.[157] Genau dies entspricht auch der Herangehensweise des Cusanus, wonach das *Prinzip* aller Washeiten *nicht vom Typ jener einzelnen Washeiten* sein kann: Weder materialiter (als etwas, was auch sonst als Einzelnes noch vorkommt, wie etwa Wasser sich zu einzelnen Vorkommnissen verhält) noch formaliter (als etwas von gleicher Wesensnatur, etwa in gleicher Weise vom Typ der Substanz wie die Einzelsubstanzen). Vielmehr geht es bei der „substantia“ von Allem um dasjenige Prinzip, welches überhaupt ausmacht, *dass* etwas als Form oder Washeit ansprechbar ist – anders gefasst also um den Begriff der Form bzw. die „Form der Formen“ oder „Washeit der Washeiten“ selbst. Diese „Form der Formen“ dann kann in ihrem Verhältnis zu den Einzelformen als „Nicht-Andersheit“ bestimmt werden, so dass mit dem Begriff des Nicht-Anderen eine *Kurzzusammenfassung für diese Hinsichtnahme* möglich wird. Wenngleich nun Cusanus in positiver Hinsicht zwar darauf insistiert, dass eine Einsicht in diese Begriffs-Struktur des „Nicht-Anderen“ über Aristoteles hinausführt, so bleibt dabei doch in negativer Hinsicht gewahrt, dass die Washeit von Allem, wie sie an sich ist, gleichwohl nicht materialiter bestimmt wird. In diesem Sinne führt Cusanus aus, dass Aristoteles durchaus (ex negativo) verstanden habe, dass die „höchst-einfache Washeit der Dinge nicht irgend etwas Anderes sein kann“[158].

155 De non aliud (h XIII) c. 18 n. 83.

156 Vgl. De docta ign. (h I) I c. 3 n. 10; I c. 7 n. 8; De quaer. (h IV) c. 5 n. 49; De mente (h ^{2}V) c. 6 n. 92: Wir erreichen die Washeit eines jeden Dinges nur in Rätsel oder Bild (figura); De beryl. (h ^{2}XI/1) c. 14 n. 15: Weder Sinn noch Einbildungskraft noch Intellekt vermögen etwas zu begreifen oder zu verstehen (intelligere), was dem zugleich Größten und Kleinstes ähnlich wäre; daher können wir davon keinen Begriff (conceptus) bilden.

157 Vgl. De non aliud (h XIII) c. 18 n. 84.

158 De non aliud (h XIII) c. 18 n. 84: „[...] non ipsam simplicissimam rerum nominarunt quidditatem, quam utique vidit non posse esse aliud aliquid“.

In Analogie zum Verhältnis vom Sichtbaren zum Prinzip aller Sichtbarkeit, dem Licht, verdeutlicht Cusanus die Reichweite der aristotelischen Antwortversuche nach seiner Lesart dann wie folgt: Aristoteles habe zwar (ex negativo) erfasst, dass die Frage nach der Washeit von Allem nicht ein weiteres *sichtbares Objekt* betreffen müsse. Nicht jedoch habe Aristoteles es in positiver Weise unternommen, dann gleichsam das *Licht selbst* in den Blick zu nehmen. Aristoteles suchte demnach zwar *mittels* des Lichtes bzw. des Nicht-Anderen, aber er suchte jeweils *Anderes* – und stellte dann zumindest zurecht das Scheitern einer derartigen Suchbewegung fest, ohne jedoch zu verstehen, dass das *Mittel* dieser Suche (das Licht bzw. der Begriff der Washeit) auch das *Ziel* dieser Suche ist.[159] Cusanus beansprucht hier also nicht, dass er gleichsam Licht und Medium der Suche ausgerichtet habe auf ein Ziel vom Typ jener Objekte, die für Aristoteles hätten in den Blick kommen können, aber nicht kamen, also auf ein Prinzip, das nur im Dunkel geblieben wäre, nun aber erhellt worden wäre. Vielmehr ist es gerade die Pointe der cusanischen Überlegung, dass die Washeit von Allem kein Etwas ist, das *neben* irgendeinem anderen Etwas von diesem abgrenzbar wäre, während in positiver und formaler Hinsicht sich die Einsicht ergibt, dass das Ziel der Suche nichts Anderes ist als das, was ermöglichendes Mittel der Suche je schon war.

Diese Mittelbarkeit, in welcher die Washeit von Allem sich indirekt zeigt, ist dabei identisch mit ihrer Entzogenheit. Denn die Washeit von Allem geht genau insofern allen Bestimmungen von Washeiten voraus, als sie diese ermöglicht wie das Licht die Farben. Cusanus kann dies wiederum unter Heranziehung der Lichtmetaphorik illustrieren. So erklärt Cusanus in der „Apologia doctae ignorantiae“, auf Johannes Wenck reagierend, der auf einer Wissbarkeit der Washeit insistiert hatte: Sie mag nach dessen Meinung (prinzipiell) „intelligibel“ sein, aber sie werde „niemals wirklich eingesehen“ (tamen actu numquam intelligitur), „wie auch Gott höchst einsichtig ist und die Sonne höchst sichtbar ist“[160]. Dass Gott gleichwohl *durch uns* faktisch nicht eingesehen wird, erklärt sich dann, wie in der klassischen Formulierung zu Anfang der „Mystischen Theologie“ des Pseudo-Dionysius, wo entsprechend vom „überhellen Dunkel“ des Göttlichen gesprochen wird, nicht durch Mangel an Licht auf der Seite Gottes, sondern durch Mangel an Einsichtsfähigkeit auf *unserer* Seite.[161]

159 Vgl. De non aliud (h XIII) c. 18 n. 84-85. Die Analogie von Farbe und Licht zur Diskussion des Verhältnisses von Prinzipiat und Prinzip hat eine lange Tradition und wird auch von Cusanus vielfach eingesetzt, z.B. auch für die Verhältnisbestimmung von Seinsweise und Erkenntnisweise, vgl. nachstehende Fn. 406, S. 137.

160 Vgl. Apol. (h ^{2}II) n. 42. Vgl. auch Fn. 238, S. 91.

161 Vgl. auch De ludo (h IX) II n. 119: „Denn das Übermaß des Sonnenlichtes wird negativ gesehen, denn das, was gesehen wird, ist nicht die Sonne, denn das Übermaß (excellentia) des Lichtes der Sonne ist so groß, dass es nicht gesehen werden kann.“ Cusanus

Dieser Ineinsfall von negativer und quasi-positiver Hinsicht ist ein Grundzug des cusanischen Denkens, der daher auch in den nachfolgenden Großabschnitten zur Epistemologie und Sprachtheorie des Cusanus wiederkehren wird und welcher auch das Verhältnis von „affirmativer“ und „negativer“ Theologie prägt. Das mittelbar-positive Ansichtigwerden des ersten Prinzips als Grund seiner vielfältigen Manifestationen entspricht dabei derjenigen Redeweise, von welcher Cusanus formuliert, dass sie bezüglich jedweden Gegenstandes anzuwenden ist: Man solle von jeglichem Gegenstand (de omnibus) sprechen „unter Hinsicht auf“ (quoad) das Prinzip von Allem.[162] Diese Hinsicht, wie sich das Prinzip von Allem zu Allem verhält, die Cusanus auch, wie erörtert, in ontologischer Hinsicht unter Rückgriff auf den Begriff der Form der Formen und deren spezifisches „Insein“ diskutiert, illustriert er im dortigen Kontext einmal mehr am Verhältnis der Eins bzw. Einheit zu den Zahlen: Die Einheit, die an sich selbst durch keine Zahl erreicht wird, kommt doch (mittelbar) bei jedem Zählen zur Anwendung (und mittelbaren Erscheinung). Cusanus bezieht sich hier, im Gespräch eines „Laien“ (idiota) und eines Rhetors (orator), auf das Geldzählen „auf den Straßen“ und „auf dem Marktplatz“.[163] Beim Geldzählen wird unterschieden, und dies bedarf der Vermittlung durch die Eins, das Eine, durch das jede Zahl zustande kommt (fit)[164] und was daher in keiner Zahl erreicht werde. Bei einem Übertragen (transferre) dieses Verhältnisse „ins Höchste“ werde in Ähnlichkeit „das Unberührbare in nicht-berührender Weise berührt“. Diese Ausdrucksweise erscheint dem Rhetor „wunderlich“ (mira) und ungereimt (absona).[165] Die nachfolgende Erklärung ist indes sehr präzise. Es handelt sich um eben den erwähnten Hinweis, man müsse bezüglich jeglichen Gegenstandes sprechen *unter Hinsicht auf* das Prinzip von allem, und zwar nach derselben Weise, wie zuvor über das Eine und die Zahlen gesprochen

versteht, wie schon Pseudo-Dionysius, die Lichtmetaphorik in dezidiert christologischer Hinordnung, wie z.B. De docta ign. (h I) III c. 11 n. 246 deutlich wird: Für alle, denen die Kraft des Intellekts zukommt (intellectu vigentibus), ist das Dunkel, in das sie geraten, versuchen sie, Christus mit dem Auge des Intellekt zu erblicken (inspicere), „der Berg, auf dem allein Christus wohlgefällig wohnt“.

162 Vgl. De sap. (h ^{2}V) I n. 8.

163 Vgl. De sap. (h ^{2}V) I n. 3-4.

164 Vgl. De sap. (h ^{2}V) I n. 5. Zu den Quellen der in n. 5-6 vermittelten Auffassung, dass die Eins Prinzip der Zahlen ist, vgl. die Nachweise bei Nikolaus von Kues/Steiger: Der Laie über die Weisheit, 85f, insbesondere Platon: Parm. 143d; Aristoteles: Met. V 15 1021a; X 6 1057a; Proklos: Plat. Theol. II, 1; Boethius: De inst. arithm. ed. Friedlein S. 37; De inst. mus. II, 7; Iohannes Scotus Eriugena/Sheldon-Williams/Bieler: De divisione naturae, III, S. 32 / PL 122, 621C ff; Comm. De Trin. (Librum hunc) III, 4. Auf die Analogie vom „Wert aller Dinge“ kommt Cusanus auch in De ludo (h IX) II n. 111 ff. zu sprechen.

165 Vgl. De sap. (h ^{2}V) I n. 7. In der Tat gesteht der Laie zunächst zu, sich (dem Wortlaut nach) Widersprechendes (contradicentia) formuliert zu haben.

wurde. In der Tat bietet Cusanus eine ganze Reihe parallel konstruierter Anwendungen dieses Schemas, die er als „wahrste Aussagen“ (propositiones) bezeichnet:[166]

(1) Durch das Eine kommt jede Zahl zustande und es wird in keiner Zahl erreicht.

(2) Durch das Prinzip von Allem ist alles prinzipiiert, was prinzipiierbar ist, und es ist umgekehrt von keinem Prinzipiierten her erreichbar.

Analoges gilt für (3) Erkennen (intelligere), (4) Sagen (fari), (5) Bestimmen (terminare), (6) Begrenzen (finire).[167] Es handelt sich also um ein formales Schema, das gleicherweise Strukturen des Erkennens wie Sprechens wie ontologischer Bezüglichkeiten betrifft. Für Letztere ist offenbar[168] auch die Formulierung, dass „die Weisheit“ (hier austauschbar u.a. mit „dem Einen“, „dem Prinzip von Allem“, „dem Höchsten“[169]) dergestalt „alles ist (nämlich als Prinzip von allem), dass sie nichts *von* allem ist (nämlich durch nichts von allem prinzipiiert)“ eine andere, insbesondere von Pseudo-Dionysius beeinflusste[170] Formulierungsvariante. Die nämliche Verhältnisbestimmung greift daher sowohl für ontologische wie epistemologische und sprachtheoretische Zusammenhänge und ebenso in praktischer und strebensethischer Hinsicht. Letzteres wird etwa deutlich, wenn Cusanus statt vom Insein der Form von Allem in Allem davon spricht, dass die Weisheit bzw. der Geschmack (sapientia) dasjenige sei, was „schmeckt“ (sapientia est, quae sapit)[171]: Im Schmecken ist der Geschmack je schon als Prinzip gegenwärtig,

166 Vgl. De sap. (h ²V) I n. 8.

167 Vgl. De sap. (h ²V) I n. 8.

168 Vgl. De sap. (h ²V) I n. 10.

169 Stellen wie diese lassen es als zumindest sehr missverständlich erscheinen, wenn z.B. die Rede davon ist, dass bei Cusanus – dort mit Bezug auf De ludo (h IX) II n. 70 – „zwischen der von ihm skizzierten ‚köstlichen Wissenschaft‘ und der vollen Weisheit keine Differenz mehr“ bestehe (Welsch: Immer nur der Mensch?, 154). Richtig daran ist, dass Cusanus in der Weise an Traditionen mystischer Theologie und deren Gebrauch der Motivik aus Hohelied und der alttestamentlichen Weisheitsliteratur anknüpft, dass er eine Trennung von Weisheit und Wissen bzw. Wissenschaft unterläuft. Von „voller Weisheit“ kann aber bei Cusanus je nur im Blick auf die ewige Weisheit die Rede sein, die mit Gott zu identifizieren ist und unseren Bemühungen letztlich je inkommensurabel bleibt, wenn auch in einem in sich glückvollen und anteilgebenden Prozess unendlicher Annäherung.

170 Vgl. DN I, 5-6 und Nikolaus von Kues/Steiger: Der Laie über die Weisheit, 90f mit Hinweis auch auf die Randnotiz in Codex Cusanus 21 f. 100va „quomodo deus in omnibus et tamen in nullo“ zu Eckhart: In Ioh. n. 206, LW III, 174: Gott ist in jedem, *sofern es seiend ist* und in keinem, sofern es *dieses bestimmte Seiende* ist. Das Axiom, dass die Ursache „nichts vom Verursachten“ ist, gebraucht Cusanus oft, z.B. De princ. (h X/2b) n. 38.

171 Vgl. De sap. (h ²V) I n. 10. Zugrunde liegt natürlich die Verbindung von „sapiens“ mit „sapor“ bei Isidor von Sevilla, Etym. X, ed. Lindsay 1911, 240 („Sapiens dictus a sapore; quia sicut gustus aptus est ad di[g]noscentiam rerum atque causarum; quod unumquodque di[g]noscat, atque sensu veritatis discernat.“) Diese Pseudo-Etymologie wird

im Streben nach Weisheit und seinen Teilerfolgen von Einzelwissen je die Weisheit selbst aktuiert. Auch von daher erklärt sich die Ambivalenz, wie sie etwa in der Rede von einem „nichterreichbaren Erreichen" zum Ausdruck kommt: Sofern das erste Prinzip höher ist als alles Prinzipiierte, z.B. als Geschmack höher als alles Schmecken,[172] ist es *unschmeckbar* („nichterreichbar"). Sofern uns aber die Weisheit „lockt" bzw. wir einen „Vorgeschmack der Wirkungen" haben, ähnlich einem lockenden Duft, der einen Vorgeschmack gibt, so kann doch gesprochen werden etwa von einem „nichtschmeckenden Schmecken" oder „unschmeckbaren Schmecken" oder einem „Schmecken von ferne (a remotis)".[173] Auch wird die ewige Weisheit „in allem Schmeckbaren geschmeckt", ist sie die „Freude (delectatio) in allem, was erfreut" – usw. – „und so sprich (dicito) von allem Erstrebbaren".[174]

Es besteht daher keineswegs ein Gegensatz zwischen den Schwierigkeiten, die Washeit von Allem an sich selbst begrifflich und sprachlich zu fassen und den apparenten Leichtigkeiten, ihre allgegenwärtigen Manifestationen zum Anlass von Rückbezügen auf das ihnen vorausliegende Prinzip zu nehmen, so dass im Verhältnis der Form von Allem zu ihren Instanzen bereits das später (v.a. in Abschnitt IV.6) noch ausführlich zu behandelnde Verhältnis von „negativer" und „affirmativer" Rede auch vom Göttlichen in seinen Grundzügen bereits ontologisch begründet ist. Bei vielerlei Gelegenheiten kommt Cusanus daher auf das Verhältnis des Einzelnen zur Washeit von Allem zurück, beispielsweise, wenn es ihm um den „Frieden" als Begriff für das Prinzip der Ordnung und als *telos* der Wirklichkeit im Ganzen geht: Alles gründet im Frieden, ist durch den Frieden verknüpft und ist in Bewegung in Hinordnung darauf, Ruhe und „Frieden" zu finden, so dass „Friede" geradezu als eminenter Gottesbegriff gebraucht wird.[175] In diesem Sinn ist „Friede" für Cusanus jenes Prinzip, was jeden friedvollen Zusammenhang, auch das

vielfachst zitiert, z.B. bei Thomas von Aquin, STh II-II q. 46 a. 1 und findet sich insbesondere in der auf das Hohelied zurückgreifenden mystischen Theologie mit dem Aufstieg zu Gott verbunden, wie er sich vom rein-kognitiven Wissen abhebt und mit Weisheit, Geschmack (gustus) und Liebe verbunden wird; besonders prominent bei Bernhard von Clairvaux: Sermones in Cantica Canticorum, Sermo 23, 14 (zum Thema der Gottesfurcht, timor dei), PL 183, 892A: „Porro sapor sapientem facit, sicut scientia scientem, sicut divitiae divitem"; Johannes von Salisbury: Metalogicon IV c. 19, ed. Hall CCCM 98, 927A-C. Die Metaphorik von der Erkenntnis als Speise findet sich z.B. schon im Phaidros 247d und wird von Cusanus v.a. auch in den Ausdeutungen der biblischen Motiv-Verbindung von Wort und Brot vielfach gebraucht; zu diesen vgl. Reinhardt: Brot; André: Kraft.

172 Vgl. De sap. (h ²V) I n. 10.

173 Vgl. De sap. (h ²V) I n. 10 und n. 15.

174 Vgl. De sap. (h ²V) I n. 14.

175 Cusanus setzt hier eine Tradition fort, die maßgeblich durch Pseudo-Dionysius: DN XI geprägt wurde; zur Teilhabe bzw. Teilgabe des Friedens an alle Geschöpfe nach DN und dem thomasischen Textkommentar vgl. Bredow: Platonismus, 45ff.

Zusammenstimmen von Meinungen, begründet und letztlich seinem Sinn nach begreiflich macht – und der Sache nach nicht verschieden von der Washeit der Washeiten oder der Gutheit Gottes, wie sie in der Gutheit aller Dinge abbildlich geschaut wird. Es handelt sich dabei jeweils um unterschiedliche *Weisen der Hinsichtnahme* auf Gott als Urgrund von Allem, weshalb sich hier auch dieselbe Struktur zeigt wie im Blick auf die gerade diskutierte Ambivalenz von Gegebensein und Entzogensein der Form von Allem. So spricht Cusanus etwa davon, dass der Friede nicht in seiner „Mitte" direkt begriffen werden kann[176], wohl aber als das Strukturprinzip der Einung von Einheiten bzw. Gegensätzen, das immer schon in Gebrauch genommen wurde, wenn wissenschaftliche Erkenntnis erreicht wurde, insbesondere sofern dabei Meinungsvielfalt auf strukturbildende, einheitsbildende Gesichtspunkte *zurückgeführt* wird.

Entsprechend ist die Suche nach der Washeit nicht eigentlich aufzuheben in einer Einzelerkenntnis vom Typ sonstiger Sacherkenntnisse. Sondern diese Suche kommt in der Reflexion darauf zu ihrem „Frieden", dass in jeder Wasbestimmung je schon von der *Washeit der Washeiten* Gebrauch gemacht wird. Diese Bewegung des Suchens, der sie ermöglichende Grund und ihr Ziel stehen also in einer Relation des In- und Überseins (Beierwaltes[177]): *In* jeder Gegenstandserkenntnis wird dasjenige diese ermöglichende Prinzip erfasst, was *über* jeder Gegenstandserkenntnis liegt. Die Erhellung eben dieser Relation ist die produktivste uns mögliche Einsicht in dieser Suchbewegung. Unter dieser Hinsicht sind Begriffe von Gott wie „Einheit", „Frieden", „Gutheit", „unendlicher Intellekt" oder „Washeit der Washeiten" von analoger Sachstruktur, von analogem Verhältnis zu unseren sonstigen Begriffen und dem sie bildenden Vermögen und von analoger Produktivität für sonstige theologische Bestimmungen. Was sie unterscheidet, sind von der Orientierung unseres Bewusstseins ausgehend die Weisen der Bezugnahme und semantische und operative Kontexte, aus welchen heraus diese Begriffe gewonnen sind in der Reflexion auf die einheits- und strukturbildenden Prinzipien dieser Kontexte – hier, für den Friedensbegriff, die Gegensätze von Bewegung und Ruhe einschließend, zumal der Bewegung der Seele zum „Ort" der höchsten Schau und auch die Gegensätze von Meinungen, Wahrheitsansprüchen und einzelgeschöpflicher Koexistenz.[178]

176 Vgl. Sermo CLXVIII (h XVIII) n. 6.
177 Vgl. obig Fn. 15, S. 16.
178 Vgl. zu Letzterem besonders CLXVIII n. 5 und n. 7.

II.2 Die Problematisierung des Seinsbegriffs in Anwendung auf Gott

„Dieser Gott, vor dem alles ist, als wäre es nicht [...]“[179]

Alles ist, was es ist, dank Gottes – dies ist für Cusanus auch die ontologische Begründung dafür, dass sich das Verlangen aller von Natur aus (naturaliter) auf Gott richtet.[180] Dass etwas überhaupt ist und dass es eine bestehende Einheit ist, verdankt es in letzter Instanz, so man auf eine solche Bezug nimmt, jener, welche wir darob „Sein“ und „Eines“ nennen – auch wenn diese Benennungen *als Benennungen dessen, wie Gott an sich selbst ist*, keineswegs einem abgeschlossenen und vollends zureichenden Verstehen unsererseits schon Ausdruck geben. Derartige Benennungen sind allerdings ein tauglicher Ausdruck des ontologischen Begründetseins alles Einzelwirklichen und Vielen und des Ausgerichtetseins unseres Strebens auf jenen Grund, welcher in epistemologischer Hinsicht auch Grund allen Verstehens selbst ist.[181] In diesem allgemeinen Rahmen steht die cusanische Problembehandlung der besonderen und sowohl in sachlicher Hinsicht wie innerhalb der philosophisch-theologischen Tradition grundlegenden Prädikationen „Eines“, „Sein“ und verwandter Termini wie „Bestehen“ (hypostasis, subsistens) oder „Wirklichkeit“ (actualitas).[182] Nicht nur, insofern es sich bei diesen Termini um die im Begriffssystem der Ontologie grundlegendsten Begriffe handelt, ist damit die Prädikationsproblematik im Blick, sondern auch, sofern die hier problematisierte Verhältnisbestimmung verallgemeinerbar ist auf jene zwischen den *seienden Einzeldingen* zu ihrem erstem Prinzip, dem Göttlichen, überhaupt. Unverkennbar ist dieser Zusammenhang etwa, wenn Cusanus eine Verbindung zieht zum Verhältnis der *Laute* zum *Grund aller Lautlichkeit*, wie er in Gottes unaussprechlichem Namen gegeben ist[183]: Wie dieser Grund in den einzelnen Lauten je verschieden widerstrahlt, aber an sich selbst nicht aussprechlich ist, so ist Gott Grund alles Seienden und insoweit auch nicht als Einzelfall unter Letzteres zu rechnen.

Wegen der in ontologischer Hinsicht grundlegenden Problematik der Anwendungsbedingungen des Seinsbegriffs im Blick auf die Rede von Gott soll im Folgenden diese zunächst insoweit in den Blick genommen werden,

179 Lubac: Wege Gottes, 10.

180 Vgl. De princ. (h X/2b) n. 27.

181 Vgl. z.B. De ven. sap. (h XII) c. 38 n. 113.

182 Dass für Cusanus „actus“ und „esse“ vielfach austauschbar sind, illustriert z.B. De poss. (h XI/2) n. 51. Zur cusanischen Rezeption der chartrensischen Terminologie von substantia und subsistentia vgl. obige Fn. 72, S. 41.

183 Vgl. De gen. (h IV) c. 4 n. 168.

dass die grundlegenden Gesichtspunkte ihrer Behandlung bei Cusanus hervortreten. Dabei handelt es sich freilich um Gesichtspunkte, die eng zusammen hängen mit der cusanischen Epistemologie und v.a. Sprachtheorie und die also in den nachfolgenden Abschnitten dieser Arbeit (hier v.a. in den Abschnitten IV.2, IV.4 und IV.6) noch gesondert zu behandeln sein werden. Gleichwohl erscheint deren vorgreifender Einbezug für eine Behandlung der cusanischen Problematisierung des Seinsbegriffs unverzichtbar. Hingewiesen wird dabei zunächst auf (1.) die Unterschiedlichkeit der Perspektiven, wenn (a) Gott in eminentem Sinne als „Sein" benannt oder (b) im Sinne einzelner Instantiierungen von Seiendem Gott „Sein" abgesprochen wird. Im Anschluss wird in exemplarischer Hinsicht hervorgehoben und zu erklären versucht, (2.) inwiefern und aus welchen Gründen Cusanus eine Verschränkung und Hintanstellung beider Perspektiven thematisiert und bisweilen auch in paradoxal anmutenden Wendungen versprachlicht.

II.2.1 Gott als Sein im eminenten Sinn und Gott als Nicht-Sein im Sinne des Einzelseienden

Im Hintergrund steht dabei eine Alternativität im Gebrauch der Begriffe „Sein" (oder z.B. auch „Wirklichkeit", actualitas):[184] Gott kann einerseits (a) Gott in höchstem oder sogar einzig eigentlichem Sinne mit dem Begriff „Sein" benannt werden, und zwar, wie man zusammenfassen könnte, in *präsuppositionaler* Hinsicht, also insofern Gott *Bedingung* alles Einzelseienden ist; Cusanus kann aber auch (b) eine Anwendung unseres Seinsbegriffs auf Gott als inadäquat markieren.

In der erstgenannten Hinsicht (a) etwa spricht Cusanus davon, dass Gott vollendete Wirklichkeit[185] ist und „Sein, das die Seinsheit" ist[186] oder auch,

184 Eine ähnliche Differenzierung von Hinsichtnahmen und resultierenden Sprachformen hatte Eckhart von Hochheim entwickelt. Sowohl für Eckhart wie Cusanus ist außerdem auf die Ausarbeitung Eriugenas zu verweisen. Dieser hatte (De divisione naturae I, 3-7) fünf verschiedene Hinsichten unterscheiden, wie Sein von Nichtsein abgrenzbar und aussagbar ist. Deren erste schränkte den Gegenstandsbereich von „Sein" ein auf lediglich das, was sinnlich wahrnehmbar und verstandesmäßig erkennbar ist; deren zweite isoliert einen einzigen Seinsmodus bzw. –grad, etwa den des körperlichen Seins, wonach dann Geistigem „Sein" nicht zusprechbar ist, oder umgekehrt; deren dritte bezieht „Sein" auf das Herausgetretensein aus der Ursache. Vgl. dazu kompakt Bredow: Platonismus, 61ff und s.u. Fn. 217, S. 83.

185 Vgl. z.B. De princ. (h X/2b) n. 22, wo Cusanus bezüglich Christus fragt: „Wer hätte das, was werden kann (possibile fieri), ins Sein geführt? Nicht der, welcher wirklich ist (qui actu)?"

186 So in De poss. (h XI/2) n. 65: „Esse igitur quod entitas [...]". Cusanus behandelt im Kontext Gott als Form der Formen, die allen Objekten und allen Formen allererst Sein verleiht, während das Zusammengehen von „angebbaren" (dabile) Einzelformen mit Materie erst dingliche Existenz und Bestehen (persistere) erzeugt, was für Cusanus ver-

dass Gott „ist, ohne gemacht oder geschaffen zu sein“[187]. „Alle Dinge *bezeugen*“, so Cusanus etwa in „De venatione sapientiae“, „von Gott, *dass er ist* bzw. besser ausgedrückt: Alles ist, *weil* Gott ist“.[188] Schon hier wird kenntlich, dass Cusanus die Ausdrucksweise „dass Gott ist“ für nicht zureichend genau und unmissverständlich erachtet und in der Tat möchte er erklärtermaßen derartige Bezeichnungen verstanden wissen als „offenkundige Namen Gottes, wenngleich sie die (absolute) Genauigkeit nicht erreichen“.[189] Unter die zahlreichen Versuche, diesen Status des Göttlichen als Prinzip alles Seienden, dem insofern Sein keineswegs abzusprechen, aber auch nicht im Normalsinne zuzusprechen ist, genauer zu fassen, zählt auch die Bezeichnung Gottes als „über-substantiell“.[190] Insoweit gibt das Ansetzen bei unserem Seinsbegriff unseren Verständnisversuchen zumindest eine hilfreiche Richtung vor im Hinweis darauf, dass alles, sofern es seiend bzw. Substanz ist, in Gott gegründet ist. Den Kontrast zu unseren sonstigen Redeweisen von Seienden kann Cusanus deutlich hervorheben. So kann er etwa das Geschöpf ein „Nichts“ nennen, und zwar, sofern dieses sein „ganzes Sein von seiner Ursache her hat“ (und mithin aus sich heraus *unter Absehung* von diesem Begründetsein durch das erste Prinzip ein „Nichts“ wäre).[191]

Cusanus geht es in dieser Hinsicht (ad a) um Gott als einziges *durch sich selbst* bestehendes Prinzip für alles Einzelseiende. Alles Einzelseiende dagegen ist nur *durch* diesen Ursprung, es ist Prinzipiiertes, das erste Prinzip entsprechend nichts *vom* Prinzipiierten.[192] Trotzdem beschreibt es Cusanus als *für uns* notwendig, das erste Prinzip *als seiend zu begreifen*. Denn wer nicht be-

deutlicht, dass die Einzelformen durchaus nicht durch sich selbst bestehen, sondern erst *durch Verbindung* mit Materie, die gleichfalls von Gott aus Nichts geschaffen ist.

187 Vgl. z.B. De ven. sap. (h XII) c. 3 n. 7: „est et non est factum nec creatum“. Vgl. abermals De ven. sap. (h XII) c. 7 n. 16-17: Nichts (von dem, was überhaupt geworden ist) wird aus sich selbst, sondern von einem Früheren her, daher ist der erste Ursprung ungeworden (da er *aus sich selbst* ist, sofern man den Seinsbegriff überhaupt auf ihn anwenden kann).

188 Vgl. De ven. sap. (h XII) c. 12 n. 31.

189 De non aliud (h XIII) c. 4 n. 14.

190 So in Apol. (h ^{2}II) n. 29: „[...] supersubstantialiter esse [...]“. Cusanus behandelt im Kontext den Aufstieg über das Sichtbare, den Blicken und den Sinnen Zugängliche („quae obtutibus et sensibus patent“), „alles (hinter sich) lassend“, hin zum „Dunkel“, das nach Pseudo-Dionysius zugleich „göttlicher Lichtstrahl“ (divinus radius) ist. Ausweislich etwa der Erklärungen in De non aliud (h XIII) c. 4 n. 11 versteht Cusanus Wendungen wie „Gott ist übersubstantielle Substanz“ oder „Gott ist Substanz ohne Substanz“ oder „Gott ist Substanz vor der Substanz“ als in ihrem Aussagegehalt identisch. Sie suchen gleichermaßen der Einsicht Rechnung zu tragen, dass Gott „größer ist als (etwas, das) begriffen werden kann“.

191 Vgl. z.B. De princ. (h X/2b) n. 37. Ganz ähnliche Zuspitzungen finden sich bei Eckhart von Hochheim.

192 Vgl. z.B. auch De poss. (h XI/2) n. 48: „omnia principiata video nihil esse principii, licet omnie sint in ipso ut in causa et ratione“.

greife, dass der Ursprung *ist*, könne nicht begreifen, dass (sonst) *etwas ist*. In diesem Sinne, also hinsichtlich der Voraussetzung des ersten Prinzips für das Begreifen alles Prinzipiierten, gilt Cusanus *Seiendes (einfachhin)* als das Ersterkannte: *Zuerst* zeigt sich (der Sache nach) dem Begreifen (conceptus) das Seiende (ens) (einfachhin), *dann erst* das So-Seiende (ens tale).[193] In dieser Hinsicht gilt also als „früher" bzw. „zuerst", was die Voraussetzung für ein Begreifen von jeweils anderem ist. In eben dieser *präsuppositionalen Hinsicht* hält also Cusanus es für notwendig, das erste Prinzip, das (absolut) Eine als seiend zu verstehen.

Während in dieser Weise (ad a) der Inblicknahme Gott „Sein" keineswegs abzusprechen, wenngleich auf das Ungenügen nur unseres Seinsbegriffes hinzuweisen ist, kann Cusanus den Kontrast noch deutlicher und in umgekehrter Akzentuierung hervorkehren: In diesem Fall (b) werden Begriffe wie „Wirklichkeit" und „Sein" reserviert behandelt für die Einzelobjekte, sofern sie den Modalitäten der Graduierbarkeit, dem „mehr oder weniger" einer Realisierung von Seinsweisen unterliegen[194], sofern sie voneinander differenziert sind[195], „in Materie, Form und Verknüpfung" sind.[196] Erst durch die Form ergibt sich ja für Cusanus, wie bereits kurz angesprochen, „Sein und Erkanntwerden", Gott hingegen kommt keine Form zu und daher in diesem

193 Vgl. De princ. (h X/2b) n. 18.

194 In diesem Sinne bezieht sich die „Regel der belehrten Unwissenheit" (vgl. unten Fn. 493, S. 172) auf einen Unterschied von i) *einfachhin* (simpliciter) Größtem oder Kleinstem und ii) *in Wirklichkeit* Größtem oder Kleinstem. Ersteres lässt sich der „Regel" zufolge nicht finden, wo Objekte „mehr oder weniger" annehmen können.

195 Vgl. z.B. De mente (h ^{2}V) c. 11 n. 129 und s.u. Fn. 327, S. 115. Es ist bereits im Blick auf Eckharts scharfe Abgrenzung des Göttlichen vom Sein, wie es von Einzelseiendem aussagbar ist, unzutreffend, wenn Meuthen für den fraglichen Zusammenhang das Verhältnis zwischen Eckhart und Cusanus wie folgt charakterisiert: „Eckhart übertrug monistisch die endliche Art des Denkens auf seinen Gegenstand"; Cusanus dagegen „bannte die Gefahr des Pantheismus, indem er das Sein Gottes von der Abstraktion des Intellekts absetzte." (Meuthen: Nikolaus von Kues 1401-2001, 59)

196 Vgl. z.B. De mente (h ^{2}V) c. 11 n. 137; vgl. auch De poss. (h XI/2) n. 64, wonach *Existenz eines Dinges* (rei existentia) erst durch Materie und Form gegeben ist; hier wird also der Existenzbegriff mit dem Dingbegriff (res) zusammengenommen, während Gott als Form der Formen auch die Einzelformen aus dem Nichts schafft und allen Dingen das Sein verleiht (weshalb er, da das Prinzip „nichts vom Prinzipiat" hat, vgl. Fn. 153 (S. 65) und 170 (S. 70), nicht in gleichem, dinglichem, Sinne nur existieren kann). Ähnlich z.B. De poss. (h XI/2) n. 74, wonach Gott als Un-Einsehbarer „nichts von Allem ist, was ist" (nihil omnium quae sunt), so dass der Intellekt „alles übersteigen" muss, um zu Gott zu gelangen.
Die hier gebotene Paraphrase, wonach nur Einzelobjekte „existieren", entspricht auch insoweit dem Gebrauch ontologischer Termini bei Cusanus, als dieser (wie in Abschnitt II.1 bereits kenntlich wurde) letztlich keine separate (von ihrer Instantiierung in bzw. an Einzelobjekten resp. ihrem Gedachtsein unabhängige) Zuschreibung von Realexistenz an Universalien akzeptiert.

Sinne der Nachträglichkeit oder Gleichursprünglichkeit *gegenüber allererst der Formverleihung* auch kein Sein.[197]

Da Gott nicht unter den Gegenstandsbereich unseres sonstigen Unterscheidungsvermögens von Sein und Nichtsein *an Einzeldingen* fällt, spricht Cusanus davon, dass er der Unterscheidung von Sein und Nicht-Sein (wie wir sie vornehmen können) „vorausgeht".[198] Denn während unsere Suche je nur Einzelseiendes erfasst, gilt vom ersten Prinzip, dass es „dem Gesuchten immer vorangeht" und „keineswegs gemäß dem Sein (iuxta esse) betrachtet wird, insofern das, was gesucht wird, als etwas Anderes gesucht wird", aber Gott als erstes Prinzip alles Seienden kein einzelnes Anderes neben Anderen ist[199], wie es in Bestimmtheit anführbar wäre.

Außerdem nennt Cusanus „seiend" wiederholt nicht schon, was überhaupt als „Einheit" auszumachen ist, sondern erst, was aktual existiert im Unterschied zu solchem, was „werden kann" (posse fieri).[200] Im Bereich der Einzelwirklichkeit existiert aber aktual erst, was aus der Möglichkeit und dem Insein in Gottes Intention *heraustritt* in die Wirklichkeit in ihrer Vielheit. Erst solches also wird „seiend" genannt. So kann Cusanus auch von einem „Ausfließen" (effluxus) des Seienden vom Ersten sprechen.[201] Gott kann dann insbesondere nicht begriffen werden nach der Weise, wie etwas Einzelnes, (von Anderem) Verschiedenes und Unterschiedenes (singulare diversum et distinctum) als ‚seiend' begriffen wird. Und ebensowenig darf Gott begriffen werden nach jener Weise, wie etwas Allgemeines (universale) oder eine Gattung oder Art als ‚seiend' begriffen wird.[202]

Wie gezeigt, findet sich bei Cusanus also je nach Kontext und Inblicknahme ein Umschwenken in der terminologischen Fassung: Gott ist einerseits

197 Vgl. De non aliud (h XIII) c. 9 n. 32. Cusanus fügt dort die Überlegung an, dass wir gleichwohl auch nicht (im Normalsinne) Seiendes „erklären" (explicare) können ohne (Bezugnahme auf) Sein, da wir die „Schau des Geistes" nicht ohne Worte (sine verbo) mitteilen können. Mit jedem sprachlichen Versuch der Explikation, Bezugnahme oder Beschreibung geht demnach bereits Inanspruchnahme von „Sein" als Ermöglichungsbedingung einher.

198 Vgl. zu Letzterem etwa De ven. sap. (h XII) c. 13 n. 35.

199 So De non aliud (h XIII) c. 3 n. 10.

200 Vgl. De ven. sap. (h XII) c. 21 n. 59-60. Hier widerspricht Cusanus auch der Vertauschbarkeit von „ens" und „unum", wie sie sich von Aristoteles her nahelegt, weil „Eines" auch nicht-aktual-Seiendes umfasse („Complectitur autem tam ea quae sunt actu, quam ea quae possunt fieri. Capacius est igitur unum quam ens, quod non est nisi actu sit"); vgl. De ven. sap. (h XII) c. 8 n. 22.

201 Vgl. De gen. (h IV) c. 4 n. 168.

202 Apol. (h ^{2}II) n. 11 (p. 9). Eben deshalb nennt Cusanus Gott „alles Sein in nichtseiender Weise", da ihm kein Sein zukommt, sondern er das Sein für Alles ist, was Cusanus mit Pseudo-Dionysius deutlich unterschieden wissen will von einer Auffassung, wonach „Gott ist Alles" einfachhin gälte.

(a) als Prinzip alles Seienden *in präsuppositionaler Hinsicht* „seiend“ zu nennen, ja sogar *einzig* mit dem Seinsbegriff selbst identifikabel, andererseits

(b) keines der „anführbaren“ Einzelseienden und unser Seinsbegriff ist von ihm geradezu fernzuhalten, sofern wir „Sein“ verstehen vom Vorhandensein der Einzelobjekte her, so dass der Begriff des Seins Distinktheit und Formbestimmtheit seiner Anwendungsfälle voraussetzt.

Dieses terminologische Umschwenken ist also kein Anzeichen mangelnder Konsistenz oder eines *Wandels* von Terminologie oder Theorie in unterschiedlichen Perioden der Werkabfassung. Dieses Umschwenken entspricht vielmehr der *Ambiguität unseres Begriffs von Sein:* in Prädikatstellung artikuliert („... ist (existent)“ bzw. „... kommt Sein zu“) „Sein“ das Bestehen von Sachverhalten, substantiviert reflektiert „Sein“ das Prinzip aller existentiellen wie veritativen Sachverhalte und Bestimmungen. Eben diese Prinzipialität kommt nun aber Gott zu. Wie aber soll damit umgehen, also *innerhalb* der Zweiwertigkeit von Sein *oder* Nichtsein verbuchen, dass „Gott ist (seiend)“ dann eine merkwürdige Selbstanwendung des Seinsbegriffs bedeutet (eine Konstruktion der Form „Sein ist (seiend)“)? Aber gilt dasselbe nicht ohnehin in jeder Prädikation von Gott, sofern Gott Prinzip allen Bestehens von Wahrheiten und aller Aussagbarkeit ist? So gesehen, bietet sich, wie in platonischer und mittelbar jüdischer, christlicher und dann islamischer Tradition vielfach artikuliert, der Seinsbegriff gerade in besonderer Weise als Entsprechung für den Gottesbegriff an. So kann Cusanus sogar davon sprechen, dass das Verstehen (intellectus) Gottes „abgeleitet“ (inflexus) sei vom Verstehen des Namens „seiend“ (ens).[203] Ebendieser Ausnahmecharakter wird entsprechend manifest *in der Anwendung* des Seinsbegriffs auf Gott, insofern dieser (b) allen Einzelfällen von Seiendem vorausliegt, aber doch (a) als *Prinzip alles* Seienden andererseits eher im vollsten Sinne „Sein“ zu nennen ist oder ihm doch „Sein“ zumindest keineswegs in privativem Sinne abzusprechen ist. Auf diese Ambivalenz des Gottesbegriffs und Seinsbegriffs reagieren auch Versprachlichungsversuche wie etwa, dass Gott „seiend in nicht-seiender Weise“ (ens non-enter) sei, worin sich die Hinsichten (a) („seiend“ in eminentem Sinne) und (b) („in nicht-seiender Weise“ im Sinne der Einzelfälle von Seiendem) verschränken.

203 Vgl. De mente (h ^{2}V) c. 14 n. 153.

II.2.2 Gott als weder Sein noch Nicht-Sein

Eine radikalere Zuspitzung dieser sprachlichen Problematik repräsentieren jene Passagen bei Cusanus, die davon sprechen, dass Gott *weder* seiend noch nicht-seiend genannt werden dürfe. Bei dieser Zuspitzung der Nichtanwendbarkeit unseres in der Opposition zum Nichtsein von Einzelsachverhalten stehenden Seinsbegriffs auf Gott sieht sich Cusanus dezidiert[204] in der Tradition des proklischen Weges einer Abtrennung (separatio) des Einen als ersten Prinzips vom Vielen des Einzelseienden. Dabei wird vonseiten unserer Betrachtung am Einen alles „entfernt" (tollere), um das Eine „in sich und absolut" zu sehen (statt mittelbar nur als *Bedingung für* Bedingtes). In der Linie dieser Abscheidung von Vielem ergibt sich dann die Zuspitzung, wonach gilt: Das so betrachtete Eine, nämlich das Eine als Grenzbegriff einer Separationsbewegung vom Vielen hin zum allein für sich geschauten Einen,

> „ist weder seiend noch nicht-seiend; es besteht (subsistit) weder noch ist es bestehend (est subsistens) noch ist es durch sich bestehend noch ist es Prinzip, ja es ist noch nicht einmal ‚Eines'".

Es handelt sich hier um einen Vorbehalt, der für *jede* bestimmte Prädikation generalisierbar ist. Im Hintergrund dieses Vorbehalts scheinen mehrere Voraussetzungen und Einzelbegründungen zu stehen, die Cusanus an der fraglichen, recht gedrängten Stelle kaum ausführt. Man könnte diese wie folgt resümieren:

1. Eine sprachtheoretische Begründung von der Aussagestruktur her: Das angewendete Aussageschema würde Vielheit implizieren. Cusanus nimmt offenbar an, dass eine Aussageform des Schemas „(Satzsubjekt) *ist* (Prädikat)" im Falle des absolut-Einen (wenn es als solches für sich betrachtet wird) nicht anwendbar ist. Dabei, so könnte man die entsprechende Überlegung erklären, handelt es sich um die Repräsentation eines Sachverhalts durch mehrere semantische Glieder, was im avisierten Falle, dass das absolut-Eine als solches und daher in höchster Genauigkeit in den Blick genommen wird, nicht mehr Statt haben kann. Der Fortgang des Textes macht deutlich, dass eine derartige Überlegung im Hintergrund steht: Selbst die (doch eigentlich bloß tautologisch anmutende) Aussage „‚das Eine ist Eines' wäre unpassend, weil die Kopula ‚ist' dem Einen nicht zukommen kann; auch die Aussage ‚das Eine Eine' wäre nicht passend, denn jede Aussage kann nur mit Andersheit (alteritas) und Zweiheit (dualitas) getroffen werden und kann darum dem Einen nicht zukommen".[205]

204 Vgl. (auch zum Folgenden) De princ. (h X/2b) n. 19.

205 Vgl. De princ. (h X/2b) n. 19. Dass die Schau der Ursache von Allem erfordert, dass die Sinne „geschlossen" sind und die Seele nicht „aus sich herausgeht" (a se egrediens) wie

2. Eine ontologische Begründung aufgrund des Verhältnisses von Prinzip und Prinzipiaten: Das Eine ist Prinzip von Allem. Das einende Prinzip eines Gegenstandsbereichs ist von diesem aus nicht, wie es an sich ist, erreichbar. Ein Unterfall davon ist die Gesamtheit der Benennungen bzw. des Benennbaren. Daher handelt es sich auch um eine Folgerung aus der vorherigen Überlegung (1.). Denn in jener wurde bereits deutlich, dass jede (prädikative) Benennung dem Modus von „Andersheit und Zweiheit" zugehört. Da jeder (überhaupt begreifbaren) Vielheit eine (dieses Begreifen als bestimmte Vielheit ermöglichende) für sie konstitutive Einheit vorausgeht, muss also der Gesamtheit aller Benennungen bereits ein diese konstituierendes Einheits-Prinzip vorausliegen. Eine derartige Überlegung dürfte im Hintergrund stehen, wenn Cusanus ausführt:

> „Wenn du dies beachtest, dann ist das Prinzip von allem Benennbaren unbenennbar, weil es nichts sein kann von den Prinzipiierten; daher wird (das Eine) auch nicht ‚Prinzip' genannt, sondern es ist das unbenennbare Prinzip des benennbaren Prinzips und geht jedwedem auf irgendeine Weise Benennbaren *als etwas* (jeweils) *Besseres* (sicut melius) voraus."[206]

In ähnlicher Weise argumentiert Cusanus in „De deo abscondito", dass von Gott weder „Sein" noch „Nichtsein" noch „Sein *und* Nichtsein" auszusagen sind, „denn er ist die Quelle und der Ursprung (origo) aller Prinzipien von Sein und Nichtsein".[207]

beim Erkennen von Körperlichem, sondern „in sich geht" (ad se ingrediens), beschreibt auch De ludo (h IX) II n. 101.

206 De princ. (h X/2b) n. 19.

207 De Deo absc. (h IV) n. 11. Unmittelbar darauf folgt allerdings eine korrigierende und das Gemeinte präzisierende Verneinung genau dieser Aussage mit der Begründung: „Wenn es irgendwelche Prinzipien für Sein und Nichtsein gibt, dann geht Gott diesen voraus." Gott ist also keineswegs bereits zu identifizieren mit dem Begriff von (1) „Prinzip für das Sein" oder (2) „Prinzip für das Nichtsein", auch wenn diese Konzeptualisierungen insoweit zutreffend und hilfreich sind, als sie sich gleichsam vom Gegensatz von Sein und Nichtsein bereits *in Richtung auf* dasjenige wenden, was diesen vorausgeht. Außerdem sieht Cusanus noch eine Vorrangigkeit von Sein vor Nicht-Sein: „Aber das Nichtsein hat nicht als Prinzip *für das Nichtsein,* sondern nur *für das Sein.* Denn Nichtsein benötigt, um zu sein, ein Prinzip. In (nur) *dieser* Weise ist Gott Prinzip *für das Nichtsein.* Denn ohne Gott gibt es kein Nichtsein." (n. 11) Die Passage dürfte zu verstehen sein mit derjenigen kurz zuvor (n. 9), wonach Gott es ist, der „das Nichtsein in das Sein übergehen lässt und das Sein in das Nichtsein." Ein bestimmtes Nichtsein ist dann nur in letzterer Weise aussagbar, wenn zuvor ein etwas Bestand hatte, das *verging* (oder ein Sachverhalt erwogen und verworfen wurde), während in ersterer Weise (bei Gottes creatio ex nihilo) nicht eigentlich *etwas* im Normalsinne Bestehendes vorausgeht, sondern einzig Gott selbst, der nicht im selben Sinne Prinzip ist wie ansonsten bei *Entstehen und Vergehen* von Einzeldingen und deren Wirksamkeiten von Prinzipien gesprochen werden kann.

3. Eine allgemeine sprachtheoretische Begründung bezüglich begrifflicher Oppositionsbezüge: Vom Einen sind keine Prädikate aussagbar, die in kontradiktorischen Relationen zu anderen stehen, wie dies im Falle von Sein und Nichtsein der Fall wäre. Cusanus fügt dies hier (die sprachtheoretischen Hintergründe werden nachfolgend, v.a. in Abschnitt IV, noch zu diskutieren sein) schlicht als *Ankündigung einer nachfolgend möglichen Einsicht* an:

> „Dann sieht du, dass (vom Einen) die kontradiktorischen Gegensätze verneint werden; daher
> i) ist (das Eine) weder
> ii) noch ist es nicht
> iii) noch ist es *und* ist es nicht
> iv) noch ist es *oder* ist es nicht.
> Sondern alle Aussagen (locutiones) berühren (attingere) (das Eine) nicht; es geht allem Sagbaren (dicibilia) vorher (antecedit).“[208]

4. Eine spezielle ontologische Begründung bezüglich der Anwendungsbedingungen unseres Begriffs von „für sich bestehend“: „ohne Zweiheit und Teilung (divisio) wird ein Für-sich-Bestehen nicht erkannt“ und „das Eine ist vor jeder Andersheit (alteritas)“.[209]

An dieser Stelle lässt Cusanus jedoch die Betrachtungsweise umschlagen: Keinem (als dem Einen) kommt „für sich Bestehen“ *wahrer* zu, da es „die Ursache (causa) alles Bestehenden“ ist.[210] Dies lässt sich also direkt auf die vorausgehenden Überlegungen beziehen, sowohl was (ad 4) die Anwendungsbedingungen *unseres* Begriffs von „für sich bestehend“ betrifft wie auch (ad 2) was die Herausnahme des Prinzips aus der Erreichbarkeit von seinen Prinzipiaten her betrifft. Genau bezüglich des Letzteren fährt Cusanus dann fort:

> „Denn wem könnten alle Wörter (vocabula), welche irgendetwas bezeichnen, *wahrer* zukommen (convenire), als ihm (dem Einen), von welchem alle (Seienden) auch das haben, was sie sind und (wie sie) genannt werden können?“[211]

208 De princ. (h X/2b) n. 19. In De ven. sap. (h XII) c. 13 n. 35 diskutiert Cusanus, dass das hier als Possest angesprochene erste Prinzip des Vielen der Unterscheidung von Sein und Nichtsein vorausliegt, wie es, vgl. n. 38, überhaupt jedem kontradiktorischen Gegensatz vorausliegt. Vgl. auch die Bemerkung (die Darlegung in De coni. resümierend) in Apol. (h ^{2}II) n. 21 p. 15, wonach Gott „jenseits der Koinzidenz der (kontradiktorischen) Gegensätze (coincidentia contradictoriorum) ist [...], da Gott nach Dionysius *Gegensatz der Gegensätze* (oppositorum oppositio) ist“ (mit Bezug auf Pseudo-Dionysius: DN V, 10, Dionysiaca I, 364f; rezipiert u.a. bei Iohannes Scotus Eriugena/Sheldon-Williams/Bieler: De divisione naturae I, S. 206 / PL 122, 517C).

209 De princ. (h X/2b) n. 20.

210 De princ. (h X/2b) n. 20.

211 De princ. (h X/2b) n. 20: „[...] a quo omnia habent et quod sunt et nominentur“.

Wenn Gott die Wörter „wahrer" zukommen, dann kommen sie ihm freilich nicht im endlich-bestimmten Sinne zu. Insofern behalten die vorausgehenden Vorbehalte ihr Recht. Cusanus unterscheidet also zwischen einer endlichen, bestimmten Benennungsweise, wonach entsprechende Prädikationen zu verneinen sind und einem Modus, wonach Gott in „wahrerer" Weise die vom Endlichen her genommenen Prädikate zukommen.

Das wird auch deutlich, wenn im Anschluss Cusanus den Substanzbegriff aufgreift: Das Eine *transzendiert* einerseits jede *benennbare* Substanz, andererseits verleiht das Eine jeder Substanz das substantielle Sein – daher: „welche (Substanz) ist *wahrer* Substanz" (als jenes Eine)?[212] Es handelt sich hier also um einen Sprachmodus, wonach alle Begriffe, die vom Prinzipiierten her genommen sind, auf das erste Prinzip selbst „wahrer" anzuwenden sind. Man kann freilich diesbezüglich fragen: Bezieht sich dies immer noch auf die Hinsicht, dass das Eine von allem „entfernt" „in sich und absolut" betrachtet wird? Oder handelt es sich dabei wiederum um Betrachtungsweisen, die das Eine *mittelbar* von den Prinzipiaten her erwägen? Tatsächlich kommen beide Momente darin zum Tragen, wenn vom Ausgangspunkt im Endlichen her und in der dahingehend bestimmten Prädikation diese überschritten wird auf den sie ermöglichenden Grund hin. Angemessen und „wahrer" ist die nicht nur zulässige, sondern geradezu unvermeidbare Rede von Gott allerdings dann wohl nur in soweit, als den vorausgehenden Einwendungen Rechnung getragen bleibt. Es kann dann (und nur dann) ein prädikatives Aussageschema Anwendung finden, welches im Normalgebrauch unstatthaft wäre, aber nur, insofern dabei bewusst bleibt, dass dieser „wahrere" Gebrauch gründet in eben jener Beziehung zwischen Prinzip und Prinzipiaten, welche den Normalgebrauch desselben Aussageschemas ausschließen müsste.

Einen Umschlag beider sich wechselseitig korrigierender Hinsichten (a vs. b) exemplifiziert auch eine weitere Passage der Schrift „De Principio"; auch hier mündet die Betrachtung in die Diagnose einer Vorläufigkeit solcher entgegensetzenden Betrachtungs- und Aussagemodi. Zunächst aber hält Cusanus fest, dass *je nach Hinsicht* das erste Prinzip entweder als (b) „am wenigsten seiend" oder (a) „am meisten seiend" ersichtlich ist:

> „Wenn ich [ad b] auf das Prinzip des Seienden schaue, welches kein Prinzipiiertes ist, dann sehe ich, wie es *am wenigsten* seiend ist;
> wenn ich [ad a] auf das Prinzip des Seienden schaue, in welchem das Prinzipiierte *besser* ist als in sich selbst, dann sehe ich, wie es *am meisten* seiend ist."[213]

Im ersten Fall steht also im Vordergrund, dass das erste Prinzip nichts vom Prinzipiierten ist, im zweiten Fall, dass die Aktualität aller Prinzipiate

[212] Vgl. De princ. (h X/2b) n. 20.
[213] Vgl. De princ. (h X/2b) n. 34.

im ersten Prinzip selbst gründet und verwirklicht ist. Allerdings sieht Cusanus *beide* Hinsichten und Prädikationsformen in einem weiteren Schritt als gleichermaßen vorläufig an, da das erste Prinzip als Wirklichkeit von Allem, als Einheitsprinzip des Vielen und Prinzip aller einzelnen Bejahungen allen Modalitäten eines „mehr oder weniger"[214] (wie hier: am meisten oder am wenigsten seiend) und aller Gegensätze (wie hier in beiden Betrachtungs- und Aussageweisen) und überhaupt aller Einzelbestimmung vorausliegen müsse.

Es handelt sich bei dieser Art und Weise, sowohl Position wie Negation, in diesem Fall der Zuschreibung von „Sein", hintanzustellen, um eine Vorgehensweise, die sich vielfach im Werk des Cusanus findet und die (v.a. in Abschnitt IV.6) noch ausführlich in den Blick zu nehmen sein wird. Schon an dieser Stelle kann aber festgehalten werden, dass es sich keineswegs um eine Vorgehensweise handelt, die etwa erst ab „De Coniecturis" vorfindlich würde und Cusanus bis dahin eine Adjunktion beider Aussageweisen vertreten habe. Schon ein Blick aufs Predigtwerk erweist dies (vgl. dazu dann ausführlicher Abschnitt IV.1). Exemplarisch herangezogen sei Sermo XIX vom 25.12.1438, wo Cusanus im Anschluss an Eriugena das Unzureichen dessen, „was ist" wie dessen, was „nicht ist", im Falle der Rede von Gott festhält. Cusanus geht es hier um das eine Wort, das Fleisch geworden ist. Von diesem, so leitet er die Predigt ein, „finden wir keine Worte" – keine Worte, „mit denen wir etwas zureichendes aussagen könnten über *das* Wort"[215]. An die Stelle unmöglicher Beschreibung tritt die Performanz: Statt Beschreibungen *von* diesem Wort zu geben, adressiert Cusanus dieses selbst in der Bitte, die Unzulänglichkeit aufzufüllen.[216] Es folgen Gebete, die teils Augustinus und Pseudo-Dionysius entnommen sind, dann der Versuch, einen Zugang zur Rede *vom* Wort zu gewinnen durch Betrachtung des Evangeliums, namentlich des Johannesprologs. Nach einer Hervorhebung von elf Punkten nach jeweils dem Schema, eine substantivisch formulierte Wahrheit, z.B. die Gleichewigkeit mit dem Vater, im Text formuliert zu finden (n. 2), folgt eine längere Passage, die Eriugena[217] entnommen ist. Es handelt sich um die bekannte Passage über den hohen Flug des Adlers, der für den Evangelisten Johannes steht, des Adlers, dessen Federn die innigste Theologie bilden, der

214 Für die cusanische Charakterisierung des Gegenstandsbereichs endlicher Einzeldinge als Bereich von „mehr und weniger" hat bereits Cassirer: Individuum und Kosmos, 23 auf eine Parallele in Platons Philebos hingewiesen, wobei allerdings bei Cusanus keine Kenntnis dieser Passage nachweisbar ist.

215 Cusanus: Sermo XIX (h XVI) n. 1, 5-6 mit Zitat von Fulgentius: Ep. Ruspensis Sermo 2 In natale Domini n. 1.3, CCSL 91A, 899f.

216 Vgl. Sermo XIX (h XVI) n. 2, 7-8: „[...] ut insufficientiam suppleat".

217 Cusanus zitiert ihn als (Pseudo-)Origenes: Hom. in prologum Evang. Joh., SC 151, 200-208 / PL 122, 283B-C. Vgl. zu diesen Gemeinsamkeiten in der Behandlung des Seinsbegriffs zwischen Cusanus (und Eckhart) und Eriugena auch obige Fn. 184, S. 74.

sich aufschwingt über die körperliche Luft, über die ganze sinnliche Welt, über jede Schau und „über alles, was ist und was nicht ist". Diese Aussage wird dann von Eriugena präzisiert:

i) „was ist" bezeichnet, was den Sinn des Menschen (und Engels) nicht gänzlich flieht, alles, was man aussprechen oder einsehen kann,

ii) „was nicht ist" bezeichnet, was tatsächlich jede Erkenntniskraft (intelligentiae vires) zurücklässt; was alle Erkenntnis (omnem intellectum) und jede Bezeichnung überschreitet (supervehitur)[218].

Jenseits all dessen also ist das Wort, das Johannes, der Evangelist, kündet: Das Wort, der Sohn, dessen unerfassliche Überwesenheit.[219]

II.2.3 Zwischenfazit

Wie eingangs (in Abschnitt II.1) verfolgt wurde, führt Cusanus die menschlichen Orientierungsversuche mittels ontologischer Bestimmungen zurück auf die Frage nach der Washeit dessen, was ist. Er orientiert diese Frage (1) nicht auf eine Vielheit von Artbegriffen, sondern (2) auf das Begründetsein von Allem in teleologisch-intentionaler Hinsicht. Diese wird insbesondere unter Heranziehung (3) des Formbegriffs näher gefasst – allerdings nicht im Sinne der Normalfälle von Form-Materie-Komplexen, sondern als Prinzip aller Formbestimmtheit überhaupt. Daraus ergibt sich (4), dass Gott als „Form der Formen" für unsere Bemühungen um präzise Sachbestimmungen je entzogen bleiben muss, andererseits aber als Form von Allem und ermöglichendes Prinzip aller Formbestimmung in diesen Bemühungen je schon präsent ist.

Dieselbe Struktur findet sich, wie im vorstehenden Abschnitt (II.2) verfolgt wurde, wieder in den Eigentümlichkeiten von Anwendungsversuchen des Seinsbegriffs auf Gott: Cusanus kann dabei (i) zunächst entweder (a) Gott in eminentem Sinne mit dem (absoluten) Sein identifizieren oder (b) Gott „Sein" entsprechend des Zukommens für Einzelseiendes absprechen. Derartige Aussagen sind dabei jeweils nur in den entwickelten Kontexten statthaft und heuristisch sinnvoll. Sofern dagegen (ii) entsprechende Aussagen gemäß dem Aussageschema sonstiger Sachverhaltsbestimmungen aufgefasst werden, sind sie für Cusanus *gleichermaßen* unzureichend wie deren Negationen, Konjunktionen und Disjunktionen.

218 Cusanus: Sermo XIX (h XVI) n. 5, 11-18.

219 Vgl. Cusanus: Sermo XIX (h XVI) n. 5, 18-23: „extraque omnia ineffabili mentis volatu in arcana unius omnium principii exaltatur, incomprehensibilemque ipsius principii et Verbi, id est <Patris et> Filii, unitam supersubstantialitatem pure dinoscens evangelium suum inchoat".

III. Offenbarkeit und Verborgenheit des Göttlichen: Epistemologische Rahmenbedingungen der cusanischen negativen Theologie

„Wenn jemand, der (vermeintlich) Gott schaut,
das, *was* er schaut, erkennen würde,
dann hätte er nicht Gott selbst geschaut,
sondern *etwas anderes.*"[220]

Wenn Cusanus, wie in vorstehendem Abschnitt erörtert, Gott als „Form der Formen" versteht, so artikuliert er damit, dass Gott Prinzip jeder Formanwendung ist – und Unterfall dessen, dass Gott die absolute Voraussetzung allen Verstehens und Benennens und daher materialiter kein möglicher Gegenstand einzelner Verstehensversuche sein kann. Dieselbe Struktur, welche das Verhältnis von Einzelanwendungen ontologischer Termini, etwa des Formbegriffs zu ihrem ersten Grund, dann als „Form der Formen" beschreibbar, ausmacht, prägt auch die cusanische Epistemologie. Man wird noch weiter gehen dürfen: Im Falle der cusanischen Theorie-Exposition ist die Epistemologie von besonderem Rang. Neukantianische Interpreten dürften zwar diesen Rang übertrieben haben, wenn sie Cusanus nur von seiner Stellungnahme „zum Erkenntnisproblem" her zu verstehen suchten[221]. Es ist aber signifikant, wie etwa Kurt Flasch hervorhebt, dass Cusanus in „De docta ignorantia" sich „nicht direkt dem Maximum zu[wendet], sondern dem maximalen *Wissen*"[222], was auch dem Befund entspricht, dass dieses „Maximum [...] keine ‚besondere Substanz'" ist, sondern „das, in dem alle Distinktheit ihren Grund hat, also aufhört".[223] Diese Bestimmungen sind zuvorderst als epistemologische Bestimmungen lesbar: „Maximum" ist hier nicht primär von Termini einer „Substanzmetaphysik" her zu verstehen, sondern von ei-

220 Pseudo-Dionysius, Ep. I ad Gaium (PG 3, 1065A, hier nach der Übers. d. J. Sarracenus), zitiert von Cusanus De non aliud (h XIII) c. 17 n. 81; es handelt sich um eine zu dieser Thematik vielbeachtete Passage, die z.B. auch angeführt wird bei Thomas von Aquin: STh II-II q. 180 (Über das kontemplative Leben) a. 5 (Zur Möglichkeit der Schau des göttlichen Wesens in diesem Leben) co.; De veritate q. 8 (Zum Erkennen der Engel) a. 1 (Schauen die Engel Gottes Wesen?) arg. 11; De Trin. q. 6 a. 3 arg. 1 und co. (wonach, wer wähnte, Gottes Form zu schauen, Gott mit etwas Geschaffenem verwechselt hätte, zumal überhaupt immaterielle Substanzen nicht ihrem Wesen nach wissbar sind, wie sie an sich sind, sondern nur nach Weise der Kausalbezüge, der Negation oder der Überschreitung). Zur Kommentierung der Stelle bei Albert vgl. Ruello: noms divins, 27.

221 Vgl. die Einordnung und Kritik bei Flasch: Entwicklung, 104, 110 und 617.

222 ibid., 97.

223 ibid., 55.

ner Theorie des Verstehens, das sich im Normalfall als *Unterscheiden*, als *Produzieren* von „Distinktheit", vollzieht. Analoges gilt, wie im Blick auf die vorausgehende Diskussion zu sagen ist, für die Bestimmung Gottes als „Form der Formen" – auch dies ist zugleich eine epistemologische Bestimmung, ist doch der Formbegriff der Grundbegriff, auf dem solches *Distinguieren* beruht. Wie sich hier schon zeigt, ist es ein entscheidendes Strukturmoment der cusanischen Theorie der *mens*, dass bereits in deren Orientierung auf Einzelgegenstände *ex negativo* zutage tritt, was Struktur der *docta ignorantia* insgesamt ist: Das Entzogenbleiben des *zu Erkennenden*, wie es an sich selbst, seiner Singularität und Wasbestimmtheit nach ist, die Unmöglichkeit einer völligen Kongruenz zwischen Erkenntnisgegenstand und Mittel der Erkenntnis, unbekanntem Objekt und „Bekanntem".

Zugleich tritt aber auch, wie zunächst, in Abschnitt III.1, mit zu betonen sein wird, zutage, dass in der Orientierung auf einen *seiner Sachbestimmtheit nach* je entzogen bleibenden Gegenstand und letztlich auch ersten Grund allen Erkennens dieser *als* Ziel und Grund *im Erkenntnisvollzug selbst*, wenn auch eben nicht seiner materialen Sachbestimmtheit nach, „gegeben" ist. Man kann dieses Gegebensein wiederum, den Zusammenhang von Ontologie und Epistemologie von einer anderen Seite her reflektierend, als ontologische Möglichkeitsbedingung des Erkenntnisvollzugs begreifen, freilich als Gegebensein präzise im Modus einer „docta ignorantia", also zugleich im Wissen darum, dass der erste Grund und das letzte Ziel allen Erkennens in keiner Repräsentation ganz, distinkt oder als Anwendungsfall materialer Bestimmungen „gegeben" sein kann.

Wie in Abschnitt III.2 verfolgt wird, bildet sich die Orientierung dieser Erkenntnisbewegung und ihre Ermöglichung ab in der Architektonik und dynamischen Schematik der epistemischen Funktionen, wie Cusanus sie unterscheidet und einander zuordnet, nämlich in Entsprechung zu einer Aufstiegsbewegung vom Vielen zum Einen, deren wesentliche Operationen die der Loslassung, Abstraktion und Überschreitung einschließen. Deren sprachliche Artikulation tritt dabei als ein Teilmoment dieser Bewegung hervor und findet Niederschlag in der Negation und Überschreitung endlicher Aussagewerte, insoweit also in der „negativen Theologie" des Cusanus.

Die hier skizzierten Modalitäten und Limitationen des Vollzugs menschlicher Erkenntnisvermögen haben direkte Implikationen für deren Produkte und Vehikel, für Begriffe und Namen, und für deren Ungenügen bei Benennungsversuchen des Göttlichen, wie zunächst in Abschnitt III.3 nachvollzogen wird. Im selben Zuge, in welchem die cusanische mens-Theorie unzureichende Theorien von Begriffserwerb und Begriffsproduktion korrigiert, transformiert und korrigiert sie, wie in Abschnitt III.4 zu diskutieren sein wird, „Partizipationstheorien", die auch der Zwischenordnung und Dynamik menschlichen Geistes zwischen endlicher Wirklichkeit der Dinge einerseits und dem Göttlichen als Ziel seiner unendlichen Annäherung andererseits unzureichend gerecht würden. Ein Element dieser Korrektur ist die Betonung von Vermittlungsstrukturen sowohl für die mens selbst wie für ihre Medien und – wie Cusanus hervorhebt und in Abschnitt III.5 anzusprechen sein wird – zugleich die *Gegenstände* ihres Gebrauchs, die „Zeichen", die an die Stelle unzugänglicher „Seinsweisen" treten und so auch die Gegenwart des Göttlichen moderieren.

III.1 Die Hinordnung menschlichen Geistes auf das Göttliche als Spannungsverhältnis von Gegebensein und Entzogensein

Wenn Cusanus in „De Principio" formuliert, dass man sich „durch Wissen des Nichtwissens dem Nichterfassbaren nähert"[224], so spiegelt dies wider, dass seine Epistemologie als Kernanliegen einerseits Grenzen des Wissbaren zu erfassen sucht, also ein „Wissen des Nichtwissens" entwickelt. Andererseits sind dabei diese Grenzen von den Anstrengungen um positive Wissensansprüche ebenso unüberspringbar, wie sie im Letzten zugleich zu identifizieren sind mit der Entzogenheit eben des Ziels, worauf die Annäherungsbewegung unseres Geistes an Wissen im Letzten tendiert. Die cusanische Epistemologie ist, was die Aufsuchung theoretischer Einsichten betrifft, so könnte man dieses Verhältnis zusammenfassen, zu verstehen als Vollzug der Strebensstruktur bzw. intentionalen Hinordnung unseres Geistes überhaupt. Wenn dieses Ziel im Teilvollzug *theoretischer* Verstehensversuche annäherungsweise charakterisierbar ist als „Eines" oder „Gutes", dann deshalb, weil sich darin die Tendenz menschlichen Geistes repräsentiert, sich im theoretisch-verstehenden Zugriff auf die Wirklichkeit *vom Vielen zum Einen* hin zu orientieren und darin zugleich nichts anderes zu suchen, als was zugleich Bestimmung *praktischer* Vernunft und Adressat spiritueller Praxis ist.

Nicht allerdings kann mit derartigen Charakterisierungen bereits geklärt sein, was das erste Prinzip und Ziel menschlicher Suche seinem Wesen nach an sich selbst ist. Diese Ambivalenz steht im Mittelpunkt der cusanischen Epistemologie. In „De Principio" fasst sie Cusanus in die Formulierung: Wenngleich das Nachgeordnete und damit unser endlicher Geist grundsätzlich das ihm gegenüber (ontologisch) Frühere nicht (seinem Wesen nach) erfassen kann, so „weiß es doch mit höchster Gewissheit von ebendiesem Sein, nach dem es verlangt" und ist daher „nicht völlig unwissend von jenem, nach

224 De princ. (h X/2b) n. 29.

welchem es so sehr verlangt".[225] Cusanus unterscheidet hier also sehr genau zwischen zwei Hinsichten, einer intentionalen, welche die *Ausrichtung* des Geistes betrifft, und einer washeitlichen, die betrifft, *was* das Wesen dessen ausmacht, worauf der Geist sich im Letzten richtet. In ersterer Hinsicht kann kein bloßes Nichtwissen bestehen, während in letzterer unser Nichtwissen vom Was des ersten Prinzips schlechterdings gar nicht in positives Wissen überführbar ist und sein darf. Es sind diese beiden Hinsichten, die Cusanus vielfach in Formulierungen noch dichter verschränkt – so etwa in jener, wonach „der Suchende (inquirens) das, was er sucht, voraussetzt, und es, weil er es sucht, nicht voraussetzt".[226] Diese Formulierung konzentriert wesentliche Grundzüge der cusanischen Epistemologie: Während der Suchbewegung

225 De princ. (h X/2b) n. 29. Von daher ist auch die Grundthese der Arbeit von Fischer: Deus incomprehensibilis zu präzisieren, wonach die „Erkenntnis Gottes" „im Erkennen der Unerkennbarkeit Gottes" bestehe (S. 7); Fischer möchte Flaschs Auffassung der „docta ignorantia" widersprechen, wonach diese in der Wendung „Nichtwissen *als Wissen*" widergegegeben werden kann; dies würde einen „Umschlag in ein Wissen" implizieren, während die „Betonung auf ‚ignorantia'" liege (S. 26); es gehe „keineswegs um einen ‚Gewinn an Einsicht, der aus dem Wissen des Nichtwissens erwächst" (26). Entsprechend werde z.B. „doctissimus" genannt, wer „die Grenze seines Erkenntnisbereiches wahrnimmt und anerkennt" (S. 16, vgl. 25 u.ö.). Nach der hier vertretenen Lesart handelt es sich dabei um eine Engführung; stattdessen wäre wie folgt epistemologisch zu differenzieren: Zwar wird in der Tat kein positiv-deskriptives Wissen, insbesondere nicht im Modus eines „Umschlags", materialiter vom Wesen des Göttlichen erreicht, durchaus aber Einsichten z.B. formaler Natur in Bezug auf das (Nicht-) Verhältnis des Göttlichen zu unseren einzelnen sachbestimmenden Begriffen.

226 Vgl. De theol. compl. (h X/2a) c. 4 (p. 23), 34-35. Ähnlich z.B. die Überlegung De ap. theor. (h XII) n. 3: Wie sollte die Washeit gesucht werden, wenn sie ganz unbekannt wäre? Auch in der Kontroverse um die mystische Theologie ist Cusanus die Einsicht wichtig: „Wir können nicht zu etwas völlig Unbekanntem (ad ignotum penitus) hingelangen." De quaer. (h IV) c. 2 n. 32. Auch in Sermo CXCIII (h XVIII) n. 1 findet sich die Überlegung: Was vollkommen unbekannt ist, kann unmöglich gesucht werden; vgl. auch die ausgeglichene Zuordnung in Sermo CLXXII (h XVIII) n. 1. Ähnliche Wendungen finden sich auch im Umfeld der Korrespondenz mit den Tegernseer Mönchen (vgl. bes. den Brief vom 22.9.1452, ed. Vansteenberghe: Autour, 111-113), wie sie in De vis. den Höhepunkt ihrer Ausarbeitung erreicht. Die Argumentation, dass Erstrebtes oder „Geliebtes" „bekannt" sein müsse, hat eine breite Tradition, die insbesondere auf Augustinus, De Trin. VIII c. 4 n. 6; X c. 1; XIII c. 20 n. 26 zurückgeführt wird, so etwa bei Thomas von Aquin: De Trin. q. 2 a. 2 s.c. 3 („[...] nihil diligitur nisi cognitum [...]"); III Sent. d. 23 q. 2 a. 5 s.c. 1; De veritate q. 2 a. 3 s.c. 7. Dass Cusanus in dieser Frage Intellekt *und* Affekt zu integrieren versucht, ist schon in frühen Sermones deutlich, vgl. nachstehende Fn. 499, S. 174, zu Sermo VI. Es geht dabei zuvorderst um das Verständnis der maßgeblichen Pseudo-Dionysius-Passage, wonach das „Aufspannen" zum „Aufstieg" zu Gott „auf nicht-erkenntnismäßigem Wege" erfolge (MT I, 1: „[...] agnōstōs anatathēti [...]") und der Sache nach um die grundsätzliche Frage, ob beim Weg zur Schau Gottes das Wissen dem Affekt weichen müsse. Aufgrund des Grundgedankens, dass Gesuchtes, sei es im Modus des Wissens oder Wollens, prinzipiell nicht gänzlich unbekannt sein kann, plädiert Cusanus entschieden für ein Verständnis des Aufstiegs zu Gott, welches kognitive Momente als Ausgangspunkt stark gewichtet, aber auch affektive Momente integriert.

menschlichen Geistes nach dessen letztem Grund und Ziel die Ausrichtung darauf bereits inhärieren muss und als ontologisch vorgegeben nachträglich einsichtig werden soll, so dass gesagt werden kann, dass *aufgrund des Vollzugs jener Suchbewegung* diese selbst ihr Ziel und ihre erste Bedingung als solche *bereits voraussetzt*, bleibt das, worauf sie dabei tendiert, seinem Wesen nach je entzogen und kann *irgendeiner für uns zureichend beschreibbaren Wasbestimmtheit nach* unmöglich Voraussetzung bereits jener Suche sein – und kann ebenso wenig *in dieser Hinsicht* letztlich erreicht werden.

Dieses Verhältnis von Gegebensein und Entzogensein sieht Cusanus als Strukturprinzip menschlichen Geistes überhaupt und gibt damit eine spezifische Reinterpretation des Motivs eines angeborenen natürlichen Verlangens zur Wissensaufsuchung und in letzter Hinsicht zur Schau Gottes im Sinne seiner „docta ignorantia". Wie Cusanus in seiner Spätschrift „De venatione sapientiae" formuliert:

> „Der Intellekt wäre mit sich selbst nicht zufrieden, wenn er die Ähnlichkeit wäre zu einem Schöpfer, der so gering und unvollkommen wäre, dass er größer oder vollkommener sein könnte".[227]

Es macht demnach die Strebensstruktur des Intellekts selbst aus, dass als mögliches letztes Ziel seines Strebens nur in Betracht kommt, was einer Überführung in gegenständlich-bestimmtes Wissen zugleich letztlich entzogen bleibt. In gleicher Weise findet Cusanus es eine „wunderbare Tatsache" (mira res), dass der Intellekt nach Wissen strebt, ihm aber gerade *nicht* ein natürliches Verlangen (naturale desiderium) angeboren (conatum) ist, *die Washeit* (quidditas) seines Gottes zu wissen, sondern ein Verlangen danach, zu wissen, dass sein Gott „so groß ist, dass dessen Größe keine Grenze hat"[228].

Es handelt sich bei der Bestimmung einer „docta ignorantia" als einer (begründeten) Belehrtheit über die Nichtwissbarkeit Gottes, wie er seiner Washeit nach an sich selbst ist (uti est), wie er Wissbarkeit ausschöpfen würde (uti scibilis est)[229] also um eine Bestimmtheit bereits des Intellekts *seiner*

227 De ven. sap. (h XII) c. 12 n. 32.

228 De ven. sap. (h XII) c. 12 n. 32.

229 Vgl. zur Wendung „uti scibilis est" De ven. sap. (h XII) c. 12 n. 31. Diese Wendung erklärt sich durch den Hinweis, dass „alles, was gewusst wird, besser und vollkommener gewusst werden könnte". *Nichts* wird also durch ein endliches Verstehen *im vollkommensten Grade* gewusst – „uti scibilis ist". Cusanus gebraucht parallele Formulierungen vielerorts, z.B. spricht er auch von der Nichterreichbarkeit Gottes, wie dieser „in sich ist" (veluti in sese est): De non aliud (h XIII) c. 3 n. 10. In Apol. (h ^{2}II) n. 18 (und andernorts) führt Cusanus Begriff und Sache der „docta ignorantia" auf Augustinus zurück, der davon gesprochen hatte, dass wir zwar „wissen, *dass* wir (was die letzte Bestimmung unserer Existenz betrifft) etwas suchen, aber nicht wissen, *was* es ist. Dieses wissende Nichtwissen – wenn es so genannt werden darf – ist in uns durch den Geist (spiritus), welcher unserer Schwachheit (infirmitas) hilft [...]". Freilich würde das Ge-

natürlichen Disposition nach.[230] In „Idiota de sapientia" bringt Cusanus diese Disposition zum Ausdruck, wenn er von der Weisheit und dem Geschmack spricht, der in allen Bemühungen um Weisheit, in allem „Schmecken" am Werk ist. Der Modus, in welchem im Schmecken das Prinzip allen Schmeckens, der Geschmack bzw. die Weisheit im eminenten Sinne, gegeben ist, ist gleichermaßen ambivalent: Es ist ein „unschmeckbares Schmecken" oder ein „Schmecken von ferne"[231], doch wird (mittelbar) die ewige Weisheit „in allem Schmeckbaren geschmeckt" und ist sie jene „Freude (delectatio) in allem, was erfreut".[232] Auf diesen Grund von allem Erstrebbarem richtet sich der Intellekt selbst als auf sein „geistiges Leben" (vita spiritualis). Der Intellekt hat einen gewissen *mit seiner Natur mitgegebenen Vorgeschmack* (connaturata praegustatio)[233] von der Weisheit und sucht sie doch zugleich „mit derart großem Eifer" (tanto studio inquirit) als „Quelle seines Lebens" und eben in dieser Bewegung hin zur Weisheit und zu seinem Leben ist der Geist in der Bewegung, „ständig glücklicher zu leben"; nur deshalb sucht der Intellekt und kann auch darum wissen, wenn er die Weisheit gefunden hat.[234]

Dass nun der endliche Intellekt als solcher je ‚nur' beim „Vorgeschmack" bleibt, erscheint geradezu als Auszeichnung. Denn in der Einsicht in die Unendlichkeit, Unsterblichkeit, Unerreichbarkeit (inaccessibilitas), Unbegreifbarkeit dieses Lebens „freut sich" (gaudet) der Geist und *hat* darin das

suchte nicht „mit Seufzern gesucht, wäre es gänzlich unbekannt (si omino ignoraretur)" (Ep. 130 (121) c. 15, ed. Goldbacher (CSEL 44) 72f).

230 Es betont z.B. auch Thomas im Anschluss an die aristotelische Tradition ein natürliches Verlangen nach dem Wissen von den Ursachen und dann auch eine *Wissbarkeit der Erstursache.* Ohne dieses Wissen bliebe dieses Verlangen leer (so z.B. STh I q. 12 a. 1 co.; dass ein entsprechendes Verlangen nicht leer (vacuum, inane) bleiben kann, ist z.B. auch vorausgesetzt IV Sent. d. 43 q. 1. a. 4 qc. 1 arg. 2; vgl. dazu Kluxen: Philosophische Ethik, 132). Thomas unterscheidet von der Wissbarkeit der Erstursache aber präzise deren Schau *ihrem Wesen nach* und betont, dass das ewige Leben und die Schau Gottes dem Wesen nach (*per essentiam*) das darauf hingeordnete Erkennen und Verlangen *übersteigt*, so etwa STh I q. 62 a. 2; I-II q. 114 a. 2. Unter den zahlreichen Behandlungen der Thematik des desiderium naturale bei Thomas verdient Feingold: Natural Desire besondere Erwähnung; einige Aspekte der thomasischen Auffassung des appetitus naturalis diskutiert Gustafson: natural appetency. Aber die These des Cusanus ist eigentümlich in der akzentuierten Formulierung, dass es bereits *der Natur nach* um ein Verlangen darum geht, Gott als nicht (seinem Wesen nach) wissbar zu wissen bzw. danach, wie er vielfach formuliert, dass Gott „in nicht-begreifender Weise erfasst wird" (z.B. De ven. sap. (h XII) c. 12 n. 31: „[...] incomprehensibiliter capitur"; De ven. sap. (h XII) c. 26 n. 74: „incomprehensibiliter comprehendatur").

231 Vgl. De sap. (h ^{2}V) I n. 10 und n. 15.

232 Vgl. De sap. (h ^{2}V) I n. 14.

233 Vgl. De sap. (h ^{2}V) I n. 11; dazu merkt Renate Steiger mit Verweis auf Sermo LXII (h XVII) an (Nikolaus von Kues/Steiger: Der Laie über die Weisheit, 95), dass die praegustatio nicht schon „mit der menschlichen Natur als solcher gegeben" sei, sondern „immer eine immissio oder illuminatio von seiten Gottes dazu" trete.

234 Vgl. De sap. (h ^{2}V) I n. 11.

höchst-ersehnte Begreifen (desideratissima comprehensio); analog erfreut, was er liebt, weil es liebenswert ist, wenn er in diesem „unendliche und unausdrückbare Gründe" für diese Liebe findet.[235] Im gleichen Maße, als es endliche, angebbare Gründe für die Liebe des Geistes zu seinem höchsten Prinzip gäbe, wäre dieses selbst nicht mehr von höchstem, der Liebe in höchstem Maße würdigem Rang. So gilt auf der Ebene des natürlichen Verlangens und „Liebens" menschlichen Strebens, was analog auf der Ebene des Wissens gilt: Ziel der Liebe ist nichts anderes als jene Weisheit, nach der alle Menschen von Natur aus begehren und von der präzise doch nur dies *zu wissen ist,* dass sie eben *höher ist als alles Wissen,* in jedem Vergleich (comparatio) unvergleichlich.[236]

Diesen negativen Modus des Wissens nennt Cusanus auch ein „dunkles Wissen" (scientia obscura[237]) oder ein „Berühren" (attingere) „in verneinender Weise": Man erkennt z.B. nur, dass dasjenige, worauf sich die Wissensaufsuchung letztlich bezieht, *nicht* Quantität ist, *nicht* Qualität, auch kein anderes Akzidens ist usw. Auch diese nur negativ-bestimmende Weise erlaubt indes eine mittelbare Qualifikation ihres Gegenstandes. Denn ganz entsprechend verhält es sich (wie in II.1 erörtert) überhaupt nach Auffassung des Cusanus bezüglich der Washeit bzw. Substanz von Allem: Wir erfassen diese nie ihrer Eigentümlichkeit (singularitas) nach in sachbestimmendem Wissen; sie ist uns nicht positiv aufzeigbar in „klarem Wissen" (clara scientia), sondern nur mittelbar durch akzidentelle Gesichtspunkte. Gerade darin liegt für Cusanus wiederum eine Auszeichnung des Gegenstands unserer Wissensbemühung und so mittelbar dieser unserer Bemühung selbst, wie Cusanus mehrfach (wie bereits zuvor exemplifiziert) im Aufgreifen klassischer Lichtmetaphorik beschreibt: Darin zeige sich, wie „unser Prinzip alle Klarheit und alles zugängliche Licht übersteigt".[238]

235 Vgl. De sap. (h ^{2}V) I n. 11. Die Nichtsättigbarkeit menschlichen Verlangens im Endlichen ist ein Grundmotiv der cusanischen Werke seit seinen frühesten Predigten und bis in die spätesten Schriften, vgl. z.B. Sermo XXII (h XVI) n. 33 und De docta ign. (h I) III c. 10 n. 237-240, wonach einzig Christus als „höchster Gegenstand" sättigen würde; Gottes Güte ist zwar an sich unaussprechlich, aber in einem „inneren Geschmack" (gustus) wahrnehmbar, so dass, wer u.a. Aufstieg, Glauben, Liebe und die Kompensation unseres Mangels durch Christus bedenkt, in wunderbar geistigem Genuss erfüllt wird: De docta ign. (h I) III c. 12 n. 257-258. Von Gottes „absoluter Güte" spricht Cusanus später z.B. De mente (h ^{2}V) c. 15 n. 159 (dort folgert er daraus, dass Gott, der die Wahrheit ist, deren Bild der menschliche Geist ist, den Widerschein im menschlichen Geiste, den Gott selbst mitteilt, nicht „entziehen" (subtrahere) werde).

236 Vgl. De sap. (h ^{2}V) I n. 9.

237 Vgl. (auch zum direkt Nachfolgenden) De beryl. (h ^{2}XI/1) c. 31 n. 53.

238 Vgl. De beryl. (h ^{2}XI/1) c. 31 n. 53. Ähnlich freue man sich über einen „unausschöpfbaren Schatz seines Lebens" mehr als über einen verbrauchbaren. (Ganz ähnlich in De ven. sap. (h XII) c. 12 n. 33) Die Rückführung des uns erscheinenden Dunkels in Anbetracht des Göttlichen auf die Überhelligkeit desselben ist v.a. seit der maßgebli-

Unser Geist ist somit stets und seiner Natur nach (insoweit er dieser folgt) begriffen im Prozess der Angleichung an jenes Prinzip, das doch seine Kapazitäten je übersteigt – und gerade darin, dass der Geist in dieser ihm von Natur aus einwohnenden Bewegung nicht zur Ruhe kommt, er wäre denn in der Weisheit selbst, gerade darin ist der Geist „lebendiges Bild" (viva imago) der ewigen Weisheit. Als (Ab-) Bild ist der (endliche) Geist lebendig insofern, als er „durch das Leben aus sich eine Bewegung hervorbringt (exserit) hin zum Urbild, in dem allein es zur Ruhe kommt"[239] – ein im Endlichen unabschließbarer Prozess, in welchem sich der lebendige Geist seinem göttlichen Urbild „immer ähnlicher machen kann".[240] Die Intellekt-Natur ist geradezu in un-endlicher Weise aufnahmefähig für Gott, da sie „immer noch mehr einsehen" und „bei sich versammeln" kann, so dass sie in „unendlicher Möglichkeit" oder „freier Potenz" begriffen werden muss, da sie als einzige Natur „aus sich besser werden", nämlich Gott ähnlicher werden kann.[241] Wenn Gott geradezu als „Kraft der Verähnlichung" anzusprechen ist, dann kommt dem Menschen darin, sich anderes angleichen zu können, und entsprechende Fertigkeiten (artes) zu entwickeln, eine „freie Kraft der Verähnlichung" zu.[242] Die Betätigung dieserart Freiheit und Verähnlichungsvermögen ist also die spezifische Form der Ausprägung des „Lebens" des Menschen, das Cusanus auch als ein „Leben der Wahrheit" bezeichnet und damit meint, dass es lebendige Tätigkeit in Hinordnung ist auf die eine-einfache Wahrheit von Allem, die Gott ist, so dass er davon spricht, dass das „Leben der Wahr-

chen pseudo-dionysischen (MT I, 1) Passage ein Leitmotiv mystischer Theologie. Vgl. obig Fn. 160, S. 68. In Apol. (h ²II) n. 12 beschreibt Cusanus die Betrachtung der einfachsten Form des Seins als eine Schau, welche die „Disziplin der Mathematik" überschreitet, wie sie „den Dingen Maß und Grenze setzt" und „harmonische Verhältnisse" etabliert, als Schau von „allem in einer einfachsten Einheit; Gott so zu sehen, heißt, Alles als Gott und Gott als Alles zu sehen"; hier richte sich (vgl. n. 13) das „Auge des Geistes auf die absolute Einzigkeit (singularitas) alles Einzelnen".

239 De sap. (h ²V) I n. 11, vgl. auch I n. 26: In den Intellekt-Naturen ist das „Bild der Weisheit" in „intellektualem Leben", dem die Kraft zukommt, aus sich eine „lebendige Bewegung" (vitalem motum) herauszubringen (exserere). Vgl. auch De mente (h ²V) c. 13 n. 149: Darin, dass ein unvollkommenes Bild sich stets *mehr* seinem Urbild gleichgestalten kann, ahmt es die Unendlichkeit nach „in der Weise des Bildes" – und kein (nicht-„lebendiges", sich selbst je weiter nachahmend betätigendes, sondern fixes) Bild, sei es noch so (relativ-)vollkommen, könne je *derart* vollkommen sein. Ferner De ludo (h IX) I n. 28ff, wo Cusanus u.a. betont, dass „Gott wahrer lebt als die Seele" (n. 30).

240 Vgl. Sermo CLXVIII (h XVIII) n. 10, 20-21. Dass zwischen Erkenntnisvermögen („Auge") und Erkenntnisgegenstand eine „Ähnlichkeit" bestehen muss, ist natürlich ein in platonischer Tradition kanonisches Motiv, das sich z.B. auch findet bei Augustinus: De ideis = De diversis quaestionibus q. 46, 2, PL 40, 30: „id est, quae illum ipsum oculum [...] similem his rebus quas videre intendit, habuerit"; vgl. dazu Teske: Seeing, 72ff.

241 Vgl. Sermo CLXVIII (h XVIII) n. 8. Dass der (menschliche) Intellekt im Universum nichts findet als „Ähnlichkeit" und „Begriff" des Schöpfers ist ein Leitmotiv des cusanischen Werks, vgl. dazu beispielsweise noch De beryl. (h ²XI/1) c. 18 n. 26.

242 Vgl. Sermo CLXVIII (h XVIII) n. 9.

heit" des menschlichen Geistes eben der Wahrheit gehört und insofern „nicht sein eigenes" ist und eben darum auch „nicht in sich selbst zur Ruhe kommen" kann.[243] Umgekehrt wäre, wer den Ursprung von Allem „schmeckbar zu schmecken" versuchte (wer also gleichsam bereits in einem *endlich*-Schmeckbaren bzw. im *eigenen* Geschmackserleben zur Ruhe käme), „gänzlich ohne Geschmack und Verstehen (intellectus)" (jedenfalls, was das Schmecken der *ewigen* Weisheit als Prinzip von allem beträfe).[244]

So steht also der menschliche Geist von jeher in einem Spannungsverhältnis von Gegebensein und Entzogensein, wobei aber die Einsicht in die Entzogenheit des Göttlichen keineswegs einen Abbruch entsprechender Suchbewegungen begründen kann, sondern einerseits deren Statusbestimmung fundiert, andererseits deren Weiterführung in fortschreitender Annäherung motiviert. Ebendieses Spannungsverhältnis von unthematischem oder vortheoretischem *Gegebensein* und *Entzogensein* gegenüber allen Thematisierungsversuchen mittels positiver Sachbestimmungen spiegelt sich wider in allen Versuchen einer Versprachlichung: Benennbar ist dabei das intentionale Bezogensein menschlichen Bewusstseins auf das Göttliche *mittelbar* insbesondere *als* Prinzip seiner Wirkungen im Endlichen und der Erkenntnis dieser selbst. Vor allen Gegenstandsbestimmungen des Wissens ist der Geist in seinem Strebensvollzug „von Natur aus" bereits hingeordnet auf den Grund allen Seins und Wissens und die Bestimmung seiner Existenz.

Diese Hinordnung ist ebenso praktisch wie theoretisch. Sofern sie das Erkenntnisstreben betrifft, ist sie letztlich und grundsätzlich nicht überführbar in positiv-deskriptives Wissen vom Wesen ihres Gegenstandes, so dass an die Stelle eventueller vorschneller Beschreibungsversuche jeweils ein Hinweis auf deren Inadäquatheit oder einfachhin deren Negation tritt. Gerade in dieser Nichtüberführbarkeit in positives Wissen und in sachbestimmende Beschreibung sieht Cusanus dabei den umso größeren Rang dessen, was Bestimmung allen Strebens ist, der sich „für uns" auch und insbesondere dergestalt erschließt, dass „die Intellekt-Natur sich als um so vollkommener entdeckt (reperit), je mehr sie weiß um dieses Un-Erfassbare"[245]. Es ist also gerade wiederum eine Hinsicht *ex negativo*, unter welcher der (endliche) Geist *sich* und damit seinen (ewigen) *Grund* (in Gott) *als nicht-erfassbar* erfasst, also als *über* alle Fasslichkeit in endlichen Kategorien hinausweisend.

243 De sap. (h ^{2}V) I n. 18.
244 Vgl. De sap. (h ^{2}V) I n. 12.
245 De princ. (h X/2b) n. 29.

III.2 Die Einheit und Annäherungsbewegung der „mens" in der Ordnung ihrer Funktionen und Gegenstandsbereiche

Wie vorstehend erörtert, lässt sich die cusanische Auffassung des menschlichen Geistes in seiner Grundstruktur im Spannungsverhältnis von Gegebensein und Entzogensein verstehen: Gott ist menschlichem Streben in dessen ontologischer Bedingung und teleologischen Orientierung gegeben, aber hinsichtlich der Erreichbarkeit seines Gegenstandes zumal in materialen Sachbestimmungen von dessen Wesens entzogen. Es ist dies eine Struktur, welche in erster und letzter Hinsicht das Verhältnis der mens zu ihrem ersten Grund und letzten Ziel prägt. Sie manifestiert sich aber auch bereits in jedem Erkenntnisvollzug, in der Entzogenheit der je gesuchten Washeit, Singularität, Formbestimmtheit und Seinsweise. Theoretische Vernunft (als Aufsuchung etwa von Was- und Formbestimmungen) und praktische Vernunft (als Orientierung menschlichen Strebens) bilden eine Einheit in ihrem Grund und Vollzug, die auch das Verhältnis von „Vernunft" und „Glaube" im cusanischen Verständnis einschließt. Auf dieses Verhältnis wird später (v.a. in Abschnitt IV.7) noch ausführlich einzugehen sein.

Nachfolgend werden dazu aber zunächst einige Vorbemerkungen gegeben, um dann Ordnung und Zusammenspiel der epistemischen Funktionen und Verstehensmodi zu erörtern, wie sie für Cusanus die Hinordnung des Menschen auf das Erreichen seines Strebensziele in der Abwendung vom Endlich-Vielen hin zum Einen und zur Bestimmung seiner Existenz ermöglichen. Dieses Zusammenspiel ist in seiner Dynamik und Dienstbarkeit für die Suche menschlichen Lebens nach seiner Bestimmung zugleich als ein spiritueller Weg zu verstehen. Theologie der Spiritualität sowie Distinktion der Erkenntnismodi und –funktionen sind insofern eng verbunden. Gemäß der auch von Cusanus für die Deutung dieser Verbindung herangezogenen Schemata kann z.B. von einer „Aufstiegsbewegung" gesprochen werden. Dabei ist allerdings zu beachten, worauf Kurt Flasch hingewiesen hat: Spätestens mit der cusanischen mens-Theorie erscheint das Zusammenspiel der epistemischen Funktionen als Modalitäten des Selbstbezugs der mens, deren Ineinandergreifen eine schematische Unterscheidung von „oben und unten" zugleich unterläuft: Indem die Vernunft zusieht, „wie sie sich ausfaltet ins Rationale und damit ins Weltliche", sieht sie zugleich: „Indem sie hinausgeht, geht sie in sich zurück. Ihr Weg hinab ist ihr Weg hinauf."[246] Allerdings ist dieses Ineinanderspiel, in dem Abstieg und Aufstieg zusammenfal-

[246] Vorstehende Zitate sämtlich aus Flasch: Entwicklung, 159.

len, nicht in sich selbst schon, woraufhin es tendiert.[247] Es bleibt vielmehr der menschliche Geist als *endlicher* Geist in *unabschließbarer Annäherungs*bewegung zum „ewigen Geist“ des Göttlichen, auch wenn die cusanische Ontologie und Epistemologie schon in seinen frühen Werken eine starre Zuordnung von „oben“ und „unten“ selbst dynamisiert.

Um diese Dynamisierung als Annäherungsbewegung in Sachzusammenhang von Epistemologie und Theologie der Spiritualität zu begreifen, ist zunächst zu beachten, dass im Hintergrund die Auffassung steht, wonach die epistemischen Funktionen in ihrer Stufung bestimmt sind zur Schau des Göttlichen, wie sie im Erkennen des Sinnlichen ihren Ausgang nimmt.[248] Die Abweisung des Materiellen und Vielen und die Ausrichtung auf Intelligibles, Eines und Einfaches ist Teil eines kontemplativen Weges, wofür die Erarbeitung der Ordnung der Erkenntnisfunktionen[249] selbst eine Handleitung (manuductio) gibt. Die Epistemologie ist, auch für den Bereich des Naturerkennens, in theologischer Sicht dabei integrales Moment auch der theologischen Anthropologie und Tugendlehre und ebenso der Soteriologie, sofern das Ziel des Erkennens die Schau göttlicher Herrlichkeit ist. In diesem Rahmen ist daher auch die negative Theologie des Cusanus zu verstehen – als ein Teilmoment der Hinordnung des Menschen darauf, mittels und einge-

[247] Dies wird bei Flasch (ibid.) weniger deutlich, etwa, wenn er formuliert: „Die Vernunft sieht sich selbst, sie sieht in sich ihr Prinzip, die absolute Einheit.“ (S. 158) Oder S. 159: „Ihre Bewegung [d.i. die der Vernunft] ist immer schon am Ziel.“ Letzteres gilt etwa für die Kritik am Bewegungsbegriff in Bezug auf den Intellektvollzug oder für den Zusammenfall von Bewegung und Standfassen in ihr, wie ihn Flasch am Beispiel eines „großen Pianisten“ als „Koinzidenz*phänomen*“ (S. 162) illustriert. Aber zwischen *absoluter* Einheit des Göttlichen und menschlicher Vernunft besteht eine unüberbrückbare, ja noch nicht einmal in Proportionalitäten konzeptualisierbare Differenz. Ihr entspricht eine unabschließbare Annäherungsbewegung, ganz in Entsprechung zur Unerreichbarkeit des Zusammenfalls von Kreis und Gerade. Deshalb kann es missverständlich sein, die cusanische Epistemologie primär vom *Koinzidenz*begriff zu erklären; vgl. zum Enthobensein über die Gegensätze und deren Konjunktion wie Disjunktion z.B. Fn. 208 (S. 81), 289 (S. 105). Problematisch erscheint außerdem, davon zu sprechen, dass die mathematische Spekulation des Cusanus ein „Verfahren des Grenzübergangs“ entwickle, welches „durch reine Verstandesarbeit“ verfahre (Flasch, S. 172f mit Bezug auf Hofmann); tatsächlich handelt es sich nicht um einen Grenz*übergang*, sondern in der Tat, wie auch Flasch formuliert, eine „Näherung“ (S. 173).

[248] Diesen Aspekt hat z.B. für De vis. Yamaki: manuductio erarbeitet.

[249] Die Redeweise von „Funktionen“ hat gegenüber jener von „Vermögen“ den Vorteil, weniger substantialisierende Konnotationen mitzuführen; so hebt etwa Flasch: Entwicklung, 107 zurecht hervor: „Zu denken gibt, daß *ratio* hier als eine Funktion des *intellectus* erscheint. Sie ist nicht ein anderes Seelenvermögen, keine tiefere ‚Schicht‘ des Erkennens“. Freilich ist auch die Redeweise von „Erkenntnisvermögen“ etwa in Bezug auf übliche mittelalterliche Rezeptionen platonischer oder aristotelischer Epistemologie und Psychologie nicht so zu verstehen, als ob es um distinkte „Organe“ oder kompartmentalisiert vorzustellende „Module“ ginge; „Vermögen“ ist, jedenfalls in diesem Kontext, hier von der Prozessualität des jeweiligen Vollzugs her verstanden.

denk seiner epistemischen Möglichkeiten und Grenzen der Bestimmung seines theoretischen wie praktischen Strebens zu folgen, wobei die Abweisung von Vielem, Materiellem, der Negation und Überschreibung allen endlichen Aussagesinns korreliert, wie er zunächst unser Verstehen prägt.

Der enge Zusammenhang von praktischem Streben, theoretischer und praktischer Vernunft wie Spiritualität betrifft auch die Zuordnung von endlichem Intellekt und ewigem Intellekt, die in theologischer Sicht für Cusanus auch das Verhältnis zu Glaube und Christologie betrifft. Denn der Vollzug unseres Intellekts ist für Cusanus *nicht verschieden von* einer Explikation des Glaubens[250]. Dies gilt auch in dem Sinne, dass *retrospektiv* einsichtig wird, dass die erkenntnisleitenden Prinzipien etwa für den Argumentationsgang in „De docta ignorantia" *ihrem theologischen Begründungszusammenhang nach* vorausliegend christologisch begründet sind – auch wenn diese Begründetheit *dem Entdeckungszusammenhang der entwickelten Argumentation nach* anfänglich nicht oder kaum explizit wird.[251] So kann es, legt man einen neuzeitlichen Begriff von (sich als „säkular" verstehender) „Philosophie" in Abgrenzung zu (glaubenswissenschaftlicher) „Theologie" zugrunde, tatsächlich und signifikanterweise so erscheinen, dass Cusanus *faktisch* in seinem methodischen Vorgehen Glaubensvoraussetzungen für weite Teile seiner Argumentation nicht gebraucht und benötigt.

Doch die *Möglichkeit* eines solchen Vorgehens ist für Cusanus dadurch bestimmt, dass alle Vernunftbemühungen, theologisch verstanden und beschrieben, je schon durch Christus ermöglicht und auf ihn hin orientiert sind, so dass z.B. Cusanus gleicherweise von „Wort Gottes" und „Logos" oder von der „rationalen Form aller rationalen Formen" sprechen kann.[252] Wenn aber Christus selbst Ziel der Entfaltung der Vernunft überhaupt und Vernunft je schon Entfaltung von Glauben ist, zumindest in einem noch klärungsbedürftigen zunächst rudimentären, aber dann auch auf die eigentliche *fides quae* beziehbaren Sinne, dann muss es problematisch erscheinen, würde man Cusanus einen Begriff von Vernunft unterstellen, wie er insbesondere in neuzeitlichem Kontext als „autonome", „natürliche", „voraussetzungsfreie" Vernunft reklamiert wurde. Ebenso müsste es problematisch erscheinen, wollte man unterstellen, dass durch Glaube (im engeren Sinne religiösen Glaubens in propositionaler Explikation von *fides quae*) oder Offenbarung *Grenzen* der cusanischen Vernunftkritik oder seiner „negativen Theologie" verschoben, getilgt oder überschritten würden oder einem ihnen gegenüber

250 Vgl. De docta ign. (h I) III c. 11 n. 244 (h I, 152): „Maiores nostri omnes concordanter asserunt fidem initium esse intellectus [...]. Fides igitur est in se complicans omne intelligibile. Intellectus autem est fidei explicatio."

251 Hierzu ausführlicher in Abschnitt IV.7, vgl. insb. in Bezug auf die Studie Ulrich Roths unten Fn. 973 (S. 324).

252 So z.B. Sermo CCLXXIX (h XIX) n. 8.

diesseitigen Vernunftbemühen von nur *jenseits* solcher Grenzen *entgegen* gekommen würde. Das Bezogensein auf Christus etwa ist nichts, was zur cusanischen Vernunftkritik und negativen Theologie erst im Nachhinein *dazukäme*, sondern *fundiert* diese dem theologischen Begründungszusammenhang nach je schon. In diesem Sinne ist der Glaube tatsächlich „die höchste Stufe der belehrten Unwissenheit".[253] (Auf diese Verhältnisbestimmung von Glaube und Vernunft wird in Abschnitt IV.7 noch ausführlicher zurückzukommen sein.)

Diese beiden Momente – die Teilhabe der theoretischen Verstehensbemühungen an der intentionalen Orientierung menschlichen Geistes und Lebens überhaupt, der integrale Zusammenhang von „Intellekt" und „Glaube"[254] dem theologischen Begründungszusammenhang nach – sind also für

253 So formuliert Roth: Suchende Vernunft, 131; präzisierungsbedürftig erscheint indes – wenngleich in der intendierten Sache zustimmungsfähig – die nachfolgende Rede davon, dass man „das gesamte theologische System bei Cusanus zu betrachten" habe, „um ihn nicht auf einen Denker zu reduzieren, der nur die *via negativa* pointiert". Dies gilt in dieser Form nur dann, wenn man die *via negativa* – entgegen, wie hier zu zeigen versucht wird, der Intentionen des Cusanus und auch anderer Klassiker ihrer Tradition – von vornherein isoliert versteht anstatt als integrales, ebenso korrektives wie fundamental erkenntnisleitendes Moment im Vollzug von Theologie überhaupt. Ähnliches gilt, wenn Roth, 188 im Blick auf De pace formuliert: „Die allerdings ‚negative' Methode der *regula doctae ignorantiae* steht der des Präsuppositionsprinzips gegenüber", was v.a. „dadurch motiviert" sei, „daß Cusanus ja angesichts der Verständigung mit den anderen Religionen nicht zuerst den verborgenen Gott in den Vordergrund stellen" wolle (vgl. auch die Entgegensetzungen von „affirmativer" und „negativer" Theologie z.B. S. 194). Es handelt sich dabei indes weniger um ein „Gegenüber" im kontrastiven Sinne als um eine wechselseitige Bestimmung: Der hinsichtlich positiver Bestimmbarkeit seines Wesens je verborgene Gott ist kein anderer als jener, der *als Christus* Ziel, Grenze und Prinzip aller Bestrebungen endlicher Vernunft ist (inwiefern Gott auch „Präsupposition" all dieser Bestrebungen ist), gerade ohne dabei für sich in einem *kontinuierbaren* „Verhältnis" zu endlichen Wissensformen zu stehen (wie die „regula doctae ignorantiae" festhält, zu dieser auch Fn. 493, S. 172, und Fn. 518, S. 181). So steht denn auch nicht „affirmative" und „negative" Theologie in einem Gegensatz zur „mystischen Theologie", die erst beide „zu vereinigen" unternehme (Roth, S. 249). Sondern in ihrem Bezug auf das göttliche Geheimnis als einem endlicher Vernunft je, wie es an sich ist, unzugänglich bleibendem Maximum ist Theologie grundsätzlich in Einklang mit dem Grundmotiv „mystischer Theologie" und in der Abwendung vorschneller Reduktionen auf sachbestimmende Begrifflichkeiten demjenigen „negativer Theologie", während sie zugleich je rückgebunden bleibt an die Reflexion der Manifestationen göttlicher Herrlichkeit in seinem Wirken und darin als „affirmative" Rede vom Göttlichen insoweit bleiben muss und auch kann, als daraus keine unstatthaften Rückschlüsse auf die Wesenheit des Göttlichen, wie es an sich wäre, produziert werden.

254 Insofern ist Flasch: Entwicklung, 124 zuzustimmen, dass Cusanus (in diesem Fall mit Bezug auf Sermo XXII, das zeitlich zwischen De docta ign. und De coni. einzuordnen ist) durchaus keine „vier Erkenntnisstufen, Sinne, Vorstellungskraft, Verstand und Glauben" einführen will, „[a]ls wolle er sagen, die ersten drei ‚natürlichen' Vermögen versagten und nur der ‚übernatürliche' Glaube sei imstande, Gott zu ‚berühren'. Doch er fährt fort, der Glaube sei die Bedingung dafür, daß wir Einsicht gewinnen [...]". Auf die Abweichungen gegenüber Flaschs Auffassung des Verhältnisses von Glaube und

das Verständnis der cusanischen Epistemologie und der durch sie begründeten „negativen Theologie" des Cusanus im Blick zu behalten und werden, was ihre sprachtheoretisch-methodologischen Voraussetzungen und Anwendungen betrifft, v.a. in den Abschnitten IV.5 und IV.6 zu behandeln sein.

III.2.1 Zuordnung und Gegenstandsbereiche der epistemischen Funktionen

Strukturgebend für die cusanische Epistemologie ist seine Unterteilung und Zuordnung der epistemischen Funktionen. Entsprechend häufig wurden diese bereits behandelt[255] und dabei öfters zurecht konstatiert, dass die cusanische Terminologie keineswegs durchgehend völlig einheitlich ist.[256] Gleichwohl sollen im Blick auf das hier verfolgte Interesse an der cusanischen Problembehandlung der Rede vom Göttlichen und unter der in vielen Themenbehandlungen nicht näherhin verfolgten Verbindung zu Motiven einer Theologie der Kontemplation zumindest die grundlegenden Bestimmungen seiner Schematik epistemischer Funktionen zusammengestellt und diesbezüglich eingeordnet werden.

Deren Unterscheidung ähnelt in der häufig gebotenen Vierteilung v.a. jener des Boethius[257], nämlich als die vier Funktionen, Grade oder Modi eines sinnlichen, vorstellenden, rationalen und intellektualen Erkennens.[258] Dabei

Verstehen bei Cusanus wird allerdings noch mehrmals zu sprechen zu kommen sein, vgl. bes. Fn. 927 (S. 312), 964 (S. 322), 995 (S. 331), 1014 (339).

255 Vgl. z.B. Bormann: Erkenntnisstufen, bes. 70ff; Schwarz: Seinsvermittlung, 8f (zu De beryl.); Kremer: Größe, 5ff; Senger: Philosophie, 38ff.

256 So z.B. auch Flasch: Entwicklung, 170, bezogen auf De gen. (h IV) c. 2 n. 158, wo Cusanus zuerst davon spricht, dass der Intellekt alles umfasse, um dann zu sagen, dass die ratio eine andersartige Auffassung verbiete – „Cusanus sagt hier *ratio*, wo wir *intellectus* erwarten würden; er hält seine Terminologie [...] nicht streng durch".

257 Vgl. Boethius: Cons. phil. V, 4, 26-30; dazu bezüglich De sap. (h ^{2}V) I n. 24: Nikolaus von Kues/Steiger: Der Laie über die Weisheit, 117. Cusanus kann die Stufung der Vermögen auch, diesseits des Seelischen, nach unten verlängern um „mineralisches" und „elementares" Vermögen; so in De vis. (h VI) c. 24. Letztlich wird man ideengeschichtlich zurückgehen können bis auf die platonische Unterscheidung von nous und dianoia, worauf auch Bredow: Platonismus, 76 verweist. Wichtig für die Differenzierung in De coni. ist außerdem die Proklos-Lektüre, wie sie sich in den Exzerpten der Theologica Platonis nachvollziehen lässt, vgl. dazu Haubst: Thomas- und Proklos-Exzerpte; Schnarr: Modi, 44ff.

258 Oftmals wird Sinn und Vorstellung, da sie sich gleichermaßen unterhalb des Niveaus der begrifflichen Distinktion der ratio bewegen, wobei die Einbildungs- bzw. Vorstellungskraft auch nicht direkt Präsentes vorstellt, dann zu einer Dreiteilung zusammengenommen, wie sie sich in fast allen größeren Werken des Cusanus findet, angefangen mit De docta ign. (h I) III c. 6 n. 216; vgl. z.B. auch De mente (h ^{2}V) c. 8 n. 114; auch die Einbildungskraft aber, so Cusanus hier, erfasst ein Objekt ununterschieden, insofern zugleich vielerlei Zustände ungeordnet (confuse) wahrgenommen werden.

resultiert eine Stufung dergestalt, dass der Sinn der Materie am Nächsten steht, der Intellekt der Form am Nächsten.

Dass die Stufung der epistemischen Funktionen bei Cusanus den Stufen (gradus) der Kontemplation bzw. des Aufstiegs zu Gott entspricht, ist schon in einem frühen Text, in Sermo V von 1431, kenntlich, also noch weit vor Ausarbeitung der beiden philosophisch-theologischen Hauptwerke „De docta ignorantia“ und „De coniecturis“, welche diese Schematik und ihre Anwendungsmöglichkeiten vertiefen.[259] Hier, in Sermo V, paraphrasiert Cusanus eine Schematik nach Richard von St. Viktor und Bonaventura[260] und stellt dieser Paraphrase folgende Kurzhinweise voran: Manchmal wende sich der kontemplierende Geist auf

a) sinnlich wahrnehmbare und vorstellbare Objekte, manchmal auf
b) nur durch die *ratio* wissbare Objekte, manchmal auf
c) nur durch den *intellectus* wissbare.[261]

Im Bezugstext Richards ist die Rede von a) *imaginatio*, b) *ratio*, c) *intelligentia*; später spricht Richard dann von einem Intendieren des *Intellektuierbaren* im Falle der intelligentia (und den beiden ihr zugeordneten letzten Kontemplationsschritten seines sechs-schrittigen Schemas).[262] Diese *intellectibilia* überschreiten bei Richard das Vermögen der ratio, welche nur die *intelligibilia* erfasst. Nach Richard besteht auf der fünften Ebene Konsens mit der ratio, auf der sechsten hingegen könne es auch zum Widerspruch kommen.[263]

259 Dies auch in Ergänzung zu den Hinweisen bei Flasch: Entwicklung, 111. Vgl. außerdem bereits Sermo IV (h XVI) n. 26.

260 Vgl. zu Vergleich und Rezeption des Schemas Richards (De gratia contemplationis = Benjamin maior, c. 6-7, PL 196, 70-72) bei Bonaventura (Itin. c. 1 n. 3-6) ausführlich Andres: Stufen; Brown: Structural Sources. Bonaventuras Entwurf steht dabei in augustinischer Tradition und lässt bereits spezifisch franziskanische Akzente erkennen, wie Schumacher: illumination, 135ff aufzeigt. Für die hier interessierenden Textteile kann der Traktat Bonaventuras aber eher außen vor bleiben. Die dortige Reihung der sechs Vermögen der Seele weicht zudem von Richard und Cusanus ab: „sensus, imaginatio, ratio, intellectus, intelligentia et apex mentis seu synderesis scintilla“ (c. 1 n. 6, die ersten fünf nach Isaak von Stella: De anima, PL 194, 1876f, ferner nach dem pseudoaugustinischen Kompilat De spiritu et anima c. 4.10-14.38, PL 40, 782, 786 etc).

261 Vgl. Sermo V (h XVI) n. 24, 3-7.

262 Vgl. Richard von St. Viktor: De gratia contemplationis = Benjamin maior, c. 6, PL 196, 70C. In c. 7 formuliert Richard dann: „Duo in ratione consistunt, quia solis *intelligibilibus insistunt*. Duo vero in intelligentia subsistunt, quia solis *intellectibilibus intendunt* [...]“ (PL 196, 72C).

263 Einen solchen Widerspruch bezieht Richard auf die Erfassung im Glauben. Cusanus kommt dieser Auffassung durchaus in mehreren Äußerungen nahe, und zwar nicht nur in den Exzerpten seiner frühen Sermones zum Glaubensbegriff, sondern z.B. auch in Sermo CXC (h XVIII) n. 9, wonach der Glaube nicht mit Überredung oder vernünftigem Einsehen identifizierbar sei, da er auch *gegen* das Verstehen „zwinge“. Eine solche Formulierung ist, ebenso wie etwa die Bemerkungen zur Inkommensurabilität von Glaube und Wissen in Sermo CLXXXVII (h XVIII), bes. n. 16, freilich wiederum im

Den Aufweis von Begrenzungen der ratio, die These, dass diese durch den Intellekt überwunden werden und die Möglichkeiten einer Nicht-Geltung des Widerspruchsprinzips arbeitet Cusanus dann seit „De docta ignorantia“ mehrfach weiter aus.[264] Es ist aber auch bei seinen weiteren epistemologischen Ausführungen der Zusammenhang mit der Aufstiegsbewegung geistiger Kontemplation mit zu bedenken. Im Modus theoretischer Vernunft geht es dabei um die Dynamik menschlicher Erkenntnis in Hinordnung auf den einen-einfachen Grund als „Form der Formen“. Freilich schätzt Cusanus die Einzelvollzüge von Erkenntnis der darauf hingeordneten Funktionen, sensus, imaginatio und ratio, keineswegs gering. Er spricht vielmehr z.B. davon, dass das Vorstellen „im Blick auf die intelligibila vollkommener“ sei, wohingegen der Sinn „im Blick auf das Sinnenfällige vollkommener“ sei.[265] Doch ist es der Intellektvollzug, mittels welchem der Mensch seiner Bestimmung, seinem natürlichen Verlangen folgt, im etablierten ontologischen Begriffsschema formuliert, auf die Aufsuchung der einfachen „Washeit“ oder „Form“ von Allem hin orientiert (vgl. die Erörterung in Abschnitt II.1). So ist es eben gerade dem Menschen eigentümlich, dass er „ein Zeichen sucht, das gesondert ist von jedem Zusammenhang mit der Materie und *ganz* formhaft ist, das die *einfache Form* darstellt, die das Sein verleiht“.[266]

Das Vorgehen bei dieser Suche nach der einfachen Form von Allem veranschaulicht das Kartographen-Gleichnis im „Compendium“:[267] Die „Boten“ der Sinne werden vom Kartographen empfangen, ihre Berichte – und es sind dazu die *aller* Boten für ein genaues Bild nötig – von der „gesamten sinnlich-wahrnehmbaren Welt“ aufgezeichnet, doch dann „entlässt“ er die Boten, „wendet sich dieser Karte zu“ und „wendet seine innere Anschauung (intuitus internus) hin auf den Schöpfer der Welt, der nichts von Allem ist, was der Kosmograph aufgezeichnet hat“.[268] Der Schöpfer verhält sich zur Welt „vorgängig (anterioriter)“ und im übrigen so, wie der Kartograph zur Karte (der ja ebenfalls *Produzent* der Karte ist – auf die Nachkünftigkeit zum Bericht der Boten kommt es unter diesem Gesichtspunkt gar nicht mehr an) und entdeckt in sich das „Bild“ des Schöpfers, und zwar zunächst, was das Gestaltungsvermögen betrifft: Eine solche Karte konnte „kein vernunftloses Tier“ entwerfen. So ist denn das „intellektuale Zeichen“, also die Re-

Lichte der zwischenzeitlichen epistemologischen Erörterungen zu verstehen. Ausführlich wird auf das Verhältnis von Glauben und Verstehen in Bezug auf die hier verfolgte Thematik in Abschnitt IV.7 eingegangen.

264 Vgl. De docta ign. (h I) I c. 4; vgl. dazu Flasch: Metaphysik des Einen, 180ff; Flasch: Entwicklung, 107ff.

265 Vgl. Comp. (h XI/3) c. 4 n. 9.

266 Comp. (h XI/3) c. 4 n. 10.

267 Vgl. Comp. (h XI/3) c. 8. n. 22 ff.

268 Comp. (h XI/3) c. 8 n. 23.

präsentation der Intellektualität, wie sie hier vorliegt, „das erste und vollkommenste", das „sinnenfällige Zeichen" dagegen (der Angemessenheit und dem Rang nach) „das letzte" Zeichen für den Schöpfer, weshalb sich der Kartograph, „soweit er es vermag, von allen sinnenfälligen Zeichen zurückzieht und sich den geistigen, einfachen und form-haften Zeichen zuwendet".[269]

Das Gleichnis veranschaulicht die grundsätzliche Zielrichtung bei der Suche nach der „Form des Seins von allem, was ist"[270]: Von den Sinnen über die strukturierte Anordnung ihrer Anregungen hin zur Reflexion auf dasjenige Prinzip, was diesen Einzelmomenten und dem Prozess ihrer Auswertung und Zusammenschau vorausliegend zugrunde lag: Hier zunächst der menschliche Geist, der gerade darin Bild und Zeichen ist für Gott als Prinzip von Allem, und zwar in der Weise, wie er „Form des Seins" ist.

III.2.2 sensus und imaginatio

Der Sinneswahrnehmung (sensus) ordnet Cusanus den Gegenstandsbereich alles Materiellen zu, insoweit dieses noch nicht seiner Struktur nach gegliedert erfasst wird. So findet etwa durch das Sehen (visus) seiner eigentümlichen Natur nach (solange nicht die Erkenntnisfunktion des Unterscheidens hinzutritt, die der ratio obliegt) kein Unterscheiden (discernere) statt; das Sehen nimmt das ihm Entgegenstehende (obstaculum) ungeordnet (confuse) und „in einem Klumpen" (in globo) wahr.[271] In der Erfassung entsprechender unstrukturierter Objekthaftigkeit leistet der Sinn eine Anregung (excitatio) für die Vorstellungs- und Urteilsfunktion des Erkennens.[272] Ordnende

269 Comp. (h XI/3) c. 8 n. 23; in c. 10 n. 33 nennt Cusanus dann den menschlichen Geist „erstes Zeichen" der Gleichheit (also Gottes, insofern er als Maß von Allem, das zu allem gleich und nicht-Anderes ist, begriffen wird).

270 Vgl. Comp. (h XI/3) c. 8 n. 24.

271 Vgl. De mente (h ^{2}V) c. 5 n. 82; ähnlich z.B. c. 4 n. 79; De poss. (h XI/2) n. 3.

272 Vgl. De mente (h ^{2}V) c. 4 n. 77. Dass diese Urteilskraft, mittels welcher auch der Intellekt ersieht, *was* die ratio schließt (vgl. De mente (h ^{2}V) c. 5 n. 82-84), der Abbildlichkeit des menschlichen Geistes gegenüber Gott als „Urbild von allem" zukommt, betont Cusanus in De mente (h ^{2}V) c. 5 n. 85. Zum Vermittlungscharakter des Leiblich-Sinnlichen s. auch Velthoven: Gottesschau, 107. Andererseits will Cusanus gegenüber Aristoteles, wenn es um die Grundbestimmungen der Anthropologie geht, stärker gewürdigt wissen, dass der Gesichtssinn nicht um seiner selbst willen geschätzt wird, sondern umwillen des Erkennens (propter cognoscere), so dass letztlich von dorther zu verstehen ist, wenn der Mensch als Wesen angesprochen wird, das von Natur aus nach Wissen strebt (vgl. De beryl. (h ^{2}XI/1) c. 37 n. 65). Entsprechend ist es die Seele, welche den Leib eint und bewahrt, vgl. De princ. (h X/2b) n. 8.
Was die Rede von „angeborenen" bzw. „anerschaffenen" Begriffen bzw. Begreifen betrifft, so erklärt sich Cusanus bereit, eine Darstellung platonischer Lehrmeinung insofern zu akzeptieren, als *diese Urteilskraft* von Platon „anerschaffener Begriff" (notio concreata) genannt worden sein mag. Vgl. zur Stelle auch Vansteenberghe: Le Cardinal, 370; Schwarz: Seinsvermittlung, 50.260ff; Kremer: Größe, 8ff; Kremer: Praegustatio,

Begriffe, etwa ein Begriff von Quantität, liegt im Falle der Anschauung und Vorstellung noch nicht vor: Die Vorstellungskraft erreicht (pertingere ad) Größe und Menge nur in der Quantität *eines bestimmten* quantitativen Objekts.[273] In einem solchen Quantum sind Quantität bzw. Vielheit nur der Materie nach (und noch nicht einem ordnenden Begriff nach) kontrahiert.[274]

Unter den Objektbereich der Sinneswahrnehmung, also unter die „sensibilia", fallen, wie dann v.a. im „Compendium" herausgearbeitet wird, auch alle „Zeichen"[275] und damit alles, womit unser Erkennen zunächst überhaupt hantieren kann. Der Sinn ergreift insofern auch nie unmittelbar ein Objekt, sondern je nur repräsentational vermittelt, über ein „Zeichen" – eine Auffassung, die nachfolgend in ihren Grundlagen und Implikationen noch ausführlich zu erörtern sein wird.

In der Vorstellungs- bzw. Einbildungskraft (imaginatio, phantasia) ist die Erfassung eines Gegenstandes, der zunächst durch den Sinn repräsentiert wird (im Modus bereits eines „Zeichens"), nochmals repräsentational vermittelt: „Die Zeichen der Objekte in der Vorstellungskraft (in phantastica) sind Zeichen der Zeichen in den Sinnen".[276] Diese Zeichen sind dann „von der Materie entfernter (remotiora) und eher formhaft (magis formalia)".[277] Dabei ist die Vorstellungskraft eine Erkenntnisfunktion, welche jeweils bereits „ein Quantum" erfasst. Was „weder in Bewegung noch in Ruhe" ist oder „nicht quantitativ" bzw. der Größe nach bestimmt ist, ist auch nicht vorstellbar.[278] Damit ist zugleich gesagt, dass Gott kein möglicher Gegenstand der Vorstellung sein kann, da Gott als *einfach* (im Sinne der Abhebung von allem Vielen) und damit insbesondere *nicht der Quantität nach bestimmbar* aufzufassen ist.[279]

5ff; Bredow: Gott der Nichtandere, 49; Borsche: Was etwas ist, 198; Moffit Watts: Nicolaus Cusanus, 140; Senger: Aristotelismus vs. Platonismus, 59. Dieser Rekonstruktionsvorschlag des Cusanus ist eigenwillig; Ficino und andere Platon-Rezipienten akzeptieren durchaus, dass uns nicht nur eine Urteils*kraft* angeboren ist, sondern eine Kenntnis der Einzeldinge (qua Kenntnis ihrer Begriffe). Vgl. hierzu Ficino: Theol. Plat. XI, 3.

273 Vgl. Sermo CLXXIV (h XVIII) n. 16, 9-11.

274 Vgl. Sermo CLXXIV (h XVIII) n. 16, 6-7.

275 Vgl. Comp. (h XI/3) c. 2 n. 5.

276 Comp. (h XI/3) c. 4 n. 9.

277 Vgl. Comp. (h XI/3) c. 4 n. 9.

278 Vgl. Comp. (h XI/3) c. 4 n. 10.

279 Vgl. De poss. (h XI/2) n. 17: „Sensus enim nihil non-quantum attingit". Ähnlich z.B. De ludo (h IX) II n. 67: „[...] virtus imaginativa in quanto terminatur. Nam nonquantum imaginatio non attingit". Entsprechend könne die Vorstellungskraft nicht einsehen, wie Eingeschränktes „im" Absoluten ist und umgekehrt, da sie Relationen des Typs „a ist in b" nur als *räumliche* Relationen vorstellen kann. Vgl. auch De poss. (h XI/2) n. 43: Nur, was unter Vielheit oder Größe fällt, kann begriffen oder vorgestellt werden; die Figur des Dreiecks ist vorstellbar, aber die menschliche Form nicht (und Gott umso weniger). „Daher wird davon (d.i. bei Nicht-Vorstellbarem) eher (im Erkennen) erreicht, *dass* sie sind, als, *was* sie sind." Für Letzteres vermerken der kritische

III.2.3 ratio

Die ratio richtet sich dann, angeregt durch den Sinn, auf Eindrücke, welche die Sinneswahrnehmung liefert (auf die *sensibiles notiones*).[280] Dabei werden auch ordnende Begriffe, etwa jener der Quantität, zur Anwendung gebracht, wobei die ratio freilich nicht einzelne quantitative Objekte vorstellt, sondern diese aus sensus bzw. imaginatio erhält und aus diesen gleichsam als aus einem bestimmten „Quantum" Begriffe der Menge und Größe abstraktiv gewinnt bzw. produziert.[281] Jene Begriffe werden dann zu Bestimmungen,

Apparat und Steiger (Nikolaus von Kues/Steiger: Dreiergespräch über das Können-Ist, 105) mehrere Parallelen.

280 Vgl. De ven. sap. (h XII) c. 1 n. 4; nach De mente (h ^{2}V) c. 7 handelt es sich bei diesen notiones sensibiles um Produkte der mens. Vgl. auch Spruit: Active Perception, 207. Kremer (z.B. in Kremer: Größe, 5f; Kremer: Apriori, 103) hat in der Wendung „nihil sit in ratione, quid prius non fuit in sensu" in De mente (h ^{2}V) c. 2 n. 64 eine „Zäsur zwischen ratio und intellectus" gesetzt gesehen, auch wenn, wie Kremer notiert, dieselbe Formulierung auch bezüglich des Intellekts mehrfach zu finden ist. Er erklärt sich dies damit, dass Cusanus hier die thomasische Formulierung (De veritate q. 2 a. 3 arg. 19) übernimmt. Tatsächlich wird diese Formulierung mehrfach im 13. Jahrhundert direkt Aristoteles zugeschrieben, bei welchem sie sich allerdings in dieser Form nicht findet, wie schon Cranefield: Nihil est in intellectu aufzeigte und z.B. auch Schüßler: intellectus, 79f nochmals betont. Vgl. z.B. Matteo d'Acquasparta: Quaestiones octo de fide, q. 1, 1 (ed. Quarracchi 1903, 39): „Dicit Philosophus de Sensu et sensato et Augustinus IV. super Genesim ad litteram, quod nihil fit in intellectu, nisi quod prius fuit in sensu. Sed a sensu vel in sensu nullo modo potest esse veritas: ergo nec in intellectu. [...]" (Die Herausgeber verweisen auf Aristoteles: De sensu et sensatione c. 6; gemeint ist wohl 445b 16-17: „nec sentit mens que exterius intelligibilia sine sensu" nach der anonymen Erstübertragung des 12. Jahrhundert bzw. „nec enim intelligit intellectus que exterius nisi cum sensu" nach der Revision durch Wilhelm von Moerbeke). Und bei Duns Scotus: Quaestiones in librum porphyrii Isagoge q. 3, 25: „quod illa propositio Aristotelis, nihil est in intellectu quin prius fuerit in sensu, vera est de eo quod est primum intelligibile, quod est scilicet quod quid est rei materialis, non autem de omnibus per se intelligibilibus; quia multa per se intelliguntur, non quia speciem faciunt in sensu, sed per reflexionem intellectus". Vgl. auch den pseudo-augustinischen (in dieser Passage an das augustinische Motiv der Selbstkenntnis des Geistes anknüpfend, vgl. bes. Augustinus: De Trin. IX, 3) Traktat De spiritu et anima I c. 32 (PL 40, 801): „Nihil enim tam novit mens quam id quod sibi praesto est: nec menti quidquam magis praesto est, quam ipsa sibi. Nam cognoscit se vivere [...] Haec omnia novit in se, nec imaginatur [...] Nihil enim tam in mente est, quam ipsa mens [...]". Man beachte zu beiden Texten die Parallelen mit der cusanischen Vorstellung der „reflexiven" Wendung des lebendig-sicherkennenden Geistes auf sich selbst, die z.B. Kremer bezüglich des Kosmographen-Gleichnisses hervorhebt und mit dem Intellekt verbindet, der dann durch „Schließen der Tore" der Sinne deutlich abgehoben ist von der Verarbeitung der Sinneseindrücke durch die ratio. Bekanntlich (siehe auch Schüßler, l.c.) hat Leibniz dann die Formel erweitert um „... nisi ipse intellectus" – im Licht der gerade angeführten Passagen freilich durchaus in gewisser Hinsicht mit Vorläufern.

281 Der Gedanke der Produktivität als Ausfaltung aus dem menschlichen Geist gegenüber einer abstraktiven Auffindung der Begriffe aus den Einzeldingen wird, darin ist den

die jedes Objekt *im* Verstand behaften und unterscheiden.[282] Der Verstand selbst aber schaut die Quantität *ohne* ein bestimmtes (einzelnes) Objekt, was Cusanus der Betrachtungsweise der Mathematik vergleicht.[283] So schaut der Sinn gleichsam „physisch", der Verstand „mathematisch". Bei dieser abstraktiven Betrachtungsweise der ratio, im Modus des Begriffs, kann freilich eine sinnliche Qualität *als solche,* also als Gegebenheit sinnlicher Erfahrung, nicht gleichfalls gegenwärtig sein: Im Geist ist das Sinnliche, beispielsweise etwas Kaltes, nicht nach Art des Sinnes, etwa *als Kaltes*, sondern *als Kälte*. Cusanus spricht davon, dass das Kalte (insoweit es *als* Kaltes durch die ratio begriffen wird) „im Vorhinein" in der ratio sei.[284] Die Begriffe der ratio sind also, wie im nachfolgenden Abschnitt noch genauer zu behandeln sein wird, nicht nur *nachträgliche* Abstraktionen oder bloß nachträgliche Konstrukte *aufgrund* von Sinneswahrnehmungen, sondern gehen dieser in gewisser Weise voraus, um sie überhaupt erst als ein nach Einzelbegriffen *strukturiertes* Ganzes begreifen zu können. Gleichwohl teilt Cusanus kein Angeborensein von Begriffen, die der Form nach ineins im Geiste und, seiner Tätigkeit nachgeordnet, *gleicherweise* auch in einer begriffenen Sache vorliegen würden. Die dabei manifesten Komplikationen bezüglich Konstruktion und Erwerb von Begriffen müssen an dieser Stelle zunächst dahingestellt bleiben; auf sie wird im direkten Anschluss zurückzukommen sein. Festzuhalten ist hier zunächst, dass

Darstellungen Kremers (z.B. Kremer: Erkennen) zuzustimmen, erst nach De docta ign. von Cusanus herausgearbeitet. Allerdings ist, was die eigentliche Wahrheit und Washeit der Einzeldinge ausmacht, nichts anderes, als was Ziel der entfaltend-produktiven, unabschließbaren Annäherungsbewegung des menschlichen Geistes ist. Insofern sind sowohl die Zuordnungen zu einer aprioristischen „platonischen" wie auch einer abstraktiv-assimilativen „aristotelischen" Epistemologie gleichermaßen zu ungenau, um die cusanische Epistemologie zu charakterisieren.

282 Vgl. Sermo CLXXIV (h XVIII) n. 16, 1-9.

283 Vgl. Sermo CLXXIV (h XVIII) n. 16, 9-17.

284 Vgl. De non aliud (h XIII) c. 13 n. 51-52. Entsprechend hat, vgl. obige Fn. 58 (S. 37), jegliches seine spezifische (Seins- bzw. Erkenntnis-)Weise gemäß dem Vermögen, durch welches es erfasst wird oder der Hinsicht, unter welcher es betrachtet wird, so dass etwa der *Gedanke* an ein Haus *keine Ausdehnung* hat (vgl. auch De poss. (h XI/2) n. 71) oder der Intellekt, der Kaltes erkennt, nicht selbst kalt ist. Der Intellekt ist als solcher durch keinerlei Qualitäten oder Quantitäten bestimmt – ein Umstand, den Cusanus (und Eckhart) wiederholt u.a. mittels Analogien zum ontologischen Status des Bildes und insbesondere eines Spiegelbildes veranschaulichen, dabei eine platonisch-neuplatonische Motivik aufgreifend, die sich u.a. auf Alkibiades I, 133 c8-16 zurückführen lässt. Wenig beachtete Passagen finden sich z.B. in Sermo CXCV A (h XVIII), wo die Fleckenlosigkeit des Spiegels mit Weish 7,26 mittels des Gedankens, dass, was frei ist von allen Sinngestalten, jegliche Sinngestalt aufnehmen kann, auf Christus und das Enthaltensein aller Sinngestalten in Christus als Wort bezogen wird. Dabei liegt aber im Falle des menschlichen Intelligierens je nur eine Ähnlichkeit vor, keine Identität in actu, wie für Eckhart, was z.B. auch Sermo CCXLVIII (h XIX) n. 23 belegt – es wird je nur eine *Ähnlichkeit* des Objekts „eingegossen". Vgl. zu den Eigentümlichkeiten und Differenzen zwischen Eckhart und Cusanus in dieser Thematik auch Ströbele: Einfachheit.

die ratio diejenige Funktion des Erkennens ist, welche den Objektbereich des Sinnlich-Wahrnehmbaren durch unterscheidende Begriffe und Benennungen strukturiert und Urteile fällt, welche diese von Objekten aussagt, also etwa in Feststellungen der Form „Dies ist rot".[285]

Man wird die ratio auch identifizieren dürfen mit der Urteilskraft (vis iudicativa), jedenfalls insoweit sie im selben Gegenstandsbereich tätig wird. Von ihr, der Urteilskraft, führt Cusanus aus, dass sie ein Ding-Erfassendes (comprehensiva) und begriffliches (notionalis) Vermögen sei.[286] Dass die ratio die Funktion der Urteilsbildung in grundlegendem Sinne ist, entspricht ihrer Zuordnung zur „Logik", d.i. zur „Schlussfolgerung (ratiocinatio)" und methodischen Überlegung (discursus).[287] Damit ist der Betätigungsbereich der ratio aber zugleich insofern limitiert, als Cusanus davon ausgeht, dass es auch Einsichten gibt, die über diejenigen Prinzipien hinausführen, welche den Geltungsbereich der (traditionellen) Logik regieren. Dies ist für ihn insbesondere der „Satz vom Widerspruch". Es ist nach wiederkehrender Darstellung des Cusanus geradezu ein Grundirrtum etlicher seiner Opponenten, zu wähnen, das Widerspruchsprinzip habe für *jederart* Einsichtsversuche Geltung. Hauptproblem für Cusanus ist dann die irrige Anwendung durch „gewisse Philosophen" auch (überall) *in der Theologie*: Diesen gelte die cusanische Überschreitung von Gegensätzen als „absurd".[288] Urheblich für diesen Irrtum sieht Cusanus ein Verhaftetbleiben bei „gewissen festgelegten Traditionen" (positivas quasdam traditiones) und Gewohnheiten, die er insbesondere der „aristotelischen Richtung" (Aristotelica secta) zurechnet.[289] Gleichwohl schätzt Cusanus darob die „Logik" und v.a. die Syllogistik in aristotelischer Tradition keineswegs gering. Er nennt sie vielmehr mit Aristoteles beispiels-

285 Cusanus hebt etwa De quaer. (h IV) c. 2 n. 33 hervor, dass die Namen der Farben nicht durch das sinnliche Sehen, sondern die ratio gesetzt werden; vgl. zum Schema von Göttlichem, Intellektualem und Rationalem als Prinzipien jeweils für Intellektuales, Rationales und Sinnliches z.B. auch De quaer. (h IV) c. 2 n. 35-36.

286 Vgl. De mente (h ^{2}V) c. 4 n. 77 (vgl. dazu auch obig Fn. 272, S. 101).

287 Vgl. Apol. (h ^{2}II) n. 21. Der Logik ordnet Cusanus hier wie andernorts das „Hören" zu; entsprechend „gelangt sie noch nicht zur Schau".

288 Vgl. De ven. sap. (h XII) c. 22 n. 67. Konkret geht es hier um den Aufweis, dass „Gegensätze (opposita) bejaht und verneint werden müssen", wie Cusanus für Gegensätze wie „ähnlich"-„unähnlich", „selbig"-„verschieden" („de eodem et diverso") u.a.m. aufzeigen möchte. In De non aliud (h XIII) c. 19 n. 88 diskutiert Cusanus als Voraussetzung, von welcher Aristoteles ausgegangen sei, eine Vorannahme „der ratio", dass „jede Affirmation einer Negation widerspricht (contradicere) und dass man von demselben Gegenstand nicht einander widerstreitende Aussage (repugnantia) formulieren kann".

289 Vgl. Apol. (h ^{2}II) n. 1 n. 3, n. 7. So *müsse* der „Anfang des Aufstiegs zur mystischen Theologie" geradezu als „Häresie" erscheinen, wenn dieser darin gesehen werde, dass die Gegensätze „zusammenfallen". Insbesondere in De coni. freilich wird Cusanus betonen, dass Gott keineswegs mit dem Zusammenfall der Gegensätze einfachhin zu *identifizieren* ist, sondern vielmehr diesen in der Weise vorausgeht, dass es aus endlicher Perspektive entsprechend *erscheinen* muss.

weise ein „genauestes (exactissimum) Werkzeug zum Erjagen des Wahren wie des Wahrscheinlichen“[290] (freilich nicht *der* Wahrheit, wie sie mit der Form der Formen zusammenfällt, vgl. dazu auch Abschnitt III.5). „Logische“ Überlegung trägt entscheidend bei zum Gesamtunterfangen der Suche unseres Geistes, zu seiner „Jagd nach Weisheit“; auch wenn durch Schlussfolgerungen der Logik erreichbare Erkenntnis das Ziel dieser „Jagd“ nicht, wie es an sich selbst ist, zu thematisieren vermag, so gilt doch: Die logischen Gründe bzw. Schlüsse (rationes) haben in mannigfacher Weise *teil* an der Wahrheit, welche die „unsterbliche Speise“ ist, auf welche die Suche bzw. „Jagd“ nach Weisheit tendiert und welche in den *rationes* als Momenten jener Suche „leuchtet“. Wie diese sehr allgemeine Bestimmung in methodologischer Hinsicht auszumünzen wäre, bleibt aber klärungsbedürftig (vgl. dazu v.a. die Abschnitt IV.5 und IV.7).

III.2.4 intellectus

Es ist offenkundig, dass Cusanus jene Betätigung des Geistes, die er als solche des „Intellekts“ abhebt, in gewisser Weise für vorrangig und vorgängig gegenüber ratio und sinnlicher Anschauung hält.[291] Dies betrifft in positiver Wendung zunächst eine spezifische Urteilskompetenz des Intellekts gegenüber den Erwägungen der ratio (den *rationes*), und zwar bezüglich der Einstufung deren epistemischer Niveaus: Der Intellekt beurteilt erwogene Sachverhalte etwa als notwendig, möglich, kontingenterweise zutreffend, unmöglich, beweisend (demonstrativa), „sophistisch und scheinbar“, topisch (d.i. durch autoritative Berufungsinstanzen, bewährte Faustregeln u.dgl. plausibilisiert).[292]

Ebenfalls eigentümlich ist dem Intellekt der Gegenstandsbereich intelligibler abstrakter Objekte, wie sie „abgetrennt“ sind von Materialität, Zeit und Welt. Der Intellekt vermag die intelligiblen Formen „unverhüllt“ (nuda) zu erfassen, wenngleich diese Unverhülltheit eine relative bleibt – sie erreicht im Falle der menschlichen Erkenntnis nie eine völlige Einfachheit und Freiheit vom Vorgestelltwerden (als *phantasma*), im Unterschied zur Erkenntnisform der *Intelligenzen*.[293] Wenn alles, was Sinne, ratio oder Intellekt erfassen,

290 Vgl. De ven. sap. (h XII) c. 1 n. 4.

291 So spricht er z.B. in Comp. (h XI/3) c. 11 n. 35-36 davon, dass die sinnenhafte Seele nur „Bild“ und „Ähnlichkeit“ des Intellekts ist.

292 De quaer. (h IV) c. 1 n. 25. Die Übersetzung bei Nikolaus von Kues/Dupré/Dupré/Gabriel: Schriften II, 575 von „demonstrativam“ mit „hinweisend“ kann missverständlich sein. Es geht Cusanus ersichtlich um die unterschiedlichen epistemologischen Niveaus, wie sie seit den wissenschaftstheoretischen Ausarbeitungen des Aristoteles insbesondere in Zweiter Analytik und Topik diskutiert werden.

293 Vgl. De beryl. (h ²XI/1) c. 39 n. 71.

unterschieden ist[294] und sich auf dem Wege der ratio (via rationis) die *Widersprüche* (contradictoria) nicht in einem Prinzip verbinden (combinare, connectere) lassen[295], dann führt der Intellekt demgegenüber zwar auf Einheitsgesichtspunkte jener Unterscheidungen. Doch Grenzbegriffe wie der Begriff des „absolut-Größten", den Cusanus in „De docta ignorantia" in noch zu erläuternder Weise als formale Bestimmung des Göttlichen bzw. dessen Relation zu *unseren* Begriffen einführt (vgl. Abschnitt IV.2), werden vom Intellekt zwar in den Blick genommen, doch nicht eigentlich *erreicht*: Auch der Intellekt hat, soweit er zu bestimmten Artikulationen gelangt, mit In-Sich-Verschiedenem und Zu-Anderem-Verschiedenem zu tun. Sein Zusammenschauen von Entgegengesetztem ist dennoch die maßgebliche Betätigung in einem Prozess der Ablösung vom Vielen und so ist jene Freiheit von Zeitlich-Empirischem ein Signum zunächst dessen, was der menschliche Intellekt erkennt – und dann auch des Intellekts selbst: Der intellekthafte Geist (spiritus intellectuale) vermag „überzeitlich" zu wirken, d.h. sich hinzuwenden (convertire) zum Ewigen[296], zu unvergänglichen Formen, etwa abstrakten mathematischen Formen oder auch zu den „natürlichen Formen", welche die Allgemeingestalt der Objekte ausmachen. Der Intellekt kann die Gattung der Sinnesdinge (sensibilia) überschreiten (transcendere) und sie in einem Begriff zusammen denken, insofern eine relative „Koinzidenz" denken, und er soll dies nach Cusanus sogar auch dann, wenn *keine* Proportionen zwischen Er-

294 De docta ign. (h I) I c. 4 n. 11, 9-11.

295 Vgl. De docta ign. (h I) I c. 4 n. 18-22.

296 Vgl. De docta ign. (h I) III c. 9 n. 236, 8-14. Vgl. zum Zusammenhang der Unvergänglichkeit des Geistes mit jener der abstrakten Formen auch De sap. (h ²V) I n. 17 und dazu Nikolaus von Kues/Steiger: Der Laie über die Weisheit, 110 mit Hinweisen auf Parallelen (u.a. De docta ign. (h I) III c. 10 n. 240 und De ludo (h IX) II n. 95, wo I n. 24 auch das Vermögen der Selbstbewegung als Grund für die Unvergänglichkeit des Geistes genannt wird). Vgl. zur Unsterblichkeit und Unvergänglichkeit des Geistes z.B. auch De mente (h ²V) c. 15. Cusanus begründet die Nichtvergehen des Geistes hier u.a. mit dessen Nicht-Teilbarkeit (vgl. n. 158) und Selbstbewegung (vgl. n. 157): Wenn etwas aufgelöst wird, dann durch Bewegung, aber die *Form des* Bewegens könne dann nicht zur Auflösung gebracht werden; der Geist nun aber sei gerade in solcher Weise sich-selbst-bewegend. Vgl. ferner De mente (h ²V) c. 1 n. 52: Der „Philosoph" berichtet von der Aufsuchung von „Weisen", um belehrt zu werden über die Unsterblichkeit des Geistes, sei doch zu Delphi (vgl. die Quellenangaben bei Nikolaus von Kues/Steiger: Der Laie über den Geist, 132f) die Weisung ergangen, zu erkennen, dass der Geist sich selbst erkennt und mit dem göttlichen Geist verbunden fühlt. De mente (h ²V) c. 11 n. 133 spricht Cusanus davon, dass der Geist, „solange er vereint ist mit dem Körper", „der Aufeinanderfolge (successio) unterworfen" sei, welche „ein Abstieg von der Ewigkeit" sei. De ludo (h IX) II n. 93 et passim entwickelt Cusanus die Abhängigkeit der Zeit von der (Verstandes-)Seele, die sie als „Instrument und Organ verwendet, um die Unterscheidung in der Bewegung zu bilden"; ebendarum sei aber diese Unterscheidungsbewegung der Seele auch nicht wiederum *zeitlich* messbar, also auch nicht zeitlich beendbar (finibilis), also immerwährend (perpetuus).

kenntnisobjekten mehr bestehen[297] und eine quantitative Bestimmtheit im Aufstieg entfällt.[298]

Diesem Prozess der Hinwendung zum Einfachen, Intelligiblen unter Ablösung vom Vielen und Materiellen, demzufolge Cusanus für Intellekt und Geist u.a. von *„göttlicher* Anschauung" spricht[299], gehört auch die Absprechung entsprechender Prädikate im Wege der „via negativa" zu, weshalb dieser Prozess nachfolgend noch mehrfach zu thematisieren sein wird. Auch, sofern es dabei nicht allein um den Grenzbegriff absoluter Einfachheit geht, sondern um intelligible Formen, gehört ein entsprechender Intellektvollzug dieser Wegleitung zu. Dabei sind die einzelnen Formen „wegleitende Zeichen" (manuductiva signa) zunächst für die Unvergänglichkeit der Intellekt-Natur selbst.[300] Entsprechend beschreibt Cusanus die Natur des Intellekts als „eine Art göttliches, abgetrenntes Sein"[301], in welchem die Sinnlichkeit „ruht"; der Intellekt entstamme nicht Zeit oder Welt, sondern er ist von diesen abgetrennt (absolutus).[302]

Das Verhältnis zwischen Intellekt und ratio illustriert Cusanus vielfach mit optischen Analogien. So etwa verhalte sich der Intellekt zu den rational-einsichtigen Objekten (rationabilia) wie das Auge zu den Farben[303]: Das Au-

297 Vgl. De docta ign. (h I) I c. 14 n. 37, 1-5.

298 Vgl. De docta ign. (h I) I c. 14 n. 38, 1-3 und n. 39, 16-20. Ausführlich beschreibt Cusanus einen solchen Abstraktionsprozess in Sermo CLXXIV (h XVIII) n. 2-3. Wie die Nahrung mehr und mehr verfeinert wird, so erfolgt eine Verfeinerung (subtiliatio) der Dinge durch 1. die Sinne, 2. Gemeinsinn oder Imagination, 3. Verstand (ratio), in welchem dann der Intellekt die Form findet bzw. die intelligible species, die so in eine intellektuale Natur verwandelt wird. (n. 2, 12-19) Der Universalität dessen, was wir begrifflich erfassen, entspricht die Universalität des Sprechens: Im Sprechen ist (gewissermaßen) alles (Erkennbare) – wie alle Dinge im Zeichen bezeichnet sind. (n. 2, 22-23) So enthält das Denken *alles in sich* und scheint im Wort von allen Dingen zu sprechen. (n. 2, 20-22)

299 Vgl. Sermo CLXXIV (h XVIII) n. 16, 16-17: „[...] visio [...] divina [est] per mentem [...]".

300 Vgl. De docta ign. (h I) III c. 10 n. 240. Freilich führt, wie etwa n. 263 deutlich wird, die „docta ignorantia" auch über die „unvergänglichen Wahrheiten" hinaus.

301 Vgl. De docta ign. (h I) III c. 4 n. 205.

302 Vgl. De docta ign. (h I) III c. 6 n. 215, 7-8; dann c. 7 n. 226, 5-8: Solange die Seele zeithaft ist, erscheint sie mehr als Sinn oder ratio und erfasst innerhalb ihres Gegenstandsbereichs nur durch Vorstellungen (phantasmata). Wenn die Seele aber erhoben ist über die Zeit, dann ist *die Seele Intellekt* und frei und gesondert (absolutus) von Vorstellungen. Cusanus scheint auch hier im Kontext, wo er vom Vergehen des Zeitlichen spricht, damit einen Zustand *nach* der zeitlichen Existenz des Menschen anzunehmen, nicht (insofern abweichend insb. von Eckhart von Hochheim) einen Zustand, *insofern* der Intellekt gleichsam inmitten der Zeit ansetzend aus dieser heraustritt. Die „Loslösung" und „Entblößung" (absolutio, denudatio) von der Welt bzw. Welthaftem (mundialium) ist auch eine Bedingung der „Christusförmigkeit" nach z.B. De poss. (h XI/2) n. 39.

303 Vgl. De quaer. (h IV) c. 1 n. 25 im Kontext; vgl. auch unten Fn. 375 (S. 129); Fn. 849 (S. 283).

ge ist Prinzip des Sehens alles farbig-Sichtbaren und daher von Allem aus der „Welt der Farben“ nicht erreichbar. Cusanus spricht dabei von einem „freien Sehen“ (visus liber), weil das Sehen des Intellekts frei ist von „Vermischung mit den Verstandesbildern (species) der ratio“. Anders gesagt: Der Intellekt ist nicht abhängig von irgendetwas anderem.[304] Vielmehr ist der Intellekt die Erkenntnisfunktion, welche auch die Zusammensetzung, Trennung und Produktion von Erkenntnisbildern leistet.[305] Der Intellekt kann dabei die Objekte der Sinneswahrnehmung nicht schon als solche erfassen, sondern diese bzw. deren Repräsentationen müssen dazu zunächst zu Objekten seines Gegenstandsbereichs, zu *intelligibilia*, werden.[306]

Dieser Absetzung des Intellekts vom Materiellen, das mit sinnlicher Anschauung und auch noch mit den Strukturierungen durch die ratio einhergeht, korrespondiert eine andersgeartete Betätigungsweise: Während die ratio Objekte je in Unterscheidungen zu anderen innerhalb einer in sich strukturierten Vielheit begreift und dabei mit Begriffen hantiert, die je in Gegensatzbeziehungen stehen, operiert der Intellekt nicht in solcher Gegensätzlichkeit. Der Intellekt ersehe vielmehr eine (allgemeine) Unzulänglichkeit (ineptitudo) der Einheiten der ratio (Cusanus spricht hier von Wörtern, vocabula); für seinen eigenen Vollzug, der ja statt auf Gegensätze auf Einheit hin tendiert, „verwirft“ (abicit) der Intellekt (für den Bereich seiner *eigenen* Betätigung) daher die „Wörter“ der ratio.[307] Der Intellekt ist nicht etwas, was *durch* diese Wörter der ratio bezeichnet wird, sondern verhält sich zu diesen gleichsam als Ursprung, der diese Wörter in sich einfaltet. Gegenüber der (geistig-methodischen) Hin- und Herbewegung (discursus) der ratio (insbesondere im Modus syllogistischer Überlegung) vollzieht der Intellekt eine „Schau des Geistes (visus mentis) ohne Hin- und Herbewegung“.[308]

Doch bleibt auch die Erkenntnisweise des Intellekts je nur eine unabschließbare Annäherungsbemühung: Der Intellekt ist letztlich doch insofern im Bereich des mehr oder weniger verhaftet, als sein Vorgehen immer noch dasjenige von Angleichung, Ähnlichwerden und „Messen“ ist, weil es je mehr oder weniger vollkommen realisierbar ist. Der Intellekt und seine Betätigung kann prinzipiell je „größer sein“, während Gott sich zu derartigen *Angleichungs*bemühungen verhält wie das „Maß von Allem“ oder die „absolute *Gleichheit*“. Während der Intellekt „je größer sein *könnte*“, *ist* Gott, „was (er) sein kann“.[309]

304 Vgl. Comp. (h XI/3) c. 11 n. 36: „Intellectus enim non dependet ab alio [...]“.
305 Vgl. Comp. (h XI/3) c. 6 n. 18.
306 Vgl. Comp. (h XI/3) c. 11 n. 36.
307 Vgl. De coni. (h II) I c. 8 n. 35.
308 Apol. (h ^{2}II) n. 21.
309 Vgl. z.B. De poss. (h XI/2) n. 17 (zum Einschub und den damit verbundenen Lesarten Fn. 618, S. 211); n. 46 hält Cusanus fest, dass unser Intellekt nichts ohne Zahl erfasst.

Der Intellekt ist bei allen Menschen nur der Möglichkeit nach (possibiliter) Alles und entwickelt sich gradweise (gradatim) von der Möglichkeit zur Wirklichkeit.[310] Diese Gradualität setzt eine entscheidende Differenz zwischen Intellekt-Erkenntnis und Göttlichem. Denn im *mehr-oder-weniger* von realisierter Möglichkeit kann die absolute Wirklichkeit, etwa ein *„einfachhin* Größtes", wie sich dies von Gott sagen lässt, nicht aufzufinden sein. Cusanus illustriert dies an naturphilosophischen Analogien wie dem Verhältnis von Erwärmbarem und Wärmendem: Letzteres ist *für das Erwärmbare* das Größte. Doch *im* Erwärmbaren als solchem ist keineswegs das Wärmende (an sich selbst und in vollendeter Realisierung), sondern je nur *der Möglichkeit nach* (in potentia).[311] Das Erwärmbare selbst *wird als solches* kein Wärmendes, sondern erst „an der Grenze" (in termino) des Erwärmbaren würde das der-Möglichkeit-nach-Wärmende im Erwärmbaren wirklich (in actum pervenit). Doch diese Grenze ist nicht überschreitbar. Analoges gilt für das Verhältnis von Erkennbarem (intelligibilium) und aktivem Intellekt (intellectus agens). Die „Grenze" (terminus) für das Erkennbare ist das Wirklichsein (des Erken-

Dass Erkenntnis als „Maßverhältnis" begreifbar ist, ist ein auch bei Aristoteles und Thomas entwickelter Gedanke, wie sehr genau Seidl: Maßverhältnis nachzeichnet. Beachtenswert ist dabei insbesondere die Diskussion des Thomas in STh I q. 3 a. 5 ad 2 zur Frage, ob Gott mit Averroes (vgl. Comm. Met. X 7 comm. 7 ed. Venedig 1574 v. 8, 257A, wo freilich nicht von „mensura", sondern „principium" für alle Substanzen die Rede ist) „Maß von Allem" genannt werden könne. Thomas bejaht dies unter dem Vorbehalt, dass Gott zu nichts in einem „proportionalen" oder „homogenen" Verhältnis stehen kann (wie es nach Aristoteles: Met. X 1 1053a24ff bei Maß und Gemessenem je vorliegen müsste), vielmehr ist Gott „Maß für Alles" nur in dem Sinne, dass sich ihm alles annähert: „Dicitur tamen mensura omnium, ex eo quod unumquodque tantum habet de esse, quantum ei appropinquat." Vgl. zur Stelle ibid., 41 und zu Gott als „Maß aller Substanzen" auch Thomas: I Sent. d. 8 q. 4 a. 2 ad 3; Duns Scotus: Quaestiones in Met. X q. 2 n. 4; q. 3 n. 3; zur Verwendung u.a. in den naturphilosophischen Schriften des Aegidius Romanus (dort auch mit mehrfachem Bezug auf die gerade angeführte Averroes-Passage) de Mottoni: Mensura.

310 Vgl. De docta ign. (h I) III c. 4 n. 206, 6-8.

311 Vgl. De ven. sap. (h XII) c. 26 n. 79. Eckhart hatte das Beispiel des Feuers, das Wärme *und* das Vermögen zu deren Hervorbringung verleiht, damit verglichen, dass der Vater dem Sohn und ebenso auch uns als „Söhnen" sein „ganzes Sein" verleihe; die Ankläger haben diese These v.a. Eckharts „Buch der göttlichen Tröstung" entnommen (Votum, n. 15, vgl. Acta n. 58, LW V, 573); Eckhart hat dieses Theorem als Deutung des „agens naturale univocum" entwickelt, vgl. z.B. In Gen. II n. 122, LW I, 587; In Ioh. n. 665, LW III, 579, 5-9; ausführlich behandelt Eckharts Theorie univoker Kausalität und ihre Einflüsse Mojsisch: Meister Eckhart, hier S. 60 et passim. Während Eckhart mit dem Verhältnis von Feuer und Brennendem, anknüpfend an patristische Traditionen (u.a. Origenes, Cyrill von Alexandrien, später auch z.B. Bernhard von Clairvaux: De diligendo Deo 10,28: „[...] quomodo ferrum ignitum et candens, igni simillimum fit, pristina propriaque forma exutum [...]"; Eckhart verbindet diese Formlosigkeit mit der Annahme der göttlichen Form, wie er sie in seiner Intellekttheorie konzeptualisiert, was z.B. auch Dobie: Logos and revelation, 260 mit Bezug auf diese Stelle anspricht) die Einheit von Seele und Gott veranschaulicht, zeigt Cusanus (s.o. Fn. 105, S. 50) damit gerade deren ontologische Differenz.

nens, d.i. der intellectus agens). Entsprechend „ist das in Wirklichkeit (in actu) Erkennbare der Intellekt-in-Wirklichkeit (intellectus in actu)“[312]. So müsste also der seiner Natur nach je „mögliche“, also in nur unterschiedlichem Grade verwirklichte Intellekt des Menschen an seiner Grenze gleichsam sich umwandeln in einen Intellekt in vollendeter Wirklichkeit. Doch hier formuliert Cusanus sehr vorsichtig: Zwar vermag sich der Intellekt dem Ewigen zuzuwenden und hat insofern auch seiner Natur nach Anteil am Ewigen, doch vermag er keineswegs dieses in sich zu verwandeln (convertere); sondern *wird* er umgekehrt verwandelt – jedoch je nur zur *Ähnlichkeit* mit dem Ewigen und dies nur in jeweils gradweiser Abstufung (secundum gradus tamen).[313]

Auch der Intellektvollzug unterliegt daher dem Spannungsverhältnis von Gegebensein und Entzogensein und dem Charakter unabschließbarer Annäherung menschlichen Geistes. Cusanus veranschaulicht diesen eigentümlichen Charakter des Geistes oftmals in lokaler Metaphorik von Innesein und Örtlichkeit, anknüpfend u.a. an das Motiv der Seele als „Tempel Gottes“ und der Metaphorik von Reise und Suche nach dem Ort, an welchem „Frieden“ und „Ruhe“ gefunden wäre – wonach Gott „*Ort* der Seele“ genannt werden kann. Das Göttliche wird demnach dort gefunden, wo die Suche nach dem Göttlichen zu ihrem „Frieden“ kommt und wo sie die „Mitte“, d.i. den „Frieden“ von allem findet, das Prinzip, ohne welches kein Geschöpf „bestehen“ könnte. Die Seele kommt in Gott zu dem, worin sie eigentlich ihr Sein hat und woraufhin sich ihr Bestreben letztlich orientiert und gerade in dieser Orientierung, absehend vom Endlichen-Vielen und hingeordnet auf das Unendlich-Einfache, Göttliche, gibt die Seele ganz dem Göttlichen Raum. Diese Orientierung betrifft die Seele, sofern sie „intellekthaft“ (intel-

312 De ven. sap. (h XII) c. 26 n. 79. Analog ist das erleuchtende Licht „Grenze“ für die erleuchtbaren Dinge (illuminabilia). Gott hingegen ist „Grenze ohne Grenze oder Ende“ (terminus *interminus seu infinitus*), d.i. Grenze *für* alles Seiende, also vonseiten des Seienden aus *dessen* Grenze, aber *selbst* ohne Grenze. In c. 27 n. 80 (ff.) bestimmt Cusanus diese „Grenze“ für Alles auch als Prinzip, „Mitte“ und Ziel (fines) für alles Begrenzbare, „wie die Wurzel der Allmacht in ihrem Vermögen (in sua virtute) alles enthält, jegliches entfaltet und sämtliches begrenzt (determinat)“. Man wird diese Reihen jeweils als präzise Entsprechungen verstehen dürfen: Sofern das Göttliche „Prinzip“ für alles ist, „enthält“ es alles *virtualiter und formaliter*; dass es „Mitte“ von Allem ist, versteht sich in Bezug auf das darob mögliche Entfaltetsein von Allem aus diesem; und als „Ziel“ für Streben und Aktualisierungen von Allem ist es jeweils, worauf dieses als „Grenze“ hin ausgerichtet und wodurch es finaliter bestimmt ist.

313 Vgl. De docta ign. (h I) III c. 9 n. 236, 8-14; ähnlich z.B. in Sermo CLXXII (h XVIII) n. 3, 1-10: *Im Erkennen* entfernen wir von der Sache alle sinnlichen Elemente, wir erfassen ihre Wahrheit, so dass im Erkennen die Sache selbst zu etwas von der Natur des Intellekts wird. Umgekehrt verwandelt sich *der Liebende* in eine Ähnlichkeit zum Geliebten, dessen Bild (species) er in sich trägt (gerit).

lectiva) ist.[314] In dieser Hinsicht nämlich ist sie keineswegs *im Leibe* an „ihrem Ort". Ihr Ort ist in *dieser* Hinsicht vielmehr der „Himmel der Einsicht", wo erst die Seele die „vollkommene Tätigkeit hat" und wo wir und alle Dinge unvergänglich sind, während wir jetzt je in Unruhe sind und auch daraus ersehen, dass wir (noch) nicht am eigentlichen Orte sind.[315] Unter einer zweiten Hinsicht ist die Seele durchaus im Körper als ihrem Ort, nämlich insofern es um die Seele in ihrer *beseelenden* Funktion geht; im Körper hat sie die Möglichkeit, in gewissem Maße (aliqualiter) die Wahrheit zu erforschen und Gott zu lieben.[316] Zwischen beiden Hinsichten, „im Himmel der Einsicht" und „im Körper", kommt dem menschlichen Geist eine Stellung „zwischen Gott und den Geschöpfen" zu.[317] Cusanus beschreibt diesen Zwischenstatus des Geistes und der Seele mit den Worten: Der Geist ist „gleichsam am Horizont, dort, wo die Zusammenziehung (contractio, hier die Bindung des Geistes an Ort und Zeit) beginnt und wo die Ablösung (absolutio, von solcher Bindung) aufhört".[318] Im Blick auf den Prozess der Hinwendung zu diesem Horizont bzw. dieser Grenzlinie kann man das „Aufhören der Ablösung" so verstehen, dass der Prozess des kontinuierlichen Ablösens von Endlichem hier an den Punkt seines Aufhörens kommt. Voraussetzung für einen solchen Weg ist die Zwischenstellung des Menschen als körperlich-geistigem Wesen. Der Intellektualität des Erkennens nach ist der Geist nicht gebunden an die raumzeitlichen „Örter" und darin wiederum Abbild des Göttlichen.[319] Mit der Positionierung gleichsam an der Grenze von „Him-

314 Vgl. Sermo CLXXII (h XVIII) n. 4, bes. 2ff und 19ff („[...] quantum ad officium animandi [...]").

315 Vgl. Sermo CLXXII (h XVIII) n. 4, bes. 9f und n. 5, 1-5. Auch Eckhart illustriert die Perspektive, wonach alles seinen primären Ort im Prinzip seines Seins und Wirkens hat, am Inneseins des Leibs in der Seele: Pr. 10, DW I, 161; Pr. 17, DW I, 288.

316 Vgl. Sermo CLXXII (h XVIII) n. 4, 19-24.

317 Vgl. Sermo CLXXII (h XVIII) n. 3, 32-34.

318 Vgl. Sermo CLXXII (h XVIII) n. 12, 6-7.

319 Dabei besteht ein abbildlich-analoges Verhältnis zur Allgegenwart Christi, wie in Sermo CLXXII (h XVIII) n. 11: Analog zu Christus, der als Mensch an einem Einzelort ist, als Gott aber nicht, und der selbst die hypostatische Union von Menschheit und Gottheit und so „in und außerhalb eines Ortes" ist, gilt für den Menschen: Sein Körper zwar ist gebunden an einen Ort, nicht aber der Geist, der zugleich an verschiedenen Orten sein kann, freilich nicht „dem Ortsbezug nach" (localiter, wie laut Predigtanfang ja auch Gott nicht dergestalt an vielen Orten ist), sondern „im Erkennen" (cogitatio); ist doch der Geist im Erkennen dort, wo er etwas erkennt, allerdings im Unterschied zu Gott nicht gleichzeitig an mehreren Orten (vgl. Sermo CLXXII (h XVIII) n. 11, 26-35). Das ist von Cusanus offensichtlich gemeint, wenn er Gott „unendliche Freiheit und unendliche Kraft (virtus)" zuschreibt: „Gott wendet sich gleichzeitig und in einem Male allen Gegenständen zu und den einzelnen Gegenständen zu und intuiert diese" (vgl. n. 11, 33-35) Diese Allgegenwart des Göttlichen bei jedem Einzelnen hat Cusanus wieder und wieder in Bilder und Worte gefasst, am ausführlichsten in den Eingangspassagen von De vis. In Sermo CLXXXIII (h XVIII) n. 12-13 bezieht Cusanus die Gegenwart im Nicht-Normalsinne lokaler Relationen auf die Gegenwart Christi im Altarsakrament

mel" und „Erde" – „quasi in horizonte"[320] – ist, wie auch diese Absetzung von zeitlich-entfaltetem menschlichem und eingefaltet-einfachem göttlichem Erkennen herausstellt, zugleich eine deutliche Zäsur markiert. Mit den sich anschließenden Worten des Cusanus: „Und dies ist die Differenz zwischen unserem endlichem Geist und dem unendlichen Geist Gottes; diese Differenz ist die Differenz von Endlichem und Unendlichem."[321] Zwischen Endlichem und Unendlichem gibt es keine ‚Vermittlung' im Modus angebbarer Verhältnismäßigkeit; auch der Geist, auch im Vollzug des Intellekts, ‚vermittelt' nicht in diesem Sinne zwischen *etwas* Endlichem und Unendlichem, aber der Intellekt *ist genau dort situiert*, wo die Horizontlinie von Endlichem und Unendlichem, Kontrahiertem und Absolutem verläuft; im Geist erkennt menschliches Bewusstsein sich *ex negativo* als in der Endlichkeit von Sinnbezügen und Verstehbarkeiten nicht verortbar, als „weder ganz absolut noch ganz kontrahiert"[322].

und auf das unteilbare und vollkommene Sein in jedem Teil der Hostie (n. 13; zu diesem Bild bei Eckhart und Vorgängern vgl. Roesner: Blick, 91f) – wie unser Gedächtnis nicht größer ist, wenn es einen Berg aufnimmt, als wenn es ein Hirsekorn aufnimmt.

320 Sermo CLXII (h XVIII) n. 12, 6; vgl. De docta ign. (h I) III c. 6 n. 215 und III c. 9 n. 236.

321 Sermo CLXXII (h XVIII) n. 12, 1-2: „Et haec est differentia finitae nostrae mentis et infinitae mentis Dei, quae est finiti et infiniti."

322 Vgl. Sermo CLXXII (h XVIII) n. 12, 21.

III.3 Namensbildung und Unterscheidung durch die ratio und Unnennbarkeit Gottes durch diese Konstrukte der ratio

„Deus honoratur silentio,
non quod nihil de ipso dicatur vel inquiratur,
sed quia quidquid de ipso dicamus vel inquiramus,
intelligimus nos ab euis comprehensione defecisse“[323]

Die vorstehende Orientierung über die cusanische Schematik der Erkenntnisfunktionen hat diese in ihrer Funktion für einen Aufstiegsweg des Erkennens zum Einen und ineins damit der Kontemplation des Göttlichen vorgestellt. Jeder Erkenntnisfunktion kommt dabei nur ein jeweils mittelfristiger, aber von Cusanus in seiner Eigenart hochgeschätzter Beitrag zu. Auch der Intellektvollzug vermag zwar Gegensätze, wie sie den Operationen der ratio naturgemäß sind, zusammenzusehen, nicht aber, den Einheitsgrund von Wirklichkeit, wie er *an sich selbst* wissbar wäre, bereits zu erfassen, sondern verbleibt je in einem Status mittelfristiger Aktuierung relativen Erkenntnisgrades. Diese Relativität vermittelt sich über die Produkte der Erkenntnisfunktionen – phantasmata, Sortalbestimmungen, begriffliche Zusammenschau. Die hier im Zentrum stehende Problematik der Benennbarkeit des Göttlichen ist durch diese epistemologischen Grundbestimmungen vor allem insofern mitgeprägt, als die einzelnen sachbestimmenden Termini, die „Namen“, von Cusanus von der Produktivität der ratio her verstanden werden. Sie bringt je ihre eigenen Begriffe hervor, mittels welcher menschliche Erkenntnis dann die Wirklichkeit ordnend erfasst. Schon von daher ergibt sich eine Entzogenheit des Göttlichen, wie es an sich selbst ist, für das so vermittelte Erkennen und Benennen.

Besonders deutlich wird dies in einer zentralen Passage aus „Idiota de Mente“. Den Problemzusammenhang bildet dabei anfänglich die Frage nach der separaten Realexistenz „urbildlicher Formen“ im Gegensatz zu einer Auffassung, wonach alles Erkennen *nur* auf den Sinnen beruht. Die grundsätzliche Position des Cusanus in dieser Frage, die auf den Aufweis der Einheit und Einzigkeit der Washeit und Form von Allem zielt, wurde bereits in Abschnitt II.1 erörtert. Daraus ergibt sich für seine Erkenntnistheorie, dass zwar

323 Thomas: De Trin. q. 2 a. 1 ad 6, 94a. Thomas bezieht sich hier auf eine Formulierung des Maimonides: Dux neutrorum I, 58 f. 23r, 14. Die von Thomas herausgestellte Implikation dieser Formulierung entspricht, was die Ablehnung einer kognitiven Belanglosigkeit von „Stille“ (und „Negationen“) betrifft, der Position des Maimonides und ist insoweit auch in Einklang mit der cusanischen „docta ignorantia“.

alle Erkenntnis auf den Sinnen beruht; diese aber moderieren ein Widerstrahlen der urbildlichen Formen, die jedoch (wie sie an sich selbst sind) nicht mitteilbar sind[324] und letztlich auf die Einfachheit des Göttlichen als Form von Allem zurückzuführen sind. Cusanus sucht damit zwischen zwei Positionen zu vermitteln, wonach

(a) ein Ding nichts ist, was nicht unter einen Namen fällt und *keine* für sich bestehenden Formen existieren (wie andernfalls etwa „Menschhaftigkeit" auch dann existierte, wenn alle Menschen vernichtet wären),

versus

(b) der Existenz ebensolcher urbildlicher Formen.

Beide Positionen haben für Cusanus ein relatives Recht *unter ihrer jeweiligen Hinsicht*: erstere (a) ist zu beziehen auf die „logische und rationale Betrachtung (consideratio)"; letztere (b) überschreitet die jeweils eigentümliche „Bezeichnungskraft des Namens" (vis vocabuli).[325]

Zunächst (ad a) wird die ratio einerseits den Sinnen zugeordnet. Cusanus teilt dabei explizit das Prinzip, dass nichts in der ratio sei, was nicht zuvor in den Sinnen war. Denn die Bewegung der ratio bezieht sich auf die Objekte, welche unter die Sinne fallen.[326] Der Natur nach sind diese Sinnesdinge früher als die Produkte der ratio.[327]

324 Vgl. De mente (h ²V) c. 2 n. 65.

325 Vgl. De mente (h ²V) c. 2 n. 66. Zum Ausdruck „vis vocabuli" s.u. Abschnitt IV.3. In De mente (h ²V) c. 14 n. 153 schreibt Cusanus Aristoteles zu, alles (ad a) betrachtet zu haben, „wie es unter einen Namen fällt", wie dieser je „durch eine Bewegung der ratio beigelegt" werde. Cusanus spricht bezüglich einer Erkenntnis, welche sich auf Urbilder und Ideen richtet, auch von „theologischer Schau"; das ist insofern nachvollziehbar, als Cusanus letztlich gerade keine Realexistenz *mehrerer distinkter* ewiger Urbilder vertritt, sondern nur genau *ein* Urbild (das Gott selbst ist) für alles annimmt (vgl. zur Wendung „theologische Schau" auch De mente (h ²V) c. 7 n. 106). Der „Laie", der vorgibt, die skizzierte Position bezüglich der Ideenlehre als eigenständige Vermutung entwickelt zu haben, wird im Dialog ergänzt um das Votum des „Philosophen", der darin die Lehren „aller Schulen (sectas) der Philosophen" angesprochen sieht, wovon er namentlich (und damit für ihn offenbar auch bereits zur Sachfrage erschöpfend) „Peripatetiker" und „Akademiker" nennt.

326 Vgl. De mente (h ²V) c. 2 n. 64; in c. 4 n. 77 betont Cusanus, dass der Geist als begrifflich-dingerfassende Kraft nur wirksam sein kann durch Anregung mittels sinnenfälliger Vorstellung („mediantibus phantasmatibus sensibilibus"), weshalb der Geist eines Leibes mit entsprechenden Organen (der Sinneswahrnehmung, des Vorstellungsvermögens) bedarf. Zur Einbildungskraft vgl. auch De mente (h ²V) c. 8 n. 114. Zur Herkunft der These im Librum hunc, dass die Wörter durch die Bewegung der ratio entstehen und der Differenzierung der Objekte dienen, sowie zu einigen weiteren Vorkommen bei Cusanus vgl. Flasch: Metaphysik des Einen, 295.

327 Vgl. De mente (h ²V) c. 2 n. 65. In De mente (h ²V) c. 9 n. 117 spricht Cusanus nur Objekten mit „Festigkeit" (soliditas) Existenz *außerhalb des Geistes* zu; „Maß und Grenze" dagegen (als Abstrakta) stamme je aus dem Geist. In De mente (h ²V) c. 10 n. 128 formuliert er, „dass alles, was ist, unter Größe und Vielheit fällt". Allerdings gilt Cusanus, vgl. n. 122, im Unterschied zum Sein „in stofflicher Weise" (materialiter) die Exis-

Andererseits ist die ratio insofern produktiv und konstitutiv für die Wahrnehmung von Objekten als distinkten Einheiten überhaupt, als sie deren Unterscheidung (discretio), Übereinstimmung (concordantia) und Verschiedenheit (differentia) allererst „bewirkt“ (facit).[328] Dieses Unterscheiden kommt allgemein dem Geist zu und, was die ratio betrifft, so „weiß“ diese aus sich selbst „nicht, *was* sie schließt“.[329] Dieses Wissen tritt erst durch „den Geist“ hinzu, wie Cusanus hier formuliert – man wird spezifizieren dürfen: durch den Intellekt. Entsprechendes gilt dann ein epistemisches Niveau tiefer auch für den Sinn: Der Intellekt habe mit Platon die Aufgabe, zu urteilen, „wenn die sinnliche Wahrnehmung (sensus) Gegensätzliches zugleich vorlegt (ministrat)“; dieses Urteil betrifft insbesondere die Washeit (quidditas) des „ungeordnet (confuse) Wahrgenommenen“.[330] Man wird dies so verstehen dürfen, dass Cusanus hier nicht zwischen „ratio“ und „intellectus“ terminologisch scharf trennt, denn das Unterscheiden im ungeordneten Komplex des Wahrgenommenen und Vorgestellten ist für Cusanus *zunächst* Aufgabe der ratio.[331] Dazu gehört, dass die ratio den Objekten „die Namen beilegt“ (imponit). Insofern, also was die Namensbeilegung durch die ratio betrifft, sind auch Gattungen und Arten „Objekte der ratio“ (entia rationis), gebildet durch die ratio „aus Übereinstimmung und Verschiedenheit des Sinnlichen“.[332]

Diese Bildung von Begriffen, Namen, Arten, Gattungen betrifft allerdings (ad b) nicht die (das Wesen der Sache konstituierende) Form, wie sie „in ihrer Wahrheit“ ist. Die ratio, so Cusanus, findet diese nicht; daher und insofern „sinkt die ratio herab (occumbit) in Mutmaßung und Meinung“.[333] Seine Mutmaßungen gründet der Geist auf das, „was er erkennt“, auf die „Ähnlichkeiten“ der Dinge, die er „in sich schaut“; während die eigentliche Washeit der Dinge ihm entzogen bleibt, formt er bestenfalls dieser angeglichene Begriffe nach[334] – in produktiver, aus sich selbst schöpfender Weise, wie

tenz „in geistiger Weise“ (mentaliter) eigentlich als Sein „in Wahrheit“, weil „von der Wandelbarkeit der Materie gesondert“.

328 Vgl. De mente (h ²V) c. 2 n. 64.

329 Vgl. De mente (h ²V) c. 5 n. 84.

330 Vgl. De mente (h ²V) c. 4 n. 79; ähnlich z.B: c. 5 n. 82; demnach ist der Geist „Form und Vollendung“ der tierischen Unterscheidungskraft; das Hin- und Herlaufen (discursus) der Tiere entbehre des Intellekts oder Geistes (vgl. n. 83).

331 Vgl. De mente (h ²V) c. 5 n. 84: Die ratio ist die „unterscheidende Form“ (forma discretiva) des Sinnes und der Vorstellungen.

332 Vgl. De mente (h ²V) c. 2 n. 65; De ludo (h IX) II n. 80: „entia rationis“ nenne man, wenn der Geist einem Gegenstand seinen Begriff (conceptum) ähnlich macht und dergestalt alles (als entia rationis) in seinem Erkennen (notitia) hat; so sei der Geist *im Erkennen des Geistes* nicht *wirklich Seiendes* (ens reale), sondern „begrifflich Seiendes“ (ens rationis).

333 De mente (h ²V) c. 2 n. 64.

334 Vgl. De ven. sap. (h XII) c. 29 n. 87.

nachfolgend zu behandeln ist. Demgegenüber wird die Frage nach den Washeiten der Dinge von Cusanus zusammen gezogen auf die eine „unendliche Form", die an die Stelle einer Realexistenz von „vielen gesonderten Urbildern und vielen Ideen für die Einzelobjekte"[335] tritt (wie obig in Abschnitt II.1 behandelt).

Diese *eine* Form ist durch keine ratio erreichbar und *darum auch unaussagbar* durch all jene Namen, *welche beigelegt sind durch eine Bewegung des Verstandes.* Ein Objekt ist vielmehr, „insofern es unter einen Namen fällt, Abbild seines unaussprechlichen, eigentümlichen und angemessenen (adaequati) Urbildes".[336] Selbiges gilt für die zehn Kategorien: Sie sind zwar nach der Betrachtung „in Wirklichkeit" „getrennt voneinander" (divisa) – nicht aber, wenn man sie „vor dem Beginn des Seins" betrachtet.[337] So sind also die Produktionen der ratio eben darin, dass sie das Göttliche, wie es an sich ist, nicht erreichen können, ein Verweis *ex negativo* auf dessen Prinzipialität. Dieser eigentümliche Zwischenstatus der Produktionen der ratio ist, wie nachfolgend zu skizzieren sein wird, epistemologisch und ontologisch begründet im Zwischenstatus menschlichen Geistes. Dieser wiederum begründet den eigentümlichen Status der „Namen" im Rahmen der cusanischen „Impositionstheorie", wie sie Cusanus ebenfalls am ausführlichsten in „Idiota de Mente" entwickelt und wie sie später (in Abschnitt IV.3) ausführlicher zu diskutieren sein wird.

335 Vgl. De mente (h ^{2}V) c. 2 n. 67.

336 De mente (h ^{2}V) c. 2 n. 67.

337 Vgl. De mente (h ^{2}V) c. 11 n. 129. So sei die Gesamtheit der Dinge „in der Vollkommenheit, welche Gott ist". Näherhin erklärt Cusanus in n. 133, dass der Geist, sofern er „in der Weise der Materie" begreift, Gattungen bildet, nach Weise der Form die Unterschiede, nach Weise des Zusammengesetzten die Arten oder Individuen, nach Weise des eigentümlichen Erleidens die Proprien, nach Weise des Hinzukommenden die Akzidentien.

III.4 Die „Angleichung" menschlicher Erkenntnis in Abbildlichkeit und die Urbildlichkeit menschlichen Geistes zu seinen Produkten

Im Gespräch in „Idiota de Mente" zwischen „Philosoph" und „Laie" über das Verhältnis von göttlichem und menschlichem Geist und deren Bestimmungen führt der „Laie" die Unmöglichkeit ins Feld, „passend (convenienter) auszudrücken", was diesbezüglich zu sagen ist. Daher sei eine Vielfalt der Redeweisen (multiplicatio sermonum) hier „sehr nützlich" (perutilis).[338] In der Tat finden sich im cusanischen Werk vielfältigste Behandlungsweisen dieses Verhältnisses, die indes durchaus verbindende Positionierungen erkennen lassen. So versteht Cusanus den menschlichen Geist bzw. Intellekt grundsätzlich als einerseits abbildlich gegenüber dem Sein der Dinge im Vorhinein und „virtualiter" in Gott, andererseits als urbildlich gegenüber seinen eigenen Hervorbringungen, wozu sämtliche der von ihm verwendbaren Allgemein- und insbesondere Artbegriffe zählen. Bereits die obig betrachtete Passage zur Produktion der „Namen" und Artbegriffe durch die ratio machte dies deutlich. Unser Erkennen hat insofern je nur direkt mit diesen seinen eigenen Hervorbringungen zu tun und niemals direkt mit der Form oder „Washeit", wie sie in Gott subsistiert und Form und washeitliches Sein der Sache konstituiert. Alles Wesenswissen, oder genauer, da ein präzises Wissen unerreichbar bleibt[339], alle konjekturale Annäherung an angemessene Wesensbestimmungen, gründet in der Zugrundelegung je der *eigenen* Begrif-

338 Vgl. De mente (h ²V) c. 4 n. 74; zur Nicht-Fasslichkeit des Geistes durch jede Überlegung der ratio vgl. z.B. auch De mente (h ²V) c. 15 n. 158; einzig der unerschaffene (göttliche) Geist vermöge unseren Geist zu begrenzen, „messen". Eine Hochschätzung des Behelfs, wenn nichts letztlich Genaues zu sagen ist, dann zumindest vielerlei Annäherung zu unternehmen, findet sich bei Cusanus immer wieder auch in Bezug auf die Rede von Gott. Eine Variante: „Über diese Weise" – nämlich das Bilden von „theologischen Betrachtungen" und Begriffen über das „Endziel aller Begriffe" – „könnte niemals genug gesagt werden". (De mente (h ²V) c. 7 n. 106) Diese Betrachtung ist für Cusanus mit „Vergnügen" verbunden; die Sprachproduktion hat offenkundig auch doxologischen Charakter. Vgl. auch das Lob der Vielheit der Lobreden in Sermo CLXX (h XVIII) n. 8.

339 Dieser grundsätzliche Vorbehalt, dessen ontologische Grundlage bereits in Abschnitt II.1 entwickelt wurde, wird gelegentlich zu wenig beachtet, so etwa, wenn Kremer: Erkennen, 37 davon spricht, dass „der Geist [...] das Wissen um die Dinge aus sich selbst" schöpfe. Denn es handelt sich dabei – und zwar im Unterschied zum „platonischen Apriorismus", wie ihn Kremer versteht und als Hintergrundfolie heranzieht, nicht eigentlich um Wissen vom idealen Wesen der Sache; dieses ideale Wesen nämlich ist letztlich einzig Gott als Form von Allem.

fe, wenngleich der Sache nach Gott Wesensgrund und „Definition" von Allem ist.

Schon dieser ontologischen Vorordnung Gottes als Washeit von Allem wegen kann die cusanische Auffassung andererseits weder als eine Variante eines „Nominalismus" interpretiert noch ohne entscheidende Differenzen modernen Varianten einer „Transzendentalphilosophie" angeglichen werden. Es ist vielmehr (vgl. Abschnitt II.1) Gott selbst Form und Washeit (quidditas) von Allem und daher auch der „Name" von Allem. Als solcher wird Gott uns gleichwohl weder in Begriff noch sprachlichem Ausdruck ohne „Andersheit" zugänglich. Cusanus hat diese Vermitteltheit der Erkenntnis menschlichen Geistes vor allem in den Werken seiner mittleren Schaffensphase ausführlich ausgearbeitet, wie nachfolgend anhand entscheidender Passagen skizziert werden soll.

Ein erster Grundzug der cusanischen Überlegungen betrifft den Übergang menschlichen Geistes von einer Angleichung an sinnlich-erfassbare und materie-behaftete Erkenntnisbilder über die Orientierung an abstrakten Erkenntnisformen hin zur Schau *seiner selbst*. Im siebten Kapitel von „Idiota de Mente" wird dieser Weg besonders deutlich. Er entspricht im Fortgang von Sinnlichkeit, Vielheit und Materialität hin zur Einfachheit der Form der vorgeschilderten Schematik der geistigen Funktionen, erweitert diese aber hinsichtlich des letzten Schrittes. Cusanus unterscheidet hier drei Erkenntnisweisen des Geistes (der *mens*), also der Ganzheit menschlichen Bewusstseins:[340]

Der Geist kann zunächst a) „durch Angleichung und Gleichgestaltung" *sinnlich-erfassbare* Bilder (species) erkennen. Dabei erkennt er „mehr Mutmaßungen als Wahrheiten", da die „Formen der Dinge", die hierbei erreicht werden, „nicht wahr" sind, sondern „verdunkelt durch die Wandelbarkeit der

340 Cusanus kann z.B. als Worterklärung anführen, dass „mens" den „Geist (spiritus)" eines mit ratio begabten Geschöpfes meine, vgl. De non aliud (h XIII) c. 24 n. 111: „[...] rationalis creaturae spritius, quae mens dicitur [...]". In De mente versuchen sich „Philosoph" und „Laie" an terminologischen Klärungen bezüglich insbesondere der Begriffe von Geist und Seele. Demnach sind Geist und Seele (extensional) „dasselbe": „An sich" wird von „Geist", gesprochen, dasselbe aber „von seiner Aufgabe her" (ex officio) „Seele" genannt. Diese Aufgabe kommt nur bestimmten Realisierungen dessen zu, was Cusanus bzw. der „Laie" „Geist" nennt, namentlich dem Geist, sofern er einen menschlichen Leib beseelt, was für „einige" gilt, die „Abbild des Unendlichen" sind und „in sich bestehen"; daneben gibt es also einerseits Realisierungen von Geistigem, die nicht auch in sich bestehen, andererseits noch weitere, die „Abbild des Unendlichen", aber „größer" sind als der menschliche Geist, schließlich noch den dem Unendlichen selbst zugeordneten „Geist". Vgl. De mente (h ^{2}V) c. 1 n. 57; ähnlich z.B. De mente (h ^{2}V) c. 5 n. 80: Aufgabe der „lebendigen Substanz" bzw. „substantiellen Form oder Kraft" Geist ist die Belebung des Leibes; der Geist ist dabei sowohl diese den Leib beseelende Kraft wie auch „die rational-überlegende, intellektuale, geistig-schauende Kraft".

Materie".[341] Diese Erkenntnisweise betrifft also den Beginn des Erkennens bei Objekten der Sinneswahrnehmung, hängt also mit sensus und imaginatio zusammen.

Der Geist vermag auch b) sich den (von Materie) abgetrennten Formen anzugleichen. Während die erste Erkenntnisweise „mehr Mutmaßung als Wahrheit" betrifft, geht es hier bereits um die Objekte, wie sie „an der Wahrheit teilhaben". Cusanus spricht auch von den „Dingen, wie sie in der Notwendigkeit der Verknüpfung sind".[342] Gemeint ist die „Verknüpfung" im Sinne des aristotelischen Hylemorphismus, also der Objekte, wie sie je Komplexe aus Form und Materie sind, sofern sie überhaupt als distinkte und washeitlich bestimmte Objekte herauszueinzeln sind.

Ferner kann der Geist auch c) „auf seine (eigene) Einfachheit" blicken, wie sie „von der Materie abgetrennt ist" und sich *dieser* bedienen, um sich allem anzugleichen „in nicht mitteilbarer Einfachheit", wie im Punkt alle Größe erblickt wird.[343]

Dieser letzte Erkenntnismodus ist natürlich auch für die Thematik der Gotteserkenntnis von herausragendem Interesse. Geht Cusanus hier davon aus, dass das Geist-Erkennen tatsächlich jenem Modus gleichkommt, wie alles in Einfachheit in Gott subsistiert? Eine solche Zielvorstellung entspräche deutlich der eckhartschen Auffassung. Manche Formulierungen des Cusanus könnten eine solche Lesart in der Tat nahelegen. So spricht Cusanus etwa davon, dass der Geist hier „über aller Teilhabe und Verschiedenheit (varietas) einfachhin (simpliciter) die absolute Seinsheit (entitas) selbst" erblicke (intuere).[344] Der Geist sehe hier und nur hier, wo „alles eins ist", „sein eigenes Maß", „sein angemessenes Urbild", „die Wahrheit seiner Genauigkeit".[345] Geht es hier um dasjenige Maß, das der (endliche) Geist selbst *für seine Hervorbringungen* ist, oder um dasjenige Maß, das Gott als absolutes Maß *für den endlichen Geist* ist? Oder handelt es sich um einen Ineinsfall von genitivus subiectivus und obiectivus? Man wird Letzteres in folgender Hinsicht negieren bzw. negativ qualifizieren müssen: Cusanus hält sehr deutlich fest: Der Geist, wenn er sich dergestalt „seiner" bedient und „sein Maß" in „Genauigkeit" schaut, so erschaut er sich als Gottes *Abbild*. Gott ist es, der *Alles* ist

341 Vgl. De mente (h ^{2}V) c. 7 n. 102.

342 Vgl. De mente (h ^{2}V) c. 7 n. 104.

343 Vgl. De mente (h ^{2}V) c. 7 n. 105.

344 Vgl. De mente (h ^{2}V) c. 7 n. 106; in c. 8 n. 111 nennt Cusanus die Schau des Geistes von allem „ohne Zusammensetzung (absque compositione) in Einfachheit" „intelligentia" (Einsicht). Der Terminus „entitas" verweist auf Gott als Sein und wird von Cusanus (in De poss. (h XI/2) n. 14) auch mit Gottes Selbstaussage in Ex 3,14 verbunden, was u.a. im Librum hunc (II, 22 ed. Häring: Commentaries, 75) vorgebildet ist: „Hec autem a Platone eternitas, ab aliis unitas quasi onitas ab on i.e. entitas, ab omnibus autem usitato uocabulo appellatur deus."

345 Vgl. De mente (h ^{2}V) c. 9 n. 123.

und der im Geiste „widerstrahlt“, so dass sich der Geist dabei Gott „angleicht“, wenn er sich „seinem Urbild mit aller Anstrengung zuwendet“.[346]

Der Geist kann also im Prozess des *Angleichens*, wenn er dabei sich auf sich selbst wendet und alle Vielheit beiseite lässt, erfassen, dass Gott das Maß *für ihn* und *für alles* ist, die „absolute Gleichheit“, welcher sich menschliches Erkennen letztlich angleicht. Auch in der Selbsterkenntnis des Geistes gilt das Prinzip, dass das Verursachte sich nicht erkennen kann ohne Wissen um die Ursache.[347] Wenn Cusanus daher davon spricht, dass „der Geist in allem Erkennen erkennt, um sich zu erkennen“, so wäre zu ergänzen, dass es dabei um eine Erkenntnis seiner als Abbild Gottes geht, und zwar nochmals gerade in dynamischer Entsprechung dazu, dass Gott alles darum schafft, um selbst erkannt zu werden – ein Erkanntwerden, das nunmehr gerade im menschlichen Geist realisierbar ist, wenn dieser den Blick auf sich selbst und den Formalgrund seiner Angleichungsversuche in der „absoluten Gleichheit“ als Prinzip aller Angleichung richtet. Es handelt sich also um eine *strukturelle Entsprechung* dergestalt, dass Gott als absolute Gleichheit Maß und Prinzip von Allem ist, wohingegen der menschliche Geist Maß und Gleichheit für *seine* Hervorbringungen ist, wobei unser Geist eben diese Entsprechung reflektieren kann und sollte, was insbesondere erfolgen kann durch eine Reflexion auf die Formalprinzipien seiner eigenen Tätigkeit, etwa auf den Begriff der absoluten Gleichheit oder auch den Begriff der Form oder Washeit an sich selbst.

Schon in „De docta ignorantia“ wird die Mittelposition des Geistes zwischen Abbildlichkeit und Urbildlichkeit deutlich: Alle Erkenntnis folgt dem Sein je nur nach. Doch dabei erkennt der Geist nur, was er bereits in kontrahierter Weise selbst ist.[348] Dabei aber hat die geschaffene Intellekt-Natur, die (nur) mittels abstraktiver Ähnlichkeiten erkennt, je nur mit den Formen zu tun, sofern sie jeweils auch kontrahiert sind. In Gott und nur in Gott sind die Formen (uneingeschränkt) wirklich.[349]

Die eigentümliche Mittelposition des Geistes als Abbild Gottes und Urbild seiner eigenen Produkte bringt Cusanus auch in der Formulierung zum

346 Vgl. De mente (h ^{2}V) c. 7 n. 106; von der Bemühung des (menschlichen) Geistes, dieses „sein eigenes Maß zu erjagen“, spricht Cusanus dann z.B. nochmals in c. 11 n. 133.

347 Vgl. De poss. (h XI/2) n. 38. Cusanus identifiziert hier die Schau Gottes als höchster Seligkeit und Wissen, „nach dem wir alle begehren“ mit dem „Wissen Gottes, mit dem er die Welt erschuf“ (denn Gott schuf die Welt durch das Wort Gottes, das Begriff seiner selbst und des Universums ist und Christus ist, an welchem teilhat, wer zur Gottesschau gelangt).

348 Vgl. De docta ign. (h I) II c. 6 n. 126.

349 Vgl. De docta ign. (h I) II c. 9 n. 150, 20-26. Hier verweist Cusanus (wie n. 126, 2) auf De coni., wo sich allerdings zwar eine Behandlung der Universalien findet, aber keine der abstraktiven Erkenntnis, wie auch Koch: ars coniecturalis, 32f und Senger (Nikolaus von Kues/Wilpert/Senger: De docta ignorantia, 123 Fn. 64) hervorheben.

Ausdruck, dass der Geist *durch sich selbst* (per se) Bild Gottes ist, alles „nach dem Geist" indes nur *durch den Geist* Bild Gottes.[350] So kann Cusanus den Geist „im eigentlichen Sinne" „allein Bild Gottes" nennen, da alles „nach dem Geist" nur Bild Gottes ist, insoweit in ihm der Geist selbst widerstrahlt.[351] Cusanus illustriert dieses Eingefaltetsein alles Nachgeordneten im endlichen Geist als Abbild wiederum des göttlichen Geistes im Bild der Diamantspitze: Je spitzer und „einfacher" ein Winkel, desto „klarer" strahle in ihm alles wider. Die „ganz fein geschliffene" Spitze strahlt entsprechend die Formen aller Dinge wider; wäre sie selbst lebendig „mit intellektualem Leben", wie der menschliche Geist es ist, würde sie entsprechend *in sich* die Ähnlichkeiten aller Dinge finden, durch welche sie sich Begriffe (notiones) von allem bilden kann.[352] Diese Ähnlichkeiten, die der Geist in sich findet, sind freilich nicht identisch mit den Formen der Dinge an sich selbst.

Eine andere Analogie für das Verhältnis des Geistes zu seinen Produkten ist das Verhältnis *des Zahlbegriffs* zu den Einzelzahlen. Es geht hierbei um dieselbe Struktur, wie sie im ersten Teil dieser Darstellung bereits umrissen wurde. Allerdings fügt Cusanus auch hier den Charakter der „Lebendigkeit" hinzu: Der Geist verhalte sich gleichsam als „lebendige Zahl", welche dann „von sich aus" Unterscheidungen generiert.[353] Hier geht es also um den Begriff der Zahl an sich selbst als Einheitsprinzip für die Vielheit des Zählbaren und der Einzelzahlen. In entsprechender Weise gilt Cusanus der Intellekt als ein „Zeichen (signaculum)" für Gott als absoluter Selbigkeit oder „absolutem

350 Vgl. De mente (h ²V) c. 3 n. 73.

351 Vgl. De mente (h ²V) c. 4 n. 76. Dieses Widerstrahlen sei vollkommener in geistbegabten als in (nur) mit Sinneswahrnehmung begabten Lebewesen.

352 Vgl. De mente (h ²V) c. 5 n. 85-86. Entsprechend sei die „Spiegelkraft" „vor aller Quantität". In De mente (h ²V) c. 6 n. 88 bezeichnet Cusanus die Rede von der Zahl als „Urbild der Dinge" als „symbolische Rede"; die Zahl stamme vom Geist, der „sich bewegende Zahl" sei. Für die These, dass der Geist die Begriffe von allen Objekten in sich hat, vgl. z.B. auch De ludo (h IX) II n. 119.

353 Vgl. De mente (h ²V) c. 7 n. 97; ähnlich spricht Cusanus von „lebendigem Maß" (viva mensura) und „lebendigem Zirkel", sofern der Geist durch sich selbst alles „mißt", d.h. sich-angleichend begreift und sich „zum Maß und Urbild macht", so etwa De mente (h ²V) c. 9 n. 123-124. Z.B. in De beryl. (h ²XI/1) c. 15 n. 16 spricht Cusanus, Proklos folgend, zudem von einem „lebendigen Gesetz" „*im* König". Ein Aspekt dabei ist das Vermögen, seinesgleichen hervorzubringen – so nämlich ergibt sich ein dynamisch-korrelativer Zusammenhang von hervorbringendem Prinzip, gleichartigem Prinzipiat und beider Verbindung, wie dies das drei-einheitliche „vollkommenste Leben" des Göttlichen urbildlich zu allem mehr-oder-weniger-vollkommenem Leben ausmacht; vgl. dazu v.a. De poss. (h XI/2) n. 50; zum Zusammenhang mit der Bewegung als Zusammenhang von Können, Wirklichsein und aus beidem hervorgehendem Bewegen n. 52. In De ludo (h IX) II n. 120 bringt Cusanus außerdem, nachdem er eingesetzt hat mit dem Bild Gottes als absolutem Wert und als gleichsam allmächtigem „Münzer", der jeden Einzelwert und jede Münze begründet und hervorbringt, noch das fiktive Konstrukt eines „Guldens", der „vernünftiges Leben" besäße und so sich als Gulden erkennen könnte „als Münze dessen, von dem er Zeichen und Bild hätte".

Leben". Denn jeder finde in seinem Intellekt, dass dieser *sich selbst gegenüber* ganz das Selbe sei – und vielerlei Überlegungen (rationes) „verähnlichen" diesen *selbigen* Intellekt.[354] Dieser Selbigkeit des Intellekts, der von seinen vielen Hervorbringungen ungeschieden als deren Einheit und Prinzip ist, entspricht die Nichtandersheit des Zahlbegriffs zu jeder einzelnen Zahl.

Eine andersgeartete Bezugnahme auf den Zahlbegriff stellt jene dar, welche „Zahl" je schon als eine Ausfaltung von Einheit versteht.[355] In diesem Fall macht Cusanus deutlich, dass der menschliche Geist auf numerische Verschiedenheit („Zahl") angewiesen ist, um Objekte überhaupt in Verhältnisse setzen und (als Unterfall davon) unterscheiden zu können.[356] Man wird dies näherhin auf den modus operandi der ratio zu beziehen haben.

In dieser Tätigkeit, die Objekte zu unterscheiden und abzugrenzen, ist der menschliche, endliche Geist wiederum *Abbild* des göttlichen Geistes. Denn der (ewige) Geist ist es auch, welcher für alles Begrenzbare, alle Dinge, die „werden können" und nicht je schon sind, „was sie sein können", „die Grenze setzt", indem er die Wesensgründe (rationes) und „Urbilder" (exemplaria) „bestimmt hat" (diffinivit) als „umgrenzende Grenzen" (termini determinantes), so dass aus „verworrener Möglichkeit" (confusa possibilitas) etwas als ein der Washeit und Form nach bestimmtes Etwas *sein kann*.[357] Wie nun der ewige, göttliche, „absolute Geist" Grenze von Allem ist, so entspricht ihm der menschliche Geist als dessen Abbild, wenn er „durch seine menschliche Freiheit allen Dingen in seinem Begreifen (in suo conceptu)

354 Vgl. De gen. (h IV) c. 5 n. 187. Zum Gottesbegriff „idem" bei Cusanus vgl. Dangelmayr: Gotteserkenntnis, 175ff.

355 Vgl. De mente (h ²V) c. 4 n. 78: Die „Zahl" falte die Einheit aus, die Bewegung die Ruhe, die Zeit die Ewigkeit, die Zusammensetzung die Einfachheit, die Zeit die Gegenwart, die Größe (magnitudo) den Punkt, die Ungleichheit die Gleichheit, die Verschiedenheit (pluritas) die Selbigkeit (identitas). Ähnlich z.B. Comp. (h XI/3) Epil. n. 46, wonach die „Schau des Geistes" jene „Dinge, die sein können", *Zahlen* nennt (im Unterscheid zum Können selbst, das ist, was (es) sein kann, höchste Kraft in höchster Einheit). Das Verhältnis von Punkt und Ausgedehntem behandelt u.a. noch De beryl. (h ²XI/1) c. 17 n. 23. De mente (h ²V) c. 9 n. 121 spricht Cusanus dann davon, dass die Zeit „das Nun" ausfaltet. „Nun" und „Ewigkeit" sind insofern, als sie als Einfaltung des Zeitlichen zu denken sind, hier austauschbar. Der Geist ist, vgl. De mente (h ²V) c. 15 n. 158, dann „Bild der Ewigkeit" und höher als die „Ausfaltung" der Ewigkeit in der Zeit, weshalb der Geist Cusanus dort auch als nicht zeitlich vergänglich gilt.

356 Vgl. De ludo (h IX) II n. 80: Unser Geist unterscheide die Andersheiten (alteritates) und Verschiedenheiten (differentias) der Objekte nicht ohne Zahl – Gott aber brauche die Zahl nicht zur Unterscheidung. In De ludo (h IX) II n. 109 führt Cusanus dazu Pythagoras an. Zur Angewiesenheit des (menschlichen) Unterscheidungsvermögens auf (Verschiedenheit der) „Zahl" (nach) vgl. z.B. De mente (h ²V) c. 6 n. 91: „ein Verhältnis wird ohne Zahl nicht verstanden".

357 Vgl. De ven. sap. (h XII) c. 27 n. 80-81.

Grenzen setzt", indem er in begrifflicher Weise (notionaliter) alles ausmisst.[358]

Zugleich ist damit eine entscheidende Differenz zwischen ewigem, göttlichem und endlichem, menschlichem Geist gesetzt. Gott ist (allereinfachste) Einheit bzw. Einfaltung aller (Ab-) Bilder seiner selbst. Diese sind allesamt „Bilder dieser Einfaltung (von allem in Gott)". Zwar nennt Cusanus dabei auch den (menschlichen) Geist nicht nur ein „(Ab-) Bild", sondern ein Bild in „Gleichheit" – ein Terminus, der Ausfaltung und Vielheit (pluritas) ausschließen soll.[359] Doch eine solche „Gleichheit" des Geistes gilt nur in Bezug auf seine *eigenen Erkenntnisprodukte* (und ggf. resultierende Gestaltungen vorfindlicher Objekthaftigkeit). In dieser Produktivität und Kreativität liegt einerseits die entscheidende Analogie zwischen ewigem und endlichem Geist, aber andererseits auch deren entscheidende Differenz. Denn dem ewigen Geist kommt das *Hervorbringen* (productio) der Dinge bzw. die Schaffung (creatio) der Seienden zu. Das Begreifen unseres Geistes dagegen ist *Erkennen* (notio) der Dinge bzw. *Angleichung an* die Seienden.[360] „In" Gott ist daher alles *als Urbilder* der Dinge, in unserem Geist *als Ähnlichkeiten* der Dinge.[361]

[358] De ven. sap. (h XII) c. 27 n. 82.

[359] Vgl. De mente (h ^{2}V) c. 4 n. 74. In c. 6 n. 88 spricht Cusanus davon, dass der Geist „Zusammensetzung" (compositio) aus „Selbigem und Verschiedenem" (ex eodem et diverso) sei.

[360] Vgl. etwa De ven. sap. (h XII) c. 29 n. 86: Unser Geist (mens) ist nicht Prinzip für die Dinge und setzt deren Wesenheiten (essentias) nicht die (ihr Wesen bestimmende) Grenze (determinare), sondern dies kommt dem *göttlichen* Geist zu. Ausführlicher insbesondere die Behandlung in De mente (h ^{2}V) c. 3 n. 72; ähnlich c. 7 n. 99: Der göttliche Geist sei eine „seinverleihende Kraft" (vis entificativa), unser Geist eine „angleichende". De mente c. 6 n. 93-94 spricht Cusanus dann davon, dass die Vielheit der Dinge auch *ohne unseren* Geist und dessen Erwägen (consideratio) bestehe, durchaus aber vom *ewigen* Geist *her.* So stamme die Vielheit der Dinge „*in Bezug auf Gott*" (quoad deum) aus dem göttlichen Geist, aber „in bezug auf uns" (quoad nos) aus *unserem* Geist. Dass also die Dinge *als* Vielheit *durch uns* erkannt werden, ist, auf unser Erkennen bezogen, Effekt *unseres* Geistes, dass die Dinge überhaupt bestehen, dagegen Effekt des *ewigen* (göttlichen) Geistes. Flasch: Entwicklung, 282 sieht hier eine Inkonsistenz, da der „Laie" übersehe, „daß *er* es ist, der sagt, wie sich die Weltvielheit zu Gott verhält", aber nicht wissen könne, „wie Gott die Weltdinge sieht". Dies verkennt, dass es hier nur um eine formale Bestimmung geht und der Laie nicht materialiter Wissen vom Wissen Gottes haben muss, um diese und damit das ontologische Fundament der Möglichkeit unseres Erkennens zu formulieren. Die Vielheit der Dinge nennt Cusanus in De mente c. 6 n. 94 auch eine „Erkenntnisweise" des göttlichen Geistes; sie sei entstanden daraus, dass dieser „das eine so und das andere anders erkennt". Vgl. auch De ludo (h IX) II n. 80: Gott *schafft* erkennend und verleiht die Form; *unser* Geist ist nicht derart bei den Dingen; n. 91: Gott sei „jene Einheit, welche alle Dinge in sich einfaltet, wie sie *sein können*", die Verstandes-Seele die Einheit, welche die Dinge einfaltet, „wie sie *erkannt oder unterschieden* werden können". Ferner De princ. (h X/2b) n. 21: Cusanus spricht hier von „Intellekt" in „allgemeiner" Redeweise (universalis intellectus) (soweit der Ausdruck auf Mensch und Gott anwendbar wäre), hebt dann aber den Unterschied hervor zwischen (göttlichem) „Stifter" (conditor) und (menschlichem) „Nach-

Diese Entsprechung ist für Cusanus vor allem darum so wichtig, weil darob „dasselbe Verhältnis" (proportio) bestehe „wie von den Werken Gottes zu Gott, so von den Werken unseres Geistes zum Geist".[362] Das ist kein Gegensatz dazu, dass unser Geist Schöpfer der „künstlichen Formen" und „rationalen Begriffe" ist, sondern eine Bestimmung des Status dieses Verhältnisses. Denn jene Formen sind zwar nächstliegend Produkte unseres Geistes und bestehen *zu diesem* in der Relation der Ähnlichkeit, unser Geist aber konstruiert diese Begriffe aufgrund der wahrnehmbaren Realia, welche wiederum Ähnlichkeiten zu den „natürlichen Formen" im göttlichen Geiste sind: Der menschliche Intellekt erschafft „Ähnlichkeiten von Ähnlichkeiten der göttlichen Vernunft".[363] Auch hier wird wiederum deutlich, wie Cusanus

ahmer" (assimilator); der (Intellekt als) „Stifter" sei „sein-verleihend" (essentians), der (Intellekt als) „Nachahmer" erkennend (intelligens); beide sehen alles in sich, aber der Intellekt als „Nachahmer" sieht *sich* dabei „als Urbild (für seine eigenen Begriffsbildungen) in begrifflicher oder figurativer Hinsicht", nämlich sofern er selbst Abbild des (göttlichen) Intellekts als „formendem Urbild" (formativum exemplar) ist. Der „Stifter"-Intellekt ist „Form der Formen oder Idee (species) der Ideen oder Ort der formbaren Ideen (locus formabilium specierum"; unsere Vernunft ist „Gestalt der Gestalten" (figura figurarum) oder „Nachbildung des Nachbildbaren" oder „Ort der gestaltbaren Ideen oder Nachbildungen" (locus figurabilium specierum). Cusanus differenziert also hier terminologisch auch zwischen „Formen" im Sinne der Urbilder, wie sie Gott als Form der Formen begründet versus „Figuren" als Nachbilder, wie sie der menschliche Intellekt nachbildend produziert. Keineswegs also besteht (wie dies Eckhart veranschlagt) eine Identität der Form nach, wenn der menschliche Intellekt, Sinnliches rezipierend, seine „Figuren" produziert.

361 Vgl. De mente (h ²V) c. 3 n. 73; in n. 72 formulierte Cusanus, man könne den göttlichen Geist „Gesamtheit (universitas) der *Wahrheit* der Dinge" nennen und dann unseren Geist „Gesamtheit der *Angleichung* (assimilatio) der Dinge"; in c. 8 n. 108 behandelt Cusanus das „Begreifen" (concipere) als mentale Produktion von „Ähnlichkeiten der Dinge": Begriffe (notiones), Gattungen, Unterschiede, Arten (species), Eigentümliches (proprium) und Akzidens. Vgl. De ludo (h IX) II n. 80: Gott hat die Urbilder (exemplaria) von Allem, so dass er diese *formen* kann (und damit *ins Sein* setzen, da mit der Formverleihung das Sein einhergeht); unser Geist hat entsprechend die Urbilder von allen Objekten in sich, damit (und insoweit) er alle *erkennen* kann (die aber erst und nur von Gott her überhaupt *sind*); De ludo (h IX) II n. 93: Die (Verstandes-)Seele ist Schöpferin der Begriffe (notionalium creatrix), Gott Schöpfer der Wesenheiten (essentialium).

362 Vgl. De mente (h ²V) c. 7 n. 98.

363 So De beryl. (h ²XI/1) c. 6 n. 7; vgl. dort auch die Ausführung: „[...] sicut deus est creator entium realium et naturalium formarum, ita homo rationalium entium et formarum artificialium, quae non sunt nisi sui intellectus similitudines sicut creaturae dei divini intellectus similitudines." Die Relativität menschlicher Begriffe und Namen wird in der Rekapitulation bei Benz: Signifikationstheorie, anhand primär von De mente, vor allem betont in Bezug auf die Relativität aller ungenauen Namen zum einen präzisen Namen als ermöglichendem Prinzip von Benennung bei gleichzeitiger „realistischer" Unterstellung eines „nomen congruum"; die cusanische Auffassung der „vis vocabuli" (vgl. hier Abschnitt IV.3) wird mit angesprochen (S. 114f); wie sich das ontologische Prinzip der „Partizipation" (vgl. S. 107 mit Bezug auf die Darstellung van Velthovens) der Namen am „natürlichen Namen" epistemologisch (und dann, in Abschnitt IV, sprachtheore-

die Begriffsbildung in mehrfacher Vermittlung versteht. Nicht also wird von Cusanus vorausgesetzt, dass *ein und dieselbe* Form im göttlichen Geist, in den Realia und in unserem Erkennen wäre. Es geht ihm nicht um eine Identität der Form nach[364], sondern der Ähnlichkeit nach. Unsere Begriffe sind dabei je relativ auf die Konstruktivität *unseres* Erkennens einerseits und andererseits gegenüber dem „Begriff der Begriffe" je Annäherungen in unterschiedlicher Andersheit.

Gerade also darin, worin der menschliche Geist dem Göttlichen am nächsten kommt, nämlich in seiner Kreativität, d.i., dem Hervorbringen von Begriffen, welche die Wirklichkeit *für sein Erkennen* allererst strukturieren, zeigt sich wiederum eine Differenz. Ihr korrespondiert eine Diskrepanz im Modus der *Namen,* und zwar auch, was den Namen „Geist" betrifft. Denn die Benennung erfolgt gegenüber dem ontologisch-abbildlichen Konstituiertsein unseres Geistes in *umgekehrter* Richtung: *Wir* geben „jenem (göttlichen) Geist" „den Namen *unseres* Geistes".[365] Entsprechend hält Cusanus fest, dass wir aus prinzipiellen Gründen „den genauen Namen" bzw. den „eigentlichen Namen" des Geistes (und zwar bereits *unseres* Geistes, a fortiori also auch des Göttlichen) keineswegs kennen.[366]

Dieser Hinweis unterläuft auch die Frage, ob beide *Redeweisen* oder *Begriffe* von „Geist" eher äquivok oder analog zu verstehen wären. Denn zwar

tisch) abbildet, wird in der hier gebotenen Darstellung näherhin zu verfolgen versucht; weitgehende Übereinstimmung besteht auch mit der Kritik Benz' an einigen früheren Forschungspositionen, insbesondere einer Identifikation der cusanischen Positionen mit früheren „nominalistischen" Auffassungen.

364 Eine der wenigen Formulierungen bei Cusanus, die den eckhartschen scheinbar stark ähneln, wonach der Intellekt im Erkennen die identische Form seines Gegenstandes annimmt, und zwar auch und insbesondere im Falle der vollendeten Gotteserkenntnis, findet sich in Sermo CXC (h XVIII) n. 7: Der Geist (mens) zieht die Form dessen an (induit), was er betrachtet, er kann nicht auf etwas anderes hin werden, wird er nicht zuvor von der früheren Form befreit – wie die Materie. Auch die nachfolgenden Sermones CXCI (h XVIII), s. hier bes. n. 9, und CXCII (h XVIII) gehen auf die Thematik der Gleichförmigkeit der Seele mit Gottes Wort ein. Allerdings sind derartige Formulierungen im Kontext zu sehen, wo Cusanus durchgehend von der (nur mehr oder weniger, nie abschließbar vollendbaren) Potentialität der Seele spricht, „Gottes Wort zu erfassen" oder einzusehen (Sermo CXC (h XVIII) n. 11) – die Seele ist gleichsam der „Ackerboden" (n. 10), der Intellekt die *Zubereitung* der Seele zum Empfang des Gotteswortes, das *bis zur Ähnlichkeit* (nicht aber zur Identität der substantiellen Form nach) mit dem Sohne Gottes wächst (n. 12). Auch für die Angleichung des Intellekts zu einem Vorstellungsbild spricht Cusanus nur von einem Ähnlichwerden. (n. 11-12) In Sermo CXCII (h XVIII) ist die Unabschließbarkeit des Prozesses der Verähnlichkeit mit dem göttlichen Urbild besonders deutlich: Unsere Seele ist ein lebendiges Bild (viva imago) und kann sich Gott immer ähnlicher machen, *das heißt,* einen *immer gottförmigeren* Geist *aufnehmen.* (vgl. n. 2) Eine formale Identität in actu bleibt allenfalls eine regulative Zielvorstellung.

365 Vgl. De mente (h ^{2}V) c. 6 n. 88.

366 Vgl. De mente (h ^{2}V) c. 2 n. 58.

besteht der Sache nach eine analog-abbildliche Beziehung, doch über das göttliche Erkennen, *wie es an sich ist*, bleiben wir gleichwohl im relativen Unwissen, sofern sich unser Wissen davon lediglich auf die *Effekte* des göttlichen Erkennens bezieht, namentlich das Wirken Gottes, das ja konstitutiv mit Gottes Erkennen selbst zusammengehört – und dabei insbesondere über das für Cusanus „vornehmste" *Werk* Gottes, den menschlichen Geist. Deshalb kann Cusanus z.B. davon sprechen, dass Gott nicht „im eigentlichen Sinne (proprie) erkennt (intelligit), sondern *das Sein verleiht* (essentiat)".[367] Von daher kann Cusanus auch, wie in „De Principio", problematisieren, dass überhaupt „Erkennen" (intelligere) von Gott ausgesagt wird. Denn Gott als das Eine ist „besser" als alles Benennbare und als etwas „sich Erkennendes". Das Eine *erzeugt* (generat) vielmehr aus sich selbst (de se) das Denken seiner.[368] Damit ist nicht gemeint, dass das Denken (Gottes) ein geschaffenes Seiendes wäre. Cusanus geht es hier vielmehr um ternarische Verhältnisse wie bei der Zeugung (generatio) des Sohnes als Logos (und mithin Prinzip der Intelligibilität von Allem). Sie treten hier korrigierend an die Stelle der aristotelischen und neuplatonischen Auffassung vom Göttlichen als Erkennen seiner selbst und der Einordnung des Denkens in Schritte einer Emanation.

Auch kann Cusanus darauf insistieren, dass unser Begriff von „Intellekt" von Gott fernzuhalten ist, so schon in „De quaerendo Deum": Gott ist *nicht* Intellekt, so hält Cusanus hier fest, weil der Intellekt, obgleich er „alles umfasst", doch dem Vermögen nach begrenzt ist und z.B. etwas stets jeweils in *noch vollkommenerer Weise* erkennen könnte.[369] Dies jedenfalls, so wäre zu ergänzen, gilt für „Intellekt" im Sinne des menschlichen Erkenntnisvermögens. Was *darüber hinaus* mit einer Anwendung *unseres* von dorther gewonnenen Intellektbegriffs über Gott auszusagen wäre, ließe sich dagegen in präziser Weise nur ex negativo festhalten. Weitergehende positive Bestimmungen hätten dann den Charakter „überschreitender Rede" im Sinne eines Hinausweisens über die uns bekannten Beschränkungen von Erkenntnis, nicht aber von präzisen Sachbestimmungen. Zu dieser grundsätzlichen Abgrenzung tritt noch hinzu, dass sich auch *unserer eigener Intellekt* bereits dem unterscheidenden Zugriff unserer ratio entzieht, wie dies traditionell insbesondere im Begriff der *Einheit* bzw. *Einfachheit* des Intellekts bzw. allgemein der Seele

367 De ven. sap. (h XII) c. 29 n. 87.

368 Vgl. De princ. (h X/2b) n. 8-9. Die lateinische Formulierung („non possumus negare, quin se intelligat, cum melius sit se intelligente") ist im Wortlaut uneindeutig. Hopkins beispielsweise übersetzt mit „we cannot deny that God understands Himself, since He is better than one who understands himself". Plausibler erscheint dagegen die Übertragung durch Bormann (Nikolaus von Kues/Bormann: Tu quis es, 9), die dieser auch einleitend rechtfertigt. Freilich spricht Cusanus z.B. n. 15 durchaus von Gott als „ewiger Vernunft" und somit „Ursache aller Ähnlichkeit".

369 Vgl. De quaer. (h IV) c. 5 n. 49.

in ihrem Wesensgrund festgehalten wurde. Bereits unser eigener Intellekt ist in dem, was er an sich selbst ist, nicht nochmals durch sachbestimmend-unterscheidende präzise Begriffe zureichend bestimmbar.

Ausführlich hat Cusanus auch in der späten Schrift „De venatione sapientiae" das Verhältnis des menschlichen Geistes zu den Einzeldingen behandelt, wie es in eben jener Wendung des Geistes auf sich selbst als Prinzip und Maß seiner Hervorbringungen ansichtig wird. Der Geist findet demnach in sich alles „wie in einem Spiegel, der durch geistiges Leben belebt ist; er blickt auf sich selbst zurück (in se ipsum respiciens) und schaut in sich alles als sich angeglichen (assimilate)".[370] Dieses „Alles" ist näherhin zu qualifizieren: Der Geist „schaut" dabei keineswegs die Wesenheiten der Dinge selbst, sondern nur Begriffe als „Ähnlichkeiten" zu diesen.[371]

> „Der Intellekt erfasst zwar nichts, was er nicht in sich wiederfindet (repperit); doch sind die Wesenheiten und Washeiten der Dinge nicht im Intellekt selbst, sondern nur die Begriffe (notiones) der Dinge, welche *Annäherungen und Ähnlichkeiten* der Dinge sind."[372]

Cusanus beansprucht eine grundsätzliche Vereinbarkeit seiner und der platonischen Auffassung. Dazu referiert er mittelbar eine Passage, welche die Schau der „Intellekt-Seele" beschreibt, wie sie „in sich hineinblickt (intra se conspicit)"[373]:

> Dann schaut (speculari) die Intellekt-Seele „Gott und Alles. Diejenigen Objekte, welche ihr nachgeordnet sind, schaut sie als dunkle (Bilder) (umbras) der *intelligibilia.* Diejenigen (Objekte, nämlich die intelligibilia selbst) aber, die ihr vorgeordnet sind, so sagt (Platon) (dort), schaut die Intellekt-Seele in der Tiefe (in profundo), gleichsam mit geschlossenen Augen."

Dies entspricht also genau der Situation des Kartographen, der die Türen der Sinne schließt und auf sich selbst blickt. Weil Cusanus aber, wie skizziert, keine unmittelbare Schau der Ideen, wie sie die Urbilder der Sachen selbst sind, vertreten möchte, muss er diese Ausführungen spezifisch einordnen, wozu ihm die platonischen Formulierung Anlass gibt, wonach Alles „in uns nach Weise der Seele (animaliter)" ist. Dies demonstriert für Cusanus, dass die Dinge nicht im Intellekt sind, wie sie *an sich* der Form nach sind, sondern jeweils „gemäß seiner (des Intellekts) Seinsweise" – Alles ist in Allem in jeweils „eigentümlicher Weise" (suo modo).

370 De ven. sap. (h XII) c. 17 n. 50.

371 Vgl. etwa De ven. sap. (h XII) c. 29 n. 86. Daher könne der (menschliche) Geist zwar „Ort der Artbegriffe" (locus specierum) genannt werden, „aber keinesfalls Wesenheit der Wesenheiten".

372 De ven. sap. (h XII) c. 29 n. 86.

373 Vgl. De ven. sap. (h XII) c. 17 n. 49, dort aus Proklos (In Plat. theol. I, 3), wo wiederum eine Alkibiades-Passage angeführt wird (133bc) (vgl. auch Fn. 284, S. 104).

Auch damit ist gesagt, dass je eine Differenz bleibt zwischen dem Intellekt und dem Göttlichen. Dies wird auch deutlich im Blick auf diejenigen Bestimmungen des Intellekts, welche etwa für Eckhart ermöglichten, zu erklären, wie eine unmittelbare Einheit von Intellekt und Göttlichem zu umschreiben wäre. Ein wesentlicher Gesichtspunkt war dabei etwa jener der formalen Unbestimmtheit des Geistes, wie er auch in der arabischen Philosophie adaptiert wurde: Um jede Form erfassen, sich ihr „angleichen" zu können, muss der Intellekt an sich selbst frei von jeder Formbestimmtheit sein. Eckhart sah darin eine Zielbestimmung des Intellekts: Sofern dieser sich jeder Besonderung an sich selbst entledigt, ist der Intellekt frei, *jede* Form zu empfangen, so dass diese zu *seiner* Form wird, so dass gewissermaßen völlige Rezeptivität (unter Ausschluss alles Eigenen) und völlige Aktualität (unter Ausschluss jedes durch Besonderung bedingten Hindernisses für den Intellektvollzug) zusammenfallen.[374] Zwar ist der Intellekt seiner Natur nach eben dazu disponiert, doch betont Eckhart andererseits das Gehindertsein des Intellekts, sofern dieser noch an „Eigenem" hänge, so dass er einen spirituell-praktischen Weg geistiger Läuterung verbinden kann mit einer Intellekttheorie, welche umgekehrt die ontologisch-epistemologischen Möglichkeitsbedingung ebendiesen Weges erklären sollte.

Auch Cusanus kennt diesen Gedanken: Der Geist gilt ihm als produktiv und erfassend hingeordnet auf die Vielheit der Objekte wie der abstrakte Zahlbegriff auf die Einzelzahlen. Dazu darf er nicht für sich selbst formaliter bestimmt sein: Dem Geist „fehlt jede Form", so dass er sich jeder Form angleichen kann.[375] Doch ist das Angleichen (conformare) der Seele, die sich allem gleichförmig zu machen vermag, je nur ein Erreichen von „Ähnlich-

[374] Vgl. zu dieser Konzeption und ihren Abweichungen zu derjenigen des Cusanus Ströbele: Möglichkeit.

[375] Vgl. De mente (h ^{2}V) c. 4 n. 74-75: Der (menschliche) Geist faltet die „angleichende Kraft (virtus)" in sich ein, die dem Punkt als Einfaltung der Größe zukommt; ebenso die „angleichende Kraft" der Einfaltung der Einheit, mittels welcher der Geist sich jeder Vielheit angleichen kann (usw.). Z.B. in De ven. sap. (h XII) c. 17 n. 50 hält Cusanus gleichfalls fest, dass Erkennen (cognitio) Angleichen (assimilatio) ist. Vgl. auch De mente (h ^{2}V) c. 5 n. 81: Der Geist faltet mit seiner Kraft die Urbilder aller Dinge begrifflich (notionaliter) ein und kann die Gesamtheit der Dinge auch begrifflich ausfalten. Weiters zur Angleichungskraft des Geistes De mente (h ^{2}V) c. 7 n. 100ff. Hier vergleicht er das Angleichen des Geistes mit dem Abdruck im Wachs, eine Analogie aus Platon: Theaitetos 191 c8 ff sowie Aristoteles: De anima 414 a17-21. Weitere Vorkommen bei Cusanus: Sermo CLXXIII (h XVIII) n. 5; Sermo CXVIII (h XVII) n. 8, 3-5: „[...] potest se ipsum conformare omnibus, sicut si cera esset viva vita intellectuali [...]" (dazu auch Steiger: Lebendigkeit, 169f). Die Wachs-Siegel-Analogie gebraucht auch Eckhart zur Erklärung des Intellektvollzugs; die einschlägigen Passagen präsentiert und kommentiert Wilde: Gottesbild, 51-64. Vgl. auch obig Fn. 364 (S. 126) und zur Analogie mit der nötigen Farblosigkeit zur Aufnahme jeder Farbe nachstehend Fn. 753 (S. 251); Fn. 849 (S. 283).

keit".[376] Auch entfällt bei Cusanus, wie in Abschnitt II.1 bereits deutlich wurde, jede Vielheit realexistenter Formen, die er in der Einfachheit des Göttlichen als Form von Allem zusammenführt, die wiederum unserem Erkennen schlechterdings entzogen bleibt. Die Formen, welchen sich der Intellekt angleicht, sind vielmehr letztlich Abbilder der göttlichen Intentionen und Urbilder des Geistes für seine eigenen Hervorbringungen.

Strukturbildend für Eckharts Intellekttheorie ist ferner die Vollzugseinheit des Intellekts als Ineinsfall von Erkennendem und Erkanntem der Form bzw. „Substanz" nach. Auch hierzu positioniert sich Cusanus abweichend: Zwar spricht er ebenfalls an mehreren Stellen z.B. davon, dass Sehender, Sehbares und von beiden ausgehendes Sehen zueinander nichts anderes sind.[377] Doch kann damit keine Identität zwischen endlichem Erkennen und Göttlichem gemeint sein. Sehr deutlich wird dies etwa in „De Aequalitate":[378] Würde unser Verstehen (intelligere) das Licht seines Einsehens (intelligentia) verstehen, das das Wort Gottes ist, würde es seinen Ursprung erreichen. Verstandenes und Verstehendes (intelligens) sind dabei nicht Andere und Verschiedene (diversa). Allerdings werde der Intellekt „in der Einheit *des Lichts*" nicht so vereint sein wie Gott-Vater und Gott-Sohn, nämlich nicht „in der Einheit *der Substanz*". Eben eine solche Einheit im Intellektvollzug wie zwischen Vater und Sohn aber war es, die Eckhart an die Spitze seiner Intellekttheorie gestellt hatte.

Gerade weil Cusanus seine Theorie der mens nicht einzig konzentriert auf eine *unmittelbare* aktual-formale unio mit dem Göttlichen, gewinnt er größeren Raum, die *Vermittlungsmodi* in jedem Geistvollzug herauszuarbeiten, kraft welcher der Geist mittelbar am Göttlichen, an Gottes „Lebendigkeit" und „Freiheit" (von dinglich-einschränkendem Bestimmtsein) *partizipiert*.[379]

Durch diese Lebendigkeit und Intellekt-Begabtheit ist der Mensch in vorrangiger Weise eingeordnet in den Vollzug des Lobpreises Gottes, der Prinzip und Grundvollzug aller geschaffenen Wirklichkeit überhaupt ist – „Alles lobt Gott durch sein Sein" (suo esse) und „der Natur nach" (naturaliter) – und in besonderer Weise der Mensch als „lebendiger und Intellekt-begabter Lobpreis"; daher:

376 Vgl. De ludo (h IX) I n. 28-29.

377 Vgl. De non aliud (h XIII) c. 23 n. 104.

378 So in De aequal. (h X/1) n. 2.

379 Vgl. z.B. auch De mente (h ^{2}V) c. 7 n. 98: Der (menschliche) Geist wird dort von Cusanus beschrieben als „gewisse lebendige göttliche Zahl", die kraft ihrer Proportion bestens geeignet sei, die göttliche Harmonie *widerzustrahlen*. Deutlich festgehalten wird umgekehrt aber auch, dass unser Geist an den „unendlichen Geist" nicht heranreiche.

„Wenn man ein Geschöpf lobpreist, so lobpreist man (eigentlich) nicht dieses selbst, da es sich nicht selbst gemacht hat, sondern man preist seinen Schöpfer (conditor).“[380]

Zu diesem Lobpreis gelangt der Intellekt gerade durch die Einsicht in die ontologische Defizienz aller Abbildlichkeit, auch seiner eigenen. In der „Apologia doctae ignorantiae“ hat Cusanus dies deutlich herausgestellt und damit eine Selbstinterpretation dessen gegeben, was „docta ignorantia“ und „Begreifen in unbegreiflicher Weise“ meint.[381] Dabei unterscheidet Cusanus zwei Weisen der „Schau“ Gottes:

(a) die Schau „im Bilde“, die, wie Johannes Wenck zurecht festgehalten habe, stets „abfällt (cadit)“ gegenüber der „Wahrheit des Urbildes“

(b) die Schau des Abbildes „*als* Abbild des Urbildes“, in welcher ein „Hinübergehen“ (transire) über das Abbild erfolge; wer so „alle Geschöpfe begreift (concipit) als Abbild des einen Schöpfers, der sieht *in sich selbst*, dass das Sein des Abbildes *keine* Vollkommenheit *aus sich* hat und dergestalt *alle* seine Vollkommenheit von dem stammt, *dessen* Abbild es ist“. Wer dann „alle Vielfalt aller Abbilder verlässt (linquit), der wird in unbegreiflicher Weise zum Unbegreiflichen gelangen“.[382]

380 Vgl. De ven. sap. (h XII) c. 18-19, hier n. 53-54.

381 Vgl. die Austauschbarkeit der Formulierungen z.B. in Apol. (h ^{2}II) n. 16 p. 12: „Unde sola docta ignorantia seu comprehensibilis incomprehensibilitas verior via manet ad ipsum transcendendi.“

382 Apol. (h ^{2}II) n. 15 p. 11. Vgl. auch n. 29, wo Cusanus das „Verlassen von Allem“ mit Pseudo-Dionysius (MT I, 3) verbindet mit dem Aufstieg des Mose in die Dunkelheit; auch auf die Scholien des Maximus Confessor beruft sich Cusanus (n. 29 p. 20) für die These, dass nur derjenige Gott findet, der „alles lässt“ (qui omnia linquit).
Während Dupré auf dessen Scholien zu CH II verweist (die insbesondere durch Anastasius Bibliothecarius auch in lateinischer Übertragung bekannt waren, vgl. dazu Dondaine: Corpus Dionysien), aber sich die von Cusanus angeführte Passage bei Maximus scheinbar nicht findet (von „sensus relinquere“, tas aisthēseis apoleipe, ist zu MT I, 1 PG 4, 417 die Rede), führt Hopkins: debate, 490 Anm. 64 dazu eine Stelle an aus dem Commentarius Victorinus „In Titulo [...]“ (Pseudo-Beda) (vgl. auch n. 35), der wiederum an der vermutlich gemeinten Stelle – bei Hopkins als Thierry von Chartres, In Boetii de Trin., PL 95, 398 – Basilius, De Trin. 26, zitiert: „Dum Deum, inquit, intelligo, intellectus potius accedit ad nihilum, quam ad aliquid, id est, ad remotionem omnium.“ Im Kontext geht es dezidiert um die Namen Gottes und weniger um die seelische Disposition, wenngleich beide Themen natürlich eng zusammenhängen.
Da die Scholien des Maximus oft mit anderen zusammengestellt worden waren und unter seinem Namen auch z.B. jene des Johannes von Scythopolis kursierten (vgl. dazu Balthasar: Scholienwerk) und außerdem Cusanus noch unterschiedliche, bislang nicht sämtlich identifizierte oder gar edierte Kommentare zu Dioynsius rezipierte (z.B. in Codex Cusanus 44), könnte es sich auch um eine entsprechende Glossierung bzw. Kommentierung handeln.
Im Brief an N. Albergati, auf den auch Gandillac: Nikolaus von Cues, 101 hinweist, spricht Cusanus davon, dass „der (um Nachahmung Christi entgegen weltlicher Begierden) Kämpfende alles lässt, sich allem enthält“ (n. 70), vgl. auch Bredow: Vermächtnis, 56. Das Motiv des „Lassens von Allem“ findet sich mehrfach im cusanischen Werk, so

Diesen Überstieg über das Viele hin zur Schau von Allem *in und durch* Gott nennt Cusanus eine „Entrückung im Augenblick" (momentanei raptus).[383] Der Opponent, Johannes Wenck, habe diesen Unterschied verkannt und einzig von (a) der Schau „im Bilde" gesprochen. Es ist dagegen gerade die Absicht des Cusanus, im Verständnis der Abbildlichkeit als solcher zur Schau des einzigen Urbildes von Allem hinzuführen, wie es in ontologischer Hinsicht mit der Washeit und Form von Allem identifizierbar ist und vonseiten des Intellekts als dessen Urbild einsichtig werden muss, so dass auch für den Vollzug des Erkennens gilt: Eher als wir es sind, die erkennen, erkennt Gott in uns.[384]

in De quaer. (h IV) c. 3 n. 42 und c. 5 n. 50; Sermo XLIII (h XVII) n. 8; CCXLIII (h XIX) n. 29; CCLIII (h XIX) n. 15 (worauf auch Peters: Grenze und Überstieg, 198 verweist); De poss. (h XI/2) n. 17.39.

383 Apol. (h ^{2}II) n. 16 p. 12.

384 Vgl. De quaer. (h IV) c. 2 n. 36.

III.5 Alle Erkenntnis ist Erkenntnis nur von „Zeichen", nicht von *der* Wahrheit oder der Seinsweise

Gemäß der soeben resümierten Ambivalenz endlichen Erkennens in Defizienz aber Bezogensein ihrer Abbildlichkeit gegenüber ihrem Urbild kann das Erkennen einerseits allerdings im Modus einer „docta ignorantia" diese Entzogenheit des Göttlichen selbst begreifen. Andererseits kann das Erkennen auch eben das Begründetsein alles Einzelwirklichen im göttlichen Prinzip aller Wirklichkeit erkennen und benennen, dabei aber je nur *mittelbar* auf die „Washeit von Allem" Bezug nehmen. Dieses Verhältnis entspricht der (in Abschnitt II) an der Bezüglichkeit ontologischer Grundbegriffe verfolgten Suchbewegung nach der einen und einfachen „Washeit" von Allem. Sie entzieht sich jeder präzisen Sachbestimmung, sowohl als „Form der Formen" der Anwendung irgendeines Formbegriffs und damit jeglicher materialen Definierbarkeit im Normalsinne wie auch der Anwendung sonstiger ontologischer Grundbegriffe, wie etwa für die Termini „Sein" und „Wirklichkeit" erörtert wurde (II.2). Gleichwohl ist die Washeit von Allem *vermittelt* in aller überhaupt, gleichwohl je annäherungsweise, bestimmbaren Wirklichkeit.

Die cusanische Epistemologie arbeitet näherhin aus, wie diese Vermittlung sich im Erkenntnisvollzug realisiert. Vorstehend wurde bereits erörtert, dass Cusanus dabei eine Unmittelbarkeit und Identität im Erkennensvollzug als regulative Zielvorstellung zwar anspricht, nicht aber von ihrer Realmöglichkeit her Erkennen konzipiert, sondern von den Vermittlungsstrukturen und Dispositionen des Erkennenden aus. Diese Vermitteltheit konstituiert, wie nachfolgend fokussiert, überhaupt die Gegenständlichkeit unseres Erkennens: Wir haben Erkenntnis prinzipiell nicht von „der" Washeit oder „Seinsweise", sondern je nur von „Zeichen", die aber in ihrer Struktur selbst schon eine Vermittlung zu ihrem Grund implizieren.

Cusanus versucht zunächst aber, besonders deutlich zu machen, warum unsere Versuche positiver Bestimmungen der „Washeit von Allem" letztlich vergeblich bleiben. Beispielhaft dafür ist der kurze Dialog „De deo abscondito". Hier lässt Cusanus einen Christen (der die cusanische Position vertritt) und einen Heiden (der Einwände formuliert) disputieren über die Möglichkeit des Wissens. Beide einigen sich zunächst auf die Definition, dass „Wissen" „Erfassen der Wahrheit" meine.[385] Genau die Möglichkeit einer Erfassung der Wahrheit nun bestreitet Cusanus mit dem Hinweis darauf, dass der Gesprächspartner keineswegs in der Lage wäre, die *Washeit* (quidditas) eines vermeintlichen Gegenstandes von Wissen zu benennen. Zwar mag dieser in

385 De Deo absc. (h IV) n. 3: „per scientiam intelligo apprehensionem veritatis."

der Lage sein, etwa Steine und Menschen zu unterscheiden, doch nicht aufgrund einer Kenntnis von deren genauer Washeit, sondern *nur aufgrund von Akzidentien*, die bzw. deren Träger dann durch „Bewegungen der unterscheidenden ratio" Namen (wie „Mensch" oder „Stein") zugeteilt bekommen.[386] „Wahrhaftes Wissen" wäre gegenüber solchen Bemühungen um Unterscheidungen einzelner Wesenheiten grundsätzlich anderweitig zu verstehen, denn, so Cusanus, „es gibt nur eine einzige Wahrheit". Denn „es gibt keine Wahrheit außerhalb der Wahrheit" und es fallen „Wahrheit" und „Einheit" der Sache nach zusammen.[387] Darum kann die Wahrheit eigentlich nur *durch sich selbst* erfasst werden[388] und kann, „wer die Wahrheit in der Einheit nicht erreicht, nichts wahrhaft wissen (vere scire)".[389] Da es indes ein präzises Wissen um *die* Wahrheit in diesem eminenten und singularischen Sinne für uns nicht geben kann, sollten wir zumindest eben das Wissen (zweiter Stufe) *um diese Nichtwissbarkeit* als Kriterium dafür veranschlagen, jemandem „Wissen" zuzusprechen.[390] Im Wissen um die Nichtwissbarkeit *der* Wahrheit im eminenten Sinne sind „Verehren" (venerare), ein „Sehnen danach, *in* der Wahrheit zu sein" und „Anbetung" (adoratio) jene Vollzüge, welche sich auf *die* Wahrheit richten, die Cusanus mit Gott selbst identifiziert.[391]

Die Entzogenheit der Washeit von Allem und das Verwiesensein unserer Erkenntnis je auf Vermittlungsinstanzen thematisiert Cusanus am ausführlichsten im „Compendium". Hier führt er aus, dass alle Erkenntnis auf den Umgang je mit „Zeichen" verwiesen ist, anstatt mit Wesenheiten oder „Seinsweisen" an sich selbst. Zugleich wird damit aufgezeigt, wie alles *umwillen Gottes* selbst ist, der „geschaut werden will" und insofern „Finalursache und Ursache der Ursachen ist", auf den alle Ursachen der Dinge hingeordnet sind sowohl in ihrem Sein (das an sich selbst dem Erkennen entzogen bleibt) wie auch „in ihrem Erkanntwerden (nosci)".[392] Diesem Ursprungsbezug nach also ist *mittelbar* alle Wirklichkeit Manifestation Gottes, der andererseits seinem Wesen nach je entzogen bleibt – ein Verhältnis, das dem von „affirmativem" und „negativem" Modus der Rede von Gott entspricht und das sich analog widerspiegelt im Entzogensein der „Seinsweise" alles Einzelseienden *als solchen* und im *mittelbaren* Gegebensein seiner Manifestationen in Zeichen und Erkenntnisweisen. Die Prädikationsproblematik hängt mit dieser konstitutiven Mittelbarkeit eng zusammen, schon deshalb, weil jede Prädikation selbst Zeichen ist und jede „Weitergabe" (traditio) nur mittels Zeichen

386 Vgl. De Deo absc. (h IV) n. 4.
387 Vgl. De Deo absc. (h IV) n. 3 und n. 5.
388 Vgl. De Deo absc. (h IV) n. 3.
389 De Deo absc. (h IV) n. 5.
390 Vgl. De Deo absc. (h IV) n. 6: „Hic censendus est sciens, qui scit se ignorantem [...]".
391 Vgl. De Deo absc. (h IV) n. 6.
392 Vgl. Comp. (h XI/3) Epil. n. 47.

erfolgen kann[393] – was *umso mehr* für die „Weitergabe" einer Erkenntnis des Göttlichen selbst zutrifft.

Mit dieser Entzogenheit der „Seinsweise" (modus essendi) setzt das „Compendium" relativ unmittelbar ein: Einzelnes (singulare) kann, *insofern es einzeln ist* (singulariter), prinzipiell nicht „in Vielem" sein, sondern nur „auf eine Weise, die Vielem mitgeteilt werden kann".[394] Dabei versteht Cusanus offensichtlich das Sein des Einzelnen, *insofern es einzeln ist*, als den Modus, wie ein Ding „in sich ist"[395] oder als dessen „Seinsweise". Die Nicht-Vervielfältigbarkeit einer Sache korreliert, wie auch diese Passage exemplifiziert, mit ihrer „Einzigkeit" (singularitas). So kann man etwa ein Zeichen von Quantität (überhaupt) angeben (wie in dem Wort „Quantität"), „nicht aber von *dieser bestimmten* Quantität", vom „einzelnen Quantitativen"; das „einzelne Rote" kann nur durch ein Zeichen der „allgemeinen Röte" repräsentiert werden, aber nicht so, wie es an sich selbst ist.[396] Die unterschiedlichen „Zeichen" können dabei je in unterschiedlichem Grade vom Typ einer Gattungs- oder Artangabe sein, was schon demonstriert, inwiefern jeglichen Zeichen „ein Mehr oder Weniger zukommt", so dass jedes „noch vollkommener sein könnte", aber von der „Einzigkeit, der kein Mehr und Weniger zukommt" kann kein Zeichen angegeben werden.[397] Tatsächlich handelt es sich, wie aus anderen Passagen kenntlich wird, auch noch bei „Einzigkeit" um eine graduierbare und auf ein Absolutum bezogene Realisierung, wobei letztlich Gott in höchster Weise als absolute Singularität zu begreifen wäre.[398]

393 Vgl. Comp. (h XI/3) c. 2 n. 4.

394 Vgl. Comp. (h XI/3) c. 1 n. 1: „[...] modo multis communicabili". Dagegen kann ein Ding seiner „Seinsweise" nach oder demnach, „wie es in sich ist", nicht „vervielfältigt" werden, vgl. Comp. (h XI/3) c. 4 n. 8: „[...] nulla res, uti in se est, sit multiplicabilis [...] quod res, quae per se in notitiam alterius intrare nequeunt, per suas designationes intrent". Zur Nichtvervielfältigbarkeit des Einfachen, Singulären und Geistigen vgl. auch De mente (h [2]V) c. 7 n. 105 und Fn. 398 (S. 135) und 664 (S. 225).

395 Vgl. Comp. (h XI/3) c. 4 n. 8.

396 Vgl. Comp. (h XI/3) c. 5 n. 13.

397 Vgl. Comp. (h XI/3) c. 5 n. 11.

398 Außerdem gelten Cusanus Arten gerade als „singulärer" denn Individuen. Man kann sich die hier zugrunde liegende Begrifflichkeit z.B. damit veranschaulichen, dass zwei Teile desselben Ganzen relativ zueinander *in geringerem Grade* einzigartig sind als das Ganze, sind sie doch eben insofern nicht einzigartig, als sie eben Teile jenes Ganzen sind. In Comp. (h XI/3) c. 10 n. 31 wird zudem deutlich, dass Cusanus *singularitas* als „nichts anderes als Gleichheit" versteht. So wird verständlich, wie ein Individuum als etwas Einziges sich selbst gegenüber ganz gleich ist, nicht aber gegenüber anderem, während eine Art ihren Individuen gegenüber gleich ist und letztlich Gott aber als absolute Gleichheit zu nichts in einer Relation der Andersheit steht (und sich eben darin, weil genau dies von nichts Anderem gilt, von allem Anderen unterscheidet). Die Thematik der *aequalitas* wird umfassend behandelt bei Schwaetzer: Aequalitas; die der *singularitas* insbesondere bei Bredow: Der Gedanke der Singularitas; Bredow: Participatio Singularitatis; Leinkauf: Bestimmung des Einzelseienden; vgl. auch die Beiträge in Ströbele (Hg.): Singularität und Universalität im Denken des Cusanus.. Die cusanische

Was von Gott in höchster Weise gilt, das Entzogensein seinem Ansichsein oder seiner „Seinsweise" nach, gilt aber grundsätzlich von jedem Einzelnen. So spricht Cusanus davon, dass die „Seinsweise" überhaupt „allem vorausgeht", insbesondere allem Erkennen durch Sinn, Vorstellung und Intellekt.[399] Diese – also auch der Intellekt – erfassen jeweils nur ein *etwas* in jeweils *einer spezifischen Erkenntnisweise* (modus cognoscendi). Schon in „De docta ignorantia" hatte Cusanus betont, dass Erkennen *stets später* ist als das Wirkliche.[400]

Der jeweilige „modus cognoscendi" ist also die Weise des Gegebenseins eines jeden Einzeldings für gleich welche Erkenntnisfunktion, im Unterschied zum „modus essendi". Der „modus cognoscendi" verhält sich zum „modus essendi" wie Zeichen zum Bezeichneten bzw. wie „Ähnlichkeiten, Erkenntnisbilder (species) und Zeichen (signa)" zu der Sache in ihrer schlechterdings *nicht mitteilbaren* „Seinsweise".[401] Wenn Cusanus hier von „species (notionales)" oder z.B. auch von „Formen" spricht, so handelt es sich (wie schon im vorausgehenden Abschnitt III.4 erörtert) keineswegs um *ein und dieselbe* Form, welche das Wesen der Sache konstituiert und welche im Erkennen als Repräsentation der Sache fungiert. Schon die Absetzung der *Einzigkeit* der Sache (etwa der „einzelnen Röte") auch ihrer jeweiligen Quali-

Auffassung hat teilweise Vorläufer; so könnte man etwa verweisen auf Alanus: Regulae, PL 210, 628: „[...] quicumque terminus in naturalibus praedicat inhaerentiam, de deo dictus praedicat essentiam [...] non refertur ad pluralitatem significatorum, sed significantium et efectuum; unus enim et ejusdem causae effectus sunt diversi diversis nominibus significati [...] Est ergo universitas in dicendo, in efficiendo, sed singularitas in essendo [...]". Bredow: Participatio Singularitatis, 221 weist für die Rede von Gottes Wesen als „singularis" auf Albertus: In MT, ed. Col. 37/2, 469. Cusanus notiert sich in seinem Exemplar dazu: „Quomodo intelligitur singularitas in deo". Die Dionysius-Passage in Übertragung von Johannes Saracenus lautete: „Quomodo divina et bona natura singularis dicitur" (für gr. henikē, bei Ambrosius Traversari: unica). Gemäß der interpretierenden Argumentation Alberts wird Gott, und zwar Gottes Wesen, deshalb in uneigentlichem Wortsinne als „singularitas" qualifiziert, weil es weder potentiell noch aktual vervielfältigt ist, wie dies die Einzeldinge sind. (Albert, ed. Col. 37/2, Münster 1978, S. 469: „Dionysius [...] loquitur de singulare essentiae, quae etiam non proprie dicitur singularis, sicut est singulare in inferioribus, sed quia non multiplicatur nec actu nec potentia sicut singularia"; vgl. Bredow, 221f) Gott ist insbesondere auch nicht etwas Allgemeines wie eine Gattung oder Art, begreift also keine Individuen *unter sich* ein.

Damit erhält zugleich das allgemeine Axiom eine spezifische Adaptation, wonach keine Definition und kein washeitliches Wissen vom Einzelnen möglich ist, wie im Anschluss u.a. an Aristoteles: Met. VII 15 vielfach aufgegriffen; zugleich wird die aristotelische Trennung der Gegenstandsbereiche von Ewigem, Immateriellem und Materiellem unterlaufen (vgl. dagegen z.B. Thomas von Aquin: STh I q. 86 a. 1 ad 3): *Alles* partizipiert an der absoluten Singularität des Göttlichen.

399 Vgl. Comp. (h XI/3) c. 1 n. 1.

400 Vgl. bes. De docta ign. (h I) II c. 6 n. 126, 10.

401 Vgl. Comp. (h XI/3) c. 1 n. 1.

tät nach von den je nur mehr-oder-weniger-*allgemeinen* „Zeichen" (etwa der „Röte im Allgemeinen") macht das deutlich. Cusanus hält diesen Unterschied terminologisch auch fest in der Unterscheidung von „formenden Formen" (formae formantes) und „einformenden Formen" (formae informantes)[402]: Erstere sind in der Sache, letztere im Erkennen. Erstere sind nicht vervielfältigbar, letztere durchaus, d.h., sie „können in mehreren sein"[403]. Beide sind schlechterdings nicht zur Deckung zu bringen.

Wer ein Wissen um den *jeweiligen* „modus essendi" haben wollte, gliche jenem, der „die *bloß sehbare* Farbe mit der Hand *berühren* wollte"[404] – er beginge also eine Art von Kategorienfehler, sofern die Gegenstände des Sehsinns *als* solche, also ihrer *spezifischen sinnlichen Qualität*, ihrem *Quale* nach, schlichtweg keine möglichen Gegenstände des Tastsinns sind. Es mag ein und derselbe Gegenstand sein, der von Sehsinn und Tastsinn erfassbar ist, aber *als* Farbiger ist er nicht ertastbar.

So kann man zwar um das „Dass" dieser Seinsweise wissen (und auch im Modus einer „docta ignorantia" um ihr Entzogensein), nicht aber (materialiter) Wissen *von* der Seinsweise haben.[405] Es handelt sich hier um denselben Sachverhalt, der einführend in ontologischer Hinsicht bereits als jener der Entzogenheit der „Washeit von Allem" behandelt wurde. Auch die von Cusanus vielfach gebrauchte Analogie zum Verhältnis der Farben zum Licht kommt hier wiederum zur Anwendung: Aus der Schau von etwas Farbigem ist zwar mit Gewissheit wissbar, *dass* Licht da ist, doch dieses ist *als solches* unmittelbar wiederum prinzipiell kein möglicher Gegenstand unseres Sehsinns, sondern Prinzip allen Sehens von Farbigem.[406] Entsprechendes gilt für das Verhältnis der Luft zum Laut: Nur *durch* die Luft wird ein einzelner Laut vom Gehör erfasst, nicht aber die Luft *als* Luft einfachhin, sondern nur mittelbar in Gestalt einzelner und *akzidenteller* Laute.[407]

402 Vgl. Comp. (h XI/3) c. 5 n. 14 und c. 11 n. 35.

403 Vgl. Comp. (h XI/3) c. 5 n. 14. Cusanus geht, wie n. 15 deutlich wird, davon aus, dass zwei verschiedene Individuen stets auch in irgendetwas, das in der Erkenntnis erfassbar sein muss, unterschieden sind – also ein Korollar zum sog. Prinzip der Identität des Ununterscheidbaren.

404 Comp. (h XI/3) c. 1 n. 2. Zur Nichtübertragbarkeit der Seinsweise des Erkannten auf das Erkennen s. auch Fn. 98 (S. 48), Fn. 284 (S. 104).

405 Vgl. Comp. (h XI/3) c. 1 n. 1: „*de* essendo modo non est scientia, licet *modum talem esse* certissime videatur".

406 Vgl. Comp. (h XI/3) c. 1 n. 2. Vgl. dazu vorstehende Fn. 159 (S. 68).

407 Vgl. Comp. (h XI/3) c. 7 n. 19 (und nochmals c. 13 n. 39: Der Sinn erfasst die Luft nur, wie sie der Qualität nach bestimmt ist, *qualificatus*). Cusanus weist im Anschluss (c. 7 n. 20) auf zwei disanaloge Sachverhalte bei dieser Analogie hin: Die Luft sei erstens nicht eigentlich Prinzip des Tones, so dass der Ton nicht zur Natur der Luft gehört, da ja z.B. auch Fische den Ton durch ein anderes Medium, das Wasser, wahrnehmen. Zweitens sei die Formung von Worten kein bloß „natürlicher", sondern ein geistiger Vorgang.

Wenn andererseits durch jedwedes Zeichen die „Seinsweise" schlechterdings nicht „in hinreichender Weise (sufficienter)" bezeichnet werden kann, so sind wir doch, um eine je „bessere Kenntnis (melius notitia)" zu gewinnen, gerade verwiesen auf die „verschiedenen Zeichen".[408] Sie verhalten sich zu dem, was sie in ihrer Mannigfaltigkeit in jeweils unterschiedlicher Eigentümlichkeit manifestieren, gleichsam wie Spiegel, die ein und dasselbe Antlitz *in je verschiedener Weise* widerspiegeln, ohne dass dieses selbst gleichsam zu Stoff oder Form irgendeines dieser Spiegel würde.[409]

Wenn die verschiedenen Zeichen den eigentlichen und eigentümlichen „Seinsmodus" nie als solchen erfassen können, die „Einzigkeit" einer Sache nicht repräsentieren können, sondern nur in unterschiedlichem Grade von „Mehr oder Weniger" mehr gattungs- oder mehr art-förmige Repräsentationen darstellen, so erlauben sie doch mittelbar eine Erfassung eines Individuums, wenn auch eben nicht seiner jeweiligen Einzigkeit an sich nach, sondern nur mittels akzidenteller Eigenheiten.[410] So bleibt denn auch aller Zeichengebrauch und mithin alles Erkennen, wie grundsätzlich im Anfangsteil dieser Darstellung bereits herausgestellt wurde, je nur in mittelbarem Verhältnis zur jeweils gesuchten „Washeit". So ist bei allem Zeichengebrauch auch je schon Quantität vorausgesetzt (womit Cusanus hier jede Graduierung und Steigerbarkeit meint) – wie diese auch je schon im Spiel ist, wenn qualitative Unterschiede repräsentiert werden, da diese jeweils graduierbar sind, also ein „Mehr oder Weniger" und mithin Quantität voraussetzen.[411]

Wenn diese Vermittlung je durch „Zeichen" erfolgt, so kann es sich um Zeichen zweierlei Art handeln: Die – allesamt durch das sinnliche Erkennen erfasslichen – Zeichen können entweder „von Natur aus" bestehen, als Repräsentationen der Objekte in der Sinneswahrnehmung, wie etwa das Lachen „hörbarer Ausdruck" von Freude ist und als solches „von Natur aus" bekannt ist, ohne dass irgendein „anderer Lehrer" erforderlich wäre. Oder Zeichen bestehen durch „Setzung" (ex instituto) und sind dann auch nur mittels „Kunst" oder „Belehrung" (doctrina) bekannt, wie im Falle von „Wörtern", Schriftzeichen und bei sonstigen *durch Konvention bezeichnenden* Medien.[412] Auf das Verhältnis von Natürlichkeit und Konventionalität der Bedeutung wird in Abschnitt IV.3 noch ausführlich einzugehen sein. Hier ist ein anderer Punkt zunächst hervorhebenswert: All diesen einzelnen Wörtern und Begrif-

408 Vgl. Comp. (h XI/3) c. 2 n. 3.

409 Vgl. Comp. (h XI/3) c. 8 n. 24.

410 Vgl. Comp. (h XI/3) c. 5 n. 11.

411 Vgl. Comp. (h XI/3) c. 4 n. 12.

412 Vgl. Comp. (h XI/3) c. 2. n. 5. Dabei geht Cusanus mit einer breiten Tradition (vgl. den Kurzüberblick bei Neis: Ursprache, 505ff et passim; Eco: Suche, 21ff et passim) davon aus, dass alle menschlichen Sprachen zurückgehen auf die Namensgebungen der Dinge durch Adam. Vgl. Comp. (h XI/3) c. 3 n. 6.

fen liegt, so Cusanus, ein Prinzip zugrunde, dem das Vermögen zukommt, „sich und alles andere sichtbar zu machen“, und zwar nicht „eines mehr als anderes“; es verleiht den Dingen, „zu sein, was sie sind“ und wird von Cusanus als *das* „Wort“ (im eminenten Sinne) oder auch als *die* „Gleichheit“ bezeichnet.[413] Es handelt sich um einen Grenzbegriff, der mit dem der „Washeit von Allem“ oder der „Form von Allem“ der Sache nach identisch ist und zu den Einzelformen und Einzeldingen im selben, im ersten Teil dieser Darstellung bereits erörterten Verhältnis steht: *Das* Wort ist kein *einzelnes* Wort neben den verschiedenen Worten, die *durch* es selbst allererst „Wort“ sind und daher *als solches* auch durch kein einzelnes Wort durch uns benennbar. Diese Vermittlungsstruktur der Worte zum Wort im eminenten Sinne wird Gegenstand der nachfolgenden Erörterungen sprachtheoretischer Grundlagen der cusanischen negativen Theologie sein.

413 Vgl. hier Comp. (h XI/3) c. 7 n. 19.

III.6 Zwischenfazit

Wie versteht Cusanus die Zielbestimmung menschlichen Geistes und menschlichen Lebensvollzugs? Mit der spekulativen mystischen Theologie Eckharts kannte Cusanus einen ausgearbeiteten Antwortversuch. Eckhart hatte Explikationsversuche des „intellectus agens" und der Theorie univoker Kausalität, wie sie u.a. bei Avicenna und Dietrich von Freiberg vorlagen, zu vermitteln versucht einerseits mit Traditionen mystischer Theologie und der Intensivierung göttlicher Unmittelbarkeit u.a. im Kontext der Beginen und Begarden und diese zur philosophischen Rekonstruktion biblischer Motive herangezogen, so dass eine umfassende wechselseitige Interpretation resultierte. Eckhart ging es um die Tilgung jeden Bezugs auf Einzelobjekte und ebenso alles Bestimmtsein des Intellekts durch einzelne Erkenntnisformen; das Aktuieren des Intellekts sei dann gänzlich „rein", gänzlich frei von Eigenwirken, insofern rein „passiv"; in instantaner Aktualität trete der Intellektvollzug aus dem Zeitbezug der Einzeldinge heraus. Im Aktuieren gewärtige der Intellekt, je reiner, desto vollständiger, die Form des Erkenntnisobjekts, was im Zielpunkt zu einer *Identität* mit jener Form wird, die dann *den Intellekt* selbst bestimmt, auch in Bezug auf das Göttliche selbst.

Cusanus war offensichtlich fasziniert von dieser Ausarbeitung. Er zieht sie wieder und wieder heran. „Schlag nach bei Eckhart!" notiert er sich für einen Predigtentwurf, um eine Auslegung des Johannesprologs zu geben.[414] Er exzerpiert dann die spezifischen Grundgedanken Eckharts.[415] Aber im von Cusanus gesetzten Kontext verschieben sich die Akzente. Cusanus erklärt den Erkenntnisweg als einen indirekten: *Indem* ich erkenne (intellego), dass Sichtbares vom unsichtbaren Gott *geschaffen* ist, *damit* er sich zeige, wende ich mich (converto) zum unsichtbaren Gott selbst als *zur Ursache*.[416] Analog

[414] So im Predigtschluss von Sermo CXL (h XVIII). Cusanus vermerkt auch, dass Jordan von Quedlinburg für die Auslegung des Johannesprologs ebenfalls – aber ohne Namensnennung – Eckhart folgt. Vgl. Sermo CXL (h XVIII) n. 3 mit Bezug auf Jordan von Quedlinburg: Sermones de tempore, Strassburg 1483, 76rb-78ra. Zur Eckhartrezeption des Cusanus in den Sermones CXL und CXLI siehe auch Frost: Eckhart-Rezeption; Haubst: Verteidiger; Koch/Nikolaus von Kues: Vier Predigten. Zur Eckhartrezeption Jordans insbesondere Hackett 2005.

[415] So etwa in Sermo CXL (h XVIII) n. 2-3 u.a. den Unterschied zwischen dem Hervorgehen des *Sohnes* (*Gleichheit* der Natur) zu einem „analogen" Hervorgehen, wo weniger Gleichheit, sondern Ungleichheit besteht und keine Teilhabe an *derselben* Natur.

[416] Vgl. Sermo CXL (h XVIII) n. 1, 11-15, wobei Cusanus zu erklären unternimmt, was es bedeute, wenn Röm 1,20 davon spricht, dass „durch das, was geschaffen ist" „das Unsichtbare" von Gott erblickt werde. Die Übersetzung bei Nikolaus von Kues/Euler/Schwaetzer/Reinhardt: Predigten Band 3, 100 lässt den Passus „ut se ostendat" unübersetzt.

übernimmt er die eckhartschen Zielbestimmungen als *regulative* Ideen und *negative* Kriterien: Wenn ein Weiser *noch weiser* zu werden vermochte, dann war die Weisheit nicht *aufgenommen*, sondern es bestand *nur Teilhabe* an ihr.[417] *Kann* aber die Weisheit ganz aufgenommen werden? Das sagt Cusanus bezeichnenderweise nicht direkt. Stattdessen verschiebt er die Thematik darauf, dass der Geist erkennt, dass er der Weisheit *bedarf*, so dass er nach dieser *strebt*.[418]

Hier wie sonst betont Cusanus die Prozessualität, in welcher wir uns *in status viae* je noch befinden: Wir müssen uns im Vollzug unseres intellektuell-spirituell-praktischen Strebens *bemühen* – allerdings in einer festen Zuversicht auf die Erlangbarkeit einer Zielbestimmung menschlicher Suche, die Cusanus oftmals in nahezu identischen Termini beschreibt wie Eckhart. Aber an die Stelle einer Unmittelbarkeit im Intellektvollzug, sofern dieser „rein" ist von unterschiedenen Gegenstandsbezügen und moderierenden Erkenntnisbegriffen, tritt bei Cusanus eine Vermitteltheit durch unser Streben und unser denkendes Bemühen *im Modus negativen Wissens*, auch eine Vermitteltheit des Grundes von Wirklichkeit in den „Zeichen", wie sie unserem Erkennen überhaupt nur je zugänglich sind.

Dem korrespondiert die Hochschätzung des je nur relativ genau angenäherten Wissens und damit auch entsprechender Redeweisen vom Göttlichen: Im Wissen des Nichtwissens zeigt sich die Größtheit und Unfasslichkeit des Göttlichen im Modus der Verschränkung von Gegebensein und Entzogensein. Gegeben ist zugleich das Selbst-Sichtbarwerden des unsichtbaren Got-

417 Vgl. Sermo CXLI (h XVIII) n. 6; vgl. auch De princ. (h X/2b) n. 36.

418 Vgl. Sermo CXLI (h XVIII) n. 6, 21-25: „Unde oportet mentem cognoscere se indigentem et applicare se per devotam humiliationem, et appetendo quaerere et petere eam, quae omnia constantissimam fidem eam assequi posse supponunt." Bei Nikolaus von Kues/Euler/Schwaetzer/Reinhardt: Predigten Band 3, 107f wird „applicare" übertragen als „anzugleichen". Vom Glauben an die Erlangung der Kindschaft Gottes spricht z.B. auch Sermo CXLVI (h XVIII) n. 4, davon, dass der Glaube zu dieser Gotteskindschaft befähigt, z.B. auch Sermo CXLVIII (h XVIII) n. 11 (et passim). Während Cusanus dort festhält (n. 12, 1-3), dass, wenn der Glaube im Menschen Form angenommen hat, der Wille allein Gott wolle, hatte Eckhart in einigen seiner bekanntesten Äußerungen das Verhaftetbleiben im Wollen (eines Ichs) noch problematisiert (etwa in Pr. 65). Cusanus beschreibt einen solchen Strebensweg der Hinwendung zu Gott auch sehr konkret und weicht auch darin im Tenor von Eckhart ab, dessen größte Aufmerksamkeit gerade einer *verinnerlichten, existentialen* Deutung und Fundierung der klassischen spirituellen Modelle gilt, etwa der Mönchsregeln (wie in Eckharts „Reden"); ein Beispiel: In der nachfolgenden, etwa drei Wochen später gehaltenen Predigt CXLII spricht Cusanus (n. 6 et passim) davon, dass der Weg zu Jesus, der die Weisheit ist und der „Bräutigam" insbesondere der adressierten, der Klosterreform widerstreitenden Klarisinnen, *in* der Ordensregel liegt. Ebenfalls bezieht sich Cusanus hier darauf, dass der Philosoph für die Suche nach der Wahrheit „alle Regeln der Alten bewahrt" und durch sie voranschreite, alles Harte dabei erduldend (vgl. n. 5).

tes. Er „gibt" in der Welt gleichsam ein Buch „heraus".[419] Dieses Buch zu „lesen", also in seiner Intelligibilität zu erfassen, ist ein Prozess, der eine fügliche Dynamik epistemischer Funktionen voraussetzt und der gänzlich missverstanden wäre, würde man ihn verstehen als bloßen Prozess einer Abstraktion von Formen, wie sie Washeit und Sein der Dinge an sich bestimmen, oder als Prozess einer Rezeption von Formbestimmungen, die dem endlichen Intellekt aus einer unabhängigen Quelle zufließen würden (etwa einem „intellectus agens", wie er u.a. in der Rezeption Avicennas veranschlagt wurde).

Das eigentliche Verstehen gründet vielmehr in der Rückwendung des Geistes auf sich selbst als Einfaltung *seiner* Begriffe. Diese Rückwendung ist allerdings ambivalent. In ihr nämlich ersieht unser Geist zugleich, dass er sich gerade *nicht* präzise begreift. In jedem dieser Momente ist der Geist in eigentümlicher Weise die Ähnlichkeit zu Gott. Zwar ist Gott und nur Gott die *Wahrheit* aller Dinge, die dem menschlichen Geist als solche gerade verschlossen ist. Aber der Geist ist selbst die *Ähnlichkeit aller Dinge*. Erst dadurch ist er in der Lage, das „Buch der Welt" auch zu *lesen* – und diese Lektüren dann zu versprachlichen in Benennungen. Diese Benennungen freilich erreichen die Seinsweise an sich selbst prinzipiell nicht. Sie *beschreiben* insbesondere nicht Gott, wie er an sich selbst ist und unsichtbar bleibt. Aber sie *lobpreisen* Gott, wie er sich selbst sichtbar macht – umwillen seiner Erkennbarkeit und unserer so ermöglichten Verehrung[420] im Vollzug der Kreativität

[419] Vgl. Sermo CXLI (h XVIII) n. 5, 9-10: „Nam Sapientia volens se ostendere de se librum edidit."

[420] So versteht Cusanus auch das Wirken Jesu, insbesondere sein Wunderwirken, das zugleich zur Belehrung dient wie auch die sonstige Lehre Jesu verifiziert und besonders Jesu Herrlichkeit selbst zeigt und so zur Stärkung des Glaubens dient, wie u.a. Sermo CCLXIII (h XIX) n. 2.5.28 et passim betont, dort mit Bezug insbesondere auf das Wunder zu Kanaan, das als *erstes* Wunder Jesu für Cusanus zugleich alle weiteren (Wunder-)Zeichen in sich einfaltet; ähnlich dann gleich im anschließenden Sermo CCLXIV (h XIX) n. 1. Die Herrschaft Gottes vergleicht Cusanus z.B. in De coni. (h II) II c. 13 mit der eines weltlichen Königs: Die Einwohner des Königreiches glauben, die königliche Sorge erfolge um ihretwillen (propter eos); der König hingegen, wenn er in sich reflektiert („[...] in se reflectendo [...]"), orientiert seine Sorge sowohl auf sich wie auf das Wohle des Volkes hin. Das Motiv, dass alles im Staat hingeordnet ist auf den König, entnimmt Cusanus dem (pseudo-)platonischen Ep. II, 312e, wohl mittelbar über den proklischen Parmenides-Kommentar (l. 6 Cousin 1115 / Steel 396); vgl. De princ. (h X/2b) n. 24; De beryl. (h ²XI/1) c. 15 n. 16 und z. St. Nikolaus von Kues/Bormann: Über den Beryll. Wie D'Amico: recepción de Proclo, 123 vermerkt, fügt Proklos dabei den Aspekt hinzu, dass nicht nur alles in Gott ist, sondern auch in Gott *Leben* ist, was bei Cusanus u.a. im Motiv der *viva lex* mit anklingt. Siehe freilich zum Motiv, dass in Gott Leben (insbesondere als Aktualität des Intelligierens) ist, primär den maßgeblichen Grundlagentext: Aristoteles, Met. XII 7 1072b. Cusanus gilt Verstehen (intelligere) als „edelstes Leben" (nobilissimus vivere): De aequal. (h X/1) n. 2 (dort im Kontext interpretativer Hinweise zu Joh 1,4: „Vita erat lux hominum."). Cusanus bezieht das „Leben" der „Intellekt-Natur" z.B. in De ven. sap. (h XII) c. 1 n. 2 auch auf deren geistige „Nahrung".

menschlichen Geistes und Sprechens, wie sie der göttlichen Schöpfung zwar nicht präzise, aber in jeweiliger Andersheit gleicht.

Die Grundzüge dieser dialektischen Erkenntnisauffassung des Cusanus waren in den vorstehenden Abschnitten als Grundlagen seiner negativen Theologie umrissen worden. Abschnitt III.1 hatte nachvollzogen, wie sich das in ontologischen Begriffen als „In- und Übersein"[421] des Göttlichen ausweisliche Verhältnis in epistemologischer Hinsicht als Dialektik von Offenbarkeit und Verborgensein des Absoluten *in der Suche* nach diesem abbildet. „Gegeben" ist das Ziel dieser im Endlichen unabschließbaren Suche aber nur *ex negativo* im Vollzug dieser Suche und ihrer Unabschließbarkeit im Endlichen. In ihr begreift sich menschliches Begreifen in seiner Begrenztheit und zugleich Eingewiesenheit in ein Verfahren unendlicher Annäherung; wie Gerda von Bredow formuliert: „Es ist gerade die größere Vollkommenheit, weniger vollkommen zu sein, aber die Fähigkeit zu haben, ohne Begrenzung vollkommener zu werden."[422]

Ermöglicht ist der Vollzug menschlicher Erkenntnisbemühung als Aufstiegsbewegung zum Einen und Göttlichen durch eine dynamische Relationierung der epistemischen Funktionen, die in Abschnitt III.2 skizziert und vorgreifend (auf Abschnitt IV.7) in ihrem Verhältnis zum Glaubensbegriff des Cusaners charakterisiert wurde: Einerseits ist Denkvollzug nichts anderes als Explikation des Glaubens, andererseits ist der Argumentationsgang der cusanischen Werke vielfach über zumindest jeweils mittlere Frist so lesbar, dass dabei Glaubensvoraussetzungen im engeren Sinne methodisch suspendiert erscheinen – Glaubensvoraussetzungen, die für Cusanus theologisch letztlich auch die Möglichkeit einer solchen Suspension überhaupt erst begründen. „Glaube" bezeichnet insofern keinen eigenen Erkenntnismodus, sondern verweist auf eine Grundbedingung und ein Grundmotiv von Erkennen überhaupt. Das Ziel der Erkenntnis, dessen Aufsuchung sich über die Dynamik der epistemischen Funktionen von sensus, imaginatio, ratio und intellectus vermittelt, ist dabei in der Sicht des Cusanus zunächst nichts anderes als sein Ausgangspunkt: Der menschliche Intellekt selbst, sofern er Prinzip von Intelligibilität ist, sofern er die ihm zugänglichen und ihm „gleichen" Erkenntnisformen aus sich selbst kreativ konstruiert und sofern er die Ordnung von Wirklichkeit rekonstruiert. Wie der Intellekt unbestimmbar ist durch die Begriffe der ratio, da er diesen gegenüber *einfacher* ist, sie *virtualiter einfaltet*, so verhält sich der Intellekt zum Göttlichen als „Begriff der Begriffe" und bleibt diesem gegenüber je in nur gradueller Verwirklichung und größerer Vielheit. Bildbare Grenzbegriffe, die auf eine semantische oder axiologische Maximität vorgreifen, wie der Begriff des „absolut Größten" oder

421 Nach W. Beierwaltes, vgl. Fn. 15 (S. 16).
422 Bredow: meliori modo quo, 25.

„Nicht-Anderen", bilden dabei das Verhältnis menschlicher Suche zu ihrem Grund und Ziel ab, ohne dieses an sich selbst *materialiter* zu bestimmen. Der Status solcher Grenzbegriffe entspricht damit der Situation menschlichen Geistes, wie Cusanus formuliert, „quasi in horizonte", also gleichsam an der – für Cusanus in jeder Einzelerkenntnis und für jedes Ansetzen im Endlichen unaufhebbaren – Trennlinie zwischen Endlichem und Unendlichem.

Dieses Verhältnis der Begriffe zum Grund allen Begreifens, der nur nächstliegend im endlichen Geist, letztlich aber in Gott selbst zu sehen ist, bildet sich ab im Status sprachlicher Ausdrücke, insbesondere den Sachbestimmungen, welche die cusanische Epistemologie als über die Erkenntnisfunktion der „ratio" geprägt versteht, wie in Abschnitt III.3 nachvollzogen wurde. Die ratio verleiht jeweils *ihren* „Namen" deren „Bezeichnungskraft" (vgl. dazu näherhin auch Abschnitt IV.3). Die ratio setzt in dieser Funktion sinnlich gegebene Gehalte als Ausgangspunkt voraus. Die seinverleihende Form und Washeit der Sache an sich selbst erreichen derartige Namen prinzipiell nicht. Sie erreichen nur „Ähnlichkeiten" der Dinge, wie sie menschlichem Erkennen zugänglich sind. Gerade darin aber verweist die Konjekturalität der Namensbildung ex negativo auf die Prinzipialität dessen, was ihr im einzelnen Wirklichen und als dessen Grund je und stets vorausliegt.

Von daher wird, wie in Abschnitt III.4 verfolgt, der menschliche Erkenntnisvollzug in einem wechselseitigen Prozess der Angleichung verstanden: Einerseits folgt menschliches Erkennen dem Sein und der Bestimmbarkeit von „modi essendi" prinzipiell nach, ohne seinem Gegenstand insoweit je gleichzukommen. Stattdessen und gerade darin erkennt menschliches Erkennen, insofern es auf sich selbst und die eigene „Einfachheit" gegenüber der Vielheit von Erkennbarem blickt, wie es Prinzip und „Maß" eigener Hervorbringungen ist. Darin erschaut sich unser Erkennen in spezifischer Weise als Abbild des Göttlichen, zumal insoweit, als diese Abbildlichkeit weniger eine stabile Sachbestimmung als eine prozessual zu realisierende Potentialität betrifft: Das Vermögen zu je näherer, wenn auch je unabschließbarer Angleichung an Gott als „Gleichheit" von Allem. Der Vollzug dieses Vermögens ist für Cusanus eingeordnet in die Erkenntnis göttlicher Herrlichkeit, wie sie sich in allem Wirklichen manifestiert und vermittelt.

Dies schließt die Verwiesenheit aller Erkenntnis an die Zugänglichkeit nur von „Zeichen" ein, wie sie in Abschnitt III.5 erörtert wurde. Die Unzugänglichkeit der eigentlichen „Seinsweise" führt dabei aber gerade nicht zu einem „Nominalismus" bzw. zu einem vokalistischen Antirealismus, wonach unsere Namen sich schlichtweg nicht mehr bezögen auf „Seinsweisen" an sich selbst. Sondern die Einsicht in die Defizienz, Vermitteltheit und Unabschließbarkeit von Erkenntnis erschließt ex negativo die Vorausgesetztheit des ersten Grundes von Wirklichkeit und von Erkennbarkeit in dieser suchenden Annäherungsbewegung. Wie sich von einer so verstandenen Struktur der Erkenntnis und ihrer Zwischenresultate her die Annäherungsversuche menschlicher *Sprache*, insbesondere in ihrer Rückwendung auf Gott als ermöglichendem Grund allen Sprechens, verstehen lassen, wird im nachfolgenden Hauptabschnitt zu vertiefen sein.

IV. Sprachtheoretische und methodologische Gesichtspunkte der cusanischen Rede vom Göttlichen

„scio, quod deus meus maior omni laude
per nullum laudabile, uti laudabilis est, laudari potest“[423]

Es wurde bereits betont, dass eine Darstellung der cusanischen negativen Theologie rücksichtlich ihrer ontologischen, epistemologischen und sprachtheoretischen-methodologischen Grundlagen und Konsequenzen einen artifiziellen interpretatorischen Zugriff darstellt. Diese so unterschiedenen Gesichtspunkte sind tatsächlich eng verzahnt, so dass etwa die cusanische Behandlung der ontologischen Grundbegriffe bereits eine Reaktion auf Probleme der *sprachlichen* Fassung ist, ebenso wie die cusanische Epistemologie ineins mit epistemischen Funktionen und fasslichen Begriffen nicht nur grundlegt, wie darauf bezügliche sprachliche Ausdrücke ermöglicht und begrenzt sind, sondern in ihrer Darstellung bereits von diesen Möglichkeiten und Grenzen zehrt. Man kann daher sogar beanspruchen, dass mit den nachfolgend in den Vordergrund gerückten sprachtheoretisch-methodologischen Gesichtspunkten reflexiv thematisch wird, was in den vorausgehenden Inblicknahmen ontologischer und epistemologischer Grundlagen bereits mittelbar zur Anwendung kam. Freilich ist es durchaus nicht nur ein Problem unserer *sprachlichen* Kapazitäten, was die Unabweislichkeit negativer Theologie fundiert: Nicht nur unser sprachliches Vokabular ist – so drückt es Hilary Putnam aus[424] – mangelhaft, uns fehlen nicht etwa nur die Worte, um auszudrücken, was wir *meinen*, sondern wir können noch nicht einmal meinen, was wir letztlich müssten, wenn es um Gott geht. Analoges gilt für die ontologischen Grundbegriffe: *Warum* unsere sprachlichen Kapazitäten mangelhaft sind, lässt sich nur unter Anwendung dieser explizieren. Gleichwohl aber kommt die Thematik negativer Theologie, insoweit sie einen Behandlungsmodus des Göttlichen meint, der Möglichkeiten und Grenzen *sprachlicher* Rekapitulationen kritisch reflektiert, nunmehr zur primären Darstellung.

Die Fragestellung, unter welcher die hier vorgelegte Interpretation die cusanischen Reflexionen über Grenzen und Möglichkeiten menschlicher Sprache behandelt, wurde vor allem im ersten Kapitel dieser Arbeit bereits näherhin umrissen: Gefragt wird danach, inwiefern die negative Theologie des Cusanus als philosophisch-theologische Propädeutik verstanden werden kann, also im Bereich der Erarbeitung von „Minimalbedingungen“ religiöser

[423] De ven. sap. (h XII) c. 35 n. 105.
[424] Vgl. Putnam: On negative theology, 410.

Rede vom Göttlichen und von „Rahmenbegriffen" „für das, was ‚Gott' genannt zu werden verdient"[425]. Dabei wird in methodologischer Hinsicht der Ort negativer Theologie dort vermutet, wo Übersetzungsversuche unternommen werden von der Performanz religiösen Kults und primärsprachlicher Rede zu und vom Göttlichen zur Artikulation in propositional wohlbestimmter Terminologie: Hier greift negative Theologie als kritisches Korrektiv ein, um inadäquate Versprachlichungen zu korrigieren. Würde man dabei ihre Selbstartikulation *im Duktus von Zurückweisungen endlicher Verständnisse*, also in Form von „Negationen", isoliert betrachten, bliebe ein solches Verfahren rückgebunden an Vollzüge der Bezugnahme, auch, aber nicht nur, sprachlicher Art, auf Gott überhaupt, zu welchen sie sich gleichsam parasitär, weil abhängig verhielte. Doch der Begriff negativer Theologie schließt, da es sich um einen *Modus* von Theologie handelt, bereits ein, dass überhaupt *von Gott gesprochen* wird. In jedem Fall aber bleibt negativer Theologie aufgegeben, zugleich zu erschließen, worin religiöse Rede überhaupt gründet.

Diese Aufsuchung von Momenten, welche die Rede von Gott überhaupt grundlegen, hat, der hier vorgelegten Darstellung zufolge, ihren ersten Anhalt in dem, was nach Cusanus als Basisvollzug von Theologie überhaupt zu verstehen ist: Die Performanz des Lobes göttlicher Herrlichkeit in Gestalt einer Theologie als „scientia laudis", als „Wissenschaft des Lobes", wie Cusanus in einer seiner spätesten Schriften, in „De venatione sapientiae", formuliert. Dieses Motiv macht aber, wie zu zeigen sein wird, von seinen frühesten Sermones an den cantus firmus seiner Betrachtungen religiöser Rede aus.

Die Rückführung der Gottesrede auf die Performanz von Doxologie und Gebet erschließt vorprädikative Momente religiöser Sprache, welche auch die Referenz des Gottesbegriffs zwar nicht schlechterdings eindeutig fixieren, aber doch pragmatisch orientieren. Verdeutlichbar ist dieser Aspekt etwa an der Diskussion zwischen Ehud Benor[426] und Hilary Putnam über die Referenz religiöser Sprache. Beide orientieren sich dabei an der negativen Theologie des Maimonides, die Sachproblematik ist aber verallgemeinerbar. Benors Vorschlag lautete: Die Referenz des Ausdrucks „Gott" könne man dadurch fixiert sehen, dass dieser dasjenige einzige Objekt x bezeichne, für das gelte, dass für jedes Prädikat F gelte, dass „x ist F" nicht assertibel ist. Gott wäre derjenige Referent, dessen Begriff keine einzige intensionale Bestimmung zukommt. Hilary Putnam hat diesen Vorschlag zurückgewiesen. Seine Argumentation macht, neben Hinweisen auf grundsätzliche Probleme, Gott als Referenten zu behandeln, zu dem einzelne Propositionen als zu einem

425 Pannenberg: Systematische Theologie. 3 Bände, 119f.
426 Vgl. Benor: Meaning.

Element der Realität in Korrespondenz stünden, letztlich[427] darauf aufmerksam, dass diese Bestimmung nur dann bewährbar ist, wenn bereits vorausgesetzt wird, dass „Gott" bzw. die Namen Gottes keine sinnlosen Lautkombinationen sind. Denn auch letzteren kommt zu, kein distinktes Prädikat in tatsächlich assertiblen Sachverhaltsbestimmungen erhalten zu können. Was aber unterscheidet den Ausdruck „Gott" von sinnlosen Lautkombinationen? Läßt sich diese Frage klären durch Präzisierung der Intension dieses Ausdrucks? Putnam selbst hält dies für undurchführbar, verwirft auch Ideen einer externalistischen Bedeutungsfixierung und hält die Tatsache, *dass* religiöse Sprache uns mit Gott verbindet, für philosophisch nicht erklärbar.[428] Zehrt also tatsächlich eine solche Annahme von Voraussetzungen, die mit den Mitteln der Philosophie nicht zureichend zu klären sind?

Diese Frage hat eine strukturelle Entsprechung im cusanischen Werk. Denn auch hier ergibt sich die verblüffende Schwierigkeit, mit den üblichen Instrumentarien *präziser* philosophischer Begründungs- und Erklärungsversuche den Gottesbegriff zu unterscheiden vom Begriff des „Chaos" als Grenzbegriff völliger Unbestimmtheit: Sind nicht nahezu alle *Negativ*-Bestimmungen, die Cusanus von Gott formuliert, auch von den negativen Grenzbegriffen des Chaos und der ungeformten Materie auszusagen?[429] Hinsichtlich der negativen Qualifikationen (die weitestgehend auf Gott ebenso wie die Materie oder das Chaos zutreffen) ebenso wie hinsichtlich präziser

[427] Vgl. Putnam: On negative theology. Putnam argumentiert (S. 415-417) in mehreren Schritten, ausgehend von der Frage, wie auszuschließen ist, dass bedeutungtragende, aber nichtreferierende Namen, ein Gegenbeispiel ausmachen. Seine Analyse alterniert zunächst, ob Attributionen (1) existenzeinschließend sind oder (2) nicht. Sind sie es (ad 1), dann bedeutet z.B. „Pegasus ist ein geflügeltes Pferd" insoweit „Etwas (existiert und) ist pegasusartig und ist geflügelt und ist ein Pferd". Dann ergeben sich wiederum zwei Lesarten für Negationen: (1a) Negationen bedeuten die Negation einer entsprechenden positiven Attribution: „Pegasus ist nicht ein geflügeltes Pferd" bedeutet insoweit „Nichts ist pegausartig und geflügelt und ein Pferd". Dann aber sind alle Sätze über Pegasi wahr für jedes Prädikat p – dies wäre also nichts, was einzig Gott zukäme. Alternativ (1b) könnten Negationen durchaus als existenzeinschließend verstanden werden: Der fragliche Satz bedeutete dann „Etwas (existiert und) ist pegasusartig und ist nicht geflügelt und ist nicht ein Pferd". Da dieser Satz falsch ist, entfallen damit fiktive Objekte als Gegenbeispiele. Allerdings ist „existiert" wiederum ein Prädikat – und sollte damit, der Voraussetzung zufolge, auf Gott nicht angewandt werden. Alternativ (ad 2) können Attributionen analysiert werden als universal quantifizierte strikte Implikation: Der fragliche Satz bedeutete dann „für jedes Wesen x, wenn x pegausartig ist, dann (notwendigerweise) ist x ein geflügeltes Pferd". Die Wahrheit dieses Satzes ist dann problemlos damit verträglich, dass „S ist nicht p" für alle Prädikate p einzig auf Gott zutrifft. Was aber ist mit einem Sinnlos-Satz wie „Gravelboom ist nicht p"? Dieser Satz ist offenkundig nicht wahr, sondern bedeutungslos. Was aber lässt uns ersehen, dass „Gott" keine sinnlose Lautkombination wie „Gravelboom" ist? Soweit, verknappt resümiert, Putnam (hier S. 416).

[428] Vgl. Ibid., 419.

[429] Vgl. dazu Lohr: Ars; Lohr: Chaos; Hoff: Kontingenz, 351ff und 517ff.

Wesensbestimmungen (die gleichermaßen entfallen) scheint geradezu eine Parität zu bestehen. Es sind gerade die demgegenüber *ungenauen* Qualifikationen, wie sie auf die Annäherungsversuche menschlichen Strebens zurückgehen, welche hier einen Unterschied in zuvorderst performativer Hinsicht ausmachen: Was absolute Sinnfülle und absolute Nichtigkeit differenziert, ist die Richtung unserer Bezugnahmen und Strebungen. Dass diese Suchbewegung *nicht* letztlich müßig und nichtig ist, dies freilich entzieht sich, wie unter Zuspitzung der Problemstellung, wie sie Cusanus entwickelt, zu konstatieren ist, dann letztlich der Beweisbarkeit im strengen Sinne – und affiziert damit auch eine letzte Gesichertheit des Sinns religiöser Sprache. Auch insoweit bleibt die Explikation des Sinns religiöser Sprache im Status einer Nachträglichkeit gegenüber einer Zuversicht performativer Natur, die, mit Cusanus, im fraglichen Kontext theologisch dem Glauben als Initium des Wissens zuweisbar ist, deren *Möglichkeit* aber durchaus annäherbar ist, und zwar insbesondere *ex negativo* im Modus des Aufweises eines *Ungenügens* menschlicher Suchbewegung in theoretischer und praktischer Hinsicht an Erfüllung im Endlichen und im Aufweis der Implikationen der Hoffnung darauf, dass diese Suche nach Wahrheit und letztlich glückendem Leben nicht vergeblich ist. Auf die hier bereits angelegte Verhältnisbestimmung von Glauben und Wissen wird noch zurückzukommen sein (in den Abschnitten IV.4, IV.5 und v.a. IV.7).

Zunächst aber wird in der nachfolgenden Darstellung die Problematik der göttlichen Namen an ihrer Behandlung in den frühesten Sermones des Cusanus (Abschnitt IV.1) exponiert. Denn es ist insbesondere das Predigtwerk des Cusanus, welches aufschlussreich ist für den Zusammenhang theoretischer Präzisierungen der Prädikationsproblematik und der spirituell-praktischen Kontextualisierung aller religiösen Rede und besonders der primärsprachlichen Reflexe der Manifestationen göttlicher Herrlichkeit. Demgegenüber ist etwa die These präzisierungsbedürftig, dass alle „Benennung" Gottes „im Benennen seiner Unbenennbarkeit" bestehe. Dieses Fazit zieht Christiane Fischer in ihrer Übersichtsdarstellung, die aber das Predigtwerk des Cusanus ebenso ausspart[430] wie das semiologisch und damit auch prädikationstheoretisch grundlegende „Compendium". Der genannten These Christiane Fischers ist zuzustimmen, insoweit mit „Benennung" *nicht* jene insbesondere primärsprachlichen Reflexe gemeint sein können, welche durchaus ein *mittelbares* „Nennen" Gottes hinsichtlich seines Wirkens realisieren. Freilich realisieren sie per se niemals eine präzise „Benennung" in je-

[430] Vgl. für die angeführte These Fischer: Deus incomprehensibilis, 7; Fischer weist S. 8 zutreffend für die Thematik der Gottesbenennung insbesondere auf die Sermones XX, XXII-XXIII (h XVI) und XVLIII (h XVII) hin; dem sind freilich zahlreiche weitere und insbesondere auch spätere Sermones zur Seite zu stellen.

nem Sinne, dass damit das *Wesen* des Göttlichen an sich selbst präzise begriffen würde oder gar ein eigentlicher „Eigenname“ im Sinne des *Tetragrammaton* verfügbar würde. Schon die frühesten Sermones des Cusanus ermöglichen eine Abhebung der unterschiedlichen Hinsichten, unter welchen Cusanus „Namen“ Gottes unterscheidet und ihre Erschließbarkeit und Aussagbarkeit thematisiert.

Wie noch (in Abschnitt IV.2) anhand der Grundbestimmungen von „De docta ignorantia“ zu zeigen sein wird, ausgehend von der semantischen Maximität und Aktualität des Göttlichen, sind die von Cusanus angebotenen Reflexionsbegriffe wie „absolute Größe“, „non aliud“ oder „Possest“ ihrem Status nach konform bereits seiner frühesten Diskussionen der Prädikationsprobleme verstehbar: Sie bieten Kondensate von Reflexionen über das Verhältnis des Göttlichen zu unseren sonstigen Begriffen, aber gleichfalls keine eigentlichen „Namen“ oder „Benennungen“ im technischen Sinne. Insoweit sie den Status sonstiger Attribute reflektieren, kommt ihnen der Status von Meta-Attributen zu, nicht von Gegenstandsbestimmungen im Normalsinne. Die Absetzung des Göttlichen von den objektsprachlichen Einzelbestimmungen, deren modalen Status Termini wie „Possest“ charakterisieren, erstreckt sich dabei gleichermaßen über vorderhand „positive“ wie „negative“ Attributionen.

Komplementär dazu verhält sich, wie in Abschnitt IV.3 nachzuvollziehen sein wird, die Bestimmung des Bezeichnungsvermögens der einzelnen sprachlichen Ausdrücke, wie sie Cusanus, ganz parallel zu seiner Auffassung der Konkreativität der mens (vgl. Abschnitte III.3-III.4), zurückführt auf die Setzung (impositio) durch unser Vermögen, was ihre Negationspflichtigkeit begründet, insoweit sie Genauigkeit insinuieren. Anders verhält es sich ihrem eigentlichen, uns nur rekonstruktiv annäherbaren Sinn nach, wie er in Gott selbst begründet ist. Auch hierbei ist die Abhebung unterschiedlicher Hinsichtnahmen – insoweit es etwa um nur mehr-oder-weniger-kongruierende oder „Präzision“ erheischende „Namen“ geht – grundlegend und von generischer Funktion für die Anschlussüberlegungen des Cusanus.

Bereits die systematische Aspektuierung zwischen unterschiedlichen Genauigkeitsansprüchen und Gesichtspunkten semantischer Fundierung – gemäß unserer Bedeutungsbeilegung oder gemäß dem eigentlichen, durch Gott begründeten Bezeichungsvermögen, das unseren Reformulierungen aber letztlich materialiter je entzogen bleibt – lassen Prinzipien der cusanischen Methodologie in Bezug auf die Namensproblematik hervortreten. Dies gilt umso mehr für seine in Abschnitt IV.4 verfolgte Reaktionsweise auf Bestimmungen des Göttlichen mittels klassischer Formen der Bezugnahme auf erste Prinzipien, insoweit diese nicht schlechterdings zurückzuweisen sind, sondern vielmehr zu ersetzen durch Rekurse auf das Göttliche als nicht Anwendungsfall, sondern Prinzip und Präsupposition selbiger Attributionen.

Die performative Grundlage dieser und, der hier vorgelegten Darstellung nach, aller Behandlung der Namensthematik durch Cusanus, wird dann in Abschnitt IV.5 nochmals eigens an exemplarischen Texten nachvollzogen: Das Grundmotiv der Performanz des Lobes göttlicher Herrlichkeit als Grundvollzug von Theologie und als Artikulation der Suchbewegung menschlichen Lebens nach dessen Grund und Ziel.

Im Anschluss wird in Abschnitt IV.6 eine systematisierende Zusammenschau der unterschiedlichen Hinsichtnahmen auf Redeweisen vom Göttlichen vorgeschlagen, welche zugleich die Frage der Verhältnisbestimmungen von „Affirmationen" und „Negationen" zu beantworten unternimmt und bisherige Interpretationshypothesen zu modifizieren vorschlägt, die Cusanus verfrüht unsystematische Divergenzen und Theoriewandlungen zuschrieben.

Welcher Status den bis dahin resümierten cusanischen Erschließungen und Problematisierungen unserer sprachlichen Möglichkeiten in Bezug auf das Göttliche zukommt, wird abschließend in Abschnitt IV.7 diskutiert. Dabei werden vor allem zwei triftige Einwendungen zurückzuweisen versucht, die dem entgegen stehen, diese Versuche dem Feld einer philosophisch-theologischen Propädeutik zuzuordnen.

IV.1 Exposition der Namensproblematik in den frühesten Sermones

„λαλοῦμεν θεοῦ σοφίαν ἐν μυστηρίῳ, τὴν ἀποκεκρυμμένην,
ἣν προώρισεν ὁ θεὸς πρὸ τῶν αἰώνων εἰς δόξαν ἡμῶν
- loquimur Dei sapientiam in mysterio quae abscondita est
quam praedestinavit Deus ante saecula in gloriam nostram“[431]

Schon die früheste Predigt des Cusaners, die Weihnachtspredigt von (spätestens) 1430[432], hat das Thema der Wissbarkeit und Nennbarkeit des Göttlichen und Weltlichen zum Thema. Treffend spricht Günter Bader davon, dass dieser Text „als Prolog zum Gesamtwerk seines Autors gelesen werden“[433] könnte. Tatsächlich lassen sich an diesem Text bereits mehrere Aspekte der cusanischen negativen Theologie ablesen. Kurt Flasch hatte die Stellungnahmen des Cusanus zur Prädikationsthematik dergestalt aufgefasst, dass Cusanus eine Entwicklung vollziehe, die von einem Dunkel der Negation in Bezug auf das Göttliche zu einer „Lichtung“ im Spätwerk gelange.[434] Bereits die ersten Sermones widerlegen diese These: Es ist gerade der Ausgangspunkt des Cusanus, dass die Rede von Gott in der Naturkontemplation gründet, im Ruhm der göttlichen Herrlichkeit, wie sie in allem Geschaffenen widerstrahlt, insbesondere aber, wie er vor allem in späteren Werken betonen wird, im menschlichen Geiste. Diese Betrachtung steht im Rahmen einer Theologie der Kontemplation, für die Cusanus in seinen frühen Sermones vielerlei Anregungen sammelt, unter anderem aus der Viktorinerschule. „Ne-

[431] 1 Kor 2,7, sowie nach der Übertragung der Vulgata. Auf diese Stelle bezieht sich das Vaticanum I bezüglich der Geheimnishaftigkeit des Glaubensgegenstands: „ratio [...] numquam tamen idonea redditur ad ea perspicienda instar veritatum, quae proprium ipsius obiectum constituunt. Divina enim mysteria suapte natura intellectum creatum sic excedunt, ut etiam revelatione tradita et fide suscepta ipsius tamen fidei velamine contecta et quadam quasi caligine obvoluta maneant.“ (DH 3015-16).

[432] Vgl. Haubst: Predigtzyklus, 16 und 41ff.

[433] Bader: Emergenz, 9. Soteriologische Aspekte untersucht Dahm: Soteriologie, 31-45.

[434] Geradezu umgekehrte Vorzeichen setzte Haubst: Schöpfer, 167, der von einem „sonnigen Erkenntnisoptimismus“ des *jungen* Cusanus sprach. Diese Lesart wurde zurecht bereits von Senger: Philosophie, 175 korrigiert mit dem Hinweis, dass „[d]as erkenntniskritische Bewußtsein des Nikolaus hinsichtlich der Erkennbarkeit Gottes [...] auch schon in den frühesten Textzeugnissen voll entwickelt“ ist. Senger ist völlig zuzustimmen hinsichtlich der Unerkennbarkeit des göttlichen Wesens, an der Cusanus konstant festhält. Seine Beschreibung, dass sich darob „eine positive, erkenntnisoptimistische Haltung“ „verbietet“ (174f), wird allerdings hier für jene Momente nicht geteilt, welche Cusanus in seinen frühesten Schrift als Ermöglichung und vielfältigsten Anlass zum Lobpreis göttlicher Herrlichkeit nimmt, auf welche er seine „affirmative Theologie“ gründet und von welchen ausgehend er etwa in seinem Spätwerk die „Wissenschaft des Lobs“ konturiert.

gative Theologie" bei Cusanus ist, das machen schon die frühesten Sermones deutlich, nicht zu isolieren von seiner praktischen Metaphysik und Theologie der Kontemplation. Die Auffassung Flaschs, dass hier „die Probleme ungelöst" bleiben, „deren Lösung die Koinzidenzphilosophie bringen will"[435], ist in zumindest diesem Punkt schwer nachvollziehbar. Die frühen Sermones machen insbesondere deutlich, dass das Problem des Cusanus nicht etwa darin liegt, dass überhaupt von Gott gesprochen wird – es ist für ihn geradezu der Ausgangspunkt jeder „Theologie" im Sinne jeder Rede vom Göttlichen, auch seiner „negativen Theologie", dass Gottes Manifestationen in einer Vielheit von Namen gepriesen werden, dass Gott insofern „allnennbar" ist.[436] Problematisch wäre, wenn dieser Lobpreis in der Weise wörtlich genommen würde, als er in Wesensbeschreibungen Gottes, wie er an sich selbst wäre, in die wissenschaftlich-präzise Theologie im engeren Sinne importiert würde. Hier setzt Cusanus an, wenn er die Vielheit der primärsprachlichen Namen unterscheidet von der Einzigkeit eines *präzisen* Namens Gottes. In besonderem Maße zeigt sich Cusanus daher interessiert an der jüdischen Tradition

435 Flasch: Entwicklung, 93.

436 Einen Gegensatz zwischen „neuplatonische[r] Kunst- und Literaturästhetik" und „negative[r] Theologie" unterstellt, dabei bezogen auf Pseudo-Dionysius, beispielsweise auch Haug: Positivierung, 255: So habe „Dionysius das Schöne wie alles Affirmative massiv konterkariert. Die negative Theologie hat für ihn durchgängig das größere Gewicht [...]". Haug sieht dies daran belegt, dass in CH II, 3-5 häßliche Bilder empfohlen werden, da ihnen eine Verwechselbarkeit mit dem, worauf sie verweisen, besonders wenig unterstellt würde. Dies ist aber keineswegs der einzige Gesichtspunkt, unter welchem Pseudo-Dionysius sprachliche Bilder und „Symbole" diskutiert (vgl. vielmehr v.a. DN IV, 7; Tatarkiewicz: Geschichte der Ästhetik, II, 36ff); für eine „Theorie des Häßlichen" (S. 256f) bietet diese Textpassage zuwenig Anhalt. Tatsächlich bildet, wie etwa Perl: Theophany sehr präzise bereits durch Klarstellung neuplatonischer Hintergrundtheorien (deren Varianz Perl leider nicht immer klar ersehen lässt z.B. durch häufigen Gebrauch des Kollektivsingulars) aufzeigt, das Zentrum des pseudo-dionysischen Denkens die *Theophanie* des Göttlichen, die ebensowenig in Konflikt mit seiner apophatischen Theologie steht (vgl. bes. 17ff) wie die *apparitio dei* als cantus firmus der cusanischen Wirklichkeitsauffassung. Diese Darstellung Perls wäre freilich zu ergänzen um eine Herausarbeitung, in welchem Ausmaße die pseudo-dionysische Sprach- und Wirklichkeitsdeutung verzahnt ist mit kontingenten Momenten spiritueller Praxis. Niemand anderes als Perl selbst hat dies freilich wieder und wieder aufgezeigt. So schon in seinem wegweisenden Plädoyer in der Kontroverse um die Orthodoxiefähigkeit des pseudodionysischen Corpus für die orthodoxe Theologie in Perl: Symbol. Zitiert sei daraus lediglich eine Bemerkung, die *pars pro toto* für seine Zurückweisung der fraglichen Bedenken stehen kann, hier bezogen darauf, dass die Inkarnation Jesu als bloßes „Symbol" erscheinen würde: „Once again the objection depends on the false distinction between God's self-impartation and his self-revelation. For Dionysius all creation is incarnation, beacuse it is theophany. If he does not speak explicity of Christ as often as some would like, this is not because of any lack of ‚Christocentrism' in his thought. On the contrary, it is because the Incarnation is not one part or aspect of his ontology, but rather constitutes the whole of it [...]" (ibid., S. 336; vgl. dazu Perl: Theophany, 108ff). Diese Hinweise können ganz analog auch für Cusanus gelten.

eines Supplements für den uns unzugänglichen, unaussprechlichen *eigentlichen* Namen Gottes, dem Tetragramm. Für Cusanus, dessen inklusivistische Religionstheologie sich in diesem Punkt gleichfalls schon zeigt, ist indes der „eigentliche Name" Gottes das Wort, das Christus ist – und damit kein durch uns eigentlich aussprechliches Wort, sondern das Prinzip aller Worte und Begriffe.

Diese Gesichtspunkte sollen im nachfolgenden Durchgang der frühen cusanischen Sermones herausgestellt werden – ein Durchgang, der sich auf jene Aspekte beschränken muss, die für das Erkenntnisinteresse an der Problematik der Rede vom Göttlichen zentral sind. Der Kontext, in welchem diese Überlegungen stehen, wird daher nur insoweit einbezogen, als dies für einen Nachvollzug dieser cusanischen Überlegungen unverzichtbar erscheint. (Andere thematische Aspekte, die sich mit der hier verfolgten sprachtheoretischen Problematik berühren, namentlich Glaubensbegriff und Behandlungsweise der Glaubensmysterien, werden in Abschnitt IV.7 noch zu erörtern sein.) Die Behandlung erfolgt primär nach thematischen Gesichtspunkten, verbleibt aber insoweit im Textzusammenhang einzelner Sermones, als dies für eine Herausarbeitung des jeweiligen Gedankengangs dienlich erscheint.

IV.1.1 Die Unnennbarkeit des einen Namens und die Kontemplation der Vollkommenheit und Werke Gottes als Ausgangspunkte der Rede vom Göttlichen seit Sermo I

In einem einführenden Artikel über „Gottes Name(n)" diagnostiziert Jürgen Ebach ein *Vergessen* des göttlichen Namens:

> „'Geheiligt werde dein Name', heißt es im Vaterunser. Kann das verstehen, wer nicht weiß, dass Gott einen Namen hat? In Gebeten, liturgischen Wendungen und Gesten geschieht viel ‚im Namen Gottes'. Wer nicht weiß, dass Gott einen Namen hat, wird annehmen, was da vollzogen werde, erfolge in Gottes Stellvertretung.
>
> Dass es um Gottes *Namen* geht, bleibt verborgen. Ähnlich ist es, wenn es in liturgischer Sprache heißt: ‚Unsere Hilfe steht (oder: ist) im Namen des Herrn [...]. Hier wird die Unsichtbarmachung des Gottesnamens ganz deutlich. Denn es handelt sich um ein Zitat aus dem Alten Testament und an der zitierten Stelle (Ps 124,8) steht Gottes Eigenname. Viel geht verloren, wenn unkenntlich wird, dass Gott einen Ei-

gennamen hat und dass dieser Name weder ‚Gott' noch ‚Vater' lautet."[437]

Die Problemdiagnose Ebachs ist triftig. Der *Name* Gottes hat, zumal in semiologischer Perspektive, eine konstitutiv andere Funktion als alle Ersatzworte wie „Herr", „Vater" oder eben „Gott". Er steht gleichsam für die wirkliche Präsenz Gottes inmitten der Sprache, oder, wie man eben sehr viel zutreffender sagen muss, das *Fehlen* des Gottesnamens entspricht der inhärenten Dürftigkeit unserer Sprachmöglichkeiten. Erst insoweit „Ersatzworte" diesem fehlenden Namen zugeordnet sind, sind auch unsere „Ersatzworte" in ihrem eigentlichen Status zu begreifen und ist begreiflich, dass diese nur Supplemente sind, an deren Stelle ein *präziser* und schlechterdings *unzweideutiger* Signifikant aus allein unseren sprachlichen Möglichkeiten nicht zu treten vermag. Es ist daher mit Ebach fortwährend darauf zu insistieren, dass wir „nicht *wissen*, wie der Name lautete"[438], dass er unübersetzbar und undefinierbar ist, und dass Gottes Offenbarung, wie die heilige Schrift sie tradiert, diesen Mangel unserer Worte keineswegs durch präzise Kennzeichnungen ersetzt, sondern bekräftigt. Die nachfolgenden Ausführungen, vor allem in Anschluss an die erste Predigt, die uns von Cusanus überliefert ist, aber auch an „De docta ignorantia", werden zu zeigen versuchen: Von Beginn an kann man die cusanische Beschäftigung mit der Namensproblematik verstehen als einen Versuch, in Erinnerung zu behalten, dass Gott einen Namen hat, der konstitutiv nicht wissbar ist, sondern nur durch metonymische[439] Supplemente vertreten wird und ebenso durch Aufweise *ex negativo* des Ungenügens aller sonstigen Benennungen, aber auch ihres Begründetseins *in Gottes Namen*. Dabei stellt Cusanus signifikanterweise, an Maimonides anschließend, entschieden das Tetragramm heraus, verbindet die daran aufscheinenden Momente aber zugleich mit dem Namen Jesu, dem Begründetsein aller Worte in Christus, dem Wort im eminenten Sinn, und betont die letztliche „Unaussprechlichkeit" der Ereignishaftigkeit, die sich mit diesem Wort in christlicher Tradition verbindet.

Zunächst scheinen die Akzente, die Cusanus bezüglich der Namensproblematik in seinem ersten Sermo setzt, recht klar: Der Name des unendlichen, unermesslichen, unbegreiflichen (inconceptibilis) Gottes ist selbst den Engeln nicht bekannt. Unsere geistigen (intellectuales) Augen erfassen bereits das der Natur nach Offenkundige so wenig wie die Fledermaus das Licht;

437 Ebach: Gottes Name(n), 62. Ebach reflektiert auch kritisch die Bezeichnung ‚Herr', „denn sie macht [...] unkenntlich, dass hier ein Ersatzwort vorliegt. Hören wir in Gottesdiensten und Gebeten, dass das Wort ‚Herr' an Stelle eines *Namens* tritt?" (S. 63).

438 ibid., 63 (Hervorh. im Orig.).

439 Hier im Sinne von Jakobson: Grundlagen, 51-54.65-70; für die fundamentaltheologisch-semiologische Propädeutik und auch die Cusanus-Interpretation aufgegriffen bei Hoff: Kontingenz, 73ff; Hoff: Sprachverlust, 184ff.312ff.

noch viel weniger erfassen wir die Natur der geistigen (spiritualis) Substanz und die Ordnung der Himmelskräfte und Sterne. Gott aber hat eben dies alles geschaffen und überragt selbst nochmals alles Geschaffene in unendlicher Weise – Gott in seiner Einfachheit, Geistigkeit, Klarheit, Vollkommenheit. Daher bleibt der menschliche Intellekt dem Göttlichen gegenüber blind[440]; in seinem Herumrennen (in discursu) vermag er sich nicht zu helfen.[441]

Das könnte zunächst skeptisch hinsichtlich epistemischer und sprachlicher Möglichkeiten in Bezug auf das Göttliche klingen. In der Tat findet Cusanus besonders in den 1450er Jahren zu viel weitergehenderen Bestimmungen des Intellekts: Im Unterschied zum Auge, das nur Körperliches und Zeitliches aufnehmen kann, so predigt Cusanus 1453, vermöge der Intellekt durchaus, Gott zu sehen, wenn auch nur gemäß der Beschaffenheit der Welt (secundum condicionem mundi) bzw. in aenigmatischer Weise.[442]

Tatsächlich ist Cusanus von einem solchen Hinweis auf die Erkennbarkeit (und damit auch Benennbarkeit) Gottes von der Welteinrichtung her auch in seiner ersten Predigt gar nicht weit entfernt. So formuliert er zwar zunächst ganz allgemein, dass der Intellekt prinzipiell „blind" gegenüber dem Göttlichen sei und dass niemand wagen wolle, den Namen Gottes zu „entfalten" (explicare), den selbst die Engel nicht kennen. Aber mit der Nichtwissbarkeit *des* Namens Gottes sind nicht zugleich alle Benennungen und intelligiblen Möglichkeiten hinfällig. Gleich im Anschluss etwa diskutiert Cusanus die Bezugnahme auf Gott als „das höchste Gut". Die cusanische Argumentation lässt sich hier wie folgt rekapitulieren: Gott ist der Ursprung (origo) alles Guten, aller Vollkommenheit, aller Tugend, aller Wahrheit usw. Darum ist Gott notwendigerweise auch *das höchste Gut*. Gott ist überhaupt das Höchste. Darum ist Gott auch einzig und einfach. (Denn wenn es mehrere Höchste gibt, gibt es nicht *das* Höchste und Teile wären niedriger als ein korrespondierendes Ganzes.)[443]

440 Vgl. Sermo I (h XVI) n. 1, 1-30.

441 Vgl. Sermo I (h XVI) n. 1, 39-40.

442 Vgl. Sermo CXXXV (h XVIII) n. 17, 15-20 (in der Schlusswendung natürlich 1 Kor 13,12 anzitierend).

443 Vgl. Sermo I (h XVI) n. 2, 4-13: „Deus, quia omnis boni et perfectionis, virtutis et veritatis origo a nullo dependens, et ‹a quo omnia›, ipsum summum bonum esse necesse est. Summum autem in sua superlativitate nihil secum compatitur, alioquin summitatis rationem penitus perderet. Quare unicus Deus et eapropter simplicissimus. Summum nihil antecedit. Partes prius autem sunt toto, et earum unio ex altioris virtutis potentia dependet." Prinzip des Schlechten ist Gott dezidiert nicht – eine Voraussetzung, die Cusanus durchhält, vgl. beispielsweise Sermo CC (von 1455) (h XVIII) n. 4; dass Cusanus das Maximum nicht „böse" nennt, konstatiert z.B. auch Flasch: Entwicklung, 117f, ohne allerdings eine Begründung dafür zu diskutieren. Dass Cusanus die legitimen Attributionen einschränkt auf als *würdig* Erachtetes ist ein Grundzug seiner theologischen Attributionstheorie, der auch bei den formalisierteren Formulierungen insbesondere in De docta ign. bestehen bleibt (weshalb hier ein „Zusammenfall der Gegen-

Für Aussagen wie „Gott ist das höchste Gut" lässt sich also zunächst die übliche kausale und prinzipientheoretische Erklärung ersehen, dass der Ursache einer Vollkommenheit (z.B. des Guten) die entsprechende Vollkommenheit auch und in höherer Weise zuzusprechen ist. In diesem Sinne nennt Cusanus auch in Sermo III die Dinge „gut *durch Gottes Güte* als Gleichnisse der *rationes* Gottes"[444].

Auffällig ist, dass Cusanus die formale Eigenschaft, gegenüber Instantiierungen bedingter Vollkommenheit deren Erstursache zu sein und insofern unter den von dort gewonnenen Hinsichten („... ist gut") je höher und *am Höchsten* zu sein, sofort als eigenständige Kennzeichnung für das Göttliche formuliert: Gott ist *das Höchste, summum.* Es handelt sich dabei um eine formale Eigenschaft, die also keine materiale Eigenschaft Gottes darstellt, sondern eine Meta-Eigenschaft, also eine Eigenschaft des Verhältnisses *sonstiger Eigenschaften* zum Göttlichen: Sie verhalten sich zum Göttlichen wie mehr-oder-weniger-Realisierbares zur Realität selbst. Mit dieser formalen Meta-Eigenschaft der Höchst- oder Größtheit wird Cusanus weiter hantieren – vor allem die Operationen, die zu Beginn von „De docta ignorantia" dessen systematische Grundlegung vorzeichnen, greifen diese Struktur wieder auf.

Gott kann also in gewisser Weise doch in eigentümlicher Weise (quasi-) benannt werden, nämlich als „Höchster". Wenn man Cusanus nicht zuschreiben wollte, sich hier auf dem Raum weniger Zeilen schlicht unüberlegt oder widersprüchlich auszudrücken, ist daher offenbar die zuvor beobachtete Rede von der „Unbekanntheit" des göttlichen Namens und der „Blindheit" des menschlichen Intellekts gegenüber dem Göttlichen präzisierungsbedürftig. Mit „*dem* göttlichen Namen" sind dann offenbar keineswegs sämtliche denkbaren Prädikationen gemeint, nicht insbesondere Auszeichnungen der Vollkommenheit des Göttlichen, die bei dessen Prinzipialität für alles Gute, Vollkommene usw. ansetzen. Diese Unterscheidung zwischen „*dem* Namen", der das Wesen Gottes präzise benennen würde und den *vielen* Namen, die, wenngleich ungenaue, so doch vielfältige Verweise auf Gott geben, ist für die cusanische Diskussion der göttlichen Attribute von zentraler Bedeutung. Seine weiteren Ausarbeitungen werden an dieser Unterscheidung immer festhalten. Sie werden weiter verdeutlichen, was genau ein präziser Name wäre, warum genau dieser uns aus epistemologischen, sprachphilosophischen, allge-

sätze" nicht auch, wie häufig erwogen, die Zuschreibung von Gutem *wie* Bösem einschließt). Auch in seinen späten Werken tritt dieser Grundzug deutlich hervor, z.B. in Sermo CCLXXIII von 1457 (h XIX) n. 22, wonach Gott nicht zuzuschreiben ist, was der Mensch *für unwürdig hält* (während auf der anderen Seite der ansonsten vorzustellende Zorn Gottes stehe, wie in Eph 5,6).

444 Sermo III (h XVI) n. 4. Vgl. zu soteriologischen Aspekten von Sermo III auch Dahm: Soteriologie, 46f.

mein-metaphysischen und spezifisch theologischen Gründen nicht zugänglich ist, und wie dann die sonstigen, durchaus allfälligen Benennungen Gottes in ihrem Status, Gehalt und ihren Möglichkeitsbedingungen zu begreifen sind. Um zunächst lediglich auf eine signifikante Formulierung zu verweisen: Im Entwurf zu Sermo CLXX vom Frühjahr 1455 formuliert Cusanus in folgender Weise, welche Thematik ein Abschnitt der auszuführenden Predigt zu entwickeln hätte: Die Behandlung solle sich der Thematik widmen

> „vom Namen, wie er eine Kenntnis (notitia) ist, und davon, dass eine *präzise Kenntnis* (notitia praecisa) unmöglich ist, folglich auch ein (präziser) Name, und davon, wie der Name Gottes *vielfältig* (multiplex) *und keiner* (nullum) ist.“[445]

Mit „vielfältig und keiner“ ist nicht einfach ein Widerspruch formuliert, sondern die Vielfalt bezieht sich, wie Cusanus dort erkennen lässt, auf die Entfaltung (*explicatio*) der Namen in den vielen Sprachen, der „präzise“ Name auf die Unmöglichkeit, Gott zu begreifen und dann zu beschreiben, wie er (nicht in seinen Entfaltungen, sondern) *an sich* ist.

Bereits in seiner zweiten Predigt vom 6.1.1431 hält Cusanus fest, dass die Unmöglichkeit einer solchen *präzisen* Erkenntnis vom Wesen Gottes darin gründet, dass wir kein Beweis-Wissen von Gottes Wesen haben. Diese Situation vergleicht Cusanus in einem späteren Zusatz (von 1455) mit der Unmöglichkeit, durch Einschreibung von Polygonen die Kreislinie zu erreichen: Auch wenn einige solcher Polygone (jene mit zunehmender Eckenzahl) der Kreislinie näher kommen, so bleibt doch das Winklige vom Runden immer *unendlich weit entfernt.*[446] Die Vielfalt der Gottesnamen bewegt sich, zumindest was die Ansatzstellen aus der Naturwirklichkeit betrifft, in diesem Bereich der mehr oder weniger genauen Hinweise auf Gott vom Endlichen aus – diese Hinweise bleiben dabei tatsächlich allesamt „unendlich weit entfernt“ vom Göttlichen, wie es *an sich* ist. Die Distanz kann in der Tat nicht mehr in endlichen Proportionen behandelbar sein, wenn Gott schlichtweg keinen

445 Sermo CLXX (h XVIII) n. 8, 6-9. Statt von „praecise“ spricht Cusanus z.B. in Apol. (h ^{2}II) n. 4 p. 3 auch von „firmiter“ („sola enim novit anima, quoniam nihil novit firmiter“) – davon unterschieden ist das Wissen (zweiter Stufe) vom *Nichtwissen* (erster Stufe). Vgl. auch nachstehende Fn. 650 (S. 223) zum „nomen congruum“.

446 Vgl. Sermo II (h XVI) n. 4, 20-29, zuvor beginnend mit einem Bezug auf Eusebius zu den Erkenntniswegen der Philosophen; die Ausführungen zur Vielheit der Methoden fügte Cusanus in einer Glosse in Codex Cusanus 220 hinzu. Schon das Vorkommen mathematischer Figuren lässt auf ein späteres Datum der Zufügung schließen, denn in den frühesten Werken fehlen solche Figuren; vgl. zur Stelle z.B. auch Flasch: Entwicklung, 28. Jasper Hopkins (Nikolaus von Kues/Hopkins: early sermons, 21) übersetzt „essentia“ etwas missverständlich mit „Divine Being“, es ist aber deutlich, dass es Cusanus um die klassische Problematik der Gotteserkenntnis „per essentiam“ geht, wie sie besonders seit dem 13. Jahrhundert intensiv diskutiert wird; vgl. zu den Stellungnahmen Alberts von Köln und des Thomas von Aquin beispielhaft Hoye: Gotteserkenntnis.

Platz hat auf derselben Skala von Graduierbarem, sondern sich zu diesen Gradualitäten wie ihr Prinzip verhält, so dass insofern Hinsichtnahmen auf Gott oder auf Graduierbares nur alternieren oder aufeinander verweisen können.

Vom Ausschluss einer präzisen Erkennbarkeit her wird man auch die Diskussion in der frühesten Predigt des Cusanus zu verstehen haben: Auszuschließen ist ein präziser Wesensbegriff; näher zu erklären sind die sonstigen Modalitäten der Rede von Gott. Differenzierend zu dieser Ausgangssituation geht es Cusanus bei der Problematisierung der Gottesnamen noch um Spezifischeres. Das wird etwa daran deutlich, wenn das Wortfeld des „*Wagnisses*" vom Textanfang wenig später nochmals anklingt. Zuvor ging es um das Wagnis, das im Explizieren des göttlichen Namens läge. Nun vermerkt Cusanus: Je höher (altior) der Sinn des Evangeliums, *umso gefährlicher*, darüber zu disputieren. Cusanus wendet sich hier wieder (wie auch der Textanschluss verdeutlicht[447]) explizit dem konkreten Textbezug seiner Predigt zu, nämlich dem Bibelvers Joh 1,14, „das Wort ist Fleisch geworden" – und gäbe es ein „höheres" (altior) Bibelwort? Wagnis und Sprachlosigkeit treten also spezifisch vor besonders „hohen" biblischen Worten oder Theologoumena ein – sei es das Fleisch gewordene „*Wort*" oder, wie im Folgenden zunächst, das Tetragrammaton.

Andererseits sieht Cusanus offensichtlich keinerlei Probleme, Gott sämtliche Vollkommenheiten als Namen beizulegen. Cusanus argumentiert:[448] Gott ist in höchst-vollkommener Weise (perfectissimo). Mit Gott passt daher nur zusammen, was mit *dem höchsten Gut* zusammenpasst (convenit), nämlich höchstes Sein, höchste Dauer bzw. Ewigkeit, höchste Kraft, höchste Herrscherwürde, höchste Herrlichkeit, höchste Gerechtigkeit, höchste Wahrheit.[449]

447 Vgl. Sermo I (h XVI) n. 1, 37-44. Direkt danach ist die Rede vom speziellen Privileg des Evangelisten Johannes, der aus der allerheiligsten göttlichen Brust die Geheimnisse schöpfe.

448 Vgl. Sermo I (h XVI) n. 2, 25-34: „Iam clarum est perfectissimo, unico, simplicissimo esse divino nihil deesse, quia perfectissime est, nihilque convenire, nisi quod cum summo bono concordat. Quod enim a summitate boni cadit, perfectissimo esse non convenit. Patet nunc, quod summum esse, summa duratio sive aeternitas, summa virtus, summa maiestas, summa gloria, summa iustitia, summa veritas unus simplex Deus sunt, extra quem nihil summum est nihilque infinitum."

449 Vgl. Sermo I (h XVI) n. 2, 25-36. Man muss Cusanus hier nicht so verstehen, dass „Ewigkeit" mit „ausgedehnter Dauer" gleichgesetzt wäre – Cusanus lehnt derlei später mehrfach explizit ab, z.B. in De princ. (h X/2b) n. 10; n. 25; De ven. sap. (h XII) c. 19 n. 55 (wonach die begrenzbare Dauer nie der grenzenlosen Dauer gleichkommen kann und die Dauer, welche selbst in der Zeit beginnt, nie dem ursprungslosen Ewigen gleichkommt); De ludo (h IX) II n. 88 (dort unterscheidet er „sukzessive Dauer", wie wir sie begreifen können, von „absoluter Dauer", d.i. Ewigkeit, die wir *nur „im Bild"* der sukzessiven Dauer erfassen); siehe auch Fn. 634 (S. 217). Dass Gott „vor der Zeit

Man kann die cusanische Argumentation, nunmehr noch deutlicher als beim vorherigen Aufweis für „Gott ist das höchste Gut", so verstehen, dass der Aussage „Gott ist das Höchste" bzw. „Gott ist (in) höchst-vollkommen(er Weise)" ein Prinzip korreliert, welches man *Prinzip der semantischen Maximierung* nennen könnte: Für jeden Sinngehalt gilt, dass dieser Gott *in höchster Weise* zueigen ist. Weil außerdem hier „höher" zugleich „vollkommener" bedeutet (mit „omnis perfectionis origo" wurde die Bestimmung des Göttlichen eröffnet), ist näher zu präzisieren. Für jeden Sinngehalt (der eine Vollkommenheit darstellt) gilt, dass dieser Gott *in höchster Weise* zueigen ist. Die Maximierung nimmt also stets den Weg in Richtung Vollkommenheit. In diesem Sinne spricht Cusanus etwas später von Gott als der „höchsten Kraft" (summa vigorositas). Andere Bestimmungen, etwa: Unvollkommenes, Kleines, Minderwertiges, insbesondere aber auch Müßigsein (otium), kommen Gott umgekehrt, wie Cusanus auf diese Weise begründet festhält, gerade nicht zu – Gott „verabscheut" (abhorreat) diese, wie Cusanus hier[450] plastisch

ist, obwohl wir ihn höchst zutreffend Zeit [...] nennen können", zitiert Cusanus De non aliud (h XIII) c. 14 n. 69 aus Pseudo-Dionysius, DN X; in De non aliud (h XIII) c. 15 n. 75 greift Cusanus diese Überlegung dann auf mit dem Hinweis, dass im Blick darauf, wie alles „in" Gott ist, Gott „vor der Zeit" erkannt wird und „der Zeitraum in Gott als Gott" erkannt wird, „denn vor der Zeit (saeculum) wird die Zeit *in ihrem Prinzip* oder Grund (ratio) geschaut". Demnach, so im Folgenden (De non aliud (h XIII) c. 16 n. 76-77) ist umgekehrt Gott als die Zeit selbst, die als solche je unveränderlich bleibt, „in allem, was teilhat an der Zeit, alles und erstreckt sich zu allem". In diesem Sinne, wonach alles Zeitliche teilhat an der Zeit und alle einzelne Dauer virtualiter eingefaltet ist in der Ewigkeit des Göttlichen, könnte man auch die Rede von einer „ewigen Dauer" als *Einfaltung virtualiter* aller zeitlichen Dauer und keineswegs deren bloßer *Verlängerung* verstehen. In De gen. (h IV) c. 2 n. 155 spricht Cusanus weiters vom Ewigen als „absolut Selben", das „durch keine Dauer erfassbar (inattingibile)" sei und „dessen Unerreichbarkeit in unmessbarer Dauer noch mehr offenbar wird (plus patescit)". Unmessbare Dauer freilich ist keine eigentliche Dauer mehr, sondern es wird hier *ex negativo* deutlich, dass das Ewige *relativ zu unserem Begriff von (messbarer) Dauer* diesem entzogen bleibt. In der Tat fährt Cusanus mit dem Hinweis fort, dass „die rationalen Maßstäbe (mensurae rationales), welche die zeitlichen (Distanzen) erfassen, keinen Gegenstand erreichen, der von der Zeit frei (absoluta) ist" und dass uns der Intellekt zeigt, „dass das rationale Maß ohne Verhältnis niederrangiger (importionabiliter infra [...] deficere) ist als das Ewige, so dass nicht (zulässig) gefolgert wird, dass dasjenige ewig ist, dessen Dauer *durch die ratio nicht erfassbar* ist". So könne insbesondere nicht von der Nicht-Fasslichkeit der Dauer *der Welt* auf deren *ewige* Existenz geschlossen werden. *Umsomehr* gilt, wenn schon von nicht-fasslicher *Dauer* auf Ewigkeit nicht geschlossen werden darf, dass absolut-Ewiges zwar *gleichfalls* unter demselben Gesichtspunkt nicht „durch die ratio erfassbar ist", aber nicht einfachhin mit un-endlicher *Dauer* identifizierbar ist, wenn dabei der Begriff der Dauer noch im Sinne des rational Erfassbaren verstanden bleibt. So spricht Cusanus auch im Anschluss davon, dass „in der Unermesslichkeit der Dauer die Unfassbarkeit des Ewigen *aufleuchtet*" (keineswegs mit dieser bereits identisch ist).

450 Vgl. Sermo I (h XVI) n. 6, 1-3. Dass Gott in seiner Wesenheit nicht „untätig oder starr" ist, dass Gott „ohne jedes Müßigsein gut ist", predigt Cusanus auch in Sermo III (h XVI) n. 3.

formuliert; zuvor sprach er, wie eben erwähnt, etwas technischer davon, dass dergleichen mit Gott nicht „zusammenpasst (convenit)".

Cusanus folgt in der Analyse der unterschiedlichen Prädikationen dem in der Textfortsetzung dann auch explizit als Autorität genannten Maimonides. Diesem zufolge sind die Aussage von Werken Gottes eben jener Weg, auf dem wir über das Göttliche Kenntnis und Redemöglichkeiten gewinnen. In explizit genau diesem Sinne merkt auch Cusanus an, dass die gewöhnlichen Namen jeweils von den göttlichen Werken „abgeleitet" sind.[451]

[451] Vgl. Sermo I (h XVI) n. 4, 1-12: „[...] omnia nomina divina derivata sunt ab operibus divinis praeter Tetragrammaton [...]". Die Übersetzung bei Nikolaus von Kues/Sikora/Bohnenstädt: Predigten: 1430-1441, 445 ist etwas irreführend: „[...] kennzeichnet [...] Gott nach irgendeiner hinauswirkenden Teilkraft [...]" – das Partizip „derivata" bezieht sich auf die Ableitung der Namen von den Werken. Zu dieser cusanischen Maimonides-Verwendung hat Wackerzapp: Einfluß, 37 auf die Passage bei Raimundus Martini: Pugio fidei adversus Mauros et Idaeos III d. 3 c. 2 n. 9 ed. de Voisin, 513f verwiesen, unter Hinweis auf die nach Kluxen: Literargeschichtliches, 48 nur dort vorkommende Titulierung „Directio perplexorum". Vgl. zu Raimundus und seiner Maimonides-Rezeption ausführlich Hasselhoff: Dicit, 221ff. Cusanus folgt hier aber, wie auch im Apparat zur kritischen Edition ausgewiesen, der stärker verbreiteten Anführung bei Nikolaus von Lyra: Contra iudeos (= Quaestio de adventu Christi, Quaestio de quolibet u.a.), ca. 1309, in der Ausgabe der Biblia mit Postilla litteralis, ed. M. Doering, Nürnberg 1497, v. 4, f. 346r – 351v, hier f. 348r. Vgl. hierzu auch Bunte: Rabbinische Traditionen, 307; Niesner: „Wer mit juden well disputiren", 596ff; allgemein zur Maimonidesrezeption des Nikolaus von Lyra Hasselhoff: Dicit, 244ff mit kritischen Hinweisen zur Arbeit Buntes und weiterer Literatur; S. 253 zur Stelle bei Nikolaus von Lyra; S. 324 vermutet Hasselhoff mit Wackerzapp: Einfluß eine Bekanntschaft des Cusanus mit Maimonides vermittels Raimundus Martini; aus besagter Stelle kann dies bejaht werden als *Vermittelung über* Nikolaus von Lyra; wichtig ist in jedem Fall der dortige Hinweis auf Heinrich Bate. Hasselhoff nennt des Weiteren sechs Bezugnahmen des Nikolaus von Lyra auf die Tetragrammaton-Deutung des Maimonides, davon drei in der Postilla literaralis.
Im Kommentar zu Ex. 6,3 resümiert Nikolaus von Lyra die maimonidische Attributenlehre wie folgt:
(1) „dicuntur per respectum ad creaturas, ut creator, dominus [...]"
(2) „Alia [...] per modum qualitatum circa divinam essentiam ut sapiens, bonus, omnipotens [...]"
(3) „alia per modum quantitatum, ut immensus, incircumscriptus",
(4) „et per modum aliarum proprietatum, licet transeans in divinam substantiam quantum ad rem significatam"
(5) „sed nomen domini tetragrammaton significat divinam essentiam puram et nudam prout in se existit circumscripta cum alio, et ideo est nomen incomunicabile appropriatum soli deo, quia significat veritatem divinae essentiae in se [...] hoc nomen significat veritatem divinae naturae, ad veritatem autem pertinet impletio dicti sui vel promissi ideo dicitur hoc: Nomen meum magnum, scilicet tetragrammaton quod veritatem importat." „Nomen meum magnum [...] (non indicavi eis)" knüpft an den Wortlaut von Ex 6,3. „et nomen meum Adonai non indicavi eis". (zitiert bei Hasselhoff, 252f, von mir gebraucht die Ausgabe Biblia sacra cum glossa ordinaria, Venedig 1603, v. 1, f. 534).
Zu Dan 3,52 erklärt Nikolaus von Lyra: „[...] benedictum nomen, hoc est nomen domini tetragrammaton, quod est deo appropriatum et nulli alii attributum, quia secun-

Es geht Cusanus beim Thema der göttlichen Werke und der Wirkungsattribute nicht nur um eine sprachtheoretische Analyse. Deutlich wird das cusanische Interesse, vergleicht man etwa den wenig späteren Sermo V, wo es zunächst um die ausgezeichnete Gnade geht, die Johannes dem Täufer zuteil wird. Cusanus zieht dann ein Stufenschema von Graden der Kontemplation aus der Viktorinerschule heran. Wichtig für das Thema der göttlichen Werke sind hier die ersten der sechs Schritte, zu welchen Cusanus ausführlich exzerpiert. Schritte eins und zwei betreffen dabei Sinneswahrnehmung und Vorstellungskraft, Schritte drei und vier die ratio. Im ersten Schritt betrachten wir wahrnehmbare Objekte, bemerken deren Größe und Verschiedenheit, Schönheit und Angenehmheit und „verehren bewundernd oder bewundern verehrend" in diesen Objekten die Macht, Weisheit, Güte usw. Gottes.[452] Im zweiten Schritt geht es um die Vorstellung von Prinzipien und Ursachen der Objekte, im dritten um einen Aufstieg zum Geistigen mittels der Naturen und Eigenschaften dieser wahrnehmbaren Objekte.[453] Ausgangspunkt der göttlichen Namen als Wirkungsattributen ist also eine *Kontemplation* der Natur, eine Art theologischer Naturästhetik[454], beginnend mit dem Staunen

dum quod dicit Rabi Moyses, illud nomen significat divinam proprietatem intrinsecam omnibus aliis separatis. Alia autem nomina divina imponuntur ab operibus divinis, [...] et propter hoc communicatur aliis per quandam participationem, [...] et multo magis alia nomina divina hoc modo communicantur. Nomen autem domini tetragrammaton nulli alii communicatur, sed de solo deo dicitur." (zitiert bei Hasselhoff, 253; ich verwende besagte Ausgabe Venedig 1603, v. 4, 1536)
Die letztgenannte Stelle weist besondere Nähe zu der von Cusanus zitierten Passage aus der kontroverstheologischen Quaestio des Nikolaus von Lyra auf. Das betrifft insbesondere die Rede von der „proprietas intrinseca". Vermutlich hat Nikolaus von Lyra die Intention des Maimonides mindestens zu diesem Zeitpunkt bewusst oder unbewusst nicht nachvollzogen. Denn in der Quaestio wird ja gesprochen von einem Bezug auf die göttliche „essentia[ ] cum proprietatibus suis intrinsecis", also im Plural, während Maimonides größten Wert darauf legt, dass es in Gott keinerlei Vielheit, insbesondere nicht von Eigenschaften gibt.
Nikolaus von Kues hat zu diesem Zeitpunkt höchstwahrscheinlich keine Kenntnis des maimonidischen Primärtextes gehabt. Erst 1451 findet er nach langer Suche im Kloster Egmont ein Exemplar des „Dux neutrorum" vor; vgl. zu den Umständen Hasselhoff: Dicit, 127f.325 (erwähnt auch in Hasselhoff: Reception of Maimonides, 8f, dortige Darstellung aber unvollständiger).

452 Vgl. Sermo V (h XVI) n. 24, jeweils nach Richard von St. Viktor: Beniamin maior I c. 6, PL 196, 72C-73B. Ähnlich in Sermo VIII (h XVI) n. 15, 10-16 als komprimiertes Zitat aus Hugo von St. Viktor: Didascalicon VII c. 1, PL 176, 811D-813A.

453 Vgl. Sermo V (h XVI) n. 24.

454 Zur Problematik des Begriffs „Ästhetik" in vorneuzeitlichen Kontexten findet sich bei bei Haug: Positivierung, 251ff die wichtigste einschlägige Literatur; zur von Haug nicht berücksichtigten Darstellung Umberto Ecos vgl. Eckert: Das Heilige und das Schöne. Haugs Fragerichtung nach „Konzepte[n] [...], bei denen dem Bereich der Künste und der Literatur ein eigenes Recht auf Sinnerfahrung zugesprochen wird [...]" (Haug: Positivierung, 251) und danach, inwiefern es „von der Philosophie des Schönen und/oder von der handwerklich-poetologischen Auffassung der Künste aus Wege zu einer auto-

und dem Lobpreis ihrer Schönheit und Angenehmheit, wonach jeweils abstraktere Reflexionsschritte einsetzen.[455] Dass die Kontemplation der Ge-

nomen Ästehtik gab" (S. 252) setzt eine *Unterscheidbarkeit* ,eigener' oder ,autonomer' Ästhetik von *theologischer* Ästhetik voraus, auch wenn Haug sogleich hinzusetzt, dass „mit ,autonom' natürlich nicht eine aus der schöpferischen Subjektivität entworfene Kunst im neuzeitlichen Sinne gemein sein kann" (S. 252f). Demgegenüber geht die hier vertretene Auffassung stärker konform mit derjenigen Peters von Moos, wie etwa in Moos: das Literarische, 432 skizziert: „Die *theologia*, verstanden als die dem höchsten Gegenstand angemessene Sprache und als die damit beschäftigte Sprachtheorie, die anspruchsvollste ,Linguistik', war der Ort, an dem das Poetische als eigener Wert, nicht bloß als triviales Instrument der Didaktik denkbar wurde. Aus der Theologie stammt die Legitimationsbasis einer bewußten kreativen Imitatio des ,prophetischen' Worts und später einer philosophischen Emanzipation profaner Fiktionalität, die zur Vorgeschichte neuzeitlicher Autonomie-Ästhetik gehört." Von Moos erarbeitet dann v.a. an Texten von Abaelard und Alanus ab Insulis, „daß die theologische Spekulation des 12. Jahrhunderts über sprachliche *proprietas* und *transsumptio* für die Entstehung eines eigenen Status des Literarischen unter den *scripta* nicht folgenlos war" (S. 450). Auch Cusanus ist in dieser maßgeblich über die Chartrenser Naturauffassung und Platonismusrezeption geprägten Traditionslinie zu verstehen; vgl. zu dieser insbesondere die einschlägigen Arbeiten von Peter Dronke (darunter Dronke: fabula und imago), aber auch von Andreas Speer (darunter besonders auch die kritischen Einwürfe mit Speer: Thomas und die Kunst; Speer: Kunst und Schönheit).

455 Zu Richards Kontemplation des Schönen mit Übersetzungen ausgewählter kurzer Textstellen Tatarkiewicz: Geschichte der Ästhetik, II, 225ff. Eine Betonung des Wissens von Gott aus Analogien der Schöpfung findet sich z.B. auch bei Gerhard Zerbolt von Zutphen, den Cusanus in den frühen Sermones mehrfach exzerpiert. Gerhard Zerbolt repräsentiert zugleich einen Typus der Eckhart-Rezeption, der dessen Leitthesen in Themen wie jenen der „reinen Abgeschiedenheit" und „Freiheit des Geistes" ausmacht und zugleich vor der Lektüre von Eckharts Schriften warnt (vgl. Suntrup: De libris teutonicalibus, 270ff; Degenhardt: Wandel des Eckhartbildes, 77). Solche Kritiken hatten natürlich auch die Funktion der Absicherung angesichts durchaus vergleichbar erscheinender Intentionen und Terminologien. So spricht etwa auch Gerhard Zerbolt von *Einheit mit* und *Eintritt in* Gott (De spir. asc. c. 26, 122-130), was Cusanus in Sermo V (h XVI) n. 38, 1-2 übernimmt; auch in Sermo VI (h XVI) n. 3, 17-18 geht es um die unio von Seele und Gott und umgekehrt. Gerhard hebt aber hier und überhaupt in seinen beiden Hauptwerken praktische Bemühungen stärker hervor, während Eckhart jede Unterstellen einer erfüllbaren *Technik* durch eine radikale Interiorisierung und „negative Anthropologie" (Manstetten: Abgeschiedenheit) unterlief. Während es Eckhart auf unmittelbare Einheit und ein Loslassen von allen bildhaften Vorstellungen ankommt, entwirft Gerhard Zerbolt gerade eine imaginative Spiritualität, die sich vergleichweise weniger auf das (für Eckhart als Ichbezug zu tilgende) Selbst als auf die göttliche Herrlichkeit bezieht. In dieser Linie einer stärkeren Betonung von Vermittlungsstrukturen wird man auch Cusanus verorten dürfen, wenngleich dessen Auseinandersetzung mit vor allem dem spekulativ-philosophischen Denken Eckharts wesentlich gründlicher ist. Es ist im übrigen unnötig, für Gerhards Auffassung einen grundsätzlichen Gegensatz zu Präferenzen der via negativa zu konstruieren, wie dies Gerrits: Inter timorem et spem, 39.44 nahelegt. Es ist seit den frühesten diesbezüglichen Distinktionen üblich, dass eine Präferenz der via negationis neben der Geltung der via causalitatis sive affirmativa steht, wobei sich die Negationen auf die Unmöglichkeit von Wesensbestimmungen, die Affirmationen hingegen auf die Zulassung von Wirkungen beziehen. Das Beispiel der frühen Sermones des Cusanus bestätigt selbstverständlich diese Grundüberlegung. Gerrits Formulierung (S. 44) „God is also the exemplary cause of

schöpfe Teil der sechs anzugehenden *Übungen* kontemplativer Praxis ist, übernimmt Cusanus von Hugo auch in Sermo XIV.[456] Demnach werden aufgrund der Größe, Schönheit und Nützlichkeit der Geschöpfe die *Hoheit, Weisheit und Güte* Gottes erfasst.[457] Diese göttlichen Eigenschaften gründen also in der Naturkontemplation.

Dass Cusanus dieser viktorinischen Überzeugung vom Ausgangspunkt in der Naturkontemplation deutlich anhängt, machen auch andere frühe Predigten kenntlich. In Sermo VIII etwa vergleicht Cusanus – per Textübernahme eines anderen Traktats der Viktorinerschule, der nur zwei statt wie Richard sechs Gattungen der Kontemplation differenziert[458] – die Betrachtung der *Werke* Gottes mit der Sicht des „Anfängers", der die Welt gleichsam als vom Finger Gottes geschriebenes Buch kontempliert. Der „Vollkommene" dagegen beharrt in der reinen Betrachtung des Schöpfers – ganz wie Maria[459] in der der Predigt Anlass gebenden Bibelstelle um Maria und Martha. Das kontemplative Leben nämlich ist hier das der Maria zugeteilte und dieses ist „an sich" das Bessere und wird überhaupt als „das Beste" bezeichnet, da es vornehmlich um den *besten Gegenstand* kreist, *und erst in zweiter Linie um die Werke*, wie dies der vita activa und Marthas Einstellung entspricht, wobei diese Werke *sekundär* für die Kontemplation in Betracht kommen, sofern in ihnen Gottes Weisheit und Güte widerstrahlt, und entsprechend ist dem kontemplativen Leben das edlere Seelenvermögen zugeordnet (d.i. der Intellekt und nicht die Vorstellung).

creation, on account of which it cannot but tell us something about the divine nature and essence as well" ist gerade bezüglich der Bezugnahme auf Wesenswissen zu unpräzise und hat auch zuwenig Anhalt am Text Gerhards (hier De Reformatione, ed. Bigne 1677, 243D und De spir. asc. ed. Bigne 1677, 268f). In De docta ign. (h I) II c. 13 n. 175 spricht Cusanus von einer Übereinstimmung der „Weisen" dahingehend, dass die sichtbaren Objekte und deren „Größe, Schönheit und Ordnung" uns „zum Staunen vor Gottes Kunst und Erhabenheit" führen („[...] duci in stuporem [...]", später: „admirative").

456 Vgl. Sermo XIV (h XVI) n. 2, 3-9.

457 Vgl. Sermo XIV (h XVI) n. 2, 7-9, nach Hugo von St. Viktor: Didascalicon VII c. 1, PL 176,811D-813A. In De non aliud (h XIII) c. 14 n. 54-55 bezieht sich Cusanus auf Pseudo-Dionysius (CH I) für die Auffassung, dass die sichtbare Schönheit Abbild der unsichtbaren Herrlichkeit Gottes ist.

458 Vgl. Hugo Parisiensis (teils noch mit Hugo von St. Viktor identifiziert, z.B. bei Ruh: Geschichte 1, 358, zumeist aber zumindest seiner Schule zugeordnet, z.B. bei Imbach: Selbsterkenntnis, 19f): De modo dicendi et meditandi n. 9: „Contemplationis autem duo genera sunt [...]" (PL 176, 879B-C; fast textgleich: Homiliae in Eccl. 1, PL 175, 117B-118B).

459 Vgl. Sermo VIII (h XVI) n. 15. Im Unterschied zu Eckhart, der in Pr. 65 die Perikope Lk 10,38-42 geradezu gegenläufig zum zunächst zwingend erscheinenden Textsinn erklärt, ist die Pointe des Cusanus, dass (die Jungfrau) Maria Werke des aktiven *und* kontemplativen Lebens ausübt – eine Erklärung, die Cusanus noch mehrfach wiederholt, z.B. in Sermo CC (h XVIII) n. 8 (zu Wilten zu Mariä Himmelfahrt am 15.8.1455).

Eine noch genauere Differenzierung übernimmt Cusanus wiederum von Richard von St. Viktor in Sermo IX, der ebenfalls mariologisch geprägt ist.[460] Cusanus variiert und kombiniert in dieser Predigt diverse Allegoresen des Siebentagewerks, insbesondere wiederum Analogisierungen mit Stufen des geistigen Weges und der Kontemplation. Die fragliche Schematik Richards paraphrasiert Cusanus nun in der Form, dass die Schau *in unterschiedlichen Mitteln* und mit unterschiedlichen Seelenvermögen erfolgt:

1. das sinnliche Vermögen nimmt die Welt als Spiegel und Bild;
2. das Vorstellungsvermögen nimmt *nicht die Welt, sondern deren Bild* als Spiegel;
3. der Verstand (die ratio) sucht den Sinn (*die ratio) des Bildes* und gelangt zur Bewunderung; hier operiert der Verstand *im Bild*;
4. der Verstand verfährt *gemäß der Vorstellung*; er wird durch die sichtbaren Ähnlichkeiten entrissen (rapitur) hin zum Unsichtbaren;
5. der Verstand operiert *gemäß dem Verstand;* er schreitet räsonierend (ratiocinando) vom Erkannten (ex cognitis) zum Unbekannten (ad incognita) fort;
6. man sieht, was die Natur des Geistes überschreitet oder gegen die ratio steht – Cusanus ergänzt: wie die Glaubensartikel; dann erst „kommt die Ruhe", die „Vollendung der Betrachtung" wird geboren, die ratio stirbt.[461]

Diese Schematik des geistigen Weges also ist der cusanische Hintergrund vor allem in seinen frühen Predigten. Die Kontemplation der geschaffenen Natur und der schrittweise Aufstieg des Geistes hiervon sind dabei die frühen Stufen. Der Selbstüberstieg des Geistes ist das Ziel, nachdem zunächst zweimal die Stufen Sinnesbild – Vorstellungsbild – Verstandesgründe (Schritte 1-3 und 3-5) durchlaufen wurden. Stets bleibt bis dahin festzuhalten, dass die Kontemplation *je vermittelt* erfolgt. Die Vermittlung wird dabei vor allem visuell – als „Bild" und „Spiegel" – beschrieben, und erst in diesem Rahmen setzt eine Rationalisierung ein, um dann überwunden zu werden. Die Vermitteltheit und Begrenztheit des Erreichbaren bleibt im Bereich des Menschenmöglichen stets gewahrt. Eine vollendete Einung mit Gott wird überhaupt erst ausblickhaft „im Vaterland" beschrieben[462], auch hier aber sieht

[460] Sermo IX (h XVI) wird dem Tage der Geburt Mariens zugeordnet, die anlassgebende Hymne aber auch ihrer Empfängnis, vgl. Nikolaus von Kues/Hopkins: early sermons, 220 n. 1.

[461] Vgl. Cusanus: Sermo IX (h XVI) n. 34, zunächst komprimiert paraphrasierend aus Richard von St. Viktor: Beniamin maior I c. 6, PL 196, 70B-72C, im Schlussausblick noch aus Beniamin minor c. 71.73, PL 196, 51B-C und 52B-D.

[462] Vgl. Sermo IX (h XVI) n. 35 mit Textübernahmen aus Ps.-Albert: Mariale q. 61 § 5, ed. Borgnet Bd. 37 (Paris 1898), 109b-111a. Auch in Sermo VIII (h XVI) n. 26 gibt Cusanus in einer längeren Marginalie einen Ausblick auf das Glorienlicht „im Vater-

Cusanus – mit Pseudo-Albert – eine Stufung der erreichten Schau, beginnend mit den Propheten, gefolgt von Moses, der „von Angesicht zu Angesicht" Gott geschaut habe (nach Num 12,8).[463]

Bevor ein solcher Zielpunkt erreichbar ist, setzt die Kontemplation und auch die Rede über das Göttliche aber beim sinnlich Zugänglichen und Vorstellbaren an, bei der Weltwirklichkeit, die als Werk des Göttlichen gesehen wird und unseren Benennungen Anlass gibt. Von solcherart Wirkungsattributen sieht Cusanus in Sermo I offensichtlich auch die Namen „El", „Adonai", „Jah", „Sabaoth", „Schadday" und drei ungenannte weitere. Er erklärt die erstgenannten jeweils sehr knapp im Sinne des Maimonides: „El" etwa beziehe sich auf Gottes Wirkung, die derjenigen eines überaus gerechten Fürsorgers gleicht. Solches findet, so Cusanus, der geschaffene Intellekt im Aufstieg *hin zur Kraft (virtus)* des höchsten Guten.[464] Überhaupt hebt Cusanus hervor, dass Gott, mag auch sein (eigentlicher) Name ein *einziger* sein, doch „mit verschiedenen menschlichen Lauten, verschiedenen Sprachen der verschiedenen Völker" genannt (nominatur) werde.[465] Bader beobachtet hier eine „spürbare Lust an der Vielstimmigkeit", wobei „die [...] Vielheit [...] nicht etwa zerstreut, sondern nur die Konzentration auf den einen Namen in wunderbarer Weise verstärkt"[466]; Flasch hat von „eine[r] vielheitsfreudige[n] Wendung" gesprochen.[467] Diese positive Deutung der Vielheit der menschlichen Ausdrucksweisen behält Cusanus konstant bei. Sie findet sich etwa auch in der Innsbrucker Weihnachtspredigt von 1455 (Sermo CLXX). Demnach

lande", das den Geist in eine Geeignetheit versetze, die ihn *über die Grenzen seiner Natur hinaus erheben könne*, so dass er tatsächlich *Gott von Angesicht zu Angesicht* schaue (Z. 50-52).

463 Der etwa für Maimonides so wichtige Unterschied zwischen den Propheten und Moses, der ihm zufolge bereits den Gipfel der Schau erreicht, stellt hier bei Cusanus und seinem marianischen Bezugstext nur noch zwei erste Schritte dar, während die letzten beiden selbstverständlich Maria und Christus vorbehalten bleiben. Letzterem gebührt die „Gnade der Einigung mit der Gottheit". Vom eckhartschen Anliegen, eine solche Gnade als Gottesgeburt in der menschlichen Seele überhaupt auszuweisen, findet sich in diesen frühen Predigten kaum eine Spur. Leider sind in Sermo XI (h XVI) vom 25.12.1431 die Teile zwei und drei nicht überliefert. Dort hatte Cusanus das Thema der Geburt nach 1) der ewigen Zeugung, 2) der zeitlichen Geburt und 3) nach der *geistigen Geburt in uns* zu behandeln angekündigt, vorliegend sind aber nur seine Notizen zu Ersterem. Dass die frühen Sermones „Eckhartsche Themen zurückhaltend und eher reduktiv" behandeln, konstatiert z.B. auch Flasch: Entwicklung, 33.

464 Vgl. Sermo I (h XVI) n. 3, 3-12.

465 Sermo I (h XVI) n. 3, 1-6.

466 Bader: Emergenz, 10.

467 Flasch: Entwicklung, 22: „Weil der wahre Name Gottes unbekannt ist, weitet sich der Blick auf die Verschiedenheit der Völker und Epochen und findet in ihren Gottesnamen je einen wahren Inhalt." (Auch angeführt bei Bader: Emergenz, 10). Genauer: Der Blick bezieht sich je zurück auf *die* Wahrheit, wie sie an sich selbst aber uneinsichtig bleibt, wie ja auch die scheinbar vielen „Namen" letztlich nur *der* eine Name in vielerlei „Lautungen", nie aber in Reinheit sind.

gibt es darum so viele Sprachen, damit *das Unnennbare besser benannt werde*, wie darum so viele Menschen, damit die *unausdrückbare* Menschheit besser *entfaltet* werde und darum so viele Geschöpfe, die Bild Gottes sind, damit die Wahrheit besser in der Verschiedenheit (varietas) entfaltet wird.[468] Freilich ist bei den cusanischen Lobreden für die Manifestation in Vielheit und Verschiedenheit immer mitzusehen, dass diese Vielheit dabei als Entfaltung *eines sie einenden Ursprungs* aufzufassen ist, so dass Cusanus immer wieder von „Rückführungen" auf das Prinzip von Allem spricht[469], von welchen sich *umso vielgestaltigere* Anlässe bieten, als sich uns je verschiedenartige Manifestationen zeigen. Auch hier wird deutlich, dass Cusanus 1430 ebenso wie 1455 die *Un*nennbarkeit im Sinne eines (präzisen) Ausdrucks (des göttlichen Wesens, wie es an sich ist) zusammensieht mit der *All*nennbarkeit im Sinne der abbildlichen *Entfaltung*, insbesondere auch der Entfaltung der Einzelworte der vielen Sprachen.[470]

Signifikant auch im Blick auf die späteren cusanischen Überlegungen zur Einheit der Religion in den verschiedenen Riten, gewissermaßen einer Vorform eines religionstheologischen Inklusivismus, ist in jedem Fall das Eingehen des Cusaners auf die Gottesnamen in unterschiedlichen Kulturen. Wie den vielen Riten die *eine* Religion (in der in dieser Sicht wahrsten Gestalt des Christentums) entspricht, so den vielen Lauten und Namen die Einheit des Göttlichen, die in ihrer Eigentlichkeit freilich unnennbar bleibt. Cusanus exemplifiziert dies ausführlich, er verweist auf „Theos" im Griechischen, „Birtenger" im Tartarischen usw. –

> „auf diese Weise wird der eine Gott gemäß den vielen Attributen von verschiedenen Völkern je ein anderer Namen zugelost (sortitur), wenn er auch in allen und durch alle (Namen) der eine sein möge".[471]

In der Tat lassen sich diese Namen inklusivistisch interpretieren gemäß einer wenig später von Cusanus veranschlagten Maxime: Die *Worte* stehen nicht entgegen, denn der *Sinn* (sententia) stimmt mit der Wahrheit überein (congruat).[472] Der Verschiedenheit der Namen entspricht also – *womöglich*, Cusanus gebraucht hier den Konjunktiv („sit unus") – keine Verschiedenheit, sondern die Einheit des Göttlichen.

Eine einzige Ausnahme zu den vielen, auf das Wirken des Göttlichen zu beziehenden Namen konzediert Cusanus mit Maimonides (via Nikolaus von

468 Vgl. Sermo CLXX (h XVIII) n. 8, 12-17; vgl. obige Fn. 338 (S. 118).

469 So z.B. Sermo CLXVIII (h XVIII) n. 6.

470 Vgl. auch die nachstehend in Fn. 650 (S. 223) markierte Parallele zur diesbezüglichen Perspektivität in der eckhartschen negativen Theologie.

471 Sermo I (h XVI) n. 5, 11-13: „Ita unus Deus secundum attributa diversa a diversis gentibus aliter et aliter nomen sortitur, licet sit unus in omnibus et per omnia." Vgl. zum religionstheologischen Inklusivismus des Cusanus auch Fn. 924 (S. 310).

472 Sermo I (h XVI) n. 11, 36-37.

Lyra): Der „heiligste" Name, der unaussprechlich und für den Intellekt unbegreiflich ist, das Tetragrammaton.[473] Die zu Eingang des Sermo I festgehaltenen Vorbehalte beziehen sich also dezidiert auf die Unaussprechlichkeit des einen „großen" Eigennamens, des Tetragrammaton.[474] Das Tetragramm steht in einer Ausnahmestellung gegenüber den Konkretionen der Eigennamen als Bezeichnungen *nur der Wirkungen* und als kulturell verschiedene Attribute, die sich aber auf den *einen* Gott beziehen.

Nachdem Cusanus diese Attributionen verfolgt hat, kommt er nochmals auf den spezifisch christlichen Nukleus des Themas der göttlichen Namen zurück. Ausgangspunkt war ja das „Fleisch gewordene *Wort*" und die Frage, ob *den* unendlichen Namen Gottes zu entfalten *und die Geburt dieses eingeborenen Wortes zu künden* nicht eine menschliche Anmaßung sei.[475] Diese Zu-

473 Vgl. Sermo I (h XVI) n. 3, 16-20. Die Unsicherheit des Cusanus mit der Auswertung der jüdisch-theologischen Tradition wird auch in den Überarbeitungen des Textes zwischen der Fassung im Codex Cusanus 220 (kurz C) und im Codex Vaticanus latinus 1244 (kurz V1) kenntlich: Zunächst wurde eine Aussage des „Sepher Raziel" paraphrasiert, wonach man im Tetragrammaton und in den anderen unendlichen Namen Gottes alle Weisheit enthalten finde; heute seien die Schriften jener Alten beiseite getan; in V1 wird dann ausgesagt, dies sei eine bloße Behauptung („contineri putarunt" statt „invenerunt") und das Beiseitetun sei „et juste" erfolgt. Darauf weist bereits Nikolaus von Kues/Sikora/Bohnenstädt: Predigten: 1430-1441, 446 hin. Vom Tetragramm sagt Cusanus dann in De gen. (h IV) c. 4 n. 168, ähnlich in c. 5 n. 176, dass es sich um den „unaussprechlichen, höchst-geheimnisvollen Namen Gottes" handelt und er „Einfaltung aller Lautlichkeit" bzw. „Quelle jeglichen aussprechbaren Wortes" ist, aber „auch als Jehova ausgesprochen" werde. Wie kann ein Name einerseits „aussprechlich" (ineffabile) sein und doch in angebbarer Weise (als „Jehova") „ausgesprochen werden" (pronuntiare)? Offenbar gemäß einer Zuordnung differenter Hinsichten: unaussprechlich der Eigentlichkeit nach, (je nur vertretungsweise) aussprechlich in Ersatzlautungen. Der Apparat (h V, 120) verweist auf Maimonides, Dux I, 60-62 und die Rezeption bei Eckhart, In Ex. n. 19.146-147; sowie bei Cusanus auf De fil. (h IV) c. 6 n. 84.

474 Die Kombination von Ex 6,3 und den Ausführungen des Maimonides, wie bei Nikolaus von Lyra vorgenommen, findet sich noch mehrfach wieder, etwa bei Duns Scotus: Reportatio Parisiensum I d. 22 Opera ed. Wadding 1639, v. 11, 123.

475 Vgl. Sermo I (h XVI) n. 1, 10-14: „Quis enim tam infiniti, immensi inconceptibilisque summi Dei nomen, quod nec angelis cognitum est, audet explicare? Et unigeniti Verbi «generationem, quis enarrabit?»" Die Zitate entstammen Jes 53,8, „[...] generationem eius quis enarrabit [...]" und Apg 8,33, dies zitierend und dabei die Aussage über die Nachkommenschaft, geneá, des Gottesknechtes in Anverwandlung des LXX-Wortlauts auf Jesus beziehend, wohl „im übertragenen Sinn geistiger Nachkommenschaft", wie Schneider: Apostelgeschichte, 505 formuliert. Der Bezug auf die *Zeugung* Christi wird erst durch den lateinischen Text möglich.
Damit ist Cusanus natürlich nicht der Erste, vgl. etwa Augustinus: Sermo 184, 3; Sermo 195 (In Natali Domini) 12, 1; Eusebius mehrfach, u.a. De ecclesiastica theologia 1,12; De evangelica praeparatione 5,1; vgl. dazu Grünbeck: Schriftargumentation, 131f, der den negativen Befund bei Eusebius bezüglich der ihrem Gehalt nach unerklärlichen „Metaphern" wie „Zeugung" im Unterschied zur mittelplatonischen technischen Terminologie festhält; gerade diese Unerklärlichkeit und Irreduzibilität auf die philosophische Fachterminologie kann allerdings m.E. als eine Stärke der Namenslehre des Eusebius gewertet werden. Einen konzisen Überblick zu patristischen Rezeptionen

spitzung bezieht Cusanus nun, zugleich dem genuinen Thema einer Weihnachtspredigt folgend, auf die Unaussprechlichkeit der Inkarnation: Cusanus spricht von einer „unaussprechlichen Geburt" (nativitas ineffabile) und einer „unaussprechlichen Zeugung" (generatio inenarrabile).[476] Bezeichnenderweise rückt damit Christus und die Geburt Christi an die Stelle des eigentlichen Signifikanten und „Namens", in dem Realgegenwart und „Unaussprechlichkeit" des Signifikats zusammen fallen.

Die Aufmerksamkeit, die Cusanus in seinem ersten Sermo der Singularität des göttlichen Eigennamens widmet, kennzeichnet auch „De docta ignorantia". Der Kontext ist hier zunächst die „affirmative Theologie". Alles, was in ihr von Gott gesagt wird, ist begründet (fundatur) in der Hinsicht auf die Kreaturen – eine Auffassung, welche die Traditionen jüdischer und christlicher Reflexion über die göttlichen Namen seit jeher prägte, für die sich Cusanus aber hier vor allem auf Maimonides und Hieronymus beruft. Schon die Wahl der Bezugsautoren gibt der Thematik eine eigentümliche Zuspitzung. Hieronymus nämlich hatte im Brief über die zehn Gottesnamen[477] deren Reihung, wie Günter Bader zurecht gegenüber einer breiten, dieses Anliegen verzeichnenden Wirkungsgeschichte reklamiert, „als Klimax in Richtung Unübersetzbarkeit" geordnet[478] und das Tetragramm in der Tat als „nomen [...] ineffabile" ausgewiesen. In dieser Unaussprechlichkeit für uns ist das Tetragramm zugleich für sich der *eigentlichste* Gottesname. Cusanus macht sich dies zu eigen und führt dann auch hier das Tetragramm als den „eigentlichen Namen (Gottes) selbst" an: Das Tetragramm komme Gott *nicht* zu gemäß irgendeiner Beziehung (habitudo) zu den geschaffenen Dingen, sondern gemäß Gottes eigentümlichem Wesen (secundum essentiam propriam).[479]

von Jes 53 gibt Markschies: Jesus; Eusebius ist dort u.a. S. 242 behandelt und hervorgehoben, dass der Bezug „ohne Skrupel auf die allgemeine Lehre von der Unerkennbarkeit Gottes oder auf die exklusiven Erkenntnisse des Sohnes" erfolgt.
Ferner z.B. Vigilius Tapsensis (Pseudo-Athanasius): De trinitate 8, 267, PL 62, 283D, zitiert z.B. von Petrus Abaelardus: Sic et non q. 18; Theologia summi boni 1,5; (Weihnachts-)Sermo II, PL 178, 388B-C (mit Anklang an das angeführte Weihnachts-Sermo 184 des Augustinus).

476 Vgl. Sermo I (h XVI) n. 10, 1-2, nach Gregor der Große: Moralia 23 c. 19 n. 36, und n. 11, 1-2.

477 Ep. 25 (De decem nominibus, quibus apud Hebraeos deus vocatur), PL 22, 428ff / CSEL 54, 218ff. Auf diese Stelle nimmt Hieronymus nochmals anlässlich des Gottesnamens „IA" Bezug in einem Kommentar zu Ps. 126, CCL 72, 245. Der Verweis bei Nikolaus von Kues/Wilpert/Senger: De docta ignorantia, 126 auf „PL 23, 1336ff" ist mir nicht nachvollziehbar, gemeint ist wohl die Edition bei PL 23, 1269ff mit den Anführungen aus Evagrius Ponticus. Hierauf beziehen sich offenkundig auch Izmirlieva: names, 59.178 und Schmidt-Biggemann: outlines, 76ff.

478 Bader: Psalterspiel, 79. Entsprechende „hebraica veritas" versammelt dann Isidor von Sevilla: Etymologiae l. 7 c. 1, 3-16.

479 Vgl. De docta ign. (h I) I c. 24 n. 75, 5-9; vgl. auch c. 24 n. 82.

Cusanus gibt dabei auch eine Art Deutung dieses Namens, die abweicht von der z.B. bei Maimonides oder Eckhart vorgetragenen Identifikation mit dem (absoluten und aus sich heraus notwendigen und so von allem bedingten bloßen Quasi-Sein als dessen Prinzip verschiedenen) Sein selbst. Cusanus formuliert: Gemäß dem Tetragramm als Eigen-Namen müsste man ihn verstehen (interpretari debet) als „Einer und Alles" (unus et omnia) oder als „einheitlich-Alles" (omnia uniter).[480] Damit kann natürlich nicht ein Einheitsbegriff gemeint sein, wie ihn die ratio ausprägt, der in begrifflicher Opposition zum Begriff der Vielheit steht. Der dergestalt präzisierte[481] Bezug des Tetragramms auf eine Interpretation mittels der Formel „unus et omnia" oder „omnia uniter" entspricht dem zuvor im Werk formulierten Verständnis des Göttlichen (wie es in sprachtheoretischer Hinsicht nachfolgend v.a. in Abschnitt IV.2 zu skizzieren sein wird): Das Göttliche wird hier begriffen als (virtualiter) alles einschließend und umfassend, als Wesenheit aller Wesenheiten, Form der Formen, als Aktualitätsprinzip für alles aktual Existierende, als jener, der in solcher Weise alles ist (als dessen Prinzip und nichtverschieden von allem), wie er zugleich keines *von* allem (als kein Prinzipiat, als inkommensurabel, nicht in Proportionen zu bringen) ist[482], bzw. als Prinzip, das so „*in*" jedem Prinzipiat ist, dass jedes Prinzipiat *in* diesem Prinzip ist (sofern dieses seine Wesenheit in letzter Hinsicht konstituiert) – ein Verhältnis, das auch Wendungen wie „absolute Genauigkeit" komprimiert fassten. Bringt dann also das Tetragramm nichts zur Sprache, was nicht auch durch die vorausliegenden cusanischen Überlegungen bereits entwickelt wäre? Plausibler erscheint es, Cusanus darin wörtlich zu nehmen, dass es sich bei solchen Vereinbarungen eben um eine *Interpretation* des Tetragramms handelt – während die Benennung Gottes mit dessen Eigennamen ein *Aussprechen* des Tetragramms selbst erfordern würde, was uns unmöglich bleibt. Zur Deutung des Tetragramms als „omnia uniter" gehört auch, dass dieser unendliche Name alle endlichen Namen in sich eingefaltet (complicata) enthält.[483] So gilt für *jeden* sonstigen Namen, dass dieser sich zum Tetragramm verhält „wie Endliches zum Unendlichen".[484] Man kann daher alle bisherigen diesbezüglichen Verhältnisbestimmungen direkt auf die Namensthematik im Allgemeinen und auf das Tetragramm im Besonderen anwenden. Nur durch *dasjenige* Erkennen wird Gottes Name erkannt, welches *selbst* das Größte ist und selbst der größte Name ist.[485]

480 Vgl. De docta ign. (h I) I c. 24 n. 75, 9-10.
481 Vgl. De docta ign. (h I) I c. 24 n. 76.
482 Vgl. etwa De docta ign. (h I) I c. 16 n. 43.
483 Vgl. De docta ign. (h I) I c. 24 n. 79, 14-5 und c. 25 n. 84, 5-8.
484 Vgl. De docta ign. (h I) I c. 24 n. 84, 10-11.
485 Vgl. De docta ign. (h I) I c. 24 n. 76, 11-13 und n. 77, bes. 10-12.

IV.1.2 Die göttlichen Eigenschaften als Strukturmomente spiritueller Praxis und das Lassen von aller „Beschaffenheit" als praktischer Kontext negativer Theologie (v.a. in den Sermones IV und VI)

Wie stark eine theologische Reflexion religiöser Praxis, insbesondere im Sinne eines kontemplativen Aufstiegsweges, mit der Sprachproblematik zusammenhängt, wurde schon in Sermo I deutlich. Die göttlichen Namen erscheinen hier vor allem fundiert in der Naturkontemplation und im Lobpreis der Schönheit der Werke des Schöpfers. Die Unaussprechlichkeit *des* göttlichen Namens wurde dabei verbunden einerseits mit der jüdischen Tradition im Zusammenhang des Tetragrammatons, andererseits mit Christus und insbesondere seiner „unaussprechlichen" Geburt.

Auch Sermo II stellt ins Zentrum, dass einzig der Name Christi der wahren Verehrung würdig ist und entwickelt eine Kriteriologie zulässigen religiösen Zeichengebrauchs in Abgrenzung von magischen Praktiken. Das Hauptkriterium dabei ist: Man sollte „nur auf Gott Bezug nehmen" und dürfe „an keine Einengung glauben, als hätten nur etwa diese und jene Worte Kraft"; auch sei es „nicht wirklich die Schrift oder sind es die Worte, vielmehr ist es (was die Kraft hat) das Bezeichnete bzw. dahinter stehende" (d.i. Gott selbst).[486] Uns soll der *eine* Glaube an unseren Herrn Jesus Christus genügen, *seinem* Namen soll sich jedes Knie beugen.[487] So tritt der Name Christi an die Stelle des eigentlichen und präzisen Namens Gottes.[488] Er fungiert als Supplement unmöglicher präziser Sachbeschreibungen im Modus von Benennungen der ratio. Namensproblematik und spirituelle Praxis stehen dabei in engem Zusammenhang. Schon bei der Rekapitulation der cusanischen Epistemologie in Abschnitt III.2 war dieser Zusammenhang herausgestellt worden, welcher die Prädikationsthematik einbindet in den kontemplativen Weg. Insbesondere die Negationen und die Überschreitungen endlicher Aussagesinne sind dabei verbunden mit dem „Lassen" von allem Vielen und Materiellen und der Hinordnung auf Gott als den „Höchsten". Diesen Zusammenhang der Performanz religiösen Glaubens und menschlicher Suche nach glückendem Leben mit der Problematik der *Benennungen* dessen, worin diese Suche gründet und woraufhin sie tendiert, verdeutlichen auch die Sermones IV und VI.

In Sermo IV, der zu großen Teilen aus Textübernahmen von Wilhelm von Auvergne besteht, geht es hauptsächlich um Grundlegungsfragen der

486 Vgl. Sermo II (h XVI) n. 21.

487 Vgl. Sermo II (h XVI) n. 23 mit Bezug auf Apg 4,12 und Phil 2,20.

488 Vgl. zu dieser Funktion des Namens Christi auch das sehr viel spätere Sermo CCLXXXIII (h XIX), bes. n. 15: Einen Namen zu manifestieren, heiße demnach, Wissen zu manifestieren, denn *ein Name manifestiert* – und Christus *ist* der ‚Name', durch welchen Gott-Vater manifestiert wird; Christus *ist* das Wissen vom Namen des Vaters.

Analyse des Glaubensbegriffs. Im hier interessierenden Mittelteil kommt Cusanus dann mit Wilhelm auch zu sprechen auf den *Bezug* dessen, was wir „zu glauben haben". Zu unterscheiden sei,

i) was sich direkt auf Gott bezieht, wie Einheit, Dreifaltigkeit, Gleichheit usw. und

ii) was sich nur mittelbar durch Vergleich mit anderen Dingen auf ihn bezieht, wie der Glaube an den Mächtigen, den Weisen, den Gütigen und einschlussweise auch, dass der Vater Schöpfer, Licht, Führer usw. genannt wird (dicitur).[489]

Wilhelm gründet auf diese Analyse ausgesuchter Namen und Komponenten der fides quae eine kleine Theologie der Spiritualität, die Cusanus in seine Predigt übernimmt. Auf die besagten drei Eigenschaften (Macht, Weisheit, Güte) nämlich lassen sich alle Elemente der kultischen Verehrung beziehen.[490] Die demütige Bitte etwa strebt zur Macht usw. Diese Vollzüge „ergeben sich" (oriuntur) aus den jeweiligen göttlichen Eigenschaften.[491] Attributenlehre und spirituelle Praxis, göttliche Namen und Kult hängen somit eng zusammen.

In Sermo VI wird einmal mehr der Zusammenhang der Negationen mit einer spirituellen Praxis der Abwendung vom „Vielen" ersichtlich. Diese Predigt hält Cusanus in den 1430er Jahren an einem 22. Juli, dem Festtag der Maria Magdalena. Erwartbarerweise geht es daher primär um Leitlinien und Grundthemen der Tugendethik und Moraltheologie, u.a. um den Begriff der Sünde und der Liebe, besonders der vollendeten Gottesliebe als Bestimmung des Menschen, und um den Seelenweg zwischen beiden Extremen am außergewöhnlichen Paradigma der durch Christus, die „Sonne der Gerechtigkeit" erlösten, ja – wie Cusanus mit vielen anderen voraussetzt – zur vollendeten Einheit mit ihm geführten Sünderin.

In diesem Kontext führt Cusanus, wie schon kurz in Sermo I[492], auch jenes Prinzip an, das er später als „Regel der docta ignorantia" reklamieren wird[493]: Vom Endlichem zum Unendlichen gibt es kein Verhältnis (und vom

489 Vgl. Sermo IV (h XVI) n. 18, 1-3: „Quaecumque de Deo credenda sunt, aut insunt ei per se sine respectu et comparatione rerum aliarum, aut non [...]". Nach Wilhelm von Paris: De fide et legibus c. 2 ed. Paris 1674, f. 13bH-14bA.

490 Vgl. Sermo IV (h XVI) n. 18, 8ff: „[...] omnes partes divini cultus [...]". Nach Wilhelm von Paris: De fide et legibus c. 2 ed. Paris 1674, f. 13bH-14bA.

491 Vgl. Sermo IV (h XVI) n. 18, 40ff nach Wilhelm von Paris: De fide et legibus c. 3 ed. Paris 1674, f. 14bA.

492 Vgl. Sermo I (h XVI) n. 34; Sermo CLXXII (h XVIII) n. 1. Weitere Stellen in cusanischen Werken z.B. bei Nikolaus von Kues/Wilpert/Senger: De docta ignorantia, 115.

493 Vgl. De docta ign. (h I) I c. 1 n. 3: „Propter quod infinitum ut infinitum, cum omnem proportionem aufugiat, ignotum est"; I c. 3 n. 9; I c. 6 n. 15; II c. 2 n. 102: „proportionem vero inter infinitum et finitum cadere non posse, nemo dubitat"; De vis. (h VI) c. 7 n. 23, vgl. n. 22: „improportionabiliter absolutior est vis divina supra intellectualem".

Endlichen aus bzw. dem Gegenstandsbereich, in welchem „mehr oder weniger“ vorliegen kann, ist darum Unendliches, absolut Größtes oder absolut Kleinstes unerreichbar, weil ein solches „Erreichen“ ja ein entsprechendes Verhältnis herstellen würde). Dieses Prinzip wurde zuvor des Öfteren veranschlagt[494], u.a. von Bonaventura, von dem Cusanus in Sermo VI auch mehrere Textteile kopiert.[495] Der übliche Kontext war aber, ausgehend von den aristotelischen Formulierungen, naturphilosophischer Provenienz. Die hier bei Cusanus vorliegende Applikation ist wesentlich anderen Zuschnitts. Es geht um die Liebe und Natur dessen, den Maria Magdalena liebt. Nichts ist diesem vergleichbar, denn: Vom Endlichen zum Unendlichen gibt es kein

Dazu Hirschberger: Inkommensurabilität. De theol. compl. (h X/2a) n. 13, 14-16: „Non igitur mensuratur infinitum per finitum, inter quae non cadit proportio, sed infinitum est sui ipsius mensura“. Vgl. ferner Apol. (h ^{2}II) n. 47. De ludo (h IX) II n. 96 formuliert Cusanus die „regula doctae ignorantiae“ in der Form „quod in recipientibus magis et minus non est devenire ad maximum et minimum simpliciter“. Wortgleich in De ven. sap. (h XII) c. 26 n. 79; vgl. c. 37 n. 108. Gelegentlich ist in der Sekundärliteratur eine Redeweise von einer „Regel der ‚docta ignorantia'“ in erweitertem Sinne zu finden, so bei Lentzen-Deis: Glaubensvermittlung, 100, mit Bezug auf die Nichtnennbarkeit Gottes mit einem „eigentlichen“ Namen (der mit Gottes Sohn koinzidiert). Auch diese Grenzmarkierungen sind zurückführbar auf die *regula docta ignorantiae* im vorstehend angeführten engeren und eigentlichen Sinne (da die uns verfügbaren Namen vom Endlichen her genommen sind), der in dieser Arbeit auch jeweils gemeint ist, wenn von „der“ Regel der docta ignorantia gesprochen wird.

494 Vgl. beispielsweise Albert: De resurrectione, ed. Col. Bd. 26, tr. 4 q. 1 a. 9 § 1 (5), 327a, 33-37: „finiti ad infinitum nulla est proportio vel capacitas; igitur potentia finita numquam habet compleri per actum infinitum. Sed omnis intellectus creatus est finitus; ergo non habet compleri per intelligibile infinitum“. Die Formel wird üblicherweise auf Aristoteles zurückgeführt: Phys. 8, 1 252 a13, bes. aber De caelo A 6 274 a7 (tr. Gerhardi Cremonensis: „non est inter gravitatem finitam et gravitatem infinitam relatio neque proportio“), A 7, 275 a13. Der Apparat verweist auch auf Albert: De caelo et mundo l. 1 tr. 2 c. 3 (ed. Borgnet Bd. 4, 48a, 50a: „inter gravitatem finitam et gravitatem infinitam non est proportio aliqua [...]“), Super I Sent. d. 1 a. 13, ed. Borgnet Bd. 24, 35a: „ergo Deus per essentiam, et intellectus creatus habent proportionem: ergo et commensurationem, quod haeresis est [...] Item, Infiniti ad finitum non est proportio: Deus in substantia est infinitus loco, tempore, et comprehensione [...]“. Vgl. aber auch Thomas: STh I q. 12 a. 1 arg. 4 und co. und ad 4 (und I q. 2. a. 2) sowie De veritate, q. 2 a. 3 arg. 4 („infiniti autem ad finitum nulla sit proportio“) – daraus dürfe aber nicht gefolgert werden, dass Gott kein Wissen vom Geschaffenen haben kann, wie Thomas im *corpus articuli* mit Maimonides begründet: „qui oculum fecit sic proportionatum ad suum finem [...]?“ Weitere Bezüge des Thomas auf das Prinzip, dass zwischen Endlichem und Unendlichem kein Verhältnis besteht: De Trin. q. 1 a. 2 arg. 3 („daher auch nicht zwischen unserem Intellekt und Gott“); STh I q. 2 a. 2 arg. 3.

495 Und zwar aus dem Breviloquium des Bonaventura, das Cusanus in Codex Cusanus 64 und 78 besaß, hieraus p. 7 c. 6 in Sermo VI (h XVI) n. 19. Das Axiom „finiti ad infinitum nulla proportio“ dann n. 32, wobei der Apparat u.a. verweist auf Bonaventura: I Sent. d. 48 a. 1 q. 1 arg. 2. Die Bonaventura-Rezeption in den frühen Sermones des Cusanus behandelt Caminiti: Nikolaus von Kues und Bonaventura.

Verhältnis.[496] Umso größer das Wunder, ja: *kein größeres* Wunder, als dass dennoch beide verbunden sind – in der Liebe selbst, die Christus ist![497] Die Einsicht in die Disproportionalität von Endlichem und Unendlichem fällt also zusammen mit dem Staunen vor dem *wunderbarsten* Mysterium Christi. Die Überlegung steht, wie bereits angedeutet, im Kontext eines umfassenden, wenngleich skizzenhaften, tugendethischen Entwurfs: Gut und „gerecht" ist die Abwendung von Weltlichem als solchem, die Hinwendung auf das Gute und zugleich Göttliche und Himmlische, demgegenüber alles Geschaffene als „nichtig" zu erkennen ist. Keine Biographie würde diese Umwendung der Gesinnung wunderbarer und konkreter exemplifizieren als diejenige Maria Magdalenas: Nicht im Fleischlichen, allein in Gott findet der Mensch im eigentlichen Sinne, d.h. der „innere Mensch" „allen Genuss ohne Geschmack, alle Schönheit ohne Farbe, alle Süßigkeit ohne Beschaffenheit, Kuss und Umarmung ohne Berührung".[498] Für die hier verfolgte Thematik ist die Einbettung der Negationen („absque ...") von jeweils materiell-sinnlichen Qualitäten (Geschmack, Farbe, Süße, taktile Berührung) in den Aufstiegsweg spirituell-kontemplativer Praxis signifikant.

Im Anschluss an die Bemerkung zur Disproportionalität des Endlichen zum Unendlichen (die wunderbarerweise die Liebe Christi durchbricht) führt Cusanus einen siebenschrittigen Aufstiegsweg an. Dieser ist als eine spezifische Interpretation des Aufstiegs „mystischer Theologie" lesbar.

Die erste Stufe ist bereits das „liebende Einsehen" eben dieser Disproportionalität und dieses Wunders durch „Intellekt und Affekt"[499]. Das ist verstehbar als Kompromissformel zur Frage, ob in der Deutung des mystisch-theologischen Weges das eine oder das andere Vermögen die Leitung hat – eine Frage, die sich insbesondere konkretisierte in der Interpretation des gleichnamigen komprimierten pseudo-dionysischen Entwurfs, und zu welcher Cusanus noch in der Reaktion auf die Anfragen aus dem Tegernseer

496 Sermo VI (h XVI) n. 32, 8-11: „Cogita amorem amati tui et naturam amati tui omnibus incomparabilem [...]".

497 Vgl. Sermo VI (h XVI) n. 32, 12-14: „Et cogita, quae amoris infiniti et finiti conexio! Creaturae ad creatorem nulla mirabilior et altior."

498 Vgl. Sermo VI (h XVI) n. 26. Für die allegorisch-geistige Deutung der „vielfachen Liebe" der Maria Magdalena zieht Cusanus mehrere Kirchenväter heran (u.a. n. 24); in seiner Zusammenfassung n. 33 hebt er die unterschiedlichen konkreten und metaphorischen Sinne eines „Kusses" als Thema der Predigt eigens hervor. Die Gefahr von „Berührungen" wurde zuvor mehrmals angesprochen, u.a. in n. 8 mit einem Zitat aus Hugo Ripelin von Strassburg: Compendium theologicae veritatis 3 c. 28 zu den sieben Arten der Begierde (concupiscentia). Hugo und der ihn zitierende Cusanus sehen dabei allerdings dann kein „Böses", wenn keine Wollust (libido, n. 8, 21-23) vorliegt.

499 Sermo VI (h XVI) n. 14-16: „Ecce, cum haec intellectus et affectus amorose cogitarent et in memoria reponerent, ascendi ad gradum primum." Zur mit den Tegernseern verhandelten Kontroverse um den Aufstiegsweg „Mystischer Theologie" s. auch obig Fn. 226 (S. 88).

Konvent Stellung beziehen wird. (Eine ähnliche Vereinbarung ist in konzentrierter Form auch der von Cusanus und vielen anderen[500] angeführten Sentenz entnehmbar, wonach das vernunfthafte Geschöpf geschaffen ist, das höchste Gut „zu erkennen, es erkennend zu lieben, liebend zu besitzen, besitzend zu genießen".[501] Der Intellekt ist demnach das Initium, aber der Genuss die Klimax des Erfassens des Göttlichen als summum bonum.)

In den Folgestufen des siebenfachen Aufstiegs wird die Seele (2.) alles Irdische, Geschaffene „verschmähen", (3.) die Ewigkeit des Geliebten und damit des Habens desselben in Stetigkeit ergreifen, (4.) ewig in der Betrachtung bleiben, dass die Güte des Geliebten nie gänzlich erfassbar ist, (5.) die Erlösung vom Leibe ersehnen, (6.) die Liebesneigung zum Geliebten *in* der Seele und dessen Eigenschaften vervielfältigen, (7.) nach Bindung der Sinne, nach dreißigjähriger Krankheit, nach Hinführung nach Jerusalem und Schau Jesu am Kreuze den Tod *im* Geliebten ersehnen, diesen „begierig" empfangen in eucharistischer Speisung und schließlich sterben und ins Vaterland eingehen.[502]

Ein solcher Aufstiegsweg als Abscheidung von der Vielheit des Geschaffenen, Weltlichen ist von frühesten Entwürfen apophatischer Theologie an, beispielsweise bei Pseudo-Dionysius, der Kontext der apophatischen Redeweisen vom Göttlichen. Die ‚Reinigung' der Seele und die Negation von Einzelbestimmungen, die vom Materiellen, Geschaffenen her genommen sind, sind Aspekte ein und desselben spirituellen Weges, in dem es um einen Aufstieg hin zur „Süßigkeit ohne Beschaffenheit" geht. Diese Wendung bildet präzise ab, dass die spirituell-praktische Intention die positive Wertung des Strebensziels („Süßigkeit") vorgibt, dass aber alle etwaigen Bestimmungsversuche demgegenüber zu kurz greifen („ohne Beschaffenheit"), insbesonde-

500 Petrus Lombardus: Sent. II d. 1 c. 4, der wiederum die Summa Sententiarum paraphrasiert, II, 1, PL 176, 79C; hier textgleich (vgl. dazu Grillmeier: Fulgentius von Ruspe, bes. 536.551) Tractatus theologicus (Hildebertus Cenomanensis, um 1056-1133, oder Hugo von St. Viktor zugeschrieben) c. 17, PL 171, 1106D-1107A. Nach Petrus Lombardus zitiert bei Albert: Summa theol. tr. 12 q. 74, ed. Borgnet Bd. 33, 57b, aber auch im pseudo-augustinischen „De anima" / „Ut ait Tullius", § 2, ed. Dahan, 36f und dann vielfach als ‚augustinische' Sentenz angeführt.

501 Sermo VI (h XVI) n. 17.

502 Vgl. Sermo VI (h XVI) n. 32-33. Dass in der Eucharistie der Genährte *in Christus* verwandelt wird, betont Cusanus auch Sermo III (h XVI) n. 7-8; die Zielvorstellung der Geburt Christi *in uns* hingegen spricht Sermo II (h XVI) n. 27f an. Die Terminologie von „Gott in uns und wir in Gott" hat natürlich biblische Wurzeln (z.B. 1 Kor 8,6; Joh 10,35-38, beide Stellen spricht Cusanus an in Sermo CLXXXI (h XVIII) n.1-2; zur topologischen Metaphorik speziell bei Paulus: Faßnacht: Kyriotop). Von einer Umwandlung der Kreatur durch das Gebet des konsekrierenden Priesters ist z.B. auch in Sermo CXCVIII (h XVIII) n. 5 die Rede. Ausführlich zu Eucharistie und Transsubstantiation auch Sermo CLXXXIII (h XVIII). In Sermo CLXXVIII (h XVIII) wird der Tausch der Subjektstelle wie folgt gefasst: Gott-Vater „verdaut" mittels der Liebe die Speise (unserer Seele), läutert sie und verwandelt sie in Glieder Christi (n. 6).

re wenn diese Anhalt an Materiell-Sinnlichem nehmen – wie dies in der vorliegenden Predigt und ihren Textvorlagen für das Wortfeld der Liebes-Semantik durchdekliniert wird. Das Motiv der letztlichen Unerfasslichkeit der Güte des „Geliebten", das gerade nicht resignativ zu werten ist, sondern vielmehr den Geliebten *als wahrhaft Liebenswerten kontemplieren* lässt, wird Cusanus noch vielfach variieren. Dieses Motiv konfligiert gerade nicht mit der auch von Cusanus vertretenen Auffassung, dass nur geliebt werden kann, was auch erkannt wird, denn die hier geforderte Erkenntnis erstreckt sich gerade nicht auf eine materiale Bestimmung des Wesens des Geliebten und eine Explikation seiner Vollkommenheit und „Güte", welche diese hinreichend einholen könnte.

IV.1.3 Die Unnennbarkeit des göttlichen Wesens (Sermo VIII)

Sermo VIII widmet sich angesichts der Bibelstelle zu Maria und Martha dem kontemplativen (Maria zugeordneten) und aktiven Leben (Martha zugeordnet). Wie bereits angesprochen wurde, gibt Cusanus, wie üblich, mit dem Duktus des biblischen Textes der Kontemplation den Vorzug, wenn er auch unter manchen Umständen, wenn es die Notwendigkeiten des jetzigen Lebens erfordern, der Aktivität einen Vorrang zuspricht, wenn auch nie dem Gegenstand nach – denn dieser ist im Falle der Kontemplation im engeren und höheren Sinn das Göttliche einfachhin, im Falle des aktiven Lebens sind es die Werke, und analog und überschneidend dazu versteht Cusanus die nachrangigere Kontemplation der *göttlichen* Werke.

Die Predigt skizziert einmal mehr einen Aufstiegsweg zur Kontemplation im eigentlichen Sinn. An diesem Zielpunkt finden sich die für die Thematik apophatischer Theologie interessanten Weichenstellungen: Nachdem die Betrachtung der Geschöpfe (n. 15) und die Selbsterkenntnis (n. 16) vorausging, und *alles Weltliche hintangestellt* wurde (n. 17), geht es nun um den freilich im Diesseits nicht zur Vollendung gelangenden Wunsch, Gott und Gottes Herrlichkeit *selbst* zu erfassen (n. 18).

Folgte Cusanus für diese Skizze einer Theologie der Kontemplation vor allem Traktaten der Viktoriner-Schule, so greift er nun für die grundsätzliche Bestimmung der Möglichkeiten und Grenzen im Ausgriff auf das Göttliche zurück auf Gregor den Großen. Diesem zufolge sieht man Gott je nur „durch das Bild, nicht der Natur nach".[503] Dass eine Gotteserkenntnis dem Wesen nach auszuschließen ist, war ein Grundkonsens bereits der frühesten

[503] Sermo VIII (h XVI) n. 18, 25-26 nach Gregor: Moral. XVIII c. 54 n. 88, PL 76,92B: „per imagines videtur, non per naturam"; vgl. dazu Haubst: Bild des Einen, 29.

systematischen Theologien, auch Thomas insistiert darauf mehrfach.[504] Cusanus erwägt zwar unter Berufung auf Augustinus, dass „durch den Glauben" und durch „brennende Begierde" der Mensch, welcher „der Welt stirbt" doch „irgendwie" Gott schaut[505]; aber nichts lässt darauf schließen, dass damit ein Wesenswissen im technischen Sinne gemeint wäre. Gott und seine Herrlichkeit selbst bleiben also nicht erfassbar. Der Geist hat allerdings nun, wie Cusanus mit Augustinus festhält, eine Stufe erreicht, da ihm „nur die Reinheit gefällt".[506] Um diese Kontemplation nicht zu verlieren, muss aber der Geist in Demut beharren.

Der Geist ist also nunmehr über die Weltdinge und die darin zu findenden Spuren göttlichen Wirkens, über die Selbsterkenntnis und die Auffindung der Analogie von Gedächtnis-Vernunft-Wille mit Vater-Sohn-Geist (nach Bernhard), über das Hintanstellen der Weltdinge zur Einsicht auf eine Spitze der Betrachtung gelangt, wo er gleichsam in einem *double bind*, einer gegensätzlichen Verpflichtung beharren muss: Er erstrebt zugleich *Höheres*, als bereits erreicht wurde, nämlich Gott und die Herrlichkeit selbst zu schauen, so dass er nur in deren Reinheit Genüge fände. Zugleich aber weiß er um die *Unerreichbarkeit* der göttlichen Natur und würde die nunmehr erreichte Kontemplation im engeren Sinne verlieren, würde er dies nicht *in Demut* anerkennen. An genau dieser Stelle knüpft Cusanus seine Bemerkungen zur negativen Theologie im engeren Sinne an (auch die Hintanstellung des Weltlichen in n. 17 war ja bereits eine Abweisung im weiteren Sinne). Er wolle damit eine „höhere Betrachtung" (contemplatio altior) vorlegen.[507] Deren Gegenstand sei a) der dreifaltige und eine Gott, seien b) dessen Eigentümlichkeiten (proprietates) und c) die Gleichheit (aequalitas) seiner Eigenschaften (attributa), ferner d) die bleibende Unerkennbarkeit und Unaussprechlichkeit.[508] Es geht also hier (bei a-d) tatsächlich um die Wesenheit des Göttlichen. Weil Gottes Wesen (a) einfach ist, kann (ad c) die Vielheit der Attribute keine Realverschiedenheit bedeuten – sie sind nur dem Begriff nach (in unserem Geiste) verschieden – das übliche Lösungsangebot, wie es mit Wendungen wie „aequalitas attributorum" bezeichnet wird.[509] Diese Gleichheit

504 Vgl. zur Problematisierung einer Wesenserkenntnis des Göttlichen bei Theologen des 13. Jahrhundert kompakt Hoye: Gotteserkenntnis.

505 Vgl. Sermo VIII (h XVI) n. 18, 29-33; zuvor war hatte Cusanus mit Bezug auf den Vorbehalt einer bloßen Schau „im Spiegel" (1 Kor 13,12) einen „gnadenhaften" Vorgeschmack (Z. 1-4) angesprochen.

506 Sermo VIII (h XVI) n. 18, 33-34: „[...] sola puritas placet."

507 Sermo VIII (h XVI) n. 19, 1.

508 Vgl. Sermo VIII (h XVI) n. 19, 1-12, Letzteres 11-12 („[...] quo modo infinitus Deus incognoscibilis nobis et ineffabilis remaneat [...]"). Zum Thema der aequalitas bei Cusanus: Beierwaltes: Denken des Einen, 368ff; Schwaetzer: Aequalitas.

509 Vgl. z.B. die Ausführungen des Thomas von Aquin: Sent I d. 31 q. 1, 2; De veritate q. 1, 7, 2; unten Fn. 859, S. 286.

der Sache nach betrifft natürlich nicht die personalen Attribute (und die personal appropriierten Aussagen), die sich auf eine real-relationale Verschiedenheit beziehen.[510] Die Gleichheit der Attribute betrifft vielmehr jene allgemeinen göttlichen Eigenschaften, die Cusanus im Folgenden anführt, die göttliche „Macht" etwa. Cusanus bestimmt nun (ad d) die Unbegreiflichkeit und Unnennbarkeit Gottes näher. Zum Ersten handelt es sich um eine im Diesseits je bleibende Grenze: *Dass* Gott ist, mag bereits im Diesseits erkannt werden. *Wie* Gott ist, mag der Mensch „im Vaterland" erkennen. *Was* Gott ist – also eine Wesenserkenntnis im präzise-technischen Sinne – aber in keinem Fall. Soweit die epistemische Grenzziehung konform auch der von Cusanus kurz zuvor angeführten Formulierung Gregors des Großen.

Was die Unnennbarkeit betrifft, so liegt allerdings der Einwand (den Cusanus nicht ausführt) auf der Hand, dass Namen wie „Güte" (bonitas) oder „Wesenheit" (essentia) Gott *durchaus* benennen; Cusanus selbst nennt Gott ja wieder und wieder gut, „in höchstem Maße gut" usw.[511] Cusanus kommt einem solchen Einwand mit dem präzisierenden Hinweis zuvor, dass Gott mit derlei Ausdrücken gerade nicht „benannt" wird. „Benennung" (nominatio) wird hier also in einem engeren technischen Sinne gebraucht und in diesem engeren Sinne ist das Prinzip der Unnennbarkeit (ineffabilitas) Gottes gemeint und begründet. Diese Begründung speist sich, so wird man Cusanus

510 Diese Auskunft ist eine Näherbestimmung, die zunächst eine Abweisung sonstiger, irriger, aber technisch-klarer verständlicher Auffassungen zur Geltung bringt: keine numerisch-substantielle Verschiedenheit, aber auch keine Sachgleichheit, aber auch keine bloß-begriffliche Verschiedenheit. Zwar trägt die Kategorie der Relation noch am ehesten Versprachlichungen des trinitarischen Geheimnisses Rechnung, insbesondere sofern es dabei um Geburt und Hervorgang geht, doch weder ist eine biologische Geburt noch ein Hervorgehen gemäß natürlicher Kausalitäten gemeint. Auch dürfen sonstige Implikationen von *Relationsaussagen im Innerweltlichen* nicht Anwendung finden, etwa der Reziprozität. Unter diesen Bedingungen konnten auch die maimonidischen Einwendungen zurückgewiesen werden. Dieser nämlich hatte eine Anwendbarkeit der Relationskategorie in der Rede von Gott bestritten (vgl. Dux I, 52 = lat. 51). Denn die Setzung des einen Relats impliziere die des anderen. Dies aber sei unstatthaft, wenn eines der beiden Gott sein sollte, dem einzig notwendiges Sein zukommt. Die ungewöhnlichste Rezeption dieser Argumentation hatte Eckhart in seinem Exoduskommentar vorgelegt: In einem zusätzlichen, „noch scharfsinnigeren Argument" (Eckhart: In Ex. n. 40, LW II, 45: „Posset tamen fortassis subtilior ratio assignari [...]") las er die maimonidischen Argumente gerade invertiert: Gründete die Ablehnung der Relation bei Maimonides in einer Äquivokation des Seinsbegriffs und überhaupt aller Deskriptoren bei Anwendung einerseits auf Endliches, andererseits auf Gott, so hält Eckhart „Relationen" insofern für unpassend, als es letztlich um eine Univozität des Seins und um Identität der Form nach gehen müsse, in welcher Relationierungen keinen Platz haben. (Eckharts Diskussion verbleibt an dieser Stelle zunächst bei Relationen zwischen Einzeldingen und bezieht die trinitarischen Personen erst andernorts ein.) Zur weithin mißverstehenden lateinischen Rezeption der maimonidischen Unterscheidung von relationalen und Handlungs-Attributen Feldman: Scholastic Misinterpretation.

511 So etwa in De docta ign. (h I) III c. 3 n. 201.

im Kontext verstehen dürfen, aus der zuvor gezogenen epistemischen Grenzziehung: Eine *„Benennung" im hier gemeinten Sinne* wäre, wenn das „Was" Gottes erkannt würde. „Güte" ist also keine Wesensbezeichnung. In der Tat entfaltet Cusanus zuvor, was der Sache nach hier eigentlich kontempliert wird: „Wie Gott alles geschaffen hat" – also eine Handlung Gottes; „wie alles durch Gott war und ist" – also die Schöpfungshandlung Gottes und einige ihrer Spezifika, einschließlich der creatio continua (alles *ist* je in und durch Gott); Gottes Präsenz „überall und nirgends" – also eine Erwägung zur Applizierbarkeit von räumlichen Relationen und, in weniger technischem Sinne, Vorstellungen und deren Versprachlichung von Nähe und Zugewandtheit Gottes; ähnlich „wie Gott allem zugewandt ist" – ein insbesondere im Theologoumenon der Vorsehung erfasster Aspekt göttlichen Wirkens, dessen Eigentümlichkeiten, ebenso wie die von Versuchen der räumlichen Relationierung, Cusanus noch vielfach hervorkehren wird, insbesondere im leitenden Experiment und dessen Kommentierung im Anfangsteil von „De visione dei"[512]; wie Gott „allem das Sein gibt" und „alles erhält" – abermals das Schöpfungshandeln Gottes; die „Ordnung" und der Zusammenhalt des Kosmos – der in besonderem Maße Anlass gibt, Gottes Güte zu preisen. Es wird auf der Stufe dieser „höheren Betrachtung" in Anknüpfung an das Verlangen der Seele, „Gott und die Herrlichkeit zu erfassen", also keineswegs zusätzliches distinktes Wesenswissen angesprochen, vielmehr geht es bei den Eigenschaften und Attributen Gottes abermals um die Kontemplation des göttlichen Wirkens (und um das Geheimnis der Trinität, zu welchem Cusanus hier aber keine weiteren Ausführungen anbringt).

IV.1.4 Die Ausnahmestellung Gottes und seines Wortes gegenüber unseren Kategorien und Repräsentation (Sermones XI und XVI)

In Sermo XI[513] hebt Cusanus das göttliche Wort unter mehreren Gesichtspunkten von in Frage kommenden Kategorien ab:

512 Vgl. auch Sermo CXXXV (gehalten am 1.11.1453, d.i. zu Allerheiligen, zu Brixen) (h XVIII) n. 2: Als Mensch sah Jesus die Menge, als Gott gleichzeitig die Einzelnen (singulos) und deren Herzen; als Mensch stieg er (zur Bergpredigt) auf den Berg, als Gott war er überall. Die Zusammengehörigkeit von Allgegenwart und der Allpräsenz von Gottes Blick in ungeteilt-unbegrenzter Weise bei jedem *Einzelnen* sind auch Aspekte der Meditationsanleitung in De vis., die allerdings noch viele weitere Gesichtspunkte birgt – u.a. die eigenen Experimente von verschiedenen Orten aus und die Kommunikation über diese Erfahrungen. Eine weitere Illustration, die einige solcher Elemente beinhaltet, ist die Situation eines schönen Antlitzes, das von zahllosen Individuen gesehen wird, deren Sehen transformiert und in jedem Sehenden *ganz* gegenwärtig ist (so in Sermo CCLIX (h XIX) n. 17).

513 Das Sermo datiert vom 24.12.1431 und behandelt – wie in einigen fast textgleichen Teilen Sermo XVI (h XVI) – die Geburt des göttlichen Wortes, im leider einzig überlieferten ersten Teil hinsichtlich der ewigen Zeugung; in Sermo XVI sind die Abschnitte

a) Gott kommt kein Akzidens zu, denn er ist einfach und daher auch unveränderlich. Das Wort kann also kein Akzidens sein.[514]

b) Gott kommt keine geschaffene Substanz zu, keine *intrinsische* beigefügte Form, auch keine auf irgendwelche *äußere Weise beigefügte*.[515]

Für (b) nennt Cusanus zwei Gründe:

i) Gott ist vollkommen.

ii) Alles Geschaffene ist endlich. Endliches aber könnte das Unendliche *nicht darstellen* (repraesentare).

Man wird den ersten Gesichtpunkt (i) im Sinne *absoluter* Vollkommenheit verstehen dürfen und dies auf die (in Abschnitt II.1 erörterte) Auffassung beziehen dürfen, wonach die Form die Sache zum Sein bringt und vervollkommnet, was im Falle absoluter Vollkommenheit in Gott auszuschließen ist. Gott also kommt keine geschaffene Substanz zu. Umgekehrt aber stellt Gottes Wort – wie bereits ausgeführt – *Gott und alles Geschaffene* dar.[516]

zur zeitlichen Geburt des Sohnes und seiner *geistlichen Geburt in uns* erhalten, allerdings sehr kurz ausgeführt. Cusanus bietet hier mehrere sehr konzise trinitätstheologische Präzisierungen, die er u.a. den Dekretalen Gregors IX. und Heinrich Totting von Oyta entnimmt. Vgl. bes. Sermo IX (h XVI) n. 4, 25-29 nach Heinrich Totting von Oyta: Quaestiones in libros Sententiarum (= Lectura textualis super I-IV libros Sententiarum) q. 12 a. 2, Clm 17468, f. 204vb (hier zit. nach den Angaben des kritischen Apparats). In weiten Teilen textgleich in Sermo XVI (h XVI) n. 6-8, auch mit der Bestimmung, dass sich die eine Wesenheit Gottes und die drei Personen der Form nach bzw., wie Cusanus in dieser Predigt formuliert, „realiter-personaliter", aber nicht „essentialiter et realiter" unterscheiden. Beide hier von Cusanus herangezogenen, Heinrich von Oyta und Heinrich von Langenstein, waren befreundete Kollegen als Studierende und Dozenten in Paris. Beide sind auch durch die Behandlung politischer und sozialethischer, u.a. volkswirtschaftlicher Probleme, auch zur Gerechtigkeitsthematik, hervorgetreten – Thema, die Cusanus in einigen seiner frühen Sermones ebenfalls traktiert. Die Ausführungen zum Begriff der Sohnschaft und des göttlichen Wortes müssen an dieser Stelle zunächst übergangen werden. Während Cusanus bezüglich der Sohnschaftsbeziehung und der Abbildbeziehung zu den Ideen im Geiste Gottes in positiv bestimmender Weise das Gott-Welt-Verhältnis deutet, sind für die Problematik der Rede vom Göttlichen besonders die nachfolgend zu behandelnden Abgrenzungen interessant.

514 Vgl. Sermo XI (h XVI) n. 3, 30-31, ebenso Sermo XVI (h XVI) n. 7, 1ff.

515 Vgl. Sermo XI (h XVI) n. 3, 31-33: „[...] creata substantia tamquam forma intrinsece adiacens, vel aliquo modo extrinsece [...]".

516 Sermo XI (h XVI) n. 3, 35-36. In späteren Texten bezeichnet Cusanus dann Gott als die „reine Substanz" – eine Formulierung, die er dabei ebenso von Eckhart übernimmt wie die Analyse, dass das Personalpronomen der ersten Person dies anzeige. Vgl. Sermo CCLXXX (h XIX) n. 19, 8-11. Der Apparat verweist auf Eckhart: In Ex. n. 14ff. Für die nachfolgende Redeweise von Gott als *substantia substantialissima* verweist der Apparat (h XIX/2, 190f) auf Raimundus Lullus: De ente reali IV, 3 IV. In n. 20 diskutiert Cusanus, dass Gott als absolutes Sein Ursache allen Seins ist, so dass er – mit biblischen Bezugstexten – allein und einzig (einschränkungslos bzw. im Vollsinne) „Sein", „Gut" usw. (nennbar) ist, alles übrige aber nur durch Teilhabe.

Eben darum, so Cusanus weiter, ist das göttliche Wort eine ungeschaffene, unendliche Wirklichkeit, und diese ist Gott.[517]

Diese Abgrenzungen sind in mehrfacher Hinsicht aufschlussreich. Zum Ersten insistiert Cusanus hier wie durchgehend, u.a. dann in seiner „regula doctae ignorantiae“[518], auf der Inkommensurabilität von Endlichem und Unendlichem, hier in der Form, dass eine „repraesentatio“ von Unendlichem durch Endliches ausgeschlossen ist. Dies gilt, ebenso wie (a) und (b), selbstverständlich für alle Aussagen vom Göttlichen: Diese können keinerlei Akzidentien, keinerlei Beifügungen ausdrücken, insbesondere keine Zuschreibung einer Wesensform, also auch keine Definition im technischen Sinne von Angaben der Formen von Gattung und spezifischer Differenz, des weiteren keinerlei Aussagen, die eine Veränderlichkeit in Gott oder eine Unvollkommenheit Gottes implizieren würden. Diejenige Bestimmung, die Cusanus als mit „Gott“ austauschbar setzt, ist wiederum eine negativ abgrenzende: „ungeschaffene, unendliche Wirklichkeit, die Gott ist“.

So ist die einzig präzise Repräsentation Gottes *selbst* Gott – eben das *göttliche Wort*, das der Sohn ist, der Christus ist. Christus selbst supplementiert daher als das *einzig* präzise Wort[519] das Ungenügen aller vom Geschaffenen her genommenen Beifügungen, deren Grund wiederum in Christus ist, der ja selbst alles Geschaffene repräsentiert.

IV.1.5 Gott, der zugleich Unnennbare und Name aller Namen, wie sie im Aufstieg des Geistes gebildet werden (Sermo XX)

In Sermo XX vom 1.1.1439 geht Cusanus besonders ausführlich auf die göttlichen Attribute ein. Er führt das Schema der drei *viae* (negativa, eminentiae, affirmativa sive causalitatis) an. Die Hauptgliederung folgt aber dem Dreischritt:

1. Bestimmung des (eigentlichen) göttlichen Namens als wunderbar, unaussprechlich, unerkannt – was *nur in der Weise der Verneinung* geschieht und daher eine „kurze Predigt“ ergibt

517 Vgl. Sermo XI (h XVI) n. 3, 37-38: „Ideo est res increata, infinita, quae est Deus.“ In Sermo XVI (h XVI) n. 7, 8-11: „Cum ergo Deus in suo Verbo se et omnia comprehendat, sequitur, quod Verbum est res increata, infinita, quae nulla alia esse potest quam Deus.“

518 Vgl. oben Fn. 493 (S. 172).

519 Vgl. auch in Sermo XVI (h XVI) n. 8-9, bes. n. 9, 1-9: „Et quia hoc Verbum est infinitum perfectione essentiali, quia Deus, et infinitum in repraesentando, quia universalissime et tamen perfectissime et determinatissime repraesentat plus, quam omnia alia verba mentalia et vocalia, creata et creabilia repraesentare possunt, prout divinae cognitioni peroptime congruit, igitur unicum tantum est, quod primarie Deum repraesentat sive divinam essentiam.“

2. Bemühung, den unendlichen Namen des Wortes und Sohnes darzustellen – was Cusanus auf Gott als Schöpfer bezieht (da ja alles Geschaffene im Logos präformiert ist), wobei man aus den *Ähnlichkeiten der Geschöpfe* mannigfache Namen bezieht, so dass eine „lange Predigt" resultiert
3. Bemühung, den Namen des Erlösers (Salvatoris), verstanden als ein Name des Wirkens (nomen operationis), auszudrücken – was wegen der Gnade der Inkarnation auf sehr lange Weise zu entfalten sei.[520]

Die Schematik ist also: 1. präziser Name, 2. Namen aus Geschaffenem, 3. Benennungen aufgrund der Menschwerdung Christi.

Bevor Cusanus seine Darstellung in dieses Schema eingliedert, führt er aus, was unter einem „Namen" im Kontext seiner Diskussion zu verstehen sei: Gemäß der aristotelischen Definition handelt es sich dabei um Zeichen (signa) dessen, was im Geiste ist.[521] Um einen Namen zur Verfügung zu haben, so ergibt sich aus dieser Definition, müsste (ein dafür zureichender Begriff von) Gott also zunächst einmal in unserem Geiste sein. Dieses Prinzip führt in der Frage nach der Benennbarkeit Gottes z.B. auch Thomas von Aquin an. Thomas kommt gemäß seiner früheren Diskussion zur Wissbarkeit Gottes sofort darauf zu sprechen, dass das Wesen Gottes keinesfalls durch den Intellekt erkennbar ist, dass wohl aber Gott durch die Kreaturen als deren Prinzip gewusst werde. Durch die Kreaturen also sei Gott durchaus nennbar, ebenso durch die (Rede-) Weise der (Bezugnahme auf die je größere) Vollkommenheit (Gottes, so dass die je nur endliche Vollkommenheit der Kreatur zu überschreiten ist) (per modum excellentiae) und der Abweisung (remotio) (von Unvollkommenheiten, die im Gehalt der vom Endlich-Geschaffenen her gewonnenen Namen noch enthalten sind).[522]

Anstatt umgehend eine solche Lösung anzuführen, verschärft Cusanus zunächst durch einen weiteren Hinweis die Problematik. Denn die genannte Voraussetzung erscheint zusammen mit weiteren epistemologischen Thesen problematisch, namentlich mit der Prämisse: „Wir erkennen (intellegimus) nur, was seinen Ausgang nimmt bei den Sinnen."[523] Eine empirische Erfahrung Gottes wie im Falle von sinnlich fasslichen Einzelobjekten hält Cusanus offensichtlich für abwegig (ganz in Einklang mit den in Abschnitt III ausgeführten Grundzügen seiner Epistemologie). Entsprechend setzt er sogleich hinzu: „Doch Gott ist *so* nicht berührbar."[524] Statt einer direkten empiri-

520 Vgl. Sermo XX (h XVI) n. 4. Vgl. zum soteriologischen, insbesondere kreuzestheologischen Textgehalt Dahm: Soteriologie, 31-45.

521 Vgl. Sermo XX (h XVI) n. 5, 1-2 nach Aristoteles: De interpretatione c. 1 16a13-14.

522 Vgl. Thomas von Aquin: STh I q. 13 a. 1 co.

523 Sermo XX (h XVI) n. 5, 3-4.

524 Sermo XX (h XVI) n. 5, 4. Auch Hugo Ripelinus weist auf diesen Umstand hin in seinem „Compendium theologiae veritatis", ein zu seiner Zeit unter die meistgebrauchten

schen Erfassung Gottes bezieht sich Cusanus (ähnlich wie Thomas am eben angeführten Ort) sodann auf Formen indirekten Zugangs zu Gott, und zwar auf die drei Wege des Pseudo-Dionysius. Cusanus nennt diese Wege hier einen „dreifachen Weg", auf dem wir zu Gott „aufsteigen", und gibt von ihnen bereits eine akzentuierte Interpretation. Er referiert die drei pseudodionysischen Wege wie folgt:

a. Aufstieg vom Sichtbaren als Verursachtem, und zwar nach vierfachem Beweis, wie Augustinus vorzeichnet: Nichts bringt sich selbst hervor, vom Beweglichem muss man zum Unbeweglichen kommen, vom Unvollkommenen zum Vollkommenen, vom Guten zum Besten.
b. Durch Höherstieg (per eminentiam), wie ja in der Ursache das in höherer Weise (eminenter) ist, was im Verursachten gefunden wird, und was dieses Verursachte (selbst) vervollkommnet.[525]
c. Durch Entfernung (per remotionem), wie wir den Mangel, den wir im Verursachen finden, in der Ursache entfernen.

Eigentümlich an dieser Darstellung ist die Kombination der via affirmativa mit den vier Beweiswegen des Augustinus – und überhaupt der Bezug auf diesen, wenn es um die Thematik von Aufweisen des Daseins Gottes geht; es hätten sich ja auch z.B. das aposteriorische Argumentschema nach u.a. Maimonides und Thomas angeboten, das nach Ursachentypen differenziert, oder ein apriorisch-begriffsanalytisches Argument wie dasjenige Anselms. Die vier augustinischen Wege, zumindest deren letzte drei, fügen sich wegen ihrer Form „von ... zu ..." allerdings besonders gut in ein *Aufstiegs*schema; der erste müsste dazu nur leicht modifiziert zusammengefasst werden etwa als ‚vom Hervorgebrachten zum ersten, nicht nochmals hervorgebrachten Hervorbringenden'. Offenbar entspricht eine solche aufsteigende Kontemplation dem Modus, wie für Cusanus Gott ‚in den Geist' tritt, um dann ausgehend von der Betrachtung des Sichtbaren zur mittelbaren Erkenntnis und vorläufigen Benennung des Göttlichen zu kommen.

Eigentümlich ist auch der Hinweis darauf, dass die via eminentiae sich auf Momente bezieht, welche die *Vervollkommnung* der Verursachten erklären – eine Anleihe nun weniger an platonischen Konzepten (des Aufstiegs zum Guten) als aristotelischen (was etwa Vervollkommnung durch Formver-

Kompendien zählendes, von Cusanus in seinen frühen Predigten häufig zurate gezogenes Werk, das Cusanus wohl auch später (n. 7) gebraucht hat (so auch der kritische Apparat zur dortigen Stelle): Compendium theologicae veritatis c. 24, 27b: „[...] non enim potest esse ibi demonstratio ad sensum, cum sit incorporeus [...]".

525 Sermo XX (h XVI) n. 5, 12-14: „[...] ut in causa id eminenter comprehendamus, quod in causato reperitur ipsum causatum perficiens." Vgl. dazu die Ausführungen bei Hugo Rippelin von Strassburg: Compendium theologicae veritatis c. 21 (De excellentia dei), u.a. 25a: „[...] quia bona sunt excellentius in Deo, quam in creatura, quia semper est aliquid nobilius in causa, quam in causato".

leihung und das Potenz-Akt-Schema betrifft). Das gibt zumindest eine Richtung an, in welcher erklärbar wird, wie sich die Bestimmung im Verursachten zur „höheren“ Bestimmung in der Ursache verhält – ein Problem, das Cusanus aber zunächst nicht anspricht.

Die via negativa schließlich kommt in der cusanischen Darstellungsweise an *letzter* Stelle. Sie führt die via eminentiae weiter, welche am Bewirkten eine Eigenschaft herausgriff und in höherer Weise in der Ursache dachte, eingedenk des Verhältnisses, wonach das Bewirkte seine (relative) Vervollkommnung aus dieser Ursprungsbeziehung bezieht, wobei die Ursache diesbezüglich als „eminenter“ zu denken gefordert wird. Im Weiterschritt „per remotionem“ entfernen *wir* den Mangel in der Ursache. Die aktivische Formulierung (removeamus) ist bezeichnend, geht es im Kontext doch um Operationen des Geistes, da ja erklärt werden muss, wie in diesem überhaupt solche Gehalte bildbar sind, auf die sich dann Lautzeichen, eben *Namen*, beziehen können.

Damit ist in nuce eine Schematik des Gebrauchs göttlicher Namen vorgezeichnet: Nicht wie im Normalfalle durch empirische Erfahrung, die dann im Geist ist und dann mit Namen bezeichnet wird, sondern durch einen mehrfachen Aufstiegsweg, beginnend *jeweils* mit dem Verursachten, das uns ja durchaus empirisch zugänglich ist. Zunächst wird (a) der Begriff der Erstursache gewonnen. Gemäß (b) dem Prinzip, dass „in der Ursache das in höherer Weise ist, was im Verursachten gefunden wird“, und was dieses Verursachte vervollkommnet, wird diese Erstursache dann „per eminentiam“ näher bestimmt. Bleibende Mängel an diesen Bestimmungsversuchen schließlich sind (c) „per remotionem“ am Konzept jener Erstursache zu korrigieren.

Das Schema dieser drei viae (a. affirmativa, b. eminentiae, c. negativa) ist in der Struktur von Sermo XX aber nur eine methodologische Präliminarie. Im Anschluss (n. 6) beginnt die Diskussion gemäß der vorstehend umrissenen Schematik (1. kurze Ausführung zum eigentlichen Namen, 2. lange Entfaltung des ‚unendlichen' Namens des Wortes aus den Ähnlichkeiten der Geschöpfe, 3. *sehr* lange Entfaltung zum Erlöser-Namen aus dem inkarnatorischen Gnadenwirken).

Cusanus präzisiert zu Eingang seiner „kurzen“ Ausführung zum (1.) „wahren Namen“, was mit einem solchen gemeint ist – ein „eigentlicher Gottesname“, der Gott seiner *eigentümlichen Qualität nach* bezeichnet.[526] Er müsste sich beziehen auf das Wesen bzw. Was des Göttlichen: Ein solcher müsste anzeigen, „was Gott ist“.[527]

526 Vgl. Sermo XX (h XVI) n. 6, 13-15.

527 So Cusanus: Sermo XX (h XVI) n. 6, 1-2 mit Bezug auf Pseudo-Dionysius: DN I, 1 und 5-8 = Dionysiaca 5-12 und 34-56 / PG 3, 588 und 593-597.

Weil Gott aber nicht (seinem Was nach) erkannt (intellegitur) wird, ist er in diesem Sinne „unnennbar". Diese Ableitung der Sprachproblematik von der Erkenntnisproblematik entspricht der präliminar angeführten aristotelischen Definition des Wortes als Zeichen für einen mentalen Gehalt. Kurz darauf resümiert Cusanus nochmals: Wir *wissen* eher, was Gott nicht ist, als was er ist, daher ist Gott eher *unnennbar* als nennbar. Auch hier also die Implikation des Sprachproblems im zugrunde liegenden Erkenntnisproblem.[528]

Einen (Quasi-) Namen aber haben wir: Cusanus führt die Bestimmung Anselms an, und zwar, bezeichnenderweise, einzig in der Form „Gott ist *besser, als* was gedacht werden kann"[529]. Das von ihm wahrscheinlich eingesehene Kompendium Hugos von Strassburg führt diesen Gottesbegriff ebenfalls als Antwort auf die Frage „was ist Gott" an und bestimmt den Status einer solchen Antwort als eine Nennung (notificatio) nicht durch Definition, sondern durch irgendeine Art der Umschreibung (circumlocutio); Hugo führt noch andere Antworten dieses Typs an, darunter: „Gott ist, woraus und wodurch welches alles ist".[530] Cusanus konzentriert sich demgegenüber auf die anselmsche Formel, die natürlich auch dem Fokus auf die Ableitung der Namensproblematik von der epistemologischen Problematik besonders entspricht. Die dabei gewählte Formel belässt den Bereich des Erkennens eindeutig unterhalb des Göttlichen – während etwa die ähnlich prominente anselmsche Formel „Gott ist dasjenige, *worüberhinaus* Größeres *nicht* gedacht werden kann" noch offen läßt, ob Gott als das größt-Denkbare tatsächlich gedacht *wird.* Entsprechend der Eingangsüberlegung, wonach Benennungen etwas Gedachtes bezeichnen und mithin erfordern, resümiert Cusanus mit Bezug auf die anselmsche Formel: Da dieses „Bessere" *aber nicht denkbar ist* (es ist ja *besser, als* solches, was gedacht werden kann), ist es unnennbar. Dass

528 Vgl. Sermo XX (h XVI) n. 6, 8-1; ähnlich in der Formulierung – wie der kritische Apparat anführt – Augustinus: Enarrationes in Psalmos 85,8, CCSL 39, 1186: „Deus ineffabilis est. Facilius dicimus quid non sit quam quid sit." Ganz ähnliche Formulierungen finden sich freilich vielfachst, zu denken ist beispielsweise an Albertus Magnus: Super DN c. 7 n. 15, 348 („verius cognoscit, quid non est, quam quid est"; vgl. auch Albertus Magnus: Dionysii Epistulas, Ep. IX, 529); Thomas von Aquin: STh I q. 1 a. 9 ad 3 (mit Bezug auf Pseudo-Dionysius: CH 11, 2 PG 3, 136; vgl. auch I Sent. d. 34 q. 3 a. 1 co.; SCG I, 1, 14: „non possumus cognoscendo quid est, sed aliqualem eius habemus notitiam cognoscendo quid non est").

529 Cusanus: Sermo XX (h XVI) n. 6, 5: „Deus est melius quam cogitari possit", nach Anselm: Proslogion c. 15. Damit hat ein eventuell mögliches Missverständnis keinen Platz, Gott wäre gleichsam zu denken als (aktual) „Größtes" *in* einer Reihe oder Stufenordnung von Entitäten (die jeweils relativ zueinander größer sein mögen), wie sie im Weltlichen vorliegt. (Letzteres hebt auch Bredow: Platonismus, 32, hervor, die dort für die Berufung des Cusanus auf Anselm auf De ven. sap. (h XII) c. 26 n. 77 verweist.). Die Formel „[...] quo maius concipi nequit" findet sich dann z.B. in Apol. (h ^{2}II) n. 11.

530 Hugo Rippelin: Compendium theologicae veritatis c. 24, f. 27b.

diese Bestimmung Gottes als „besser" als alles Denkbare ein Reflex der Orientierung unseres Strebens zu Gott als jenem ist, worin einzig dieses Streben zu seiner Ruhe kommt, wird z.B. in „De Principio" deutlich, wonach wir Gott „das Eine und Gute" nennen, weil sich auf ihn alles Verlangen richtet; „[...] und in unsere Überlegung tritt nicht (der Gedanke) ein, dass etwas anderes besser ist als dieser (Gott), welcher von uns allen verlangt wird (desideratur)".[531]

Mit dem Hinweis auf die Undenkbarkeit des Einen präzisiert Cusanus auch den Status von Substantivierungen, welche eine solche Meta-Eigenschaft des Göttlichen betreffen, also eine Eigenschaft, wie sich Eigenschaftsbezeichnungen des Göttlichen selbst verhalten, hier: nicht im fraglichen Sinne „nennbar" zu sein, also keine Bezeichnung des Wesens und der Qualität Gottes zu erlauben. Dazu merkt Cusanus an: „Der Unnennbare" sei wiederum *auch* kein „eigentlicher Gottesname" im Sinne eines beschreibenden Bezugs auf das Wesen und die eigentümliche Qualität Gottes, da er eben nur bezeichnet, *was Gott nicht ist*.[532] Die vielerlei Gottesnamen, die Cusanus in seinen späteren Werken entwickelt – „non aliud", „possest", „IN" u.a.m. – wären dieser Bestimmung nach also ebenfalls keine „wahren, wirklichen" Namen in solchem Sinne.

Auch die Zuflucht zu Superlativen aus unseren vom Geschaffenen und dessen spezifischer Ursprungsbeziehung her genommenen Namen diskutiert Cusanus kurz: Gott heiße wegen der angeführten Undenkbarkeit und daher Unnennbarkeit auch nicht „der Beste", was ja eine Benennung wäre, sondern „der Überbeste" (superoptimus).[533] Cusanus bringt daher, nachdem allgemein die Nichtnennbarkeit Gottes festgestellt wurde, in Weiterführung des dabei veranschlagten Prädikats („Guter" oder „Bester") die *via eminentiae* („Überbester") und *via negationis* („nicht der Beste") zur Anwendung. In diesem Gedankenschritt ist die Abfolge also nicht bejahende-überschreitende-verneinende Rede (a-b-c) sondern bejahende-verneinende-überschreitende (a-c-b), so dass in der Überschreitung („Über-Bester") die Negation („nicht-Bester") bereits enthalten ist.

Ex negativo ist damit klargestellt: Die eminente Rede („Über-Bester") liefert *kein* beschreibendes Wissen vom *Was* Gottes. Wie aber lässt sich *positiv* Gehalt und Status der eminenten Rede von Gott bestimmen? Zuvor hatte Cusanus diesbezüglich die Ursprungsbeziehung angesprochen: In der Ursache ist *in überragender Weise*, was in der Wirkung ist. Wie ist dieses Verhältnis aber näherhin zu sehen? Andere Autoren, etwa Maimonides oder Eck-

531 De princ. (h X/2b) n. 26.

532 Vgl. Sermo XX (h XVI) n. 13-15.

533 Cusanus: Sermo XX (h XVI) n. 6, 8; ähnlich Pseudo-Dionysius: Epist. 2 Ad Gaium, Dionysiaca 608 / PG 3, 1098f.

hart, hatten das Verhältnis zwischen jenem, was in der Ursache, und diesem, was in der Wirkung ist, unter dem Gesichtspunkt problematisiert, ob beide Konstituenten denn der Sachbestimmung nach überhaupt *gleich* sind – handelt es sich bei „Güte" in einem geschaffenen Objekt um etwas, was der Sache nach in Gott *lediglich graduell* „eminenter" ist, gewissermaßen auf derselben Skala liegend? Wenn Cusanus davon spricht, dass in der Ursache „in überragender Weise" ist, was in der Wirkung ist, kann man dies als Präzisierungsversuch analoger Prädikation auffassen.[534] Die Präzision läge dann aber darin, dass eine „Proportionalität" dezidiert auszuschließen ist; Gott ist kein Element derselben ‚Skala' von Graduierbarem, sondern *deren* Prinzip, auch das jeweilige Minimum und Maximum virtualiter einfaltend.

Eigentümlicher, auch im Blick auf spätere Ausformulierungen des Cusanus, ist die nun sich anschließende Überlegung, welche den göttlichen Namen in einen transzendentalen Bezug zu sämtlichen Namen bringt. Auch diesen Bezug formuliert Cusanus in negativer und eminenter Rede: Gott ist „nicht nennbar", sondern „übernennbar" (supernominabilis[535]). Das Verhältnis von Über-Bestem zu Bestem, von göttlichem Sein zu allem Sein und von Gottes Namen zu allen Namen ist dabei nicht nur ein Gegensatz-Verhältnis, sondern eines des Einschlusses. Cusanus erklärt: Wie das Sein Gottes alles Sein in sich begreift (comprehendit), so auch *Gottes Name alles Nennbare.*[536] Er ist „der Name, durch welchen jeder Name Name ist" und „das Wesen (essentia) aller Namen".[537]

Man kann die cusanische Überlegung hier als Abstraktion verstehen von Fällen der Art ‚das *Prinzip des* Guten ist nicht das Beste, sondern das Über-Beste'. In metaphysischer Terminologie kann diese Überlegung in der Form repräsentiert werden: ‚Das Prinzip einer Seinsweise bzw. Vollkommenheit F

534 Eine kompakte Studie zur analogen Rede bei Cusanus bietet Duclow: Dynamics of Analogy.

535 Cusanus: Sermo XX (h XVI) n. 6, 19; die Wendung „supernominabilis" findet sich, wie der Apparat vermerkt, auch bei Pseudo-Dionysius: DN I, 7, Dionysiaca 50 / PG 3, 596D-597A. Dort ist allerdings die Rede von der „übernamenhaften Güte", die nicht nur aufgrund *dieses oder jenes* Aktes der Vorsehung so bezeichnet werde, sondern die auf einfach-unumgrenzte Weise durch die höchst-vollkommenen Gütererweise ihrer einzig-allursächlichen Vorsehung *alles Seiende in sich vorausgenommen hat.* Hier geht es also um das metaphysische bzw. schöpfungstheologische Verhältnis des Vorausseins der Dinge in Gott und Gottes Vorsehung. Daraus leitet Pseudo-Dionysius dann ab, dass dies (göttliche) „über-namenhaft-Gute" von allem Seienden *gepriesen und benannt* werde. Cusanus wendet den Bezug auf das Verhältnis zwischen den vielen Namen und *dem* Namen Gottes statt auf die einzelnen Gütererweise bzw. Dinge und das übernamenhaft-gute Über-Sein des Göttlichen. Dass aus dem Inklusionsverhältnis die *Nennbarkeit* durch alle vielen Namen (bei Ps.-Dionysius mittels des Ansetzens bei den Dingen und Gütererweisen) folgt, ist beiden Texten gemeinsam.

536 Sermo XX (h XVI) n. 6, 20-21.

537 Sermo XX (h XVI) n. 6, 30-32.

ist *nicht* die höchste Steigerungsform in einem Kontinuum mit seinen Prinzipiaten (von mehr-und-weniger-F), sondern liegt *jenseits* eines solchen Kontinuums (und ist daher als ‚Über-F' ansprechbar)'. Ein derart verstehbares Schema wird dann in der formalen Struktur von Instantiierungen von Seinsvollkommenheiten auf die *Benennungen* übertragen: Das Wesen jeden Namens *als* Namen hat dieser vom *Namen überhaupt*, dem göttlichen (Eigen- bzw. Über-)Namen. Setzt man dieses Verhältnis voraus, ergibt sich bereits daraus die Unnennbarkeit des göttlichen (Eigen-)Namens, *wie er ist*, da uns eben nur Namen, aber nicht *der* (Eigen-)Name verfügbar sind. Was alle Benennungen einschließend ermöglicht, kann nicht selbst ein Fall solcher Benennungen sein. Diesem (Eigen-)Namen Gottes kommen ebenfalls die (Negativ-)Eigenschaften der Ewigkeit (nicht-Zeitgebundenheit) und Unendlichkeit (nicht-Endlichkeit) zu. Cusanus begründet dies mit der Entsprechung des Einschlusses allen Seins in Gottes Sein einerseits und des Einschlusses aller Namen im (Eigen-)Namen andererseits. Wie also Gottes Sein alles Sein einschließt und also selbst *‚kein Ende' im* Endlichen Sein findet, sondern *dieses übergreift*, so übergreift auch *der Name* als Prinzip aller Benennungen alle einzelnen bestimmten, ‚endlichen' Benennungen und deren Gesamtheit, so dass ihn kein Benennungsversuch erreicht, der (Eigen-)Name Gottes dabei nie ‚ans Ende' kommt.

Anstatt also diesen (Eigen-)Namen als (Normal-)Namen gebrauchen zu können, gebrauchen wir Behelfe: Bezeichnungen, die von Einschränkungen, „Kontraktionen", eben von einzelnem Seiendem, her genommen sind, bzw. die spezifische Eigentümlichkeiten Gottes seiner Tätigkeit nach zum Ausdruck bringen. Cusanus führt außerdem spezielle überlieferte Namen an.

Den göttlichen (Eigen-)Namen, den „absoluten Namen", vertritt im cusanischen Text auch der hebräische Ausdruck *„haSchem*" (wörtlich eben: der Name). Diese Art Reaktion auf das Problem der Unnennbarkeit des Göttlichen, ‚wie es ist', – durch Anführung von spezifischen Eigentümlichkeiten oder durch Verweis auf *den* Namen (haSchem) – entspricht interessanterweise genau der seit der Spätantike dokumentierten jüdischen Vermeidungspraxis[538], dem (geschriebenen) Tetragrammaton im Sprachvollzug (mit Ausnahme von Gebeten, wo meist *adonai*, Herr, gebraucht wird) eine andere lautliche Entsprechung zu geben: An seiner Statt werden Eigenschaften wie eben z.B. die der Ewigkeit eingefügt oder wird von „dem Namen" (haSchem) *gesprochen*.

Tatsächlich bezieht sich Cusanus wenig später auf Maimonides und auf die jüdische Spekulation, „alle Geheimnisse" (secreta) abzuleiten aus dem Tetragrammaton, und auf die kabbalistische Diskussion der „Kraft" dieses

538 Vgl. dazu überblicksweise Thoma: Gott III. Judentum, 628ff.

Namens.[539] Vom Tetragrammaton, das er mit Verweis auf Maimonides auch bereits in Sermo I besonders herausstellte, vermerkt er, dieses sei „unter allen Namen" (Gott) „eigentümlich"[540]. Cusanus führt auch die Praxis der *weitgehenden* Nichtlesung des Tetragramms an[541], bezeichnet es im Anschluss darüber hinaus einfachhin als „*unaussprechbaren*" Namen und diskutiert dessen linguistischen Status: Das Tetragramm ist kein Nomen, da keine Substanz mit eigentümlicher oder geteilter Eigenschaft bezeichnend[542]; kein Verb, das mit Zeitstufe und Modus bezeichnet; kein Pronomen; kein Partizip; kein (sonstiger) Redeteil. Während Cusanus genauere Begründungen hier ausspart, sind sie in möglichen Bezugstexten durchaus detaillierter zu finden – dort aber nicht auf das Tetragramm, sondern auf die Rede von Gott überhaupt bezogen.[543] Cusanus setzt also hier voraus, dass das Tetragramm gleichsam direkt für Gott steht. Der Schluss der Passage erscheint kryptisch: Das unaussprechbare Tetragramm ist all diese Redeteile nicht, „sondern *zugleich alle(s)*" (sed totum simul). Wenn man den Bezug auf den *Redeteilen*

539 Vgl. Sermo XX (h XVI) n. 7; Cusanus spricht hier von einem „librum Cabbala" (Z. 7) – offenbar hat er zumindest zu diesem Zeitpunkt diesbezüglich keine genauere Kenntnis der jüdischen Kulturgeschichte. Auf diese Stelle kommt auch Miernowski: Le dieu néant, 120, zu sprechen (dessen Angabe, dass es sich um eine Predigt zum Namen Jesu handelt, trifft einen wesentlichen Aspekt, aber wohl nicht das Gesamt). Die kritische Bezugnahme auf kabbalistische Zuschreibungen von „Kräften" an Namen in Sermo XX steht mit der Diskussion „abergläubischer" Kausalitäten in Sermo II in thematischem Zusammenhang.

540 Sermo XX (h XVI) n. 6, 15-16: „Sed inter omnia nomina proprium est nomen Tetragrammaton".

541 Vgl. Sermo XX (h XVI) n. 7, 8-10.

542 Vgl. Sermo XX (h XVI) n. 7, 17ff. Diese Definition des Nomens übernimmt Cusanus von Priscian: Partitiones duodecim versuum II, 22 („Pars orationis unius cuiusque rei suppositae communem vel propriam qualitatem significans") / Institutiones grammaticae II, 56f: „pars orationis, quae unicuique subiectorum corporum seu rerum communem vel propriam qualitatem distribuit". Implizit bezieht sich darauf z.B. auch (der im Apparat genannte) Thomas von Aquin: STh I q. 13 a. 1 arg. 3: „Praeterea, nomina significant substantiam cum qualitate; verba autem et participia significant cum tempore; pronomina autem cum demonstratione vel relatione."

543 Die Bestimmungen dieser linguistischen Kategorien dürften jeweils sämtlich auf Priscian zurückgehen; das Verb wird von ihm beispielsweise bestimmt als „pars orationis cum tempore et modis et significationibus" (Partitiones duodecim versuum II, 27ff). Der Apparat verweist für die gesamte Passage des Cusanus zurecht auf Hugo Rippelin von Strassburg: Compendium theologiae veritatis I c. 24, ed. Borgnet Bd. 34, 27b. Zum Ausschluss von Verben wird dort etwa angeführt, dass diese Handeln oder Erleiden bezeichnen, welche Gott nicht zukommen (non cadunt in Deum). Auch der Abschluss „[...] nec pars orationis [...] (etc)" (Z. 20) im cusanischen Text lässt sich mit Referenz auf Hugo erklären; dort steht: „Nec per alias partes orationis, quae non sunt subjicibilies, vel praedicabiles"; Cusanus mag hier schlicht die Aussage in einer schnellen und knappen Paraphrase zusammengefasst haben: Wenn nicht jene und kein anderer Aussageteil, dann *gar kein* Aussageteil; der sachlich wenig eingängige Anschluss mit „[...] nec [...]" (es waren ja zuvor durchaus bereits *partes* orationis angesprochen) mag ihm für den Zweck eines Predigtentwurfs inkaufnehmbar erschienen sein.

belässt, kann sich dies beziehen darauf, dass der eigentliche (Eigen-)Name Gottes, wie zuvor erklärt worden war, alle anderen Namen einschließt (und zugleich ermöglicht). Insofern das Tetragramm dann wohl auch alle Redeteile *gleichzeitig* umgreift, kann also nicht *irgendein bestimmter* Redeteil *zu irgendeiner bestimmten Zeit* das Tetragramm adäquat repräsentieren, ebenso wenig irgendein *Typ von* Redeteil, da dieser ja nur ein *bestimmter Ausschnitt* des Ganzen ist. Man kann die Referenz auch auf das *Ganze des Göttlichen* legen, wenn man voraussetzt, dass Cusanus hier die entsprechenden Angaben, worauf die entsprechenden linguistischen Kategorien referieren, zwar teilweise ausgespart, aber durchgehend erinnert hat: Das Nomen also hätte sich auf die Substanz bezogen, das Verb auf Tun oder Erleiden, das Pronomen auf etwas (raumzeitlich und empirisch) Anzeigbares, Erscheinendes (was durch die nicht-empirische Fasslichkeit des Göttlichen ausgeschlossen wäre; Hugo führt stattdessen eine „demonstratio" durch den Glauben ins Feld) usw. In diesem Sinne kann Cusanus dann erklären: Das Tetragramm stattdessen steht *je zugleich für Gott überhaupt* (und nicht nur eine bestimmte Eigenschaft, Sachbestimmung o.dgl.).

Jener Name (Gottes), der alles Nennbare in sich enthält, ist von uns „so, wie er ist" (uti est) nicht nennbar – sondern wir nennen ihn, „wie er kontrahiert ist" oder hinsichtlich einer *besonderen* Gott zukommenden Eigenschaft[544], etwa „ewig", „unendlich" usw. Das Tetragramm kommt Gott, wie er ist, zwar am nächsten, es koinzidiert geradezu mit *dem Namen* (haSchem), ist aber genau darin Gott bereits *zu* nahe, um überhaupt eigentlich aussprechbar zu sein. Cusanus gibt hier auf engstem Raum eine präzise Begründung: Wie ausgeführt, fällt das Tetragramm *unter keinen Teil der Rede* (im Sinne der grammatischen Kategorien, von welchen wir wissen können, worauf speziell sie referieren). Im *eigentlichen* Sinne aussprechbar sind aber genau nur die für uns wohldefinierten Redeteile – nicht aber ein (Eigen-)Name, der diese allesamt umgreift und nicht mehr etwas *an* Gott bezeichnet, sondern für Gott selbst („totum simul") steht.

Nach diesem Abriss zum „wahren, wirklichen Namen" kommt Cusanus nochmals eigens zu sprechen auf diejenigen Namen, die Gott zukommen als Ursache in Bezug auf das Verursachte (in respectu ad causata). Der Text ist wiederum sehr skizzenhaft verknappt, aber Cusanus scheint hier drei Typen solcher Namen aufzuführen:[545]

i. Namen, die Gott gemäß bestimmter Verhältnismäßigkeiten (proportionaliter) zukommen aufgrund einer Auffindung in (relativ) vollkommenen Kreaturen, z.B. „gut", „stark", „verstehend" usw.

544 Vgl. Sermo XX (h XVI) n. 6, 27-28: „[...] ad aliquam proprietatem particulariter Deo convenientem [...]".

545 Vgl. Sermo XX (h XVI) n. 8.

ii. Namen, die Gott gemäß irgendeiner Ähnlichkeit (aliqualiter similitudinarie) zukommen, z.B. „Löwe", „Fels" usw.
iii. Namen, die Gott durch Entfernung (per remotionem) zukommen, z.B. „un-sterblich", „un-sichtbar" usw.

Was ist (ad i) mit „proportionaliter" gemeint? Ein Vergleich mit der thomasischen Diskussion des Attributs „gut" ist hier aufschlussreich.

Thomas[546] führt zwei von ihm abgelehnte Analysen an:

(1) Die durchgehend apophatische des Maimonides: Der Gehalt sei negativ, „lebend" meine „nicht-unbelebt", „gut" meine „nicht-böse".
(2) Die kausalitätstheoretische (die nach Thomas „andere" lehren, die aber ebenfalls von Maimonides vertreten wird): Mit „Gott ist gut" meinen wir „Gott ist die Ursache der Güte in Dingen".

Thomas führt als Gegengründe an: Zufolge (2) der kausalitätstheoretischen These könnte Gott genauso „Körper" genannt werden, da er ja auch Ursache von Körpern ist. (Maimonides wäre darauf keineswegs verpflichtet gewesen, u.a. da er solche Redeweisen nur für Vollkommenheiten zulässt.) Die Namen würden Gott demzufolge (per 2) immer nur in sekundärer Weise zukommen in der Weise, wie „gesund" von der Medizin sekundär (als Ursache), vom gesunden Menschen aber primär (als eigentlich Gesundem und Wirkung der Medizin) ausgesagt wird. Mit „Gott lebt" *meinen* wir *mehr*, als nur, dass Gott (ad 2) *Ursache* von *unserem* Leben ist, oder auch (ad 1) dass Gott nicht-unbelebt ist. Stattdessen, so Thomas, bezeichnen Namen wie „gut" oder „lebend" Gottes Substanz, wenngleich sie darin versagen (deficiunt), Gott selbst zu repräsentieren; gleichwohl *wissen* wir um Gott aus den Kreaturen und wir wissen auch, dass Gott im Vorhinein alle Vollkommenheiten der Kreaturen besitzt; er ist das hinausragende (excellens) Prinzip, demgegenüber die Wirkungen versagen (deficiunt), obwohl sich aus ihnen eine gewisse Ähnlichkeit ergibt (conquuntur). Kurzum: „Gott ist gut" meint: „Was wir den Kreaturen an Gutem zuschreiben, präexistiert in höherer Weise in Gott". Nicht also: Gott ist gut, *weil* er das Gute in den Dingen verursacht, sondern genau umgekehrt.[547] Diese Analyse legt Thomas dann zugrunde, wenn er die Frage verneint, ob die verschiedenen Namen ihrem Gehalt nach gleichbedeutende Bezeichnungen (synonyma) sind: Nein, unser Intellekt formt, um Gott zu verstehen (intelligere), Begriffe, die *den Vollkommenheiten entsprechen (proportionatas)*, welche von Gott in das Geschaffene übergehen (procedentibus). Diese Vollkommenheiten präexistieren in Gott geeint und einfach, im Geschaffenen werden sie jedoch geteilt (divise)

[546] Vgl. (auch zum nachfolgend Paraphrasierten) Thomas: STh I q. 13 a. 2 co.

[547] Vgl. (auch zum vorstehend Paraphrasierten) Thomas: STh I q. 13 a. 2 co. Zu dieser Art der Präexistenz in Gott gehört für Cusanus auch, dass das im Vorhinein und unerschaffen in Gott Präexistente von geistiger Natur (mentale) ist, vgl. z.B. De princ. (h X/2b) n. 38.

und vielfältig (multipliciter) empfangen. Die Namen bezeichnen also ein und dasselbe Einfache, sind aber, weil sie dieses *unter vielen, verschiedenen Aspekten* (rationes) bezeichnen, nicht synonym.

Cusanus dürfte hier einer solchen (u.a. thomasischen) These folgen, dass (ad i) die vom Geschaffenen genommenen „proportionalen" Namen wie „Lebensspender" usw. jeweils in Entsprechung stehen zu den Vollkommenheiten, die im Geschaffenen Abbilder des Göttlichen sind, das uns Anlass zur entsprechenden Benennung gibt. Darüber hinaus ist es (ad ii) möglich, dass lediglich eine Entsprechung unter bestimmten Gesichtspunkten besteht, oder, dass (ad iii) Unvollkommenheiten negiert werden.

Die Benennungen, die aus Ähnlichkeiten der Geschöpfe her rühren, ergeben also durchaus eine „lange Predigt", da die Schöpfung je und je Anlässe von Zurückführungen auf Gott als Prinzip und Quelle aller Vollkommenheit bietet. Aber auf diese Weise gewinnbare Benennungen sind gerade keine eigentlichen Namen. Dies hatte Cusanus schon zu Beginn von Sermo XX scharf unterschieden. Der eigentliche Name Gottes bleibt uns unbekannt, und insbesondere das Tetragramm verweist selbst auf diese Entzogenheit, faltet aber zugleich die Möglichkeiten aller ungefähren Benennungen mit ein. Genau dieses Missverhältnis unserer Einsichts- und Benennungs-Möglichkeiten gegenüber dem Göttlichen an sich selbst reflektieren auch Kennzeichnungen wie die Formel des anselmschen Gottesbegriffs: Sie bieten Umschreibungen für dieses Missverhältnis und charakterisieren insofern das Göttliche durchaus zutreffend, aber eben nur ex negativo und in formaler Hinsicht relativ zu den Möglichkeiten unseren Begreifens und Benennens. Dieses Verhältnis strukturiert auch die Zuordnung der „drei Wege" der Rede vom Göttlichen[548]: Der via negativa obliegt dabei die Tilgung von Mängeln, die in allen Zwischenstufen eines (was die Ordnung zum Vollkommenen betrifft) Aufstiegsweges mit vorliegen, der vom Sichtbaren zum Vollkommen (zurück) führt. Insoweit ist das Moment der Mängeltilgung aber zugleich inbegriffen im Modus eminenter Rede, soweit Termini wie „Überbester" bereits darauf vorgreifen, dass Einschränkungen unseres Verstehens (hier gemäß axiologischer Graduierbarkeit) entfallen sollen, so dass die Negation ein Teilschritt einer Bewegung ist, deren Orientierung der Suchbewegung bewussten Lebens bereits inbegriffen ist. Damit sind aber (wie das Inbegriffensein von iii im Schema von n. 8 verdeutlich) die negativen Attributionen gleichfalls vom mittelbaren Charakter von „Namen", die *unter Bezug auf Verursachtes* gewonnen werden. Zwar greifen Negation und eminente Rede bereits vor auf Gott, wie er an sich selbst zu verstehen wäre, doch ihr Resultat verbleibt je in *korrektiver* Funktion, bezogen auf diejenigen Benennungen, die in „Verhält-

548 Hier in Rekapitualtion der vorstehend diskutierten Behandlungen in Sermo XX (h XVI) n. 5, n. 6 und n. 8.

nismäßigkeiten", „Ähnlichkeiten" oder eben „Entfernungen" derer Mängel gründen.

IV.1.6 Gott als absolute Voraussetzung jeder Benennung (Sermo XXII)

Der Weihnachtssermo von 1440 (gehalten am 25.12. zu Augsburg oder Trier[549]) bietet in nuce die wesentlichen theologischen Optionen des kurz zuvor verfassten ersten philosophisch-theologischen Hauptwerks „De docta ignorantia". Dies betrifft insbesondere eine konzentrierte Auseinandersetzung mit den Sprachmodi der Theologie. Die Präzision ist allerdings in einigen Punkten schwächer. Kaum präsent sind die für den Argumentationsgang in „De docta ignorantia" so prägenden mathematisch-symbolischen Handreichungen.[550] Ein deutlich stärkeres Gewicht als im Anfangsteil von „De docta ignorantia" hat dagegen die explizit theologische Terminologie und Fokussierung. Das beginnt bereits mit der Anknüpfung der Thematik: Dem Thema einer Weihnachtspredigt gemäß kündigt Cusanus eine Gliederung seiner Predigt in eine Abhandlung dreier Typen von „Geburten" des Gottessohnes an: Eine „ewige", eine zeitliche (Jesu von Nazareth) und eine Geburt „in uns".[551] Jene erste, ewige Geburt nun verortet Cusanus in der „Tiefe des Erkennens"[552], was ihm ermöglicht, den Hinweis anzuschließen, dass Gott nicht mit ratio, Vorstellungskraft oder Sinnen erfasst wird. Anders als in „De docta ignorantia" verweist Cusanus hier *nicht* darauf, dass indes der Intellekt die Gegensätze zusammensieht und damit Gott, der über den Gegensätzen ist, näher kommt als ratio, Vorstellungskraft und Sinne, sondern er verweist

549 Vgl. zunächst Klibansky: Überlieferung, 218; Klibansky/Hoffmann: Vorwort, 3ff, der noch von Weihnachten 1439 ausgeht, dann aber die Neudatierung auf 1440 in h XVI, 333ff.

550 Cusanus weist zwar in Sermo XXII (h XVI) n. 20 darauf hin, dass bereits Augustinus die Trinität „in der Ewigkeit" erklärt habe mit mathematischen Benennungen (per nomina mathematica) (welche ja „ewige" formal-geistige Sachverhalte und Prinzipien „am Anfang" für die endlichen Objekte betreffen wie im Falle der Idee des Dreiecks vor jeder „Figur", vgl. n. 19 und 23). Dazu führt Cusanus hier aber nur Opposita wie Einheit-Andersheit, Gleichheit-Ungleichheit, Verbindung-Teilung (divisio) an.

551 Vgl. Sermo XXII (h XVI) n. 5-7. Die eigentliche Behandlung der ewigen Geburt erfolgt dann erst ab n. 20 bzw. 22. In n. 30 konstatiert Cusanus den Abschluss dieses ersten Predigtteiles. Bereits in n. 4 spricht Cusanus (im Sinne der Geburt in uns) davon, dass sich Christus „in uns senkt" (descendat) wie in die gebärende Mutter (Maria) (im Sinne der zeitlichen Geburt). Eine ähnliche Darlegung gemäß dreier Auffassungen der Gottesgeburt u.a. in Sermo XI (h XVI) n. 9. Zu den klassischen Redeweisen von mehrere „Geburten" Christi vgl. z.B. die kompakte Behandlung bei Thomas von Aquin: STh III q. 35, bes. a. 2 (mit Bezug u.a. auf Johannes Damascenus); Ulrich von Strassburg: Summa de Bono I l. 5, tr. 1, q. 10: „[...] an due sint Christi nativitates vel due filiationes, et an dicatur bis natus, et de adoratione humanitatis Christi et ymaginis ejus [...]".

552 Vgl. Sermo XXII (h XVI) n. 5, 4-5: „in profunditate intellegentiae".

darauf, dass Gott *im Glauben* erfasst wird.[553] Es wäre aber ein Irrtum, zu meinen, dass „De docta ignorantia" ein primär epistemologischer Traktat, Sermo XXII ein primär christologischer und den Begriff und Status des Glaubens entwickelnder Entwurf wäre; vielmehr wird auch in „De docta ignorantia" das christologisch-trinitätstheologische Zentrum und der Glaubensbezug des zunächst mit mathematisch-epistemologischen Hinweisen umrissenen Strebensweges besonders in Band III deutlich.

Die Argumentation des Cusanus setzt ein mit dem Hinweis, dass „alle Völker" Gott bekennen (confitentur) als Bestes und als das, von dem alles ist (a qui omnia), wofür das entscheidende Prinzip zur Anwendung komme, dass nichts sich selbst zum Sein hervorbringen (in esse producere) kann.[554] Daran knüpft Cusanus eine Art transzendentales Argument an, wie er es in ähnlicher Form bis in sein Spätwerk noch mehrfach variieren wird – eine Konstanz, die sich u.a. dadurch erklärt, dass diese Argumentform der Struktur seines Gottesbegriffs in einer wichtigen Hinsicht entspricht, nämlich jener, dass Gott (wie ja auch „alle Völker" bejahen, dass alles von ihm ist) die Voraussetzung von allem und damit auch jeder thetischen Setzung ist.

Cusanus formuliert dies in der Prämisse:

(1) Gott ist die Wahrheit.

„Wahrheit" expliziert Cusanus sodann als:

(2) Wahrheit ist *Gegenstand des Intellekts* (obiectum intellectus).

Wenn nun

(A) „Gott ist" *gedacht* wird *oder*

(N) „Gott ist nicht" gedacht wird,

sofern also nur eine (dieser Propositionen A oder N) erwogen bzw. akzeptiert wird, werde auch akzeptiert,

(E) dass *Gott* ist.[555]

Die Argumentationsskizze versteht also affirmative Urteile, gleich ob deren Prädikat eine Negation einschließt (N) oder nicht (A) (und im Grunde auch jede andere Proposition, auch wenn Gott nicht Aussagesubjekt ist) so, dass darin je eine Wahrheit vom Intellekt begriffen und diese bejaht wird, was, weil Gott *die Wahrheit* ist, per se *Gott* bejaht, wovon Cusanus hier offensichtlich annimmt, dass dies in der Formulierung, „es wird bejaht, *dass* Gott *ist*" gleichermaßen ausgedrückt wird. Anders gesagt: Wenn (1) Gott *die* Wahrheit ist und wenn damit mitgemeint ist, wie (2) sehr knapp zusammenfasst, dass die Einzelwahrheit jeder erwägbaren Proposition p nur durch Gott besteht, dann kann jedwede Proposition p (wie hier exemplarisch A oder N)

553 Vgl. Sermo XXII (h XVI) n. 7, 1-4, wohl unter Aufnahme der Redeweise von Phil 4,7 („Pax illa, quae exsuperat omnem sensum").

554 Vgl. Sermo XXII (h XVI) n. 8.

555 Vgl. Sermo XXII (h XVI) n. 9.

nur wahr sein, *wenn* (E) Gott „ist"; wird also p bejaht (z.B. per A oder per N), wird zugleich bejaht, (E) dass es eine Voraussetzung gibt, in welcher die Wahrheit aller objektsprachlichen Einzelaussagen begründet ist – und da diese „Gott" genannt wird, dass also Gott „ist". Im Falle von (N) besteht natürlich der Sonderfall, dass „Gott" selbst Satzsubjekt ist, *aber* (N) auch (E) impliziert und sich (E) und (N) zu widersprechen scheinen.

Dieses Teilresultat irritiert Cusanus offensichtlich keineswegs, sondern vielmehr scheint er darin gerade eine Pointe des Arguments zu sehen, wenn er nämlich als Formulierung des Beweisziels vorausschickt, dass von Gott nicht gedacht werden kann, dass er *nicht* sei. Auch (N) impliziert ja (E), und wenn dieses Resultat als Widerspruch zwischen (N) und (E) interpretiert wird, dann kann dies als reductio für (N) verstanden werden. Eine alternative Deutung bestünde darin, (E) als metasprachliche Aussage zu verstehen; wenn aber (A) und (N) objektsprachliche Aussagen wären, die dann also nicht im selben Sinne wie (E) von Gott sprechen würden, verbliebe die Seltsamkeit, dass (A) und (E) trotz gleicher Oberflächenstruktur anderen Gehalt und Status besäßen. Tatsächlich reproduziert Cusanus ja scheinbar diese Seltsamkeit, wenn er einerseits sagt, dass die Bejahung von (A) wie von (N) zeige, „dass Gott ist", wenn er aber im Anschluss formuliert, dass genau *dies*, dass „durch beide (Glieder) des Gegensatzes" erscheint, *dass Gott notwendigerweise ist*[556], zeige, dass Gott hinaus sei über jeden Gegensatz (oppositio) und jeden Widerspruch (contradictio).

Wenn Letzteres der Fall ist, muss das Resultat (E), „dass Gott ist", aber entweder

(i) als selbst noch *innerhalb* eines Gegensatzes (von Sein und Nichtsein) verstanden werden, oder aber

(ii) als zumindest *irreführende Ausdrucksform*, was man allenfalls im Hinweis auf die (absolute) *Notwendigkeit* des göttlichen Seins präzisierend korrigiert sehen könnte.

In der Tat (ad i) kann man die Grundidee des Cusanus so auffassen, dass Gott sich zu jeder assertiblen Einzelaussage *als deren Möglichkeitsbedingung* und absoluter Horizont verhält (gleichsam wie jede Proposition den logischen Raum bereits voraussetzt[557]). Sofern daher auch (N) überhaupt aussagbar sein sollte, müsste damit Gott als *die* Wahrheit und ermöglichendes Prinzip der Erwägbarkeit und Assertibilität von Einzelwahrheiten bereits vorausgesetzt werden. Dann kann freilich Gott selbst nicht mehr in Einzelaussagen selbst der Genauigkeit nach auftreten (wie (E) dies suggeriert).

556 Vgl. Sermo XXII (h XVI) n. 9, 7-9: „Supra omnem igitur oppositionem et contradictionem Deus est, qui per utrumque contradictorium videtur necessario esse."

557 Vgl. zu dieser Analogie Fn. 112 (S. 53), Fn. 884 (S. 294).

Und in der Tat (ad ii) führt Cusanus wenig später in deutlich präziserer Formulierung aus, dass in der unendlichen Einheit das Nicht-Sein (*non-esse*) selbst die höchst-einfache Seinsheit (simplicissima *entitas*) *ist*.[558] Dass der Rede von einer „simplicissima entitas" ein anderer Status zuzusprechen ist, als wenn einfachhin von „esse" (irgendeines Satzsubjekts) gesprochen wird, ist hier sehr viel unmissverständlicher, auch wird hier deutlich, dass die Identifikation von Sein und Nichts nicht einfachhin „im" Sprechen von vielerlei Einzelwahrheiten statt hat, sondern eben einzig „in der unendlichen Einheit". Die Anfangsdiskussion zu (A) und (N) hat demgegenüber eher vorbereitenden Charakter oder zeugt von einer noch nicht zur endgültigen Präzision gelangten Formulierung des Sachverhalts.

Eine ontologische Entsprechung hat diese Sprachreflexion in der Überlegung, dass *nichts außerhalb* Gottes sein kann, der als „abstrakte Einheit" (abstracta unitas) und „Seinsheit" (entitas) alles in sich begreift (complicat); nichts kann gegenüber Gott „außerhalb *sein*", da undenkbar ist, dass etwas außerhalb des Seins *ist* (intelligi esse extra esse), auch das Nicht-Sein und Nichts *ist* nicht außerhalb des Seins[559] – ganz wie auch noch die Verneinung eines spezifischen Seins das *Sein selbst*, das mit Gott zu identifizieren ist, sprachlich beanspruchen muss.

Deutlich machen sollte diese Überlegung, dass die Bejahung jeder Einzelaussage Gott als absolute Voraussetzung mitbejaht, also das Enthobensein Gottes über jeden Gegensatz – „Gott ist nicht etwas, das einen Gegensatz hat"[560]. Dass „nichts außerhalb Gottes" ist und Gott jenseits aller Entgegensetzungen (opposita) ist, wird Cusanus später in dem Gottesnamen „non-aliud" in nuce fassen. Bezüglich dieses Teilresultats, dass Gott *unendlich* weit über allen Gegensätzen ist, sieht sich Cusanus in bester theologischer Tradition – es sei eine „Lehre der *wahren Theologen*".[561] Daraus folgert Cusanus, dass, will man zur Untersuchung des Wesens (quidditas) Gottes aufsteigen, man sich *weder mit Namen noch rationalen Überlegungen* (rationes) helfen kann, so dass man versagen (deficere) muss.[562] Tatsächlich ergibt sich für Einzelnamen, die auf „rationalem Wege" aufgesucht werden, ein ähnliches Resultat wie zuvor für die Einzelaussagen (A) und (N). Gott, *von dem alles ist*, wird dazu nicht transzendentallogisch als (absolute) *Wahrheit*, sondern der Strebensordnung nach als (absolute) Vollkommenheit gefasst und bereits vorausgesetzt, dass Gott Verschiedenheit, Vielheit, Gegensätzlichkeit nicht zukommen, auch nicht irgendeine „ratio", was man hier wohl als *Hinsicht-*

558 Vgl. Sermo XXII (h XVI) n. 13.
559 Vgl. Sermo XXII (h XVI) n. 13; vgl. dazu De docta ign. (h I) III c. 3 n. 195, 12-15.
560 Vgl. Sermo XXII (h XVI) n. 10, 6-7.
561 Vgl. Sermo XXII (h XVI) n. 10.
562 Vgl. Sermo XXII (h XVI) n. 10.

nahme der ratio verstehen sollte[563], sondern dass Gott „alles in allem" (omnia in omnibus)[564] ist – was u.a. meint, dass jede begrenzte Vollkommenheit in allen Einzelseienden *in Gott* begründet und vollendet erfüllt ist. Daher kann eine Bejahung wie „Gott ist Gerechtigkeit" Gott nicht zukommen (convenire), da damit das Gegenteil der entsprechenden Bestimmung von Gott *entfernt* würde, so dass eben u.a. Verschiedenheit impliziert würde. Solche Namen können daher Gott als Setzungen (positive) nicht zukommen, weil er nicht *dieses* sein kann und *anderes nicht*, weil er nicht irgendetwas *von allem* ist, sondern höchst-einfaches *Prinzip*, das in seiner Unendlichkeit alles einfaltet (complicans omnia)[565] – gleichsam, wie im Vermögen, der „Kunst" *unseres* Geistes die entsprechenden Produkte ungeteilt (indivise) und einfach (simpliciter) „eingefaltet" sind.[566]

Unter diesen Voraussetzungen fasst Cusanus hier die (bzw. eine) *Funktion negativer Theologie* zusammen: Durch sie findet (reperire) man zunächst, dass Namen wie „Wahrheit, Gerechtigkeit, Licht",

(i) weil sie Vielheit ausdrücken, Gott nicht zukommen *können*,[567]

(ii) dass es *wahrer* ist, dass diese Gott als Setzungen (positive) *nicht zukommen*[568], und so

(iii) finde (reperire) man Wahreres (veriorem) in der negativen Theologie, (und zwar insbesondere) dass Gott *nichts von* allem, sondern höchst-einfaches Prinzip ist[569].

Mittelbar wird in (i) der Einsicht in das Nicht-Zukommenkönnen bestimmter „Namen" und (ii) in einem dadurch gerechtfertigten *expliziten Absprechen* bestimmter „Namen" also (iii) die Voraussetzung dieser Einsicht und dieses Absprechens kenntlich, d.i. die (absolute) Einfachheit und (absolute) Prinzipialität Gottes. Darin also liegt ihre „größere" Wahrheit gegenüber Attributionen, die (dem üblichen Auffassungsmodus nach) Vielheit implizieren würden.

Gerade der All-Prinzipialität Gottes wegen, die Cusanus noch näher als „Form des Seins", durch welche alle Dinge sind, was sie sind[570], bestimmt,

563 Vgl. Sermo XXII (h XVI) n. 10.

564 Sermo XXII (h XVI) n. 10, 23-24 nach 1 Kor 12, 6; vgl. De docta ign. (h I) II c. 5 n. 117-118; De pace (h XVII) c. 11 n. 29 („habere in Deo coincidit cum esse. Ille enim a quo sunt omnia in se complectitur omnia, et est omnia in omnibus, quia formator omnium").

565 Vgl. Sermo XXII (h XVI) n. 10.

566 Vgl. Sermo XXII (h XVI) n. 25.

567 Vgl. Sermo XXII (h XVI) n. 10, 18-20.

568 Vgl. Sermo XXII (h XVI) n. 10, 21-24.

569 Vgl. Sermo XXII (h XVI) n. 10, 25-28.

570 Vgl. hier Sermo XXII (h XVI) n. 11 und 14. In n. 26 spricht Cusanus vom Ausfließen der Seinsform aus der unendlichen Form der ewigen Kunst; vgl. dazu Thomas: De veri-

gerade dieser All-Prinzipialität wegen, wie sie die negative Theologie also in besonderer Weise bewusst zu machen vermag, ist umgekehrt bereits begründet, warum bestimmte Benennungen Gottes durchaus annäherungsweise applikabel sind. So formuliert Cusanus, der darin offensichtlich keinen Gegensatz sieht, direkt im Anschluss: Gott, weil er die Vollkommenheit ist, an der alle Vollkommenen partizipieren, *ist* darum alles, was „im Himmel und auf Erden eine Vollkommenheit bezeichnet"[571]. Wie (A) und (N) nur affirmierbar sind, indem (E) vorausgesetzt und daher mitaffirmiert wird, so gründen alle Zuschreibungen von Vollkommenheiten in Gott als (absoluter) Vollkommenheit und alles einfaltendem Prinzip. Wie sich dort die Seltsamkeit ergab, dass (E) selbst als unpräzise Formulierung erscheinen müsste, aber doch von Cusanus formuliert wird, so ergibt sich hier, dass Cusanus durchaus davon spricht, dass Gott „Gerechtigkeit ist" und ebenso alles, was eine Vollkommenheit bezeichnet. Dabei wird nun aber deutlicher darauf hingewiesen, dass dies nicht mehr als Rede von Partizipierendem, sondern von Prinzipiierendem gemeint ist. Dieser Vorbehalt wird bereits in der Zusammenreihung deutlich, dass Gott „*so*" Gerechtigkeit ist, wie er Wahrheit usw. ist. In der zuvor von Cusanus analysierten Verwendung beider Attributionen „ihrer jeweiligen Hinsichtnahme nach" (in sua ratione) dagegen bestand keineswegs Übereinstimmung. Ein relevanter Unterschied zwischen der ersten, transzendentallogischen und der zweiten, insbesondere strebensteleologischen Überlegung ist, dass in dieser zweiten entsprechende Gegensätze nicht mehr angesprochen werden. Zwar formuliert Cusanus allgemein das Prinzip, wonach Gott „nicht dieses sein kann und anderes *nicht* sein kann, weil er alles in allem ist", doch fällt etwa „Gott ist das Böse" offenbar aus dem Bereich der hier behandelten Aussagen heraus, weil Böses nicht mehr an der (absoluten) Vollkommenheit *partizipiert*.

Im Bereich derjenigen Benennungen, welche Gott als Form des Seins und Prinzip von Allem anzusprechen erlauben, gibt es relative Vorzüge, und zwar gemäß eben jenem Kriterium, das *genau genommen* alle „Namen" ausschließen würde, nämlich der (absoluten) Einfachheit des Göttlichen. Cusanus sagt daher von jener Art Namen, welche (in der sonstigen Anwendung) sich beziehen auf etwas, was „in seiner Einfachheit dem Sinn entflieht", dass diese Art Namen Gott „eher zukommt" (magis convenit)[572]. Einfachheit korreliert dabei mit „Virtualität" im Sinne der Einfaltung von Wirkvermögen: Gott kommt eher zu, benannt zu werden nach einem Seienden („secundum [...]

tate 4,1 („[...] ultimo artificiatum [...]"); Eckhart: In Ioh. n. 66, LW III, 54,6 – 55,2; hierzu Hackett: Reception, 578.

571 Sermo XXI (h XVI) n. 10, 29-30.

572 Vgl. Sermo XXII (h XVI) n. 12, 5-9; vgl. n. 11, 6-8.

entem [...]"), das mehr eingefaltet, wirkmächtig, einfaltend ist (contractior, virtuosior, maior complicans) als niederrangigeres (Seiendes) (inferior).[573]

Insofern spricht Cusanus für dieses semantische Feld der mehr-oder-weniger-(un-) passenden Namen von einer Betrachtung Gottes „hinsichtlich des kontrahierten Seienden" (ad contractum ens[574]). Von solchem in Vielfalt bestehendem Seienden her sind die „Namen" gebildet und daher für das absolut-Einfache, Göttliche, letztlich unpassend; Cusanus erklärt hier die Bildung solcher „Namen" als Setzung (impositio) durch Vergleich (comparatio) und Verstehen (ratio).[575] Alle „Namen", die wir Gott beilegen, stammen somit von solchem Vergleich (comparatio) mit den geschaffenen Objekten. Jener geschaffenen Dinge müssen wir uns also bedienen, wollen wir (durch Zuhilfenahme von Sprache) aufsteigen zu Gott. Cusanus spricht dabei näherhin vom Aufstieg zur Drei-Einigkeit. Dieser sei kein Zeichen, keine Figur, keine Redeweise (locutio) angemessen.[576]

573 Vgl. Sermo XXII (h XVI) n. 12. So sei von Gott etwa eher „Gerechtigkeit" denn „Feuer" aussagbar. (In De docta ign. (h I) II c. 13 n. 177 stellt Cusanus wiederum an Ähnlichkeit mit Gott das Feuer über die Welt (mundus), da es ähnlich wie Gott in seiner Macht keine Grenze hat, alles durchdringt usw.) In n. 26 von Sermo XXII (h XVI) bespricht Cusanus erläuternd eine analoge Hierarchisierbarkeit der Künste: Je höher und vollkommener eine Kunst, desto mehr niederrangigere Künste begreift sie in sich; ihre Einfachheit (simplicitas) ist einiger (unior) und wirkmächtiger (virtuosior). Die Bezeichnung Gottes als „virtus virtuosissima" findet sich auch bei Raimundus Lullus, vgl. Bonner: art and logic, 246; Colomer: Kues und Llull, 55; Schmidt-Biggemann: Umrisse, 85; Dionysius der Kartäuser spricht vom „infinitum primum, quod est virtus virtutum" (De cont. I, a. 40, 182A); dazu Emery: Principal Name, 470; vgl. Liber de Causis, prop. 15 (129), Pattin: Liber de causis, 80 / Fidora/Niederberger: Buch der Ursachen, 92ff. Für die cusanische Überlegung, dass im Wort „alles unmittelbar Kunst" ist – Kunst, „die das Leben ist", vgl. auch Eckhart: In Ioh. n. 10-12, LW III, 10-12; dazu Wackerzapp: Einfluß, 158.

574 Sermo XXII (h XVI) n. 12, 1-2.

575 Vgl. Sermo XXII (h XVI) n. 16.

576 Vgl. Sermo XXII (h XVI) n. 16. Zudem koinzidieren hier die höchste Wahrheit, dass Gott einer ist, und die höchste Wahrheit, dass Gott dreieinig (trinum) ist, wobei es sich also nicht etwa um *zwei* (ihrem Wahrmacher nach verschiedene) Wahrheiten handelt.

IV.2 Die absolute Maximität, Aktualität und Genauigkeit des Göttlichen im Gegensatz zur bloßen Verhältnismäßigkeit unseres Begreifens und Benennens

„Hinc numerus praecipuum vestigium ducens in sapientiam."[577]

Erich Meuthen resümiert als Fazit des ersten philosophisch-theologischen Hauptwerks des Cusanus: „Die ‚Docta ignorantia' endete in der unbefriedigenden Erkenntnis des, wenn auch belehrten, so doch in seiner ganzen Tendenz über sich hinausweisenden Nicht-Wissens."[578] Wie zu zeigen sein wird, ist dieses Fazit eine deutliche Verkürzung. Weder verbleibt das Werk bei diesbezüglich „Unbefriedigendem", sondern mündet in den überschwänglichen Lobpreis Gottes angesichts der erreichten Einsicht, noch bleibt die Erhellung der Möglichkeitsbedingungen positiver Aussagen erst „De Coniecturis"[579] vorbehalten. „De docta ignorantia" entwickelt die Thematik negativer

577 De mente (h ^{2}V) c. 6 n. 94.

578 Meuthen: Nikolaus von Kues 1401-2001, 61.

579 So gleichfalls ibid., 61: „‚De coniecturis' untersucht die Möglichkeiten und Bedingungen der positiven Aussagen." Tatsächlich ist „De coniecturis" weder ein bloßes „companion piece" (Duclow: Life and Works, 36), noch eine Retraktation oder ein Neu- und Gegenentwurf zu „De docta ignorantia", vielmehr eine weitergehende Ausarbeitung insbesondere der epistemologischen Problemstellung von „De docta ignorantia". Flaschs Charakterisierung ist genauer als diejenige Meuthens: „Trist ist der Leser am Ende des ersten Buches [von „De docta ignorantia"], nicht am Ende des Gesamtwerks", denn im ersten Buch ende die „Spekulation [...] so trostlos negativ, daß Autor und Leser sich freudig dem Universum als dem fruchtbareren Forschungsfeld zuwenden" (S. 157). Dieses Interpretationsschema entspricht beinahe der vielrezipierten These Blumenbergs zu den Implikationen „des" Nominalismus, wonach die Zurückstufung auf „weniger Wahrheit" zur „Voraussetzung für eine Definition von Wissenschaftlichkeit" wurde, wissenschaftlich-technischer Weltzuwendung und „Selbstbehauptung" erst „den Weg frei" machte (vgl. z.B. Blumenberg: Legitimität, 233 et passim; zu den apparenten Übergeneralisierungen z.B. Hübener: Nominalismuslegende; zur Absetzung der cusanischen Position besonders Hopkins: Dialectical Mysticism, 50ff und schon Gadamer: Legitimität, 206ff; zu Blumenbergs Cusanus-Deutung auch Stoellger: Metapher, 390ff). Akzeptierte man eine Epochencharakteristik, wonach die Wirklichkeit im Ganzen in gleichem Maße als „entsakralisiert" wie von idealen Ausgangspunkten her „unlesbar" wahrgenommen wird, so müsste das cusanische Projekt geradezu in entsprechender Gegenrichtung verstanden werden. Dass die „freudige" Zuwendung zum Universum von Anfang an seine Theologie fundierte, bestätigt gerade ein Blick auf die frühen Sermones; diese Zuwendung schließt die Inblicknahme der Weltwirklichkeit als „Forschungsfeld" ein, aber erschöpft sich keineswegs darin. Es trifft zu, dass diese Freudigkeit noch gesteigert wird in der weiteren Ausarbeitung der cusanischen Epistemologie, die das traditionelle Motiv in sehr spezifischer Weise weiterverfolgt, wonach Gott sich in der menschlichen Seele in noch tiefergehender Weise spiegelt als in den sonstigen Manifestationen seiner Schöpfung. Aber auch der Schluss des ersten Bandes von

Theologie in vor allem epistemologischer und methodologischer Hinsicht als eine „Denkmethode" (ratiocinandi modus[580]). Schon von ihren Ausgangspunkten her betrifft diese die Probleme und Aporien der Benennung des Göttlichen. Das Werk fasst, wie im nachfolgenden Abschnitt zunächst Thema sein wird, menschliche Erkenntnis als ein Verfahren der Relationierung im Ausgang jeweils vom uns „Bekannten". Nur, wo Bezüge und Proportionen und damit zugleich Unterscheidungen anwendbar sind und somit Vielheit vorliegt, kann in dieser Sicht etwas *als etwas* erkannt werden. Das Göttliche erscheint demgegenüber als ein den Gegensätzen, wie sie alles, was uns bekannt ist, je prägen, enthobener Grenzbegriff, ja präzise als die selbst *unbegrenzbare Grenze* von Allem. Gott ist daher so, wie er präzise ist, prinzipiell nie „denkbar", d.i. nicht denkend auf einen bestimmten Gehalt zu begrenzen und daher in *diesem* Sinne auch nicht eigentlich nennbar. Das gilt indes für Affirmationen und Negationen gleichermaßen, insoweit diese je bestimmte Gehalte zu- oder absprechen und dabei eine präzise Sachbestimmung vornehmen.[581] Doch ist dies keineswegs die einzige Funktion entsprechender Prädikationen. Die relative Hochschätzung „negativer" Aussagen ist insofern ein zwar wesentliches, aber nicht isoliert betrachtbares Moment im grundsätzlichen Bemühen des Cusaners, Handreichungen (manuductiones) zu geben, die ermöglichen, den Geist zu „erheben": Er soll das sinnlich Anschauliche (die *sensibilia*) zurücklassen, auch eine von dorther geprägte Wortbedeutung, und sich dem vollendeten Endzweck von Allem[582] zuwenden, dem Ziel unserer „natürlichen Sehnsucht" – ein Ziel, dem wir mit durchaus „geeigneten Werkzeugen" folgen[583]. Auf diesem Wege muss *alles* überschritten werden (supergreditur), insbesondere, was man mit materiellem Beiwerk (cum materialibus appendiciis) durch Sinn, Vorstellung, ratio erfasst[584]; die Verschiedenheit (differentia) und Unterschiedenheit (diversitas) der Dinge muss

„De docta ignorantia" ist geprägt davon, dass Gott in negativer wie auch affirmativer Redeweise *eher* Vernunft und Leben ist, und eher sonstiges *nicht* ist als Vernunft und Leben, und auch vom Zusammenfall von Erkenntniskritik und *Lobpreis* Gottes: Gerade in der Unfassbarkeit *zeigt* sich Gott, und zwar *als unfassbar*, und dies ist keineswegs ein „trostlos[es]" und „[t]rist[es]" Resultat, sondern gerade *darob* gebührt Gott Lobpreis (vgl. De docta ign. (h I) c. 26 n. 89). Dass ein an sich selbst uns erfasslicher Gott unmöglich letzte Bestimmung menschlicher Sehnsucht einschließlich unserer Erkenntnisbemühung sein könnte, ist ein Grundmotiv der cusanischen Werke, das u.a. in Abschnitt III.1 und auch z.B. an Sermo VI (h XVI) (n. 32-33, s. Fn. 502, S. 175) bereits verfolgt wurde und u.a. in Abschnitt IV.5 weiter zu exemplifizieren sein wird.

580 Vgl. De docta ign. (h I) I c. 1 n. 1, 27.

581 Vgl. De docta ign. (h I) I c. 1 n. 12, 5-7.

582 Vgl. De docta ign. (h I) I c. 1 n. 7.

583 Vgl. De docta ign. (h I) I c. 1 n. 2, 1-9.

584 Vgl. De docta ign. (h I) I c. 10 n. 27, 1-2 und 11-15 (man gelange dann zur einfachsten und abstraktesten Einsicht, intelligentia), man sehe alles *im* Einen *als* Eines (18-20).

„ausgespien“ werden, auch die mathematischen Figuren[585], die Cusanus als Hilfsmittel heranzieht. Auf diesem Weg der Reinigung des Erkennens hin zur *einfachen* Einsicht im Einen ergibt sich korrelierend eine eigentümliche Form der Rede, die ebenfalls um deskriptiv-distinguierende Gehalte gereinigt sein soll, aber diese in zu klärender Weise zugleich einschließt, wobei die Worte in überhöhter Weise zu verstehen sind (transsumptive intelligendo)[586] und die Cusanus „nichtbenennende Benennung“[587] nennt.

585 Vgl. De docta ign. (h I) I c. 10 n. 29, 12ff. Cusanus folgt dabei in einigen Beispielen Hymericus de Campo, besonders dessen Tractatus de sigillo (ed. Heymericus de Campo/Imbach/Ladner: Opera selecta, Bd. 1), 99ff, vgl. im Einzelnen die Hinweise bei Wilpert/Senger (Nikolaus von Kues/Wilpert/Senger: De docta ignorantia, 120ff); Haubst: Bild des Einen, 255ff; Colomer: Kues und Llull, 18ff; Geis: Siegel der Ewigkeit (mit weiterer Literatur).

586 Vgl. De docta ign. (h I) I c. 10 n. 29, 20. Cusanus spricht von „transsumptio“ in einem technischen Sinne, den er in De docta ign. (h I) I c. 16 n. 42 erklärt hat. Hier wird ein dreistufiges Schema vorgestellt, das auch die Methode des Ausgangs von mathematischen Verhältnissen erklären soll. Bei diesen drei Schritten handelt es sich um folgende:
1. Betrachten (considerare) der endlichen mathematischen Figuren mit dem, was ihnen zukommt (passiones) und mit ihren Wesensgründen (rationes)
2. translatives Übertragen (transferre) jener Wesensgründe in entsprechender Weise (correspondenter) auf solche unendlichen Figuren
3. transsumptives Übertragen (transumere) jener Wesensgründe auf das unendlich-Einfache in völliger Ablösung (absolutissimum) auch von allen Figuren.
Vgl. zur Begriffsverwendung auch Richard von St. Viktor: Trin. 6, 17: „[...] transumuntur nomina de humanis ad divina [...]“; Thomas von Aquin: STh I q. 1 a. 9: „[...] aliquae ex creaturis transsumerentur ad Deum [...]“ und I, 4, 1. Zur Unterscheidung der drei Typen auch Hoff: Kontingenz, 71ff.159ff u.ö.; Pluta: Philosophie, 341; Offermann: Christus, 85. Speziell zum Begriff der trans(s)umptio: Valente: Logique, 74ff et passim; Purcell: Transumptio; Moritz: Speculatio.

587 Vgl. De docta ign. (h I) I c. 5 n. 13, 1-3: Das absolut Größte ist nur in nichtergreifender Weise intelligierbar und gleichermaßen (pariter) „innominabiliter nominabile“. Vgl. z.B. auch De fil. (h IV) c. 5 n. 78: Ausdrücke wie „das Absolute“ (absolutum) *benennen* den unbenennbaren Gott selbst nicht, aber verweisen auf ihn in *intellektualen* Sprachmodi („innominabilem ipsum deum variis intellectualibus modis exprimit“); ähnlich auch für den Ausdruck „das Nicht-Andere“, vgl. De non aliud (h XIII) c. 2 n. 7 und c. 22 n. 99: „neque mihi praecisius occurrit conceptum meum exprimens nomen de innominabili“; De ven. sap. (h XII) c. 34 n. 103 bezieht die Nicht-Andersheit auf die Benennung des unbenennbaren (Eigen-)Namens Gottes durch alle sonstigen Namen („licet nomen suum non sit aliud ab omni nominabili nomine et in omni nomine nominetur, quod innominabile manet“); vgl. auch den Text des Brüsseler Codex zu De theol. compl. (h X/2a) n. 12 (h X/2, n. 12 Br, S. 74f): „Et sic vides deum innominabilem varie nominari, quia omnium nominibus nominatur et in ipso coincidunt nominabilitas cum innominabilitate et effabilitas cum ineffabilitate et mensurabilitas cum immensurabilitate“ (auch ediert bei Bormann/Riemann: De theologicis complementis, 235, vgl. auch 219; zur Stelle auch Theruvathu: Ineffabilis, 56); Sermo CCLVIII (h XIX) n. 9: „Unde etsi Deus sit innominabilis, tamen intellectuale desiderium, quod nominibus exprimitur intellectualibus, ducit animam per nomina desideriorum suorum ad fontem boni ineffabilem“.

IV.2.1 Der Gottesbegriff als semantischer Maximitätsbegriff

Was die semantischen und sprachtheoretischen Betrachtungen betrifft, welche dieses Vorgehen in „De docta ignorantia" (und darüber hinaus) prägen, so ist es dort insbesondere die im Folgenden zu erörternde Reflexion auf das Göttliche als „Größtes". Dem gegenüber steht die Bestimmung unserer Erkenntnisweise: Das Werk beginnt mit der Konstatierung, dass jede Forschung über Ungewisses urteilt durch ins-Verhältnis-setzenden (proportionabiliter) Vergleich (comparatio) mit etwas vorausgesetztem, Gewissem.[588] Schon hier ist unserem Erkennen eine grundsätzliche Problematik vorgegeben, denn, wie Cusanus konstatiert, eine tatsächlich Bekanntes und Unbekanntes *zur Deckung bringende Angleichung* (adaptatio congrua) ist ausgeschlossen.[589] Schon damit ist gesagt, dass menschliches Erkennen je nur vorläufige, gradweise fortschreitende Annäherung sein kann und bleiben muss. Dem korrespondiert, wie bereits (v.a. in Abschnitt II.1) angesprochen wurde, die dann vielfach noch von Cusanus reklamierte Überlegung, dass die genaue Washeit (quidditas) und Eigentümlichkeit (singularitas) und Seinsweise von jedwedem Gegenstand unserem Erkennen ihrer letztlichen Genauigkeit nach je entzogen bleiben muss, so dass wir auf behelfsweise Erfassungen nicht der

588 Vgl. De docta ign. (h I) I c. 1 n. 2, 16-17.

589 Vgl. De docta ign. (h I) I c. 1 n. 4. Vgl. zum Ausschluss einer vollkommenen (d.i. vollkommen genauen) Gleichheit zwischen zwei endlichen Objekten wie auch Größen (etwa der Bewegung) Fn. 566 (S. 197); in De docta ign. (h I) II c. 11 n. 156 folgert Cusanus aus dem Ausschluss eines schlechthin Kleinsten, dass als Unterfall auch ein feststehender Mittelpunkt (als Position *im Endlichen*) auszuschließen ist; dasselbe gilt demnach für *alle* endlichen Orientierungsmöglichkeiten wie Vergleichsgesichtspunkte oder -maßstäbe: Sie sind je nur relativ auf andere endliche Orientierungsversuche applikabel, ihre Anwendung von je nur relativer Genauigkeit; einzige Ausnahme ist Gott, der absolut Größtes wie Kleinstes und überhaupt das Absolute ist, gerade insofern aber durch uns, die wir je nur endliche Gesichtspunkte zur Sachbestimmung heranziehen können, nicht an sich selbst und wirklich präzise deskriptiv erfassbar. Diese metaphysischen-begriffssystematischen Überlegungen sind – entgegen mancher Aktualisierungsversuche – übrigens keineswegs eine Art Verallgemeinerung oder gar Vorwegnahme etwa des galileischen (oder gar des lorentz-invarianten) Relativitätsprinzips. Dieses nämlich setzt voraus, dass willkürlich irgendein Bezugssystem als unbewegt für unsere Beschreibungen wählbar ist, während im Fortgang der Stelle (n. 157) Cusanus davon spricht, dass die Erde als „bis ins Unendliche" immer geringer bewegt verstehbar sein muss (da eine *absolut* kleinste Bewegung, wie im Falle eines ruhenden Bezugssystems, im Endlichen ausgeschlossen ist, vielmehr nur in Gott denkbar ist und – vom Endlichen aus betrachtet – mit der *absolut größten* Bewegung koinzidiert). Zwar weist Cusanus darauf hin, dass wir Bewegung nur erfassen durch Bezug auf etwas Festliegendes (n. 159, 2-3; n. 162, 3). Doch daraus folgert er „nur" den *konjekturalen* Charakter unserer Bewegungsbeschreibungen (der gegenüber *Gott* gleichsam durchaus eine absolut präzise Bewegungsbeschreibung angeben könnte). Erst, wenn zum Ausschluss eines *absolut* ausgezeichneten Ruhesystems im Endlichen die Überlegung *hinzukommt*, dass daher für Bewegungsbeschreibungen *willkürlich irgendein* System als ruhend voraussetzbar ist, lässt sich die galileische Mechanik daran anknüpfen.

genauen Form oder Substanz, sondern der Akzidentien verwiesen sind (bzw., vgl. Abschnitt III.5, auf „Zeichen").

Die Proportionalität, die damit zugleich jede Erkenntnis als Relationierung zu bereits Bekanntem prägt, bedeutet auch, dass es in (mindestens) einem Punkt Übereinstimmung und in (mindestens) einem Punkt Verschiedenheit gibt. Daher ist in Proportionen Setzbares nicht denkbar ohne Zahl.[590] Man kann Cusanus hier so verstehen, dass zumindest eine unterscheidbare, insofern abzählbare Verschiedenheit zumindest von Gesichtspunkten gegeben sein muss, da ja mindestens ein übereinstimmender und ein sich unterscheidender Gesichtspunkt verschieden erscheinen. Demgegenüber ist nicht erst die Erfassung einer absoluten Einheit ein Problem, sondern sogar bereits die Erfassung der Verbindung (combinatio) in körperlichen Dingen durch die menschliche ratio in voller Genauigkeit (praecisio). Umso mehr im Falle des Einen oder *Unendlichen:* Es entzieht sich schlichtweg jeder Proportion und ist daher kein Wissensgegenstand; es ist (wie es an sich selbst seinem Wesen nach ist) ungewusst, „ignotum".[591]

Gleichwohl lässt sich genau diese Nichtwissbarkeit des Unendlichen weiter erhellen. Cusanus führt dazu den Grenzbegriff des *Größten* ein.[592] Dieser Ansatzpunkt ist eigenwillig und lässt bereits die grundsätzliche Methodik des Cusaners erkennen: Es geht ihm um Grenzbetrachtungen, deren jeweilige Grenzbegriffe er absetzt zu sonstigen Bezüglichkeiten, zu unseren für einzelne Sachbestimmungen tauglichen Begriffen und deren Repräsentanten. Näherhin geht es Cusanus auch um ein insofern „Größtes", als dieses in Vollendung alle Möglichkeiten in Aktualität einschließt, insbesondere auch alle Möglichkeiten der Zusprechung von Sinngehalten. Das absolut Größte ist daher gewissermaßen ‚semantisch maximal', d.h.: Es schließt alle Sinngehalte dergestalt ein, wie dies bezüglich des Inseins von Allem in der Washeit und Form von Allem (vgl. Abschnitt II.1) ausgeführt und auch an Sermo XX schon ansatzweise verfolgt wurde. Cusanus führt die Hinsichtnahme auf diesen absoluten Grund für alles mehr-oder-weniger-große, für jede graduelle Realisierung von Modalitäten, entsprechend in formaler Abstraktion ein:

(MAX) „Absolut Größtes" heiße das, demgegenüber *nichts größer* sein kann.[593]

590 Vgl. De docta ign. (h I) I c. 1 n. 3.

591 Vgl. De docta ign. (h I) I c. 1 n. 3, 1-3.

592 Vgl. De docta ign. (h I) I c. 2 n. 5, 1-2. Die Übersetzung „Natur der Größe" bei Nikolaus von Kues/Wilpert/Senger: De docta ignorantia, 11 für „maximitatis naturam" lässt den Superlativ nicht erkennen.

593 Vgl. De docta ign. (h I) I c. 2 n. 5, 2-3. Zum Zwecke der leichteren Nachvollziehbarkeit von Sachaussagen und Argumentationsstruktur, wie sie in der hier vorgelegten Interpretation aufgefasst werden, werden Paraphrasen in leicht formalisierender Form gegeben. Eine logische Rekonstruktion im eigentlichen Sinne ist dabei natürlich nicht be-

Diese Definition – sie soll nachfolgend kurz als „Maximitätsbegriff" oder mit dem Kürzel MAX bezeichnet werden – ist, was ihren Gegenstand betrifft, eine Bestimmung negativen Charakters: Gleich welches sonstige Objekt (sei es eine Dingbestimmung oder z.B. eine ideelle Formbestimmung) man heranzieht, gegeben eine im Kontext entsprechend adäquate Relation des größer-als, so steht dieses Objekt *nicht* in der entsprechenden Relation zum „absolut Größten"; dasjenige, für welches dies für alle Objekte gilt und gelten muss, ist das „absolut Größte". Ob man sagen kann oder muss, dass ein solches absolut-Größtes *existiert*, diskutiert Cusanus hier nicht, es geht ihm zunächst nur um die *Natur* eines solchen Begriffs. Allerdings hält Cusanus vielfach fest: Man kann nicht *in Wirklichkeit* zu einem absolut *Größten* auch *gelangen*[594]; nichts, was man anführen kann (nullum dabile) ist das genau-Größte[595]; es handelt sich also um kein Objekt (lediglich) vom ontologischen Status sonstiger Objekte, welchen wir Wirklichkeit zusprechen.

Offensichtlich bestehen Entsprechungen zum anselmschen Gottesbegriff, den Cusanus, wie bereits deutlich wurde, immer wieder prominent und zustimmend anführt (z.B. im vorstehend behandelten Sermo XX). Cusanus spricht hier aber nicht von Modalitäten des Denkens (wie Anselm mit „dasjenige, über das hinaus Größeres nicht *gedacht* werden kann"), sondern des *Seins* („nihil maius *esse* potest"[596]). Die Ähnlichkeiten betreffen auch die entscheidende Frage, welcherart Relation des „größer-als" denn dabei im Blick ist. Cusanus dürfte diese Relation, wie der Kontext verdeutlicht, in allgemeiner Hinsicht auf die Verwirklichung von Möglichkeiten bezogen haben, also auf das ontologische Schema von Potenz und Akt und eines Mehr oder Weniger von Vollendung und Vollkommenheit: Weil es das Absolute ist, *ist* es in Wirklichkeit (actu) alles mögliche Sein.[597] Potentialität rührt ja von Ein-

absichtigt. Der Bezugstext wird entsprechend mit leichten Modifikationen paraphrasiert – hier: „Maximum autem hoc dico, quo nihil maius esse potest."

594 Vgl. z.B. De coni. (h II) I c. 10 n. 46: „[...] ad maximum aut minimum simpliciter non devenietur". Dort begründet Cusanus dies mit seiner „Figur P", gemäß welcher im Bereich des Wirklichen im einen Teilbereich die Andersheit durch die Einheit „verschluckt" (absorpta) wird, im anderen Teilbereich umgekehrt. *Absolut* Größtes wäre aber zugleich *ganz* einfach. Umgekehrt erreicht die ratio durchaus (relativ zum Objektbereich der fasslichen Dinge) wirklich-Größtes, welches aber eben (per se) nicht absolut-Größtes ist, wie der Intellekt festhält, vgl. De coni. (h II) I c. 10 n. 49-51. Der Intellekt ist also die für derartige Grenzbetrachtungen zuständige Instanz.

595 Vgl. De coni. (h II) I c. 10 n. 51. Ähnlich z.B. De beryl. (h ^{2}XI/1) c. 13 n. 14, wonach kein *anführbarer* Winkel als *Wahrheit des* Winkels anzusprechen ist, weil *die* Wahrheit kein Größeres und Kleineres annimmt; De ven. sap. (h XII) c. 13 n. 35: „was auch immer aufgezeigt wird (quocumque demonstrato), dies ist Gott nicht, denn es kann etwas anderes werden".

596 De docta ign. (h I) I c. 2 n. 5; ebenso De beryl. (h ^{2}XI/1) n. 8.

597 Vgl. De docta ign. (h I) I c. 2 n. 5, 12-14. Bei der Rede von „Potenz" (und Akt) oder „Potentialität" (und Aktualität) ist jeweils ein positives Vermögen gemeint, während die

schränkungen, die bei einem von aller Einschränkung Gesonderten, eben „Absoluten“, überschritten sind und insofern entfallen. Das absolute Größte ist demnach (per MAX) zugleich „die Fülle“[598]. (Es kann ihm ja nichts ermangeln, denn sonst könnte etwas sein, was größer wäre, eben dasjenige, was solchen Mangel durch entsprechende Vollendung ersetzt hätte.) In diesem Sinne äußert sich Cusanus auch in der Verteidigungsschrift zu „De docta ignorantia“: Hier begründet Cusanus das Eingefaltetsein (complicatio) aller Vollkommenheiten in Gott als der absoluten Vollkommenheit damit, dass ansonsten die absolute Vollkommenheit *größer sein könnte*, was ausgeschlossen ist (weil Gott ist, was (er) sein kann bzw. mit den anselmschen Formeln größer nicht gedacht werden kann und größer ist, als was gedacht werden kann).[599] Absolute Vollkommenheit oder „Fülle“ aber kommt in absolutem Sinne ausschließlich *dem Einen* im eminenten Sinne zu. (Auch Vielheit wäre ein Mangel; was Eines ist, ist insofern *„größer“*, als was Vieles ist.) Dabei sind „Einheit“ und „Seiendheit (entitas)“ austauschbar. (Denn dem absolut Größten kann nichts, dem Seiendheit *zukommt*, ermangeln, sonst könnte wiederum etwas größer sein – jenes, was diese Seiendheit noch zusätzlich besitzt. Also erschöpft das absolut Größte alles, dem Seiendheit zukommt.) Dann (da „Seiendheit“ alles umfasst) aber ist solche Einheit (die mit Seiendheit und absoluter Größe zusammenfällt) losgelöst (absoluta) von jeder speziellen Hinsicht und jeder Einschränkung (ab omni respectu et contractione).[600]

Wenn also alles forschende Erkennen mit Relationierungen arbeitet, aber für das absolut Größte keinerlei Gegenüberstellung, (eingrenzende) Hinsichtnahme (respectus) oder Einschränkung (contractio) der Genauigkeit nach in Frage kommt, ist dieses nicht, jedenfalls nicht im üblichen Sinne von Gegenstandswissen, wissbar und entsprechend begrifflich und sprachlich bestimmbar. Bereits aus diesem Grundansatz des Cusanus ergibt sich also ein eindeutiger Vorrang der Apophatik, soweit dabei entsprechende Ansprüche an Wissbarkeit und Bestimmbarkeit ausgeschlossen werden.

Die Überlegungen zum „absolut Größten“ ermöglichen eine noch genauere Darlegung des zuvor bereits zum Begriff des „Unendlichen“ bemerkten Ausnahmestatus gegenüber allen Operationen des In-Bezug-Setzens: Das Unendliche hat, wie „aus sich evident (ex se manifestum)“[601] ist, zum Endlichen kein Verhältnis (proportio). „Verhältnis“ ist hier von Cusanus auch so gemeint, dass, wo es „kein Verhältnis“ zwischen a (hier Unendlichem) und

„bloße Möglichkeit“ für Cusanus „keine Seinsweise“ darstellt, „weil Sein-Können (posse esse) nicht ist“ – so später in De mente (h ^{2}V) c. 7 n. 107.

598 Vgl. De docta ign. (h I) I c. 2 n. 5 (h I, 7, 5: „Habundantia“).

599 Vgl. Apol. (h ^{2}II) n. 40; zur Problematik der Lesarten, wie sie das eingeschobene „(er)“ hier markiert, vgl. Fn. 618 (S. 211).

600 Vgl. De docta ign. (h I) I c. 2 n. 5, 3-9.

601 De docta ign. (h I) c. 3 n. 9.

Fällen von b (hier Endlichem) gibt, man auch nicht mittels Fällen von b zu a „gelangen" kann – durch Fortschritt von Überschrittenem und Überschreitendem (jeweils Endlichem).[602] Das „absolut Größte" nun ist un-endlich (hätte es eine Grenze, ein Ende, könnte es etwas geben, das größer wäre) und daher gilt für dieses das ausgeführte. Diese Thesen sind natürlich direkt anwendbar auf Begriffsgehalte und sprachliche Ausdrücke, die ja als solche sämtlich „endlich" sind. Sie *erreichen* also das „absolut Größte", wie es ist, prinzipiell nicht. Aber können sie zumindest eine *Annäherung* ermöglichen?

Diesem Thema widmet sich Cusanus indirekt mit weiteren Bemerkungen zu Angleichung und *absoluter* Gleichheit. Die Art und Weise dieser Un-Verhältnismäßigkeit des absolut-Größten wird dabei näher bestimmt: Die Wissensgewinnung durch Ins-Verhältnis-Setzen schreitet fort, indem sie je größere *Gleichheit* herstellt. Gleichheit (aequalitas) gibt es dabei aber je nur in gradueller Annäherung. Es gibt keine zwei Dinge, deren Ähnlichkeit sich nicht (je nochmals) steigern ließe – (bis) ins Unendliche. Daher bleiben Maß und Gemessenes *trotz aller Angleichung* (als aequalia) immer Verschiedenes (differentia). Das gilt natürlich nicht nur zwischen Objekten selbst, sondern gerade auch für unsere Erkenntnis von ihnen: Überhaupt alles, was Sinne, ratio oder Intellekt erfassen, unterscheidet sich in sich und in Bezug auf Anderes (ad invicem) dergestalt, dass zwischen ihnen keine präzise Gleichheit ist.[603] Der endliche Intellekt operiert in dieser Weise der Angleichung und kann daher „die Wahrheit der Dinge" nicht präzise erreichen *mittels der Ähnlichkeit* (similitudo), also durch Ins-Verhältnis-Setzen je ähnlicher Begriffe oder „Maße" an ein „Gemessenes".[604] Vergegenwärtigt man sich die Zentralität des Begriffs „Gleichheit" in der Theologie Eckharts und der ihm nahestehenden Literatur[605], so erscheint die geradezu axiomatische cusanische Grenzziehung zwischen der absoluten Gleichheit Gottes und jeder bloßen Angleichung als deutliche Absetzung.

Auf den Gedanken, Gott als „absolute Genauigkeit" zu begreifen, wird Cusanus noch vielfach zurückkommen. Unter dem hier betonten Gesichtspunkt des Begründetseins aller Begriffe und Prädikate in Gott als ihrem ge-

602 Vgl. De docta ign. (h I) I c. 3 n. 9. Cusanus spricht für diese Überlegung auch von einer „Regel der docta ignorantia", vgl. schon obig. Fn. 518 (S. 181).

603 De docta ign. (h I) I c. 4 n. 11, 9-11.

604 Vgl. De docta ign. (h I) I c. 3 n. 9-10.

605 Vgl. etwa die eckhartsche Pr. 116 A: Gott „wirkit he vollincumeliche sine glicheit an ir [der obersten Kraft der Seele, „daz forstentnisse"] und wirkit si an sich" (Pr. 60 im Paradisus animae intelligentiis, ed. Strauch: Paradisus, 128; Löser: Klosterpredigten, 243, hat indes gezeigt, dass der Redaktor gerade jene Passage tilgt, wo Eckhart vom Lassen auch von „forstentnisse" spricht). Zur Stelle vergleicht Blumrich: Predigten Marquards, 164 (et passim) u.a. die Grundlagen in der Dionysius-Interpretation Alberts und die vorsichtigeren Äußerungen Marquards von Lindau. Brandt: Eckhart-Predigten, 179 verweist auf die Parallelstellen u.a. zum Terminus „forstentnisse" in Pr. 33 und Pr. 59.

nauen und seiner Genauigkeit nach mithin von diesen aus unerreichbaren Prinzip entspricht ihm auch der Begriff der „absoluten Gleichheit" und des Göttlichen als „Maß von Allem". Wenngleich im Rahmen des hier verfolgten Probleminteresses die diesbezüglichen cusanischen Überlegungen nicht im Einzelnen verfolgbar sind, sollen zumindest einige besonders signifikante Bestimmungen nicht außer Betracht bleiben. Dazu zählen besonders jene in „Idiota de sapientia", wo sich Cusanus dem Begriff der „Gleichheit" ausführlicher widmet. Diesen Begriff führt er dort ein mit der Analyse: „Was weder größer noch kleiner ist, das nennen wir gleich".[606] Das gilt natürlich, so könnte man erklärend ergänzen, nur insofern, als es um größer *im Verhältnis zu* einem avisierten Muster bzw. Maßstab geht. Auch Nicht-Objekte (z.B. „das Chaos") wären ja „weder größer noch kleiner". Der cusanische Begriff von „Gleichheit" steht demgegenüber, wenn als „absolute Gleichheit" von Gott her verstanden, im Zusammenhang damit, dass Gott (in ontologisch-epistemologischer Hinsicht) „absolutes Urbild" oder „Form von Allem"[607] ist oder dasjenige ist, was alles seinem Wesen nach bestimmt, insofern die „Definition" von Allem.[608] Cusanus kann also von „Gleichheit" als von einer *gerichteten* Relation sprechen: „a ist *die Gleichheit für* b" im Sinne von „a ist das *Maß, von dem her* b jeweils *mehr oder weniger* genau ist". So gilt für alle Objekte, dass Gott *deren* Gleichheit ist, nicht aber umgekehrt: Gott ist nie ganz *wie* etwas (etwa, wie eine wirkliche oder gedachte Rose – so das von Cusanus herangezogene Beispiel).[609] Diese Gerichtetheit der Gleichheits-Relation, wonach Gott Maß, Gleichheit und Genauigkeit für alles ist, entspricht der Zielrichtung unseres Erkenntnis- und praktischen Strebens vom Vielen zum Einfachen, vom Prinzipiierten zum Prinzip von Allem. Während Gott absolute Genauigkeit ist, ist eine Genauigkeit, die ein „Mehr" aufnimmt (recipit), die *genauer sein kann*, keine *absolute* Genauigkeit. Daher kann man keinen Begriff von Gott bilden (formare) durch etwas, was „Mehr und Weniger" aufnimmt – was, so Cusanus, für alles „in dieser Welt" gilt, wo sich nichts finden lässt, das nicht noch genauer (sowie richtiger, wahrer usw.) sein könn-

606 Vgl. De sap. (h ^{2}V) II n. 41.

607 Ebendies ist z.B. auch im Kontext der Passage von De sap. (h ^{2}V) II n. 41 gegeben. Zur Definition als dasjenige, was uns „vorrangig wissen lässt (quod nos apprime facit scire)" vgl. auch De non aliud (h XIII) n. 3.

608 Vgl. etwa De ven. sap. (h XII) c. 14-15, z.B. n. 43-44; c. 23 n. 70, wonach der Schöpfergott sich und alles mit Namen nennt und „definiert" (d.i. seiner Form, seiner Washeit, seinem Sein nach bestimmt; so ist, siehe dort, die Gleichheit die „Form des Seins", an dem alles partizipiert). Zum aequalitas-Begriff bei Cusanus Schwaetzer: Aequalitas.

609 Im Kontext illustriert Cusanus damit, dass jedwedes mögliche oder wirkliche Objekt dreifältig ist, sofern ihm Sein-Können, Sein und deren Verknüpfung zukommt. Das stellt zwar eine Analogie zur göttlichen Trinität dar. Gleichwohl darf Gott als Ursprung von Allem, wie er an sich ist, nicht verstanden werden als sei er wie irgendein distinktes Objekt ist (hier die Rose). Vgl. auch De docta ign. (h I) I c. 18 n. 52 und obige Fn. 78 (S. 42).

te.[610] Vielmehr muss das „absolute Urbild" als z.B. „weder groß noch klein" betrachtet werden.[611]

Schon diese Ausführungen aus „Idiota de sapientia" verdeutlichen die direkten Implikationen des cusanischen Gottesbegriffs als absolute Maximität für die Prädikationsthematik. Sind doch sämtliche Gehalte, die wir redend ausdrücken und im Verstehen von Sprache erfassen können, nur insoweit (als Sachbestimmung) *überhaupt verstehbar*, als sie eben in Oppositionsbeziehungen stehen und gebracht werden können. Genau in diesem Maße aber können sie in Bezug auf Gott gerade keine *präzise* Anwendung finden, da diesem als „genauer Gleichheit" gegenüber alle Verschiedenheit – auch die der bestimmten Prädikate und distinkten Begriffe – je zurück bleibt. Umgekehrt allerdings ist mit dem Ausschluss einer *präzisen* Dingfestmachung des Göttlichen keineswegs schon jede Art der Versprachlichung hinfällig; sachbestimmende Modaliäten der Versprachlichung sind dadurch allerdings in ihrem Status genauer bestimmt.

IV.2.2 Die Nicht-Andersheit des Göttlichen zu prädikativen Modalitäten

Der cusanische Maximitätsbegriff bietet zugleich ein allgemeines Schema, das zu universeller Anwendung kommt im Inbegriffensein aller Modalitäten, aller Seinsbestimmungen in der Aktualität Gottes als des Absoluten. Es handelt sich um dieselbe Struktur, die im Rahmen ontologischer Begrifflichkeit in Abschnitt II.1 verfolgt wurde insbesondere als Verhältnis Gottes als Form von Allem zu den Einzelformen und bestimmbaren Washeiten. In epistemologischer Hinsicht handelt es sich bei der Form von Allem oder dem absolut-Größten um nichts anderes als „*die* Wahrheit" im Sinne des Prinzips aller Einzelwahrheiten. So kann Cusanus in genauer Entsprechung zu seinen Ausführungen zum absolut Größten und zur absoluten Gleichheit darlegen: Die (absolute) Washeit kennt (wie das Maximitätsprinzip festhält) kein Mehr noch Weniger, sie besteht im Un-Teilbaren. Von ihr ist einzig dies *präzise* wissbar: dass wir sie präzise so, wie sie ist, nur in unfasslicher Weise wissen (scimus incomprehensibile) und dabei verhält sich die Wahrheit als *absolute Notwendigkeit*, die *weder* mehr noch weniger sein *kann* und unser Intellekt als Möglichkeit (wie zuvor das absolut Größte als Aktualität aller Möglichkeit bestimmt worden war). Daraus resultiert, wie Cusanus v.a. in seinen mittleren Werken ausführlich entwickelt und obig bereits thematisiert wurde, ein Prozess unabschließbarer, und gerade darin der Intellekt-Natur einzig

610 Vgl. De sap. (h ^{2}V) II n. 37; ähnlich De docta ign. (h I) I c. 1 n. 4 und II c. 1 n. 91.

611 Vgl. De sap. (h ^{2}V) II n. 40.

gemäßer, Annäherung.[612] Ein sinnlich-anschauliches, von Cusanus noch viele Male verwandtes Bild für die Unabschließbarkeit dieses Prozesses ist die Annäherung von Polygonen an die Kreisform.[613] Es ist gerade das *Wissen um diese Unabschließbarkeit*, die für Cusanus in besonderem Maße als Annäherung an die Wahrheit von Allem gilt: In der „Unwissenheit" (ignorantia) als dem Nichtwissen um die *präzise* Wahrheit von Allem können wir unterschiedlich tief (profundius) „belehrt" (docta) sein – und je tiefer, desto näher kommen wir der „Wahrheit selbst".[614]

Solche „Belehrungen" in unserer letztlichen Unwissenheit, was die *präzise* Wahrheit von Allem betrifft, aber auch über Möglichkeiten und Reichweiten *unpräziser* Annäherungen, unternimmt Cusanus noch mannigfache. Für die hier verfolgte Problematik der Attributionen sind besonders wichtig seine Überlegungen zum Verhältnis von „größter Gleichheit" und Verschiedenheit und zur Aktualisierung *aller* verschiedenen Modalitäten, was auch den Zusammenfall *gegensätzlicher* und *widersprüchlicher* Modalitäten einschließt. Damit ist allerdings – entgegen einiger Lesarten – *nicht* gemeint, dass Gegensätze einfachhin dem „absolut Größten" *zukommen*, sondern dass das „absolut Größte" *über* diesen steht, die Verwirklichung dieser Gehalte (virtualiter) in absoluter Aktualität *einschließt*, nicht aber selbst distinkt realisiert.[615] Die entsprechenden Überlegungen erfordern etwas genauere Betrachtung.

Ausgangspunkt ist die „größte Gleichheit" als Zielpunkt aller Angleichung. Sie ist identisch mit dem absolut Größten, da nur von diesem, sofern es alles mehr-oder-weniger-Große einschließt, für jede Bestimmung der Form „*größtes* F" gilt, dass deren Erfüllung im „absolut Größten" liegt. Daher ist dem absolut-Größten keine Nicht-Gleichheit zu sich oder anderem zuschreibbar ist. Umgekehrt ist die „*größte* Gleichheit" ja bereits als Fall der Bezugnahme auf Größtheit formaliter gefasst ist.

Die „größte Gleichheit" ist in dieser Weise als Ausschluss von Nicht-Gleichheit, d.i. Andersheit, ein *ex negativo* operationalisierbares Konzept, schematisierbar in Formulierungen wie:

(NA) Es gibt nichts, das gegenüber der „größten Gleichheit" Anderes und Verschiedenes wäre.[616]

612 Vgl. v.a. obige Abschnitte III.1.

613 Vgl. De docta ign. (h I) I c. 3 n. 9-10; ausführlich diskutiert die cusanische Betrachtung von Kreislinie und gerader Linie insbesondere im Hinblick auf die theologische Problemstellung Hoff: Kontingenz, 100ff.

614 Vgl. De docta ign. (h I) I c. 3 n. 10.

615 Vgl. etwa De docta ign. (h I) I c. 4 n. 12, 1-3.

616 De docta ign. (h I) I c. 4 n. 11, 12-13; n. 12, 3-7 ist von Hinaussein über jeden Gegensatz (oppositio) die Rede.

Diese Überlegung wird Cusanus später im Begriff „(li) non aliud"[617] komprimiert festhalten und dergestalt als Quasi-Gottesbegriff gebrauchen. In der Tat erscheint, wenn Gott dergestalt als „größte Gleichheit" Bezugspunkt aller Angleichung ist, die Reifikation als Quasi-Gottesbegriff im Gebrauch als distinkte Kennzeichnung („*das* Nicht-Andere") gerechtfertigt. Es handelt sich bei der so verstandenen Nicht-Andersheit wohlgemerkt um eine Bestimmung, die nicht durch Auflösung doppelter Negation in eine Bestimmung der Identität transponiert werden kann: Aus „a ist nicht verschieden von b" folgt zwar „a ist nicht nicht-identisch zu b", aber keineswegs „a ist identisch mit b". Dies liegt letztlich darin begründet, dass das Göttliche *überhaupt nicht eintritt* in Relationen der Verschiedenheit (oder der Identität), wie sie *zwischen Einzelobjekten* aussagbar sind. Das Göttliche ist vielmehr der ermöglichende Grund derartiger Relationierungen; bezogen auf die ontologischen Begriffsschemata ist Gott unter dieser Hinsicht, wie obig (Abschnitt II.2) behandelt, als „absolutes Sein" ansprechbar, was auf epistemologischer Ebene dem Begriff des Intelligierens einfachhin, auf sprachlicher Ebene dem ‚Wort' im eminenten Sinn korrespondiert. Damit ist das Göttliche Ermöglichungsgrund der Identität von Seiendem, das allererst eintreten kann in Relationen der Verschiedenheit zu anderem Seiendem.

Das Göttliche steht also zu keinem bestimmten Seinsvollzug in der Beziehung der *Andersheit.* Vielmehr ist es Prinzip der Aktualisierung jedes in Frage kommenden Seinsvollzugs. Daher ergibt sich nachfolgendes Prinzip (im Folgenden auch kurz als Aktualitätsprinzip bezeichnet):

(ACT) Das absolut Größte *ist* in absoluter Weise alles das, was (es) sein kann.[618]

[617] Vgl. De non aliud (h XIII) n. 4, 6-8 u.ö.; De ven. sap. (h XII) c. 14 n. 40-41, c. 15 n. 43, c. 21 n. 59; Crib. Alk. (h VIII) II c. 8 n. 107.

[618] De docta ign. (h I) I c. 4 n. 11, 13-14: „Quare maximum absolute cum sit omne id quod esse potest, et penitus in actu." Die Lesarten „was sein kann" oder „was es sein kann" sind allein von der Textstelle her beide möglich. Sie werden diskutiert z.B. bei Nikolaus von Kues/Bormann: Compendium, 82. Vgl. De ven. sap. (h XII) c. 3 n. 7: „est omne quod esse potest"; vgl. c. 13 n. 34; c. 23 n. 68 bezogen auf die Gleichheit selbst in Absetzung von allem, was *gleicher, aequalior*, werden kann; De poss. (h XI/2) n. 7-8; Comp. (h XI/3) Epil. n. 45: „cum sit omne, quod esse potest, tunc et omnia, quae esse possunt" (es [das Können, demgegenüber nichts mächtig ist] ist alles, was es sein kann, darum auch alle (Dinge), die sein können); Sermo XXIV (h XVI) n. 14, h XVI, S. 399, 16: „Got allein is alles, das da syn mach" (nur Gott ist alles, was dasein kann); Sermo CXCIX (h XVIII) n. 3; Sermo CCIV (h XIX) n. 3, 35-38; De beryl. (h ^{2}XI/1) c. 11 n. 12: „primum [...] omnia enim *complicite* est quae esse *possunt*"; c. 16 n. 18: Die Wahrheit ist, was sie sein kann; De princ. (h X/2b) n. 15: „universaliter omne, quod esse potest, in ipsa essendi omnium ratione est aeternaliter ut in veritate exemplari, et est id, quod est, per ipsam sui essendi rationem". An der hiesigen Stelle (De docta ign. (h I) I c. 4 n. 11) dürfte gemeint sein, dass das absolut Größte überhaupt die Aktualität zu *allen* Möglichkeiten ist (nicht ‚nur' von *eigenen* Zuständen o.dgl. – und ohnehin wandelt es sich ja nicht dergestalt, dass es *in der Zeit* Eigenschaften, Formbestim-

Eine Identifikation von Gott und absolutem Akt unter Ausschluss aller Potenz wurde vielfach zuvor vorausgesetzt, etwa von Thomas von Aquin. Man kann, wie dies u.a. Josef Stallmach aufgezeigt hat, die cusanische Betrachtungsweise zwar vor diesem Hintergrund verstehen. Dabei ist aber mitzusehen, dass nur von der Betrachtung *vom Endlichen her* im Blick auf Gott die im Endlichen je gegebene Potentialität entfällt, während Gott selbst dem Gegensatz von Potenz und Akt nicht unterliegt, sondern vorausgeht.[619] Cusanus spricht andernorts, im Kontext des Zusammenfalls von Maximum und Minimum im Unendlichen, auch davon, dass das Unendliche *Form und Aktualität* für alles ist, was von ihm abhängt, wie die unendliche Linie Form

mungen oder Wesenheiten *annehmen und ablegen* würde). Besonders aufschlussreich ist eine Überlegung in De docta ign. (h I) I c. 23 n. 71, 1-3: Gott ist, „cui esse quodlibet quod est et esse omne id quod est". Bezogen auf Gott sind „quodlibet quod est" und „omne id quod est" dasselbe: Denn alles, was auch immer überhaupt ist, auch das Unvollendete, ist nichts anderes zu Gott, dem „absolut Größten". Alles hat vielmehr (vgl. n. 70) seine aktuale Existenz nur, insofern es diese von Gott als absoluter Aktualität hat und *im* Unendlichen hat. Entsprechend ist das (absolut) Größte die höchste Vollendung von allem, so dass alle Seinsvervollkommnung nur darum ist, weil sie nicht verschieden ist von der Vollkommenheit, die Gott selbst in Vollendung aktualisiert. Alle relative Aktualität, alles, was auch immer ist (*quodlibet* quod est), ist nur kraft dessen, dass sie nicht verschieden ist von dem, *was Gott selbst ist* (id quod [deus] *est*). Das gilt insbesondere für die *Washeit* bzw. Wesenheit bzw. Formbestimmtheit, die jeder aktual existierenden res nur zukommt durch *die* Washeit, die Gott selbst als essentia essentiarum, forma formarum usw. ist (vgl. n. 70-71); zum Begriff der *Form der Formen* s.o. Abschnitt II.1. Ebenfalls erhellend ist die Ausführung in De docta ign. (h I) III c. 2 n. 190, 9-11: Das in absoluter Weise Größte ist alles, was möglich ist (est omnia possibilia), in absoluter Weise in Wirklichkeit und ist so in absoluter Weise gänzlich Unendliches (infinitissimum absolute). Vgl. insbesondere auch das in der bisherigen Forschungsdiskussion noch kaum beachtete Sermo CXCIX (h XVIII) (von 1455) sowie Sermo CCIII (vom 8.9.1455) n. 2, 14-15: „est actu omne possibile"; Vgl. Sermo CCIV (h XIX) n. 3, 10-11.35-38 (vgl. Fn. 635, S. 218); Sermo CCXLIV (h XIX) n. 22, 14-16 ist besonders eindeutig: „Infinita essentia est actu omnia, quae esse possunt. Infinita vita est actu omnia, quae vivere possunt; et ita de omnibus."

619 Kritisch gegenüber Versuchen, die cusanische Auffassung zu verstehen vor dem Hintergrund der Identifikation von Gott und „actus purus", äußert sich Flasch: Entwicklung, 104, bezogen auf die in der Tat in Vielem fragwürdige Darstellung von Richard Falckenburg, aber u.a. auch auf Josef Stallmach; zurecht jedenfalls setzt Flasch die cusanische Auffassung S. 109 ab vom Begriff eines „actus agens". Dieser Begriff würde in der Tat Gott nochmals im Anwendungsgebiet des Gegensatzverhältnisses von Akt und Potenz verstehen. S. 162 resümiert Flasch, dass in De coni. die Koinzidenz nicht „das Privileg des reinen Aktes" sei, „das war sie nie". Tatsächlich wäre zu sagen, dass von uns aus gesehen die Koinzidenz von Gegensätzen Gott als absoluter Größte vorausliegt, der logisch-ontologischen Hierarchie nach entsprechend umgekehrt Gott „früher" ist als das Bestehen und noch der Zusammenfall von Gegensätzen als solchen. Wenn Cusanus allerdings z.B. von „purissimus actus" (vgl. Apol. (h ^{2}II) n. 46; De dato c. 5 n. 112; De ven. sap. (h XII) c. 9 n. 25; Sermo XXXIII (h XVII) n. 4; Sermo CCXLIV (h XIX) n. 17; s. auch nachstehende Fn. 632, S. 217) spricht, so meint dies (anders als z.B. bei Eckhart) spezifisch nur das Göttliche an sich selbst, dessen „Reinheit" von allem sonstigen Intelligieren nicht vollzogen, sondern allenfalls vorausgesetzt werden kann.

und Aktualität jeder endlichen Linie ist.[620] Derartige Formulierungen lassen unzweideutig den Zusammenhang dieser Betrachtung zur Einfaltung aller Modalitäten im Absoluten, Göttlichen mit dessen Fassung als „Form der Formen" (vgl. dazu Abschnitt II.1) erkennen. Diese Einfaltung ist aber erst dann recht verstanden, wenn sie als Einfaltung *virtualiter* verstanden wird, die sich bereits in derselben Weise von Einschlussverhältnissen im Endlichen absetzt, wie dies auch für das Innesein von Intelligierbarem im Intellekt gilt. Wenn Gott in absoluter Weise alles (actualiter) *ist*, was überhaupt (potentiell) *sein kann*, dann ist er dies in der Weise, wie alle Einzelform ihre Möglichkeit und Wasbestimmtheit nur hat in und durch die „Form der Formen". Die Suche nach der *quidditas* aller Dinge, die zur Einsicht führt, dass *jedes* Was, das überhaupt ist, in Gott nicht verschieden ist von der *Wesenheit* der Wesenheiten, die Gott ist, führt daher zugleich zu Gott, sofern dieser alles ist, was sein kann und insoweit das „absolut Größte" ist.

Dieses Aktualitätsprinzip hat nun ein allgemeines Korollar für jedwede *graduierbare* Bestimmung (F), die in der Form „a kann (mehr oder weniger) F sein" ausdrückbar ist: Von jeglicher derartigen Bestimmung gilt, dass diese vom Absoluten nicht eigentlich aussagbar ist.

Aus der Anwendbarkeit des Aktualitätsprinzips auf jedes Prädikat, das im Gegenstandsbereich endlicher, prinzipiell gesondert bestimmbarer Objekte applikabel ist, erklärt sich die Anschlussüberlegung des Cusanus: Wie das absolut Größte nicht *größer* sein kann, so *kann* es aus demselben Grunde nicht kleiner sein, *ist* es doch alles, was (es) *sein kann*.[621] „Das, demgegenüber ein Kleineres nicht möglich ist" (bzw. „das, welches als Kleineres nicht möglich ist") kennzeichnet umgekehrt distinkt *das Kleinste*. Das absolut Größte und das Kleinste fallen daher zusammen.[622] In dieserart Formulierungen werden, wie schon bei der Formulierung des Maximitätsprinzips, die Termini „größer" und „kleiner" sowie „Größtes" (maximum) und „Kleinstes" (minimum) in einer umfassenderen Bedeutung als in der Normalanwendung (auf räumliche Größenverhältnisse) gebraucht – es geht Cusanus vielmehr um die Graduierbarkeit von Prädikationen und Realisierungen überhaupt, also nicht um Fälle von nur „der Raumausdehnung nach Größerem", sondern um ‚semantisch', dem einschlussweisen Sinngehalt nach oder der jeweiligen Aktualisie-

620 Vgl. Sermo CCXLIV (h XIX) n. 22 (siehe auch vorstehende Fn. 618, S. 211), 10-14: „In infinito coincidit maximum et minimum. Infinita linea seu longitudo est forma et actus omnium, quae fieri possunt ex linea finita seu longitudine finita; ita de omnibus."

621 De docta ign. (h I) I c. 4 n. 11, 15-16: „[...] cum sit omne id quod esse potest".

622 Auch bereits Pseudo-Dionysius (DN IX, von Cusanus angeführt De non aliud (h XIII) c. 14 n. 67) hatte davon gesprochen, dass Gott „groß" genannt werden kann, weil sich seine Kraft „allem Großen mitteilt" und er „über jede Größe ist", ebenso aber „klein" genannt werden kann, da er „jede Masse (moles) und Entfernung (distantia) überschreitet" und „der Grund von Allem winzig ist", wobei die „Art (species) dieser Winzigkeit nicht-mitteilbar (incommunicabile)" ist.

rung nach ,Größeres'. Dem entspricht auch, wenn Cusanus im Folgenden von einer Betrachtung spricht, wonach Größtes und Kleinstes „zur Quantität kontrahiert"[623] gedacht werden sollen. Später spricht er davon, dass diese Begriffe, wie er sie im gesamten Buch zu verwenden gedenkt, herausstehen (exsistunt) als *transzendente Begriffe von absoluter Bedeutung*, die in ihrer absoluten Einfachheit alles umfassen wollen – über alle Kontraktion und Quantität von Masse oder Kraft.[624]

Doch zunächst gibt er eine Probe der Begriffsapplikation in Form einer spezifischen semantischen Bestimmung bzw., wie Cusanus für solche Fälle, welche Gegenstand oder Prädikat einschränken, jeweils formuliert, in „kontrahierter" Form, nämlich als Quantität:

(G) Die größte Quantität ist *in größter Weise* (maxime) groß (magna).
(K) Die kleinste Quantität ist *in größter Weise* (maxime) klein (parva).

Dieses Schema nimmt Cusanus zum Ausgangspunkt einer spekulativen Übung: Man entferne von der Quantität des (G) Größten und von der Quantität des (K) Kleinsten im Intellektvollzug (die Bestimmungen) „Großes" (magnum) und „Kleines" (parvum). Dann ersehe man klar, dass (wie allgemein, so auch der Quantität nach) Größtes und Kleinstes zusammenfallen: In der Bestimmung des (K) Kleinsten verbleibe dann die so ans Licht gebrachte Bestimmung des Größten („maxime").[625]

623 De docta ign. (h I) I c. 4 n. 11, 19-20.

624 Vgl. De docta ign. (h I) I c. 4 n. 12, 26-29: „[...] transcendentes absolutae significationis termini [...]".

625 Vgl. De docta ign. (h I) I c. 4 n. 11, 20-24: „Absolve a quantitate maximum et minimum subtrahendo intellectualiter magnum et parvum [...]". Es wäre dann nicht nur zu verstehen (vgl. die Übersetzung bei Nikolaus von Kues/Wilpert/Senger: De docta ignorantia, S. 17), „löse von der Quantität das Merkmal des Größten und Kleinsten ab [...]", sondern wie hier paraphrasiert. Entfernt werden nur *einmal* die Bestimmungen „magna", „parva", so dass jeweils die Bestimmung „maxime" stehen bleibt sowohl für die „quantitas maxima" wie für die „quantitas minima", was im *letzteren* Falle des (K) Kleinsten die Einsicht in den Zusammenfall von Kleinstem und „maximum" ans Licht bringt. Auch die Kommentierung bei Wilpert: coincidentia, 53 und ff., dass die cusanische Darlegung zunächst als „Spiel mit Worten" erscheine und dann *erst* durch die mathematischen Spekulationen verständlich zu machen sei, weicht vom hier vorgelegten Interpretationsversuch ab.
Vgl. auch die Erklärung in Apol. (h ^{2}II) n. 12-13 p. 9-10 im Anschluss an Avicenna, Met. VIII 5 (ed. Avicenna/Riet: Avicenna Latinus, 406, 24: „quidditas exspoliata a materia"; vgl. Übers. Avicenna/Marmura: metaphysics, 279f; Horten/Avicenna: Genesung, 507f), wo dieser von einer Abstraktion der Washeit von der Materie spricht und damit – wie im Kontext Cusanus – auf die Einzigkeit (singularitas) Gottes zielt, da eine so abgelöste Wesenheit durch keine Materie oder Akzidentien wie Raum und Zeit individuierbar ist, also einzig durch sich selbst individuiert sein kann, was auch einzig mit dem Begriff des aus sich selbst Notwendigen zusammengeht, da andere Individuationsprinzipien widersprüchlicherweise implizieren würden, dass das notwendig-Existente von anderen Ursachen abhängig wäre.

Es handelt sich hier um den ersten Schritt einer Aufstiegs- und Abstraktionsbewegung. Deren zweiten Schritt leitet die folgende Betrachtung ein: Für „alles (F), was als Sein begriffen wird“[626], und ebenso für alles, was als Nichtsein (-F) begriffen wird, gilt dann weiters (dem Maximitätsprinzip wegen):

(NME) Gott ist dies Sein (F) nicht *in größerem Maße* (magis), als Gott dies *nicht* ist (-F).

(NMN) Gott ist dies Nichtsein (-F) nicht *in größerem Maße* (magis) *nicht*, als Gott dies *ist* (F).[627]

Denn mehr-(magis)-oder-weniger-Sein-können kommt Gott ja (wie das Maximitätsprinzip festhielt) gerade nicht zu. Dieses Schema erschöpft also (per NME) sämtliche Affirmationen (sofern diese etwas zusprechen, was „als Sein begriffen“ werden kann) wie (per NMN) Negationen (sofern diese etwas „als Sein Begreifbares“ absprechen). Daher kann Cusanus verallgemeinern: Das absolut Größte ist gleichermaßen (pariter) erhaben über alle Affirmation wie (alle) Negation.[628]

Das gilt dann gleichfalls für die Begriffe „Sein“ und „Notwendigkeit“. Dazu wird das Maximum „kontrahiert zum Sein“ gedacht, d.h. als „maximales *Sein*“ (statt als Maximum *einfachhin*). Umgekehrt wird dann der Begriff „Sein“ gewissermaßen „maximiert“ gedacht. Es gelten dann offenbar für Cusanus alle bislang zum *Maximum-einfachhin* ausgeführten Überlegungen, insbesondere die aktuale Vollendetheit aller Modalitäten (ACT) sowie, dass sich dem Maximum nichts entgegenstellt (opponitur) (NA) – auch die Begriffe „Nichtsein“ oder „Seinsarmut“ nicht. (Diese beziehen sich ja unter dieser Hinsicht ebenfalls auf Modalitäten von *Sein*, eben ‚armes‘ oder ‚fehlendes‘ *Sein*.) Ohnehin gilt auch hier (NME, NMN) die Egalisierung aller Aussagen

Eine sehr präzise Veranschaulichung ist das cusanische Beispiel zweier Nebenwinkel (vgl. De beryl. (h ²XI/1) c. 9 n. 10), wovon, *solange es zwei Winkel sind*, nie einer der beiden der Größte oder der Kleinste sein kann; wäre dies aber erreicht, würde man *keine* zwei (Neben-)Winkel sehen – sondern eine Gerade, was hier für den „Ursprung“ (der Winkel) steht, wie er durch nichts von ihm Prinzipiierten letztlich erreichbar ist und wie dieser „eingefalteterweise (complicite) alle Dinge ist, die sein können“ (De beryl. (h ²XI/1) c. 11 n. 12).

626 Vgl. De docta ign. (h I) I c. 4 n. 12: „[...] omne id quod concipitur esse non magis est quam non est.“

627 Vgl. De docta ign. (h I) I c. 4 n. 12, 7-9. Die Übersetzung bei Nikolaus von Kues/Wilpert/Senger: De docta ignorantia, 19: „All das, was als Sein begriffen wird, ist es ebenso sehr wie es dieses nicht ist“ usw. Die Ersetzung von „non magis“ durch „ebenso sehr wie“ unternimmt schon den zweiten Gedankenschritt, bevor die erste Operation womöglich nachvollzogen wurde.

628 Vgl. De docta ign. (h I) I c. 4 n. 12, 6-7. Cusanus selbst begründet dies zunächst nur mit (ACT) der „absoluten Aktualität“, in der das absolut Größte „alles ist, was sein kann“ und schließt dann die hier vorausgeschickte Überlegung an, die aber diesen Kurzhinweis überhaupt näherhin argumentativ zu entfalten scheint.

von *als Sein* bzw. *als Nichtsein* Begreifbarem. Unter dieser Hinsicht fallen also „Seinsfülle“ und „Seinsarmut“ zusammen (d.i., beide Aussagen werden durch das „maximale Sein“ *pariter* in ‚maximaler' Weise vorweg genommen). Daher ist „das Größte kann nicht sein“ nicht denkbar, denn die Seinsarmut *ist* (unter dieser Hinsicht) (nichts anderes als) die Seinsfülle. Die Erwägung „das Größte kann die Seinsarmut sein“ führte daher (unter dieser Hinsicht) auf genau dasselbe wie „das Größte kann die Seinsfülle sein“. War schon zuvor klargestellt, dass die absolute Einheit nicht ein Fall von Zahlen ist, sondern deren Prinzip, so wird nun festgehalten, dass das absolute Sein nicht ein *Aussagesubjekt* für derlei Modalitätsaussagen ist, sondern vielmehr *Prinzip* solcher Aussagen: Nichts lässt sich überhaupt als seiend denken *ohne* das Sein. Die Bezeichnungen „absolutes Sein“ und „absolut Größtes“ sind dabei austauschbar, denn beide können wiederum nicht auf etwas Verschiedenes referieren (steht ihnen doch (NA) nichts entgegen).[629]

IV.2.3 Gott als „Possest“ und das Verhältnis der Begriffe von Möglichkeit und Wirklichkeit in ihren Implikationen für die Gottesrede

Cusanus versteht also das Göttliche als allen Gradualitäten und Modalitäten, allem Mehr und Weniger vorgeordnet. Zugleich ist es jenes Prinzip, in welchem alle Modalitäten vollendet aktualisiert zu denken wären. Das führt dazu, dass bei Gegenbegriffen ein und desselben Kontinuums von Gradualitäten wie „Kleiner“ und „Größer“, wenn jeweils maximiert betrachtet, die Anwendbarkeit entfällt. Das gilt gleichfalls für Unterfälle von Modalitäten und Kategorien, die wiederum ein graduierbares Kontinuum bilden, etwa kleiner und größer *im Modus der Quantität*. Bezieht man diese Maximitätsbetrachtung auf die Modalbegriffe von Möglichkeit und Wirklichkeit, ergeben sich strukturgleiche Probleme wie jene, welche die Verhältnisbestimmung des Göttlichen zu uns möglichen Begriffen von „Sein“ betrafen (vgl. Abschnitt II.2): Einerseits kann, so wurde gezeigt, Gott als Sein im höchsten und dann ggf. sogar einzig-eigentlichen Sinne verstanden werden, andererseits gerade nicht als ein Fall von sonstigem Seienden, so dass unser Begriff von Sein, wie er uns von Einzelseiendem her bekannt ist, auf Gott gerade keine Anwendung finden dürfte. Letzteres gilt schon deshalb, weil es sich so verstanden bei „Sein“ um einen Unterscheidungsbegriff handelt – einem Gegenstand kann nur entweder Sein oder Nichtsein zugesprochen werden, doch solches kann bei Gott, sofern er jeder einzelnen Unterscheidung vorausliegt, nicht vorliegen. Eine dazu analoge Problematik nun ergibt sich im Blick auf die Termini Möglichkeit und Wirklichkeit.

629 Dieser Absatz resümiert mit erläuternden Supplementen die Argumentation in De docta ign. (h I) I c. 6 n. 16.

Seit der aristotelischen Themenbehandlung[630] wird üblicherweise „Wirklichkeit" als ontologisch basalere („frühere") Seinsweise begriffen. Entsprechend wird das Göttliche als Aktualität begriffen, auch schon deshalb, weil das Vorliegen bloßer Möglichkeit als defizitär im Verhältnis zu noch ausstehender Aktualisierung verstanden wird gemäß der Schematik von Potenz und Akt und der koordinierten Prinzipien von Materie und Form.[631] Cusanus behält diese Voranstellung des Göttlichen gegenüber bloßer Potentialität im Sinne unvollendeter Aktualität bei, wie gerade ja an mehreren Passagen aus „De docta ignorantia" deutlich wurde. Entsprechend finden sich diesbezüglich bei ihm zahlreiche Formulierungen, die im Duktus z.B. den thomasischen Bestimmungen ganz analog bis wortgleich sind[632].

Die Implikationen für die Prädikationsproblematik lassen sich z.B. an Sermo CCIV exemplifizieren. Hier wendet Cusanus die Maximitätsbetrachtung, wonach Gott Aktualität unter Ausschluss allen bloßen Sein-Könnens ist, auf den Seinsbegriff an. Demnach könne dann „Gott ist nicht" schlechterdings nicht eingesehen werden – außer, wenn dies so verstanden würde, dass sich dies auf Gottes Erhabenheit bezieht und darauf, „wie wir das Existieren anderer Dinge erfassen", denn Gott ist über allem Sein, welches in unser Begreifen (in nostris conceptibus) fällt[633]. Es handelt sich hier also einmal mehr um den im ersten Teil dieser Darstellung (Abschnitt II.2) ausführlich behandelten Umschlag in der Handhabung des Seinsbegriffs. Nach diesem Verständnis bringt „Gott ist nicht" dann einen strukturell gleichförmigen Sachverhalt zum Ausdruck wie „das Ewige ist nicht messbar", „das Ewige hat keine Dauer".[634] Es würde dann also bei „Sein", so verstanden, wie bei „Dauer" eine Eigenschaftszuweisung zurückgewiesen, die nur ihm gegenüber nie-

[630] Vgl. besonders die Hinführung zu einem Prinzip, dessen Wesen reine Aktualität ist, in Met. XII 6 1071b18-20.

[631] Die Termini „Materie" und „Möglichkeit" sind in den fraglichen Themenbehandlungen bei Cusanus fast immer austauschbar, vgl. z.B. De princ. (h X/2b) n. 8: „possibilitas sive materia essendi"; in n. 33 spricht er (als Interpretationsvorschlag zu Melissos von Elea) auch von „begrenzbarer Unbegrenztheit", die jedem Seienden nachgeordnet ist und begrenzt wird durch Gott als „begrenzender Unbegrenztheit", jedem Seienden (und aller Begrenzbarkeit) vorgeordnet. „In" Gott *ist* dabei alles (unmittelbar) hinsichtlich *seiner Allmacht*, in der Materie nur (mittelbar) *durch* jene Allmacht des Ersten.

[632] Vgl. z.B. De ven. sap. (h XII) c. 7 n. 17; c. 9 n. 25 nennt er Gott „reinste Wirklichkeit" (purissimus actus; s. auch obig Fn. 619, S. 212); c. 13 n. 34 spricht er davon, dass es unmöglich sei, dass „das Ewige nicht *wirklich* ist". Cusanus versucht hier, die aristotelische metaphysische Terminologie theologisch zu integrieren – und für Aristoteles sieht er (vgl. n. 24) die Auflösung von Allem in Wirklichkeit und Möglichkeit als leitenden Gedanken (für Platon hingegen die Bezugnahme auf Gott und Materie als Prinzipien der Dinge); vgl. schon n. 22, wo Cusanus Aristoteles zuschreibt, dass er das dreiursächliche Prinzip von Allem als Intellekt und Sein des Seienden (ens entium) bezeichnet habe, wobei Cusanus die Seiendheit auf die Formursache bezieht.

[633] Vgl. Sermo CCIV (h XIX) n. 2, 1-8.

[634] Vgl. Sermo CCIV (h XIX) n. 2, 9-14.

derrangigere Objektbereiche beschreibt. In ähnlicher Weise hatte Cusanus schon in frühen Sermones und in „De docta ignorantia" von Gott alle nur relative Vollkommenheit ferngehalten, aber andererseits betont, dass das Prinzip *für* deren Zukommen jeweils, insoweit von ihm jede Einschränkung ferngehalten wäre, von Gott nicht verschieden ist. Es ist in genau diesem Sinne zu verstehen, wenn Cusanus unmittelbar nach diesen Thematisierungen der via negativa anspricht, dass Gott vielmehr „die Notwendigkeit selbst" ist, die nicht *nicht sein* kann[635] – „nicht sein" dann offenbar verstanden als eine Privation, oder präziser, und die spezifisch cusanische Begründung hervorhebend, die nicht nicht sein *kann* – sofern „nicht sein Können" eine bloße *Modalität* ausdrückt, die Gott als vollendeter Aktualität aller Möglichkeiten nicht zuordnenbar ist.

Cusanus gebraucht also die Überlegung, dass Gott „absolut Größtes" im Sinne des Ausschlusses bloßer Potentialität ist, hier als genereisches Prinzip für die Rede vom Göttlichen. Allerdings kehrt auch in Bezug auf den Begriff der Möglichkeit eine analoge Problematik wieder wie schon im Falle des Seinsbegriffs: Ist dann das Göttliche als Aktualität *eben derselben* Potentialitäten zu verstehen, welche im Endlichen in unterschiedlicher Graduierung vorliegen? Oder ist die Gegensatzbeziehung zwischen unseren Begriffen von „Möglichkeit" und „Wirklichkeit" beizubehalten und dann *auf Gott anzuwenden*? Muss Gott nicht vielmehr sowohl Möglichkeit wie Wirklichkeit vorausgehen, *sofern sie voneinander unterschieden werden*? Dies ist die für die weitere Problembehandlung des Cusanus leitende Überlegung. Das Göttliche ist dann nicht mehr nur als Aktualität im Sinne des Gegenbegriffs von Potentialität zu begreifen.

Stattdessen ist, wie im Falle von „absolut Größtem" und „absolut Kleinstem", auch bezüglich der Gegensätze von Möglichkeit und Wirklichkeit, Sein und Sein-Können davon auszugehen, dass diese in Anwendung auf Gott als absolut-Größtem und absoluter Aktualität nicht mehr als Gegensätze begreifbar sind. Gott und damit allem, was „in" Gott betrachtet wird, ist vielmehr eigentümlich, „vor aller Unterscheidung (differentia)" zu sein[636]. Diesen Zusammenfall fasst Cusanus dann im Terminus „Possest" zusammen, der ihm zu diesem Zeitpunkt der Explikation seiner Überlegungen als ein „gemäß dem menschlichen Begreifen Gottes zureichend naher Name Gottes" gilt.[637] Die Klausel „gemäß menschlichem Begreifen" markiert dabei, dass

[635] Vgl. Sermo CCIV (h XIX) n. 3, 1-11. Cusanus bringt hier auch (Z. 10-11, vgl. Fn. 618, S. 211) die Formulierung, dass Gott die Wahrheit selbst ist, „per quam est omne id quod est".

[636] Vgl. De ven. sap. (h XII) c. 13 n. 35.

[637] Vgl. De poss. (h XI/2) n. 14; n. 24 nennt Cusanus diesen Terminus einen „einfachen Begriff", mit welchem viel von jenem erfasst werden könne, was zuvor sehr schwierig gewesen sei.

uns ein Begreifen des Verhältnisses von Können und Sein letztlich nicht möglich bleibt. Cusanus will dies auch explizit festgehalten wissen etwa in der Überlegung, dass *Können* (gemäß unserem diesbezüglichen Begriff) unbegrenzt und unbestimmt ist (was im Modus der Potentialität ist, könnte unterschiedliche Bestimmungen verwirklichen), *Sein* (gemäß unserem Seinsbegriff) dagegen begrenzt und bestimmt (insofern wir vom Sein bestimmter Aktualisierungen aus einem Bereich vorausliegender Möglichkeiten sprechen). Daher könne es zwischen Können und Sein kein (gemeinsames) Mittleres gibt (wie dies bei einem durch uns begreifbaren Verhältnis der Fall sein müsste); wir sehen also nur, *dass* Können und Sein in Gott ununterschieden sind (ohne nochmals Wie und Warum zureichend explizieren zu können) – und sehen eben darin, dass Gott jenseits unseres Begreifens ist.[638]

Im Zuge dieser Hinwendung der Betrachtung auf den Zusammenfall von Können und Sein in Gott als erstem Prinzip von Allem sind dann weitere Betrachtungen entwickelbar. So könne man den Begriff des „Possest" anwenden „auf etwas Benanntes", so dass dieses ein Rätselbild (aenigma) werde „für den Aufstieg zum Unbenennbaren"[639]. So etwa bei Anwendung auf die Linie: „Mittels des Possest", also im Hinblick auf das Inbegriffensein aller Möglichkeiten im ersten Prinzip, in dem diese nicht in Opposition zur Aktualität stehen, „steigt man auf" von der (benennbaren) Linie zur „unteilbaren Linie, die über den Gegensätzen steht" und die „über allem Namen des Linien-haften" ist. Für diejenige Linie, die „linienartiges Possest" ist, gilt ja, dass sie gegenüber jeder erwägbaren Linie, auch der „größten" und „kleinsten", jene „werden kann", so dass sie zugleich alle Begrenzungen aller Flächen und daher „einfaches, wahrstes, gleichstes Urbild" aller Figuren ist.[640]

Darüber hinaus reflektiert Cusanus v.a. in seinen Spätschriften den Charakter alles aktualen, *gewordenen bzw. geschaffenen* Wirklichen hinsichtlich der Abhängigkeit von einem allgemeinen und ersten Prinzip in modalontologischer Hinsicht: Jedes derartig aktuale, gewordene Seiende (und deren Gesamtheit) ist nur kraft einer Eigenschaft, die Cusanus als „Werden-Können" (seiner selbst) anspricht, „ohne das es nicht geworden wäre noch werden könnte"[641]. Ein solches Vermögen des „Werden-Könnens" (posse fieri) besteht aber nicht aus sich selbst, sondern wiederum kraft eines Prinzip, das ihm (ontologisch) vorausliegt (und zugleich sein Ziel ist[642]) und das „alles ist, was sein kann" und das Cusanus auch kurz „Ewiges" nennt.[643] Einzig in diesem seinem Prinzip wird das „Werden-Können" begrenzt (terminatur),

638 Vgl. De poss. (h XI/2) n. 42.
639 De poss. (h XI/2) n. 25.
640 Vgl. De poss. (h XI/2) n. 24-25.
641 De ven. sap. (h XII) c. 3 n. 7.
642 Vgl. z.B. De ven. sap. (h XII) c. 7 n. 16.
643 Vgl. De ven. sap. (h XII) c. 3 n. 7.

weshalb kein Begriff (conceptus) von ihm gebildet (formari) werden kann[644]. (Denn ein solches *Gebildet-Werden*-Können *ist selbst ein* Werden-Können.) Umgekehrt wird dieses einzig-ewige erste Prinzip erst *im Werden-Können* in Ähnlichkeit (und mithin jeweiliger Andersheit) mitteilbar – wie das Licht erst durch die Farbe mehr oder weniger, aber prinzipiell nie an sich selbst sichtbar wird.[645]

In seinen spätesten Werken diskutiert Cusanus nicht nur in der vorstehend umrissenen Weise einen Begriff des „Können selbst", sondern auch eines „absoluten Könnens" (posse ipsum, posse absolutum) oder desjenigen „Könnens, dem gegenüber nichts mächtiger oder früher oder besser sein kann".[646] Diese Bezeichnung erklärt er letztlich als noch „weit passender (longe aptius)" als die des „Possest"[647]. Tatsächlich kann letztere ja verstanden werden als noch gewonnen vom Gegensatz von Können und Sein her.

644 Vgl. De ven. sap. (h XII) c. 6 n. 14, wo Cusanus das Beispiel von Licht und Farbe heranzieht: Nur mittels der Farbe wird vom Licht alles Sichtbare als solches aus der Möglichkeit überführt in Wirklichkeit (ad actum perducitur), wobei die Gegenstände jeweils dem Licht mehr oder weniger nahe stehen können, keiner aber hat *vollkommenen* Anteil an der Farbe, sondern einzig die *Ursache der* Farbe ist hier die Grenze des Werden-Könnens (an Licht-Teilhabe). Die Nichtbenennbarkeit und Nicht-Teilhabbarkeit kommt u.a. auch De ven. sap. (h XII) c. 17 n. 16 nochmals zur Sprache. Ideengeschichtlich geht die Abhebung eines Nicht-Teilhabbaren (imparticipabile, amēthektos, exērēmenos) wohl auf Jamblichus zurück, der diesem (dem nicht-teilhabbaren Einen) nochmals ein nicht-erfassliches Eines vorausgesetzt annahm; über Proklos und Pseudo-Dionysius ist die Unterscheidung dem lateinischen Mittelalter präsent (vgl. Lloyd: The Later Neoplatonists, 298; mit Bezug darauf (ohne genaue Stellenangabe) Bredow: Platonismus, 41f); bei Eriugena kommt dann die unmittelbare Teilhabe nur den Erstursachen zu, sofern sie im göttlichen Wort gedacht werden, mittelbar über diese dann den Einzeldingen (vgl. Ibid., 43f). Dass Gott, *wie er an sich ist*, nicht teilhabbar ist, hebt Cusanus immer wieder hervor, so z.B. in De mente (h ^{2}V) c. 14 n. 153: „[...] ens nonenter, hoc est imparticipabiliter intellectum est deus". In De non aliud (h XIII) c. 16 n. 79 spricht Cusanus von einer „Teilhabe am Nicht-Teilhabbaren" (aller göttlichen Namen). In De beryl. (h ^{2}XI/1) c. 24 n. 37 führt er die Einsicht in die Nicht-Teilhabbarkeit Gottes, wie er an sich ist, auf Platon zurück, De princ. (h X/2b) n. 25 führt er dazu Proklos an; weil Gott nicht partizipierbar ist, darum gilt er Cusanus auch als nicht mitteilbar (incommunicabile), was sich primär auf ontologische Teilhabe bezieht (mittelbar aber auch auf intersubjektive Kommunikation beziehbar ist, etwa, sofern dabei das Wesen einer Sache begrifflich erfasst und mitgeteilt würde). Zwar ist „Eines" auch aussagbar von dem Gesichtspunkt, wonach in Vielem Einheit ist, die aber durch Anderes besteht; aber von jenem ist dann in *anderem* Sinne zu sprechen als vom absolut-Einen („erhabenen Einen", unum exaltatum), das durch sich selbst besteht (vgl. n. 28.36). Vgl. ferner De ven. sap. (h XII) c. 7 n. 16, wonach (Gott als) das Prinzip allen Werden-Könnens (posse fieri) nicht teilhabbar ist und nicht benennbar, aber alle Dinge teilhaben *an seiner Ähnlichkeit*.

645 Vgl. De ven. sap. (h XII) c. 6 n. 15; vgl. c. 10 n. 29: „intelligibilia [...] quae sunt principales eius partes, id sunt quod fieri possunt [...]".

646 Vgl. De ap. theor. (h XII) n. 5. Zum Begriff des „posse ipsum" bei Cusanus vgl. bes. Dangelmayr: Gotteserkenntnis, 282ff.

647 De ap. theor. (h XII) n. 5.

Sie würde von dorther nochmals das Moment vorstellen, wo deren Alterität, wie sie sich von unserem Begreifen her vorstellt, suspendiert gedacht wird als in einem gemeinsamen und allgemeinem Prinzip zusammengeführt und von diesem her ermöglicht. Von daher erscheint der Terminus „Possest" als eine Zusammenführung von Gegensätzen, wie sie der Betrachtungsweise des Intellekts eigentümlich ist und als ein Terminus im Modus überschreitender Rede. Der Begriff des „Posse (absolutum)" hebt, von hier aus gesehen, *formaliter* auf dieses Moment des Begründetseins ab und erscheint insofern als ein Terminus im Modus des einfachen Vorgriffs auf den Einheitsgrund alles Vielen, wie dies der „göttlichen" Redeweise (divinaliter) eigentümlich wäre.[648] Umgekehrt bleibt natürlich festzuhalten, dass ein solcher Vorgriff, wie im Begriff des „Posse (absolutum)" intendiert, das Überschreiten endlicher Modalitäten und Vermögen (dies-oder-anderes-Können) voraussetzt, weshalb man auch formulieren könnte, dass der Begriff des „Posse (absolutum)", von unserem Begreifen her betrachtet, durch den Begriff des „Possest" *bestimmt wird.* Es erscheint deshalb in der Sache plausibel, die cusanische Stellungnahme eher als eine fortschreitende Explikation denn als eine Wandlung in These oder Terminologie zu verstehen. Die Ausführungen zur Ununterscheidbarkeit von Können und Sein in Gott, wie sie der Begriff des „Possest" zusammenfasst, behalten daher ihre (wenngleich je vorläufige) Geltung auch in Anbetracht der spätesten Werke des Cusanus.

648 Vgl. De coni. (h II) I c. 6 n. 24.

IV.3 Die Bedeutungskraft der Namen (vis vocabuli) durch unsere Setzung (impositio) und ihr Rückbezug auf Gott

„Im Grund ist unser Sagen letzterdings ein Sagen des Unsagbaren."[649]

Spätestens seit der Diskussion in Platons Kratylos-Dialog zählt zu den Grundproblemen der Sprachphilosophie die Frage, inwieweit Benennungen als konventionell-arbiträr zu verstehen sind oder aber auf „naturgegebene" Zusammenhänge zurückzuführen sind. Für die Problematik der Rede vom Göttlichen ist diese Fragestellung deshalb relevant, weil im Falle eines natürlichen Gegründetseins der Namen ein zumindest analoges Verhältnis zu Gott als Prinzip aller endlichen Wirklichkeit mindestens begünstigt erscheint, während im Falle einer Arbitrarität der Namen erklärungsbedürftig erscheint, wie von uns in Beliebigkeit gesetzte Namen zur Benennung Gottes taugen könnten. Eine solche Problemstellung ist jedenfalls bei Cusanus im Blick. Seine unterschiedlichen Stellungnahmen ergeben indes scheinbar kein einheitliches Bild. Entsprechend kontroverse Beurteilungen finden sich auch in der Forschungsliteratur.

Die scheinbare Divergenz der cusanischen Positionierungen wird verständlich, wenn beachtet wird, dass Cusanus unterschiedliche Situationen und Hinsichten unterscheidet, die nachfolgend in – der logisch-ontologischen Ordnung nach – aufsteigender Reihung (von 4 zu 1) wiedergegeben werden:

(4) Die Nichtbeliebigkeit unserer Wort-*Beilegungen* für Objekte einer bestimmten Form, insoweit bereits (im Rahmen einer bestimmten Sprachgemeinschaft) ein bestimmter Name für entsprechende Objekte etabliert ist. Diesbezüglich ist in ontologischer Hinsicht das Angemessenheitskriterium die Form. Sie macht aus, *welcher* Name einer Sache zuzukommen hätte (in primärer Hinsicht, d.h. die sozialen Fakten darüber, *welche* Namen im Rahmen einer gegebenen Sprachgemeinschaft etabliert sind, treten nur hinzu).

(3) Dem vorausliegend die uns nächstliegende, insofern „eigentliche" Bedeutung von Namen gemäß der durch uns erfolgenden „freien" *Prägung* bestimmter Worte für Objekte, welchen eine bestimmte Form als Sinngestalt zukommt, aufgrund jeweils des Begriffs, welchen wir in dieser Situation der Wortprägung von der Sache haben. Hier besteht, schon deshalb, weil *unser Begriff* nie ganz kongruent ist mit der Form der Sache, *für uns* nie eine völlige Genauigkeit. Einen solchen nur je mehr oder weniger genauen Namen nennt

[649] Söhngen: Weisheit, 928.

Cusanus einen nur „(mehr oder weniger) passenden Namen" (nomen congruum)[650]. Andererseits gibt es aber durchaus ein Kriterium für jeweils geringere oder größere Genauigkeit.[651]

(2) Als Grenzbegriff für eine *höchste* Genauigkeit führt Cusanus hier den Terminus des „natürlichen Namens"[652] ein. Die mehr-oder-weniger-passenden Namen verhalten sich zum „natürlichen Namen" wie Partizipierende zu ihrem Prinzip. Es handelt sich hier auf sprachlicher Ebene um dieselbe Art von Verhältnisbestimmung und Grenzüberlegung, die bereits auf ontologischer Ebene ersichtlich wurde u.a. hinsichtlich des Verhältnisses der Einzelformen zur Form der Formen (vgl. Abschnitt II.1), allerdings noch auf einer Vorstufe gegenüber der Einfaltung von Allem im Einen, und auf epistemologischer Ebene hinsichtlich der Zwischenposition unseres Geistes zwischen Urbildlichkeit und Abbildlichkeit (vgl. Abschnitt III.4) und der nur je relativ-genauen, je nur in Verhältnissen (proportiones) sich orientierenden uns möglichen Erkenntnis gegenüber der „absoluten Genauigkeit" (vgl. Abschnitt IV.2).

(1) Das Eingefaltetsein aller Namen im *einen* Namen (Gottes), entsprechend dem Verhältnis der Formen bzw. Universalien zur einen Form der Formen. Die „Kraft" dieses einen, einfachen Wortes, welches virtualiter alle einzelnen Worte einfaltet, ist entsprechend unendlich und in unseren Worten schlicht unaussprechlich[653], wie der Name des einzig-einfachen Wesens-

650 De mente (h ^{2}V) c. 2 n. 59. Der kritische Apparat (h V 93f) verweist auf Eusebius: De praeparatione evangelica XI, eine Passage, die sich Cusanus in seinem Exemplar (Codex Cusanus 41 f. 148va) angestrichen hat, sowie auf Alanus ab Insulis: Regulae theoliae, regula 17, PL 210, 629D. In anderem Sinne, nämlich entsprechend dem cusanischen Begriff des „nomen praecisum" spricht Eckhart von Hochheim vom „nomen congruum": In Ex. n. 35, LW II, 42, 2-4 mit Bezug auf Augustinus: Super Iohannem Sermo 13 n. 5, PL 35, 1495: „omnia possunt dici de deo, et nihil digne dicitur de deo. Nihil latius hac inopia. Quaeris nomen congruum, non invenis, quoquo modo dicere, omnia invenis". Würde hier vom „präzisen" Namen gesprochen, entspräche dies recht genau der Alternativität von Unnennbarkeit und Allnennbarkeit bei Cusanus je nachdem, ob der Anspruch besteht, den bzw. einen *präzisen* Namen zu finden. Vgl. zu De mente (h ^{2}V) c. 2-3 auch die Kurzdarstellung in Flasch: Nicolaus Cusanus, 88ff.

651 Gleichwohl ist es möglich, mit André: Kraft, 13 davon zu sprechen, dass unser Wort, weil ein je „kontrahierter" Ausdruck, „unendlich weit von der Sinnfülle der göttlichen Unendlichkeit entfernt ist". Denn die Disproportionalität endlicher Ausdrücke zur Unendlichkeit bleibt auch dann bestehen, wenn ggf. *inmitten* der endlichen Ausdrücke relative Vorzüge ausmachbar sind. André konstatiert (S. 20 mit Bezug auch auf Klein: Am Anfang, 27) zurecht einen Verweis des „Gesagte(n) auf das Ungesagte" und einen Zusammenhang der Sprachtheorie in De mente mit der apophatischen Theologie des Cusanus, ohne diesen jedoch ausführlich zu entwickeln; Letzteres ist das Anliegen des hier unternommenen Versuchs.

652 Vgl. De mente (h ^{2}V) c. 2 n. 64.

653 Man kann hierzu auch jene Stellen heranziehen, wo Cusanus von einer unaussprechlichen und unendlichen Kraft (vis) *der Weisheit* (im eminenten Sinne als Gottesname)

grundes von Allem, der jedem Objekt vorausliegt, von keinem gekannt wird.[654]

Diese Auffassung liegt auch der Diskussion über Natürlichkeit oder Konventionalität der Namen zugrunde, die „Philosoph" und „Laie" in „Idiota de Mente" führen. Zunächst scheint der „Laie" und damit offenbar Cusanus eine strikt konventionalistische Position zu vertreten, was aber bald korrigiert wird, allerdings in der eigentümlichen Weise, dass der „natürliche Name" für uns ein bloßer Grenzbegriff bleibt. Die anfängliche Auskunft nun (welche auf die Situation (3) zu beziehen ist), lautet: Namen werden sämtlich „durch eine Bewegung der ratio beigelegt" (imposita).[655] Und zwar nennen wir ein Ding jeweils „aus einem gewissen Grunde" (per certam rationem)[656] mit einem bestimmten Namen. Manche Sprachen, so Cusanus, kommen dabei dem Wesen näher als andere, aber die Eigentlichkeit (proprietas) der Namen unterliege prinzipiell einem „Mehr und Weniger" – einen „genauen Namen" (vocabulum praecisum) kenne man grundsätzlich nicht.[657] Schon hier gebraucht Cusanus also seinen Grenzbegriff, von dem an dieser Stelle schon nach seinem Status zu fragen wäre. Jene Bedeutung, wie sie *unserer* Wortbeilegung, aber nie der absoluten Genauigkeit entspricht, bezeichnet Cusanus dann, dabei insbesondere der Terminologie der Chartrenser folgend, als die „eigentliche" Verwendung oder Bedeutung.[658] Sie ist also insoweit die „eigentliche" Bedeutung, als sie uns am nächsten liegt und uns überhaupt zugänglich ist.

Die Rückfrage des Philosophen, dass dann scheinbar sämtliche Namen „beliebig" (ad placitum)[659] festgesetzt würden, findet aber keine Zustimmung. Vielmehr gelte: Dadurch, dass die Form zur Materie kommt (advenit), wird auch der Name (mit dem Benannten) vereint. Die Form führt also den Namen herbei (adducere).[660] Im sinnlich-fasslichen Objekt, einem konkreten Dreieck etwa, strahlt die Form, hier etwa die Dreieckigkeit, dann wider, und weil *mit dieser Form* der *Name* „Dreieck" vereint (unitum) ist, darum ist „Dreieck" dann der Name des konkreten Dreiecks.[661] Insofern also die Namen durch die *Form* herbeigeführt werden, kommen die Namen nicht (nur) aus der Beilegung (ex impositione). Aber die Beilegung ist andererseits

spricht, so etwa De pace (h XVII) c. 4 n. 11. Auf diesen Zusammenhang weist zurecht z.B. André: Kraft, 14.16f hin.

654 De ven. sap. (h XII) c. 33 n. 97.

655 Vgl. (auch zum direkt Folgenden) De mente (h ^{2}V) c. 2 n. 58.

656 De mente (h ^{2}V) c. 2 n. 58.

657 Vgl. De mente (h ^{2}V) c. 2 n. 58.

658 So z.B. Apol. (h ^{2}II) n. 35: „Dicit ‚proprie' secundum impositionem vocabuli." Cusanus hatte hier eine Passage aus Thierry oder aus dessen Umfeld resümiert.

659 De mente (h ^{2}V) c. 2 n. 59, vgl. Comp. (h XI/3) c. 2 n. 5.

660 Vgl. De mente (h ^{2}V) c. 2 n. 59.

661 Vgl. De mente (h ^{2}V) c. 2 n. 69.

„frei" (libera).[662] Es werde freilich, so meint der „Laie", dabei nur ein „passender" (congruum) Name beigelegt – wenn dieser auch kein „genauer" sei.[663] Das Löffelschnitzen, das als eher produktive denn nachahmende „Kunst" erklärt wird (n. 62), soll dies veranschaulichen: Der geschnitzte Löffel lässt abbildlich das „Löffelsein" (coclearitas) widerstrahlen, das selbst nicht vervielfältigbar ist.[664] Dabei hat das (zum Löffel geformte) Holz *den Namen*

662 Vgl. De mente (h ²V) c. 2 n. 59.

663 Vgl. De mente (h ²V) c. 2 n. 59. Es ist eine Schwierigkeit im cusanischen Text, dass im direkten Kontext nicht völlig eindeutig ersichtlich wird, ob, wenn der Löffelschnitter die Löffelform, die cochlearitas, im Geiste habe, um sie im Holz auszudrücken, dabei tatsächlich jene Form gemeint ist, welche dem „natürlichen Namen" entsprechen würde. Angesichts seiner weitergehenden Hinweise auf die Unfasslichkeit des „natürlichen Namens" und im Lichte seiner allgemeinen Epistemologie (vgl. Abschnitt III) dürfte dies aber zu verneinen sein. Diese Schwierigkeit wird auch in den Kommentierungen, z.B. bei André: Kraft, 18, nicht immer konstatiert bzw. aufgelöst. Zur Stelle auch Benz: Wegbereiter, 377ff; Moffit Watts: Nicolaus Cusanus, 136; Miller: Reading Cusanus, 122ff.

664 Vgl. De mente (h ²V) c. 2 n. 63; „nicht vervielfältigbar" (immultiplicabilis) sind für Cusanus grundsätzlich alle produktiven oder ideellen Prinzipien, insbesondere wenn es um „Absolutes" geht, etwa die „absolute Kunst", die nicht als solche, sondern nur als ein „Bild" reproduzierbar ist, so z.B. De mente (h ²V) c. 13 n. 148. Wie Cusanus in De ven. sap. (h XII) c. 23 n. 69 ausführt, im Kontext der Behandlung der „Gleichheit", gilt die Nicht-Vervielfältigbarkeit für Individuen („dieser Mensch") ebenso wie für Arten („Menschsein"): Jedweder aktual-wirklicher Gegenstand ist seiner Genauigkeit nach nicht vervielfachbar und auch die Art „Menschsein" wird, wie sie (an sich selbst) ist, nicht in vielen Menschen vervielfacht. In höchster Weise gilt die Nicht-Vervielfältigbarkeit für das Eine und (einzige) Ewige und mithin *die* Ewigkeit selbst. Der cusanische Begriff von „singularitas" (Einzigkeit, Einzigartigkeit, Singularität, Individualität) wird daher in eigentlichstem Sinne auf das Eine, Ewige, Göttliche angewendet – und erst in abgeleitetem Sinne auf Arten und Individuen, vgl. bes. De ven. sap. (h XII) c. 22. Wenig beachtet ist die Bezugnahme auf Pseudo-Dionysius (DN I) in De non aliud (h XIII) c. 10 n. 58, wonach die Gottheit „in heiliger Weise verkündet wird als singulär und einzig wegen der Einfachheit und Einheit jenes vorzüglichen Besonderen". Vgl. zur Thematik der Nicht-Vervielfältigbarkeit und Singularität auch obige Fn. 394 (S. 135), 398 (S. 135), 403 (S. 137), 644 (S. 220). Zur Singularität und von daher auch Nicht-Vervielfältigbarkeit des Einen, der Arten und dann der Individuen gehört für Cusanus auch, dass eine reale *Mehrheit* ewiger Prinzipien, insbesondere auch separater Ideen, ausgeschlossen ist, vgl. etwa De princ. (h X/2b) n. 25. Es geht Cusanus also nicht nur darum, dass das Eine nicht *als solches* (uti unum) *partizipierbar* ist, sondern auch, dass es insbesondere keine Mehrheit ewiger, partizipierbarer Prinzipien gibt; vgl. auch De princ. (h X/2b) n. 30, wo Cusanus (einem Übersetzungsfehler W. von Moerbekes folgend) davon spricht, dass Zenon erst kurz vor seinem Tode (moriens) nicht nur jenes „Eine" veranschlagte, an welchem Viele teilhaben, sondern auch jenes *erhabene* Eine, welches auch Proklos zugrunde lege. Die Hervorhebung der proklischen Position ist nicht nur aufgrund der rudimentären Überlieferungslage, die Cusanus nutzen konnte, rechtfertigbar. Schon Jamblichus und Damascius hatten ein unfassbares, absolutes Eines gelehrt, das dem Einen und Guten nochmals vorgeordnet ist und sich dabei auf die beiden ersten Hypothesen des Parmenides bezogen. Proklos hingegen bezieht deren erste auf das „Eine jenseits des Seins", deren zweite auf das Sein. Das „Eine" des Proklos ist dezidiert kein bestimmtes Eines, sondern Eines im absoluten Sinne, einfache

(„Löffel") vom Hinzukommen der (Löffel-)Form. In ihm strahlt das Löffelsein wider, sobald das (entsprechende) Verhältnis (die Löffelgestalt) vorliegt.[665] So sei der Name mit der Form gewissermaßen geeint. Gleichwohl werde der Name „nach Belieben" (ad beneplacitum) beigelegt, denn *es könnte auch ein anderer Name beigelegt werden.*

Diese eben resümierten Ausführungen können als konsistent aufgefasst werden, wenn die „Einung" von Name und Form nicht auf den (uns ja unverfügbaren) „natürlichen Namen" und die das Sein letztlich konstituierende Form bezogen wird, sondern auf denjenigen Namen, welcher (im Rahmen einer gegebenen Sprachgemeinschaft) für Objekte einer entsprechenden Wesensform als (relativ zum Grenzbegriff des natürlichen Namens) mehr-oder-weniger-passend geprägt wird. Die Nicht-Arbitrarität der Namensbeilegung betrifft also den Sachverhalt, dass es je die Form (und der ihr bereits korrespondierende „natürliche Name") ist, mit welcher wir einen mehr-oder-weniger-passenden Namen verbinden und woran alle weiteren Namensbeilegungen (vgl. Situation 4) ihr Angemessenheitskriterium haben.[666]

„Form" und „natürlicher Name" sind insofern quasi austauschbar und stehen zum „geprägten Namen" bzw. „beigelegten Namen" in der Relation von Urbild und Abbild: Der (eine, genaue, uns unerreichbare) „natürliche Name" *strahlt wider* in den verschiedenen, durch jeweilige „Völker" (nationes, hier verallgemeinerbar zu Sprachgemeinschaften) beigelegten Namen.[667] So ist der beigelegte Name *„nicht* ein (ganz) anderer und (nicht) völlig ver-

Einheit über allem Wesen, nichts gegenüber Zweites; ihm ist nichts hinzufügbar und es ist auch keineswegs einfachhin die Gesamtheit der Formen oder das Ganze der Dinge. Vgl. z.B. Proklos: In Parmenides Comm., I, 712 (ed. Proclus/Cousin: in Parmenidem; Übers. Proclus/Morrow/Dillon: On Parmenides, 86); In Parm. VI, 106; eine nützliche Zusammenschau unter dem Gesichtspunkt apophatischer Theologie bietet z.B. Carabine: Unknown God, 163ff et passim. Die Proklos-Rezeption des Cusanus hat v.a. Beierwaltes in mehreren wichtigen Studien untersucht, darunter Beierwaltes: Cusanus und Proklos.

665 Vgl. De mente (h ^{2}V) c. 2 n. 64.

666 Insofern ergibt sich eine zwar weitgehend übereinstimmende, in diesem Punkt aber etwas deflationärere Lesart gegenüber Velthoven: Gottesschau, 220ff.

667 Vgl. De mente (h ^{2}V) c. 2 n. 64. Man wird dieserart „natürliche Namen" aufzufassen haben wie die Universalien, die Cusanus letztlich als nicht separat realexistent, sondern in der Form der Formen bzw. im göttlichen Geiste subsistierend auffasst. So verstehen sich dann auch die Bemerkungen zu den Worten (verba), wie sie „gesondert (absoluta) von der Zeit" „im Göttlichen" sind, De coni. (h II) I c. 8 n. 33-34; die Stelle wird diskutiert bei Senger: Sprache der Metaphysik, 94, worauf auch André: Kraft, 27 verweist. Vgl. ferner zum Gedanken einer Sonderung der Worte, wie sie Gott zukommen, von der Zeit, De ven. sap. (h XII) c. 38 n. 100, wo Cusanus fordert, dass vorausgesetzt werden müsse, dass in Aussagen wie „Gott ist Leben" „das Verb ohne Zeitform ist", denn es gehe darum, mittels solcher Worte „die Ewigkeit darzustellen (figurare)". Zur cusanischen Diskussion des Ewigkeitsbegriffs vgl. obig Fn. 108 (S. 51).

schieden vom natürlichen Namen“[668] – offenbar insofern, als ein „anderer Name“ nicht mehr den „natürlichen Namen“ „widerstrahlen“ lassen würde.

Was nun die Situation (3) der (ersten menschlichen) Namensprägung betrifft, so äußert sich Cusanus zu dieser mehrfach. Wie in den Abschnitten III und IV.2 bereits nachvollzogen wurde, wird in „De docta ignorantia“ alles Erkennen als Relationierung und graduale Annäherung verstanden, weswegen ein *genaues* Erkennen Gottes als des Unendlichen, zu allem Endlichen nicht-relationierbaren und absolut-Größten außerhalb jeder Gradualität ausgeschlossen ist. Da aber alle Namen auf ein derartiges Erkennen zurückgehen, kann es von Gott keinen genauen Namen geben. Dies bildet sich auf der Ebene der Namensbildungen dahin gehend ab, dass alle „Namen“ (im hier einschlägigen technischen Sinne) gebildet sind (imposita) aus jeweils einer gewissen Eigentümlichkeit des Gesichtspunkts (ratio), durch welchen eine Abgrenzung (discretio) des einen vom anderen erfolgt.[669] Namen werden gebildet durch eine Bewegung der ratio, um Dinge zu unterscheiden (ad rerum discretionem).[670] Das gilt nicht nur für konkrete Objekte, Artbegriffe u.dgl., sondern auch für Verstandesbegriffe wie „Einheit“ (im Unterschied zum absolut-Einen). Sie haben gemäß solcher Verstandesbewegung jeweils (mindestens) einen Gegensatz (einen Begriff, dem sie entgegengesetzt sind), nämlich hier Vielheit (pluralitas) oder Vielfältigkeit (multitudo).[671] Da Gott als absolut-Größtes keinen Gegensatz aufweist, kann also prinzipiell kein „Name“ im Sinne entsprechender diskretiver Kennzeichnungen ihn erreichen.

Wenn also „Namen“ Gott attribuiert werden gemäß etwas, was wir in den geschaffenen Dingen finden und damit etwas Besonderes (particulare), Unterschiedenes (discretum) aussagen würden, entsprechen sie Gott „nur in unendlich verminderter Weise“ (per infinitum diminute)[672]. Für eine eigent-

[668] Vgl. De sap. (h ^{2}V) II n. 64.
[669] Vgl. De docta ign. (h I) I c. 24 n. 74, 9-12.
[670] De docta ign. (h I) I c. 24 n. 76, 4-5.
[671] Vgl. De docta ign. (h I) I c. 24 n. 76, 6-8.
[672] Vgl. De docta ign. (h I) I c. 24 n. 78, hier bes. Z. 2 und 7 und 12f. Cusanus bezieht sich dabei auch auf die Formulierung des Pseudo-Dionysius in der Übersetzung des Johannes Scotus Eriugena (CH 2, 3, PG 3, 141A – hier hat der von Balthasar Corderius konstituierte lateinische Text „incongrue“ eingesetzt / Dionysiaca II, 759; zur Rezeption bei Thomas von Aquin: Wippel: Metaphysical themes, 234; Rocca: Speaking, 61; Durantel: Thomas et Pseudo-Denis, 73ff), wonach die Affirmationen „incompactae“ sind. Man kann diese Wendung, mit welcher Eriugena „anarmostoi“ (also etwa „unpassend“, „inkongruent“) übersetzt (Sarezenus: inconvenientes), im Sinne des Cusanus geradezu wörtlich nehmen: Die Affirmationen schließen (in Anwendung auf Gott) nichts ein (da ja Gott als der Unendliche selbst alles Endliche in sich einschließt), sie sind nicht in der Lage, das göttliche Wesen tatsächlich zu bestimmen. Dass alles, was mittels „affirmativer Theologie“ gesagt wird, Gott gemäß irgendeiner besonderen Eigentümlichkeit (der zur Namensbildung anlassgebenden geschaffenen Dinge) bezeichnet (se-

liche Anwendbarkeit müssten alle eingrenzenden Bestimmungen ihres Sinngehalts getilgt werden, so dass jede Oppositionalität und Limitierung entfiele. Deshalb betont Cusanus umgekehrt: Würden sie etwas von *ihrer* Bedeutung (significatio) in Gott setzen, würden sie Gott schlichtweg gar nicht zukommen.[673]

Ein Zukommen (convenire), auch in „unendlich verminderter Weise", kann also nicht in der Partikularität und Diskretivität unserer Namensbildungen seinen eigentlichen Grund haben. Vielmehr müssen die Namensanwendungen in unseren „Setzungen" (positiones), so die in „De docta ignorantia" skizzierte Grundidee bezüglich der „affirmativen" Prädikationen, ihren Ausgang nehmen bei den geschaffenen Dingen als solchen und damit deren Ursprungsbeziehung zum Schöpfer. Sie sind insoweit, als sie auf Gott anwendbar sind, Wirkungsaussagen, bezüglich welcher aber das Enthobensein der Ursache geltend zu machen ist: Die *Weise* von Gottes Wirken kennt nur Gott selbst, der „sein eigenes Wirken *ist*".[674] Unsere Wirkungsaussagen also „treffen zu" nur „unter Hinsicht auf die Kreaturen", wobei für dieses Zutreffen nicht die Geschöpfe die Ursache sind. Sonst würde das Größte etwas vom Geschaffenen her haben, was ausgeschlossen ist. Ursache für das (mittelbare und relative) Zutreffen der Affirmationen auf Gott ist vielmehr das un-endliche Vermögen (Gottes) *in Bezug auf* die Kreaturen.[675] Cusanus reformuliert damit die traditionelle Zulassung von Aussagen, die sich auf Gottes *Wirken* beziehen und damit mittelbar auf Gott *als Schöpfer* (und mithin nicht auf Gottes Wesen). Davon ausgehend ist es möglich, von den Namen her, wie wir sie von den Geschöpfen her gewonnen bzw. beigelegt haben, eine „Übertragung (attributio translative)" vorzunehmen, die dann in jeweils einer gewissen, durch diese Namen *bezeichneten Vollkommenheit*[676], gründet und uns auf Gott als Fülle aller Vollkommenheit hin orientiert.

Noch eine der spätesten Schriften des Cusanus, „De venatione sapientiae", umschreibt diesen Sachverhalt nicht wesentlich anders, aber bezüglich der Namensprägungen im Bereich des Endlichen ausführlicher. Die je gege-

cundum aliquam proprietatem particularem), hält Cusanus auch in De docta ign. (h I) I c. 24 n. 82, 5-7 fest (wogegen Gott, wie zuvor klar wurde, in keiner Entgegensetzung oder besonderen Proportionalität stehen kann).

673 Vgl. De docta ign. (h I) I c. 24 n. 78, 13-15.

674 Vgl. De docta ign. (h I) II c. 12 n. 174, 17-19 und c. 13 n. 179, 1-5, wo Cusanus mit Bezug auf Koh 8,17 ausführt, dass wir bei keinem der Werke Gottes den Grund (ratio) zu wissen vermögen – es bleibe uns nur das Staunen (admirari) ob der Größe des Herrn (mit Ps. 144,3).

675 Vgl. De docta ign. (h I) I c. 24 n. 79, 1-5. Bei Wilpert/Senger (Nikolaus von Kues/Wilpert/Senger: De docta ignorantia, 101) wird interpretativ, in der Sache plausibel, „ex infinita potentia ad creaturas" übersetzt als „vermöge seiner unendlichen Schöpfermacht".

676 Vgl. De docta ign. (h I) I c. 24 n. 79, 9-12

bene relative Ungenauigkeit unserer Namensbildungen verbindet Cusanus dort mit dem Begriff, welcher dabei im Blick ist: Die Worte wurden „durch den ersten Menschen (Adam) den Objekten zugelegt (imposita) aufgrund jenes Begriffs (ratio), welchen der (erste) Mensch erfasste; *daher* sind die Worte *nicht genau*, so dass man ein Objekt (stets) mit einem (je noch) *genaueren Wort* benennen könnte".[677] Es gilt für Cusanus im Anschluss an die augustinische Sprachauffassung ja ein Wort stets als Ausdruck eines im Geiste erfassten Gehalts.[678] Dabei versteht er diesen Gehalt, unseren Begriff, als je von der sinnlichen Fasslichkeit von etwas Vorliegendem ausgehend, was der Vermitteltheit unserer Erkenntnis durch Zeichen und Erkenntnisweise bei Entzogenheit der eigentlichen Seinsweise (vgl. Abschnitt III.5) und dem Ansetzen je bei uns Bekanntem (vgl. v.a. Abschnitt IV.2) entspricht.

Besonders deutlich wird das Bezogensein unserer Namen nicht auf die Form oder Washeit der Sache selbst, sondern auf die uns fassliche Sinngestalt auch in „De non aliud":

> „Alle Namen besitzen eine Bedeutungs-Setzung („impositio [...] significativa") aufgrund irgendeines sinnlich-fasslichen Zeichens, welche Zeichen der Washeit der Dinge folgen. Sie bezeichnen daher nicht diese (*eine* Washeit von Allem), sondern etwas So-Beschaffenes (tale). Der Geist jedoch, welcher die Washeit betrachtet, wie sie (sinnlich-fasslichen Zeichen gegenüber) vorausgeht, verneint, dass ein Wort (vocabulum) jener Washeit (einfachhin), die er schaut, eigentümlich ist."[679]

Hier ist also zwar von einer „Schau" der (einfachen) Washeit die Rede, aber zugleich von einer Inkongruenz aller *Worte* zu ihr; man wird dies auch auf distinkte *Begriffe* beziehen müssen. Denn für Cusanus gilt grundsätzlich (vgl. Abschnitte III.3-III.5): Der Mensch verfügt in epistemischer Hinsicht nur über die Hervorbringung und Anwendung *eigener* Begriffe.[680] Die Einzeldinge und deren Washeit sind darum gerade nicht an sich selbst erreichbar.[681] Die Nichtwissbarkeit der quidditas *dei* hängt, wie dies in ontologischer Terminologie etwa die Identifikation als „Form der Formen" fundiert, darum eng zusammen mit der Nichtwissbarkeit der quidditas *rerum*, ein Zusammenhang *ex negativo*, welchen auch der Begriff der „Singularität" verdeutlicht, sofern diese unseren Allgemeinbegriffen je entzogen bleibt und da-

677 De ven. sap. (h XII) c. 33 (De vi vocabuli) n. 97. In De gen. (h IV) c. 4 n. 172 weist Cusanus darauf hin, dass Adam „den Dingen die Namen gegeben hat und im Fortgange der Erzählung den immer-gewissen Grund (ratio) und die Ursache der Namen beschrieben hat".

678 Vgl. Fn. 521 (S. 182) und zur Thematik auch Hennigfeld: Verbum; André: Kraft, 17.

679 De non aliud (h XIII) Prop. 16 n. 121.

680 Vgl. De ven. sap. (h XII) c. 29 n. 86.

681 Vgl. De ven. sap. (h XII) c. 29 n. 86-88

bei gerade Gott in höchstem Sinn als „singulär" begriffen werden muss. Am deutlichsten aber wird die Nichtwissbarkeit des Wesens, die Singularität und Einfachheit gegenüber der Vielheit der Begriffe uns bei Rückwendungen des Intellekts auf sich selbst: Auch das eigene Wesen kann der Intellekt nicht in sich erreichen.[682]

Gemäß der vom Menschen geprägten Bedeutung und Aussageabsicht müssen die Worte daher von Gott verneint werden.[683] Doch ist dies nicht die einzige Stellungnahme des Cusanus zur Situation der ersten Wortprägung in jener Ursprungsszene, welche bei dieser Thematik allüblich herangezogen wird, der Benennung der Tiere durch Adam. In Sermo CCXLIV äußert sich Cusanus scheinbar in ganz anderer Weise: Adam sei dabei erleuchtet gewesen durch ein göttliches Licht, *so dass er wusste, welcher Name wofür passte* (conveniret).[684] Zwar erscheint es nicht unmittelbar als Gegensatz zu den vorstehend exemplifizierten Stellungnahmen, wenn Adam das Vermögen zugeschrieben wird, einen „passenden" Namen zu finden, kann dies doch verstanden werden als ein lediglich „mehr-oder-weniger-passender Name". Doch war bis dahin eine göttliche Erleuchtung gar nicht im Blick. Auch das muss noch kein Gegensatz sein, kann doch dieses Erleuchtetsein als eine theologische Redeweise für denselben Sachverhalt verstanden werden, welcher zuvor als Teilhabeverhältnis der Sache an der Form und unserer Namen am natürlichen Namen und dieser am einen, göttlichen Namen umschrieben wurde. Tatsächlich verständlich wird die Diskrepanz allerdings erst, wenn beachtet wird, dass Cusanus hier die Perspektive umkehrt: Es geht ihm im fraglichen Sermo primär um das Gegründetsein unserer Namen in Gott als „Geber der Namen", während es in den zuvor behandelten Passagen primär um das Gegründetsein unserer Namen in der Beschaffenheit des uns Vorliegenden, Fasslichen und unserer Begriffe davon ging. Unter dieser Perspektive (von 1 her) kann konsequenterweise auch nicht mehr im Namen, wie er durch uns geprägt wird (von 4 her), der „eigentliche" Sinngehalt erscheinen. Vielmehr gilt, so betrachtet: Alle Namen werden *eher* vom göttlichen Namen her benannt als umgekehrt.[685] Entsprechend kann dann nicht mehr jene Bedeutungskraft (vis vocabuli[686]) zugrunde liegen, die nur von unserem Begreifen her mit irgendeinem geprägten Namen einhergeht.

682 De ven. sap. (h XII) c. 29 n. 87. Vgl. auch nachstehende Fn. 716 (S. 240) und zur Entsprechung *ex negativo* der Einfachheit und damit Unwissbarkeit Gottes und der Seele und deren frühe Artikulationen die Hinweise bei Ströbele: Einfachheit, 103ff.

683 Vgl. De ven. sap. (h XII) c. 33 n. 98.

684 Vgl. Sermo CCXLIV (h XIX) n. 15.

685 Vgl. Sermo CCXLIV (h XIX) n. 15, 5-6: „potius omnia nomina ex divino nomine nominari quam e converso".

686 Der Ausdruck „vis vocabuli" entspricht dem „dýnamis tōn onomáton" bei Platon, worauf auch Hennigfeld: Sprachphilosophie, I, 47.294 hinweist. Eine übersichtliche Zu-

Diese andersgeartete Perspektive wird noch deutlicher, wenn die gerade herausgegriffenen Ausführungen aus Sermo CCXLIV in ihrem dortigen Kontext genauer betrachtet werden. Es geht Cusanus hier nämlich näherhin um die Spuren der Trinität in allem Geschaffenen. Er führt dies im Mittelteil der Predigt (n. 8 ff) im Anschluss an Eph 3,15 aus („von ihm her wird jede Vaterschaft auf Himmel und Erden benannt"). Cusanus bezieht dies auf den Sachverhalt, dass jede Quelle einer Vermögens-Ausfaltung und jede Quelle von etwas Gezeugtem den Namen vom Vater (Christi) her hat, was insbesondere auf die Fruchtbarkeit unseres Intellekts zutreffe (n. 12). So sei auch die Trinität in allem Geschaffenen gegenwärtig, besonders aber in der Natur des Intellekts, dort und nur dort nämlich auf *intellektuale* Weise; hier zeugt die Intellektnatur Wissen (n. 12) und Verstehen (n. 14) und ahmt damit die Fruchtbarkeit des Vaters in besonderer Weise nach (Cusanus spricht von einer ‚Gedächtnis-Fruchtbarkeit').[687] Dem schließt Cusanus eine zweite Bemerkung zur Stelle aus dem Epheserbrief an: Der *wahre Name* werde (überhaupt jeder Sache) durch den „Geber der Form" gegeben.[688] Man wird dies mit dem „natürlichen Namen" und dessen Verbindung mit der Sein-verleihenden Form identifizieren dürfen: Die Form „gibt" das (distinkte) Sein und wenn Gott das Sein selbst und die Form der Formen resp. der „Geber" der Formen ist, dann ergibt sich schon insofern, dass er auch ermöglichender Grund jeder Benennung ist. Gemäß der dabei zugrunde liegenden Hintergrundannahmen gilt des weiteren, dass einer Form eine relative Vollkommenheit korreliert, deren Vollendung je in Gott aktual ist, sowie, dass die Einzelformen (Gattungs-, Art-, Eigenschaftsbegriffe und ggf. auch Individualbegriffe) ihren ersten „Ort" im göttlichen Geist haben (insbesondere sofern sie bereits zur Anwendung kommen, wenn die in sich entsprechend strukturierte Wirklichkeit allererst geschaffen wird, dabei bereits intelligibel ist und dies eine Ursache voraussetzt, der mindestens eine Kompetenz bezüg-

sammenstellung wesentlicher Verwendungen der termini vis/virtus vocis/verbi/vocabuli und entsprechender Pluralformen findet sich bei André: Kraft, 10ff. Hier werden auch die weniger technischen, sondern metaphorischen Verwendungen in Auswahl mit einbezogen.

687 Vgl. Sermo CCXLIV (h XIX) n. 13.

688 Vgl. Sermo CCXLIV (h XIX) n. 15. Von Gott als Formgeber bzw. „Former von Allem" spricht Cusanus u.a. noch Comp. (h XI/3) c. 7 n. 21. Die Verbindung des aktiven Intellekts mit dem „Geber der Formen" ist u.a. über die Intellekttheorien von Avicenna und Maimonides vermittelt, vgl. zur Rezeption bei Albert z.B. Ruello: noms divins, 73ff; Libera: Albert, 120ff. Auch Eckhart rezipiert diese Adaptationsversuche, vgl. beispielsweise In Ioh. n. 468, LW III, 401, 4-8; der systematische Kontext ist dabei seine Aufnahme der boethianisch-chartrensischen Auffassung von Gott als „Form der Formen", was Eckhart in eigentümlicher Weise mit Intellekttheorie und mystischer Theologie verbindet und damit zugleich eine systematische philosophische Rekonstruktion vor allem der paulinischen Redeweisen vom Überformtsein durch Christus intendiert, im Anschluss also an Passagen wie Phil 2,6; 2 Kor 4,4; Kol 1,15 u.v.a.m.

lich solcher intelligiblen Strukturen bereits zuzusprechen ist). Auch insofern also haben die Einzelnamen ihren ersten Grund in Gott.

Wie aber steht es dann mit den sonstigen Namensgebräuchen? Ist die Auffassung einer produktiven Namensprägung durch uns damit hinfällig? Cusanus gesteht zwar zu, dass in der Tat sogar die Aussage zutrifft, dass wir Gott Namen zuschreiben (attribuere), welche wir (zuvor) *den Dingen beilegen* (quae rebus sunt imposita). Aber in dieser These werde, so der Akzent des Cusanus, nicht beachtet, *woher* diese Namen (zuallererst) für die Dinge gebildet werden. An dieser Stelle nun bezieht sich Cusanus in der vorstehend erläuterten Weise auf die Erst-Benennung durch Adam und dessen Erleuchtetsein zur Wahl eines „passenden" Namens. Auf diese Weise habe, so Cusanus weiter, alle Vaterschaft *ihren Namen* von der Vaterschaft von Gott-Vater, alle Sohnschaft von der göttlichen Sohnschaft (d.i. von Christus), alle Geisthauchung von Gott, dem heiligen Geist, alle Einheit von der Einheit Gottes – und ebenso für Sein, Leben usf.[689] Cusanus bezieht sich für diese Abkünftigkeit der Namen also darauf, dass *dieselben* Namen *zuerst* eine Person (im Falle von Vaterschaft, Sohnschaft, Geist) oder eine sonstige Benennbarkeit Gottes (wie Sein, Leben usf.) ihrem ersten Sinn nach bezeichnen; da nun, wie Cusanus zuvor entwickelt hatte (n. 9ff, bes. n. 13) die Trinität gegenwärtig sei in *allem* Geschaffenen, so sind auch jene *Benennungen*, die wir *sekundär* Geschaffenem beilegen, primär in Gott gegründet.

Wie verhalten sich dann beiderlei Arten von Namens-Beilegungen zueinander? Wenn nur die durch uns selbst produzierten Namen uns überhaupt verständlich sind, müsste das der Sache nach ursprünglichere Zukommen der Namen auf Gott unserem eigentlichen Verstehen ganz entzogen bleiben. Müsste man also von einem äquivoken Verhältnis sprechen? Wenn Cusanus andererseits von „primärer" und „sekundärer" Beilegung, von Spuren und Ähnlichkeiten spricht, müsste man dann nicht vielmehr von einem analogen Verhältnis sprechen? Zu dieser Verhältnisbestimmung äußert sich Cusanus im fraglichen Sermo näherhin in folgender Weise:

Es handelt sich bei „gleichen" Namen um Namen, die dem Geschaffenen *nur* beigelegt werden können, weil und sofern sie *zuerst* Gott zukommen. Verschieden, so hebt Cusanus hervor, ist gleichwohl die Art und Weise, *wie* sie Gott und Geschaffenem zukommen:

(a) Bei Gott handelt es sich um Namen nur der *unendlichen Einfachheit* des Prinzips.

(b) Bei Geschaffenem handelt es sich um Namen nur der *Ähnlichkeiten* zu (jener) Einfachheit.

689 Vgl. Sermo CCXLIV (h XIX) n. 16.

Was nun (ad b) die Kreaturen betrifft, so ist alles Geschaffene auf zwei Hinsichten zu beziehen; Cusanus formuliert in u.a. thomasischer Terminologie[690], es sei „aus“ diesen:

b1) quo est: Die Sache *ist* aufgrund *einer bestimmten Ähnlichkeit* zu Gott, nämlich insofern Gott reiner Akt ist (und die Kreatur nur wirklich ist kraft Gottes und in jeweils gradueller Verwirklichung ihrer Potentialität). Das „quo est“ ist also das Sein.

b2) quod est: Die Sache ist, *was* sie ist, aufgrund einer Potentialität, die *in sich nichts* ist – denn alles „was etwas ist“ ist nur insofern, als es *durch Aktualität* ist; das (bloße) „Können-Sein“ ist (für sich) *nicht.*[691]

Sein und Washeit also hat die Sache jeweils aus Gott – eine immer wieder von Cusanus variierte These, denn alles ist in letzter Hinsicht überhaupt und das, was es ist, durch Gott als einfach-einziger Form von Allem.[692] Die „Ähnlichkeit“ der Kreatur zum Schöpfer bezieht Cusanus hier nicht etwa auf Wesenskomponenten, sondern auf die jeweilige Gradualität an Aktualisierung von Potentialität im Verhältnis zu Gott als reinem Akt. Es liegt also ein rein formal bestimmter Ursprungsbezug vor. Insoweit kann man von einem „analogen“ Verhältnis sprechen. Wenn aber die Weise des Zukommens dergestalt divergiert, dass die Namen im einen Fall unendliche Einfachheit, im anderen Fall unterschiedlichste „Ähnlichkeiten“ betreffen, so bleibt gleichwohl der Bedeutungsgehalt der Namen, wie sie der unendlichen Einfachheit zukommen, *unserem unterscheidenden Verstehen entzogen.* Im Ursprungsbezug liegt also *formaliter* ein quasi-analoges Verhältnis vor. Hinsichtlich indes der Unfasslichkeit des Ursprungs seiner Eigentlichkeit nach, liegt *materialiter,* was den uns einsichtigen Bedeutungsgehalt gegenüber dem der Sache nach primären Zukommen der Namen auf Gottes Einfachheit betrifft, ein quasi-äquivokes Verhältnis vor. Diesem ambivalenten Charakter entspricht, dass

690 Albert (I Sent. d. 3 a. 33 ed. Borgnet Bd. 25, 138b) unterscheidet mit ungenannt bleibenden „Doktoren“ bei Substanzen eine Zusammensetzung aus „quo est“ und „quod est“ und nennt das „Wodurch“ auch „Sein“. Thomas (SCG II, 54, auch bei Nikolaus von Kues/Hopkins: didactic sermons, 318 vermerkt) referiert diese Terminologie, erklärt aber die Bezüge von „quo est“ und „quod est“ unterschiedlich in Bezug auf (a) Komplemente aus Form und Materie einerseits und (b) auf geistig-immaterielle Substanzen (wie sie der Gegenstand des Abschnitts bei Albert waren) andererseits. Im ersten Fall (a): Das Sein selbst ist bei zusammengesetzten Substanzen eigentlich das, wodurch die Substanz „seiend“ genannt wird. Ferner kann die Form als „quo est“ bezeichnet werden, insofern sie *Prinzip* des Seins ist. Das, *was* eine zusammengesetzte Substanz ist, ist die *Ganzheit* aus Materie und Form (nicht etwa nur Materie oder nur Form). Im zweiten Fall (b), bei den einfachen Substanzen, ist das „quo est“ der Akt, das „quod est“ die Form selbst als „substantia subsistens“.

691 Vgl. Sermo CCXLIV (h XIX) n. 17, 6-11: „[...] omne enim ‹quod est› intantum est inquantum actu est. Posse esse non est.“

692 Vgl. z.B. auch De ven. sap. (h XII) c. 27 n. 80: „Consistunt singula in sua praecisione, ut non sint aliud quam id quod sunt.“

Cusanus jenes eigentlich-primäre Zukommen der Namen von der Trinität her versteht, wie wir sie im Glauben erfassen, wie sie unserem unterscheidenden Verstehen aber letztlich ein nur in Analogien annäherbares Geheimnis bleiben muss. Das Verhältnis von „wahrem Namen" und „ungefährem Namen" entspricht daher dem Verhältnis von Glaube und Vernunft (welches nachfolgend in Abschnitt IV.7 näherhin zu erörtern sein wird). Die „Form der Formen" (in ontologischer Hinsicht), der „Begriff der Begriffe" (in epistemologischer Hinsicht) und der eine „wahre Name" Gottes (in sprachtheoretischer Hinsicht) sind für Cusanus je schon in theologischer Hinsicht verstanden als Wort Gottes, das Christus ist. Unter Voraussetzung des Glaubens sind die mysteria *wiederentdeckbar* in den Strukturen der Wirklichkeit und des Geistes[693], wie die Namen rückbeziehbar sind auf ihr Gegründetsein in Gott, wo sie ihren eigentlichen Sinn haben – welcher der „divinalen" Redeweise entspräche (zieht man die Terminologie aus „De Coniecturis" heran).

Einerseits bleibt also der „wahre Name" unserem Sprachvermögen und Begreifen an sich selbst ebenso entzogen wie das Wesen des Göttlichen seiner Genauigkeit nach. Mithin sind alle „ungefähren Namen", insoweit sie in *der* Bedeutung bezeichnen, für die sie *von uns* gebildet wurden[694], von Gott fernzuhalten.

Andererseits gründen alle Namen im einen, wahren Namen – wie, für deren Gegenstandsbereich in ontologischen Termini formuliert, alle Formen in der „Form von Allem" oder alle Einzelobjekte, ihrem „quo est" wie ihrem „quod est" nach, in Gott gründen. Von daher können *im Blick auf diesen Ursprungsbezug* alle Namen, insoweit sie *nicht* allein aufgrund einer Bedeutung gebraucht werden, wie allein wir sie ihnen beilegen, den Rückbezug auf Gott manifestieren. Dieser Ursprungsbezug *ex negativo* aus einem Vorblick auf ein Vermögen der Worte, das nicht allein in uns gründet, lässt sich auch vermittelt über die mens-Theorie explizieren (vgl. obige Abschnitte III.3 und III.4), womit die hier interessierende Grundstruktur nicht verändert, sondern den Bedingungen ihrer Realisierung nach näherhin fundiert wird. In jedem Fall muss für einen solchen Aspekt die Ohnmacht menschlichen Konzeptualisierungs-, Begriffsprägungs- und Ausdrucksvermögens gleichsam durch die Allkausalität des Göttlichen kompensiert angenommen werden. In diesem Sinne versteht sich, wenn Cusanus in „Idiota de sapientia" die *via affirmativa*

693 Vgl. De ven. sap. (h XII) c. 23 n. 70.

694 De ven. sap. (h XII) c. 38 n. 100: „Sed haec nostra inquisitio ineffabilis sapientiae, quae praecedit impositorem vocabulorum et omne nominabile, potius in silentio et visu quam in loquacitate et auditu reperitur. Praesupponit vocabula illa humana, quibus utitur, non esse praecisa nec angelica nec divina; sed ipsa sumit, cum aliter non posset conceptum exprimere, praesupposito tamen, quod illa non velit aliquod tale, propter quod imposita sunt, significare, sed talium causam, verbumque nullius temporis esse, cum aeternitatem per ipsa velit figurare."

bzw. *theologia sermocinalis* damit verbindet, dass in dieser die „Bezeichnungskraft des Wortes" (vis vocabuli) zugelassen werde:[695] Die Wörter werden in dieser Redeweise als bezeichnend (significativa) aufgefasst mittels der „Bezeichnungskraft des Wortes", welche uns „allgemein bekannt" (communiter nota) ist und den Fragenden „zum Gesuchten" (ad quaesitum), d.i. zu Gott führt. Aber die „Kraft der Worte" übersteigt in diesem Rückbezug auf Gott als ihrem einfachen Ursprung das menschliche Sinnsetzungsvermögen. Als geschaffene bezeichnen die Namen also die Erst- und Allursache[696] und haben letztlich im „wahren Namen" ihren Grund. Man kann sich daher nicht nur im Verhältnis von wörtlichem und eigentlichem Sinn eines Textes zugleich auf die „Kraft der Worte" stützen, um sich über diese zu erheben, statt bei den „Eigentümlichkeiten der Wörter zu beharren"[697], sondern auch allgemein im Ausgang von jeglichem Wort in Überschreitung der nur endlichen Wortbedeutung zum Grund aller Benennung im göttlichen Wort zumindest annäherungsweise voranschreiten. So gilt die aristotelischen Leitthese, wonach die Definition „Worterklärung" (vocabuli explicatio) und „Licht der Wissenschaft" sei, nur eingeschränkt für die „menschliche Wissenschaft", die „in der Bezeichnungskraft des Wortes gegründet (solidatur) ist".[698]

695 Vgl. De sap. (h ^{2}V) II n. 33; Renate Steiger (Nikolaus von Kues/Steiger: Der Laie über die Weisheit, 129) weist darauf hin, dass dies der aristotelischen dynamis tōn onomatōn entspricht (Soph. el. 165a; vgl. De mente (h ^{2}V) 2 n. 58). Dass „sermo(cinalis)" mit Bezug auf „Aussagen" allgemein gemeint ist, entspricht zum einen der Begriffsgeschichte: Eingeführt wird der Ausdruck als Bezeichnung der Grammatik, „scientia sermocinalis", in den Glosule zu Priscians Institutiones grammaticae („Maior"), vgl. z.B. Yukio: Division, 172ff, was u.a. die Terminologie der Diskussion darüber prägt, ob die Grammatik im eigentlichen Sinn von der Sprachform her zu verstehen ist oder von einer rationalen Tiefenstruktur her, dann also nur uneigentlich eine „scientia sermocinalis" wäre. Ist hier der Gegenbegriff zu „sermocinalis" also „rationalis", so bei Boethius und z.B. auch in der Diskussion des Gegenstands der theologischen Wissenschaft u.a. bei Albert (vgl. Steiger, 129) andererseits „realis" (ausführlich dazu: Schneider: Scientia). Auch bei Bonaventura meint „scientia sermocinalis" die rationale Philosophie mit ihrem Fundament in der „Grammatik" (vgl. die kompakte Skizze insb. auch der theologischen Applikationen bei Quinn: scientia, der (S. 413) als ungefähre Entsprechungen „science of vocal conversation, or of lingual communication" vorschlägt). Eine eigentümliche Vermittlungsposition und theologische Adaptation entwickelt dann insb. Johannes Gerson, wonach die Theologie insofern „sermocinalis" genannt werden kann, als sie „durch das allgemeine, alltägliche Sprechen von Gott zu einer Erkenntnis über Gott" führt (Steiger, 129). In solchem allgemeinen Sinne spricht Cusanus (wie eben in sprachtheoretischem Kontext seit den Glosule allhin üblich) z.B. auch einfachhin von „sermo" im Sinne von „Rede", so etwa in De princ. (h X/2b) n. 26, wonach vom Einen, da es unbestimmbar (indeterminabile) ist, keine Rede (sermo) möglich sei. (Dies auch in Ergänzung zur Diskussion bei Kandler: Theologia, 474-476, der entgegen Steiger und Bohnenstaedt für stärker homiletischen Bezug plädiert.) Ausführlicher geht auf die Sprachtheorie von De Sap. besonders Casarella: Language ein.

696 Vgl. De ven. sap. (h XII) c. 33 n. 100.

697 So in De docta ign. (h I) I c. 2, worauf auch André: Kraft, 21 verweist.

698 De ven. sap. (h XII) c. 33 n. 98.

Hingegen muss, wer nach „göttlicher Weisheit" jage, „die menschlichen Worte gemäß ihrer Bedeutungsprägung (impositio) durch den Menschen *verneinen*", wie etwa im Falle des Ausdrucks „Leben", wovon gilt, dass dessen Verwendung „sich ausdehnt auf alle Lebewesen", aber „nicht an Gott heranreicht (attingit), der Ursache allen Lebens ist".[699] Eben dieser Ursprungsbezug auf Gott als Prinzip aller Wirklichkeit ist es, welcher den Gebrauch der uns einzig verfügbaren Worte auch in Bezug auf Gott rechtfertigt, sofern die Bedeutung eben darauf bezogen verstanden wird. So führt Cusanus aus:

> „Dieses unser Suchen (inquisitio) nach der unaussprechlichen Weisheit, die dem Geber der Namen (d.i. Adam) und allem Benennbaren vorausgeht, findet man eher im Schweigen und im Schauen als im Gerede (in loquacitate) und im Hören. Dieses (unser Suchen) setzt voraus, dass die dabei verwendeten menschlichen Worte nicht präzise sind, weder bezüglich der Engel noch des Göttlichen. Doch (dieses unser Suchen) verwendet (sumit) selbst (diese menschlichen Worte), denn anderweitig könnte unser Suchen keinen Begriff (conceptus) ausdrücken. Dabei wird jedoch vorausgesetzt, dass (unser Suchen) mittels jener (menschlichen Worte) nicht etwas derartiges bezeichnen will, wie das, weswegen diese (Worte) geprägt wurden, sondern die Ursache von derartigem."[700]

Ein Ausdruck wie „Leben" ist also nur behelfsweise zulässig insofern, als vorausgesetzt wird, dass damit keineswegs ein Fall von Lebewesen, wie sie uns bekannt sind, bezeichnet werden soll, sondern die erste Ursache allen Lebens. Insoweit mag dann „in jenem Namen (mittelbar mit-) benannt werden, was (an sich selbst) unnennbar bleibt".[701]

Nicht aufgrund der durch uns beigelegten endlich-begrenzten Bedeutung, sondern kraft ihres Ursprungsbezugs formaliter, aber unter Ausschluss einer Einsichtigkeit des Ursprungs, wie er seinem Wesen nach an sich ist, wird also Gott mittelbar in allen Dingen erkannt[702] und durch alle Namen benannt. Worauf alle Namen verweisen und was alle Benennungen über menschliches Vermögen hinaus wahr macht – und wonach alles strebt, ist die Drei-Einheit des Göttlichen, die unserem sachbestimmend-unterscheidenden Wissen unerreichbar bleibt, aber in ihren „Ähnlichkeiten" allgegenwärtig ist.[703]

699 De ven. sap. (h XII) c. 33 n. 98; vgl. auch c. 38 n. 112.
700 De ven. sap. (h XII) c. 33 n. 100.
701 De ven. sap. (h XII) c. 34 n. 103.
702 De ven. sap. (h XII) c. 30 n. 89.
703 Vgl. De ven. sap. (h XII) c. 8 n. 22.

IV.4 Der Rückverweis jeder Frage nach Gott auf ihre Präsupposition in Gott

Die „Bedeutungskraft der Worte" bleibt also insoweit, als sie allein auf unserer Beilegung von Lautgestalten zu unseren Begriffen beruht, gegenüber einer Bezugnahme auf Gott weit zurück. Andererseits manifestieren alle Worte, insoweit sie im göttlichen Wort gründen, die Allnennbarkeit Gottes, ohne ihn allerdings so, wie er seinem Wesen nach an sich ist, in Sprache zu fassen oder unserem Begreifen zu vermitteln. Dieserart Rückwendung auf Gott als Voraussetzung unserer Benennungs- und Verstehensversuche entspricht im Rahmen der cusanischen Behandlung dieser Versuche eine spezifische, vor allem in „De Coniecturis" und „Idiota de sapientia" entwickelte Methode. Sie gründet in der Prinzipialität Gottes als „absoluter Voraussetzung"[704] und unternimmt, „Fragen über Gott", etwa, ob Gott „existiert" oder welches ein „richtiger" Gottesbegriff wäre, in spezifischer Weise einer Quasi-Antwort zuzuführen: Man muss dabei jeweils unter der in der Frage applizierten Hinsicht explizieren, *dass Gott für diese jeweilige Hinsichtnahme das diese begründende Prinzip selbst ist.* In der „Weise, in welcher gefragt wird" falle dann Leichtigkeit und Schwierigkeit zusammen.[705] Einerseits nämlich ist das Erfragte „schwierig", da der Normalfall entsprechender Hinsichtnahmen (etwa, ob eine Sache „existiert") in Aporien führt. Andererseits liegt gerade darin ein Hinweis auf die Prinzipialität des Göttlichen auch in der fraglichen Hinsichtnahme; Cusanus spricht daher davon, dass sich in der „Frageweise" die „leichte Schwierigkeit" selbst „darbiete" (se ipsam offerat).[706] Insofern kann Gott als „unendliche Leichtigkeit (facilitas) selbst" und keineswegs „unendliche Schwierigkeit"[707] gelten.

704 Vgl. De sap. (h ²V) II n. 30.

705 Vgl. De sap. (h ²V) II n. 29. Zum Motiv der „Leichtigkeit" (siehe auch n. 45 und n. 47) im Kontext mystischer Theologie, insbesondere bei Johannes Gerson (De theol. myst. III cons. 27, 5, ed. Glorieux, Paris 1972, 273 / ed. Combes 69, 31-33 / ed. du Pin, Antwerpen 1706, v. 3, 383B: „[...] ultra devotionem addit facilitatem et jucunditatem inaestimabilem [...]") vgl. Nikolaus von Kues/Steiger: Der Laie über die Weisheit, 87-89.133 mit Hinweis auch auf Sermo LXXI (h XVII) n. 15 (dort nach Kochs Zählung LXII).

706 De sap. (h ²V) II n. 29.

707 Vgl. De sap. (h ²V) II n. 30 und weiters n. 32: Je leichter eine allgemeine Weise bei allen über Gott bildbaren Fragen, desto wahrer und angemessener (convenientior), soweit bei Gott (überhaupt) eine Setzung (positio) angemessen ist (convenit). Siehe schon die Hinführung De sap. (h ²V) II n. 28: Beim Betrachten der göttlichen Dinge (divina speculari) nähert man sich nicht nur „mit einer gewissen Leichtigkeit schwierigen Dingen" (wie der Rhetor formuliert), sondern (so der Laie): Hier fallen Genuss (delectatio) und Schwierigkeit (difficultas) zusammen.

Kurt Flasch hat versucht, einen cusanischen Denkweg gewissermaßen von der „Schwierigkeit“ hin zu „Leichtigkeit“ bezüglich der Rede vom Göttlichen nachzuzeichnen. Tatsächlich besteht ein offenkundiger Zusammenhang zu affirmativer und negativer Redeweise vom Göttlichen. Dieser ist aber im cusanischen Denken, und zwar sowohl in frühesten Schriften, wie auch in mittleren Werken wie „De coniecturis“ und „Idiota de sapientia“, aber auch in Spätschriften, keineswegs diametral verschieden beschaffen, wenngleich unterschiedliche Akzentuierungen und Niveaus der Präzisierung unverkennbar sind. So gilt in „Idiota de sapientia“: Einerseits (was die vermeintliche „Schwierigkeit“ und die via negativa betrifft) ist Gott „größer, als dass er begriffen (concipi) werden kann“[708]. Andererseits *kann* sich der „Redner“ davon durchaus einen Begriff bilden (conceptum facere). Auch darin steht der „Redner“ natürlich stellvertretend für einen zu Unterweisenden im Reden von der Weisheit (und damit sowohl von Epistemologie wie Theologie), und zwar nicht (primär) aus „Büchern“[709], sondern aus (insoweit zuvorderst) eigener Reflexion auf die ersten Voraussetzungen *ebendieser* eigenen Reflexion. Dieses Vermögen, sich hinsichtlich der Begriffsbildung zu behelfen, ist nun genau auf ebendieses Bemühen selbst zu beziehen:

> „Wie (quomodo) soll ich mir von Gott [...] einen Begriff bilden? – (So,) wie (du dir einen Begriff) vom Begriff (sicut de conceptu) (bildest)! – Erkläre das (explana)!“[710]

Die von Cusanus verfolgte Methode der Präsuppositionsexplikation kann demnach ihren Ausgang und ihre Fundierung nehmen bei einem Rekurs auf den „Begriff vom Begriff“ bzw. den „absoluten Begriff“ bzw. die „Kunst des absoluten Geistes“[711], sofern der Geist das Vermögen ist, zu begreifen. Diese Methode erklärt und exemplifiziert Cusanus ausführlich bereits in „De coniecturis“. Hier geht er davon aus, dass jede Frage „die Gewissheit von der absoluten Einheit voraussetzt“ (praesupponit). So setze die Frage, „ob etwas ist“, die Seinsheit (entitas) voraus; die Frage, „was etwas ist“, setze die Was-

708 De sap. (h ^{2}V) II n. 28; zur Stelle auch Stadler: Ungegenständlichkeit, 108ff; Elpert: Loqui est revelare, 138ff.

709 Vgl. De sap. (h ^{2}V) II n. 28. Das Motiv einer Skepsis gegenüber der „Autorität von Bücherschreibern“ (vgl. n. 2; ähnlich mehrfach in den Idiota-Schriften, z.B. auch De mente (h ^{2}V) c. 6 n. 88) teilt Cusanus z.B. mit Thomas von Kempen (vgl. De imitatione Christi I, 5,1), freilich mit abweichendem Alternativangebot, wie z.B. Flasch: Entwicklung, 64; Gandillac: Nikolaus von Cues, 51ff; Bocken: Kreativität des Grundes, 755 hervorheben, wobei besonders Bocken hier wie in anderen Publikationen, die Cusanus und die devotio moderna thematisieren, den gemeinsamen Ausgangspunkt betont in einer Aufmerksamkeit für pragmatisch-performative Bedingungen und Modi von Wissen und Spiritualität; vgl. z.B. auch Bocken: Performative vision.

710 De sap. (h ^{2}V) II n. 28.

711 Vgl. De sap. (h ^{2}V) II n. 34, hier im Sinne der Absetzung von „ewigem“ göttlichem und unserem endlichen Geist.

heit (quidditas) voraus; die Frage, „warum etwas ist", setze die Ursache (causa) voraus und die Frage, „wozu etwas ist" (propter quid), das Ziel.[712]

Weil jede (v.a. Entscheidungs-) Frage, die sich auf Gott bezieht, voraussetzt, dass von zwei Gegensätzen nur einer zutrifft, was aber mit der absoluten Einheit des Göttlichen unvereinbar ist, darum könnte man auf jede derartige (das Erfragte in Gegensatzbezüge einordnende) Frage mit dem Hinweis reagieren, diese sei unangemessen (ineptus).[713] Cusanus schlägt dagegen vor, *falls* man der Frage bejahend genügen wolle (affirmative satisfacere optare), dann jeweils zu explizieren, was in der Frage vorausgesetzt wird, und zwar nach der Regel: Wiederhole, was *an Absolutem vorausgesetzt* wird (absolutum praesuppositum repetas). Als Beispiele werden angeführt:

(a) Ist Gott? – Gott ist die Seinsheit (entitas), die vorausgesetzt wird.
(b) Was ist Gott? – Gott ist die Washeit (quidditas) (die vorausgesetzt wird).
(c) Ist Gott Mensch? – Gott ist die Seinsheit, durch die das Menschsein ist. (Die Frage setzt nämlich Seinsheit (entitas) und Menschheit (humanitas) voraus.)
(d) Ist Gott ein Engel? – Gott ist die absolute Seinsheit des Engelseins (angeleitas).

Von diesem Hinweis auf die Möglichkeit, auf Fragen der Form, ob Gott ist oder was Gott ist, jeweils die Präsupposition in absoluter Hinsicht zu explizieren, bemerkt Cusanus, wie darob die Theologie „klar und kurz" erscheine.[714]

In analoger Weise nehmen auch alle Fragen über das Einsichtsvermögen (intelligentia), bzw. über den Intellekt, ihr Sein allererst *von der Einsicht her*, so dass die Einsicht in jeder dieser Fragen bereits als Voraussetzung (praesuppositive) aufscheint (resplendeat).[715] Die ratio, wenn sie Untersuchungen über den Intellekt anstellt, ist dabei bereits durch diesen angespornt, so dass sich die ratio zum Intellekt verhält wie der Intellekt zum Göttlichen. Die Begriffe der ratio erfassen daher, da im Intellekt allererst begründet, den In-

712 Vgl. De coni. (h II) I c. 5 n. 19; dass die Frage, ob etwas ist, die Seinsheit (entitas) voraussetzt, auch in De sap. (h ^{2}V) II n. 30.

713 Vgl. De coni. (h II) I c. 5 n. 20.

714 Vgl. De coni. (h II) I c. 5 n. 20; II prol. n. 70 kündigt Cusanus an, man werde durch die Mutmaßungskunst (ars coniecturali) „leicht" (facile) zu allem geführt werden („[...] ad cuncta duceberis"); vgl. dazu die bereits angeführte Passage De sap. (h ^{2}V) II n. 29-30. Dort (De sap. II n. 30) empfiehlt Cusanus, die Frage „Ist Gott?" damit zu beantworten, „dass er ist, weil er die Seiendheit (entitas) ist, die in der Frage vorausgesetzt wird". Demgegenüber vermeidet die Formulierung in De coni. (h II) I c. 5 n. 20 auch noch eine direkte *Applikation* des Seinsbegriffs, sondern bringt zutreffend zum Ausdruck, dass Gott demgegenüber kein *Unterfall* von Seiendem ist, sondern *Prinzip* aller Instantiierungen von Seiendem.

715 Vgl. De sap. (h ^{2}V) I n. 24.

tellekt nicht eigentlich. In den Worten des Cusanus: „Die Einsicht (intelligentia) ist nichts von solchem, was man sagen oder benennen (nominare) kann".[716]

Daher ergibt sich für die Anwendungen von Begriffen der ratio auf den Intellekt eine ähnliche Verlegenheit wie in Bezug auf das Göttliche (dort *sowohl* von Begriffen der ratio *wie auch* des Intellekts, sofern das Begreifen des Intellekts Gegensätze konjunktiv zusammen führt, so gesehen aber immer noch im Ausgang von Gegensätzen operiert): Auch hier erscheinen Fragen etwa nach Sein oder Wesen des Intellekts unpassend.[717] Umgekehrt ergeben sich nach der Methode der Präsuppositionsexplikation ganz entsprechende Antwortmöglichkeiten (wobei die Abweichungen von Normalfällen des Wortgebrauchs jeweils durch Asterisk markiert sind):

(e) Gibt es eine Einsicht (intelligentia)? – Sie ist die Seinsheit, die von der suchenden ratio vorausgesetzt wird und von welcher die ratio ihre Seinsheit *hernimmt* (sumit) wie von ihrer Wurzel.

(f) Was ist die Einsicht (intelligentia)? – Sie ist die vorausgesetzte Washeit des Intellekts, von welcher die Washeit der ratio abhängt.[718]

(g) Ist der Intellekt ausgedehnt (quanta)? – Nach Weise der ratio gesprochen: Sie ist nicht anders ‚ausgedehnt*', als es *der Begriff* (ratio) des Ausgedehnten (ratio quanti) zeigt (ostendit); aber „ausgedehnt" ist kein Begriff (terminus) nach Art des Intellekts (intellectuale).

(h) Ist der Intellekt an einem Ort? – Der Intellekt ist *so* ‚an einem Ort*', wie der Begriff des Ortes dies zeigt. Der ‚*Ort**' der Einsicht (intelligentia) ist *der Begriff* „Ort".

In den Erklärungen (g) und (h) wird also deutlich, dass bei einer Anwendung der Begriffe der ratio *auf den Intellekt* festzustellen ist, dass dieser Anwendung *Begrifflichkeit überhaupt* vorausliegt. In diesem Sinne ist die ratio selbst „Wort des Intellekts" (wie ein „Wort" hinweist auf den, der es „spricht", verweist die ratio auf ihr Prinzipiiertsein im Intellekt): Der Intellekt ist das Prinzip von Begrifflichkeit. Jeder Begriff der ratio kann dies deutlich machen: Der Quantität nach erschöpft der Intellekt den Raum* des Quantitätsbegriffs als dessen Grund. ‚Die Ausdehnung*' des Intellekts erstreckt sich somit, vom Quantitätsbegriff aus erfragt, gleichsam über den gesamten Begriff der Ausdehnung. Und vom Begriff der Lokalität aus erfragt, erschöpft der Intellekt und begründet er den Begriff eines Ortes; der Intellekt

716 Vgl. De sap. (h ^{2}V) I n. 26, vgl. II n. 35: „pariformiter" verhalte es sich beim Disputieren über die Intelligenz mit Überlegungen der ratio (ratiocinando) wie beim Einsehen des Intellekts, dass sein Begreifen, das Gott als einfaltenden Ursprung bezeichnet, Gott, der *jenseits* Einfaltung *und* Ausfaltung ist, nicht erreicht. Vgl. zur Unerreichbarkeit des Wesens des Intellekts auch vorstehende Fn. 682 (S. 230).

717 Vgl. De sap. (h ^{2}V) I n. 20 (inepta).

718 Vgl. De sap. (h ^{2}V) I n. 24.

ist, wie Cusanus hier deutlich machen kann, gleichsam selbst im Ortsbegriff je schon an seinem ‚Ort*'. Natürlich kann Cusanus in Formulierungen wie „der Begriff ‚Ort' ist der ‚Ort*' der Einsicht" nicht beide Male in univokem Sinne die Ausdrücke „Ort" gebrauchen, weshalb derjenige Gebrauch, der nicht mehr ein *Unterfall* der Normalanwendungen des Ortsbegriffs der ratio ist, vorstehend mit Asterisk markiert wurde. Bei der Behandlung der Intellekt-Natur spricht Cusanus dann auch davon, dass dieser „Bewegung" nicht eigentlich zuschreibbar ist – höchstens „virtualiter", also dem eingefalteten Vermögen nach.[719] Zur Natur des Intelligiblen gehört vielmehr, dass es nur „seiner Natur entsprechend" „an einem Ort sein kann", nicht an einem Ort, der durch ratio oder Sinne aufzeigbar (ostensibilis) wäre, sondern so, wie *der Ort* selbst[720] – freilich, so Cusanus weiter, nicht „auf absolute Weise überall und nirgends wie Gott, sondern auf dem Intellekt nach eingeschränkte Weise".

Die von Cusanus vorgeschlagene Methode, auf bestimmte Fragestellungen zu reagieren, hebt also jeweils das epistemisch-ontologische Niveau (Cusanus spricht u.a. auch von „Bereichen", d.i. regiones, „Welten" oder „Himmeln"[721]) der erfragten Konzepte hervor und deren Begründetsein im jeweils

719 Vgl. De coni. (h II) II c. 13 n. 134; die Übersetzung bei Nikolaus von Kues/Koch/Happ: Mutmaßungen, 159 mit „auf übertragene Weise" ist insoweit präzisierbar. Zum erweiterten Gebrauch des Ortsbegriffs siehe auch obige Hinweise S. 52 (insb. Fn. 109).

720 Vgl. De coni. (h II) II c. 13 n. 134; bei Koch/Happ (ibid., 161) wird „immo ita locabilis quod et locus" übersetzt als „so, daß sie der Ort selbst ist". Das ist zwar der Sache nach auch zutreffend, es verdeckt aber den Zwischenschritt, dass auch *der Ort* (als Begriff von Örtlichkeit überhaupt) in gleicher Weise sich zur Auffindungsfähigkeit von ratio und Sinnen verhält. Dass dann der Intellekt „der Ort*" des abstrakten Ortsbegriffs ist, tritt hinzu. Im Anschluss bringt Cusanus auch die von ihm (ähnlich wie von Eckhart) vielfach verwendete Überlegung, dass unsinnig wäre, zu sagen, dass die Seele in irgendeinem Teil des Körpers (eher) wäre (vgl. auch n. De coni. (h II) II c. 16 n. 158: jeder Teil der geeinten Kraft, die die Seele ist, wird vom Ganzen „wahrgemacht" (verificatur), die Seele macht im Fuß den Fuß lebendig usw. und *ist* im Gesichtssinn Gesicht usw.); des weiteren zu den Universalien: sie sind so im Intellekt, wie dieser in ihnen oder der Herrscher (virtualiter, d.i. hier seiner Herrschaftskompetenz nach) in seinem Reich und umgekehrt.

721 So vor allem seit De coni. (h II), vgl. etwa I c. 8 n. 33-35; dass in De docta ign. von „regio(nes)" mit Bezug auf die Operationsweise und Zuständigkeiten der epistemischen Funktionen noch nicht gesprochen wird, hebt Flasch: Entwicklung, 185 hervor. Vgl. z.B. auch De gen. (h IV) c. 5 n. 180, wo Cusanus erklärt, dass unter dem Namen „Himmel" in „nicht ungereimter Weise (non absurde) eine bestimmte Weise verstanden wird, welche die Bewegung der teilhabenden Kraft einschließt (modus quidam specificus claudens participatae virtutis motum)". „Himmel" steht hier für einen bestimmten Gegenstandsbereich von Teilhabenden an ein und demselben Prinzip, das diese Gegenstände ermöglicht und sie dem Vermögen nach (virtualiter) einfaltet. In diesem Sinne kann Cusanus im Anschluss jeden Artbegriff (species) einen „Himmel" nennen und davon sprechen, dass jedes Geschöpf „die Ruhe in seinem Himmel findet", wofür der Apparat (h V, 126) auf De coni. (h II) I c. 12 n. 61-63 und De dato c. 5 n. 113 ver-

höheren und zuletzt ersten Niveau, dem Göttlichen. Denn: „Jede ‚Welt' verhält sich auf ihre Weise" und „spricht nicht wie eine andere".[722]

Es ist also in jeder Frage nach Gott darauf zu rekurrieren, dass Gott als die Voraussetzung des Zukommens eben derjenigen Prädikationen aufzufassen ist, welche als Kandidat einer Anwendung auf Gott in einer solchen Frage vorgelegt werden. Für den Nachvollzug des Verhältnisses solcher Prädikationen zu Gott als ihrer ersten Voraussetzung stellt sich im Rahmen der cusanischen Epistemologie das Verhältnis von ratio zu Intellekt dabei zumindest als analog dar; im Rahmen seiner Ontologie entspricht ihr das Verhältnis der Dinge zu ihren Einzelformen und dieser zur Form der Formen. Diese grundsätzliche Vorgehensweise eines Rekurses auf Gott als Voraussetzung jeder Benennung und Instantiierung entspricht genau der vorstehend behandelten Theorie der impositio und vis vocabuli, insoweit jede Anwendung von „Namen" auf Gott nicht in der durch uns beigelegten, sachunterscheidenden Wortbedeutung liegen kann, sondern im Ursprungsbezug der Dinge und Namen auf Gott begründet sein muss, wobei sich aber das Wie dieses Begründetseins im Modus unterscheidenden Wissens nicht mehr zureichend erfassen und entsprechend nicht versprachlichen lässt. Dass die skizzierte Methode, Fragen und Prädikationen bezüglich Gottes darauf zu beziehen, dass Gott jeweils ermöglichender Grund ebensolcher Prädikationen ist, in engem Zusammenhang mit der Erklärung der Möglichkeitsbedingungen annäherungsweiser Prädikationen steht, wird auch an mehreren Passagen und für die Gotteslehre zentralen Einzelfällen besonders deutlich.

So kann Cusanus etwa in genau dieser Linie in „De Possest" akzeptieren, wenn z.B. Gott „groß" (magnus) genannt wird:

> „Durchaus (utique) ist Gott groß; aber er ist (derart) groß, dass er *die Größe* ist, die alles ist, was (sie) sein kann. Denn Gott ist nicht groß durch eine Größe, welche größer sein kann, oder durch eine Größe,

weist. Ebenso zieht Cusanus das Verhältnis von Lehrer und Schülern heran und spricht dann, bezogen auf die „Weise der Teilhabe an der Lehre", vom Innesein im „Himmel", was natürlich in höchstem Sinne von Gott als gleichsam „Lehrer von Allen" gilt (n. 186); ferner spricht er von einem „Himmel des Sehens, des Hörens usw." (n. 187) als von Weisen, in welchen die sinnliche Welt „sich erhebt zur Verähnlichung mit dem Intellekt". Cusanus geht es im Kontext (d.i. im gesamten Traktat De gen. (h IV) und hier insbesondere ab c. 2 n. 158) auch um eine Deutung der „Absicht (intentio)" des Schöpfungsberichtes, wobei er Gottes Schöpfungshandeln u.a. veranschaulicht mit dem Verhältnis des Intellekts als selbigem Prinzip zu seinen eigenen Verähnlichungen in seinen Überlegungen (rationes) (n. 187 et passim) oder mit dem Verhältnis des unaussprechbaren Namens Gottes zu allen Lautungen, die dieser begründet; diese begründeten Teilhabungen sind Widerspiegelungen ihres Prinzips in je anderer Verähnlichung. Solche *Strukturbereiche bzw. „Weisen" dieser Verähnlichungen* sieht Cusanus in füglicher Ordnung (d.i. in der fraglichen Terminologie als „Himmel"), deren Zusammenklang (vgl. z.B. n. 183) ihn besonders interessiert.

722 De coni. (h II) I c. 13 n. 69.

welche geteilt werden kann oder verkleinert werden kann, wie dies die *geschaffene Quantität* (kann), welche nicht (alles) ist, was (sie) sein kann."[723]

Freilich wird damit

„zutreffend (convenienter) von Gott weder der Name noch die Sache ausgesagt noch irgendetwas von allem, was bezüglich der *geschaffenen* Größe zutrifft, denn beide (Gott als absolute Größe und jedwede geschaffene Größe) unterscheiden sich in un-endlicher Weise voneinander (differant per infinitum)."[724]

Von Größenverhältnissen bzw Gradualitäten im Geschaffenen her verstanden, ist also auch der Name „Größe" problematisch, wie Cusanus auch in „De venatione sapientiae" diskutiert. Denn das Possest wäre dann eine „Größe", „die ist, was sie sein kann". Als solche ist sie dem Werden-Können *vorgeordnet,* während alles, was *größer* (oder kleiner) „werden kann", dem Werden-Können *nachgeordnet* ist. Absolute Größe und begrenzte Größe nun verhalten sich in der Weise zueinander, dass (je nach Hinsichtnahme) die absolute Größe als „Alles" *und* „keines von Allem" bezeichnet werden kann: Ersteres, sofern das Possest als (absolute) Größe einerseits „in" allem (der Größe nach begrenzten) einzelnen Körper ist, sofern kein Körper ohne Größe ist. Andererseits ist jede begrenzte Größe dem Werden-Können und dieses wiederum dem Possest *nachgeordnet.* Ebendarum ist auch der *Name* „Größe" problematisch in Anwendung auf das Possest als Prinzip jeder Größe:

„Dann kommt der Name ‚Größe' jenem nicht zu (non convenit), welches dem Werden-Können vorausgeht, (und) welches der Name für die Gestalt (mehr oder weniger) *großer* Objekte (nomen formae magnorum) ist. Denn es ist keine Gestalt, sondern die *absolute Ursache für* die Gestalten und jedes Objekt (absoluta formarum et omnium causa)."[725]

Ganz ähnlich erklärt Cusanus in „De non aliud", dass die Größe (magnitudo) zwar bereits im Intellekt „dem Intellekt nach widerstrahlt". Aber hier wird sie noch nicht „wahrhaft erkannt". Hier wird also nicht dasjenige begriffen, was ermöglichende Bedingung jeder Größe ist, also die „absolute

723 De poss. (h XI/2) n. 9. Entsprechend könne Gott auch als „größte und kleinste Größe" bezeichnet werden.

724 De poss. (h XI/2) n. 10.

725 De ven. sap. (h XII) c. 33 n. 103. Die Übersetzung von „forma" mit „Gestalt" scheint hier jeweils angemessen, weil es im Kontext um der Größe nach bestimmte Objekte geht und nicht um den Formbegriff etwa im Sinne der „Form der Formen" oder „Form des Seins", wie ihn Cusanus sonst im Anschluss insbesondere an Boethius und die Chartrenser gebraucht und mit dem Possest *identifiziert.* Die Identifikation Gottes mit der „absoluten Größe" findet sich auch bei Raimundus Lullus: Opera latina I (Palma de Mallorca 1959), 155; II (1960), 444.

Größe", wie sie allen Bedingtheiten des Vorgestelltwerdens und des Begriffenwerdens im Modus des Intellekts vorausliegt. Als solche würde sie nicht eigentlich begriffen im Intellekt, sondern, wie Cusanus behelfsweise formuliert, „in nicht-begreifender Weise begriffen" „jenseits allen Intellekts":

> „weil dies eine Erkenntnis jenseits aller menschlichen Erkenntnis ist, darum wird sie (die absolute Größte) nur negativ berührt (negative ... attrectatur) im nach menschlicher Weise Erkannten".[726]

„Erkennbare Begriffe (termini)" sind auf die absolute Größe dagegen nicht anwendbar.[727] Von den Bedingtheiten menschlichen Erkennens aus entspricht dem Vorausblick auf die absolute Größe eine Bestimmung ex negativo, während eine positive Bestimmtheit nur mittelbar zum Ausdruck kommt, sofern der Begriff einer Größe an sich selbst die spezifische Möglichkeitsbedingung des Begreifens konkreter Größen *als solcher* reflektiert – die „absolute Form und Ursache" für konkrete Objekte, sofern diese der Größe nach bestimmt begriffen werden. In ganz entsprechender Weise erklärt Cusanus von allem Benennbaren, dass wir es von Gott negieren, *weil dieser vor dem Werden-Können ist.* Das ist insbesondere durch Anwendung des Schemas von *Prinzip und Werden-Können* auf den Fall des Benennens manifest:

> „Das Benennbare nämlich setzt das Werden-Können voraus, nämlich (das Benannt-Werden-Können, d.h.), dass es benannt wird."[728]

Als „Possest" ist Gott dann „über jedem Namen, mit welchem das, was sein kann, benennbar ist".[729] Cusanus schlussfolgert dies u.a. daraus, dass das (erste) Prinzip (von Allem) als einziges „nicht sein kann, was er nicht (schon) ist" (da im Begriff des Possest gesetzt ist, dass in diesem alles sonst nur Mögliche je auch virtualiter einbegriffen ist).[730] Entsprechend kann „nichts, von allem, was benennbar ist", vom Possest ausgesagt werden (da alles Benennbare etwas ist, das z.B. auch nicht sein kann). Das gilt z.B. dann für die Quantität (und mithin alle Prädikate, die Quantitäten aussagen oder implizieren): Quantität „könnte sein, was sie nicht ist", z.B. größer oder anderes, und daher „ist sie nicht das Possest".[731] In Gott, sofern er sich zu unseren graduierbaren Begriffen als „Possest" verhält, können daher auch keine Gegensätze als solche sein (da ein Gegensatzglied jeweils nicht sein kann, was ihm entgegensteht). Entsprechend formuliert Cusanus, dass man ersehe, dass Gott als Possest „über Sein und Nichtsein" sei. Man finde daher für ihn „keinen Namen, der von uns nennbar ist und der höchst-wahr und höchst-trenngenau (discre-

726 De non aliud (h XIII) c. 8 n. 30.
727 Vgl. De non aliud (h XIII) c. 8 n. 30-31.
728 Vgl. De ven. sap. (h XII) c. 39 n. 116.
729 Vgl. De poss. (h XI/2) n. 25.
730 Vgl. De poss. (h XI/2) n. 27.
731 Vgl. De poss. (h XI/2) n. 30.

tissime)“ wäre. Gott selbst sei vielmehr (da er als Prinzip und Können-Sein von Allem auch alle Benennbarkeit fundiert) „der Name der Namen (nomen nominum)“, „nicht eher ein einzelner (Name) für Einzelnes als ein allgemeiner (Name) von zugleich allem und keinem“.[732]

[732] Vgl. De poss. (h XI/2) n. 25-26. Vgl. zur Stelle Gandillac: Nikolaus von Cues, 267; Brüntrup: Können und Sein, 49ff; Kim: Gotteserkenntnis, 246. Vgl. auch De poss. (h XI/2) n. 53: „Das Unaussprechliche“ (hier beschrieben als Possest, also Zusammenfall von Können, Sein und deren Verknüpfung) ist „Name alles Nennbaren“.

IV.5 Naturästhetik und Performanz des Lobes göttlicher Herrlichkeit als Grundlage „affirmativer Theologie“

„... ut in omnibus non appareat nisi deus“[733]

Seit ihren frühesten Ausarbeitungen wird in Traditionen negativer Theologie, wie in dieser Arbeit bereits mehrfach wiederkehrte, unterschieden zwischen Bezugnahmen auf Gottes Wesen (ousia) und auf Gottes Wirken (energeia) bzw. Handeln. Von Ersterem ist keine zureichende Kenntnis und Aussagbarkeit gegeben, während umgekehrt alle wohlgegründeten Aussagen über das Göttliche auf Letzterem basieren. So bleibt, wie Cusanus formuliert, „Gott selbst unsichtbar für uns“ und ist doch mittelbar, wenngleich nicht, wie er seinem Wesen nach an sich ist, „in seinen Geschöpfen“ ersichtlich.[734]

Die Tradition einer solchen Unterscheidung reicht zurück bis in die Ursprünge negativer Theologie. Schon in der alexandrinischen jüdischen spekulativen Theologie, greifbar zunächst bei Aristobulos, wurden zuvorderst anthropomorphe Redeweisen auf *Manifestationen* des Göttlichen bezogen: Gottes „Hand“ meint seine Macht, sein „Stehen“ seine Fortdauer, sein „Herabsteigen“ seine Offenbarung, seine „Rede“ in bestimmten Kontexten das Schaffen der Dinge usw.[735] Bei Philo Judaeus sind die systematischen Prinzipien seiner rekonstruktiven Hermeneutik sehr präzise benennbar, insbesondere die systematisch verschiedene Behandlung bei Bezug auf entweder die ousia oder die energeiai des Göttlichen.[736] Diese Prinzipien werden spätestens mit Kle-

733 Cusanus: De docta ign. (h I) III c. 12 n. 262, 25-26. Cusanus spricht hier, wenige Zeilen vor Abschluss seines ersten Hauptwerks, an, wie er die Vollendung der Einung sieht. Dabei fallen für ihn (1) die „Einung der Naturen“ (von Mensch und Gott in Christus und der göttlichen Personen) und (2) die „absolute Einung“ (die der heilige Geist selbst ist) und (3) die „kirchliche Einung“ (der Gottheit Jesu mit den Seligen in der zur Vollendung gebrachten, „triumphierenden Kirche“) zusammen (n. 261, 7-9; n. 262, 14-20 et passim). Wenn in dieser Weise alles in höchstmöglicher Einheit ist, kommt, so die Zielperspektive, Gott und einzig Gott zur Erscheinung – so dass sich vollendet, was Intention aller Wirklichkeit insgesamt ist: Zum-Erscheinen-Bringen der göttlichen Herrlichkeit, wie sie sich abspiegelt in aller Natur und insbesondere im menschlichen Geiste und seinen Vermögen der Intellekt-Einsicht, der Freiheit und Kreativität und der Schätzung und des Lobpreises der urbildlichen göttlichen Herrlichkeit.

734 So z.B. De non aliud (h XIII) c. 23 n. 104.

735 Vgl. Shatz: background, 26.

736 Eine kompakte Darstellung gibt z.B. McLelland: God the anonymous, hier 39f et passim. Ebenfalls nützlich, aber nicht durchgehend im Einklang mit den hier vertretenen Auffassungen, Carabine: Unknown God (vgl. hier z.B. 215 et passim; zu den Abweichungen gegenüber Carabine vgl. obig Fn. 12 (S. 15); auch betont sie z.B. S. 17 den Aspekt der Kritik an religiösen Traditionen wesentlich stärker als die Aufgabenstellung produktiver Rekonstruktion, sieht S. 18 erst mit Sokrates eine „religiöse Richtung“

mens von Alexandrien für die christliche Theologie adaptiert[737], entsprechende Prinzipien prägen auch die frühesten überlieferten Unterscheidungen von „drei Wegen" der Gottrede bei Alkinoos.[738] Alkinoos erklärt, dass Beschreibungen oder Attribute Gottes keine Definitionen im technischen Sinne geben, sondern Weisen darstellen, Gott Namen zu geben, und zwar 1. durch Abstraktion bzw. Negation (wie in der ersten Hypothese des Parmenides[739]), wie wir einen Punkt (semeion) erkennen, indem wir sinnliche Phänomene abstreifen, erst die Fläche, dann die Linie, 2. durch Analogie im Sinne eines Ansetzens bei den Wirkungen und Rückschlusses auf das *Prinzip aller Verur-*

griechischer Philosophie, negiert eine „moralische" Funktion des platonischen Gottesbegriffs, S. 19, hängt bezüglich des atl. Bilderverbots und seinen Effekten überholten Hypothesen an, S. 198, sieht eine, wohl schwer belegbare, direkte Traditionslinie von Philo über Saadia Gaon und Maimonides zu Eckhart, S. 221, u.a.m.) Zu den biblischen Anschlussmöglichkeiten für die philonische systematische Rekonstruktion vgl. z.B. die Übersichtsdarstellung bei Montes Peral: Akateleptos Theos, 7ff.

737 Sehr klar stellt Hägg: Clement die negative Theologie des Clemens Alexandrinus vor und geht auch auf dessen Wirkungsgeschichte ein; zur Auffassung der energeiai bei Philo und Clemens vgl. Runia: Clement of Alexandria and the Philonic doctrine of the divine power(s). Dass die Formel „dass wir von Gott nicht sagen können, was er ist, sondern was er nicht ist", „dann" „bei Plotin" „zum Grundsatz der Rede von Gott" werde, wie Kirschner: Gott, 42 in Anschluss an Kremer: Plotins negative Theologie formuliert, ist etwas missverständlich und, insoweit dies *erst* mit Plotin angesetzt würde, ergänzungsbedürtig. Kremers Redeweise von einer „negativen Theologie" Plotins weicht insofern von der in dieser Arbeit zugrunde gelegten Perspektive ab, als hier „negative Theologie" als ein Unternehmen verstanden wird, das sich konstitutiv auf kontingente Momente der Rede von Gott bezieht, die theologisch als Offenbarung zu qualifizieren sind, wie dies etwa für Aristobulos, Philo oder Klemens vorliegt. Diese Perspektive entspricht weitestgehend derjenigen von Harry Austryn Wolfson, wie sie schon in seiner zweibändigen Monographie zu Philo (Wolfson: Philo) und zahlreichen weiteren Aufsätzen zur Attributenlehre der jüdischen und christlichen Theologie zum Ausdruck kommt.

738 Hier v.a. in Kapitel 10 seines „Lehrbuchs (didaskalikós) der Grundsätze Platons", das, wie Dillon (Alcinous/Dillon: handbook, xiv) darlegt, keine Anleitung zum Selbststudium sein dürfte, sondern eine Unterrichtshilfe für mittelplatonische Lehrer. (Ersteres hat z.B. noch Carabine: Unknown God, 71 unterstellt.)

739 Vgl. Alkinoos: Didaskalikos 10, 4-5. Alkinoos spricht von aphairesis. Die Quelle dieses Ausdrucks bei Alkinoos ist unklar. Er steht sonst auch z.B. für mathematische Subtraktion, logische Abstraktion, medizinische Amputation. Vgl. Rocca: Speaking, 3. Für einen Ursprung bei Euklid argumentiert z.B. Wolfson: Albinus and Plotinus. Pythagoreische Quellen nehmen z.B. an Proclus/Dodds: elements, 312; Armstrong: Architecture, 29; Whittaker: Neopythagorean. Auf Aristoteles, De anima verweist Carabine: Unknown God, 78 (wo die geometrische Symbolik und der Überstieg von der Sinneswahrnehmung zum nous ebenfalls wichtig ist). Altakademischen Einfluss nimmt Krämer: Geistmetaphysik, 106 an (u.a. wegen der Terminologie proteron-hysteron, genos-eidos, holon-meros). Des Letzteren Argumentation gewinnt zwar v.a. erst durch zusätzliche quellengeschichtliche Thesen an starkem Gewicht, seine These wurde aber in der bisherigen Diskussion zu Unrecht vernachlässigt. Auch Plotin spricht später von aphairesis.

sachung (wie in der platonischen Allegorie der Sonne[740]) oder 3. durch *Anagogie* (wie in einem Abschnitt aus dem Symposium).[741] Diesem Schema entsprechen auch die Unterscheidungen bei Kelsos[742] und, deutlich später und die maßgeblichen patristischen Ausarbeitungen bereits voraussetzend, dann auch bei Pseudo-Dionysius.

Cusanus greift diese Traditionslinie in eigentümlicher Weise auf. Er kennt sie aus den unterschiedlichsten Quellen, zu den mit am häufigsten angeführten zählt Pseudo-Dionysius. Von diesem zitiert Cusanus in „De venatione sapientiae" eine dazu einschlägige längere Passage, wonach „wir Gott aus seiner Natur nicht erkennen (cognoscere)", wohl „aber aus der höchstgeordneten Einrichtung aller Geschöpfe (ex creaturarum omnium ordinatissima dispositione), die von Gott hervorgebracht ist und gewisse Bilder und Ähnlichkeiten zu ihren göttlichen Urbildern an sich trägt". Von diesen Ähnlichkeiten im Geschaffenen aus „steigen wir auf (scandimus)" zu jenem, „welcher alles übersteigt" und „in Allem in höchster Weise des Nichthabens-von-Bestimmungen (emenentissima privatione) und in Allem als Ursache" ist;

> „deswegen wird Gott erkannt (agnoscitur) sowohl *in Allem* wie auch *entfernt* von Allem, wird Gott sowohl durch Wissen (scientia) wie durch Nichtwissen (ignorantia) erkannt (noscitur)".[743]

Das *Insein* Gottes[744] wird hier bei Pseudo-Dionysius und im Anschluss an diesen von Cusanus also präzise bezogen darauf, dass Gott Ursache von Allem ist, auch allen Wissens. Insofern wird Gott hinsichtlich seiner Wirkungen gewusst. Dagegen wird Gottes *Übersein*, sein Transzendieren von Allem, auch von allem menschlichen Wissen, bezogen auf Gottes Wesen. Dieses bleibt auch in allem Aufstieg von den Wirkungen an sich selbst nicht wissbar. Umso mehr hat indes unser Augenmerk der Mannigfaltigkeit der Manifestationen des Göttlichen in aller Wirklichkeit zu gelten. Mittels der Unter-

740 Vgl. Platon: Rep. 6, 507c ff.

741 Vgl. Platon: Symposion 210d, wo vom „Meer der Schönheit" die Rede ist; vgl. dazu Osborn: Negative theology, 53; Dillon: Middle Platonists, 284f; Rocca: Speaking, 10: „based more on exemplarity than causality and leading to our conceiving God by means of supereminence". Alkinoos geht es also um eine „aufsteigende Analyse": Man kontempliert die Schönheit in Körpern, dann der Seele, dann der Konventionen und Gesetze, dann des „großen Meers der Schönheit", um schließlich Gott selbst zu intuieren, der das letzte Ziel von Liebe und Streben ist, und dabei erkennt man Gott in seiner vorrangigsten Eminenz (en tō timiō hyperochēn); das letzte Ziel menschlichen Daseins ist, ganz im platonischen Sinne, die Vergöttlichung, vgl. auch Didaskalikos 27,3 und 28,1.

742 Vgl. Origenes: Contra Celsum VII, 42 (29-35); Kelsos hat insbesondere die Unterscheidung Gottes auch von ousia und nous deutlicher betont als etwa Alkinoos, vgl. dazu Carabine: Unknown God, 62ff.

743 De ven. sap. (h XII) c. 30 n. 89 nach DN VII, 8 (Dionysiaca I, 402-408).

744 Hier in Anlehnung an die bereits mehrfach aufgegriffene Formulierung von Werner Beierwaltes, vgl. vorstehende Fn. 15 (S. 16).

scheidung von unnennbarem Wesen und Wirkungen erklärt Cusanus auch den Unterschied zwischen christlicher Gottesverehrung und „heidnischen" Verehrungsformen: Letztere würden sich nur darauf richten, wie Gott „in den Werken (in operibus) ist", nicht aber, wie Gott als die „absolute, unvermischte, ewige und aussprechbare Weisheit absolut in sich ist".[745] Erst durch Inbezugsetzung und zugleich Unterscheidung von unnennbar-absolutem Wesen Gottes und seinen Wirkungen ist demnach auch in praktischer Hinsicht zu fragen, ob sich die Verehrung nicht etwa auf Gottes Wirkungen richtet.

Diese Vermitteltheit prägt sich bei Cusanus in spezifischer Weise aus im Nachvollzug der „höchst-geordneten Einrichtung aller Geschöpfe". Die Fortführung der angeführten Passage aus „De venatione sapientiae" macht dies deutlich und auch, inwiefern Cusanus sich dabei in die Tradition des Pseudo-Dionysius stellt. Dort nämlich mündet, unter vehementer Zustimmung des Cusanus, der Blick auf die wohlgefügte *Ordnung* alles Geschaffenen in seiner Verschiedenheit (varietas) in der Feststellung, dass

> „von allen Wesen Gottes Lohn und Ruhm verkündet wird (celebratur et laudatur) gemäß dem analogen und begründenden Verhältnis (Gottes) zu Allem, dessen Urheber (auctor) Gott ist".[746]

In diese Dynamik der geordneten Hinwendung alles Geschaffenen auf Gott als den Urheber, der seine Herrlichkeit in eben dieser Dynamik erweist, ist in besonderer Weise der menschliche Geist eingeordnet. Dabei ist es gerade das Vermögen, die Ordnung in aller Wirklichkeit und damit in allem Wirken des Göttlichen *zu erkennen und zu lobpreisen*, was die Natur von Geist bzw. Intellekt ausmacht.[747] Im natürlichen Verlangen des Menschen, dessen Vermitteltheit durch die mens-Struktur und das Ausgerichtetsein auf den Lobpreis göttlicher Herrlichkeit die Wirkung desjenigen Ziels manifestiert, auf welches sich sein Streben richtet, bildet sich Gott so in besonderer Weise ab, wird von daher auch adressierbar, wenn auch nicht an sich selbst wissbar und präzise bestimmbar.

Dieser Zusammenhang der Performanz unseres Strebens mit der negativen Theologie in ihren ontologischen, epistemologischen und sprachtheoretischen Aspekten wird etwa in den Anfangspassagen des kurzen Dialogs „De Deo abscondito" gut deutlich: „Wie kannst du mit solchem Ernst anbeten,

745 De Deo absc. (h IV) n. 7.

746 De ven. sap. (h XII) c. 30 n. 89; zur zustimmenden Würdigung durch Cusanus und weiters zum Thema der Schönheit als Zusammenklingen (conspirare) des Verschiedenen (weshalb die Teile des Universums einander sämtlich nicht „gleichen" konnten) dann n. 90. Umgekehrt erweist sich das Universum durch die Ordnung als von Gott stammend, vgl. De non aliud (h XIII) c. 12 n. 47.

747 Vgl. De ven. sap. (h XII) c. 32 n. 95; Cusanus sieht in diesem Vermögen jenes Moment, welches den Geist über die sinnliche Wahrnehmung heraushebt.

was du nicht kennst?"[748] – Diese Frage wirft hier ein Gesprächspartner auf, „der Heide". Die Antwort verblüfft den „Heiden" offenbar nicht weniger: „Eben deshalb, *weil ich ihn nicht kenne*, bete ich ihn an." Hier wird einmal mehr die für das cusanische Denken zentrale Verschränktheit von Gegebensein und Entzogensein deutlich (vgl. Abschnitt III.1), in der ex negativo menschlicher Intellekt und sein Ziel sich wechselseitig bestimmten. Mit einer Wendung aus „De venatione sapientiae" formuliert:

> „Der Intellekt wäre mit sich selbst nicht zufrieden, wenn er die Ähnlichkeit wäre zu einem Schöpfer, der so gering und unvollkommen wäre, dass er größer oder vollendeter sein könnte".[749]

Daher wäre ein Gott, welchen der Betende bereits im fraglichen Sinne *kennen* würde, der Anbetung gar nicht würdig – ein Befund, der in Verblüffung resultiert, die um so weiter geführt wird durch den Aufweis, dass gerade das, was vermeintlich für Wissen gehalten wird, nämlich ein Wissen davon, „was ein Mensch" oder „was ein Stein" ist, eben nur *für Wissen gehalten wird*, solches aber letztlich nicht ist.[750] Die Reflexion läuft (nach den in Abschnitt II.1 entwickelten Grundlagen) natürlich darauf zu, dass es nur genau *eine* Wahrheit im eminenten Sinne gibt, auf welche letztlich auch die Frage nach der quidditas etwa des Steins führt, und dass „Wissender" nur genannt werden könne, wer um die Nichtwissbarkeit dieser *einen* Wahrheit (was ihre sachhaltige Bestimmbarkeit durch beiziehbare Gegenstandsbeschreibungen betrifft) weiß.[751] Doch es ist nicht nur ein einfachhin negatives Wissen oder nur ein Meta-Wissen über den Status unserer Wissensmöglichkeiten, welches die „so ernsthafte Anbetung" fundiert. Der „Heide" äußert zurecht eine weitergehende Vermutung:

> „Vielleicht ist, was dich zur Anbetung hinzog, das *Verlangen*, nämlich danach, *in der Wahrheit zu sein.*" – „Dies eben, was du sagst! Ich verehre (colo) Gott, nicht den, welchen ihr Heiden irrig zu wissen und zu benennen meint, sondern Gott selbst, der die unsagbare (ineffabilis) Wahrheit selbst ist."[752]

Die „so ernsthafte Anbetung" gründete also nicht nur in einer epistemologischen Reflexion in einem reduktiven Sinne, sondern diese selbst ist nach dem Verständnis des Cusanus (wie u.a. in Abschnitt III mehrfach hervorgehoben) schon ein Teilmoment menschlicher Suche und menschlichen Verlangens nach „Sein in der Wahrheit" in ihrem Vollzug. Diese Fundierung propositionalen und metasprachlichen Wissens und seiner Artikulationen in

748 De Deo absc. (h IV) n. 1.
749 Vgl. De ven. sap. (h XII) c. 12 n. 32.
750 Vgl. De Deo absc. (h IV) n. 4.
751 Vgl. De Deo absc. (h IV) n. 5-6.
752 Vgl. De Deo absc. (h IV) n. 6.

der Performanz menschlichen Strebens und dessen Ungenügen hat seine genaue Entsprechung auf sprachlicher Ebene, im Ungenügen vorschnellen Abschlusses der Bestimmungsversuche dessen, worauf unser Bemühen um Wahrheit zielt.

Hier ist zum einen das für Cusanus, wie zuvor herausgearbeitet (in Abschnitt IV.4), eigentümliche Vorgehen eines Rekurses auf Gott als ermöglichendes Prinzip sprachlicher Artikulation wie überhaupt endlicher Modalitäten einschlägig. Diesen Weg nimmt der Abschluss des Dialogs: So fragt denn auch der „Heide", dem ja zugeschrieben worden war, gar nicht Gott selbst zu „benennen" (nominare), zurecht im Fortgang des Dialogs nochmals nach, wieso dann aber Gott „Gott" genannt werde, woraufhin ihm erklärt wird: „Wegen der Ähnlichkeit der Vollkommenheit", denn „Gott" (deus, theos) sage man vom „Sehen" (theorō) her und Gott verhalte sich zum Sehbaren wie die Farbe, welche Sichtbarkeit allererst ermöglicht, selbst aber im Bereich der Geschöpfe selbst nicht zu finden ist.[753]

Zum anderen gründet, wie beim Aufsuchen des Prinzips aller Sichtbarkeit, so auch das Ungenügen im Bereich der Sprache, wo Gottes Name im Geschaffenen nicht zu finden ist[754], die Explikation der Suchbemühung in einem Verlangen, das nicht erst durch ein Ungenügen „sprachtheoretischer" Explikationen motiviert ist, aber in diesem als Reflex aufscheint, zumal im Modus der Nichtsättigbarkeit im Endlichen. Auch der Sprachproblematik liegen vielmehr prädiskursive und performative Momente voraus, die Cusanus vor allem unter dem Gesichtspunkt anspricht, dass alle Wirklichkeit Erscheinung, Manifestation göttlicher Herrlichkeit ist.[755] Das Unsagbare ist der „Grund (causa) alles Sagbaren", wie das an sich selbst unfassbare und unnennbare Selbe Grund alles Vielen ist und in der Welt als der „Schönheit" klarst-möglich widerstrahlt.[756]

Die Verbindung von Schönheit der Natur und Lobpreis göttlicher Herrlichkeit formuliert theologisch eine Faszination bereits der Naturwirklichkeit und Naturordnung, welche eine „Naturästhetik" nicht zureichend durch Rekurs auf abschließend theoretisch erfassbare Zusammenhänge in ihrer Möglichkeit zu explizieren vermag. Eine methodische Unterscheidung etwa zwi-

753 Vgl. De Deo absc. (h IV) n. 13-15; vgl. auch obig S. 108.

754 Vgl. De Deo absc. (h IV) n. 15.

755 Die Thematik von „apparitio dei" und „theophanische[m] Charakter der Schöpfung" wird in den Studien von Wolter: Apparitio zurecht als Leitmotiv cusanischer Theologie herausgestellt. Die nachfolgenden Hinweise bestätigen weithin diesen Befund, orientieren sich aber methodisch stärker an der phänomenologischen und naturästhetischen Dimension, insoweit sie die „affirmative Theologie" fundiert und ebenso das Ungenügen ihrer Überformung in deskriptiv-genauen Sprachversuchen, wie es die cusanische „negative Theologie" reflektiert, während Wolter stärker die Vermitteltheit göttlichen Erscheinens über die Abbildlichkeit der mens verfolgt.

756 Vgl. De gen. (h IV) c. 2 n. 154, vgl. c. 1 n. 151.

schen „Naturästhetik" und „Schöpfungstheologie" ist allerdings eine dezidiert moderne Perspektive. Bei Cusanus, dies ist deutlich festzuhalten, greifen, wie man in moderner Terminologie unterscheiden kann, „ästhetische" Momente und Deutungen in schöpfungstheologischen Begriffen, insbesondere einer Theologie der Schöpfungsoffenbarung, eng ineinander. So versteht Cusanus die Schönheit endlicher Ordnung als Manifestation Gottes als absoluter Schönheit. Ihr Finalgrund ist kein anderer als die Verherrlichung Gottes, oder, wie Cusanus signifikanterweise immer wieder formuliert, die „Verherrlichung *des göttlichen Namens*".[757]

Dieser Gedanke ist geradezu ein *cantus firmus* der cusanischen Schriften und vor allem der Predigten. Beispielhaft etwa in Sermo CCIV: Gott wirkt alles, damit seine Herrlichkeit offenbar wird[758], er ist gerade voll „Eifer" (zelosus) nach seiner Herrlichkeit[759] und die *Schau* der Herrlichkeit ist Ziel der Schöpfung überhaupt.[760] Nachfolgend wird dieses Grundmotiv cusanischen Denkens und vor allem seiner Auffassung der Rede von Gott an ausgewähl-

757 So z.B. auch im nachstehend angeführten Sermo CCIV (h XIX), wonach sich die göttliche Herrlichkeit maßgeblich als Verherrlichung des Namens Gottes artikuliert, was Cusanus hier mit der Epistel (Mt 21,9) und mehreren weiteren Textstellen hervorhebt (Jes 48,8f, Ps 106,8 u.a.m.), vgl. n. 6 („propter nomen suum") und n. 7. Natürlich leitet grundsätzlich die Schönheit des Geschaffenen hin zum unendlich-unfasslich Schönen, vgl. z.B. Apol. (h ^{2}II) n. 27.

758 Vgl. Sermo CCIV (h XIX) n. 5, 35-37 und n. 7, 1-3. Ein weiteres markantes Beispiel für die cusanische Grundthese, dass Alles gemacht wurde, um Gottes Herrlichkeit zu offenbaren, etwa in Sermo CCXLIV (h XIX) n. 2, wozu Hopkins (Nikolaus von Kues/Hopkins: didactic sermons, 307) die einschlägigen Schriftstellen anführt: Ps 18(19),1; Jes 43,7; Kol 1,16; Offb 4,11; vgl. z.B. auch Sermo CCLVIII (h XIX) n. 6, 1-3, dort mit der Folgerung, dass alle Dinge *durch Christus* (mediante Christo) ihr Ziel haben und dass auch nur durch Christus der Vater und überhaupt die Herrlichkeit Gottes bekannt wird (n. 6, 11-12).

759 Vgl. Sermo CCIV (h XIX) n. 5, 46. Die ungewöhnlich starke Betonung göttlichen „Eifers" muss als markante Gegenüberstellung zum menschlichen Hochmut verstanden werden. Denn Anlass der Predigt ist das Namensfest Michaels, des Heerführers der himmlischen Heerscharen gegen, wie Cusanus erklärt, den „König des Hochmuts" und die Selbstherrlichkeit. Entsprechend stellt der Text demgegenüber die Herrlichkeit Gottes ganz ins Zentrum und knüpft damit u.a. an Jes 48,11 an. Die göttliche Herrlichkeit entlarvt also alle bloß angemaßte vermeintliche Herrlichkeit, auch eine bestenfalls „teilhabende" Herrlichkeit etwa weltlicher Könige.

760 Vgl. Sermo CCIV (h XIX) n. 11. Vgl. z.B. auch De poss. (h XI/2) n. 72 zum Gedanken, dass Gott in seiner Schöpfung erkannt sein will; De beryl. (h ^{2}XI/1) c. 37 n. 65: Anknüpfend an die paulinische Formulierung, dass der unsichtbare Gott erkannt werde aus den sichtbaren Dingen der Welt, sieht Cusanus die sichtbaren Dinge (visibilia) darauf hin geordnet, dass „in ihnen der göttliche Intellekt erkannt wird als kunstfertiger Urheber (artifex) von Allem". Die Rückwendung vom Geschaffenen ist auch ein Hauptthema in Sermo CXL (h XVIII). Auch das „Compendium" betont diese Aspekte, etwa c. 7 n. 21: Alle Schöpfung ist nichts anderes als die Mannigfaltigkeit der „Zeichen" der „Kundgabe" (ostensio) Gottes. Oder Comp. (h XI/3) Epil. n. 47: „Grund der Gründe und Finalgrund, warum alles ist", ist, dass Gott als „Können selbst" „will, dass er geschaut werde".

ten Texten in Teilaspekten zu verdeutlichen versucht, die vor allem im Predigtwerk des Cusanus hervortreten.

IV.5.1 Gott als absolute Schönheit (Sermo CCXLIII)

„Et cum illa omnia sint pulchra pulchritudine, quantum tunc placere potest pulchritudo ipsa vera, quae nihil habet permixtionis impuri et imperfecti. Nemo exprimere potest hoc."[761]

Die Grundlinien der cusanischen Naturästhetik finden sich konzentriert in seiner Brixener Predigt vom 8.9.1456. Die nachfolgende Darstellung beschränkt sich auf eine Zusammenschau der leitenden Gesichtspunkte, wie sie für das hier verfolgte Erkenntnisinteresse an den Grundlagen der cusanischen Rede vom Göttlichen in ihrer performativen Fundierung maßgeblich sind.[762]

Zunächst ist das praktisch-strebensethische Verständnis des Schönen hervorzuheben: Das Schöne wird verstanden vom Guten und vom „Rufen" her (was sich darin abbilde, dass das Schöne griechisch „kallos" heiße, das Gute „kalos", griechisch „kalo" aber lateinisch „voco" entspreche). Also: Im Schönen manifestiert sich der Ruf *zur Bestimmung menschlichen Strebens.*[763]

Mit diesem praktisch-strebensethischen Gesichtspunkt verbindet sich ein, wie man vorbereitend formulieren könnte, intellektualistisches Verständnis des Schönen: Das Schöne ist nur den höheren beiden der Sinne zugänglich, dem Hören und Sehen (vgl. n. 3). Dem korrespondiert eine ontologischbegriffslogische Ableitung entsprechend der platonistischen Ordnung der ersten Prinzipien: Was den Geist betrifft (ggf. schon als erster Emanation aus dem Einen), so geht als erstes (nach dem Einen und ggf. schon dem Nous) zunächst das Wahre hervor, das *unter dem Aspekt des Guten* erfasst wird, worauf sich dann das Verlangen als auf Schönes richtet (vgl. n. 4 und n. 6). Aber es ist zugleich das Schöne, welches überhaupt erst die Bewegung der Sehnsucht nach dem Guten hervorbringt (vgl. n. 4).

761 Sermo CCLXXV (h XIX) n. 20, 6-9.

762 Die mannigfachen Bezüge und Einzelüberlegungen, wie sie Cusanus vor allem ausgehend von Pseudo-Dionysius entwickelt, insbesondere dessen Schrift „Über die Göttlichen Namen" und Alberts Kommentar zu dieser, werden daher nicht im Einzelnen verfolgt. Ihnen hat sich insbesondere Santinello ausführlich gewidmet: Santinello: Quellen; Santinello: Tota pulchra; Santinello: pensiero; vgl. auch Aris: Praegnans affirmatio; Bender: The dawn of the invisible, 269ff; Hopkins: bellezza.

763 Vgl. Sermo CCXLIII (h XIX) n. 2.

Doch das Schöne fügt dem Guten etwas hinzu: *Erscheinen*, resplendentia, und *Klarheit* der Manifestation.[764] Und von Gott her und dem Finalziel nach betrachtet kehrt sich die Ordnung geradezu um: Die Form, die ja allererst das Sein gibt, ist nur *Teilhabe* am Schönen (vgl. n. 22). Gott schafft überhaupt alles, *um* seine Herrlichkeit zu manifestieren (vgl. n. 21).

Beide Aspekte, die Betonung der *resplendentia* und der Finalgrund, den Gott verfolgt, wenn er Nichtsein durch Schönes ersetzt, nämlich die Manifestation seiner selbst als absolut-Schönem im einzeln-Schönen, begünstigen eine starke Gewichtung des phänomenalen Charakters der Schönheit. Zwar ist das Schöne als sinnliches Phänomen, als Erscheinen im Einzelnen, Ausgangspunkt bereits einer Abwendung vom Sinnlich-Einzelnem als solchem. Aber erstens ist diese Bewegung, insoweit sie sich je schon im Intellekt vollzieht, eine kreisförmige (vgl. n. 10-13), und zweitens ist Cusanus aufmerksam für den Augenblickscharakter im Schönen (vgl. n. 16). Letzteres sei zunächst verfolgt. Cusanus formuliert:

> „Richten wir unsere Aufmerksamkeit darauf, wie wir die höchste Stufe des Widerscheinens des Schönen erreichen in den geistigeren Sinnen, nämlich im Seh- und Gehörsinn, so dass der intellektuale Geist bewegt werde *im Staunen* und so dass sein Vermögen angeregt werde, dass er fortschreitet dazu, tatsächlich dem Schönen in intellektualer Weise zuzueilen, das er durch den Sinn in höchst-geringer Weise *erreicht hat* – so, wie jemand, welcher mit der Spitze der Zunge etwas Süßes *berührt hat* und dieses *vorkostet*, dazu bewegt wird, von jenem *erquickt* (reficiatur) zu werden.“[765]

Das Ergriffensein vom Schönen ist also ein Akt des Staunens und Wunders (der admiratio) und erreicht zugleich, woraufhin es dann die Bewegung des Geistes orientiert und initiiert, wenn auch nur im Vorgeschmack, so aber doch im Modus des Habens – freilich instantan übergehend wiederum in die Suche nach dem, was hier vorkostend erreicht wurde.

Ein solches Vorkosten und Haben wäre uns allerdings nicht möglich ohne das Ermöglichtsein durch unseren Geist selbst, der dabei gleichsam eine Kreisbewegung vollzieht: Der Geist kehrt sich ab vom Sehen von Einzelnem und richtet sich auf das, was dieses erst sichtbar machte, das Licht selbst (vgl. n. 11). Dieses nun findet der Geist in gewisser Weise in sich selbst, nämlich in der Urteilskraft, die Schönes *als* Schönes erkennt und dazu über einen Begriff (species) des Schönen verfügen muss. Im Begriff aber sind alle Instanzen dem Vermögen nach bereits eingefaltet (vgl. n. 18). Freilich: Ein *Begriff*

764 Vgl. Sermo CCXLIII (h XIX) n. 9 nach Albertus Magnus: Super DN c. 4 n. 77: „Pulchrum ulterius superaddit resplendentiam et claritatem quandam super quaedam proportionata“.

765 Sermo CCXLIII (h XIX) n. 16.

der Schönheit ist noch nicht *das absolut-Schöne* selbst, aber doch zeigt sich dann die Intellekt-Natur als „erste Ausstrahlung" (irradatio) des (absolut-) Schönen, sofern die Intellekt-Natur die natürlichen Instanzen des Schönen einfaltet, die dann durch *ihre* jeweiligen Formen im Universum ausgefaltet erscheinen (vgl. n. 18-19). Dies sieht der Intellekt, wenn er darüber reflektiert, was die Schau des Schönen als solchem ermöglicht, durch Reflexion in sich – ein Vorgang, der überhaupt dem Geist eigentümlich ist, der nämlich erst sich und dann in sich alle Objekte ersieht, während das Auge Objekte je durch Reflexion in einem anderen (von ihm verschiedenen) als „Spiegel" sieht (vgl. n. 20).

Diese hier nur sehr knapp und selektiv resümierten cusanischen Ausführungen zeigen also das Schöne als Initium und zugleich Vorgeschmack für die Zuwendung des Geistes zum Göttlichen. In der Manifestation des Schönen *hat* der Geist gewissermaßen sinnlich bereits instantan und vorgreifend, woraufhin er sich dann im Prozess unabschließbarer Annäherung orientiert – und gleichzeitig hat er dieses im begrifflichen Vorgriff in sich selbst, sofern er Abbild des Göttlichen ist und, wie Gott als absolutes Schönes alles einzeln-Schöne in sich einfaltet und in der Wirklichkeit ausfaltet, hat der Intellekt dieses abbildlich im Begriff des Schönen. Die intendierte Kongruenz von göttlichem Urbild und seelisch-intellektualem Abbild harrt dabei je noch der Vollendung: Unsere Schönheit ist zwar der absoluten Schönheit ähnlich (vgl. n. 28), doch haben wir erst noch im Aufstieg *zum* Geistigen voranzuschreiten, die Schönheit des Wahrnehmbaren hinter uns lassend, Sünde in Tugend zu transformieren, so dass Gott gleichsam die *ganze* Seele hat und einnimmt (vgl. n. 30). Nichts anderes intendiert Gott selbst und ist gerade darin absolute Schönheit, absolut-Gutes und Liebe (im Vollsinne) (vgl. n. 28), entsprechend dazu, dass Ziel der Schöpfung die Manifestation seiner Herrlichkeit ist (vgl. n. 21).

Auch wenn Cusanus in dieser Predigt kaum von der Thematik der göttlichen Namen spricht, so ist doch modellhaft ersichtlich: Die Bewegung des Geistes nimmt ihren Anfang im Wunder und Staunen über das Schöne, das bereits einen Vorgeschmack gibt und die weitere Bewegung initiiert und orientiert. Man kann hierin ein performativ-vorprädikatives Initium auch der Benennung des Göttlichen angesprochen sehen. Dessen ontologische und epistemologische Möglichkeitsbedingungen werden reflektiert im Weiterschreiten des Geistes in Hinwendung zunächst auf sich, seine Begriffe und deren Begründetsein im Göttlichen, auch, was den Begriff Gottes als „Form der Formen" und „Geber der Formen" betrifft (vgl. n. 18, n. 22 u.ö.). Schon die behandelten Gottesnamen verdeutlichen: Erst *mittels* unseres Strebens sind wir hingeordnet auf das Schöne und damit das Gute und damit dann das Wahre und eigentlich Erste. Anders formuliert: Die „via affirmativa" gründet in der Performanz menschlichen Staunens, Wunderns und Strebens einschließlich ihrer Fortsetzungen und Aktualisierungen in der theoretischen Reflexion.

Die Abwendung vom einzeln-Endlichen (vgl. n. 11, 28) ist, bezogen auf die korrespondierenen Sinngehalte und Benennungen, mit dem Modus der Negationen zu verbinden: Für ein Erfassen der Schönheit in ihrer Reinheit müssen alle Einschränkungen hinwegfallen, was u.a. als Ausschluss aller Quantität und aller raum-zeitlichen Bezüge für den Begriff des Schönen an sich angesprochen wird und a fortiori für den der absoluten und ‚übersubstantiellen' Einheit gilt. Die Negation ist zugleich Moment eines Aufstiegs, was ihren Vollzug verbindet mit der Überschreitung endlicher Sinn- und Aussagegehalte (wie er der „eminenten" Aussageform zugeordnet wird).

Was freilich ausstünde, wäre ein *präziser* Name. Das spricht Cusanus deutlich an: Der Name, der eigentlich Gott gebühren würde, müsste Licht-als-Einheit bezeichnen (vgl. n. 24). Denn Gott ist absolute Einheit, die alles einfaltet, und darin identisch mit dem absoluten Schönen, da alle Schönheit auf Proportion und damit Zahl und damit Einheit beruht und in ihr eingefaltet ist (n. 23). Alles Schöne ist Ausfaltung dessen, was das Schöne einfaltet (n. 18). So verweist auch die Reflexion über das Schöne, über dessen initialen Charakter für alle Geistbewegung und deren Orientierung auf Gott, und über die Möglichkeitsbedingungen dieser Bewegung, auf die Entzogenheit des einen Namen, der deren erstes Prinzip und letztes Ziel vertreten könnte.

IV.5.2 Unaussprechlichkeit, Heiligung und Empfang des Namens Gottes

Ein wiederkehrender Gesichtspunkt der cusanischen Behandlung der göttlichen Namen, der im gerade behandelten Sermo „Tota pulchra es" ebenso wie in den frühesten Sermones und in „De docta ignorantia" betont wird (vgl. Abschnitt IV.1), betrifft die keineswegs selbstverständliche Erinnerung, dass Gott *einen* Namen besitzt; einen Namen freilich, der uns letztlich ebenso unaussprechlich bleibt, wie sein Gehalt letztlich undefinierbar ist. An die Stelle zureichender Explikation treten Supplemente, vor allem auch solche, welche auf dem Niveau metonymischer Kommunikation, also dem Tradieren von Signifikanten statt von Bedeutungsabsprachen, von verbindlichem und im religiösen Signifikantengefüge zentralem Status sind. Die Kontinuität dieses Gesichtspunkts im cusanischen Werk und der dabei manifeste Zusammenhang von Benennung und Verherrlichung Gottes soll nachfolgend an drei späteren Sermones verdeutlicht werden.

Ein exemplarischer Ort für die Darstellung dieses Zusammenhangs ist jener des prototypischen Gebets christlicher Tradition schlechthin, des „Vaterunsers", und hier besonders die Bitte um Heiligung des göttlichen Namens. Unter mehreren einschlägigen Sermones[766] soll diesbezüglich die Predigt zum Kirchweihfest des Brixener Doms am 31.7.1455 herangezogen werden. Diese Predigt bietet zugleich eine Theologie des Gebets überhaupt, welche dieses als beste, weil „gemeinsamste" Betätigung ausweist (die z.B. sowohl durch Auge wie Ohr, Intellekt wie Affekt geschieht)[767], besonders aber des Bittgebets, das sich auf „Substantielles", für sich liebenswertes richten soll.[768] Wäh-

766 Vgl. bereits die Zusammenstellung bei Nikolaus von Kues/Koch/Teske: Auslegung des Vaterunsers, dort zum hiesigen Text bes. 188ff. Die Aufweisung der Quellen des Cusanus besonders für den Schlussteil ab n. 11 ist bislang noch kaum erfolgt; da die Vaterunserauslegung einen festen Platz unter den Fastenpredigten nicht nur der Dominikaner hat, wären neben den häufigsten Bezugsautoren des Cusanus (Aldobrandinus de Tuscanella, Johannes Herolt u.a., deren Predigten öfters zusammen mit cusanischen Sermones überliefert sind, z.B. in Ms. Magdeburg 38) zahlreiche weitere, größtenteils unedierte Texte einzusehen. Darauf musste hier verzichtet werden. Die cusanischen Bemerkungen werden daher behandelt als solche, die dieser sich *zu eigen machte*. Ebenfalls nicht näherhin verfolgt werden die frappanten Parallelformulierungen zu eckhartschen Thesen etwa zur Gemeinsamkeit des Seins (n. 2), zur Ortlosigkeit des Gebets (n. 8, mit Thomas und etlichen weiteren), zur Nennung allein des absoluten Seins im Pronomen und zum Innesein des Höheren im Niederen (n. 11), zur Identifikation von Name, Begriff, Gleichheit und Sohn (n. 12) und zur Innerstlichkeit Gottes und zum „inneren Menschen" (n. 14). Vgl. zu diesen Bezügen aber inzwischen Gärtner: Vaterunser-Erklärung und auch bereits Gärtner: Vaterunserpredigt. Zur Aldobrandinus-Rezeption des Cusanus vgl. Hallauer/Meuthen: Bischof von Brixen, 394-399 und bes. (natürlich auch zur Eckhart-Rezeption in einigen einschlägigen Predigten) Koch/Nikolaus von Kues: Vier Predigten, 55ff; zu Eckharts Vaterunser-Auslagung und ihren v.a. patristischen Bezugstexten Vinzent/Eckhart von Hochheim: Lord's prayer.

767 Vgl. Sermo CXCVIII (h XVIII) n. 2. Den religionsdidaktischen und praktisch-theologischen leitenden Prinzipien der cusanischen Theologie hat sich v.a. Wolfgang Lentzen-Deis in mehreren Studien (v.a. seiner Habilitationsschrift, Lentzen-Deis: Den Glauben Christi teilen) gewidmet; vgl. auch die konzise Würdigung bei Bitter: manuductio. Die hier gebotene Darstellung konzentriert sich aber auf die Gesichtspunkte, die für die Prädikationsproblematik besonders einschlägig sind.

768 Vgl. Sermo CXCVIII (h XVIII) n. 4; das Erbetene soll außerdem Gott „zu geben geziemen". Bei Eckhart finden sich ähnliche Formulierungen, aber mit der noch weitergehenden Zuspitzung, dass letztlich einzig um Gott zu bitten sei. In n. 14 formuliert Cusanus, dass sich „Himmel" im Singular hier auf den inneren Menschen beziehe und der Wille Gottes „innerer als alles Innere" sei – eine Wendung, die sich ebenfalls ähnlich bei Eckhart findet, der dabei aber eine Ersetzung des Eigenwillens durch den Willen Gottes selbst ins Auge fasst, während Cusanus hier Entsprechungsverhältnisse formuliert: „wie im Himmel, so auf Erden" zeige an, dass diese (irdische) Welt in Ähnlichkeit zu jener (himmlichen) Welt stehe; in n. 16 wird das „auch" (et) in „wie auch wir (vergeben usw.)" erklärt mit der „Verbindung in Ähnlichkeit gemäß der Gleichheit der Gerechtigkeit" („Ut copula in similitudine propter aequalitatem iustitiae") und „unsere Vergebung" als „Ähnlichkeitsbild der wahren Vergebung" bezeichnet. Die Wendung „Gleichheit der Gerechtigkeit" erklärt sich dadurch, dass Gleichheit ein Wesensattribut der Gerechtigkeit ist, vgl. z.B. auch Sermo CC (h XVIII) n. 2, etwa, sofern gerecht ist, wenn Gleiches gleich behandelt wird; der Akzent liegt hier auf der Ähnlichkeit mit der Gerechtigkeit, auch hinsichtlich jenes Wesensmerkmals, während eine präzise, absolute Gleichheit durch Endliches gerade nicht realisierbar ist, wie schon in De docta

rend die in diesem Sermo höchst konzentriert gefassten Bestimmungen weit umfänglichere Behandlung verdienten, interessieren für das hier verfolgte Probleminteresse besonders einige Erklärungen des Cusanus zum Gottesbegriff, wie er im Anfang des Herrengebets angesprochen ist („Pater noster, qui es in caelis") und zur *Heiligung des Namens.*

Aufschlussreich für den Zusammenhang von Gebetsvollzug und Gottesbegriff ist bereits die Behandlung der Anrede Gottes: Cusanus erklärt das „*qui* (es in coelis)" mit der Bemerkung, dass Gott „von allem unabhängig (absolutus)" ist, das „es (in coelis)" damit, dass Gott selbst einzig ist (ipse solus est[769]). Man kann das „solus" zwar (in Einklang mit anderen Problematisierungen des Seinsbegriffs durch Cusanus, vgl. Abschnitt II.2) sowohl auf das Aussagesubjekt wie Prädikat beziehen. Im einen Fall also würde betont: *nur Gott ist* im eigentlichen Sinne (allem übrigen kommt kein eigentliches Sein einfachhin zu, sondern nur kontingentes (Quasi-)Sein zu). Hervorgehoben sein dürfte hier aber eher die freilich komplementäre Pointierung: Gott (und nur Gott) fällt zusammen mit dem Sein als insofern einzig statthafter *Quasi-Bestimmung* (dergestalt, dass dies eben keine zusätzliche Näherbestimmung ausmacht, wohingegen allem übrigen dagegen je noch weitere Bestimmungen als Beifügungen zukommen, während Gott absolut-einfach ist). Die cusanische Erklärung nimmt dann zugleich die Anrede als „Vater" auf: Das absolute Sein ist das Väterliche (paternum), d.i. das Prinzip, weshalb alle Dinge sind. Zwischen dem Sein der Dinge und dem absoluten Sein Gottes des Vaters besteht also gleichsam ein Verhältnis wie zwischen den Nachkommen und dem Vater (eine Analogie, die Cusanus hier aber nicht weiter ausführt). Zu „In den Himmeln" verweist Cusanus auf den Ausschluss von Wandel (denn nach Aristoteles und vielen anderen ist die kreisförmige Himmelsbewegung unabänderlich in ihrem mithin ewigen Lauf) und erklärt (ganz entsprechend der auch sonst von ihm befolgten und diskutierten Prinzipien entsprechender Attributionen des Inseins, vgl. Abschnitt II.1): Da die höhere Natur in der Niederen ist, ist, wer in den Himmeln ist, in allem. Gott ist also gleichermaßen unabhängig (absolutus) von Allem wie in Allem.[770]

Cusanus verbindet die Anrede Gottes im Herrengebet also mit den Prinzipien seiner Behandlung der ontologischen Grundbegriffe – eine Verbindung, die freilich in beide Richtungen lesbar ist. Es wird also keineswegs Gott reduziert auf einen ontologischen Begriff: Dass Gott, wie man mit Cusanus formulieren kann, ‚nichts anderes ist als' Sein-einfachhin, meint durchaus nicht, dass darüberhinaus ‚nichts anderes' noch von Gott zu sagen wäre.

ign. I festgehalten wurde, vgl. z.B. auch Sermo CC (h XVIII) n. 4: nur Gott ist die absolute Gerechtigkeit.

769 Sermo CXCVIII (h XVIII) n. 11.

770 Vgl. Sermo CXCVIII (h XVIII) n. 11.

Vielmehr gilt auch umgekehrt: Worauf sich ein Begriff wie „absolutes Sein" bezieht – unter momentaner Außerachtlassung aller Problemen, die schon darin liegen, hier überhaupt von „einem Begriff" und „Bezug" zu sprechen, wo es um den „Begriff der Begriffe" und „das Nicht-Andere" schlechthin ginge –, ist ‚nichts anderes', als worauf sich die Anrede des Vaterunsers bezieht. Eine derartige Rückbezüglichkeit ontologischer Grundbegriffe auf die performativ-prädiskursiven Momente religiöser Sprache und Praxis und den Gebrauchssinn ihrer Ausdrücke wurde natürlich, aus in der Sache liegenden Gründen bei entsprechenden methodologischen Grundoptionen, auch für zahlreiche andere Autoren und Texte reklamiert. So etwa, um nur die beiden wirkungsgeschichtlich vielleicht markantesten anzusprechen, für die Rahmung der anselmschen Meditationen zum denknotwendigen Dasein Gottes durch ihren Gebetskonext[771] oder für die vorausliegende Ausrichtung auf jenen, „den alle Gott nennen", um diesen, wie es jeweils im Ausgang der thomasischen „Wege" geschieht, mit ontologischen Prinzipien der Einzelhinsichten unserer Kausalbegriffe zu identifizieren.[772] Die cusanische Auslegung

[771] Darauf hat vor allem Karl Barth aufmerksam gemacht; vgl. zu dessen und weiteren Stellungnahmen zum Zusammenhang von „Argument und Gebet" bei Anselm: Kirschner: Gott, 310ff.

[772] Vgl. Thomas von Aquin: STh I q. 2 a. 3 re., ad 1: (1. Weg) „et hoc omnes intelligunt Deum", (2. Weg) „quam omnes Deum nominant", (3. Weg) „quod omnes dicunt Deum", (4. und 5. Weg) „et hoc dicimus Deum". In diesen Wendungen sieht z.B. Bauke-Ruegg: Allmacht, 19 ein Indiz für eine „Selbstverständlichkeit Gottes"; er zieht vergleichend Aristoteles: Met. XII 7 1072b30 heran und kommentiert: „Der erstaunte Ausruf angesichts eines gänzlich unselbstverständlichen Gottesereignisses (‚Das ist/war (der) Gott!') hat sich zur abgeklärten Konstatierung angesichts der selbstverständlichen Folgerichtigkeit theoretischer Konstruktionen gewandelt. Gleichzeitig aber zeigt auch die Formel des Thomas, daß (a) Gott ursprünglich ein *Prädikatsbegriff* ist [...], der (b) eine *Situation* deutet (und sei es durch den schlichten deiktischen Hinweis: ‚das ist/war [der] Gott!'), also eine (c) *empirische* Aussage macht. Anders gesagt: Der *Epiphanie* Gottes korreliert die *Poiesis* des Menschen, am unspektakulärsten in der sprachlich-poetischen Form der *Nennung* Gottes." Diesem Befund ist weitestgehend zuzustimmen, wenngleich angemerkt sei, dass es sich im Gesamtrahmen der theologischen Summe des Thomas durchaus um nicht nur Konstruktion, sondern Rekonstruktion handelt, die situational in der Bewegung menschlicher Praxis auf ihre Bestimmung hin gründet, wie dies etwa Bidese: Strukturen, 106f zurecht und im Anschluss an die Thomasdeutungen v.a. von Kluxen und Pesch betont. Insofern sind Urteile wie etwa dasjenige von Möller: Rede von Gott, 92 zu relativieren: „Bekanntlich hat sich bei Meister Eckhart und Nikolaus von Kues ein Durchbruch durch die bisherige metaphysische Position vollzogen. Beide versuchen, das Denken des Subjekts einzubringen und damit den Denkweg zu Gott hin, der immer nur approximativ erschlossen werden kann, mitzubedenken." Vgl. zu den „Implikationen der Abschlussfigur" der thomasischen viae durch Rekurs auf „[d]ie vorausgesetzte Rede von Gott" auch Slenczka: Gottesbeweis und Gotteserfahrung, 14ff. Das Fundiertsein in menschlicher Situation, Praxis und Bezugnahme auf Gott ist auch deshalb bedeutsam, weil der Status des thomasischen Gottesbegriffs vom natürlichen Verstehen her durchaus ambivalent bleibt. Darauf hat beispielsweise Leget: Living hingeweisen. Er macht (S. 33) auf die bleibende Differenz in Argumentationsgang und Abschluss aufmerksam: Als „first cause and ultimate end" der Schöpfung

des Vaterunsers ist in diesem Sinne zu verstehen, wobei einmal mehr die Verklammerung von „In- und Übersein“ (Beierwaltes) hervorzuheben ist: Der Begriff absoluten Seins ist „einzig“ mit Gott gleichzusetzen und „in den Himmeln“ entfallen endliche Strukturmerkmale des Wirklichen, etwa, was dessen Bewegtheit betrifft, zugleich aber ist „in“ Gott und „in den Himmeln“ alle Wirklichkeit virtualiter eingefaltet.

Dieses Ineinandergreifen von „In- und Übersein“ prägt gleichermaßen des Gegeben- und Entzogensein des göttlichen Namens für uns. Die erste Bitte, „geheiligt werde dein Name“, bezieht Cusanus auf die Hinordnung unserer Existenz zur Erkenntnis göttlicher Herrlichkeit, die von uns geheiligt werden soll. Es geht also insoweit zunächst um eine Heiligung *durch uns*, für deren Aktualisierung wir aber gleichwohl zuvorderst *zu bitten* haben. Cusanus begründet dies mit der Voraussetzung: Der Heiligung (Gottes) müsse ein Erkennen (seiner Herrlichkeit durch uns) vorausgehen. Damit ist uns allerdings kein eigentlicher „Name“ gegeben. Denn zwar führt Cusanus zunächst allgemein an, dass ein „Name“[773] sich auf eine Erleuchtung des Intellekts beziehe. Allerdings präzisiert er näher: Hier müsste ein (eigentlicher) „Name“ sich beziehen auf die Kenntnis (notitia) oder Offenbarung (revelatio) des Vaters. Diese „Kenntnis“ ist mit dem *Sohn* zu identifizieren, den Cusanus mit *der Gleichheit* identifiziert: *Im* Sohn wird der Vater „genannt“. Die ganze Bitte um Heiligung des Namens werde darum ausgesprochen, weil die (hier in dieser Bitte gemeinte) Heiligung eine Aufnahme des Vaters und des Sohnes ist.[774]

könne Gott nicht „a part of creation“ sein; „At the same time, since God's working is at the basis of the existence as well as the perfection of everything that is, a close connection is suggested. This coincidence of continuity and discontinuity [...] is expressed in the verbs intelligere, nominare, dicere. Thus, in a way, God's existence can be demonstrated and, in a way, His existence escapes our grasp because the manner in which God moves, causes, understands, and orders remains unknowable to us.“ Ähnlich gewichtet auch Verweyen: Nach Gott fragen, 49: „Die genannten ‚ontischen' Bestimmungen Gottes, ‚via eminentiae', versuchen nun alle, Gott, anhebend von einer Wirklichkeit der Welt oder einer besonderen Qualität (wie Groß-, Gut-, Vollkommensein), als jenes Letzte, ‚Absolute' zu definieren, das die Vernunft im Durchgang durch alles Seiende nicht zu ereichen vermag.“

773 So die wohl stimmigste Auflösung des Bezugs in Sermo CXCVIII (h XVIII) n. 12, 3-4: „Quia est illuminatio intellectus.“ Cusanus spricht in n. 13 auch davon, dass wie der Körper das Leben aufnimmt, wenn die Seele dazutritt, so der Betende fähig sei, „das Reich“ aufzunehmen, das Cusanus mit „dem Glück“ (felicitas), mit Einheit und Verbindung (unio, nexus) identifiziert, daher mit dem heiligen Geist verbindet und daher (da die trinitarischen Personen nur relational verschieden sind) für substantiell dem Vater gleich erklärt. Der Appropriation von „Gleichheit“ (n. 12, 7-8) an den Sohn und „nexus“ an den hl. Geist (n. 13, 5-7) folgt Cusanus fortdauernd.

774 Vgl. Sermo CXCVIII (h XVIII) n. 12, hier 11: „[...] sanctificatio est receptio Patris et Filii“. Die vorstehend vorgeschlagene Zuteilung von bestimmtem und unbestimmtem Artikel weicht interpretationsbedingt ab von der Übersetzung bei Nikolaus von

Aber wie ist dann uns eine „Kenntnis" und ein „Name" Gottes zugänglich? Inwiefern kommt uns eine „Aufnahme" von Vater und Sohn zu? Wenn Cusanus davon spricht, dass Christus bzw. dessen Name „aufnehmbar" sei, so sind Begriffe wie „Aufnahme" dabei austauschbar mit solchen von „Heiligung" und „Erkennen" (cognoscere, notitia, intellectus). Cusanus hat dabei tatsächlich keine Direktheit im Sinn, sondern eine Mittelbarkeit, deren Relate durch die Begriffe Herrlichkeit und Verherrlichung zu bestimmen sind. Daher besteht die erbetene „Erleuchtung" des Intellekts im Erkennen der Herrlichkeit und in der Heiligung des Namens. Diese Auffassung stimmt überein mit der Rede von *dem* Namen Gottes in den frühen Sermones des Cusanus. *Der* Name, so die einhellige Auskunft, ist uns nicht eigentlich wissbar und nicht aussprechbar. Ihn *vertritt* das selbst unaussprechliche Tetragrammaton – oder eben *Christus selbst* bzw. der Name „Jesus". Auch dieser ist gerade nicht eigentlich aussprechbar. Aber in ihm vermittelt und konzentriert sich gleichsam Laut für Laut die Herrlichkeit des Göttlichen: In der Neujahrspredigt 1455 (Sermo CLXX) erklärt Cusanus den Namen „Jesus" als würdig gemäß der Kennzeichnungen, die er mit den einzelnen Buchstaben des Namens verbunden sieht: Jubel für die Trauernden (Iucunditas), Ewigkeit für die Lebenden (aEternitas), Gesundheit (Sanitas) für die Erschöpften, Überfülle (Ubertas) für die Bedürftigen, Süße (Suavitas) für die Gequälten – all dies (und mehr, Cusanus verweist z.B. noch auf fünf Gnadengaben) gemäß der ambrosianischen Erklärung „Alles ist uns Christus".[775] Hier und auch im nachfolgenden Sermo CLXXI zu Epiphanias meint Cusanus kurzerhand (mit Mt 2,21), „Jesus" *bedeute*: „der sein Volk rettet".[776]

Der Name „Jesus" *rühmt* demnach die Wirkungen Christi *für uns*, er *beschreibt* aber nicht das *Wesen* Christi bzw. Gottes. Unaussprechbarkeit und zeichenhaft vermittelte Sichtbarkeit fallen dabei zusammen. So predigt Cusanus im Fortgang: Der Stern habe die Geburt Jesu als des Retters und jungfräulich Geborenen angezeigt, so dass *im sichtbaren Zeichen* der *unaussprech-*

Kues/Euler/Schwaetzer/Reinhardt: Predigten Band 3, 517: „Weil eine Heiligung die Aufnahme des Vaters und des Sohnes ist".

775 Vgl. Sermo CLXX (h XVIII) n. 10, mit Bezug auf Ambrosius: De virginitate c. 16 n. 99.

776 Vgl. Sermo CLXX (h XVIII) n. 9, 7-8 und Sermo CLXXI (h XVIII) n. 2, 3-4 („cuius est diffinitio [...]") und n. 3, 22-23: „[...] Jesus, scilicet salvatio [...]". Dabei liegt die sehr häufig von vielen Autoren angeführte etymologische Erklärung durch Hieronymus zugrunde (an dieser Stelle in der kritischen Ausgabe nicht nachgewiesen): Mt-Komm. zur Stelle, PL 26,25a; die Gleichsetzung Jesus = salvator z.B. auch in De Nominibus Hebraicis PL 23, 835 u.ö.; als sōtēr bezeichnete insbesondere schon Origenes Jesus, siehe etwa Lietzmann: Kleine Schriften, 62; dann Isidor Orig. 7,2,7; daher dann ahd.-mhd. „heilant", vgl. Bergmann/Schützeichel/Tiefenbach/Voetz: Althochdeutsch. Bd. 2, 1247f. Diese etymologische Erklärung findet sich auch bei Augustinus, De Trin. 13, 10, 14; die Passage bei Hieronymus führt z.B. auch Thomas in der Catena aurea zur Stelle an.

bare Name Gottes, den kein Verstand (ingenium) erreichen konnte, offenbar wurde.[777] Auch hier wird kundgetan, *dass* Christus der Retter ist, was der *Wirkung* Christi für uns und damit der Bedeutung seines Namens für uns *entspricht*, es wird aber nicht die Unaussprechlichkeit einfach aufgehoben.

IV.5.3 Namen unseres Verlangens (Sermo CCLVIII)

Der Weihnachtssermo CCLVIII vom 25.12.1456 (gehalten zu Brixen) macht besonders deutlich, wie Cusanus die Möglichkeiten und Grenzen der Benennung in der Struktur menschlichen Strebens und der Faszination der Ausfaltungen der göttlichen Herrlichkeit in aller Wirklichkeit begründet sieht. Der Text macht zugleich deutlich, dass in theologischer Sicht dieser Zusammenhang christologisch verstanden ist. Cusanus legt hier die Anfangsverse des Hebräerbriefs aus: Gott spricht zu uns durch die Propheten, zuletzt (und primär aber) durch den Sohn, der „Erbe aller Dinge" ist und durch den Gott die Welt schuf. Cusanus deutet dieses „Sprechen" Gottes durch den Sohn als Entfaltung eines *geistigen Wortes*: Es ist ein in sich einfacher Akt und in ihm fallen Schaffen und Sprechen zusammen – vergleichbar dem Zusammenfall von Sprechen und Schreiben bei einem Brief: Der *Form nach* liegt Verschiedenheit (Sprechen oder Schreiben) vor, der *Substanz nach* nicht. Analog werde der einfache Akt des göttlichen Sprechens-und-Schaffens in vielen *Weisen* variiert.[778] So manifestiert sich also das *in sich* einfache Wirken

[777] Sermo CLXXI (h XVIII) n. 12, hier 69-71. Cusanus versucht damit (so u.a. nachfolgend n. 13) zu erklären, dass und wie sowohl die Juden, denen die Offenbarung bzw. Prophetie vom kommenden Messias zuteil wurde, wie auch diejenigen außerhalb der „Region" der Juden, welchen keine spezielle Offenbarung zuteil wurde, aber eben insbesondere Zeichen aus der Natur, von Christus als Retter wissen konnten. Die Magier hätten damit (so in n. 16, 7-8) Gründe (rationes) aus dem Himmel entwickelt (producere). (Die Übertragung von „rationes" bei Nikolaus von Kues/Euler/Schwaetzer/Reinhardt: Predigten Band 3, 291 mit „Vernunftgründe" ist etwas engführend.) Dass im übrigen (erst) durch Christus die Offenbarung Gottes nicht einem (dem jüdischen) Volk, sondern *allen* Völkern zuteil wird, formuliert Cusanus öfters, z.B. Sermo CLXXXIX (h XVIII) n. 15.

[778] Vgl. Sermo CCLVIII (h XIX) n. 2. Parallele Überlegungen finden sich vielfach vor allem im Predigtwerk des Cusanus, so etwa in Sermo CLXVIII (h XVIII) n. 7: Die gesamte Welt, die Gott geschaffen hat, um den Reichtum seiner Herrlichkeit kundzutun, hat als Ziel (also gewissermaßen als Bewegungsziel und „Frieden" von allem) Christus und ist im voraus eingerichtet als eine einzige Einheit (d.i. als eine geordnete Einheit, in der alles „im Frieden" zusammenstimmt, der in letzter Instanz Christus selbst ist). Ganz ähnlich auch im nachfolgenden Sermo CLXIX (h XVIII) n. 5; dort wird außerdem noch angesprochen, dass Gott alles schuf umwillen der Intellekt-Natur, die allein die Wahrheit sehen kann – Gott wollte ja den Reichtum seiner Herrlichkeit offenbaren und kann die Wahrheit nur in allem seinem Reichtum offenbaren. Cusanus beantwortet die Frage nach dem Zweck der Schöpfung sonst auch mit dem Hinweis auf Christus, z.B. in Sermo CLXXI (h XVIII) n. 2-3. Diese Antworten – umwillen der Verherrlichung Gottes, umwillen Christi, umwillen der Intellekt-Natur – gehören der Sache

Gottes *für uns* in der Vielfalt aller Wirklichkeit. Christus versteht Cusanus dabei als Ziel allen göttlichen Wirkens. Alle Wirklichkeit hat in Christus gleichsam ihr Endziel. In Christus verdichtet sich die Bedeutung aller Wirklichkeit.

Cusanus vergleicht das Verhältnis mit dem zwischen einer philosophischen These (hier derjenigen des Aristoteles, dass es genau ein regierendes Prinzip gibt) und einem Werktext (hier der aristotelischen „Metaphysik"): Die These ist die Schlussfolgerung des Werks, die durch die zahlreichen ausgebreiteten *Vordersätze* bereits *implizit artikuliert* wurde.[779] In analoger Weise also deutet Cusanus die gesamte Wirklichkeit als gewissermaßen implizite Artikulation des letzten Sinnes von Wirklichkeit in Christus, der ja selbst das eine „geistige Wort" ist, aus dem sich die Vielheit von Wirklichkeit entfaltet. In der Schlussthese des Aristoteles sei gewissermaßen der aristotelische *Geist* wahr, rein und offen, in Fülle und Vollkommenheit und in jeder Hinsicht enthalten, so dass, wer dieses ‚Wort' (die fragliche These) in seinem Verstehen empfängt, (darin) ‚Aristoteliker' wird. (n. 3)

In analoger Weise sei Christus vorzustellen: Als „abschließendes" und „zusammengekürztes" Wort (verbum abbreviatum), während den Büchern der Metaphysik die „Nationen", den Einzeltraktaten die Länder, den Kapiteln die Menschen entsprechen, die in der Zeit aufeinander folgen. (n. 4) Der Einzelmensch ist also gewissermaßen eine implizite Artikulation des Vollsinnes von Wirklichkeit, der in Christus vollendet ist. Wie derjenige, der die Schlussfolgerung des Aristoteles *im Glauben* akzeptiert, mit den Vordersätzen keine Schwierigkeiten hat, so hat mit den praktischen Gesetzen, die nur Voraussetzungen für dieses abschließende Wort sind, keine Schwierigkeiten, wer Christus als „zusammengekürztes" Wort Gottes akzeptiert.[780]

Man könnte diese Thesen als christologische Interpretation des Grundes und Sinnes von Wirklichkeit verstehen oder als eine metaphysisch-epistemologische Interpretation der Christologie – beide Formulierungen

nach freilich zusammen, denn im Intellekt (dem *abbildlich* Leben, Kreativität, Freiheit und Erkennen zukommt, vgl. v.a. Abschnitte III.2 und III.4) erkennt der Mensch Gott und dessen Heilshandeln in der Menschwerdung, um Gottes Herrlichkeit *dann* zu rühmen.

779 Vgl. Sermo CCLVIII (h XIX) n. 3; ähnlich bereits Sermo CLIV (14.4.1454, Psalmsonntag, Brixen) (h XVIII) n. 22.

780 Vgl. Sermo CCLVIII (h XIX) n. 4, 10-14 und Sermo CLIV (h XVIII) n. 22 mit Bezug auf Röm 9,28 („Verbum [...] (ab)brevians [...] verbum breviatum [...]"), vgl. auch Jes 10,23. Dieses Motiv von Christus als „verbum abbreviatum" von Geschichte und Welt(bedeutung) lässt sich, wie de Lubac: Exégèse médiévale. Bd. II/1, 181-197, bes. 195 verfolgt, u.a. bereits bei Origenes finden (weitere signifikante Vorkommen resümiert Guillén: Verbum Abbreviatum) und auch, wie Manns: L'origine du thème *Verbum abbreviatum* zeigt, in der jüdischen Schrifthermeneutik (Targum zu Micha 2,7; Rabbi Meir, Gen. Rabb. 4,4).

verhielten sich zueinander wie Kippbilder in Bezug auf dieselbe Wirklichkeitsdeutung. Cusanus legt sie zugrunde, wenn er im Anschluss nochmals jene Grundüberzeugung artikuliert, die sich wie ein cantus firmus durch sein Werk zieht: Alles hat Gott geschaffen zur Manifestation seiner Herrlichkeit.[781] Vor dem gerade skizzierten Hintergrund hat dies insbesondere die Pointe, dass alles sein *Ziel* (finis) durch Christus (*mediante* Christo) hat. Nur durch und in Christus (als verbum abbreviatum, das alle Wirklichkeit einfaltet) wird die Herrlichkeit Gottes bekannt.[782] So deutet Cusanus auch Joh 1,18 („Niemand hat Gott je gesehen"). Die Fortsetzung – dass der einziggeborene Sohn vom Vater selbst Kunde brachte (ipse enarravit) – formuliert Cusanus jedoch bezeichnenderweise um: Cusanus zufolge hat Christus *genau dies* geoffenbart (hoc ... revelavit)[783]: *Dass* niemand Gott je gesehen hat. Auf die von Cusanus berechtigterweise aufgeworfene Frage, *wie* dann der Unsichtbare geoffenbart werde, antwortet Cusanus: Gott zu offenbaren ist, (zu offenbaren) dass Gott etwas Sichtbares *ist und nicht ist.*[784] Dies meint nicht einfach einen Widerspruch, sondern Cusanus erklärt sofort die beiden damit gemeinten Hinsichten:

a) Es wurde geoffenbart: Wer etwas Sichtbares verehrt, verehrt *nicht Gott.*

Genau diese negative These, das ist das interessante, im Argumentationsgang leicht zu übersehende methodische Gelenk der cusanischen Argumentation[785], enthält in der Negation bereits Kriterium und positiven Grund der Abwehr einer (körperlichen) Sichtbarkeit Gottes: Damit nämlich wird zugleich *unterstellt, dass Gott zu verehren ist.* Cusanus weist also auf eine performative Verpflichtung hin, die in der Akzeptanz dieser negativ-Bestimmung bereits enthalten ist und die weitere Implikate enthält: Was nämlich gänzlich nicht gewusst wird, das *kann* auch nicht verehrt werden. Folglich wurde (im Grunde eben mit der ‚negativen' Offenbarung, wie in (a) ausgedrückt) auch geoffenbart, dass Gott, um überhaupt verehrt werden zu können, mit anderen als den körperlichen Augen gesehen werden muss und mit anderer Gewissheit als der aus solchem Sehen resultierenden: Es ist dies das Sehen mit dem *Glauben des Geistes*:[786]

781 Vgl. Sermo CCLVIII (h XIX) n. 6. Dass alles da ist bzw. „ins Sein hervorgeht", „damit sich (das erste Prinzip) selbst offenbare" (ut se ipsum manifestet) ist geradezu ein Leitmotiv der cusanischen Schriften, vgl. z.B. De beryl. (h ²XI/1) c. 3 n. 4 (dort verbunden mit dem Begriff des Intellekts bei Anaxagoras, vgl. DK Fr. 12-14, vgl. Aristoteles: Met. I 3 984b15ff., in der Übers. v. W. v. Moerberke: „[...] Anaxagoras enim artificialiter ad mundi generationem utitur intellectu [...]").

782 Vgl. Sermo CCLVIII (h XIX) n. 6, 11-12.

783 Vgl. Sermo CCLVIII (h XIX) n. 7, 1-3.

784 Vgl. Sermo CCLVIII (h XIX) n. 7, 3-6.

785 Vgl. Sermo CCLVIII (h XIX) n. 7, 9: „Revelatum est igitur [...]" und Z. 12: „[...] revelatum est consequenter [...]".

786 Vgl. Sermo CCLVIII (h XIX) n. 7, 10-18.

b) Es wird gezeigt, dass man sich dem Unsichtbaren *annähert* (accedatur), nämlich durch Glauben.

Diese Doppelimplikation der (empirischen) Nichtsichtbarkeit und des resultierenden Idolatrievorwurfes bei Verehrung von Sichtbarem bezieht Cusanus auf den Weg der mystischen Theologie: Mittels ihrer treten wir, so formuliert er, *negierend* ein in die Dunkelheit, in der Gott wohnt – indem wir von ihm alles Wissbare und Benennbare abweisen.[787] Doch diese Abweisung, so macht Cusanus hier durch den Argumentationsweg geltend, bezieht sich auf Gehalte, die eben von der Empirie und dem natürlichen Wissen her gewonnen sind – sie sind in der Tat abzuwehren, soll nicht (per a) anderes als Gott verehrt werden. Es ist dies nahezu dieselbe Formulierung wie im Schlussteil des ersten Bandes von „De docta ignorantia“[788].

Gleichwohl setzt bereits diese Negation eine implizite Bezugnahme auf Gott voraus, die ein anderes Vermögen voraussetzt – den „Glauben des Geistes“. Diese Formulierung ist im Lichte der vorausgehenden Predigtpassagen zu verstehen: Im Glauben ist unser Geist bezogen auf Christus, der im eminenten Sinne der „Geist Gottes“ ist[789] und Grund und Sinn aller Wirklichkeit in Vollendung ist – in dieser Hinsicht *vergleichbar* dem „aristotelischen Geist“, der *explizit und konzentriert* auf den Punkt artikuliert, was in allen Darlegungen des Aristoteles bereits *implizit und nur kursorisch* artikuliert worden war.

Der Glaube an Christus ist in dieser Weise für Cusanus auch das alles entscheidende *Interpretament* von Wirklichkeit überhaupt. Gleichwohl wird damit nicht ein Unwissen einfachhin durch ‚Offenbarungs*wissen*' ersetzt, so dass damit nun alles „Dunkel“ für unser Wissen *beseitigt* wäre. Dieses Dunkel wird vielmehr *als solches geoffenbart*. Bereits die Verschiebung im Wortlaut der cusanischen Paraphrase von Joh 1,18 machte dies deutlich: Nicht etwa wird uns *der Vater* in der Weise kund, dass dies nachfolgend zu einem *Fall unseres diskursiven Wissens* würde. Auch der Hinweis darauf, dass Christus ein „zusammengekürztes Wort“ (verbum abbreviatum) sei, macht deutlich, dass der Glaube an Christus nicht ein Wissen im Sinne ‚auseinandergefalteter' Einzelinformationen eröffnet. Gott wird durch und in Christus also gewissermaßen-‚wissbar', insofern unsere *Verehrung* damit – im Gelingensfall – ihre einzig adäquate *Adresse* erhält und erschließt, was sie allererst ermöglicht und begründet hat. Somit wird, wie man die cusanische Darlegung wird weiterführen dürfen, auch (für die Artikulation unserer Verehrungen) *nennbar*, wie sich in Christus letzthin der Sinn allen göttlichen Wirkens erschließt, jenes Wirkens, dessen Zweck ja gerade besteht in der Manifestation der göttli-

787 Vgl. Sermo CCLVIII (h XIX) n. 7, 6-9.

788 Vgl. De docta ign. (h I) I c. 26 n. 86.

789 Vgl. Sermo CCLVIII (h XIX) n. 4, 21-22.

chen Herrlichkeit (auf welche wiederum sich unsere Verehrung bezieht). Auch dabei handelt es sich aber nicht um Namen *desselben Typs* wie jene *deskriptiven* Namen, die auf der via negativa als Komponente der „mystischen Theologie" negiert worden waren, sondern um Hinweise, deren *objektiver* Gehalt sich letztlich unserem *diskursiven* Wissen entzieht – und entziehen *muss*, sollen diese (Quasi-)Namen nicht erneut einer begründeten Idolatriekritik anheim fallen. Deutlich wird hierbei auch: Grunddifferenz der cusanischen Problematisierung von Wissen und Namen Gottes ist die performative Differenz zwischen Verehrung *Gottes* und Idolatrie, sein Anliegen insofern je auch ein praktisches, das sich einfügt in die Gesamtausrichtung auf die Würdigung der Herrlichkeit Gottes.

Der Status jener quasi-positiven Benennungen wird von Cusanus auch direkt im Anschluss diskutiert: Wenn Gott doch unfasslich (ineffabilis) ist, in welchem Sinne (quomodo) nennen wir ihn den Wahren, Gerechten, Guten usw.?[790] Die Antwort formuliert Cusanus höchst genau:

> „Wir nennen Gott mit jenen Namen, welche *für uns* dasjenige *repräsentieren*, woraufhin wir gemäß dem ‚inneren und unsichtbaren Menschen' in höchster Weise ausgerichtet sind (inclinamur) – so, wie die Augen aller Menschen, müssten sie Gott nennen, ihn ‚wahrnehmbares Licht' (lux sensibile) nennen würden. Denn die Augen sind auf jenes wahrnehmbare Licht in höchstem Maße hin ausgerichtet, weil sie von jenem Licht unmittelbar dies haben, dass sie *Augen sind*, und dass sie durch das Licht genährt werden (pascantur), ohne welches sie nicht sehen."[791]

Der ‚innere Mensch' (homo interior) ist der Geist bzw. Intellekt. Dieser ist auf Gott hin ausgerichtet und hat Wesen und Vermögen und Sein überhaupt *direkt* von Gott (nur seine *konkrete*, akzidentelle Beschaffenheit und sein *kontingentes raumzeitliches* Sein von Zweitursachen). Die ‚positiven' Namen gründen, so Cusanus also hier, in diesem Ausgerichtetsein des Intellekts auf sein Prinzip – er spricht auch von einem *natürlichen Verlangen* (desiderium naturale).[792] Demzufolge ist es keineswegs arbiträr, dass etwa der Name „der Wahre" auf Gott Anwendung findet, denn Prinzip des Intellekts als Vermögen zur Wahrheitserkenntnis ist für den Intellekt und damit für uns als Intellekt-begabte Lebewesen eben das Wahre. Überhaupt sei der „innere Mensch" eben, so Cusanus im Folgenden, ausgerichtet auf Wahrheit, Gerechtigkeit, Gutheit, Leben, ratio, Wissen (scientia) – und in diesem Ausgerichtetsein ist der innere Mensch ausgerichtet hin auf das Eine, in dem die-

790 Sermo CCLVIII (h XIX) n. 8, 1-3.
791 Sermo CCLVIII (h XIX) n. 8, 3-10.
792 So Sermo CCLVIII (h XIX) n. 9, 3.

se alle *eines* sind – und dieses Eine verehrt der innere Mensch als Gott und benennt er mit den angeführten Namen.

Die Namen bezeichnen also den, von welchem her (a quo) der innere Mensch ist und durch welchen (per quem) er lebt und genährt wird.[793] Das entspricht der via affirmativa *sive causalitatis.* Cusanus gibt ihr im Fortgang (n. 17) noch die für ihn spezifische Deutung, dass die vielen Artikulationen Gottes *Ausfaltungen* des einfachen göttlichen Wortes sind (was sich auch beziehen lässt auf die eingangs entwickelte Deutung Christi als zusammengekürztem Wort), das gleichwohl dabei nie *seinem Wesen nach* entfaltet wird[794], sondern sich mittels seiner Schöpfung manifestiert; in Christus als *dem* Wort sind zugleich *alle* Worte für alle Dinge eingefaltet.[795]

Göttliche Quasi-Namen wie „das Wahre" sind daher keine eigentlichen Eigennamen Gottes, sie beziehen sich eigentlich *auf das natürliche Verlangen* des Ausgerichtetseins und *mittelbar* auf dessen Prinzip. Cusanus spricht daher von Namen *dieses Verlangens,* d.i. von Namen für das Verlangen der Seele[796], mittels welcher das intellektuelle Streben *ausgedrückt* wird; dieses Streben führt *mittels dieser Namen* die Seele zur – in der Tat, so Cusanus explizit, *unfasslichen – Quelle* des Guten, zum in der Tat *unnennbaren* Gott.[797] Die Namen *bezeichnen* primär unser Verlangen, gleichwohl *beabsichtigen* wir mit ihnen, einzig Gott zu bezeichnen[798] – richtet sich doch das Verlangen auf das Beste und ist Gott doch mit Anselms beiden Formeln dasjenige, worüberhinaus Besseres nicht denkbar ist bzw. das besser ist als was denkbar ist.[799]

Der Mensch, so ein eindrückliches Bild des Cusanus, welches auch die Redeweise von einem *desiderium naturale* nochmals erhellt, ist hier in ähnlicher Situation wie ein Säugling: Dieser ist (seiner Natur nach) ausgerichtet auf seine Mutter, von der her er existiert und genährt wird. Durch gewisse „Anrufungen" oder Antreibungen (appellativa), die dem Säugling von Natur aus bekannt (cognita) sind, wird er hingeführt (ducitur) zur Mutter: durch das Bemuttern, das Milchgeben, das Ernähren und Speisen (pascentia, nutritio) u.dgl. Mittels dieser natürlichen „Anrufungen" kennt (cognoscit) der Säugling die Mutter – deren *Eigennamen,* nämlich, ob sie etwa „Barbara" oder „Katharina" heißt, er nicht kennt und der ihm erst geoffenbart werden wird, wenn er dazu empfänglich ist (wenn er schon kein Säugling mehr

793 Vgl. Sermo CCLVIII (h XIX) n. 8, 14-20.

794 Vgl. Sermo CCLVIII (h XIX) n. 17, 6.

795 Vgl. Sermo CCLVIII (h XIX) n. 18, 12-13.

796 Vgl. Sermo CCLVIII (h XIX) n. 11, 9-11.

797 Vgl. Sermo CCLVIII (h XIX) n. 9, 1-7; ferner n. 10, 11: „[...] nomina desideriorum spiritus nostri [...]".

798 Vgl. Sermo CCLVIII (h XIX) n. 10, 14-16.

799 Vgl. Sermo CCLVIII (h XIX) n. 10, 16-19 mit (von Cusanus nicht benanntem) Zitat von Anselm: Proslogion c. 2, 15 (und 14).

ist).[800] Umgekehrt schreiben wir, was wir *nicht* erstreben, etwa Tod, Schwäche oder Missgunst, auch Gott nicht zu (sondern Gottes „Gegenspieler“, Satan).[801] Analog dazu ist Gott in performativer Hinsicht Ziel unseres Verlangens, unserer Lobpreisungen und der Rekurse auf das, was allen endlichen Manifestationen ermöglichend je vorausliegt, aber seinem Wesen und Eigennamen nach unbekannt, so dass alle Benennungen, die solche Bekanntschaft unterstellen würden, zurückzunehmen oder ihrem Sinn nach zu korrigiren sind.

Diese Deutung der Affirmationen als begründet im *desiderium naturale* als *Namen dieses Verlangens* führt Cusanus zu einem Vorrang der negativen Attributionen. Denn die Affirmationen (jene jedenfalls, die durch die natürliche Ausrichtung des Strebens unseres Geistes gewonnen werden, nicht durch das Glaubenslicht *über* jedem Verstehen) *beziehen* sich gar nicht ersterhand auf Gott, wenngleich wir durch sie auch unsere Weisen der Gottesverehrung und unsere Gebote beziehen[802], sondern auf dieses Streben unseres Geistes. „Gott ist nicht Leben“ ist dann *wahrer* als „Gott ist Leben“, insoweit diese Negation in bestimmter Richtung verstanden wird: Die Negation solle hier aussagen, dass Gott *mehr* ist als Leben, so dass die Affirmation *weniger* von Gott aussagt, als von ihm *ausgesagt werden müsste*.[803] Cusanus deutet also hier die fraglichen Negationen so, dass in ihnen die *via eminentiae* bereits *mitverstanden* wird. Interessanterweise spricht Cusanus hier vom „mystischen Weg der Negation“[804]. Gemeint ist mit „Mystischem“ die Geheimnishaftigkeit Gottes, wie sie unser Verstehen im Ausgang vom Endlichen überschreitet, oder präziser, wie Cusanus wenig später ausführt, eine bestimmte Rangstufe des Wissens von Gott, und zwar die zweite von insgesamt vier Stufen:

1. natürliches Wissen (aus dem Verlangen unseres rationalen Geistes),
2. „mystisches Wissen“,
3. Manifestation des göttlichen Antlitzes,
4. absolutes Wissen vom Wesen Gottes.

Diese zweite Stufe des „mystischen Wissens“ (bzw. Wissens um die Geheimnishaftigkeit des Göttlichen) nun beschreibt Cusanus dergestalt, dass hier der Seele offenbar werde, dass Gott „über all dem ist, was durch die

800 Vgl. Sermo CCLVIII (h XIX) n. 8, 12-14 und n. 9, 7-14.

801 Vgl. Sermo CCLVIII (h XIX) n. 10, 20-23.

802 In Sermo CCLVIII (h XIX) n. 11, 1-8 unterscheidet Cusanus a) eine Offenbarung Gottes durch Christus im Licht von Glaube und Gnade und b) durch das „Licht der Natur“ durch die Ausrichtung des „inneren Menschen“. Die Aussage, dass wir unsere Verehrung und Gebete *durch* jene Offenbarung vollziehen, dürfte sich auf *beide* Modi (a und b) beziehen.

803 Vgl. Sermo CCLVIII (h XIX) n. 11, 1-15.

804 Sermo CCLVIII (h XIX) n. 11, 18.

Namen für die Verlangen des Geistes (spiritus) ausgedrückt wird"; diese Stufe leite (ducit) mittels der Negation, welche in sich „schwanger ist mit Affirmation", so dass wir wegen dieser verborgenen „Schwangerschaft" mit Affirmation (ob latentem praegnationem affirmativae) sprechen können von einem „mystischen" oder „verborgenen" (occultus) Wissensmodus. Wenn wir etwa Gott als „unnennbar" bezeichnen, verneinen wir von ihm alles Nennbare, aber *bejahen in verborgener Weise* (occulte), dass er alles Nennbare *überschreitet* (excedere).[805]

Hier formuliert Cusanus also sehr genau, wie er das Verhältnis von affirmativer und negativer Theologie sieht: In der via negativa – der absprechenden Rede bis hin zur Generalisierung, dass *jeder* eigentliche Name im technischen Sinne Gott nicht zukommt – ist die via eminentiae enthalten, nämlich als Einsicht, dass Gott nicht innerhalb jenes Objektbereiches liegt, den *jeder* der uns verfügbaren eigentlichen Namen im technischen Sinne überhaupt beschreiben könnte, sondern „über" diesem Objektbereich. Dabei inkludiert ein solcher eminenter Modus der Rede bzw. des Verstehens wiederum den affirmativen Aussagegehalt *als überschrittenen.* Die Richtung dieser Überschreitung, wie sie die „über"-Formulierungen und das „excedere" ausdrücken, erklärt sich durch den zuvor thematisierten *Bezug unseres Strebens.* Wenn Cusanus hier von einem „mystischen Weg der Negation" (also einem Weg des Verneinens von Benennungen, die hinter dem göttlichen Geheimnis zurückbleiben) spricht, dann spricht er zwar einerseits der via *negativa* in der „Mystischen Theologie" eine Vorrangstellung zu. Dies kann man beziehen sowohl auf das dann dergestalt interpretierte pseudo-dionysische Werk, in welchem ja auch die via affirmativa ein zugehöriges Moment ausmacht, als auch auf den in diesem Werk klassisch beschriebenen Weg zur Einung mit Gott im Modus des Nichtwissens. Andererseits meint „mystisch" dabei nicht einfach nur einen Vorrang von Negation und Nichtwissen, sondern vielmehr gerade, dass in der Negation *in verborgener Weise* – Cusanus spricht von „occultus", semantisch kongruent zu „mystisch" – eine Affirmation enthalten ist, und zwar im Modus einer eminenten Rede (denn impliziert ist in der so verstandenen Negationsaussage, spätestens mit der besagten Generalisierung über alle eigentlichen Namen, dass Gott deren Gegenstandsbereich *überschreitet*).

Wie auch der Fortgang der Schrittfolge deutlich macht, hält Cusanus dabei sehr deutlich fest, dass indes *weder* Affirmationen noch Negationen *vollkommenes* Wissen von Gott ermöglichen. Die Affirmationen im Normalsinne beziehen sich ja dezidiert auf das Streben des Geistes und insofern per se

805 Vgl. Sermo CCLVIII (h XIX) n. 12, 4-14. Vgl. zum Motiv der „negativa praegnans dicitur affirmationis" auch De princ. (h X/2b) n. 34; De ven. sap. (h XII) c. 22 n. 64; Aris: Praegnans affirmatio.

nicht direkt auf Gott. Die Negationen des „mystischen Wissens" implizieren die Aussage, dass Gott *über* dem durch uns Benennbaren liegt. Daher spricht Cusanus auch von einer „höheren Offenbarung" gegenüber der ersten Stufe des Natürlichen (d.i. des „natürlichen" Strebens, Wissens und Benennens).[806]

Doch auch im Modus „mystischen Wissens" bleibt das *Antlitz* Gottes für Cusanus noch „im Dunklen".[807] Anders auf der dritten Stufe, wo die „Dunkelheit" der zweiten „erleuchtet" wird – eine Erleuchtung, die Cusanus mit dem Glauben verbindet.[808]

Die vierte und letzte Stufe der Erkenntnis (der „ultima cognitio"[809]) bezieht Cusanus auf Gott, wie er an sich ist, auf Gottes Wesen, das jedes von ihm verschiedene Maß überschreitet, während nur Gott *identisch ist* mit seinem Wissen, nur Gott sich selbst *dem Wesen nach* kennt.[810] Diesen Zielpunkt charakterisiert Cusanus einmal mehr ex negativo unter Verweis auf die Verschränktheit von Gegebensein und Entzogensein (vgl. Abschnitt III.1): Auch das Wesen eines anderen *Menschen* kennt kein anderer Mensch. Ein noch handgreiflicherer Vergleich: Ein Getränk vermag den Durst zu stillen, auch ohne dass der Trinkende dessen Wesen kennt – er ist zufrieden damit, (zu wissen) dass dieses *vollkommener ist, als er begreifen kann.*[811] Das Beispiel entspricht dabei dem vorausgehenden vom Säugling, welcher den Eigennamen der Mutter, die ihn nährt, nicht zu kennen braucht, um sich doch vorwissentlich (und, vom Beispiel nicht erfasst, im Prozess der Wissensermöglichung und -aufsuchung) auf sie beziehen zu können. In diesem Nichtwissen liegt wiederum ein Vorzug, den Cusanus, wie so oft, in Kombination der anselmschen Grenzbestimmung und der Nichtsättigbarkeit unseres Verlangens im Endlichen fasst: Gott ist *besser* denn Denkbares und ein Gut, das *denkbar* ist, kann nicht in Sein und Vermögen *maximal* sein, denn jenes Gut wäre *größer*, welches das Denken *überstiege.*[812] Die Bezugnahme auf Maximalität,

806 Vgl. Sermo CCLVIII (h XIX) n. 12, 14.

807 Vgl. Sermo CCLVIII (h XIX) n. 13, 1-3.

808 Vgl. Sermo CCLVIII (h XIX) n. 13, 8-9.

809 Vgl. Sermo CCLVIII (h XIX) n. 14.

810 Vgl. Sermo CCLVIII (h XIX) n. 14; in n. 17 spricht Cusanus, wie schon kurz erwähnt, an, dass Gottes Wort sich zwar in aller Schöpfung manifestierend entfaltet (was also das klassische Schema der Rückführung der Affirmationen auf Gottes Wirkungen im Sinne des Schemas von Einfaltung-Ausfaltung deutet), dass aber Gottes Wesen dabei nicht (als solches) zur Entfaltung kommt (und daher von uns nicht begriffen wird, sofern unser Begreifen je an Entfaltetem andockt).

811 Vgl. Sermo CCLVIII (h XIX) n. 14, 23-29.

812 Vgl. Sermo CCLVIII (h XIX) n. 15, 5-9 mit Bezug auf Anselm: Proslogion c. 15. Anselm fährt dort fort: „Quoniam namque valet cogitari esse aliquid huiusmodi: si tu non es hoc ipsum, potest cogitari aliquid maius te; quod fieri nequit." Nikolaus von Kues/Hopkins: didactic sermons, 31 und (dort angeführt) Hopkins: Relationship verweist darauf, dass Anselm selbst nicht eine Unfasslichkeit von Gottes Natur geschlussfolgert habe in dem Sinne, dass diese *nur symbolisch* wissbar wäre.

die Cusanus etwa in „De docta ignorantia“ auch in mathematischen „aenigmata“ visualisiert hatte, hängt also zusammen mit der Struktur unseres Strebens, das nur in Gott seine Erfüllung findet. Gottesbegriff und Intellektbegriff bestimmen sich insoweit gegenseitig, aber jeweils ex negativo: Gott ist eigentümlich, *nicht* durch den Intellekt verstanden zu werden; dem Intellekt ist eigentümlich, *nicht* das Ziel seines Verlangen verstehen zu können.

IV.6 Modalitäten der Verhältnisbestimmung von „Affirmation“ und „Negation“

Die bisherige Darstellung hat bereits erkennen lassen, dass die cusanische Behandlung der Sprachproblematik auf einigen wenigen, aber umso implikationsreicheren Grundannahmen und Leitunterscheidungen beruht. Ausgangspunkt bilden zunächst eine Reihe von Thesen zum Verhältnis des Göttlichen zu Kernelementen unseres metaphysischen Begriffsschemas: Jede Vervollkommnung ist realisiert im absolut-Größten, in dem insbesondere alle Maxima zusammenfallen. Jede Graduierung oder Entgegensetzung ist in dieser Perspektive aufgehoben. Gott verhält sich zu allen modalen und relativen Realisierungen als „absolut Größtes“. Zu allen Relationierungen und Komparativen, wie sie mit unseren endlichen Begriffsapplikationen im Ausgang vom Bekannten zum dazu nie völlig kongruenten Unbekannten je vorliegen, verhält sich Gott als absolute Gleichheit und Aktualität. Damit ist jede schlechterdings präzise Prädikation oder „Benennung“, jede „nominatio“ in dem Sinne, wie Cusanus diesen Ausdruck als terminus technicus gebraucht, ausgeschlossen. Das ist sowohl ontologisch begründet, insoweit Gott etwa als „Form der Formen“ durch keine Formbestimmung, und d.h. überhaupt nicht durch präzise ontologische Sachbestimmungen, seinem Wesen an sich nach begreifbar ist. Es ist ebenso epistemologisch begründet wie auch in Bezug auf die Bedingungen unserer Namensproduktion. Denn alle „Namen“ (im hier einschlägigen technischen Sinne) sind gebildet (imposita) aus jeweils einer gewissen Eigentümlichkeit des Gesichtspunkts (ratio), durch welchen eine Abgrenzung (discretio) des einen vom anderen erfolgt;[813] „Namen“ werden gebildet durch eine Bewegung der ratio, um Dinge zu unterscheiden (ad rerum descretionem).[814] Das gilt nicht nur für konkrete Objekte, Artbegriffe u.dgl., sondern auch für Verstandesbegriffe wie „Einheit“. Sie haben gemäß solcher Verstandesbewegung jeweils (mindestens) einen Gegensatz (einen Begriff, dem sie entgegengesetzt sind), namentlich hier Vielheit (pluralitas) oder Vielfältigkeit (multitudo).[815] Bei Hinwegfall solcher Gegensätzlichkeit verlieren daher sämtliche unserer „Namen“ ihre Anwendbarkeit.

Wie bereits in Bezug auf die ontologischen Grundbegriffe, etwa auf die Begriffe „Form“, „Sein“, „Eines“ oder „Relation“, mehrfach deutlich wurde, können diese Prinzipien der cusanischen Prädikationstheorie als syntaktisch-semantische Regeln Anwendung finden, um in spezifischer Weise problematische Aussagen zu identifizieren.

[813] Vgl. De docta ign. (h I) I c. 24 n. 74, 9-12.
[814] De docta ign. (h I) I c. 24 n. 76, 4-5.
[815] Vgl. De docta ign. (h I) I c. 24 n. 76, 6-8.

Der auf den ersten – und zweiten – Blick verblüffende, tatsächlich aber mit Bezug auf diese Prinzipien erklärliche Befund nun ist, dass Cusanus durchaus betonen kann,

a) dass mehr oder weniger genaue „Annäherungen" an Gott möglich sind,
b) dass Gott „allnennbar" ist,
c) dass Gott schlechterdings unnennbar ist, durch Affirmationen wie auch Negationen wie jede logisch mögliche Kombination derselben,
d) dass die „Negationen" den Affirmationen vorausgehen.

Auf diesen Befund kann ein Interpretationsversuch unterschiedlich reagieren: Man kann versuchen, die Differenzen zu ignorieren oder zu verschleiern – dies scheitert an einer auch nur oberflächlichen Durchsicht des cusanischen Werks. Man kann sie bejahen, aber versuchen, sie auf unterschiedliche ‚Werkphasen' zu verteilen und beispielsweise ‚Selbstkorrekturen' annehmen[816] – dies scheitert daran, dass die genannten Optionen sich jeweils in ganz unterschiedlichen Werkphasen finden und auch in ein und demselben cusanischen Text. Der hier vorgelegten Interpretationsthese nach sind diese Differenzen dagegen systematisch erklärbar als unterschiedliche Hinsichtnahmen.

Damit ist (ad a) festzuhalten, dass für Cusanus mit der Unmöglichkeit *schlechterdings präziser* Prädikationen mitnichten *alle* Prädikationen glei-

[816] So, wie bereits mehrfach angesprochen, Flasch: Entwicklung. Ihm schließt sich z.B. Philipp: Lichtblick an im Befund, dass Cusanus nie eine „völlig einheitliche Position bezogen" habe; David ergänzt noch: Cusanus habe vielmehr „stets nach Gelegenheit, nach Adressat und den letzten Lektüren den Akzent verschieden gesetzt" (107). Allerdings hat Cusanus, der hier vorgelegten Interpretation nach, nicht nur jeweils einen „Akzent" je verschieden gesetzt, und dies auch nicht nur je „nach Gelegenheit", sondern Cusanus hat in erster Linie *systematisch je nach spezifischem Gesichtspunkt* der Betrachtungsweise unterschiedliche Darstellungsweisen priorisiert und unterschiedliche jeweils erkenntnisleitende, d.i. jeweils Missverständlichkeiten korrigierende Zuspitzungen vorgenommen; dass selbstverständlich gleichwohl eine gewisse Varianz je „nach Gelegenheit, nach Adressat und den letzten Lektüren" vorfindlich ist, ist dann gleichwohl unübersehbar. Dagegen widerspricht Fischer: Deus incomprehensibilis Flasch grundsätzlich. Während der Einwand z.B. gegen Flaschs Lektüre von De vis. (h VI) c. 12 n. 53 stichhaltig ist (vgl. Ibid., 10: aliquando – deinde kann hier durchaus auf Hinsichtnahmen statt zeitliche Phasen bezogen werden, gegen Flasch: Entwicklung, 437), bezieht Fischer selbst eine interpretatorische Extremposition, wonach die verschiedenen Werke des Cusanus lediglich eine „terminologische Variabilität" aufweisen (S. 11); der cusanische „Gedanke" werde „nur in Einzelheiten modifiziert bzw. in anderem Gewand (die Terminologie und Illustrierung durch Beispiele und Gleichnisse betreffend) offeriert" (27). Fischer bezieht sich dafür (S. 11ff) auf Jacobi, der aber von „Versuche[n]" gesprochen hatte, „eine Grundeinsicht in immer neuen Wendungen und Anläufen ins Wort zu bringen" (Jacobi: Methode, 23; ihm schließt sich z.B. auch Schumacher: Trinität, 12ff an) – die Verschiebungen zwischen diesen „Wendungen" auf bloße „terminologische" Varianzen zu beziehen, ist eine nochmalige methodische und interpretatorische Engführung.

chermaßen tauglich oder untauglich wären. Vielmehr erlauben die Prinzipien seiner Prädikationstheorie Unterscheidungen zwischen mehr oder weniger angemessenen Prädikationen.

Ebenso ist aber auch (ad b) festzuhalten, dass Cusanus keineswegs als ‚Vertreter negativer Theologie' sämtliche „Benennungen" Gottes (in einem unspezifischem Sinne von „Benennungen") für unstatthaft oder negationspflichtig hielte, vielmehr zielt Cusanus auf eine Konzeptualisierung der „Allnennbarkeit" Gottes, die mit seiner „Unnennbarkeit" zusammenfällt: Entweder, was zumindest alle relativen Seinsvollzüge einschließt, als Unterfall ungenauer Annäherungen vom Endlichen her (a). Oder aber, wenn die „Namen" in semantisch-maximalem Bedeutungsgehalt begriffen werden. Ein solcher ist uns freilich von endlichem Erkennen her unzugänglich, so dass bezüglich uns einsichtiger materialer Bestimmungen Gott durchaus an sich selbst „unnennbar" bleibt. Aber im Vorgriff muss die Möglichkeit solcher „divinaler" Redeweise und entsprechender Gehaltsfülle im Unendlichen unterstellt werden, soll überhaupt Benennung möglich sein.

Auch hat (ad c) die cusanische Prädikationstheorie durchaus nicht zur Folge, dass in einem trivialen Sinne jeweils „negative" Aussagen sämtlich statthaft wären. Vielmehr sind, insoweit es gerade nicht um nur mehr-oder-weniger-ungenaue Aussagen, sondern um die Inblicknahme Gottes als des Absoluten in letzter Hinsicht geht, gleichermaßen „affirmative" wie „negative" Prädikationsweisen unzureichend; dies schließt auch Annäherungen über Konjunktionen von Gegensätzen ein, wie Cusanus in „De Coniecturis" besonders unmissverständlich herausarbeitet.

Und trotzdem gilt (ad d) in bestimmter Hinsicht durchaus, und zwar auch in den spätesten Werken des Cusanus, ein Vorrang des „Verneinten".

Diese unterschiedlichen Hinsichten der sprachlichen Bezugnahme auf das Göttliche, die mit jeweils unterschiedlichen Verhältnisbestimmungen von „affirmativer" und „negativer" Aussageform einhergehen, werden nachfolgend an signifikanten Texten verfolgt.

IV.6.1 Die Allnennbarkeit Gottes als graduelle Verfehlung einer eigentlichen Benennung Gottes

Die Spitzenformulierungen der cusanischen negativen Theologie setzen voraus, dass es dabei um Gott geht, inwiefern er an sich selbst absolute Einfachheit, Maximität und Aktualität ist und so von jedem unserer Benennungsversuche, der *Genauigkeit* anstrebt, notwendig verfehlt werden muss. Dies ist jedoch nicht die einzige Weise, auf Gott Bezug zu nehmen. Schon die frühesten Ausarbeitungen negativer Theologie haben in der Rekonstruktion des Bedeutungsgehalts ihrer maßgeblichen Überlieferungen zwar Wesensaussagen für negationspflichtig gehalten, keineswegs aber Aussagen über

Manifestationen des göttlichen Wirkens (vgl. auch die Kurzhinweise in Abschnitt IV.5). In dieser Traditionslinie, wenngleich mit sehr eigenständigen bis eigenwilligen Adaptationen, ist auch die theologische Prädikationstheorie des Cusanus zu sehen.

So betont Cusanus wieder und wieder etwa, dass Gott als erstes Prinzip von Allem, so sehr er *an sich selbst* nicht mitteilbar ist, andererseits doch in seiner „Absicht" (intentio) sich mitteilt, die zumindest „eine Ähnlichkeit" zum Beabsichtigenden mit sich bringe, so dass geradezu jedes Geschöpf als eine „Absicht" Gottes erscheint.[817] In der Konsequenz dieser Perspektive liegt das cusanische Projekt, alle Wirklichkeit als „apparitio dei" zu begreifen, den Sinn aller Wirklichkeit und den Grund aller aus ihr hervorgehenden Gottrede begründet zu sehen im Lobpreis göttlicher Herrlichkeit (vgl. v.a. den Nachvollzug dieses Grundmotivs in Abschnitt IV.5). Die cusanische mens- und Zeichen-Theorie kann diese Perspektive in besonderer Weise einfangen und reflektieren im Geist als „viva imago dei", in seiner eigenen Annäherungsbewegung und Koproduktivität, insbesondere in Bezug auf die Verwiesenheit der Namensbedeutungen (vgl. v.a. die Abschnitte III.3-III.5). So kann Cusanus zwar von der Unfasslichkeit *der* Wahrheit im eminenten Sinn, auch als „Washeit" von Allem, sprechen oder davon, dass *keine* Wissenschaft Gott einzuholen vermag, wie er an sich selbst Einheitsgrund aller Wissensaufsuchung als Aufeinanderbezug von Erkenntnisversuchen und Zusammenschau von Wahrheit ist – als „Mitte des Friedens", wie es in Sermo CLXVIII heißt.[818] Doch umgekehrt erscheinen „alle Wissenschaften" als „Weisen, die Schau des Friedens auszudrücken"[819], also des Einheitsgrundes einer Zusammenstimmung von Erkenntnisversuchen. In ontologischer Terminologie formuliert, gründet eine solche Pluralität von „Weisen", die „Schau" des Göttlichen auszudrücken, in Gott als Form und Urbild von Allem *in* Allem, freilich nicht, wie er an sich selbst ist, sondern je nur in „Ähnlichkeit" und „Andersheit"[820], als Gottesschau „mittels eines Rätselbildes" (medio aenigmatico).[821] Unser Wissen und Sprechen erreicht nur die Objekte, wie sie an ihren Prinzipien in jeweiliger Andersheit teilhaben und insbesondere kennen wir (noscere) das Göttliche *nur* durch Teilhabe, nicht aber, „wie es in seinem Prinzip und seinem Sitz wäre".[822] Aber nicht die Objekte *als Einzeldinge*, als

817 Vgl. De beryl. (h ^{2}XI/1) c. 25 n. 37; das Thema wird weiterverfolgt c. 32 n. 54 ff.

818 Vgl. Sermo CLXVIII (h XVIII) n. 6.

819 Vgl. Sermo CLXVIII (h XVIII) n. 6, 14-16.

820 Vgl. De princ. (h X/2b) n. 36.

821 Vgl. De sap. (h ^{2}V) II n. 47; ähnlich z.B. De beryl. (h ^{2}XI/1) c. 6 n. 7.

822 Vgl. De ven. sap. (h XII) c. 18 n. 52. Cusanus zitiert hier explizit Pseudo-Dionysius: DN II, 7 nach der Übersetzung des Traversari (Dionysiaca I, 94f). Im Fortgang der zitierten Passage ist von „participationes atque virtutes" des Göttlichen die Rede – die energeiai, die nach Dionysius im Unterschied zum Wesen von uns erfassbar sind. Zur Stelle auch Bader: Psalterspiel, 66.

res sind *in* Gott und Gott ist nicht wie eine einzelne „res" als ein „Teil" oder wie eine graduierbare Eigenschaft partizipierbar (vgl. v.a. den Nachvollzug der diesbezüglichen cusanischen Präzisierungsversuche in Abschnitt II.1). Diese Problematik führt Cusanus dazu, vielerorts die Partizipationsterminologie hintanzustellen und stattdessen die Vermitteltheit des Erkennens durch die mens zu verfolgen – auch in Fortsetzung der Absetzung des Göttlichen vom gegenständlich vorstelligen Seienden zugunsten der adäquateren Konzeptualisierbarkeit in intellektualer Terminologie, wie sie u.a. Eckhart von Hochheim vorgelegt hatte. Auch in Bezug auf mens und Intellekt ergeben sich strukturanalogie Formulierungen, etwa im Aufgreifen der complicatio-Schematik, die Cusanus mehrfach diskutiert, wobei er etwa präzisiert: Wenn die complicatio (von etwas in Gott) gesetzt ist, wird nicht auch eine eingefaltete *Sache* (res complicata) gesetzt.[823] Und auch in dieser Vermittlung über die Koproduktivität der mens gilt ein Vorbehalt, der etwa in „De venatione sapientiae" sehr prägnant zum Ausdruck kommt: Dadurch zwar, dass der Geist bzw. Intellekt gut, wahr, schön usw. *nach Weise des Intellekts* (intellectualiter) bzw. des Seelischen (animaliter) ist, ist er vermögend,

> „durch seine intellektuale Güte die absolute Güte und die verschränkte Güte zu erkennen [...]. Durch seine intellektuale Weisheit bildet er sich Begriffe (notiones) der von allem losgelösten (absoluten) Weisheit und der zu Allem verschränkten Weisheit und schaut (intuere) die Ordnung der Dinge in der Weisheit und betrachtet (contemplare) die Dinge in ihrer Ordnung"[824].

Doch erfasst der Geist dabei die „Güte desjenigen, dessen Bild er ist, *als größer, als* was begriffen (concipere) oder gedacht (cogitare) werden könnte"[825] – und ebenso, wie im Blick auch auf die cusanischen Theorie der Sprachbedeutungen per menschlicher „impositio" oder durch Gott begründeter „vis vocabuli" (vgl. Abschnitt IV.3) zu ergänzen wäre, als was *benannt* werden könnte.

Was eine solche Redeweise *in relativer Hinsicht* betrifft, bezogen auf Gott, wie er in seinen Manifestationen zu schauen und lobpreisen ist, wie alle Wirklichkeit an ihm in jeweiliger „Andersheit" partizipiert, sind die von Cusanus entwickelten Voraussetzungen und Kriterien für Benennungsversuche wiederum in mehrfacher Weise produktiv. Denn mit dem Ausschluss einer *präzisen*, eigentlichen bzw. eigentümlichen (proprie[826]) Benennung sind

823 Vgl. De docta ign. (h I) I c. 22 n. 69, 9-11; der Terminus wird von Cusanus vielerorts gebraucht, hier z.B. auch c. 24 n. 85, 18-19 („rerum omnium complicatio"; Nikolaus von Kues/Wilpert/Senger: De docta ignorantia, 107 übersetzt etwas ungenau mit „Inbegriff aller Dinge").

824 De ven. sap. (h XII) c. 17 n. 49.

825 De ven. sap. (h XII) c. 17 n. 50.

826 Vgl. De docta ign. (h I) I c. 24 n. 74, 8-10 und 12-13 sowie n. 75, 1-3.

durchaus noch relativ-unpräzise Prädikationen möglich und werden im Rahmen der von Cusanus entwickelten Prinzipien zudem in ihrer relativen Angemessenheit theoretisch bewertbar.

Was die vom Endlichen her genommenen „Namen" betrifft, die je verfehlen, das genaue „Was", die „quidditas", zu erfassen, so sind ihre Bezugsobjekte, *was* sie sind, kraft des Göttlichen als Wesenheit aller Wesenheiten, Form der Formen und absoluter Aktualität. Schon deshalb gründen die Namen in Gott als Prinzip aller Benennbarkeit. So sind sie zwar keine eigentlichen Namen des Göttlichen. Es kann aber doch bei Aussageversuchen über Gott durchaus *mehr oder weniger* Präzision vorliegen. Nichts anderes hätte man erwartet bei Erwägen des Bildes der Annäherungen der Polygone an den Kreis: Es müsste auch in Annäherungen an die absolute Gleichheit, Wahrheit und Maximalität durchaus einen *Fortschritt* geben. Nicht *jede beliebige* Applikation von Prädikaten wäre dann vollständig gleichermaßen tauglich.

Was genau erklärt dann einen solchen Fortschritt, was macht wahr, dass eine bestimmte Prädikation zumindest eine relativ nähere, *wenn auch je unpräzise* Annäherung wäre?

Im Rahmen der partizipativen Terminologie, die in „De docta ignorantia" sowohl für semantische wie ontologische Zusammenhänge Anwendung findet, kann Cusanus das ‚Maß' für eine relative Zulässigkeit relativ *weniger* unpräziser Aussagen als Maß der *Einfachheit der Teilhabe* ansprechen.[827] Dabei geht es, so wird man Cusanus verstehen dürfen, primär um ein (metasprachliches) Kriterium, das sich auf die einzelnen (objektsprachlichen) Prädikate bezieht, nicht also um ein „Maßanlegen" an das Unendliche selbst. Zwar nimmt dieses „Maß" für die Angemessenheit von Prädikationen Bezug auf das Göttliche, aber dabei handelt es sich um den Rekurs auf ein *vorauszusetzendes* Partizipationsverhältnis und eine vorausgesetzte Hierarchisierbarkeit *von Partizipierenden* – das Göttliche selbst ist daher kein Unterfall des damit „Gemessenen". Mittels dieses Kriteriums also erklärt Cusanus etwa: Die endliche Gerade hat in *einfacherer* und *unmittelbarerer* Form der Teilhabe teil an der unendlichen Geraden als die gekrümmte Linie.[828] Die gekrümmte Linie nimmt nur mittelbar über die gerade Linie an der unendlichen Linie Teil und das geringste Gekrümmtsein „führt hin" auf (resolvitur in) das Geradesein[829]; das spricht zugleich eine Hierarchie der je größeren Seinsteilhabe und Vollkommenheit an wie auch eine semantische Hierarchie: Der *Begriff* des Gekrümmtseins ist zu verstehen *vom* Begriff des Geradeseins her, weshalb man ja auch sagen kann, er habe in diesem sein „Maß". Entsprechendes gilt

827 Vgl. De docta ign. (h I) I c. 18.

828 Vgl. De docta ign. (h I) I c. 18 n. 52, 18-23; vgl. I c. 23 n. 73, wonach die Linie mittels des Dreiecks, der Kreis aber durch sich selbst am Ziel (von Allem) teilhaben.

829 Vgl. De docta ign. (h I) I c. 18 n. 52, 18-21.

von den Begriffen „Substanz“ und „Akzidens“: „Substanz“ hat *unmittelbarer* Anteil am einfachst-Größten[830], „Akzidens“ wiederum ist zu verstehen vom Begriff der Substanz her (ist das Akzidens doch zu verstehen als das, was nicht Bestand in sich, sondern an der Substanz hat). Daher heißt das Größte *eher* Substanz als Akzidens. Freilich sind *beide* Bezeichnungen der Genauigkeit nach zu negieren. Aber auch im Modus der Negation kontinuieren sich die relativen Bevorzugungen: *Eher* „Über-Substanz“ als „Über-Akzidens“.[831]

Freilich ist ein solches Kriterium der Einfachheit der Teilhabe mindestens missverständlich. Denn Gott ist, wie Cusanus später mehrfach betonen wird[832], an sich selbst gerade nicht in der Weise „teilhabbar“, wie ansonsten Teilhaberelationen zwischen Ganzem und Teilen bestehen und wie im Felde graduierbarer Realisationen eine jeweils kontinuierliche Proportionalität von mehr oder weniger (an Teilhabe) bestünde. Man müsste daher, um solche Fehlkonzeptualisierungen zu vermeiden, das Kriterium eher bezogen verstehen auf die Einfachheit *der jeweiligen Auffassungsweise* in *unserem* Verstehensvollzug: *Unser* Begriff von Substanz ist der Einfachheit und Nicht-Teilhabbarkeit des Göttlichen *relativ* näher, insofern diese Relation besteht nicht eigentlich zu Gott selbst (der ja in keine Verhältnisse der Proportionalität eintritt), sondern relativ etwa zu *unserem* Begriff von Akzidentien. Die eigentliche Nicht-Teilhabbarkeit Gottes konfligiert also mit einer Terminologie, die Teilhabeverhältnisse insinuiert, wie sie im gegenständlichen und jeweils proportionalen Bereich des Gegenständlichen, Quantifizierbaren, graduell und nach distinkten Begriffen Qualifizierbaren vorliegen. Von daher ist erklärlich, weshalb die Partizipations-Terminologie in späteren Werken des Cusanus eher zurücktritt[833] und stattdessen eher die Vermitteltheit über die mens thematisiert wird. Auch im Textfortgang von „De docta ignorantia“ wird die Priorisierung nach partizipativer Einfachheit nicht weiterverfolgt. Entscheidender als diese Ausgangspunkte bei unterschiedlichen Hinsichtnahmen oder Kontraktionen (hier beim Substanz- oder Akzidens-Begriff) ist natürlich die Einsicht, dass die entsprechenden Prädikationen im Normalsinne ihrer Anwendung auf Gott unangemessen sind.

Die Bevorzugung bestimmter Prädikationen hat aber die Funktion, unsere Erkenntnis recht zu leiten und den Lobpreis des Göttlichen möglichst umfassend zu ermöglichen. Ihr entspricht nicht auf der Sachebene eine im ei-

830 Vgl. De docta ign. (h I) I c. 18 n. 53.

831 Vgl. De docta ign. (h I) I c. 18 n. 53, 8-13. Die Übersetzung bei Nikolaus von Kues/Wilpert/Senger: De docta ignorantia, 73 „Da ... mehr bedeutet“ für „Quoniam magis est dicere ...“ ist als Interpretation wohl stimmig, sofern der Bedeutungsgehalt gemäß der angesprochenen Hierarchie „höher“ ist, trägt als Übersetzung aber eher zu viel in den Text ein.

832 Vgl. bereits obig Fn. 644 (S. 220).

833 Vgl. zu diesem Befund auch Schwaetzer: Einheit und Vielheit.

gentlichen Sinne größere Präzision, ist doch Gott als absolute Genauigkeit inkommensurabel zu jedem endlichen Maß und Begriff (zum Akzidens-Begriff nicht anders als zum Substanz-Begriff). Wie Cusanus in „De docta ignorantia" formuliert: Die affirmativen Namen (im technischen Sinn) werden Gott attribuiert (i) gemäß etwas, was wir in den geschaffenen Dingen finden und damit (ii) etwas Besonderes (particulare), Unterschiedenes (discretum) usw. aussagen würden, weshalb sie (iii) Gott „nur in unendlich verminderter Weise" (per infinitum diminute)[834] entsprechen (convenire). Sofern die Affirmationen doch etwas von ihrer Bedeutung (significatio) in Gott setzen würden, wären sie also schlichtweg unpassend[835], aber auch eine „*unendlich* verminderte Weise" erlaubt natürlich keine *quantifizierbare* Genauigkeit. Man sollte daher die cusanische Redeweise von einer „Einfachheit der Teilhabe" verstehen von der Erkenntnisleitung unseres Geistes auf Einfachheit hin und nicht etwa als Grade auf einer – d.i. ein und derselben – Skala von „Einfachheit", auf welcher Gott gleichsam nur an oberster Stelle stünde – wenn Gott *in*kommensurabel ist und in *unendlich* höherer Weise zu verstehen wäre, hat er keinen Ort auf einer solchen vom Endlichen her beginnbaren ‚Skala'.

Die Funktion einer ‚Graduierung' von ‚Genauigkeiten' unserer Prädikationsversuche in Bezug auf Gott kann also nur mittelbare Funktion haben. Dies wird besonders deutlich in „De non aliud". Auch wenn Gott „nichts Nennbares" und nichts (von anderem distinkt unterscheidbares) Anderes ist[836], so konstatiert hier Cusanus, und

> „auch wenn dem ersten Prinzip viele Namen zugeschrieben werden, wovon diesem keiner angemessen (adaequatum) sein kann, da er das Prinzip aller Namen und aller Dinge ist und nichts Prinzipiiertes und allem vorausgeht, wird er doch durch *eine Bezeichnungsweise* (modus significandi) *genauer* durch die Geistesschärfe gesehen als durch eine andere".[837]

Als eine solche gegenüber anderen zumindest „genauere Bezeichnungsweise" gilt der Begriff des Nicht-Anderen als ein Reflexionsbegriff zweiter Ordnung, der kenntlich macht, dass die Relation der Andersheit, wie sie ansonsten auf jeweils voneinander unterscheidbare Einzelobjekte anwendbar ist, nicht anwendbar ist auf das Prinzip derselben und ihrer Unterscheidbarkeit. Es wird damit keineswegs ein (absolut) genauer „Name" eingeführt. Die Bezeichnung „non aliud" ist zwar (relativ) „genauer" als z.B. die Bezeichnung

[834] Vgl. De docta ign. (h I) I c. 24 n. 78 und dazu obig Fn. 672 (S. 279).
[835] Vgl. De docta ign. (h I) I c. 24 n. 78, 13-15.
[836] Vgl. De non aliud (h XIII) c. 1 n.5.
[837] De non aliud (h XIII) c. 2 n. 6.

„das Gute“[838]. Aber auch „non aliud“ soll lediglich als eine relativ-„genauere Bezeichnungsweise“ verstanden werden. Analoges wird man überhaupt für jene speziellen Benennungsformen annehmen müssen, die keine „Namen“ im spezifischen Sinne sind, sondern Verweiszusammenhänge der auf Endliches applikablen Begriffe ansprechen oder metasprachliche Verhältnisbestimmungen der objektsprachlichen Aussagen zum Göttlichen. Hierzu zählen etwa die Meditationen darüber, dass Gott sich verhält wie die Wirklichkeit (des Maximums und zugleich Minimums) zur Möglichkeit (des Groß- und Klein-Sein-Könnens) oder wie die Notwendigkeit (der Wahrheit) zur Möglichkeit (der Versuche unseres Intellekts)[839] oder wie das Ziel und die Grenze (terminus) von allem, selbst aber durch nichts begrenzbar (terminabilis) ist[840]. Aus diesen Voraussetzungen generiert Cusanus Prädikationen wie „absolut Größtes“, „absolut Kleinstes“ usw. Als von dieser Art, nicht also ein eigentlicher „Name“ zu sein und auch nur „relativ-genauer“ zu sein, soll also auch der Terminus „non aliud“ verstanden werden.

Demgemäß wird auch gegen Ende des Dialogs ganz unmissverständlich erklärt:

> „Ich (Cusanus) sage aber nicht, dass ‚das Nicht-Andere‘ der Name jenes sei, dessen (feierliche) Benennung (nuncupatio) über alle Namen hinaus ist. Sondern mit ‚dem Nicht-Anderen‘ eröffne (patefacere) ich dir den Namen *meines Begriffes* (conceptus) von selbigem Ersten. Und mir fällt kein *genauerer* Name ein (occurrere), der meinen *Begriff vom* Unnennbaren ausdrückt (exprimere), welches gegenüber keinem etwas Anderes ist“.[841]

Nochmals also der Komparativ („genauer“) bei gleichzeitiger Insistenz auf Unnennbarkeit – es geht auch bei Bezeichnungsweisen wie „non aliud“ nur um *relativ-genauere* Bezeichnungsweisen oder Benennungen nicht Gottes selbst, sondern je nur der stets ungenügenden *Weise unseres Begreifens* und Bezeichnens Gottes.

Die relative Genauigkeit und mithin Eignung solcher Bezeichnungsweisen bemisst Cusanus dann mittelbar daran, inwieweit sie fähig sind, unseren Geist hinzuleiten (dirigere)[842] auf das erste Prinzip, inwieweit sie „als Weg zum (ersten) Prinzip dienen“ und

> „uns den unnennbaren Namen Gottes *näher* (propinquus) darstellen (figurare), so dass er (der unnennbare Name) aus ihm (d.i. aus dem

838 Vgl. De non aliud (h XIII) c. 24 n. 107.
839 Vgl. De docta ign. (h I) I c. 3 n. 9-10 u.ö.
840 Vgl. De docta ign. (h I) I c. 4 n. 12, 14-17.
841 De non aliud (h XIII) c. 22 n. 99.
842 Vgl. De non aliud (h XIII) c. 2 n. 6.

mit „Non-Aliud" Bezeichneten, seinem *significatum*) widerstrahlt wie aus einem um so kostbareren Rätselbild (aenigma)".[843]

Einerseits also bleibt der eigentliche *Name* Gottes unnennbar und Reflexionsbegriffe wie „Non Aliud" reichen nicht an ihn heran. Andererseits dienen sie mittelbar zur Hinleitung unseres Geistes bzw., was ein und dieselbe Bewegung ausmacht, dem Widerstrahlen des göttlichen Namens in unseren behelfsweisen und jeweils nur, aber immerhin *mehr oder weniger* „genauen" oder „nahen" Begriffen.

Wenn Cusanus indes vom „Nicht-Anderen" nicht als Begriff nur unseres Denkens, sondern als von dem spricht, was diesem als Prinzip alles Unterschiedenen vorausliegt, dann ergibt sich dieselbe Problematik wie in Bezug auf den Begriff des Einen: Dieser ist als distinkter Begriff, wie wir ihn instantiiert finden an allem, was wir als stabile Einheit begreifen können, bereits jenem Einen gegenüber nachträglich, welches Prinzip aller einzelnen Fälle von Einheit ist. Entsprechend verhält es sich mit dem Begriff des „Nicht-Anderen", wie dies etwa sehr präzise in folgender Passage formuliert wird:

> „Wenn A *das Bezeichnete* (significatum) für (den Begriff) ‚das Non-Aliud' wäre, dann wäre A das, *von dem gesprochen wird.* Wenn jedoch [...] (das, was der Begriff ‚das Nicht-Andere' sagen will, nämlich) das (absolut-) Eine [...] das Bestimmende (definitivum) für das Eine (im Unterschied je zu Anderem) und alles Viele ist, dann geht A als das(jenige absolute) Eine, welches jenes Eine definiert, das ein Anderes (weil je von Anderem unterschieden) ist, diesem (unterschiedenen Einen) voraus. Denn da das Eine nichts anderes ist als das Eine, würde es vergehen (desinere), wenn das A aufhörte zu bestehen."[844]

Alle Namen hingegen haben nur (in jeweiliger Andersheit) Teil an jenem Signifikat auch des Begriffs ‚Nicht-Anderes', für das hier als Platzhalter ‚A' steht, so dass Cusanus festhält, dass „mit der Aufhebung des A alle diese Bezeichnung und Teilhabe (der Namen am A) hinwegfiele".[845] Ein tatsächliches Supplement für diese Stelle eines „eigentlichen Namens" ist uns grundsätzlich nicht verfügbar – wie auch im Rahmen metonymischer Kommunikation deutlich wird, nämlich am Tetragramm und Namen Jesu, wie u.a. anhand der frühesten Sermones verfolgt wurde (vgl. v.a. Abschnitt IV.1).

Die hier vorgeschlagene Deutung eines relativen Vorrangs bestimmter Benennungen relativ dazu, wie sie unseren Geist auf die göttliche Einfachheit

843 De non aliud (h XIII) c. 2 n. 7. In anderer Weise als von significatum spricht Cusanus vom signatum: Dieses ist „später" als das signum und diesem zugeordnet wie der Punkt (als signum) sich zur Linie (als signatum) verhält, vgl. De non aliud (h XIII) c. 24 n. 109-110.

844 De non aliud (h XIII) c. 15 n. 73.

845 De non aliud (h XIII) c. 16 n. 79: „[...] cum omnia talia ipso A sublato cessent a significatione et participatione, quod A ipsum in omnibus participatur [...]".

einerseits und korrespondierend auf das Ungenügen unseres Begreifens und Benennens andererseits *hinführen*, ist bestätigbar an einigen relativen Bevorzugungen, die Cusanus beschreibt. So etwa, wenn Cusanus, mit breiten Teilen platonischer Tradition, den Begriff des Einen voranstellt gegenüber dem Seinsbegriff mit der Begründung: Ohne das Eine kann „Seiendes in Möglichkeit" und „Seiendes in Wirklichkeit" gleichermaßen nicht sein; das Eine ist „*besser*" (melius) denn alles Benennbare (nominabile).[846] Denn hier geht es offensichtlich um einen Seinsbegriff, der vom *Wirklichen* her gewonnen ist, von der realitas eines Einzeldings, einer res, was Cusanus, ähnlich wie schon Eckhart, für problematisch hält in Anwendung auf Gott (vgl. v.a. Abschnitt II.2), denn eine „res" liegt erst vor im Heraustreten aus der Einheit der Objekte, wie sie „in" Gott sind, also in doppelter Weise nachträglich gegenüber Gott selbst. Auch, wenn Cusanus auf einer relativen Rangfolge der Begriffe „Sein", „Leben", „Erkennen" insistiert[847], so hat dies erkenntnisleitende Funktion für uns, während *unser* Begriff von Leben in Anwendung auf Gott durchaus noch unpassend ist, weshalb Cusanus diese Prädikationsweise z.B. wiederum „unvollkommener" nennt, als Gott „das Nicht-Andere" zu nennen.[848]

Diese eigentliche Unpassendheit, aber Füglichkeit bezüglich der Leitung unseres Geistes kommt auch dem Begriff „Gott (deus)" selbst zu, wie Cusanus u.a. in „De Deo abscondito" und „De quaerendo Deum" ausführt. In der bereits zuvor kurz behandelten Schlusspassage des erstgenannten Werks wird zunächst herausgestellt, dass es „nicht wahr" sei, zu sagen, dass „Gott" der Name Gottes ist (da *der* Name im eminenten Sinne uns unbekannt bleibt). Freilich sei es auch „nicht falsch", sondern angemessen als eine „Ähnlichkeit für die Vollkommenheit" Gottes, und zwar wegen der durch die

[846] Vgl. De princ. (h X/2b) n. 8, hier im Kontext einer breitflächigen Proklos-Rezeption, die sich in den cusanischen Frühschriften noch nicht entsprechend findet.

[847] In De beryl. (h ^{2}XI/1) c. 16 etwa spricht Cusanus in einer Adaptation einer Passage Avicebrons (Fons vitae III, 54) von drei Winkeln jeweils gesteigerter „Rückwendung": Vom stumpfen Winkel des Seins über den formhaften des Lebens zum spitzen des Erkennens (intelligere), der „mehr teilhabe" an Wirklichkeit und Einfachheit des Winkels und dem ersten Ursprung ähnlicher sei und in den beiden vorigen sei. Bei Seienden, die im Sinne dieses dritten Niveaus an „Rückwendung" existieren, nennt Cusanus dann deren Sein „stärker" (virtuosius), da sie dadurch, dass sie sind, (nicht einfach überhaupt sind, sondern auch) leben und erkennen. Zu begriffs- und ideengeschichtlichen Hintergründen des Ternars Sein-Leben-Erkennen vgl. die ausgewählten Hinweise in der kritischen Edition und bei Nikolaus von Kues/Bormann: Über den Beryll, 104; De ven. sap. (h XII) c. 38 n. 112; neben der dort angeführten Eckhart-Passage (In Ioh. 1,3-4 n. 63, LW III, 51-53) behandelt Eckhart diesen Ternar noch vielfach; vgl. auch De princ. (h X/2b) n. 8 (ferner n. 39): was ist, lebt und erkennt, ist „genauer geeint" als was nur ist oder nur ist und lebt; De ven. sap. (h XII) c. 4 n. 10; De non aliud (h XIII) c. 9 n. 32 und n. 35.

[848] Vgl. De ven. sap. (h XII) c. 14 n. 41.

(Pseudo-)Etymologie von „theoro", sehen, naheliegenden Analogie zum Verhältnis von Farbe und Sehzentrum: Das Zentrum des Sehens muss selbst ohne Farbe sein, um jede Farbe sehen zu können, so dass das Sehen an sich selbst, wie es ohne Farbe existiert, „unnennbar" ist „im Gebiet der Farbe", während umgekehrt alle Farben vom farblosen Sehen unterschieden werden und von daher ihren Namen erhalten.[849] Wenn sich Gott in ähnlicher Weise verhält, also als Prinzip aller Namen an sich selbst mittels jener unnennbar bleibt, dann ist „Gott" deshalb ein angemessener (Quasi-)Name, weil er selbst *auf diese Unnennbarkeit verweist.* Dieser Deutung zufolge verschränken sich also im Namen „Gott" Nennbarkeit (soweit dieser aus dem erwähnten Grunde *anwendbar* ist) und Unnennbarkeit (soweit damit keine eigentliche Nennung möglich bleibt). „Gott" hat demnach als Bezeichnung den Gehalt einer Kennzeichnung etwa der Form ‚dasjenige, was an sich selbst unnennbares Prinzip jeder Benennungen ist' – ein Gehalt also, der *mittelbar und ex negativo* auf Gott Bezug nimmt, ohne aber dessen Wesen an sich selbst zu beschreiben.

Ganz ähnlich argumentiert Cusanus auch in „De quaerendo Deum": Eine Bezeichnung wie „theos", komme keineswegs dem (einen) unaussprechbaren Namen Gottes gleich, der unbegreifbar ist – „das nämlich, was nicht begriffen werden kann, bleibt unaussprechlich (ineffabile)".[850] Derartige (Quasi-) Namen sind nur jeweils ein „Name Gottes insofern, als Gott vom Menschen in dieser Welt *gesucht* wird". Sie falten „gleichsam einen Weg ein, auf dem Gott gefunden wird, so dass man ihn erreichen kann", wenn auch sein Wesen unbegreiflich und, damit zusammenhängend, sein eigentlicher Name unnennbar bleibt. Im Falle der Betrachtung des (Quasi-)Gottesnamens, der auf das Sehen verweist und damit auf einen Modus, wie Gott gesucht wird und erreichbar wird, bietet das Verhältnis des Sehens bzw. der Schau eine spezifische „Aufstiegsleiter (scala ascensus)", wenn „wir die Natur sinnlichen Sehens vor dem Auge intellektualen Sehens ausbreiten (dilatare)".[851]

Dabei ergibt sich die Einsicht, dass das Sehen in der gesamten sichtbaren bzw. farbigen Welt nicht auffindbar ist, da die „Welt der Farbe nichts Nicht-Farbiges erfasst".[852] Dieses Verhältnis entspricht genau jenem des an sich selbst unaussprechlichen Namens als Prinzip aller einzelnen Namen wie auch dem Sehen des allsehenden Gottes im Verhältnis zu unserem eingeschränkten Sehen: Das ermöglichende Prinzip (Farbe einfachhin, absolutes Sehen, absoluter Name) ist „im" Prinzipiierten (einzelnes Farbiges, eingeschränktes Sehen, uneigentliche Namen) als dessen ermöglichender Grund, der *als sol-*

849 Vgl. De Deo absc. (h IV) n. 14; vgl. obig S. 108.
850 De quaer. (h IV) c. 1 n. 19.
851 De quaer. (h IV) c. 1 n. 19.
852 De quaer. (h IV) c. 1 n. 22; vgl. c. 2 n. 35.

cher vom Prinzipiierten her erreichbar wird genau dann, wenn in der Erfassung dieses Verhältnisses zugleich ex negativo einsichtig wird, dass er so, wie er *an sich* ist, gerade unerreichbar bleibt.

IV.6.2 Die Allnennbarkeit Gottes als Unnennbarkeit

Die Maximität und Aktualität des Göttlichen in ihren semantischen, axiologischen und ontologischen Aspekten – als „Begriff der Begriffe", „Wert der Werte", „Grund der Gründe" und „Form der Formen" etwa – sowie die präsuppositionale Betrachtungsweise führen dazu, dass Gott gerade „allnennbar" sein muss. Denn einerseits verweist jedes Prädikat mittelbar auf den Grund aller Benennbarkeit: Jede Prädikation bedeutet, was sie bedeutet, nur unter Einschränkung und mithin Voraussetzung des absoluten Sinnhorizonts, auf den sie als je ihren letzten und eigentlichen Grund und Sinn verweist. Andererseits kann jedes anfangshaft distinkte Prädikat auch im Vorgriff auf eine Tilgung endlich-limitativer Bedeutungsgehalte erwogen werden. Dann fällt jede Prädikation ununterschieden mit dem Göttlichen ineins. „*In* Gott ist alles Gott"[853] gilt in dieser Perspektive auch für eine solche entgrenzende Betrachtung ausgehend von jedwedem gegenstandsbestimmenden positiven Prädikat. Daher müsste Gott „mit den Namen aller Dinge genannt" werden wie auch „alle Dinge genannt werden mit dem Namen Gottes".[854]

[853] Vgl. De docta ign. (h I) I c. 22 n. 69, 3-4.

[854] Vgl. De mente (h ²V) c. 3 n. 69; der „Philosoph" sieht darin eine Erklärung für eine Sentenz des Hermes Trismegistus (Corpus Herm. Aclepius 20, ed. Festugière: Dieu inconnu II, 321: „[...] uero innominem uel potius omninominem siquidem is sit unus et omnia, ut sit necesse aut omnia esse eius nomine aut ipsum omnium nominibus nuncupari [...]"; zur Verschränkung von Namenslosigkeit und „Allnamigkeit" im Asclepius-Traktat vgl. Walter: Pagane Texte, 166 et passim; Miernowski: Le dieu néant, 90ff; zur Hermetik-Rezeption des Cusanus überblicksweise Minazzoli: L'héritage; speziell zu dieser Passage auch Velthoven: Gottesschau, 224). Ganz ähnlich in De beryl. (h ²XI/1) c. 12 n. 13; De non aliud (h XIII) c. 6 n. 22 und schon De docta ign. (h I) I c. 24 n. 75 mit Verweis auf „Hermes Trismegistus": „Quoniam Deus est universitas rerum, tunc nullum nomen proprium est eius, quoniam aut necesse esset omni nomine Deum aut omnia eius nomine nuncupari". Cusanus vermerkt zur De mente-Stelle in seinem Exemplar als Randnotiz, dass hier der Gesichtspunkt vermerkt sei, warum Gott unnennbar ist („nota racionem cur deus sit ineffabilis"), angeführt u.a. bei Nikolaus von Kues/Steiger: Der Laie über den Geist, 141; Moffit Watts: Nicolaus Cusanus, 57. Vgl. dazu die Passage bei Thierry von Chartres: Lectiones in Boethii librum de Trinitate IV, 11 ed. Häring: Commentaries, 189f sowie Thierry: Glosa super Boethii librum de Trinitate IV, 10-11, ed. Ibid., 286f, ebenfalls mit Bezugnahme auf „Hermes Trimegister" resp. Asclepius. Freilich präzisiert Cusanus die problematische Redeweise von der „universitas rerum" ausführlich, wie bereits in Abschnitt II.1 anhand der Modalität des Inseins von Allem in Gott diskutiert worden war. Vgl. auch Arfé: Annotations, 38 und die Zusammenstellung und Auswertung der Passagen zur Un- und Allnenbarkeit

Cusanus dekliniert diese Allnennbarkeit in „De docta ignorantia" für den Urteilsvierkant explizit durch[855] in den Prädikationsformen: „das einfachhin-Größte ..."

(1) ist,

(2) ist nicht,

(3) ist und ist nicht,

(4) ist nicht und ist nicht nicht (nec esse nec non esse).

Damit sind alle denkbaren und aussprechbaren Aussageformen erfasst. Sie alle kommen, so Cusanus, dem einfachhin-Größten dergestalt zu, dass diese Aussagen „höchst-wahr" („maxime [...] verum") sind.

Denn das absolut-Größte *ist* die größte Wahrheit und dies *bewahrheitet* jede Aussage dieser vier Typen. Ein Prädikat wie „Sein" kommt dem absolut-Größten also zwar nicht, von den Distinktionen unseres Begriffsschemas her gesehen, *präzise* zu, weshalb Cusanus davon spricht, dass dem absolut-Größten „Sein" „in höchster und *unnennbarer* Weise" zukomme.[856] Man kann dies als Modifikation der Kopula sprachlich ausdrücken, so dass statt „est" jeweils „est-maxime" zu explizieren wäre; derartige Aussage sind dann bewahrheitet *durch die Maximalität*, die dem Aussagesubjekt zukommt. So gilt also zwar das absolut-Größte als unnennbar mittels „präziser" „Namen", auch nicht des „Namens" „Sein", doch:

> „Durch den Namen ‚das Größte', der oberhalb jedes benennbaren Seins ist, kommt ihm zu, dass es in *höchster* Weise und unnennbarerweise ‚notwendigerweise ist'".[857]

Dergestalt ‚verabsolutierte' Prädikate werden austauschbar mit den entsprechenden Satzsubjekten: „das einfachhin-Größte *ist* die absolute-Notwendigkeit".[858] Solche Formulierungen lassen sich, wie Cusanus auch anmerkt, natürlich in „unendlicher Zahl" aus den genannten Prinzipien generieren – und also aus der Betrachtungsweise, inwiefern jede Einzelwahrheit an der absoluten Wahrheit partizipiert, jeder Einzelgehalt eine Eingrenzung absoluter Sinnfülle als ihrer letzten Möglichkeitsbedingung ist.

Dabei fallen freilich, wie man sagen könnte und die gerade resümierte Passage sehr genau exemplifiziert, „Allnennbarkeit" und „Unnennbarkeit"

Gottes im Corpus Hermeticum bei Festugière: Dieu inconnu IV, 65ff; ferner Klibansky: Proklos-Fund, 35.

855 Vgl. De docta ign. (h I) I c. 4 n. 16.

856 Vgl. De docta ign. (h I) I c. 4 n. 17.

857 Vgl. De docta ign. (h I) I c. 4 n. 17.

858 Vgl. De docta ign. (h I) I c. 4 n. 17, 5-8. Wenn Gott „ist, was er sein kann", dann ist er „frei davon, etwas anderes werden zu können, als er ist" (De ven. sap. (h XII) c. 13 n. 34) und zudem als „absolute Notwendigkeit" zu bezeichnen, da er dann „nicht nicht sein kann" (De poss. (h XI/2) n. 27); vgl. dazu (wie auch z.B. bei Nikolaus von Kues/Steiger: Dreiergespräch über das Können-Ist, 100 vermerkt) Librum hunc II, 23, ed. Häring: Commentaries, 75: „[...] actus sine possibilitate est Necessitas [...]".

zusammen: Denn „allnennbar“ ist Gott nur insofern mit jedem Begriff, hier etwa mit dem Begriff „Sein“, als dieser an sich selbst in „höchster und unnennbarer Weise“ gebraucht wird – also eigentlich in einer Weise, die uns schlechterdings nicht verfügbar ist. Ein solcher Vorgriff auf die letzte Wahrheitsbedingung aller Wahrheiten kommt dem gleich, was in „De Coniecturis“ als „divinale“ Redeweise angesprochen ist – eine Redeweise, die über die Entgegensetzungen auch insoweit hinausführt, als keineswegs der Vorgriff auf eine Einheit *des* Distinkten im Modus einer *Konjunktion* von Gegensätzen konzeptionell und sprachlich zureicht zur Bezugnahme auf Gott, wie er an sich wäre.

Dass in dieser Betrachtungsweise die Erwägung von Prädikaten respektive Gegenständen *in* Gott zu einer „Allnennbarkeit“ führt, ohne dass diese mehr endlich-distinkte Bedeutungen mit sich führen, gilt auch für die *göttlichen Attribute* im engeren Sinne: Auch die Bezeichnungen für die Eigenschaften (vocabula attributorum) Gottes haben nicht distinkte Wahrmacher, sondern „bewahrheiten einander kreisförmig selbst“ (invicem verificentur circulariter): Die höchste Gerechtigkeit *ist* die höchste Wahrheit usw.[859] Cusanus rekon-

859 Vgl. De docta ign. (h I) I c. 21 n. 66, 3-10; Apol. (h ^{2}II) n. 33; obig Fn. 509 (S. 177). Ähnlich z.B. sind Eines und Gutes *in Gott* nicht verschieden, wie Cusanus z.B. De princ. (h X/2b) n. 26 hervorhebt. Vgl. auch Sermo CLXXII (h XVIII) n. 1, wonach Gottes Gnade, Gutheit und Wesen essentiell nicht verschieden sind; De ven. sap. (h XII) c. 8 n. 21: Die Eigenschaften Gottes sind nur dem Begriff nach (ratione) und nicht der Sache nach (nequaquam re) verschieden. Entsprechend sind sie „vertauschbar“, vgl. De ven. sap. (h XII) c. 8 n. 22; c. 21 n. 60; c. 16 n. 46: Das Große, Wahre usw. *ist das Gute selbst*; *im Großen* ist das Gute, Wahre usw. *das Große* usf. – „Et ita in quolibet ipsorum omnia sunt ipsum“. Dies gilt für Cusanus, wie im Kontext deutlich wird, jeweils präzise im Vorblick auf diese Begriffe, wie sie in ihrem Wesen bzw. *in ihrer „Definition“* sind, d.h., wie sie *im Nicht-Anderen* sind, das die Definition von Allem ist, die ‚Zirkularität‘ gilt also dezidiert in dieser Hinsicht bzw., wie Cusanus üblicherweise formuliert, *dort*, *„im* Nicht-Anderen“. Anders verhält es sich, vgl. De ven. sap. (h XII) c. 16 n. 47, etwa bei der Sonne: Diese „ist ein anderes und darum ist ihre Gutheit *nicht* ein Nicht-Anderes zu ihrer Größe (usw.) [...] Die Sonne ist durch etwas anderes gut, durch etwas anderes groß (usw.)“. In Gott sind diese (d.i. die Gutheit, Größe usw.) dagegen „in nicht-zusammengesetzter Weise als der einfache Gott, wie das Verursachte in der Ursache *die Ursache ist*“. Die Annahme einer „Vertauschbarkeit“ von Letzbegriffen wie „Eines“ oder „Seiendes“ führt Cusanus mehrerenorts auf Aristoteles zurück. Zu den einschlägigsten Stellen zählen dabei die folgenden: Met. IV 2 1003b23 (Eines und Seiendes ist eine Natur und sie folgen einander wie Prinzip und Ursache; es sei zwar nicht gemeint, dass sie auch dem Begriffe nach dasselbe sind, aber dies anzunehmen wäre schadlos, ja der Untersuchung sogar förderlich, sei doch *„ein* Mensch“ dasselbe wie *„seiender* Mensch“ oder „Mensch“, so dass „er ist *ein* Mensch“ nur eine Dopplung im Ausdruck ist gegenüber „er ist Mensch“); 1040b16 (Eines und Seiendes werden in selbiger Weise ausgesagt und können gleichermaßen *nicht* Wesen der Dinge sein, u.a., weil das Eine sonst, also wenn es Wesen der Dinge wäre, *in Vielem* vorhanden wäre); 1045b6 (jedes Einzelding ist *unmittelbar* ein Seiendes *und* ein Eines, doch nicht, als wäre es *in* diesen als in allgemeinen Gattungsbegriffen enthalten oder als würden sie selbständig existieren *neben* dem Einzelnen); ferner die Diskussion in Buch IX, 1059b28 (die ersten

struiert so in seiner spezifischen Problematisierung der ontologischen Grundbegriffe eine traditionelle theologische Maßgabe: Die göttlichen Attribute werden nicht bewahrheitet durch Einzelkomponenten des göttlichen Wesens, sondern durch dieses selbst in seiner schlechthinnigen Einfachheit.

IV.6.3 Über Bejahung und Verneinung hinaus

Während unter der Perspektive auf das Begründetsein aller Prädikate in Gott eine „Allnennbarkeit" resultiert, ergibt sich unter der Inblicknahme Gottes als absolut-Einem in Absetzung von der Vielheit an Hinsichtnahmen, endlichen Anlässen und Gehalten, dass keineswegs nur „bejahende" Aussageformen unzureichend sind, sondern *ebenso* verneinende, denn eine Entgrenzung von Oppositionsbezügen muss auch die Negationen mit einschließen. Diese Implikation hat eine lange Tradition; besonders prominent hat Pseudo-Dionysius die „Mystische Theologie" mit dem Hinweis beschlossen, dass Gott als die „Allursache" „ebenso jeder Bejahung überlegen [ist], wie keine Verneinung an sie heranreicht".[860] Oder, wie Cusanus in „De Principio" formuliert: Das Eine ist erhaben (exaltata) „über Setzung (positio) und Entgegensetzung (oppositio), Bejahung und Verneinung".[861] Dasselbe gilt aber auch für jeden anderen Modus, der noch Gegensätzlichkeit mit sich bringt, insbesondere, wenn diese Gegensätze lediglich konjungiert werden (wie in „Gott ist Sein *und* Nichtsein"). Dies betrifft in gleichem Maße die Statusbestimmung des Gedankens der „coincidentia oppositorum" wie das Verhältnis zwischen erstem und zweitem philosophisch-theologischem Hauptwerk wie, in der etablierten Metaphorik mystischer Theologie, die Frage, ob Gott

Gattungen wären das Seiende und das Eine, da sie das Seiende umfassen und, weil sie der Natur nach das Erste sind, am meisten Prinzipien gleichkommen, da bei deren Wegfall auch alles übrige wegfällt, da alles ein Seiendes und ein Eines ist); 1060b5 (wo ebendiese Behandlung von Seiendem und Einem als Prinzipien in eine – nach dortiger Reihenfolge die zwölfte – Aporie geführt wird). Hier, also in Met. XI, dürfte man, wie seit Jaeger weithin akzeptiert wird, eine relativ frühere, kürzere, stärker an der Auseinandersetzung mit platonischen Lehrmeinungen orientierte Problembehandlung ersehen; man vergleiche entsprechend die Diskussion der elften Aporie in Met. III 4 1001a1ff, ob Seiendes und Eines *Wesen* der seienden Dinge sind. Auf die weitere ideengeschichtliche Tradition kann hier nicht eingegangen werden; zur Vereinheitlichung unter dem Gesichtspunkt einer expliziten „Transzendentalienlehre" seit Philipp dem Kanzler vgl. unter den zahlreichen einschlägigen Studien Jan Aertsens etwa Aertsen: Transcendentals. Bei Cusanus ist deutlich, dass in Sache und Terminologie mit der Rede von einer „Kreisförmigkeit" im Verhältnis der göttlichen Attribute ein Leitthema der symbolischen Theologie des Raimundus Lullus anklingt; vgl. dazu z.B. Meuthen: Nikolaus von Kues 1401-2001, 30f.

860 MT V, hier n. d. Übers. v. A. M. Ritter (Pseudo-Dionysius Areopagita/Ritter: Mystische Theologie), 80.

861 De princ. (h X/2b) n. 26.

gleichsam „hinter“ oder schon „in“ der „Mauer des Paradieses“ zu schauen wäre.[862]

Schon in „De docta ignorantia“ macht Cusanus das Unterlaufen von Gegensatzbeziehungen sehr deutlich, etwa, wenn er auf ein Resultat seiner Übungen einer Entgrenzung endlicher Sinngehalte hinweist: Im Wege der Betrachtung der Figuren und ihrer Wesensgründe, dem translativen und transsumptiven Übertragen, wende sich der Geist (a) jenem zu, der *über alle Setzungen* (positiones) hinaus vollkommene Ursache von allem ist und (b) dessen Erhabenheit *auch über die Verneinung* (ablatio) von Allem hinausragt.[863] Sowohl (a) Affirmationen wie (b) Negationen sind also insoweit nur modal-relative Annäherungen, über die Gott hinausragt, insofern er an sich selbst absolute Einfachheit und Aktualität ist. Eine solche Relativierung und Entgrenzung betrifft nicht nur einzelne Bestimmungen von Objekten und Eigenschaften (wie „klein“ und „groß“), sofern diese in ihrem Prinzip betrachtet werden.[864] Sie betrifft auch metaphysische Grundbegriffe und Reflexionsbegriffe: Hinsichtlich der Einheit von virtualiter Allem „*in* Gott“ dürfen sogar Begriffe wie „Unterscheidung“ (distinctio) und „Nichtunterscheidung“ (indistinctio) nicht als einander-Widersprechende (contradicentia) aufgefasst (concipere) werden. Beide sind in dieser Hinsicht (in II.1 als „H2“ apostrophiert) zueinander „nicht etwas anderes“ (non aliud).[865] Sofern es möglich ist, so Cusanus, muss beim Göttlichen (in divinis) ein *einfacher* Begriff (sim-

862 Vgl. zu letzterem besonders Haubst: Mauer der Koinzidenz; Kunzler: Herrlichkeit; Haug: Mauer.

863 Vgl. De docta ign. (h I) I c. 16 n. 43, 16-20 nach Pseudo-Dionysius: MT V, PG 3, 1048B / Dionysiaca I, 601f. Ähnlich mehrerenorts, z.B. ist De docta ign. (h I) I c. 21 n. 65, 5-7 die Rede vom Umfassen (ambire) von allem „quae sunt et non sunt“ durch das einfachhin-Größte.

864 Vgl. zum Folgenden bes. De docta ign. (h I) I c. 19.

865 Vgl. De docta ign. (h I) I c. 19 n. 57, 11-17. Vgl. auch in n. 58, 12-15 die Maßgabe „Coniunge [...] ista, quae videntur opposita, antecedenter“. Die Übersetzung bei Nikolaus von Kues/Wilpert/Senger: De docta ignorantia, 79, „Führe also [...] was als gegensätzlich erscheint, in sein vorausliegendes Verbundensein zurück“, ist interpretativ und kann zumindest missverständlich sein, denn Cusanus spricht von Nicht-Andersheit bzw. Gleichheit im Göttlichen, nicht von Verbundensein, was suggerieren könnte, dass es tatsächlich zwei zueinander-andere Objekte sind, die aber eben „verbunden“ sind; umgekehrt ist das „verbinden“ im cusanischen Wortlaut eine Aktivität des erwägenden Subjekts. Cusanus hält De docta ign. (h I) I c. 21 n. 63, 9-12 eindeutig fest: Die Identität ist (im Göttlichen) dergestalt, dass sie allen Gegensätzen (oppositiones) vorausgeht (antecedit), auch den (nur) relativen. Dort seien (einerseits) „Anderes“ und „Verschiedenes“ (aliud, diversum) auch nicht entgegengesetzt (opponuntur) zu (andererseits) „Identität“ (Z. 11-12). Die Formulierung ist auch insofern interessant, als Cusanus Aussagen der Form „das absolut-Größte ist identisch mit a“ vermeidet und stattdessen von „... ist nicht etwas anderes zu a“ oder „... ist gleich (aeque) zu a“ verwendet; aber dabei wird a gesondert (als einzelne res) erwogen, während *im* absoluten Größten Aussagen wie „a ist identisch mit b“ und Aussagen wie „a ist anderes zu b“ nicht distinkt sind (insbesondere keine voneinander verschiedenen Wahrmacher besitzen).

plex conceptus) zu Anwendung kommen (der also keine Entgegensetzungen enthalten darf, nichts, was zu anderen Einzelbestimmungen in einer Relation der Andersheit steht). Dieser einfache Begriff solle selbst im Vorhinein (antecedenter) den Widersprüchen (contradictoria) zuvorkommen (praevenire), so dass sie umschlungen (complecti) werden.

Ein solches „Umschlingen" von in Normalfällen ihrer Anwendung gegensätzlichen Bestimmungen ist eine Konsequenz der Anwendung der Ausgangsbestimmung, wonach nichts gegenüber dem absolut-Größten *Anderes und Verschiedenes* wäre. Tatsächlich ist es bereits die Identifikation des absolut-Größten mit der absoluten Gleichheit, welche dies impliziert. Freilich liegt bei einem solchen „Umschlingen" „im Vorhinein" dann gerade *nicht* selbst ein einfacher Widerspruch vor. Dazu müssten die entsprechenden Bestimmungen ‚im Nachhinein' an distinkten Einzelnen zur Anwendung kommen. Nur *außerhalb* und *nachgeordnet zum* Göttlichen (die in II.1 als „H1" gekennzeichnete Hinsicht) *sind* Unterscheidung und Nichtunterscheidung in entsprechenden Anwendungsfällen einander-Widersprechende und *‚zueinander Andere'*, in Gott (per H2) gerade nicht.[866] Es kann daher sehr missverständlich sein, bezüglich dieser Thesen des Cusanus einfachhin von „Paradoxa" zu sprechen. Denn es geht hier gar nicht um Sätze der Form (i) „das absolut-Größte ist unterschieden ..." und (ii) „das absolut-Größte ist nichtunterschieden ...", die im Normalfalle direkte Widersprüche darstellen würden, allein schon, weil *die Prädikate* „unterschieden" und „nichtunterschieden" im Ausnahmefall der Rede vom Göttlichen *nicht mehr* als einander-widersprechend aufgefasst werden dürfen, ebenso wie etwaige, an die Stelle der Elisionen „„..." eingesetzte Anführungen von Einzeldingen („... ist (nicht)unterschieden von a") nicht mehr auf tatsächlich distinguierbare Objekte referieren könnten.[867]

Wenn nun aber Gott der Gegensätzlichkeit vorausgeht, so dass die Gegensätze selbst nicht mehr bestehen, und wenn dies zugleich damit zusammenhängt, dass im Falle Gottes als des „absolut Größten" und der absoluten Aktualität Prädikate, sofern sie überhaupt eigentlich anwendbar sind, dann in schlechterdings entgrenztem Sinne, in „höchster Weise" und unter Tilgung alles nur endlichen und gradierbaren Sinngehalts, so ist zwar möglich, dies mit einer Konjunktion von Gegensätzen zu veranschaulichen. Doch gilt diese dann eben nur in der Weise, dass die Prädikate bereits in „höchster Weise" verstanden werden – eine zumindest missverständliche Darstellungs-

866 Vgl. z.B. De docta ign. (h I) I c. 19 n. 57: „[...] ubi non est aliud [...]" .

867 In De docta ign. (h I) I c. 20 n. 61, 13ff diskutiert Cusanus des Weiteren, dass auch Aussagen wie „das (absolut) Größte ist Maß aller Quantitäten" usf. nur *mit Bezug auf jene* Quantitäten gesagt seien, dass aber das absolut-Größte „in sich betrachtet" keine jener quantativ Bestimmbaren ist und ohne irgendein proportionales Verhältnis weit über diesen.

form. „De coniecturis“ *korrigiert diese Missverständlichkeit* durch eine explizitere Präzision sowohl der epistemologischen Hintergrundtheorie wie der damit verbundenen sprachlichen Darstellungsform.[868]

Dabei geht es, wie Cusanus von Anfang an klarstellt, um eine Betrachtungsweise, die das Göttliche als jedem Gegensatz (oppositio) unendlich vorausgehend auffasst.[869] Unter dieser Perspektive kann man auf *jede Frage* bezüglich Gottes antworten, diese sei unangemessen (ineptam).[870] Dies hängt zusammen mit der Struktur von Fragen und möglichen Antworten überhaupt. Denn jede Frage lässt, wie Cusanus ausführt, zu, dass

a) nur einer von zwei Gegensätzen (oppositorum alterum) vom Erfragten (de quaesito) sich bewahrheitet (verificatur) oder
b) dass von jenem Erfragten etwas *anderes* zu bejahen oder zu verneinen ist als von anderem (Erfragbaren).[871]

Bezüglich (a) spricht Cusanus die Unterstellung an, auf einen Gegenstand bzw. Sachverhalt müsse ein bestimmtes Prädikat zutreffen *oder nicht* bzw. eine Proposition *oder deren „Gegensatz“* wahr sein – ein „disjunktives“ Verstehen, wie es nach Cusanus der ratio eigentümlich ist und wie es Cusanus immer wieder als Hindernis in Bezug auf die Schau des Göttlichen, Ersten, Einfachen reklamiert. (So auch, wie Cusanus dann in „De Beryllo“ ausführt, wenn Pseudo-Dionysius mit seiner Auffassung der „Vereinigung der Gegensätze“ „disjunktiv interpretiert“ wird.[872])

868 Damit wird die Interpretationsthese von Koch: ars coniecturalis, 43 teilweise akzeptiert, aber auch relativiert. Koch hatte Cusanus in De coni. so verstanden, dass eine Korrektur gegenüber De docta ign. vorgenommen werde, da er in De docta ign. noch häufig so formuliert habe, „daß er einander widersprechende Aussagen über Gott in der einfachen Einheit kopulativ (durch das Wörtchen ‚und‘) verbunden habe“; vgl. zu dieser Thematik auch Grotz: Negationen, 123ff mit weiterer Literatur. Meurer: Gotteslehre geht methodisch davon aus, dass Cusanus zu fortschreitenden „Explikationen“ gelangt, was insoweit mit der hier vorgestellten Lesart konvergiert, was aber nicht in gleichem Maße gilt für die Engführung, die Meurer vornimmt, insofern er diese Explikationen auf ein und denselben Grundgedanken engführt, den er im Begriff der „coincidentia oppositorum“ sieht.

869 Vgl. De coni. (h II) I c. 5 n. 21, vgl. dazu De docta ign. (h I) I c. 24 n. 77.

870 Vgl. De coni. (h II) I c. 5 n. 20.

871 Vgl. De coni. (h II) I c. 5 n. 20: „aut quid aliud de illo quaesito quam de aliis affirmandum negandumve exsistat“.

872 Vgl. De beryl. (h ^{2}XI/1) c. 22 n. 32 und die Quellennachweise der kritischen Edition sowie bei Nikolaus von Kues/Bormann: Über den Beryll, 108f. Cusanus referiert im Vorfeld zunächst, auch in beträchtlichen Teilen scheinbar zustimmend, Überlegungen und Veranschaulichungen u.a. von Albert, Avicenna und Isaak Israeli bezüglich des Erkenntniswegs vom sinnlich-erfassbaren Vielen hin zum einfachen Intelligiblen und zur Erkenntnis der Washeit der Dinge. Diese Autoritäten hätten indes allesamt „des Berylls entbehrt“ (c. 22), also der Methode, mittels welcher Cusanus zur Schau des ersten Ursprungs anleiten will. Diese Methode basiert in der Tat auf einem Vorbehalt gegenüber der Voraussetzung, dass Konträres (contraria) nicht zugleich sein könne, was nach der hier vorgeschlagenen Betrachtungsweise (der Schau „im Beryll“) unpassend ist, da hier

Während die Passage zu den Antwortmöglichkeiten jedweder Frage also in Klausel (a) ein Zugrundelegen einer disjunktiv-binären prädikativen Schematik anspricht, scheint die Formulierung der Klausel (b) etwas unklarer. Etwas später aber gibt Cusanus eine Begründung, der man eine etwas genauere Formulierung desselben Gegensatzes entnehmen kann: Die Voraussetzung (dass bei Gott, d.i. der absoluten Einheit, (a) oder (b) erfüllbar wäre) sei höchst absurd, denn:

(ad a) von der absoluten Einheit wird nicht einer von zwei Gegensätzen bejaht und

(ad b) von der absoluten Einheit wird auch nicht *eines eher (potius)* bejaht als anderes.[873]

Bezieht man, wie in vorstehender Paraphrase, die Einzelbegründungen (ad a, ad b) entsprechend auf die vorigen Klauseln (a, b), so ist deren zweite (b) ebenfalls so zu verstehen, dass vom absolut-Einen nicht *eher* etwas bejaht *als* verneint wird. Man kann beide Formulierungen schon insofern vereinba-

die Gegensätze (opposita) „vor der Zweiheit" betrachtet werden sollen, *bevor sie Entgegengesetzte (contradictoria) sind* wie im Zusammensehen von kleinster Wärme und kleinster Kälte, kleinster Langsamkeit und kleinster Schnelligkeit usf. Vgl. De beryl. (h ²XI/1) c. 26 n. 41. Freilich entspricht die zuletzt ausgeführte Betrachtungsweise durchaus jener in De docta ign., wo Cusanus z.B. Kleinstes und Größtes in jeweils „höchster" Hinsicht gleichfalls erwägt, insofern sie der Entgegensetzung *vorausgehen*. Der Moment, in welchem eine solche limitative Betrachtung zum jeweiligen *Prinzip* der Entgegensetzung gelangt, dürfte im letzteren Falle dann z.B. die Ruhe sein; für den Fall des *am wenigsten spitzen* und des *am wenigsten stumpfen* Winkels ist es, so Cusanus, jedenfalls der *rechte Winkel*. Beides (absolute Ruhe und absolut-rechter Winkel) sind tatsächlich Grenzbegriffe, insofern ein absolut rechter Winkel nur in geometrischer Abstraktion, aber nie im gezeichneten oder gemessenen Fall realiter vorfindlich ist. Man könne dann, so Cusanus etwas später (De beryl. (h ²XI/1) c. 27 n. 46), von einem jeden Ansatzpunkt aus einsehen, dass im einen Gegensatzglied jeweils der Ursprung des anderen Gegensatzgliedes ist. Diese Vorgehensweise bringt Cusanus mit Dionysius zusammen, „welcher Gott viele Namen zuteilte". Ein dortiges Beispiel ist wiederum das der Wärme. Der Ursprung ist nichts, was aus diesem hervorgebracht ist („principium [...] nihil est omnium principatorum"). Daher kann *das Warme* (als Prinzipiat) nicht der *Ursprung* der Wärme sein. Man könne aber gerade *im Kalten* vorfinden, was derselben Gattung angehört, aber nicht selbst warm ist. Das Beispiel vom Warmen auch De poss. (h XI/2) n. 71 mit der Nutzanwendung: In Vorstellung oder Intellekt wird die Wärme ohne Wärme berührt, was als Hinführung dient dazu, dass Gott, weil er Grund für das Zukommen jeder Eigenschaft ist, unter dieser Hinsicht auch mit solchen Eigenschaftsbezeichnern (z.B. „gut") oder deren Typenbezeichnern (z.B. „Qualität") benennbar ist, die aber dann nicht ihm selbst entsprechende Eigenschaften zuschreiben, sondern nur ihn als ermöglichendes Prinzip *für* andere Eigenschaftszuschreibungen würdigt. Dass etliche Philosophen, insbesondere Aristoteles und ihm diesbezüglich folgende, bei der „Jagd" nach Weisheit und nach der Washeit von Allem zuwenig „kosteten", weil sie voraussetzten, dass Gott innerhalb des Gegenstandsbereichs liege, in welchem eine „Unterscheidung der Gegensätze" (differentia oppositorum) statt hat, und nicht diesem vorausliegt und nur so „gefunden" werden könnte, betont Cusanus vielerorts, z.B. De ven. sap. (h XII) c. 13 n. 38.

873 Vgl. De coni. (h II) I c. 5 n. 20.

ren, als gilt: Wenn von Gott ein Prädikat F zu bejahen ist und von anderem (als Gott) nicht (zu bejahen ist), dann gibt es ein Prädikat F, das von Gott *eher bejaht* als verneint wird, was (mit b) ausgeschlossen ist.

Im Textfortgang[874] wird zudem deutlich, dass Cusanus (b) auch auf Fälle bezieht, wonach man etwa eine Verneinung vorzieht (praeferre), als ob sie *wahrer* sei. (Gott aber ist *die* Wahrheit, so dass in letzter Genauigkeit kein mehr-oder-weniger von Wahrheit am Platze ist.)

Hierauf wird man auch den Hinweis beziehen dürfen, dass ein solcher Begriff (conceptus) von Wahrheit weniger eingeschränkt (absolutior) sei, welcher zweierlei abwirft (abicit), nämlich sowohl

(i) disjunktive Gegensätze wie

(ii) kopulative Gegensätze.[875]

Das Hantieren mit „disjunktiven Gegensätzen“ ordnet Cusanus der ratio, das „Verbinden“ von Gegensätzen dem Intellekt zu. Jede dieser Erkenntnisweisen und der ihre zugeordneten Ausdrucksweisen ist bestimmt von der jeweils höheren her. Der ranghöchsten Erkenntnisweise, welche (i) wie (ii) hinter sich lässt und also ratio wie Intellekt übersteigt und bestimmt, ordnet Cusanus eine Sprechweise zu, die er ein Sprechen vom Göttlichen „nach Art des Göttlichen“ (divinaliter) nennt. Hier gehe es um ein Sprechen, das „in nichtverhältnismäßiger Weise einfacher“ ist als die Verbindung (copulatio) von disjunktiven und kopulativen Gegensätzen und das erfolge „gemäß dem Begriff der ersten absoluten Einheit“.[876] Die Formulierungen machen deutlich, dass eine solche Redeweise unser Vermögen grundsätzlich übersteigt.[877] Wie die ratio vom Intellekt her bestimmt ist, so ist also das intellektuale Sprechen und Verstehen – im Gelingensfall – vom *Vorgriff* auf ein divinales Erkennen und Sprechen her zu begreifen.[878]

874 Vgl. De coni. (h II) I c. 5 n. 21.

875 Vgl. De coni. (h II) I c. 5 n. 21.

876 Vgl. De coni. (h II) I c. 6 n. 24.

877 Diesbezüglich ist z.B. die Darstellung von Fischer: Deus incomprehensibilis, 29 zu präzisieren. Sie formuliert, bezogen auf die epistemischen Niveaus in De Coni.: „Erscheinen die Ergebnisse innerhalb eines Erkenntnisbereiches als genau, so ergibt sich von der Betrachtung dieser Ergebnisse *von der nächsthöheren Erkenntniseinheit her*, daß die untere nur in Andersheit an der Einheit teilhat“ (Hervorh. CS). Aber der nächsthöhere Standpunkt ist bezüglich des „divinalen“ Niveaus von uns gar nicht einnehmbar; es muss also schon die immanente Begrenztheit auch des intellektualen Niveaus von diesem selbst her bzw. im Modus eines konjekturalen *Vorgriffs* kenntlich werden.

878 Vgl. z.B. auch De beryl. (h ²XI/1) c. 1 n. 1, wo Cusanus sein Leitthema des Zusammenfalls der Gegensätze mit einer Schau gemäß dem Intellekt (intellectuale visio) verbindet, welche die Kraft der ratio übersteige. In De quaer. (h IV) c. 1 n. 22 verdeutlicht Cusanus am (absoluten) Sehen als Prinzip des Sichtbaren und Farbigen, dass dieses unerreichbar bleibt von allem, was aus der „Welt des Sichtbaren“ und den von dort gebildeten „Namen“ her ansetzt – weder, wenn diese Namen „einzeln und gesondert“, noch wenn Namen „einander entgegengesetzter Farben miteinander“ betrachtet werden (contrarium nomina copulative) oder wenn die „Verbindung (copulatio) aller benenn-

In einem allgemeinen Schema, welches diese Prinzipien zur Anwendung bringt und von Cusanus mehrfach variiert wird, werden die erwogenen Prädikationen in Form eines Urteilsvierkants angeführt.[879] Auch im Kontext der hier diskutierten Passagen aus „De Coniecturis" finden sich die ersten drei Elemente eines solchen Schemas. Man könne nämlich auf die Frage, „ob Gott ist" auch noch in folgender Weise antworten: „Gott

(i) *ist* weder

(ii) noch ist Gott *nicht*

(iii) noch ist Gott *zugleich und nicht.*"

Noch weniger eingrenzend (infinitius) könne man nicht antworten.[880] In der Tat bildet dieses Schema den Versuch ab, die *disjunktiven* (i, ii) *und konjunktiven* (iii) Gegensätze hinter sich zu lassen. Um nun nicht abermals den Eindruck zu erwecken, in (iii) wiederum eine Aussage produziert zu haben, die einen disjunktiven „Gegensatz" in einer affirmativen Aussage hat, kann man ferner noch die Negation von (iii) hinzunehmen, wie dies entsprechend etwa in „De Principio" geschieht:[881]

(iv) „... noch ist Gott *nicht* zugleich und nicht"

Bei den gerade diskutierten Formulierungen, wonach Gott jedem Gegensatz voraus sei, generalisiert Cusanus bezeichnenderweise über *alle* Prädikate, *die* das Subjekt der Überlegung (das „Erfragte", quaesitum) *in Gegensatzbeziehungen* einrücken würden. Dies gilt, der absoluten Genauigkeit nach, für jedes Prädikat, von dem *erfragbar* ist, ob es dem „Erfragten" zukommt oder nicht. Auch diese Bestimmung lässt aber noch einen Spielraum für diejenigen Prädikate, welche nach traditioneller Auffassung gerade keine Sachbestimmung Gottes an sich selbst sind, sondern die z.B. Wirkungen oder Manifestationen beschreiben: Man könnte argumentieren, dass Aussagen etwa der Form „a ist Prinzip von b" oder „a ist nicht Prinzip von b" zwar nicht *zugleich* wahr sein können, diese aber damit nicht *a selbst* in eine Gegensatzbeziehung einrücken würden. Nach der hier vertretenen Interpretation wäre dies ein unnötiger und womöglich auch inadäquater Interpretationsversuch. Denn es ist entscheidender, dass die Hinsicht auf Gott, wie er in absoluter Einfachheit an sich selbst ist, ohnehin nicht alle möglichen Hinsichtnahmen erschöpft. Es ist demnach unnötig, *für die Hinsichtnahme auf Gott in absolu-*

baren Namen" betrachtet wird – jeweils werde „Nichts von den Namen und vom Wesen *des Sehens*" erreicht. Entsprechendes gilt, so wird man mit Blick auf die Thematik von disjunktiver und kopulativer Zusammenschau von Gegensätzen ergänzen dürfen, auch für das Verhältnis aller Namen bzw. Prädikate zum Göttlichen als deren Prinzip.

879 Eine solche Urteilsfigur findet auch in der indischen Philosophie vielfachen Einsatz, vgl. Butzenberger: catuskoti; Haubst: Streifzüge, 110ff; Sturm: Tetralogos, zur Stelle S. 91; Hoff: Kontingenz, 226ff.

880 Vgl. De coni. (h II) I c. 5 n. 21.

881 Vgl. De princ. (h X/2b) n. 19.

ter Einfachheit noch Wirkungsaussagen auszunehmen. Zudem ist fraglich, ob dies überhaupt statthaft wäre, da Cusanus unter *dieser* Hinsicht die Bedingungen für zulässige Prädikationen durchaus wesentlich universeller und strikter fasst, als es viele frühere Ausarbeitungen negativer Theologie unternommen hatten.

Unter den weiteren cusanischen Problematisierungen oppositionaler Begrifflichkeiten in Anwendung auf Gott als absolutem Horizont aller Herauseinzelung, Relationierung und Gegenüberstellung von Sinngehalten verdient eine Bemerkung in „De deo abscondito" nähere Aufmerksamkeit. Hier wird, ausgehend von der Einsicht, „dass alles, was ich weiß, nicht Gott ist", die Nicht-Anwendbarkeit der Begriffe „Nichts" oder „etwas" (aliquid) damit begründet, dass auch „Nichts" noch ein „Name" sei (der in Unterscheidungen steht) und dass „etwas" (ebenfalls in Unterscheidungen steht, nämlich) „nicht alles ist; Gott aber ist *nicht eher* etwas als alles".[882] Das Gott kein „etwas" im Sinne einer aus der Allheit von Wirklichkeit herauseinzelbaren „res" oder eines „dabile" ist, einer *verwirklichbaren* Einzelsubstanz, die ihr Sein durch *Zukommen* von Form erst erhält (sondern, diesen Hinsichtnahmen gegenüber, Grund aller Wirklichkeit, absolute Aktualität und „Form der Formen"), geht aus der cusanischen Diskussion der ontologischen Grundbegriffe (wie v.a. in Abschnitt II nachvollzogen) unmittelbar hervor. Ist es dann aber nicht adäquat, zu sagen, dass Gott *demgegenüber* „Nichts" wäre? Dies wäre zumindest missverständlich, denn Gott ist natürlich nicht schon zureichend bestimmt dadurch, dass Gott *nicht* das Bestehen einer res im umschriebenen Sinne instantiiert. Vielmehr ist deutlich zu machen, dass die *Frage*, ob Gott in diesem Sinne existiert oder nicht, anstatt zu beantworten, im Verfahren einer Präsuppositionsexplikation (vgl. Abschnitt IV.4) umzubiegen oder aber *zurückzuweisen* ist: Die Anwendung eines *solchen* Begriffs von Sein oder Nichtsein wäre in Bezug auf Gott *als absolutes Sein* ein Kategorienfehler – ein Fall analog zu dem eines Besuchers, dem Hörsaal, Labor und Mensa gezeigt werden und der fragt, wo denn nun eigentlich „die Universität" sei[883], oder, um die Analogie etwas zu verbessern, analog zur Frage, ob denn „der logische Raum existiert".[884]

882 De Deo absc. (h IV) n. 8-9.

883 So eines der klassischen Beispiele von Ryle: Der Begriff des Geistes, 14ff. Natürlich sind im Falle Gottes die Disanalogien zu diesem Beispiel mannigfaltig, verstehen wir doch ungleich (Cusanus könnte sagen: „in unendlicher Weise") eher, was es heißt, eine Universität zu sein und *dass* etwas eine Universität ist, und in größerer Analogie dazu, was es heißt, etwa ein Hörsaal zu sein usw., als, in nach den cusanischen Ansprüchen *präzisen* Termini, was Gott ist und was es, ausgehend von unserem alltäglichen Seinsbegriff, heißen mag, „dass" Gott ist.

884 Vgl. obige Fn. 112 (S. 53), Fn. 557 (S. 195). Freilich wäre auch hier die Disanalogie insoweit noch immens, als Gott natürlich nicht identisch ist mit dem logischen Raum, sondern *als dessen* Prinzip annäherbar, sofern Gott Präsupposition jeder Assertibilität

Allerdings ist eine solche Betrachtungsweise des Göttlichen bzw. unserer auf Gott bezogenen Sprach- und Erkenntnisversuche nicht die einzige. Eine besonders klare Unterscheidung mehrerer entsprechender Modi gibt Cusanus in „Idiota de sapientiae", wobei es sich einmal mehr zugleich um Verhältnisbestimmungen von via affirmativa und via negativa handelt[885]:

1) In der Gott-Rede (theologia), die „alles von Gott verneint" ist die *wahrere* Antwort auf jede Frage die Verneinung; so „werden wir zur Erkenntnis (cognitio) dessen geführt, was Gott *nicht* ist".[886]
2) Diejenige Redeweise, „in welcher wir zulassen (admittere), dass etwas von Gott affirmativ gesagt wird"[887], identifiziert Cusanus mit seiner Methode der Präsuppositionsexplikation.
3) Darüber hinaus spricht Cusanus – wie schon Pseudo-Dionysius und Eriugena[888] – von einer „Betrachtung" (consideratio) über Gott, wonach Gott „*weder* Setzung (positio) noch Wegnahme (ablatio) zukommt (convenit), sondern wie Gott *über* alle Setzung und Wegnahme ist".

Als Anwendungsfall dient Cusanus ein weiteres Mal die Frage: „Ist Gott?" Ihr sei jeweils zu antworten:

1) Gott ist nicht, da „auf diesem Weg" nichts von allem, was aussagbar ist (quae dici possunt), dem Unaussprechlichen (ineffabili) zukommt
2) Gott ist, und zwar ist Gott die absolute vorausgesetzte Seinsheit (entitas).
3) Gott ist nicht (non-2) und Gott ist nicht nicht (non-1), und auch nicht ist Gott sowohl als auch nicht (non-(1-et-2)), sondern Gott ist „darüber".[889]

Auch wenn die Reihung gewissermaßen eine Rangfolge vorgibt, so ist doch den beiden erstgenannten Redeweisen damit ihre relative Möglichkeit nicht bestritten. Bemerkenswert ist auch die Bemerkung, dass die „via negativa", insoweit man sie auf (1) eng führen mag, nicht eigentlich zu dem

und Erwägbarkeit von Sachverhalten und Objekten ist und Wahrheit im eminenten Sinne. Wie man in Annäherung an eine Terminologie Schleiermachers formulieren könnte: Gott ist *nicht unterhalb* des „Transzendenzcharakters" von, hier, des logischen Raums im Gegenhalt zu Einzelpropositionen, zu konzeptualisieren (so Schleiermacher in der Absetzung des Gottes- und Weltbegriffs in seiner Dialektik, vgl. z.B. ed. Odebrecht (Schleiermacher/Frank: Dialektik, I) 302ff).

885 Vgl. De sap. (h ^{2}V) II n. 32.

886 De sap. (h ^{2}V) II n. 32; vgl. auch De poss. (h XI/2) n. 66 und die Hinweise im Apparat (h XI/2, 78).

887 Vgl. – auch zum Nachfolgenden – De sap. (h ^{2}V) II n. 32.

888 Vgl. Pseudo-Dionysius: MT I, 1; das Schema affirmativer, apophatischer und eminenter Gottesrede bei Iohannes Scotus Eriugena/Sheldon-Williams/Bieler: De divisione naturae I, S. 217 / PL 122, 522A-B (s. auch obige Fn. 24, S. 20).

889 Vgl. zum Vorstehenden jeweils De sap. (h ^{2}V) II n. 32.

führt, was Gott ist, sondern was er *nicht* ist – man kann dies so verstehen, dass Cusanus durchaus auch zu dem hinführen will, „*was* Gott *ist*". Daran ist zutreffend, dass Cusanus (wie auch in jedem anderen seiner Werke) keineswegs für eine *Alleinstellung* einer „via negativa" in diesem Sinne plädiert. Problematisch wäre an der Erklärung, wenn sie so aufgefasst würde, dass stattdessen die „via affirmativa" zur positiven-materialen Erkenntnis dessen führe, „was Gott ist". Denn Gott kommt gerade keine „Washeit" *zu*, sondern er ist vielmehr selbst, worauf die Suche nach der quidditas *von Allem* letztlich zurückführt – weshalb denn auch Cusanus der via affirmativa gerade darin ihre angemessenste Form zuerkennt, dass sie eben diese Primordialität des Göttlichen selbst expliziert.

Diese Explikation der Primordialität des Göttlichen gerade auch gegenüber den Normalanwendungen unserer Termini leistet eine Redeweise in Negationen (ad 1) als solche aber gerade selbst nicht, sofern nicht wiederum auch deren Implikate und Möglichkeitsbedingungen ex negativo aufgewiesen werden. Durchaus aber (ad 2) ist z.B. im Hinweis, dass Gott „absolute Seinsheit" ist, ein Moment der Absetzung ex negativo mit enthalten, nämlich der Absetzung von allem, dem Seinsheit nur *zukommt.* Wenn Cusanus eine solche Wegleitung „wahrer und angemessener" nennt, so gilt dies für ihn nur im Rahmen jener Betrachtungsweise (2), wonach Gott *überhaupt* eine Setzung (positio) zukommt (vgl. n. 32) – nicht also *gegenüber* den beiden anderen Betrachtungsweisen (1,3). Die komparativische Formulierung ist auch insofern stattgemäß, als im Modus der via negativa je nur mehr-oder-weniger-genaue Hinweise zu geben sind.

Umgekehrt nimmt (ad 1) das Freihalten Gottes von allen je nur *vermeintlich* präzisen Aussagbarkeiten durchaus Bezug auf Gott als „den Unaussprechlichen", was in *positiver* formaler Explikation auf die Primordialität Gottes als absoluter Voraussetzung aller Rede und aller *Teilhabe an* Genauigkeit beziehbar ist. Insofern inkludiert umgekehrt die „via negativa" ein Moment, das durch die „via affirmativa" im cusanischen Sinne (also im Sinne des Rückverweises auf das Göttliche im Modus der Präsuppositionsexplikation oder im Lobpreis göttlicher Herrlichkeit) herausarbeitbar ist. Eine solche Herausarbeitung macht dann natürlich bereits Gebrauch nicht mehr vom Modus der Rede in Negationen, sondern Affirmationen in diesem spezifischen Sinne. Es handelt sich dabei also im Sinne des Cusanus nicht etwa um *konkurrierende* Theorieformate, „Forschungsprogramme" o.dgl., sondern präzise um *alternative* und komplementäre, voneinander abhebbare Hinsichten, „Wege", Rede- bzw. Betrachtungsweisen von Gott. Cusanus führt diese Hinsichten jeweils mit der Wendung „secundum ..." an, also z.B. „gemäß der Hinsicht, dass Gott über aller Setzung und Wegnahme ist". Entsprechend wichtig ist Cusanus der Hinweis, dass je nach Modus (1-3) „anders zu reden ist" (aliter dicendum). Alle drei „Wege" sind dann zulässig und angemessen, insofern sie ihre relative Berechtigung gemäß ihrer jeweiligen Hinsicht haben. Beachtenswert ist auch die von Cusanus hier dargebotene Reihenfolge, die nämlich hier nicht etwa den Weg von der „Affirmation“ über die „Negationen“ zum transgressus „eminenter“ Rede nimmt.

Die Charakterisierung des dritten Weges entspricht nun genau derjenigen Redeweise, die Cusanus in „De Coniecturis“ als „divinale“ Rede- bzw. Betrachtungsweise von der „intellektualen“ nochmals abgesetzt hatte: Der Intellekt sieht zusammen, was der ratio als gegensätzlich erscheint, aber Gott ist keineswegs bereits einfachhin als „Zusammenfall der Gegensätze“ in einem bloß konjunktivischen Sinne zu verstehen, wie man möglicherweise Formulierungen auch aus „De docta ignorantia“ noch hatte missverstehen können.

IV.6.4 Die Primordialität des Verneinten

Das Verhältnis von (1) „via negativa“ (im Sinne der Zurückweisung verendlichender Aussagesinne) und (2) „via affirmativa“ (im Sinne der Präsuppositionsexplikation oder der Performanz des Lobs göttlicher Herrlichkeit) und (3) Hintanstellung von „Affirmation *und* Negation“ (insoweit diese eine Applikation von Sachbestimmungen in oppositionalen Beziehungen betreffen) wird von Cusanus also nicht *einfachhin* bestimmt. Vielmehr handelt es sich um Modalitäten sprachlichen Ausdrucks, die je nach Weise der Hinsichtnahme ihre erkenntnisleitende Funktion haben. Damit ist zugleich gesagt, dass es dabei keineswegs nur um Unterschiede der lingualen „Oberflächenstruktur“ geht. Diese Interpretationsthese findet Bestätigung darin, dass Cusanus in seinen frühesten (vgl. dazu bereits die Hinweise in den Abschnitten IV.1-IV.2) *ebenso* wie auch noch in seinen spätesten Werken mehrfach für einen Vorrang der „Negationen“ bzw. „des Verneinten“ plädiert. Dies soll nachfolgend nochmals an besonders aufschlussreichen Textpassagen exemplifiziert werden.

Eine besonders deutliche Positionierung gibt Cusanus diesbezüglich in „De Principio“. Demnach ist „Verneintes“ (negativa) *Ursprung aller Bejahung*. Was ist damit gemeint? Gilt nicht umgekehrt, dass jede Verneinung, da sie als solche bereits eine Aussage darstellt, die Urteilsform der Bejahung voraussetzt? Müssen nicht zuerst Gehalte „gegeben“ sein, um dann negiert werden zu können? Cusanus geht es hier um eine andersgeartete Perspektive. Zuvor hatte er, dem Titel und Thema dieses Traktats gemäß, in unterschiedlichen Konstellationen diskutiert, dass allem Einzelnen ein erstes Prinzip vorausliegt, wobei das Verhältnis von Prinzip zu Prinzipiiertem, Partizipierendem gerichtet und unumkehrbar ist: „Alles Spätere partizipiert am Früheren und nicht umgekehrt.“[890] Entsprechend ist Gott selbst „vor allem Seienden“

890 Vgl. De princ. (h X/2b) n. 31.

(ante omne ens)[891] (insoweit dieses eine herauseinzelbare „res“ meint). In diesem Sinne reiht Cusanus dann folgende Thesen[892]:

i) „Vor dieser Welt und vor dem Vielen ist das Prinzip, welches *nicht Vieles* ist.“

ii) „Vor dem Seienden ist *nicht Seiendes.*“

iii) „Vor dem Intellekt ist *nicht Intellekt.*“

iv) „Vor dem Aussprechbaren (effabile) ist allgemein (generaliter) *nicht-Aussprechbares* (ineffabile).“[893]

Hier wird also in Absetzung vom diesseits Gegebenen dessen Prinzip jeweils *ex negativo* bestimmt. Auffälligerweise stellt Cusanus dabei den Negationspartikel jeweils in (statt vor) das Prädikat (nicht: „non est multa“, sondern: „est non multa“). Das erzeugt, folgt man einer Distinktion der „Quantität der Urteile“, wie sie noch Kant expliziert, ein „unendliches Urteil“:

> „In verneinenden Urteilen affiziert die Negation immer die Kopula; in unendlichen wird nicht die Kopula, sondern das Prädikat durch die Negation affiziert, welches sich im Lateinischen am besten ausdrücken läßt.“[894]

Eine solche Affizierung des Prädikats „durch die Negation“ liegt hier vor. Dann gilt:

> „Das unendliche Urteil zeigt nicht bloß an, daß ein Subjekt unter der Sphäre eines Prädikats nicht enthalten sei, sondern daß es außer der Sphäre desselben in der unendlichen Sphäre irgendwo liege; folglich stellt dieses Urteil die Sphäre des Prädikats *als beschränkt* vor. Alles Mögliche ist entweder A oder non A. Sage ich also: etwas ist non A, z. B. die menschliche Seele ist *nicht-sterblich* — einige Menschen sind Nichtgelehrte u. dgl. m. — so ist dies ein unendliches Urteil. Denn es wird durch dasselbe über die endliche Sphäre A hinaus nicht bestimmt, unter welchen *Begriff* das Objekt gehöre; sondern lediglich, daß es in die Sphäre außer A gehöre, welches eigentlich gar keine Sphäre ist, sondern nur die *Angrenzung einer Sphäre an das Unendliche* oder die *Begrenzung selbst.*“

Diese Analyse kann man für die cusanischen Formulierungen anwendbar finden, allerdings mit einer nicht unwichtigen Modifikation: Gott ist kein einzelnes „Subjekt“, das *im* logischen Raum „irgendwo liegen“ könnte, sondern der Einheitsgrund der „unendlichen Sphäre“ urteilsförmiger Bestimmbarkeit; dies geht auch konform mit der Präzisierung, die Kant im Schlussteil des eben angeführten Zitats vornimmt. Eine Herausnahme des Göttlichen

891 Vgl. De princ. (h X/2b) n. 33.
892 Vgl. zum Folgenden De princ. (h X/2b) n. 34.
893 Vgl. zum Vorstehenden De princ. (h X/2b) n. 34.
894 Kant: Logik, § 22.

aus dem Bereich des Begrenzten erfolgt dann in (i-iii): Es wird jeweils eine Begrenzung des Gegenstandsbereichs der Begriffe „Vieles“, „Seiendes“ usw. vorausgesetzt und ausgesagt, dass das erste Prinzip diesem Gegenstandsbereich vorausliegt, also von entsprechenden Begriffen nicht (wie es an sich ist) erfassbar ist, was dann in (iv) generalisiert wird auf *alles* „Aussprechbare“. In diesem Sinne ist also jede einzelne Bejahung jeweils eine *Ausgrenzung aus der Sphäre dessen, was überhaupt bejahbar ist* (was diesen Bereich der Propositionen betrifft aus dem Gesamt des logischen Raumes). Jeder einzelnen Bejahung geht dieses Gesamt ermöglichend voraus, alle Ausgrenzung und Eingrenzung erfordert einen logischen Raum, in welchem überhaupt Distinktionen einziehbar sind, ein ermöglichendes Prinzip von Bestimmbarkeit, welches *als solches* nicht selbst bestimmbar und aussprechbar ist, weshalb es sich zum Aussprechbaren als dessen Negation verhält. In diesem Sinne also ist die cusanische Redeweise von „Verneintem als Ursprung aller Bejahung“ verständlich.

Die Redeweise „mittels der Negationen“ verweist daher auf das Göttliche, insofern es „vor“ dem ist, was wir mit vom Endlichen her genommenen Begriffen besprechen können. Dies entspricht auch der Erklärung in der „Apologia“. Hier ordnet Cusanus die Redeweise „mittels der Negationen“ einer bestimmten Betrachtungsweise (consideratio) zu, nämlich jener, welche Gott *hinsichtlich seiner Unendlichkeit* in den Blick nimmt (und dabei die Nicht-Anwendbarkeit aller uns verfügbarer Namen konstatieren muss, sofern diese als von Endlichem genommen und zur Bezeichnung von Endlichem gebildet sind).[895]

Auch in „De Beryllo“ spricht Cusanus vom Vorrang der Negationen. Er führt ihn hier in folgender Weise ein:[896] Wie die Gerade zugleich größter und kleinster Winkel ist und so jeden Winkel einfaltet, so ist das Erste in eingefalteter Weise alle Dinge, die sein können. Dann aber komme dem größten und zugleich kleinsten Winkel

i) „nicht *in größerem Maße* der Name *eines einzigen* Winkels zu“

895 Vgl. Apol. (h ^{2}II) n. 32-33. Von daher widerspricht Cusanus dem Vorwurf Johannes Wencks, dass sich „aus der Docta ignorantia ergibt, dass Gott weder Vater noch Sohn usw. ist, weil alle Bestimmungen, die Gott zukommen (conveniunt), Gott selbst sind“. Denn keineswegs macht die Betrachtungsweise von Gott hinsichtlich seiner Unendlichkeit bereits das Gesamt dessen aus, was von Gott zu sagen ist.

896 Darauf nimmt u.a. auch nochmals De ven. sap. (h XII) c. 7 n. 18 Bezug. Dort erklärt Cusanus zunächst, dass Gott keine passive Potenz zukommt und daher – mit Pseudo-Dionysius (DN IX, 4) – auch keine Verminderbarkeit usw. Aus einer Aufzählung derartiger *passiven Potenzen* greift Cusanus dann „vermehrbar“ und „verminderbar“ (augmentabile, minorabile) in ihrer negierten Form heraus (n. 18) und „eilt mit ihnen zur Jagd“ (n. 18): Was nicht verminderbar ist, kann nicht größer sein, *ist also das Größte*; umgekehrt entsprechend das Kleinste, also Größtes und Kleinstes zugleich und genaueste Formal- oder Exemplarursache und Maß für alles (was größer und kleiner *sein kann*).

ii) „... als der Name *aller* Winkel"
iii) „... als der Name *keines* Winkels".[897]

Weder *irgendein* Name noch *alle* Namen noch *kein* Name – damit sind gleichermaßen alle denkbaren Affirmationen bezüglich des ersten Prinzips erschöpft. Cusanus sieht darin explizit eine Parallele zu Proklos und Pseudo-Dionysius, wenn sie die „negative Theologie" der „affirmativen Theologie" vorziehen.

Einen solchen Vorzug formuliert Cusanus ebenfalls im „Trialogus de Possest". Denn man erfasse die „allmächtige Form besser in der Weise der Verneinung (negative)"[898]. Daher sei die via negativa „der wahrere Weg, denn der Weg, den wir suchen, ist *un*begreiflich und *un*endlich".[899] Auch hier also verweist, ähnlich wie in „De Principio", die Verneinung auf das, was dem Begreiflichen und Endlichen vorausgeht, wobei gerade mitgedacht wird, dass dieser Weg selbst *keine* „Begreiflichkeit" des Göttlichen erreichen kann. Er gilt ohnehin nur komparativisch (nämlich gegenüber einem Ansetzen bei endlichen Verständnissen und Gehalten), als der „wahrere" (nicht etwa der „wahrste"). Dass die Verneinung, insofern ihr ein relativer Vorrang gebührt, nicht einfach ein sprachliches Oberflächenphänomen meint, also nicht einfach nur einen Gebrauch etwa von Negationspartikeln und auch nicht einfach nur die Zurücknahme von positiven Propositionen, die spezifische Wahrmacher anführen würden, macht die weitere Diskussion deutlich. Denn die Verneinungsweise „Nichtsein" (non-esse) könne auf zwei Arten aufgefasst werden, auf zwei korrespondierende Weisen bezogen sein, von „Sein" zu reden, nämlich:

1) „Sein" welches in der Verneinung „Nicht-Sein" *„vorausgesetzt"* ist und
2) „Sein", welches durch diese Verneinung *verneint wird.*

Und zwar setze die Verneinung „Nichtsein" (1) *Sein voraus*, welches der Verneinung vorausgeht, aber (2) *verneine* Sein, welches „nach dem Nichtsein begonnen hat" (post non-esse est initiatum). Ersteres wird also dezidiert *nicht* verneint.

> „Daher verneint die Verneinung, welche zum [2] Sein hinzukommt, dass [2] das so benannte Sein das [1] vorausgesetzte ist, was nichts anderes sagt, als dass [2] das Sein, das auf das Nichtsein folgt, keineswegs [1] das ewige und unaussprechliche Sein ist [...]. Durch Verneinung (per negativam) nämlich sieht du in einer einfachen Intuition, dass das Vorausgesetzte selbst, das dem Nicht-Sein vorhergeht, in Ewigkeit die

897 Vgl. De beryl. (h ^{2}XI/1) c. 11 n. 12 („[...] non plus [...] convenit [...]").
898 De poss. (h XI/2) n. 62.
899 De poss. (h XI/2) n. 66.

Seinsheit jeden Seins (entitas omnis esse) ist, wovon du alles verneinst, was auf das Nicht-Sein folgt (sequitur)."[900]

Die Ausdrucksweise ist natürlich nur unproblematisch, wenn die Disambiguierung des Seinsbegriffs jeweils mitgelesen wird – Cusanus spricht also hier durchaus von einem Sein (1), das *nicht* verneint ist, das aber *in* der Negation von (2) Sein *vorausgesetzt* wird, wobei dieses (1) Sein von ihm auch „Seinsheit jeden Seins" genannt wird. Es handelt sich hier um das Göttliche als Voraussetzung eines Subsistierens von Einzelseiendem. Um es nochmals und in stärkerer Anlehnung an den cusanischen Wortlaut zusammenzufassen: Es gibt demnach zwei Redeweisen von „Sein":

1) „ewiges" „Sein", das aller Verneinung (und jeder Redeweise) vorausliegt und daher „unbenennbar" ist und
2) „Sein", wie es benennbar (und verneinbar ist) und mithin der Verneinung nachfolgt.

Wenn man bezüglich Gottes von „Nichtsein" spricht, dann wird also (1) ersteres bejaht bzw. Gott „nicht abgesprochen" und (2) letzteres verneint, weil jener Seinsbegriff (2) nur nachfolgend-benennbares Sein betrifft, wie es Einzeldingen bzw. „der Welt" zukommt, wo jeweils Zusammensein mit Nichtsein vorliegt, sofern eines (der Einzeldinge) *nicht* anderes ist.[901] Insoweit ist Gott „(1) Seinsheit jeden (2) Seins". Ebendiesen Zusammenhang ersieht man also „durch Verneinung" (per negativam).

Vom ewigen Sein ist also einerseits (ad 2) alles zu verneinen, „was auf das Nicht-Sein folgt", andererseits kann (ad 1) vom ewigen Sein, weil es *alles* ist und *alles „in" ihm* ist, „nichts verneint werden".[902] *Je nach Hinsicht und zugrunde gelegtem Seinsbegriff* besteht also entweder die Notwendigkeit zur Verneinung aller Prädikate oder die Unmöglichkeit einer entsprechenden Verneinung. Diese Möglichkeit des Perspektivenumschlags verbindet Cusanus auch mit einem Schema, wie es sich seit insbesondere Augustinus vielfach gebraucht findet: „Gott ist groß (quantum) ohne Größe (quantitas), so (quale) ohne Sosein (qualitas)" und so von allen Prädikaten in allen Katego-

900 De poss. (h XI/2) n. 66-67. Die Kurznotation des Typs „per negativam / affirmativam / eminentiam" findet sich z.B. auch bei Raimundus Lullus: Lectura Artis quae intitulatur Brevis practica Tabulae generalis (CCCM 113) I, 3.

901 Vgl. De poss. (h XI/2) n. 68.

902 Vgl. De poss. (h XI/2) n. 68, hier bezogen auf die Sonne, sofern sie „in dem, was sie ist, auch alles wäre" oder – weil der Gesprächspartner an dieser Überlegung scheitert, da der Begriff „Sonne" „begrenzt" (terminatus) ist – wenn man das „Sonne"(-Sein) entfernt (tollere) und ebenso alles Nicht-(von Materie-)Abstrahierte bzw. die Grenze (auferre terminum) *und damit alle Verneinung* (weil Sonnenhaftigkeit in Opposition zu anderem Sosein steht, welches Nicht-Sonne-Sein ist) bzw. (n. 69) „vom Kontrakten die Kontraktionen negieren".

rien[903]; eine solche Benennung Gottes z.B. als „Quantität ohne Quantität" ist für Cusanus dann insofern gerechtfertigt, als Gott „Grund (ratio) und Wahrheit der benennbaren Quantität ist".[904]

Der Verneinung kommt also in diesem Verständnis des Cusanus *implizit* zu, auf das Prinzip dessen zu verweisen, was im Einzelnen verneint wird, einen Grund von Verneinbarkeit (und Bejahbarkeit) überhaupt.

„Alles wird, wenn es im Absoluten betrachtet wird, unaussprechlich."[905] Das wird auch deutlich an der Diskussion des Sprachsymbols „IN". Es soll, so Cusanus in „De Possest", stehen für dasjenige Prinzip, „in" dem Alles eingefaltet ist: Alles ist dann „im IN" betrachtbar, d.h. in entgrenzter Weise, im Blick auf das „Ende der Enden".[906] Außerdem kann diese Betrachtung verdeutlichen, dass auch diese selbst gegenüber dem göttlichen Licht zurückbleibt und die Un-Endlichkeit Gottes un-fassbar bleibt. Dieser negativen Absetzung wiederum des Grundes der fraglichen Betrachtungsweise entspricht, dass „IN" zugleich als Negationspartikel gewertet wird. Damit gebührt wiederum auf eigene Weise der Negation ein spezifischer Vorrang gegenüber in unserer Sprache Fasslichem, auch hier durch impliziten Rückverweis auf das, was diesem als Voraussetzung und als absoluter Horizont vorausliegt.

Diesem Rückverweis auf das, was Benennbarkeit ermöglichend vorausliegt, entspricht auch die Struktur, die Cusanus im Terminus „non aliud" konzentriert zusammenfasst, insofern dieser verweist auf die Voraussetzung aller Gehalte, die in Beziehungen und Graduierungen der „Andersheit" zu er-

903 De poss. (h XI/2) n. 69. Vgl. dazu (mit den Angaben im kritischen Apparat und z.B. bei Nikolaus von Kues/Steiger: Dreiergespräch über das Können-Ist, 110) Augustinus: De Trin. V, 1, 2: „[...] intellegamus deum si possumus, quantum possumus, sine qualitate bonum, sine quantitate magnum, sine indigentia creatorem, sine situ praesentem, sine habitu omnia continentem, sine loco ubique totum, sine tempore sempiternum, sine ulla sui mutatione mutabilia facientem nihilque patientem [...]"; Thierry von Chartres: Commentum IV, 29 ed. Häring: Commentaries, 103: „In deo namque est qualitas sine qualitate, quantitas sine quantitate, numerus sine numero". Vgl. bei Eckhart von Hochheim: Pr. 9; zu weiteren Parallelen Jäger: Wort im Wort, 278f. Verwandt damit sind auch die im islamischen und jüdischen Kalam gebrauchten Formeln des Typs „Gott weiß, aber nicht durch Wissen", vgl. die kritische Stellungnahme bei Maimonides: Dux I, 53 (ihm zufolge eine Pseudokompromissformel der Mu'taziliten) und in positiv gewendeter Adaptation I, 57 (lat. 56, f. 21v; demnach ein zur Einfachheit des Göttlichen hinführender, sich selbst korrigierender Behelf, insbesondere was „Einer, aber nicht durch Einheit" betrifft, da die Sprache hier nur noch ungenau reden kann; ähnlich auch schon Saadia und Ibn Bāǧǧa, vgl. auch Maimonides/Weiss: Führer der Unschlüssigen, I, 192ff). Diese Formeln verweisen darauf, dass entsprechende Aussagen keinen von Gottes Wesen verschiedenen Wahrmacher besitzen (anders als wenn etwa Akzidentien für die Wahrheit aufkämen). Thomas von Aquin führt die maimonidische Passage (Dux I, 57) in De pot. q. 7 a. 2 sc. 2 an: „Rabbi Moyses dicit, quod Deus est ens non in essentia [...]"; vgl. dazu Rubio: Aquinas and Maimonides, 69f.

904 De poss. (h XI/2) n. 70.

905 Vgl. De poss. (h XI/2) n. 55.

906 Vgl. De poss. (h XI/2) n. 56.

fassen sind. Daher entzieht sich, worauf dieser Sprachausdruck verweist, auch der Benennbarkeit in gesonderten Sachbestimmungen. So reagiert Cusanus auf die Frage, was er denn unter diesem „Nicht-Anderen" verstehe, mit einem negativen Hinweis:

> „Das, als was ich es (das Nicht-Andere) verstehe, kann nicht durch etwas Anderes ausgedrückt werden. Denn alles, was nach diesem ist, wäre eine andere Auslegung (expositio) und gewiss weniger (als dieses selbst ist). Das nämlich, was der Geist *durch* es zu sehen sich müht, da es allem, was gesagt oder gedacht werden kann, vorausgeht – auf welche (von bestimmten Aussageweisen unterschiedene) *andere* Weise sollte es gesagt werden?".[907]

Der Begriff „das Nicht-Andere" bezeichnet nicht *irgendetwas*, *worauf* der Geist sein Sehen letztlich erfolgreich richten könnte, aber ein Mittel, *um* Wirklichkeit zu sehen. Ähnlich wie beim Begriff der „Form der Formen" handelt es sich um einen Reflexionsbegriff, der keinen Einzelbegriff mit einer distinkten Dingreferenz vorstellen möchte, wie er von anderen Begriffen bzw. deren Referenten unterscheidbar wäre, sondern der auf die Möglichkeitsbedingung von Relationen der Andersheit überhaupt reflektiert. In diesem Sinne muss Cusanus einerseits darauf hinweisen, dass dem Begriff des Einen (unum), sofern er noch in Gegensätzen begriffen wird[908] und sofern ihm Selbigkeit und Nicht-Andersheit formaliter zukommt, „das Nicht-Andere" vorausgeht, wie dies die Formel „das Eine ist nichts anderes als das Eine" abbildet. Andererseits hebt Cusanus hervor, dass es unzutreffend wäre, davon zu sprechen, dass Begriffe wie „das Eine" oder auch „das Seiende" (ente) „nach dem Anderen seien", denn „wie könnte jeder von ihnen (d.i. von Begriffen wie ‚das Eine') nicht etwas anderes sein als das, was sie sind"[909]. Insofern sind Nicht-Andersheit und Einheit, wenn vorgreifend als ‚absolut' verstanden gesetzt, gewissermaßen gleichursprünglich. Man kann zwar davon sprechen, dass „das Eine es von dem Nicht-Anderen her hat, dass es Eines ist", aber nicht davon, dass *etwas* zuerst Nicht-Anderes und *später dann erst* als ein-und-dasselbe-etwas Eines wäre. In diesem Sinne fasst Cusanus die Verhältnisbestimmung in der Formulierung zusammen:

> „Das Nicht-Andere erscheint so *vor* diesem und anderen (Begriffen wie ‚das Eine'), welche nicht *nach* ihm (dem Nicht-Anderen) sind, sondern *durch* es (per ipsum)."[910]

907 De non aliud (h XIII) c. 4 n. 11.

908 Cusanus weist in De non aliud (h XIII) c. 4 n. 13 darauf hin, dass sich im Parmenides des Platon (137c ff) und bei Pseudo-Dionysius (DN XIII) auch ein Begriff des Einen „vor dem Widerspruch (ante contradictionem)" finde.

909 De non aliud (h XIII) c. 4 n. 14.

910 De non aliud (h XIII) c. 4 n. 14.

Auch insofern also kommt der Negation, hier im *Begriff* des Nicht-Anderen selbst, wiederum ein Vorrang zu, abermals verbunden mit dem Hinweis auf die Vorausgesetztheit dessen, was in entsprechenden Negationen (von ‚Andersheiten') erfassbar ist.

Auf diese Erfassbarkeit reflektiert Cusanus, indem er den Partikel „als" herausgreift: Das „als" in der Wendung „... ist nichts anders als ..." gebe jeweils einen Hinweis, der „den Blick lenkt" (dirigit visum). Durch diesen Hinweis können sich zwei unterschiedliche Betrachtungsweisen ergeben, je nachdem, ob an beiden Stellen einzelne Bestimmungen, also Fälle von auch „Anderem" eingetragen sind:

a) im Falle von „*das Nicht-Andere* ist nichts anderes *als das Nicht-Andere*" wird der Blick „*einfachhin (simpliciter)* gelenkt auf das Nicht-Andere"
b) bei Fällen des Schemas „(etwas) *Anderes* ist nichts anderes als (etwas) *Anderes*", z.B. „die Erde ist nichts anderes als die Erde" wird der Blick zwar ebenfalls, aber gewissermaßen nur mittelbar auf das Nicht-Andere gelenkt: „... dann lenkt es (d.i. das „als") den Blick auf das Nicht-Andere, wie es im Anderen das Andere ist".[911]

Entsprechendes gilt auch von der auf sich selbst bezogenen Erkenntnis (cogitatio de se ipso). Zwar ist das Nicht-Andere dieser gegenüber „nichts Anderes",

> „dennoch aber ist es (das Nicht-Andere) nicht die Erkenntnis selbst, weil die Erkenntnis nicht *einfachhin* Nicht-Anderes ist, sondern nichts anderes *als* die Erkenntnis."[912]

Damit ist selbst der Begriff Gottes als noēsis noēseōs[913] („Denken des Denkens") in seinem nur vorläufigen Status bestimmt. Da der in Anwendung gebrachte Sachgrund allgemein ist, gilt diese Statusbestimmung für alle Einzelbestimmungen: „Nicht anders verhält sich das Nicht-Andere zu allem, was ausgesagt werden kann."[914]

Von daher versteht sich erneut in spezifischer Weise, warum Cusanus davon sprechen kann, dass die Negation der Affirmation vorausgeht[915]: Dies gilt insofern, als „das Nicht-Andere" den Charakter einer Negation hat, und zwar als Negation *einfachhin* bzw. als allgemeine Negation *aller spezifischen, einschränkenden Gehalte.* Demgegenüber verhält sich jede sachbestimmende

911 De non aliud (h XIII) c. 21 n. 95. Die Übersetzung bei Dupré, II, 539 hat hier eine Negation ausgelassen, ohne welche der Gedankengang des Cusanus nicht mehr verständlich wird.

912 De non aliud (h XIII) Prop. 8, n. 116.

913 De non aliud (h XIII) Prop. 8, n. 116: „cogitationum cogitatio", vgl. Aristoteles: Met. XII 9 1074b34; zu diesem Motiv als Anhaltspunkt neuplatonischer Anstrengungen einer Harmonisierung mit aristotelischen Auffassungen vgl. bündig Gerson: Aristotle and other Platonists, 188ff.

914 De non aliud (h XIII) Prop. 8, n. 116.

915 So z.B. De non aliud (h XIII) c. 23 n. 107; Prop. 14 n. 119 (ff.).

Aussage, jede „affirmatio", nachträglich, da diese per se nicht Nicht-Anderes, nicht also das ermöglichende Prinzip jeder Aussage selbst *einfachhin* aussagen kann, sondern nur *mittelbar* den Blick lenken kann auf den Grund jeder Sachbestimmung, jedes „Namens".

Nimmt man die cusanische Überlegung hinzu, dass „Washeit" (quidditas) oder „das Was" als „Washeit der Washeiten" keine einzelne Washeit meint, sondern dasjenige, was alle Wasbestimmtheit formaliter ausmacht und ermöglicht, was nichts anderes besagt als das Nicht-Andere einfachhin, so versteht sich auch die cusanische These:

> „Negationen lenken den Blick des Geistes auf *das Was*, Affirmationen jedoch auf das *so-beschaffene Was* (tale quid)."[916]

916 De non aliud (h XIII) Prop. 15 n. 120.

IV.7 Negative Theologie als philosophisch-theologische Propädeutik

„homines possint duci de tenebris ignorantiae ad fidem“[917]

Für die im Zentrum dieser Arbeit stehende Frage nach der methodologischen Verortung des Anliegens „negativer Theologie“ ist die Verhältnisbestimmung von religiösem Glauben und vernunftgeleiteter Argumentation von besonderer Bedeutung. Cusanus selbst weist mehrfach hin auf den Zusammenhang affirmativer und negativer Theologie mit der Glaubensthematik. So beispielsweise im letzten Kapitel, eben jenem zur „theologia negativa“, des ersten Bandes von „De docta ignorantia“. Hier formuliert Cusanus, dass wir „mittels der belehrten Unwissenheit“ *wahrer* (verius) den Glauben erfassen – jenen Glauben, der für die „affirmative Theologie“ stets unsere Verehrung (Gottes) (cultura) vermittelt.[918] Der Glaube also ist in dieser Hinsicht eine Vermittlungsgestalt unserer Verehrung Gottes und artikuliert sich insbesondere in den Benennungen Gottes, wie sie sich aus dem Lobpreis göttlicher Herrlichkeit in dessen Vermittlung der Manifestationen göttlichen Wirkens speisen. Zu dieser Stelle bemerkt Moffit Watts: „The cultura of any religion is based upon its affirmative theology – the dogmatic assertions that it necessarily has to make concerning the divine nature.“[919] Versteht man dabei „dogmatic“ im engeren Sinne dogmengeschichtlich geprägter Formeln, widerspricht das dem Befund, dass Prädikationen wie „(Gott ist) Leben“ den Ausprägungen von Dogmen in diesem Sinne historisch vorausliegen. Versteht man „dogmatic“ weiter gefasst im Sinne doktrinaler Festlegungen, ist die Aussage entweder trivial oder sie verzeichnet den cusanischen Tenor, z.B., wenn er von *cultura* und *adoratio* spricht – es geht vorrangig eher um Lobpreisung und direkte Adresse als um Doktrinbildung. Angemessener wäre

917 Cusanus: Sermo CXXXV (h XVIII) n. 7, 9-10. Es handelt sich, wie auch der Apparat nachweist, um die Formulierung des Vulgata-Textes von Joh 12,35 und Eph 4,18 (beide Stellen werden auch in der Predigt angeführt, und zwar n. 9, 1-2 und n. 5, 21, die auch anklingt bei Augustinus: Enchiridion c. 31 (Über die Liebe) n. 118, CCSL 46, 112: „[...] Deus gratia sua de tenebris ignorantiae ad se vocare dignatur [...]“. Auch bei Leo dem Großen: Tractatus septem et nonaginta 12 c. 1, CCSL 138, 48: „Causa autem reparationis nostrae non est nisi misericordia dei, quem non diligeremus, nisi nos prior ipse diligeret, et tenebras ignorantiae nostrae ueritatis suae luce discuteret.“

918 Vgl. De docta ign. (h I) I c. 26 n. 86, 3-10. Cusanus formuliert elliptisch „semper culturam per fidem“ (Z. 8-9); die „cultura“ „omnis religio“ war zuvor (Z. 3-4) angesprochen worden; im vorausgehenden Abschnitt, c. 25 n. 84, hatte sich Cusanus auf Cicero berufen. Ausführlich zum Zusammenhang von „cultus“, „cultura“ und „religio“ bei Cusanus: Riedenauer: Pluralität, 394ff et passim.

919 Moffit Watts: Nicolaus Cusanus, 59.

eher die Umkehr der Formulierung: Die Dogmatik jeder Religion basiert auf den affirmativen Prädikationen, die in ihr zur Verehrung des Göttlichen ausgesprochen werden – und diese sind teilweise erklärlich durch ihre Basis in den Werken Gottes (wie im herausragendsten Falle der vestigia trinitatis, auf die sich Cusanus zuvor bezog). Die „negative Theologie" hat dann, nimmt man die angeführte Formulierung des Cusanus, wonach wir mittels der docta ignorantia den Glauben wahrer erfassen, genau, eine spezifische Funktion in der *Erfassung* des ihr offenkundig in gewisser, präzisierungsbedürftiger Weise vorgeordneten Glaubens, die an dieser Stelle als eine in der Sache nachfolgende Dienstfunktion verstanden werden kann, dabei aber gewissermaßen zugleich die Fackel voraustragend, sofern uns der eigentlichen Wahrheit *näher* bringend und in ihrer Erfassung mindestens als erkenntnisleitendes Korrektiv dienlich.[920] Inwieweit aber kann die Dienstfunktion negativer Theologie im Sinne philosophisch-theologischer Propädeutik verstanden werden? Eine solche These sieht sich zwei gegensätzlichen Schwierigkeiten gegenüber:

Zum Ersten kann es so erscheinen, dass Cusanus gerade keine scharfe Grenze zieht zwischen philosophischen Grundbegriffen und Glaubensmysterien („praeambula fidei" und „mysteria fidei *stricte dicta*"). Ein solcher Eindruck kann sich etwa nahelegen angesichts seiner sehr weitreichenden Überlegungen zur ternaren Strukturiertheit aller Wirklichkeit und allen Wirkens, insbesondere lebendiger und geistiger Akte. Versteht man dieserart Überlegungen als eine Art „Trinitätsphilosophie"[921] – und Cusanus bietet durchaus mancherlei Anlass zu einer solchen Interpretation –, dann wäre zumindest die klassische Grenzziehung zu einem zentralen *mysterium fidei* nicht mehr im üblichen Sinne aufrecht zu erhalten. Hier soll diesbezüglich eine andere These vertreten werden. Zwar zeigt sich Cusanus gelegentlich rhetorisch höchst optimistisch etwa bezüglich kontroverstheologischer Klärungen der Trinität im Religionsgespräch. Gleichwohl bleibt der Vernunft, soweit sie im Bereich des „Natürlichen" ansetzt, eine philosophische Einsicht in die *Trinität im Vollsinne* nicht möglich. Dies gilt sowohl den Voraussetzungen des Cusanus zufolge wie auch etlichen dezidierten Explikationen nach wie auch des tatsächlichen Ertrags seiner Argumentation nach. Seine Überlegungen betreffen dabei vielmehr, wenn auch sehr weitgehende, *Analogien* der Trini-

920 Bekanntlich hatte Kant das Bild des Petrus Damiani von der Philosophie, genauer den freien Künsten („artes humanae", dem Begriff auch von Cicero, De oratore 3,21), als „Magd" der Theologie, deren „Haare" und „Nägel" sie ihr abzuschneiden habe, bevor sie sie zur Frau nehmen könne (De divina omnipotentia c. 5, PL 145, 603D), als eine Verhältnisbestimmung der „Fakultäten" von Philosophie und Theologie dahingestellt sein lassen, da ja „doch noch immer die Frage bleibt: ob diese [die philosophische „Magd"] ihrer gnädigen Frau die Fackel voranträgt oder die Schleppe nachträgt" (Kant: Streit der Fakultäten, 28). Vgl. dazu auch Eckert: Fackel oder Schleppe.

921 So z.B. mit Bezug zunächst auf die frühesten Sermones Flasch: Entwicklung, 26; vgl. auch nachstehende Fn. 1014 (S. 339).

tät im Sinne *ternarischer Strukturen*, nicht aber eben die Trinität im Vollsinne. Deutlich wird dies einerseits aus grundsätzlichen epistemologischen Voraussetzungen, andererseits am kritischen Punkt kontingenter Konkretion – theologisch gefasst, in Christus als *universale concretum*[922], als Gott *und* Mensch, philosophisch fasslich u.a. hinsichtlich der konkreten Individualisierung in deiktischer Form – Christus müsste als Jesus konkret *gezeigt* werden, um von einer *Realität* des trinitarischen Gottes als Grundes aller Wirklichkeit begründet sprechen zu können und nicht nur die *Denkbarkeit von Ternaren* philosophisch zu rekonstruieren.[923] Diese Interpretationsthese wird im Folgenden an ausgewählten, kritischen Passagen zu bewähren und mit maßgeblichen Äußerungen des Cusanus zum Verhältnis von Glaube und Philosophie zu verbinden sein.

Zum Zweiten kann es dann aber umgekehrt so scheinen, dass unter den cusanischen Voraussetzungen ein Feld philosophischer Vorbegriffe ganz entfiele, insofern philosophische Rekonstruktionen und Korrektive je schon religiösen Glauben *voraussetzen*. Es gäbe demnach gar keine *Hinleitung durch die Vernunft* zum Glauben, weil jede Anstrengung von Vernunft bereits Glauben vorauszusetzen hat. Letzteres ist in gewisser Weise in der Tat die Position des Cusaners. Es steht für ihn fest, dass die Geheimnishaftigkeit religiösen Glaubens im „natürlichen Licht" der Vernunft nicht ersetzbar ist durch eine thematische Gegenständlichkeit, sondern vielmehr *als solche* verstanden werden muss. Dem entspricht, dass religiöser Glaube von anderer, und zwar unvergleichlich *höherer* Art der Gewissheit sein muss als philosophische Beweisverfahren oder Bekräftigungs- oder Widerlegungsversuche anhand der Empirie. Weiter noch, eine rein „autonome Vernunft" diesseits kontingenter, nicht schon „erstphilosophisch" letztbegründeter Vorausset-

922 Hans Urs von Balthasar gebraucht den Begriff im Anschluss an Gregor von Nyssa; vgl. v.a. Balthasar: Theologie der Geschichte, 15.64.99; zu Begriff und ideengeschichtlichem Hintergrund auch Faber: Universale concretum; Löser: Universale concretum sowie die weiterführenden Überlegungen von Schärtl: Gottesrede.

923 Dass aus der Nicht-Erkennbarkeit der Zeugung des Sohnes durch die menschliche Vernunft *folgt*, dass diese auch nicht die Trinität der göttlichen Personen erkennen kann, ist ein Zusammenhang, der z.B. bei Thomas: De Trin. q. 1 a. 4 s.c., 89b deutlich ausgesprochen wird: „[...] *per consequens* nec trinitatem personarum". Wenn man aufweisen kann, dass in jedem Geschaffenen „irgendeine Dreiheit (aliqua trinitas)" ist, so könne man daraus keineswegs mit Notwendigkeit folgern, dass in Gott „irgendwie drei (aliqua tria)" sind, „außer dem Begriff nach (nisi secundum rationem)" (q. 1. a. 4 ad 1, 90a). Für die Trinität der Personen aber wäre eine „wirkliche Unterscheidung" (der wirklichen *personalen Relation* nach, nicht aber nur dem Begriff nach) nötig (vgl. q. 1. a. 4 ad 6, 90b). Auch in umgekehrter Richtung besteht ein innerer Zusammenhang zwischen den Glaubensgeheimnissen der Inkarnation und der Trinität, wie ihn Thomas z.B. STh II-II q. 2 a. 8 co. anspricht, wonach man nicht „explizit" an das Mysterium Christi glauben kann ohne Glaube an die Trinität, da das Mysterium Christi *enthält,* dass der *Sohn Gottes* Fleisch wurde.

zungen, ist für Cusanus aus allgemeinen epistemologischen und wissenschaftstheoretischen Gründen in der Tat als mögliche Gegebenheit ausgeschlossen. Es gibt Vernunftbetätigung nur im Rahmen kontingenter Rahmenbedingungen, die wesentlich auch vorprädikativen Status haben und sich auch im Rahmen performativer Konventionen artikulieren – ein Modus, der in Bezug auf religiöse Artikulationen in theologischer Diktion durchaus als „Glaube", „Kult" und „Ritus" bezeichenbar ist und dessen rudimentärere Formen unter diesen Hinsichten durchaus kontinuierbar erscheinen zu einem religiösen Glauben, wie er sich in den articuli fidei symbolisch artikuliert. Es ist, im Blick auf diese symbolischen Verdichtungen, für Cusanus auch eine theologische Voraussetzung, dass Gott, und zwar als *trinitarischer* Gott, Voraussetzung allen Wirklichkeitsverständnisses ist. Dies gilt insbesondere für die „Relationen" der Personen, die *Voraussetzung aller Relationierungen* sind, damit auch aller Quantifizierungen und Zahlverhältnisse und damit auch aller begrifflichen Unterscheidungen und Begriffsanwendungen und somit überhaupt all unseres Verstehens. Dies gilt zudem auch für Gott *als Wort*, das Christus ist, und Voraussetzung aller unserer Wortprägungen ist. Diese theologischen Voraussetzungen sind keineswegs von einem „natürlichen Licht" der Vernunft her bereits als gegebene Realität *erweislich*. Die Vernunft kann ihre „Spuren" rekonstruktiv erhellen, freilich auch dies je annäherungsweise, doch gerade in dieser ihrer Bewegung gleicht sie Gott wiederum. Menschliches Verstehen kann rückfragen, was gegeben sein müsste, *wenn* Wissen und glückendes Leben letztlich möglich sein soll – nicht aber solches Gegebensein positiv begründen und auch nur *ex negativo* bestimmen vom Ungenügen aller beiziehbaren endlichen Bestimmungen her.

Diesem Rekurs auf Prinzipien, die nur ihrer formalen Struktur nach aufweisbar sind, deren Aufweis aber als Spuren dessen lesbar wird, was religiöser Glaube bereits bekennt, entspricht auch die Anlage der fiktiven Religionsgespräche, die Cusanus literarisch inszeniert, und seinem hermeneutischen Zugriff auf Offenbarungsurkunden anderer Religionen. Weit entfernt von einem „pluralistischen" Verständnis, kann es aus der kontingenten Perspektive des Cusanus gar nicht anders sein, als dass alle religiöse Wahrheit ihren Grund wiederum in Christus und dem Gott hat, den er als Christ verehrt und dessen ternarischen „Spuren" er nachgeht. Es handelt sich insoweit dezidiert um einen „Inklusivismus", der je aus der eigenen kontingenten religiösen Perspektive andere religiöse Artikulationen und „Riten" integrativ deutet. Dieser radikale Inklusivismus erstreckt sich nicht nur auf soteriologische Fragen, sondern dezidiert auch auf die Rekonstruktion religiöser Wahrheitsansprüche – diese sind, soweit wahr, für Cusanus wahr in und durch Christus als der Wahrheit selbst.[924] Der Anspruch der cusanischen Religionstheologie liegt dabei gerade in dem universalisierbaren epistemologischen Gesichts-

924 Dass Cusanus keinen religionstheologischen Pluralismus im Sinne gängiger moderner Ausarbeitungen vertritt, sondern einen radikalen Inklusivismus, wurde bereits anhand von Sermo I (h XVI) deutlich (vgl. obig Abschnitt IV.1, Fn. 471, S. 167). Dieser wird auch in anderen frühen Sermones deutlich. So ist etwa in Sermo III (h XVI) n. 9 die Rede davon, dass, wer nicht durch Christus als Mittler emporsteigt, nicht zum Ziel gelangt. Von der Einzigkeit des Glaubens spricht Sermo IV (h XVI) n. 16, 6ff (Textübernahme von Wilhelm von Auvergne: De fide et legibus c. 2, ed. Paris 1674, f. 1, 9bC-D). Entgegenstehender Irrtum sei „mit Feuer und Schwert auszurotten". Erst weil Cusanus aber auch die Zeugnisse anderer Religionen inklusivistisch interpretiert, stehen diese *nicht* dem *einen* Glauben gegenüber und sind damit keineswegs „auszurotten". Die zwölf articuli fidei stimmen demnach *für alle Christen* überein. Der Katholik kann ihretwegen im Glauben „mehr von Gott einsehen als ein Nichtchrist" (Sermo IV (h XVI) n. 26), weshalb der katholische Glaube „der wahrere" ist. Der Komparativ impliziert dabei durchaus, dass andere Varianten des „einen Glaubens" (aus n. 16) *nicht* einfachhin *unwahr* sind. (Bei Wilhelm von Paris selbst hatten solche Stellungnahmen auch praktischen Bezug, versuchte er doch mehrmals und schließlich vergeblich, König Ludwig von einem Kreuzzug abzuhalten, vgl. Teske: Studies, 12f. Dass Cusanus auch innerhalb des Christentums eine Vielfalt an Realisierungen des „einen Glaubens" kennt und preist, wird etwa De mente (h ^{2}V) c. 1 n. 51 deutlich; n. 52 ist die Rede davon, dass „Laien" mit dem Glauben „klarer" Gott erreichen als die Philosophen mittels der ratio.) Ähnlich eindeutige Formulierungen finden sich aber auch z.B. in sehr viel späteren Predigten. In Sermo CLXXIV (h XVIII) n. 10, 1-5 formuliert Cusanus, dass die christliche Religion die Verehrung (cultus) *jeder rationalen Seele* sei, die bündigste (strictissima) und vollkommenste Religion und in der Verehrung des einen Gottes bestehe. Deutlicher als durch die Ausrichtung *jeder* rationalen Seele auf die *christliche* Religion kann ein religionstheologischer Inklusivismus kaum zusammengefasst werden. Vgl. etwa auch Sermo CXXVI (h XVIII) n. 7, wonach die Gottesverehrung (cultus) von Juden und Muslimen je in Christus wahr und ermöglicht ist, so dass etwa der jüdische Glaube immer schon Christus implizit enthielt („fides Judaica implicite semper Christum continebat"); Sermo CCLIV (vom 5.12.1456) (h XIX) n. 15, 6-8: Nur die „Nation" der Christen bekenne Gott recht (recte confitetur); Sermo CLXXIX (h XVIII) n. 14: Es gibt nur einen einzigen Glauben, und dieser wird durch das Wort Gottes verkündet; nur durch den Glaube an Christus ist die vollkommene Glückseligkeit erreichbar. (Zuvor, bes. n. 10ff, hatte Cusanus Gotteserkenntnis aus Natur und aus (mosaischem) „Gesetz und (atl.) Propheten" unterschieden, diese Entgegensetzung ist also zuvorderst gemeint, aber die Aussage ist von allgemeinem Anspruch.) Bereits in De docta ign. (h I) III c. 8 n. 229 will Cusanus nachweisen, dass Muslime Christus als Mittler und Erlöser akzeptieren müssten, wenn sie ihn als vollkommensten Menschen bekennen (denn Letzteres schließt aus u.a. in c. 3 entwickelten Aspekten Ersteres ein). In De docta ign. (h I) III c. 12 n. 253 hält Cusanus fest, dass alles, was durch einen anderen Mittler als Christus vollbracht wird, falsch und trügerisch ist; da Christus mit der Wahrheit identifiziert wird, gilt dies für Cusanus gewissermaßen *per se*; einen Umkehrschluss, wonach auch alles, was in anderen Religionen Wahres wäre oder vollbracht würde, *durch Christus* wäre, zieht Cusanus hier wohlgemerkt nicht. Sermo CLXXI (h XVIII) n. 16-17: Jesus ist der König jeder Religion. Man wird hier freilich nicht primär einen modernen Religionsbegriff verstehen dürfen, vielmehr klingt hier die Verwendung von „religio" im Sinne der Rückbindung an Gott, wie sie sich insbesondere in kultischen Formen der Verehrung manifestiert, stark an. Zur Begriffsgeschichte des Religionsbegriffs umfassend Feil: Religio, eine ausführliche Diskussion der Semantik von „religio" bei Cusanus bei Riedenauer: Pluralität.

punkt, dass unsere Rekonstruktionsversuche von Wahrheitsansprüchen prinzipiell auch gar nicht anders ansetzen können als aus Voraussetzungen, die selbst kontingenter Natur sind – freilich dann aus Mitteln endlichen Verstehens auch je nur Konjekturen *bleiben.*

Doch das kontingente Begründetsein aller Vernunftbemühung schließt keineswegs aus, dass es möglich ist und auch nötig sein kann, einen solchen theologischen Begründungszusammenhang auf jeweils begrenzte Frist *methodisch zu suspendieren.* Die Vernunft ist dann *rekonstruktiv* tätig. Sie rekonstruiert ihr eigenes Vorgehen, dessen regulatorische und begriffsschematische Voraussetzungen und ggf. auch die Unmöglichkeit einer abschließenden Überführung ihrer kontingenten Voraussetzungen, Betätigungen und Verpflichtungen in wohlbestimmte Termini und Komponenten eines wohlbegründeten Systems ihrer propositionalen Struktur nach zureichend erhellter Überzeugungen und deren Wahrheitsbedingungen. Insoweit sie dabei Grenzbegriffe für das Gegründetsein ihres Begriffssystems und ihrer eigenen Konstitution im Ganzen reflektiert, von endlichen Modalitäten abhebt, die Schwierigkeiten dieses Vorgehens und seiner Versprachlichungen thematisiert und Kriterien ausprägt, die ein solches Vorgehen vor Irrungen und vorschnellen Abschlüssen bewahren mögen, entspricht dies dem Vorgehen im Rahmen der „negativen Theologie" des Cusanus.

Die hier vertretene Interpretationsthese hat insoweit eine Nähe zu derjenigen H. G. Sengers, wenn dieser etwa betont, dass die Maximitätsanalysen der drei Werkteile von „De docta ignorantia" als philosophische Argumentation ohne Glaubensvoraussetzungen nachzuvollziehen sind und erst „der Theologe" nachfolgend die Verbindung von eingeschränkt-Größtem (Welt) und eingeschränkt-und-absolut-Größtem (Christus) dann „deutet" durch Bezug auf „den historischen personhaften Jesus Christus, in dem Welthaftes [...] und Göttliches [...] koinzidieren oder, theologisch gewendet, in hypostatischer Union geeint sind".[925] Entsprechendes ließe sich für das Verhältnis der in Geist und Natur für „den Philosophen" auffindlichen Ternare zum Bezug auf die göttliche Trinität durch „den Theologen" sagen. Freilich entspricht dies bei Cusanus primär dem nachträglichen Entdeckungszusammenhang; dem theologischen Begründungszusammenhang nach liegen die Glaubensmysterien der Naturwirklichkeit und deren Lesbarkeit als vestigia trinitatis *voraus.* Dabei ist die „historische" Dimension im engeren Sinn nur ein Teilaspekt. Diese Interpretationsthese kehrt also eine vielleicht erwartbare Zuteilung von Begründungs- und Entdeckungszusammenhang gerade um, wonach die Begründungszusammenhänge letztlich in voraussetzungsfreier philosophischer Argumentation einholbar sein müssten und die Entde-

925 Senger: Einleitung, X, vgl. XI: „[...] wird identifiziert mit der historischen Person Jesu Christi".

ckungszusammenhänge nur kontingente und variable Modifikationen einschließen.[926] Gerade umgekehrt, theologisch gesehen und diskursanalytisch zumindest formaliter rekonstruierbar, setzt die Ermöglichung philosophischer Rekonstruktion kontingente Bedingungen und Prägungen menschlicher Suche nach einem letzten Sinne schon voraus und kann diese zwar methodisch suspendieren[927], aber dies eben nur nachträglich und unter notwendiger Inkaufnahme von Uneinholbarkeiten und Sperrigkeiten der so rekonstruierbaren Strukturen zu dem, was religiöser Glaube vollzieht und bekennt.

926 Hier wird also ein *Begründungszusammenhang* angesetzt, der *kontingente* Bedingungen einschließt und als *theologisch* qualifiziert wird, während diesem die Auffindung von „Spuren" im Natürlichen mittels „natürlicher Vernunft" *geltungslogisch* nachgeordnet wird. Dies scheint vorderhand auch eine Zuordnung umzukehren, wie sie etwa in Bezug auf eine „autonome" Begründbarkeit *sittlicher Urteile* formuliert wurde. So etwa bei Dietmar Mieth (vgl. z.B. Mieth: Moral und Erfahrung, Band 2, 229ff in Erweiterung des Ansatzes von Alfons Auer; zu dessen Verhältnisbestimmung von Theonomie und Autonomie etwa Auer: Autonome Moral, 62.67.184.206f.219ff): Dabei wird die „Gewissenserfahrung" als „autonome[r] Text" (229), die „Glaubensüberlieferung" als „theonome[r] Kontext" gewertet. Unabhängig davon, wie man den Status eines solchen „Kontextes" bewertet, besteht dabei aber schon insofern eine Differenz, als die Frage nach einer „autonomen" Begründbarkeit *der Glaubenswahrheiten* einen von sittlichen Urteilen typverschiedenen Gegenstandsbereich betrifft.

927 Diese Auffassung ähnelt daher teilweise derjenigen von Rudolf Haubst, die Flasch: Entwicklung, 53 treffend wie folgt charakterisiert: „Cusanus setze in seiner Koinzidenz-Argumentation den christlichen Glauben voraus. Er wollte dessen Inhalte nicht von Grund auf philosophisch gewinnen. Sein Philosophieren sei ein Verstehensversuch, ein nachträgliches Sich-Orientieren innerhalb der geglaubten Wahrheit." Flasch kritisiert diese Auffassung mit dem Hinweis, dass der „christliche Glaube" für Cusanus eine „psychologisch-faktische Voraussetzung" sein mag, aber er müsse „deswegen noch nicht in seine Argumentation eingehen" und dies sei auch im Falle etwa des ersten Buchs von De docta ign. nicht der Fall. Die hier vertretene Position teilt die von Flasch implizit vorausgesetzte Oppositionalität nicht, wonach es entweder um ein *nachträgliches* Verstehen *oder* eine Argumentation gehen müsse, die nicht explizit Glaubensvoraussetzungen *beansprucht*. Bei Cusanus ist in gewisser Weise beides der Fall: *Theologisch* gesehen ist diejenige absolute Wahrheit, die in *mittelfristig* „voraussetzungsfrei" erscheinender Argumentation in den Blick kommt, keine andere als die Wahrheit, die der Glaube in Christus bekennt, und zwar nicht erst dem „hinzutretend", sondern, in der Auffassung des Cusanus, *je schon*. Die mittelfristige Möglichkeit einer derart „voraussetzungsfrei" erscheinenden Argumentation ist dann, *philosophisch*-theologisch betrachtet, eine methodische Suspension von Glaubensvoraussetzungen. Gelingen kann ein solches Projekt selbstredend nur unter der Voraussetzung, dass „Autonomie" und „Theonomie" von Begründungen zumindest nicht notwendigerweise in Gegensatz stehen. Hervorhebenswert ist eine apparente Abweichung gegenüber Flasch, wie sie nachfolgend auch in Fn. 964 (S. 322) exemplifiziert wird, der davon ausgeht, dass „Vernunftgründe", sind sie einmal „entdeckt", und sei es *unter Glaubensvoraussetzungen*, dann „ihr eigenes intellektuelles Gewicht" (ibid., 96) haben, was Flasch auch auf ihre *Geltung* zu beziehen zumindest scheint. Wenn Flasch scheinbar von vornherein ausschließt, dass eine Geltung von „Vernunftgründen" auch an *kontingente* Bedingungen gebunden sein kann, ist dies eine Voraussetzung in Methode und *Vernunftbegriff*, die hier nicht geteilt wird.

Nicht nur sind also, nach dem hier vertretenen Verständnis der cusanischen Verhältnisbestimmung von „natürlicher Vernunft" und Glaube, in Natur und Geist erhobene „Spuren" der Glaubensmysterien, philosophisch erhebbare Bedingungen und Grenzbegriffe der menschlichen Suchbewegung *integrierbar* in glaubenswisssenschaftliche Hermeneutik. Auch ist von „negativer *Theologie*" erst zu sprechen im Blick auf die Orientierung dieses Vorgehens als sprach- und erkenntnisleitendes Teilmoment und Korrektiv von *Theologie überhaupt*, womit das Bezogensein dieses Vorgehens auf das Göttliche als adressiert in einer konkret-kontingenten Tradition mitzusehen ist. In diesem Sinne kann man, so die hier vertretene und im nachfolgenden Abschnitt anhand der cusanischen Auffassung des Verhältnisses von Glauben und philosophischer Argumentation bzw. Rekonstruktion zu bewährende These, das Vorgehen des Cusanus im Rahmen seiner „negativen Theologie" als *bezogen auf* die allgemeine, im Vollsinne dann „glaubenswissenschaftliche" Programmatik von Theologie überhaupt verstehen – und insofern in zumindest beträchtlicher Kontinuität zur Aufsuchung philosophischer Grund- und Grenzbegriffe (wie dies traditionell im Feld der „praeambula fidei" verortet wurde).

IV.7.1 Die Typverschiedenheit des Glaubens von Beweisbarem, Einsichtigem und Evidentem

„Nisi credideritis, non intellegetis."[928]

Das vorstehend zuerst angesprochene Problem betrifft den Eindruck, dass bei Cusanus eine klare Grenzziehung zwischen „natürlicher Vernunft" und „Glaubensartikeln" in ungefährer Entsprechung zur Grenze zwischen den philosophischer Theologie („praeambula fidei") und im engeren Sinn glaubenswissenschaftlicher Theologie (wie sie auf die Offenbarung und die „articuli fidei" bezogen ist) gänzlich entfalle. Tatsächlich besteht aber, wie nachfolgend zunächst zu zeigen versucht wird, bei Cusanus durchaus eine Grenze für das „natürliche Licht". Es ist bei der Erfassung der Gehalte des Glaubens zwar vorbereitend und rekonstruktiv dienlich. Es reicht aber nicht hin zur Erfassung der Mysterien des Glaubens. Dies soll an einigen wesentlichen Fällen nachgezeichnet werden, wobei zunächst eingegangen wird auf die Analyse des Glaubensbegriffs in den frühesten Sermones des Cusanus.

[928] Jes 7,9 nach der Übertragung der Vetus latina; vgl. zu den Abweichungen gegenüber der Semantik des hebräischen Textes und der wirkungsgeschichtlichen Signifikanz dieses produktiven Missverständnisses für die Diskussion um Glaubensbegriff und -begründung insbesondere bei Augustinus und Thomas von Aquin: Söhngen: Einübung, 91ff.

Instruktiv für die cusanische Grenzziehung zwischen Verstandesgründen und Glaubensvollzug ist bereits sein zweiter Sermo. In diesem frühen Predigtentwurf würdigt er die „Forschung" nach dem einen Gott mit Verstandesgründen (rationes).[929] Schon „die Alten" hätten dazu das „natürliche Licht" genutzt. Doch bleibe die „Vielheit wechselnder Meinungen der Philosophen" bei der Suche nach dem ewigen Leben hinter der „einfachen Einheit" und einem erst durch Gott *eröffneten* „Vorzug" zurück.[930] Die Gebildeten mögen Gott „zunächst mit dem Lichte der Wissenschaft suchen wollen".[931] Um aber zum Ziel zu kommen, müssten sie sich vom göttlichen Lichte führen lassen. Was spezifisch die Trinität betrifft, so sieht Cusanus zwar einerseits den Glauben an den einen Gott und die heilige Dreifaltigkeit „allen Lebenden" gemeinsam. Doch kommt er offenkundig nicht bei allen zur Ausprägung, was Cusanus damit erklärt, dass vielfach ein Verständnis davon fehle, *wie* wir glauben – irrig werde der Trinitätsglaube etwa so verstanden, als glaubten die Christen an drei Götter und dies darob getadelt.[932] Es stehen also beseitigbare Gegengründe, Missverständnisse der Ausprägung des Glaubens an den drei-einen Gott, im Wege. Wenn Cusanus in diesem Kontext davon spricht, dass manche durch Verstandesgründe (rationes) die Trinität „erforscht" hätten (investigaverunt)[933], so kann man dies einerseits auf die Ausräumung von Einwänden und Missverständnissen beziehen, wie sie Max Seckler einer „rationale[n] Defensivapologetik" zuordnet[934], andererseits auf Erhellungen von „Spuren der Trinität" etwa in der Ternarität praktischer Vollzüge.

Eine eigentliche „Begründung" durch mit bloßem „natürlichem Licht" aufstellbare „Verstandesgründe" muss indes damit nicht gemeint sein – und dies zu unterstellen wäre auch kaum in Passung zu bringen mit den weiteren Hinweisen auf das Ungenügen des „Lichts meines Intellekts" etwa im nachfolgenden Sermo III: Dieses vermöge „nichts", Gott aber alles. „Neugierige" fragen nach Ursachen, Gründen und Zeichen; das betende Ich aber „tritt im

929 Vgl. Sermo II (h XVI) n. 3, 1-3.

930 Vgl. Sermo II (h XVI) n. 3, 6-10: „non in silva et multiplicatione variationis opinionum philosophorum, sed in unitate simplici immortalis vita, a quo nostrum omne esse ut a patre est, quaerenda est". Die Predigtskizze, die vor allem gegen Ende nur noch eine Reihe von Hinweisen gibt, welche Bibelstellen in der Predigtausführung anzubringen sind, lassen sich nach der Auffassung von E. Bohnenstädt (vgl. Nikolaus von Kues/Sikora/Bohnenstädt: Predigten: 1430-1441, 464) auffassen als „Ausweitung" zu den Predigten III, IX oder XIX nach Kochs früher Zählung, d.i. III, IX und I nach der Zählung der kritischen Edition.

931 Vgl. Sermo II (h XVI) n. 2, 10-14.

932 Vgl. Sermo II (h XVI) n. 8.

933 Vgl. Sermo II (h XVI) n. 4, 1-2.

934 Vgl. Seckler: Apologetik, 838.

Glauben heran" an den dabei adressierten Gott.[935] Bezug und Kontext bildet hier das Staunen über die eucharistische Wandlung.[936]

Die Absetzung des Glaubens von der Frage nach „Ursachen, (zureichenden natürlichen) Gründen und Zeichen" markiert auch den Einsatz der Diskussion des Glaubensbegriffs, die Gegenstand der Lehrpredigt von Sermo IV zum Dreifaltigkeitstag 1431 ist.[937] Cusanus folgt (wie schon in Sermo III) zunächst weithin dem Kompendium Hugo Rippelins von Strassburg und ordnet zunächst den Glauben (aus der Trias von Glaube, Hoffnung und Liebe) dem Wahren, dem Beistimmen (assentiri) und dem gegenwärtigen Leben (irdischer Pilgerschaft) zu.[938] Das Tugendvermögen des Glaubens gehört daher in den Bereich der Erkenntnis. Von anderem Wahrem unterscheidet sich der Gegenstand des Glaubens aber, sofern dieser sich „nicht von selbst nahe-

935 Vgl. Sermo III (h XVI) n. 24, 1-5.

936 Cusanus verweist darob mehrmals auf die göttliche Allmacht; beachtenswert ist in Sermo III (h XVI) n. 24, 24-25 der Vermerk „Nonne ciconia etc.". Der Storch ist (vgl. Nikolaus von Kues/Sikora/Bohnenstädt: Predigten: 1430-1441, 108) ein auch von Eckhart (In Ioh. n. 328, LW III, 276f) angeführtes Beispiel: Man hält es für unmöglich, dass der Storch einmal in einem so kleinen Ei lag, wenn man kein Wissen über den Brutvorgang hat. Das Beispiel hat eine gewisse Ähnlichkeit mit dem des (bei Eckhart zuvor angeführten) Maimonides vom Embryo: Aus den Lebensbedingungen des ‚fertigen' Menschen kann man nicht schließen auf jene des Embryos (vgl. Maimonides: Dux neutrorum II, 17 / lat. 18, f. 49r-v); ebenso seien Gesetze, welche die Ordnung der geschaffenen Wirklichkeit regieren, nicht auf die göttliche Schöpfung selbst anwendbar. Die Pointe des Cusanus wäre kontextgemäß indes: Unsere anhand des Ausgebildeten ansetzende Hypothesenbildung wird schon im Falle des Storchen enttäuscht (solange wir die Anfangsbedingungen nicht direkter wissen), wie können wir dann Verstandeszweifel anmelden bezüglich der Möglichkeit und Weise der Allpräsenz Christi oder der völligen und instantanen eucharistischen Wesenswandlung? Wenn wir uns aus den Endumständen her noch nicht einmal vorstellen können, *wie* der Storch im Ei gelegen habe, wie könnten wir dann einzig unserem Vorstellungsvermögen verhaftet bleiben in der irrigen Unterstellung, dass die Präsenz Christi im Sakrament *räumlich*-dimensionierter Art wäre? In diesem Sinne beansprucht dann auch Cusanus, dass sich der Glaube so nicht beirren lasse (vgl. n. 24, 38: „Sic fides non fallitur"). Keineswegs geht es um eine fideistische Autoimmunisierung. Vielmehr ist die Täuschung der Sinne im Falle der ‚natürlichen' Erscheinung der Hostie, welche nur die materiellen Akzidentien erfasst, systemischer Natur und es müssen gerade die daran gebundenen Begriffsschemata (z.B. bezüglich bloß *räumlicher* Präsenz) überwunden werden – worin der Verstand eben leicht beirrt wird (fallitur), da er der Dinglichkeit der Vorstellung leicht verhaftet bleibt, der Glaube aber seinem Wesen nach genau nicht. Dass im Glauben keineswegs „alles offenbar" (manifesta) ist, hält Cusanus mit Wilhelm von Auvergne (De fide et legibus c. 1, ed. Paris 1674, v. 1, 4aE: „Non autem sunt omnia manifestae vera, quoniam tunc nulla esset in fide dissensio [...]") in Sermo IV (h XVI) n. 8 fest. Die Formulierung findet sich auch bei Bernhardin von Siena: Quadragesimale de Evangelio aeterno, Sermo 13, a. 1 c. 3 (ed. Venedig 1745, v. 2, 79).

937 Cusanus vermerkt auch dezidiert (Sermo IV (h XVI) n. 2), dass er nach dem „übernommenen" Sujet (iuxta assumptum thema) „über den Glauben zu predigen habe".

938 Sermo IV (h XVI) n. 1 nach Hugo Ripelinus: Compendium theologicae veritatis 5, 18 (ed. Borgnet Bd. 34, 166b-167a), vgl. dazu Pinckaers: l'espérance, 436.

legt", d.i. weder *„ersichtlich"* noch *„beweisbar"* ist.[939] Diese Maßgaben übernimmt Cusanus, wie den Großteil aller weiteren Ausführungen zum Glaubensbegriff, dem Traktat des Pariser Bischofs Wilhelm von Auvergne „De fide et legibus".[940]

Gegenstand des Glaubens also ist nach Wilhelm und Cusanus gerade nicht das Beweisbare oder Ersichtliche. Anders könnte der Forderung nicht entsprochen werden, dass der Glaube verdienstvoll sein muss. Dies hatte Cusanus auch in Sermo III gefordert, dort in einem sakramententheologischen Kontext: Die Gegenwart Christi muss sich im eucharistischen Leib *den Sinnen verbergen.*[941] Anders als Menschen glaubt man Gott nicht auf Empfehlung (suasio) hin. Methodisch ist also die Glaubenserkenntnis „unvermittelter" sowohl als das Erkennen durch Empfehlung wie auch durch Beweis[942]; auch Zeichen, Weisheit und Kunst kommen nicht in Betracht, die Tugend-

939 Vgl. Sermo IV (h XVI) n. 5.

940 Das Werk ist ein Bestandteil seines umfassenden „Magisterium divinale et sapientiale". Cusanus zieht hier ein Werk heran, das gegenüber den oftmals durch die jeweiligen Orden rezeptionsgeschichtlich begünstigten Summen eines Bonaventura, Thomas oder der Summa Halensis der Franziskanerschule eher vernachlässigt wurde. Man muss natürlich nicht annehmen, dass die bloße Tatsache dieses Rückgriffes schon belege, dass Cusanus sich in der Sache vor allem Wilhelm anschließe; er kann Wilhelm auch deshalb so umfänglich exzerpiert haben, weil ihm dessen Werk schlicht sonst schlechter zugänglich war. Innere Gründe, nämlich die Kontinuität zu vielen späteren Äußerungen des Cusanus, sprechen allerdings dafür, dass zumindest eine weitgehende Übereinstimmung des jungen Cusanus mit den dort geäußerten Maßgaben annehmen zu dürfen. Vgl. zu Werk und allgemeiner Rezeption die maßgeblichen Arbeiten von Roland J. Teske SJ, jetzt zusammengefasst in Teske: Studies, dort 9ff et passim.

941 Vgl. Sermo III (h XVI) n. 16 und 19; auch wieder in Sermo IV (h XVI) n. 13 verweist Cusanus (per Textübernahme von Wilhelm von Auvergne: De fide et legibus c. 1, ed. Paris. 1674, 6bG-7aB) darauf, dass im Altarsakrament der Glaube über die Sinne siege. Cusanus begründet in Sermo III (h XVI) den Empfang „unter den Formen von" (in specie) Brot und Wein näherhin mit der Formel „zum Geheimnis gehört die Verhüllung" (propter velamen aenigmatis) (n. 16, 3) (es geht um ein prinzipiell *nicht* enthüllbares Mysterium, darum wäre z.B. eine Übertragung mit „Rätsel(bild)" missverständlich; auch „Gleichnis" passt zwar vielerorts für die unvollkommenen, aber weitreichenden Handreichungen des Cusanus (z.B. in De beryl. (h ^{2}XI/1) c. 6 n. 7 u.ö. oder De poss. (h XI/2) n. 25 u.ö.). Hier aber ist eher die *Hülle* das „aenigma" in *jenem* Sinne. Dieses deutet Cusanus dann aus (Wasser steht für das Volk usw., n. 17 u.ö.). Das *Weizenbrot* ist so mit Bonaventura (Breviloquium 6,9; die dortigen ausnehmend präzisen Formulierungen übernimmt Cusanus auch n. 20 extensiv) „heiligstes Symbol" (n. 16, 7-9), der *Leib Christi* aber wird keineswegs *nur bezeichnet*, sondern ist „als Opfergabe enthalten" (n. 14) – und ebendies entzieht sich dem Verstand und dem Sinn (der *nur die Verhüllung* nimmt, die dann als „heiligstes Symbol" zu deuten ist). Gr. ainigma findet früh gerade in Bezug auf die Eucharistie Verwendung, vgl. Lampe: A patristic Greek lexicon, 50).

942 Vgl. Sermo IV (h XVI) n. 9 nach Wilhelm von Auvergne: De fide et legibus c. 1, ed. Paris 1674, v. 1, 4aE-5aA.

kraft des Glaubens[943] operiert davon unabhängig. Auf der Subjektseite ist es des weiteren, nach Wilhelm und Cusanus, so, dass der Intellekt dem Bewiesenen und Belegten (demonstrata, probata) mit Notwendigkeit zustimmt; dem Glauben, Bedenken, Erwägen (cogitare, opinari) dagegen stimme der Intellekt nur widerwillig zu.[944] Glaubensirrtum beruhe zumeist auf der irrigen Haltung, nur glauben zu wollen, was auch eingesehen (intellegere) wird; aber der menschliche Intellekt bleibt in den ihm durch Gott zugemessenen Grenzen.[945] Es ist insbesondere eine Torheit, aus Beweisen (probationes) sozusagen Leitern für den Aufstieg zum Unendlichen herstellen zu wollen.[946] Umgekehrt trete der Glaube ein (supplet), wo der Verstand versagt (ubi ratio deficit).[947] Dabei erhalte der Glaube direkt das Licht von Gott, welches „edler" ist als das von Geschaffenem reflektierte Licht, entsprechend sei nichts gewisser als der Glaube[948] und dieser fähig, den Intellekt aufzurichten, zu stärken, wie auch, diesen sich „gehorsam" zu machen.[949]

943 Vgl. Sermo IV (h XVI) n. 11 wiederum vollständig aus Wilhelm von Auvergne: De fide et legibus c. 1, ed. Paris 1674, v. 1, 5b.

944 Vgl. Sermo IV (h XVI) n. 6, 9-18 ebenfalls nach Wilhelm von Auvergne: De fide et legibus c. 1, ed. Paris 1674, 2b-3aD.

945 Vgl. Sermo IV (h XVI) n. 15, eine Textübernahme aus Wilhelm von Auvergne: De fide et legibus c. 2, ed. Paris 1674, 7bD-8bE.

946 Vgl. Sermo IV (h XVI) n. 15, 19-21 (aus Wilhelm von Auvergne: De fide et legibus c. 2, ed. Paris 1674, 7bD-8bE).

947 Sermo IV (h XVI) n. 7, 4-6; vgl. Weihnachtssermo 190 des Augustinus, 2,2: „Quod humana ratio non invenit, fides capit: et ubi humana ratio deficit, fides proficit." Hierauf verweist auch Hopkins (Nikolaus von Kues/Hopkins: early sermons, 77f n. 17). Seine Angabe, dass sich in den Dekretalen *Gratians* d. 2 can. 69 der Passus nicht finde, ist korrekt. Der Apparat verweist auf „C. 24 q. 1 c. 7 Non fides capit; ubi humana ratio deficit, fides proficit." Vgl. allerdings die *Glosse* des Bologneser Kanonikers Bernardus Parmensis zu den Dekretalen *Gregors IX* t. 1 c. 1, ed. Basel 1500, f. 8v, a. / ed. Paris 1562, f. 8b. Eine Kenntnis der Anfangspassagen dieses längst als Glossa *ordinaria* etablierten Werks darf für jeden kanonistischen Studienanfänger, ganz gewiss aber für Cusanus vorausgesetzt werden. Vgl. zum fraglichen Passus bei Cusanus auch die Kommentierungen bei Haubst: Bild des Einen, 18; Peters: Grenze und Überstieg, 202; Hoff: Kontingenz, 466.

948 Vgl. Sermo IV (h XVI) n. 12, auch wieder nach Wilhelm von Auvergne: De fide et legibus c. 1, ed. Paris 1674, v. 1, 6a-b. Dass die fides von höchster Gewissheit ist, formuliert, wie im Apparat vermerkt, auch Richard von St. Viktor: De Trinitate 1, 2, PL 196, 891, wenn auch nicht in identischem Wortlaut. (Richard hat Wilhelm beträchtlich beeinflusst, wie für die Gotteslehre z.B. von Stohr: Hauptrichtungen aufgezeigt wurde.) Die Richard-Stelle führt auch Bonaventura in der Quaestio disp. De mysterio trinitatis q. 1 a. 1 an, ed. Quaracchi 1891, v. 5, 48. Bemerkenswert ist die bereits von Senger: Philosophie, 82 hervorgehobene Parallele zu einer Formulierung Anselms (Sermo I, Schriften n. 12, 67). Es handelt sich dabei allerdings um eine kanonische auctoritas zur Verhältnisbestimmung von Glaube und Gewissheit insbesondere hinsichtlich ihrer Quelle, mit der sich diverse Scholastiker zu beschäftigen hatten, namentlich um Augustinus: De Trin. 13, 1, 3. Sie führt z.B. Albert in seiner sehr gründlichen Themenbehandlung an: Summa de mirabili scientia dei, q. 15 a. 2, ed. Borgnet Bd. 31, 108b, auch Super Ioh. 4,25, ed. Par. 24a, 175a. Ebenso – um nur einige weitere herauszugrei-

Die Glaubenserkenntnis wird von Cusanus in den Sermones III und IV im Anschluss an Wilhelm also sehr deutlich von der beweisenden Erkenntnis, aber auch vom bloßen autoritativen Überzeugtwerden abgesetzt; sie aktualisiert sich ihrem Wesen nach unmittelbar und letztlich aus sich selbst heraus – was deshalb nicht anders sein kann, weil Cusanus den Gewissheitsgrad des Glaubens gegenüber jenen sonstiger Erkenntnisformen *höher* ansetzt und umgekehrt grundsätzliche Grenzen des Intellekts anspricht. Das gilt bemerkenswerterweise auch für die „Notwendigkeit" der *Zustimmung zu* Ergebnissen rationaler Beweise – die *Glaubens*zustimmung darf gerade nicht durch derartige „Notwendigkeit" vermittelt sein. Die Rede von einer „Widerwilligkeit" der Zustimmung des Intellekts zum Glauben oder von einem Gehorsam des Intellekts, erzeugt durch das „göttliche Licht", könnte dazu verleiten, Cusanus hier eine „fideistische" Position in dem Sinne zuschreiben zu wollen, dass dann die *Gehalte* religiösen Glaubens prinzipiell „immunisiert" wären gegenüber rationalen Einwendungen. Eine solche Lesart verkennt, dass eine solche Problematik hier gar nicht im Blick ist; es geht Cusanus im Kontext primär um den Glauben *als Tugendkraft* und weniger um diskutable Einzelgehalte, die bereits auf der Ebene einer *Erfassung* des Glaubens liegen, sowie um die Frage, wie sich Glaube und Intellekt in Bezug auf den „Aufstieg zum Unendlichen" und insbesondere *etwaige Hindernisse* dabei verhalten. Da nun gerade die späteren spekulativen Werke des Cusanus intellektuale Betrachtungen und Handreichungen zu einem solchen „Aufstieg" geben, wird man diese heranzuziehen haben, um die dabei leitenden Statusbestimmungen zu erheben.

Man könnte nun, wenn Cusanus von einem „Eintreten" des Glaubens im Falle des Intellektversagens und einer „Aufrichtung" durch „göttliches Licht" spricht, den Verdacht hegen, dass dann gewissermaßen die Defizienz menschlicher Erkenntnis durch göttliche Offenbarung schlichtweg kompen-

fen – Bonaventura: In Ioh. 10. q. 2, ed. Quarracchi, v. 6, 243; Simon von Tournai zur Frage, ob die fides mithin „de certis" sei, was er verneint, sie sei vielmehr „de speratis" (q. 3, Simon de Tornai/Warichez: Disputationes, 51; angeführt schon bei Grabmann: Methode, II, 548f); ganz ähnlich Petrus von Poitiers: Sententiarum Libri Quinque (vor 1170), c. 21 (de fide), PL 211, 1092B. Ebenso Thomas von Aquin: III Sent. d. 23 q. 2 a. 2 qc. 3 s. c. 1; De veritate q. 10 a. 12 s. c. 6. Vgl. auch die Summa Halensis, tr. intr. q. 2 m. 3 c. 4 (ed. Quarracchi 1924, S. 34f); Wilhelms von Auxerre Summa aurea bringt die Formel bereits in der praefatio, vgl. Lang: Bedeutung Alberts, 352; bei Magister Hubertus cf. Clm 28 799, f. 169rb, hier zit. n. Heinzmann: Magister Hubertus, 157; bei Philipp der Kanzler/Wicki: Summa de bono, 574; zur Gewissheitsthematik allgemein und insonders zu weiteren Parallelen bei Odo und Aegidius vgl. Köpf: Anfänge, 213ff. Ganz ähnlich zu Wilhelm und Cusanus übrigens die Argumentation Pius' IX. in Qui pluribus, DH 2779. Vgl. zur Stelle bei Cusanus auch Peters: Grenze und Überstieg, 206.

949 So Cusanus, Sermo IV (h XVI) n. 13-14 mit Wilhelm von Auvergne: De fide et legibus c. 1, ed. Paris 1674, f. 6bG-7aB.

siert würde. In der Tat bezieht Cusanus sich etwa in „De docta ignorantia" auf ein „besonderes" Wissen (singularius) „gemäß der inspirierten göttlichen (divinitus) Wahrheit"[950], welches nicht in der Weise ungenau und mutmaßend ist, wie es unser naturphilosophisches und kosmologisches Wissen ist, das etwa versagt im Blick auf die letzten Dinge, also, wenn es um ein Ergehen nach dem Vergehen des Körperlichen geht, und auch wenn wir ansonsten etwa regelförmige Zusammenhänge erfassen, so kenne doch nur Gott selbst die Weise seines Wirkens. Ist aber mit einem solchen „besonderen" Wissen der Problematik der Rede vom Göttlichen abzuhelfen?[951] Werden damit jene Grenzen überwunden, auf welche im Rahmen „negativer Theologie" zu insistieren wäre? Weisen nicht z.B. prägnante biblische Formulierungen in diese Richtung wie der Gegensatz „Niemand hat Gott jemals gesehen" – aber: „der eingeborene Sohn [...] hat ihn kundgemacht" (Joh 1,18)?

Eine andersgeartete Reaktion auf diese Frage besteht in der Betonung, dass gerade die Offenbarung in und durch Christus zwar Gott in bestimmter Weise „kundmacht", aber genau nicht in solcher Weise, dass damit die Vorbehalte apophatischer Theologie *bezüglich positiver Bestimmungen des göttlichen Wesens* hinfällig würden. Anstatt das göttliche Geheimnis in Einsichtigkeit zu überführen, führt die Kundgabe des Göttlichen durch Christus in dieser Hinsicht vielmehr *tiefer hinein* in selbiges Geheimnis.

Ein Testfall für diese Fragestellung ist, wie Cusanus den Gedankengang (processus) der Areopagrede verstanden wissen will: „Paulus wollte den Philosophen den unbekannten Gott offenlegen (patefacere), von dem er dann

950 Vgl. De docta ign. (h I) II c. 12 n. 174, 13-21. Vgl. dazu die ausführliche Anmerkung bei Senger: Nikolaus von Kues/Wilpert/Senger: De docta ignorantia, 137-141. Schon in De docta ign. (h I) I c. 2 n. 7, 9-10 hatte Cusanus angekündigt, sich bei der Behandlung Christi, die ja im Zentrum von De docta ign. III steht, darauf zu beziehen, was „Jesus selbst mir eingibt" (inspiraverit). Man kann dies auch mittelbar beziehen auf die Schriften des Neuen Testaments.

951 Dies suggeriert z.B. Riedenauer: Pluralität, 283 im Anschluss an De docta ign. (h I) I c. 24 n. 76: „Diese frühe Formulierung wendet den metaphysischen Grundansatz der Improportionalität auf die Namentheorie an. Der erste Lösungsversuch in [De docta ign.] besteht in der Zentralität der Christologie, insoweit allein der Gottmensch den unendlichen Abstand [...] überbrückt und damit auch die Intelligibilität der Welt garantiert. In [De coni.] hat Nikolaus dann einen neuen Weg gefunden: die Ebenbildlichkeit des menschlichen Geistes als transzendierendes Prinzip, in dessen kreativer Aktivität Gottes Aktivität zugänglich wird." Die Zugänglichkeit göttlicher Aktivität ist aber schon Thema der frühesten Schriften des Cusanus, und insoweit ist die Wirklichkeit durchaus intelligibel, wohingegen auch durch Christus keine Intelligibilität der quidditas rerum in sachbestimmender Hinsicht gewährt würde. Zwar ist die Christologie in der Tat in theologischer Sicht mit der Namensproblematik dergestalt verbunden, dass Christus ermöglichendes Prinzip aller Worte ist, doch orientiert sich Cusanus zu jeder Periode seines Schaffens an diesem Schema und verschwindet auch bei spezifisch christologischer Akzentuierung, anstatt etwa in der Thematisierung des Tetragramms, die Namensproblematik durchaus nicht.

aussagt, dass kein menschlicher Intellekt ihn begreifen kann. *Darin* also wird Gott offengelegt, dass gewusst wird, dass jeder Intellekt zu gering ist für ein Bild (figuratio) oder einen Begriff von ihm.“[952] Weit entfernt also davon, dass die Offenbarung in Christus die Erkenntnisproblematik in Bezug auf das Göttliche *überwinden* würde, macht, nach der Lesart des Cusanus, Paulus vielmehr diese selbst in ihrer eigentlichen Struktur mit einsichtig. In Christus, so könnte man ergänzen, wird gerade in spezifischer Weise ersichtlich, *inwiefern* Gott andersartig gegenüber unserem Verstehen und unseren Versuchen ist, von ihm zu sprechen.[953]

In eine solche Richtung weist eine Diskussion des Cusanus in Sermo XVII, in welcher er unter anderem die Aussage „der Unsichtbare wurde auf Erden gesehen“[954] diskutiert. Cusanus insistiert hier zunächst darauf, dass die „höchst wunderbare Vereinigung“ von menschlicher und göttlicher Natur Christi durch keinen erfasst werde, „außer im Glauben“ – und merkt an, der Sündenfall Adams habe seinen Grund darin gehabt, dass dieser jene Geheimnisse durch das Wissen zu erfassen versuchte.[955] Unter jene Geheimnisse gehören auch eigentümliche Aussageweisen wie etwa „die Unsterblichkeit stirbt“; weit entfernt davon, diese rational zu erklären, rekonstruiert Cusanus, woraus diese hervorgehen: Ihr Kern ist das Geheimnis der Natureneinheit in Christus, welches sich sprachlogisch in folgender Weise abbildet[956]:

A) Die *göttlichen* Bezeichnungsweisen (idiomata) werden von Christus *durch sich selbst begründet* und *einfachhin* (per se et simpliciter) ausgesagt.

B) Die *menschlichen* Bezeichnungsweisen werden von Christus als nicht durch sich selbst begründet ausgesagt, sondern *gemäß etwas* (secundum quid), namentlich *gemäß der menschlichen Natur.*

Ein Beispiel sei die Aussage „Christus ist zusammengesetzt (componi) aus Verstandesseele und Fleisch“. Diese Aussage werde

a) von der gebenedeiten *Menschheit* Christi als (einfachhin ohne weitere Hinsichtnahme) *durch sich* begründet (per se) ausgesagt,

b) von *Christus* gemäß der *Idiomenkommunikation* ausgesagt.

[952] De quaer. (h IV) c. 1 n. 18.

[953] Dies betont in allgemeiner systematischer Hinsicht z.B. auch Pannenberg: Aufnahme, 26ff.36ff.43ff.

[954] Cusanus: Sermo XVII (h XVI) n. 9, 3.

[955] Vgl. Sermo XVII (h XVI) n. 9, 19-21; auch in weit späteren Sermones deutet Cusanus den Sündenfall als falschen Entscheid gegen die Leitung durch Gott und für eine Leitung aus eigener Vernunft, so z.B. in Sermo CLXXX (h XVIII) n. 2, 32ff.

[956] Der kritische Apparat verweist kurz zuvor auf Heinrich Totting von Oyta: Quaestiones Sententiarum q. 12 a. 2, Clm 17468, f. 204vb, zit. dort nach Borchert: Nominalismus, 94f. Die Passage entspricht im Wesentlichen auch der hier anschließend von Cusanus ausgeführten Grundidee.

In der Tat handelt es sich bei „Zusammengesetztsein" ansonsten um eine vom Göttlichen als absolut Einfachem eigentlich fernzuhaltende Bestimmung, die aber vom Menschen selbstverständlich zutrifft.[957] In Anwendung auf Christus muss hier also eine Idiomenkommunikation in der Richtung stattgefunden haben, dass die Attribute *von der menschlichen Natur her* übertragen wurden; um mit den klassischen Regeln der Idiomenkommunikation[958] konform zu bleiben, muss dabei „[...] ist zusammengesetzt [...]" als konkretes (nicht abstraktes) Prädikat verstanden werden. Die weiteren Beispiele zeigen dann jeweils genau solche Verbindungen von göttlichen und menschlichen Bezeichnungsweisen: „Die Unsterblichkeit stirbt", „Gott, der unveränderlich ist, wird müde vom Wandern" usw. In diesen Kontext ordnet nun Cusanus die fragliche Aussage „*invisibilis* in terris *visus est*" ein.

Die *Sichtbarkeit Christi*, in der sich Gott auf Erden kundtut, ist also in Anwendung auf Gott eine Aussage nicht vom Göttlichen einfachhin, sondern unter der Hinsicht einer Idiomenkommunikation von der sichtbaren menschlichen Natur Christi her. Ermöglicht ist sie durch jenes Geheimnis, welches keiner erfasst, es sei denn *im Glauben*, und das *wissen* zu wollen bereits Adam zum Sündenfall brachte. Die theologisch diffizile – hier nur ausschnitthaft wiedergegebene – Diskussion belegt also sehr deutlich, dass die Entzogenheit des Göttlichen, wie es an sich ist, auch und gerade im Blick auf die „Sichtbarkeit" Christi bestehen bleibt; dabei ist die Natureneinheit in Christus Ausgangspunkt der Diskussion als ein auf keine natürlichen Gründe reduzibles mysterium fidei.

Es handelt sich hier keineswegs nur um unselbständige Anlehnungen des jungen Cusanus an Positionen, die er später modifiziert hätte. Es finden sich ganz entsprechende Formulierungen auch deutlich später, etwa in Sermones der 1450er Jahre: Gott wird nicht auf andere Weise als im Glauben gesehen, denn er ist der Unsichtbare und der Grenzenlose.[959] Der Glaube überragt den Geist, die ratio kann den Glauben nicht erreichen.[960]

Eine letztliche Nichtverstehbarkeit göttlicher Gegenwart in Christus betont Cusanus auch in „De Possest". Hier geht es ihm um einen Aufstieg *der Natur nach.* In einem solchen kann Gott immer nur „im Rätselbild" geschaut werden; dabei wird eher das „Gesehenwerden" als das „Sehen" berührt.[961] Menschliche Versuche der Annäherung an das Göttliche bleiben also stets im Status nicht-vollendeter Potentialität und Passivität: Der Mensch wird von

957 Vgl. z.B. auch De Deo absc. (h IV) n. 15, wonach alle Namen sich auf Zusammengesetztes beziehen und *daher* nicht auf Gott beziehen können.

958 Vgl. etwa die Kurzdarstellungen bei Forster: Idiomenkommunikation, 608f; Müller: Idiomenkommunikation, 405.

959 Vgl. Sermo CXLVIII (17.3.1454) (h XVIII) n. 2.

960 Vgl. Sermo CLXXVII (h XVIII) n. 2, 38-40.

961 Vgl. De poss. (h XI/2) n. 31.

Gott geschaut, nicht etwa umgekehrt. Nur, wenn Gott *sich selbst zeigen* würde, wäre die Situation eine andere. Dieses Zeigen erfolgt in Christus, und zwar, wie Cusanus sagt, auch für „Unverständige“ und Demütige. Doch könne man letztlich „nicht sagen, wie“ dies erfolge.[962] Christus selbst ergänze dabei im „unbezweifelten Glauben“, „was die Natur versagt“.[963]

IV.7.2 Die Indexikalität des Glaubens und die Geheimnishaftigkeit der Inkarnation

Cusanus weist bei einer erstaunlichen Varianz von Gelegenheiten darauf hin, dass sich bei diesen Strukturen der Drei-Einheit finden – darunter zahlreiche Gelegenheiten hermeneutischer und naturphilosophischer Art. Cusanus spricht dabei z.B. von einer „Untersuchung“ der Drei-Einheit durch „rationes“ oder davon, dass „alle Lebenden“ an die Dreifaltigkeit glaubten. Dennoch, so die hier vertretene Position, handelt es sich dabei nicht um eine Durchhellung oder Begründung der Trinität im Vollsinne mittels natürlicher ratio, sondern vielmehr um einen Aufweis von „Spuren der Trinität“ im Sinne des Augustinus.[964] Die deutlichste Grenzmarkierung betrifft dabei die zweite Person der Trinität und das Ereignis der Inkarnation.

Aufschlussreich, wie bei vielen Autoren, ist auch bei Cusanus seine Bezugnahme auf die für diese Thematik kanonische Augustinus-Passage zur Korrespondenz zwischen Platonismus und Evangelium. Augustinus sah die Übereinstimmung bekanntlich gerade dort abbrechen, wo die Sendung des göttlichen Sohnes im Johannesevangelium angesprochen wird[965]. Cusanus geht bei seiner frühesten Behandlung dieser Passage in Sermo II zwar, wie so oft bei seinen radikal-inklusivistischen Interpretationsversuchen jüdischer und islamischer Texte, einen Schritt weiter: Einigen der „Alten“ sei doch einsichtig gewesen, dass der Mensch, um zum Ziele zu gelangen, „neugeschaffen“ werden musste und dass der menschgewordene Gottessohn von einer

962 Vgl. De poss. (h XI/2) n. 32.34.

963 Vgl. De poss. (h XI/2) n. 33.

964 Vgl. Augustinus: Confessiones VII, 9; hier verfolgt an Sermo II (h XVI) n. 3-4 (die Passage wurde vorstehend bereits kurz angesprochen, vgl. Fn. 929, S. 314). Flasch: Entwicklung, 96 spricht in Bezug auf Sermo XIX (h XVI) n. 6 (seine Zitationsweise lässt irrig einen Bezug auf Sermo XXI annehmen) davon, dass Cusanus „diesmal“ „auch klarstellen“ wolle, „was diese Denker“, gemeint sind die Platoniker, „*nicht* erreicht haben, nämlich die Einsicht in den Personcharakter des Verbum“; freilich hatte Flasch auch S. 22 bereits mit Bezug auf Sermo I davon gesprochen, dass „[a]llein die Menschwerdung Gottes und die Erlösung durch den Kreuzestod [...] ihnen [den Platonikern] gefehlt“ hätten, was Cusanus durchaus übernahm, aber wie Flasch herausstellt, mit Bemerkungen zur negative Theologie fortfährt. Das „diesmal“ Flaschs suggeriert eine diesbezüglich andersgeartete Augustinus-Rezeption des Cusanus, die aber weder hier noch andernorts nachvollziehbar ist.

965 Vgl. Sermo II (h XVI) n. 2, 12-17.

Jungfrau geboren werden musste, so dass Fleischwerdung und Zeugung „die Gewohnheit der allgemeinen Natur“ übersteigt[966] und eine „Menschwerdung des Wortes“ nötig sei; was Cusanus aber auch bei seinen gewagten Interpretationen und Interpretationsübernahmen nicht vorfindet, ist, dass hier *das Wort* zugleich *als Sohn Gottes* geglaubt würde.[967] Einen ähnlichen Vorbehalt markiert Cusanus auch im wenig späteren Sermo XIX vom 25.12.1438, hier unter Berufung auf die kritische Diskussion des Thomas: Plato habe keineswegs das Wort *als Person* in der Gottheit verkündet, er habe den *idealen Wesensgrund der Dinge* verkündet.[968] Einige Philosophen hatten eine höchste Intelligenz angenommen, durch die Gott alles geschaffen habe, und hatten so „von ferne“ „etwas geahnt“ – aber eben keine Kenntnis vom Wort als *Person*. Diese wissen erst wir durch den Glauben – und *nun erst* sei es *leicht, Gründe* (rationes) anzuführen, wie dies in der Tat etliche unternahmen.[969] Zu diesen Gründen wären die fraglichen Theologen aber rein vom Natürlichen her (ex puris naturalibus) nie gelangt, wenn sie nicht den Glauben (bereits) *gehabt*

966 So Cusanus etwas später in Sermo II (h XVI) n. 5. Er bezieht sich dabei u.a. auf den (jüdischen, von Cusanus „Araber“ genannten) Astronomen Māšā'allāh Ibn-Aṯarī, den Cusanus z.B. auch erwähnt De correctione kalendarii c. 2 n. 9, 15. Tatsächlich entstammt die von Cusanus dann angeführte Passage aber der Schrift des persischen Astronomen Abū Maʿšar: Introductorium in astronomiam 6 c. 2 (De naturis signorum). Dass hier Jungfrau und Sohn mit Maria und Jesus identifiziert werden, hat schon Johannes de Garlandia fasziniert, der in seinem „Stella Maris“ (Johannes de Garlandia/Wilson: Stella maris, 146, VV. 976-978) berichtet: „Ut Albumasar testatur, / Inter Stellas declaratur / Virgo lactans puerum“. Eine solche Identifikation von Sternbild und Jungfrau Maria findet sich schon bei Zenon von Verona; zu derartigen Adaptationen vgl. ausführlich Hübner: Zodiacus Christianus. Das Introductorium hatte eine beträchtliche Wirkungsgeschichte, die durch Lemay: Abu Maʿshar aufgearbeitet wurde.

967 Vgl. Sermo II (h XVI) n. 8, 18-21.

968 Cusanus: Sermo XIX (h XVI) n. 6, nach Thomas: STh I q. 32 a. 1 ad 1. Cusanus folgt in der Anführung gemäß den Angaben des Apparats sehr weitgehend Petrus Rogerii (Clemens VI.).

969 Vgl. Sermo XIX (h XVI) n. 6, 8-16; Cusanus verweist im Anschluss auf Richard von St. Viktor, Anselm, Augustinus und Johannes Damascenus. Bemerkenswert ist Flaschs Schlussfolgerung im Anschluss an das hier vorliegende Insistieren des Cusanus (Sermo XIX (h XVI) n. 6, 13-15): „Hodie tamen habentes per fidem Trinitatem esse, non esset post fidem rationes Trinitatis difficile invenire“. Hierzu meint Flasch (S. 96): „Hätten diese Denker den Glauben nicht gehabt, hätten sie ihre Vernunftgründe nicht entdeckt, aber nachdem sie entwickelt sind, haben sie ihr eigenes intellektuelles Gewicht.“ Der Fortgang des Textes, auf den Flasch verweist, bestätigt dies gerade nicht: „ex puris naturalibus, nisi fidem habuissent, non pervenissent, ut dicit Isaias [7, 9]: ‹Nisi credideritis, quo modo intellegetis?›“. Cusanus sagt hier gerade nicht, dass der Glaube nur für die *Entdeckung* der Vernunftgründe nötig wäre. Dies zu beanspruchen, ist eine Option des Interpreten und sollte als solche auch ausgewiesen werden; die hier vertretene Option weicht davon jedenfalls dezidiert ab.

hätten.[970] Diese Hinweise aus Sermo II und Sermo XIX sind keineswegs nur unselbständige Übernahmen oder Gelegenheitsbemerkungen in anfängerhaftem und unverbindlicherem Kontext. Die hier ausgedrückte Auffassung behält Cusanus vielmehr unmissverständlich bei. Für den Schluss „Jesus, der wahre Mensch, ist der wahre Gott" etwa gibt es, so Cusanus in Sermo CLXXXVI vom 13.4.1455[971], weder Beweise aus den Sinnen noch aus Verstandesgründen (rationes); auch alle Zeugnisse könnten nicht mehr zeigen als Vermutungen (coniectures).[972]

Diese letztliche Unerreichbarkeit des Glaubensmysteriums der Inkarnation durch Sinn und Verstand ist in der cusanischen Analyse des Glaubens und der religiösen Sprache durch eine Einsicht in die konstitutive *Erstpersonalität und Indexikalität* der Bezugnahme auf Christus begründet. Vielleicht am deutlichsten macht diesen Gedanken, der auch die Architektonik von „De docta ignorantia" prägt, Sermo CLXXI. Cusanus geht es hier um Glaube und Prophetie, auf die er die traditionelle Unterscheidung von Hören und Sehen anwendet: Die Prophetie *kommt vom* Hören. Aber durch Hören allein ist Gewissheit nicht zu erlangen. Sonst hätte die Prophetie des „alten Testaments" bereits die Gewissheit vermitteln müssen, dass Jesus der erwartete Messias ist. Diese Situation – Cusanus beschreibt sie in der für ihn typischen und problematischen Weise als eine Art Verstocktheit „der Juden" – nun ist, hebt man den von Cusanus markierten formalen Gesichtspunkt heraus, durchaus prototypisch. Cusanus nämlich vergleicht diese Situation mit der, dass ich – die Erstpersonalität ist hier konstitutiv – vieles *über einen Unbekannten* geoffenbart bekomme. *Käme* dieser Unbekannte (hier Christus) dann eines Tages, würde ich ihn nur erkennen, wenn mir (zusätzlich zur *gehörten* Prophetie bzw. Offenbarung) auch gesagt *und gezeigt* würde: *Das* ist jener, über den die großen Dinge vorhergesagt wurden.[973] Man kann dies so verstehen, dass sich das Hören hier auf *allgemeine Wahrheiten* bezieht, während das *Sehen* eine individualisierende, *deiktische* Komponente besitzt. Ohne

970 Vgl. Sermo XIX (h XVI) n. 6, 13-22. Die Passage wird angeführt auch bei Haubst: Bild des Einen, 310, der 304ff die Möglichkeiten heidnischen Wissens von der Trinität nach Cusanus diskutiert. Ebenfalls bei Roth: Suchende Vernunft, 302.

971 Hauptthema hier ist neben der Glaubensthematik die Auffassung des göttlichen Wortes, wofür Cusanus eine intellekttheoretische Rekonstruktion gibt; vgl. dazu ausführlich Reinhardt: Begriff des Intellektes.

972 Vgl. Sermo CLXXXVI (h XVIII) n. 3, 6-12

973 Vgl. Sermo CLXXI (vom 6.1.1455) (h XVIII) n. 10. Üblicherweise stellt Cusanus, anknüpfend insbesondere an Röm 10,17, Glauben und Hören zusammen, so etwa in Sermo CCLXXIV (h XIX) n. 33 oder in Sermo CLXXXVI (h XVIII) n. 2. Der Glaube, so in Sermo CLXXXIX (h XVIII) n. 7, ist hier in diesem Leben eine *Schau im aenigma* gegenüber der *Schau in Wahrheit* von Angesicht zu Angesicht. Der Glaube (vgl. n. 13) bereitet allererst den Geist vor für den Empfang des Geistes Gottes; Sehen (vgl. n. 18) werden wir erst, wenn wir hinübergeführt werden in den Himmel.

letztere gelingt – so in diesem, für das christliche Offenbarungsverständnis selbstverständlich zentralsten, Anwendungsfall – die eindeutige *Bezugnahme* des Gehörten auf die konkrete Person Jesu nicht.

Es ist dieser Zusammenfall allgemeiner Sehnsucht nach letztem Heil und der Konkretion im Menschen Jesus, den die christliche Tradition als *universale concretum* begreift und der auch die christologische Argumentation von „De docta ignorantia" prägt. Das Gesamtvorhaben in „De docta ignorantia"[974] verfolgt ja die Frage nach dem absolut Größten, an das „alle Völker als

974 Die hier skizzierte Auffassung von Argumentationsgang und Methode von De docta ign. in Bezug auf Inkarnation und Trinität ist in weiten Teilen konform derjenigen von Roth: Suchende Vernunft. Dieser führt S. 120 aus: „Schon von dieser Anlage her muß dem Prolog zum dritten Buch beigepflichtet werden, wenn er Jesus als Weg zu diesem selbst anruft [...] Auch für die Methode müßte sich nach dem Durchgang durch das Werk erweisen, daß die bisherige Erkenntnisregel, die *regula doctae ignorantiae*, auf Jesus selbst aufbaut. Genau dies will Cusanus aber zeigen, wenn er in De docta ignorantia III 11 und 12 die endliche Vernunft erneut zum Thema macht, nun allerdings unter einem höheren Gesichtspunkt, nämlich in ihrem Verhältnis zu Jesus. Es ist dieselbe Vernunft, die sich in De docta ignorantia [...] I 1 und 3 auf ihre Methode besinnt und die in De docta ignorantia III 11 als Glaube entfaltet wird." Zuzustimmen ist auch den Ausführungen von Roth, S. 128, wonach Cusanus keine „Einsicht in die Glaubensgeheimnisse" im Sinne „notwendiger Vernunftgründe" beansprucht und wonach bei Cusanus eine „Unterscheidung von natürlichem Vernunftvertrauen und christlichem Glauben" (im üblich gewordenen Sinne) letztlich entfällt (S. 133). Von daher kann es allerdings etwas missverständlich erscheinen, wenn Roth ansonsten von einem Gegensatz von „vernünftige(r) Suche" und „Bekenntnis" (S. 32) spricht und betont, dass Cusanus „von der endlichen Vernunft aus" (S. 97, 105; vgl. zu De pace S. 171) auch diejenigen Glaubensartikel einsehen wolle, die bei Thomas *mysteria stricte dicta* bleiben, so dass Cusanus „bis in die verborgensten Geheimnisse" eindringe (S. 65). Roth sucht freilich in ausführlichen und genauen Textanalysen und Gegenüberstellungen insbesondere auch zu Thomas nachzuweisen, dass Cusanus weit mehr als nur Konvenienzgründe aufzuweisen versuche. Dies hatten u.a. Haubst und Dahm anders bewertet; beider Auffassung steht die hier vertretene in diesem Punkt näher. Auch eine Abgrenzung der cusanischen Methodologie von derjenigen Anselms, wie sie Roth a.a.O. entwickelt, würde weniger scharf ausfallen, sobald andere Akzente des anselmschen Anliegens stärker betont werden, wie dies etwa bei Kirschner: Gott insbesondere in Kap. V (293ff) durchgeführt ist. Auch Roths Charakterisierung der Position des Raimundus Lullus, „alle christlichen Glaubensaussagen seien mit notwendigen Vernunftgründen beweisbar" (S. 180, vgl. 137ff) kann (insbesondere wenn man von einem „autonomen" Vernunftbegriff ausgeht) insofern missverständlich sein, als die *rationes necessariae*, wie Roth selbst aufzeigt (S. 138ff) keineswegs nur Gründe natürlicher Vernunft meinen, sondern aus den göttlichen Namen bzw. *dignitates* und deren Verbindung „entspringen" – sie „gründen in Gottes Wesen selbst und in nichts anderem, etwa der endlichen Vernunft." In der Tat aber besteht ein deutlicher Unterschied in beider Methodologie, etwa, was die Auffassung von einer Theologie als Symbolwissenschaft betrifft, denn Lull geht es dabei um ein deduktives Methodenideal, während Cusanus die theologische Gewissheit *höher* stellt als rationale Beweisbarkeit. Darüber hinaus ist stets mitzubedenken, dass die „necessitas" von rationes im scholastischen Verständnis vielfach eher die „Stringenz der objektiven Zusammenhänge" als die „Evidenz der subjektiven Einsicht" meint, welche jener Stringenz vielfach nicht entspricht, wie Lang: Entfaltung, 33f in Bezug auf Richard von St. Viktor hervorhebt. Auch Abaelard sieht Lang vom Vorwurf eines „Ratio-

an Gott glauben in einem unzweifelhaften Glauben"; es soll (im ersten der drei Bücher) „in einer es nicht-fassenden Weise erfragt werden" (inquirere), einer Weise, welche „über die menschliche ratio" hinausführt.[975] Der zweite Band soll dann ein Konzept bzw. dessen Instantiierungen diskutieren, das Cusanus „universale Einheit des Seienden" (unitas essendi) nennt. Diese „unitas essendi" stamme von der *absoluten Größe* ab und habe aber (nur) *eingeschränktes* Sein *als* Universum. Sie ist daher eine Einheit, die *in Vielheit eingeschränkt* (contracta) ist. Außerhalb dieser Vielheit hat sie keinen Bestand (subsistentia). *Weil* wiederum das Universum nur in *Vielem* subsistiert, suchen wir (in Abwendung vom Vielen) nach dem Einen, *worin* das Universum *als in seinem Ziel* in höchster Weise *aktuell subsistiert* – ein allumfassendes Ziel, ein vollendeter Endzweck, ein Größtes, das *zugleich* absolut *und* eingeschränkt ist. Cusanus markiert hier in formaler Hinsicht Bedingungen einer Instanz und eines Ereignisses, welches als letztes Ziel menschlicher Suche in Frage kommt – einer Suche damit, die sich im Endlichen und auch noch in dessen Gesamt, im „Universum", schlechterdings nicht erfüllt. *Dass* ein solches Ereignis in Jesus (Christus) Wirklichkeit ist,[976] kann Cusanus aber nicht mehr mit philosophischen Mitteln herleiten.

Im Einzelnen erfolgt diese Darlegung von Erwartungen an eine Instanz, durch welche die Wirklichkeit zur Vollendung gebracht werden könnte, im Übergang vom zweiten zum dritten Band folgender Überlegung: Die Welt (Gegenstand von „De docta ignorantia" II) selbst kann aus sich heraus nicht zur Vollendung gelangen. Die Erkenntnis reicht nicht hin zu einem Wissen um das Ergehen der Dinge nach ihrem Vergehen, insbesondere was den Menschen betrifft. Es müsste vielmehr eine Instanz sein[977], welche „Gott und

nalismus" frei, wenngleich hier „der ‚intellectus fidei' nun ohne mystische Erhebung auf rein dialektischem Weg versucht wurde" (S. 36); Lang zitiert im Anschluss einige markante Hinweise Abaelards auf die Grenzen rationaler Vernunft in Bezug auf Glaubensgeheimnisse wie die Trinität.

975 Vgl. De docta ign. (h I) I c. 2 n. 5, 14-17.

976 Vgl. De docta ign. (h I) I c. 2 n. 6-7.

977 Vgl. De docta ign. (h I) III c. 2. Ganz ähnlich hatte schon Sermo XXII (h XVI) die Inkarnation Christi annäherungsweise thematisiert als ein Ereignis, das die sonstige Verhältnisbestimmung vom Endlichen zum Unendlichen unterlaufe: Normalerweise besteht zwischen beiden kein Verhältnis (nulla sit proportio) – das auch in De docta ign. so zentrale Disproportionalitäts-Prinzip. Anders aufgrund der Inkarnation. Diese ist für Cusanus zugleich ein schöpfungstheologisches und anthropologisches Thema. Denn die gesamte Wirklichkeit kommt in seiner Sicht erst durch die Menschwerdung zur Vollendung und der Natur des Menschen wird hierdurch ihre eigentliche Bestimmung erst eröffnet, die Cusanus u.a. als „ewiges Leben" und „Unsterblichkeit" anspricht (vgl. Sermo XXII (h XVI) n. 38 und bereits n. 33). Durch die Inkarnation kommt, so Cusanus, nicht nur der Mensch zum Heil, sondern wird überhaupt das All, das Gott auf sich hin geschaffen hat, vollkommen. Eine ontologische Voraussetzung dazu ist, dass die menschliche Natur (die Gott in der Inkarnation annimmt und damit qualitativ transformiert) in sich als Mittel (ut medium) die übrigen Objekte in sich einbegreift

Geschöpf" wäre und so zugleich „Eingeschränktes" (Geschöpf) wie „Größtes" (Gott), zugleich „eingeschränktes" wie „größtes Vermögen"; das Eingeschränkte hätte hier allein in der absoluten Größe Bestand (subsisteret)[978]. Auf diese Instanz wäre dann ontologisch das Geschöpf zurückführbar: Alles Geschöpf hat dann (als Geschöpf, sofern es *überhaupt ist*) sein Sein von dem, der *absolut* existiert, und *als Eingeschränktes* hat es sein Sein vom dem, mit dem die Einschränkung *in höchster Weise vereint* ist.[979] Dabei würde es sich um eine Einheit handeln, die all unser Erkennen überstiege.[980] Alle für uns denkbaren und letztlich verstehbaren Typen von Einheit kommen nicht in Frage.[981] Weitergehende Spekulationen sind nur im Modus der docta ignorantia „über alles Intellekt-Begreifen hinaus" möglich und beziehen sich dann darauf, wie Gott „in allem" ist und auf eine „entfernte Ähnlichkeiten" mit Analogien zwischen Sinnen und Geist beim Menschen einerseits und dem erwarteten (in Christus realisierten) Verhältnis von Menschheit und Gottheit andererseits.[982] *Philosophisch*-theologisch erschließbar ist dabei zumindest ex

(complicans). Unter dieser Hinsicht spricht Cusanus hier dem Menschen, und nur dem Menschen, unter allem Geschaffenen „Universalität" (universalitas) zu: Er begreift geistige wie körperliche Objekte in sich ein (vgl. n. 32), sein Geist (spiritus) begreift die *Naturen von allem,* die Naturen, die in allem Geschaffenen sind, in sich ein (vgl. n. 33). Aufgrund dieser „Universalität" seines Geistes findet der Mensch offenkundig „keine Ruhe" in irgendeinem bestimmten Geschaffenen. Es gibt, so Cusanus, (im Bereich des Endlichen) „nichts, das ihn sättigen würde". Gesättigt würde der Mensch nur in jener Bestimmung seiner Existenz, die kurz als „ewiges Leben" oder „ewige Weisheit" anzusprechen ist (vgl. n. 33). Deshalb gilt Cusanus der Mensch als Vollendung der Gesamtheit der Seienden (n. 32), auch als deren Ziel und Ruhepunkt (finis, quies), allerdings nur, insofern das menschliche Wesen selbst im Modus einer Hypostase Gott ist, da allein in Gott Ruhe ist und Gott alles das ist, was verlangt wird. Im Menschen und nur im Menschen konnte daher die gesamte geschaffene Welt zur Gottheit geführt werden (vehi). (n. 33) In Christus kommt die unendliche Möglichkeit zur Vollendung, damit auch die menschliche Natur, die gleichfalls in Christus ist (vgl. n. 35).

978 Vgl. De docta ign. (h I) III c. 2 n. 194, 3-6 und zum Vorigen n. 192.

979 Vgl. De docta ign. (h I) III c. 3 n. 202, 8-10. Cusanus spricht in De princ. (h X/2b) auch davon, dass das Eine einzig durch sich bestehe (per se persistens) und das Bestehen von allem gewähre; n. 28 u.ö. gebraucht er dafür auch den Terminus hypostasis („unum [...] est hypostasis eius [...]").

980 Vgl. De docta ign. (h I) III c. 2 n. 192, 15-16 und n. 194, 19-20.

981 Vgl. De docta ign. (h I) III c. 2 n. 193-194 – in Paraphrase: Eine solche Einheit von Eingeschränktem und Größtem wäre nicht denkbar
a) als Einung von Verschiedenem (diversa) (da in der absoluten Größe keinerlei Verschiedenheit ist),
b) als Zweiheit von zuvor Geschiedenem (da es bei Gott keine Scheidung von früher und später gibt),
c) unter einem Vorrang eher des einen oder des anderen Gesichtspunkts,
d) unter Identifikation des Eingeschränkten mit einem Individuum,
e) als Verbindung von Teilen zu einem Ganzen,
f) als Einung wie bei Form und Materie (da Gott „unvermischbar" ist).

982 Vgl. De docta ign. (h I) III c. 4 n. 204, 7-8 und n. 206, 1-3 und c. 5 n. 211,1-3, hier: das Wort der Vernunft wird, siehe n. 210, so mit einem Lautwort umkleidet, wie ent-

negativo, dass bestimmte Instanzen nicht in Frage kommen, da die Vollendung einer Gesamtheit deren Vollkommenheiten einschließen muss, was für bestimmte Objekte nicht der Fall ist; positiv erschließbar ist dann zumindest, dass der Mensch insofern in Frage kommt, als er im Geiste potentiell alle endlichen Einzeldinge zu umfassen vermag.[983] Ein *Kontraktes im Absoluten* wäre durch die menschliche Natur als „mittlerer" Natur möglich (die Mittelstellung betrifft den Rang oberhalb der (sonstigen) Werke Gottes und unterhalb der Engel; so faltet der Mensch das Oberste der niederen Natur und das Unterste der höheren Natur und so alle Naturen in sich ein).[984]

Dies sind, so Cusanus dann im Übergang zu c. 4, Überlegungen (rationicationes), durch die wir in „unerschütterlichem" *Glauben* die entsprechenden Resultate erfassen. Aufweislich ist nur die kosmologisch-ontologische Mangelstruktur alles Eingeschränkten einschließlich des Universums als Strukturganzem. Sie ist theoretisch-hypothetisch auf eine ihre Vollendung ermöglichende Instanz beziehbar. Dass aber diese Vollendung bereits in Christus Wirklichkeit ist, ist auf diesem Wege nicht erweislich, sondern dies fügt Cusanus dergleichen Überlegungen dann *zusätzlich an*.[985]

Für diesen Zusatz, der von der Erhebung der Bedingungen einer *möglichen* Vollendung aller Wirklichkeit zu deren *Tatsächlichkeit* übergeht und entsprechende Prophetien damit als erfüllt reklamiert[986], führt Cusanus nicht Vernunftgründe, sondern Gesichtspunkte an, wie sie die moderne Funda-

fernt-ähnlich das ewige Wort mit menschlicher Gestalt umkleidet wird; diese Überlegung hilft uns „geringfügig" hinaus über das, was durch uns verstanden wird (intelligi).

983 Vgl. De docta ign. (h I) III c. 3 n. 196ff. Diese Herleitung entspricht auch insoweit theologischer Tradition, als z.B. auch Thomas für die Vervollkommnung des Universums das Schaffen geistiger Geschöpfe als notwendig erachtet, vgl. etwa SCG II c. 46.

984 Vgl. De docta ign. (h I) III c. 3 n. 195-198; daraus leitet Cusanus in c. 8 n. 229 ab, dass das Universum erst durch die Auferstehung der „in der Mitte stehenden menschlichen Natur" als wesentlichem Teil des Universums vollendbar ist und dass Juden und Muslime, wenn sie auf Auferstehung hoffen, dann auch deren Ermöglichung im Menschen, d.i. dann in Christus, glauben müssten (vgl. Fn. 472, S. 167). Wichtig an dieser Insistenz in anthropologischer und offenbarungstheologischer Hinsicht ist auch, dass damit einer Auffassung begegnet wird, wonach (etwa im Sinne platonistischer Auffassungen) das Erreichen der ewigen Bestimmung des Menschen eine bruchlose Verwirklichung natürlicher Dispositionen wäre oder in Ewigkeit göttlich prädisponiert wäre; vielmehr ist dazu ein geschichtlich-konkretes Ereignis (in der „mittleren" Natur) nötig – auch hierin entspricht die cusanische Konzeption dem christlichen Verständnis von Offenbarung, Heilsgeschichte und Wirklichkeit im Ganzen, worin sich universelle Bedeutung je konkret ereignet (vgl. dazu Löser: Universale concretum, 53ff).

985 Vgl. De docta ign. (h I) III c. 4 n. 203, 4-8, hier 6-7: „[...] subiungentes dicimus [...]".

986 Vgl. De docta ign. (h I) III c. 4 n. 203, 15-16; c. 5 n. 214, 4-8, wo indes betont wird, dass die höchste Fülle gegenüber sonstigen alltäglichen Erfahrungen (cottidianis experientiis) unvergleichlich und darob durch keinen Verstand (bzw. keinen Vernunftgrund) (ratio) und kein Zeichen erfasst werden konnte.

mentaltheologie als „extrinsezistische" Gründe klassifiziert[987], die Cusanus[988], wie vielen anderen, als „infallible probate Argumente" gelten.[989] Man wird unter gegenwärtigen Bedingungen dieses Zutrauen in die Probatheit und vor allem Infallibilität extrinsezistischer Gründe und Motive dieserart schwächer zu bewerten haben. Dies gilt vor allem, sobald solche Gewissheit nicht nur formal in ihrem Gegenstand begründet verstanden wird (in Christus, der als Wort und Wahrheit per se höchste Gewissheit selbst ist), sondern auf Qualifikationen des religiösen Subjekts und dessen Bewusstseinsmodalitäten bezogen wird. Im Unterschied freilich zu neuzeitlichen Engführungen erschöpften im theologischen Methodenverständnis etwa eines Albertus Magnus, Philipp des Kanzlers oder Thomas von Aquin keineswegs den apologetischen oder fundamentaltheologischen Aufgabenbereich bereits. Diese wurden vielmehr durchaus auch hinsichtlich der Aufgabe „fundierender" Reflexion verstanden und erschlossen. Genau dies wird man für Cusanus mindestens nicht weniger scharf betonen dürfen – es ist aber, gegenüber noch weiterreichenden Überbetonungen der Reichweite des cusanischen Verständnisses natürlicher Vernunft, durchaus beachtlich, dass auch Cusanus dort, wo „intrinsezistische" Anwege an Grenzen geraten, wo methodisch nur noch eine anthropologisch-ontologische *Möglichkeit* freizulegen ist, auf „extrinsezistische" Momente Bezug nimmt.

Nach dem hier vertretenen Methodenverständnis kann die Intention des Cusanus durchaus aufgenommen werden. Zum einen müssten dann die Prinzipien, dass „der Glaube anfängt, wo das Überzeugen aufhört"[990], und dass der Glaube kein Fall eines Überzeugtwerdens aus empirisch-natürlichen Gründen sein kann, auch für die „extrinsezistischen" Momente gelten. Zum anderen wäre in zumindest „fundierender" Hinsicht durchaus ein Unzureichen „intrinsezistischer" Plausibilisierungen zu konstatieren und deren Mit-Ermöglichung in Momenten auch prädiskursiver Natur mitzusehen. Dies gilt auch für die cusanische Vernunftkritik: Die Vernunft ersieht retrospektiv und in der Einsicht in ihre eigene Konstitutivität und Begrenztheit, wie sie nichts anderes als Entfaltung des Glaubens und von diesem her bereits ermöglicht ist und sich insofern schlechterdings nicht als rein „natürlich" und selbstermächtigt verstehen kann. Anschlussfähig für heutige Problemlagen in

987 Zur Begriffsgeschichte vgl. Seckler: Fundamentaltheologie, 398-400; Hinweise zur Problemgeschichte und der Stellung einiger Klassiker (Möhler, Drey, Blondel, Rahner u.a.) Seckler: Paradigmenwechsel.

988 Vgl. De docta ign. (h I) III c. 4 n. 203, 9-14 mit Hinweisen auf Jesu göttliches Wirken, das menschliches Vermögen überstieg; weitere Selbstaussagen und Blutzeugen.

989 Vgl. De docta ign. (h I) III c. 4 n. 203, 13: „[...] infallibilibus probata argumentis iuste asserimus [...]". Vgl. z.B. schon Albertus Magnus: III Sent. d. 23 a. 7, dazu Lang: Entfaltung, 87.

990 De docta ign. (h I) III c. 11 n. 245, 10-14.

Bezug auf „extrinsische" Motive erscheint insbesondere die cusanische Aufmerksamkeit für das *fascinosum* der Schönheit der Naturwirklichkeit, eine Faszination, die der Nichtsättigbarkeit menschlicher Suche korrespondiert und im Modus präzisen Wissens und Sprechens schlechterdings nicht erschöpfbar ist. Dies betrifft auch deren theologische Deutung als „Spuren" der Trinität.

IV.7.3 Strukturale „Spuren" und Indemonstrabilität der Trinität

Auch, wenn Cusanus im Zuge seiner radikal-inklusivistischen Hermeneutik Verweise auf Christus in Texten jüdischer oder islamischer Tradition zu finden meint, oder wenn er solche Verweise in Strukturen der Naturwirklichkeit und insbesondere des Geistes findet, so ist für die Affirmation der *Wirklichkeit* dessen, wovon dies Spuren sind, ein unableitbarer Glaube unabdingbare Voraussetzung.

Dies lässt sich seit den ersten Sermones belegen. Die letztliche Nichterreichbarkeit solcher Aufspürungen veranschaulicht Cusanus in einem vermutlich späteren Zusatz zu Sermo II mit der von ihm immer wieder gebrauchten Unmöglichkeit eines Zusammenfalls von Geradem und Krummem, Gerade und Kreislinie. Hier führt Cusanus, ähnlich wie im diesbezüglich ausführlichen und thematisch verbundenen[991] Sermo I, als „Fundstellen" u.a. die ternare Struktur des Erkennens und Liebens (Erkennendes, Erkennbares und Erkennen sind im Akt eins) an: Erstere hatte Aristoteles im zwölften Buch der Metaphysik ja als Wesensvollzug des Göttlichen erklärt, das nur das Vollkommenste und folglich sich selbst erkennen könne. Cusanus sieht daher seine Auffassung bestätigt, dass auch „die Philosophen" schon von „Dreifaltigkeit" gesprochen hätten. Aber, so nun der fragliche Zusatz: Die (nichtchristlichen) Philosophen hatten jeweils unterschiedliche Untersuchungsmethoden (certos modos investigandi) mit Bezug auf Gott und sein Wesen, *keine davon jedoch genau-beweisend* (praecise demonstrativos). Denn Gottes Wesen könne nicht gefasst (capi) oder erkannt (intellegi) werden von etwas Geschaffenem. Auch wenn der eine näher an Gott herankam, als der andere, verhält es sich wie bei einem Kreis, der durch Polygone (figuras angulares) niemals mit zwingender Genauigkeit (demonstrative) gemessen wird.[992] Wie weit auch immer man die cusanischen Aufspürungen in Bezug auf Wahrheiten der Christologie und Trinität in ihrer Durchführung als „philo-

991 So wird z.B. auch die in Sermo II (h XVI) n. 5 nur kurz erwähnte Dreiteilung des Geschaffenen (geistig, leiblich, gemischt) in Sermo I (h XVI) deutlich ausführlicher behandelt, ebenso in Sermo III (h XVI) n. 4.

992 Vgl. Sermo II (h XVI) n. 4, zunächst mit Bezug auf Eusebius; die Ausführungen zur Vielheit der Methoden fügte Cusanus in einer Glosse in Codex Cusanus 220 hinzu; vgl. zum Textzusatz auch obige Fn. 446 (S. 158).

sophische" Beweisführung, als „demonstratio" im Normalsinne, verstehen mag: Ein Rest an Indemonstrabilität verbleibt, so die hier vertretene Lesart, ebenso wie im Falle des untilgbaren „Kontingenzwinkels"[993] der cusanischen Mathematikbetrachtung.

Diese Unableitbarkeit der Trinität trotz aller Aufweisungen ternarer Strukturen verbindet sich in Sermo I mit der Erhabenheit Gottes. Ausgangspunkt ist zunächst die Überlegung, dass Gott als „höchster Kraft" kein Müßigsein zukommen kann, sondern umgekehrt „höchste Tätigkeit" (summa activitas).[994] In jedem vollkommenen Tun (actio perfecto) aber werden drei Korrelative gefunden (reperiuntur): Sich-Betätigendes, Betätigbares (agibile), aktives Betätigen (agere). Dieser Zusammenhang sei „notwendig" – man kann dies als begriffliche Notwendigkeit verstehen: Unser Begriff vollkommenen Tuns impliziert diese ternare Korrelation. Soviel ist also gleichsam von Natur aus notwendig. Cusanus *bezieht* diesen Handlungsternar nun auf das trinitarische göttliche Wesen: Zeugender (Vater), Gezeugter (Sohn) und Zeugen (Geist).[995] *Durch diese Gesichtspunkte (rationes)*, so Cusanus weiter, erfasst (apprehendit) der menschliche Intellekt einen festen und unzweifelhaften Glauben von jener unermesslichen, unaussprechlichen Dreieinigkeit. Dabei behilft (adiuvat) er sich bei den überlieferten autoritativen Aussagen (auctoritates) jener, welche im Heiligen Geist gesprochen haben.[996] So werde etwa im Alten Testament von den Elohim im Plural gesprochen. So seien auch Juden leicht einführbar in den Glauben an die Trinität – als „verhärtet" (indurati) aber hätten diese sich in Debatten erwiesen bezüglich der Fleischwerdung im Sohn. Sie wollten hier weder hören auf rationale Gesichtspunkte (rationes) noch auf die Propheten (wie sie Cusanus und Nikolaus von Lyra interpretierten).

Der Intellekt „erfasst" (apprehendit) diesen festen Glauben, formuliert Cusanus. Dass der Glaube selbst *durch* den Intellekt *konstituiert* würde, muss damit nicht mitgesagt sein, „apprehendit" kann sich im epistemischen Sinne auch darauf beziehen, dass diese „rationes" dem Intellekt verhelfen, den *nicht*

993 Vgl. dazu Hoff: Kontingenz, 114ff et passim.

994 Vgl. Sermo I (h XVI) n. 6.

995 Vgl. Sermo I (h XVI) n. 6, 14ff: „Erunt haec correlativa in essentia divina tres personae [...]". Flasch: Entwicklung, 24 sieht in der Wendung „necessario reperiuntur" (n. 6, 10) den Hinweis dafür, „daß Cusanus mit seinem Argument beansprucht, die Trinität als Denknotwendigkeit *bewiesen* zu haben. Die Trinität sei wißbar, sie sei ein notwendiger Denkinhalt, dies hatte schon Anselm von Canterbury [...] gelehrt." S. 25: „[...] daß Cusanus mit Raimundus Lullus die Dreieinigkeit für philosophisch beweisbar hielt." Doch hat Cusanus bis dahin tatsächlich nur eine Ternarität der Handlungsstruktur mit einer Notwendigkeit, die im Begriff des Handelns liegt, aufgezeigt. Auch die entsprechende Anselm-Deutung ist nicht alternativlos, wie etwa die Sichtung bei Kirschner: Gott, Kap. V (293ff) deutlich macht.

996 Vgl. Sermo I (h XVI) n. 7, 1-5: „[...] qui divino spiritu locuti sunt".

allein aus intelligiblen rationes „festen" Glauben zu *erfassen.* Die Art und Weise der Bezugnahme auf die auctoritates spricht für diese Lesart: Jedenfalls im Wege der faktischen Dialektik im Religionsgespräch war es offenbar nicht hinreichend, „rationes" wie die ternare Strukturiertheit vollkommenen Handelns anzuführen, sondern es war eine Hermeneutik der autoritativen Texte zu bewähren. So entspricht der Gedankenführung des Cusanus die Diskussionsführung im Religionsgespräch mit „weisen Juden" durchaus: Dass eine ternare Struktur des göttlichen Handelns plausibel ist, werden insbesondere auch jüdische Intellektuelle akzeptiert haben, die in peripatetischer Tradition das Göttliche als Einheit von Intellekt, Intelligieren und Intelligiertem verstanden. Dass aber diese Struktur als die Relationen von Vater-Sohn-Geist zu glauben ist, dies wird weder in der Gedankenführung des Cusanus aus angegebenen Vernunftgründen zureichend plausibilisiert, noch dürften dies die jüdischen Gesprächspartner des Cusanus akzeptiert haben. Es besteht daher Anlass, zu bezweifeln, ob die Behauptung des Cusanus, seine jüdischen Mitdiskutanten seien „ad credendum trinitatem" geführt worden, sich tatsächlich auf die *Trinität im Vollsinne* beziehen konnte und nicht nur auf eine *ternare Struktur* in der Aktivität des Göttlichen. Gegen Ersteres spricht allein schon deren Widerstand gegenüber der Inkarnation. Es ist aber zweifelhaft, ob von einem „*Glauben* an die Trinität" (d.i. einem entsprechenden Glaubensvollzug im Unterschied zu einer methodisch-analytischen Unterscheidung im Kontext etwa dogmenhermeneutischer Arbeitsteilung) im eigentlichen und vollen Sinne auch ohne einen Glauben *an die Fleischwerdung des Sohnes* die Rede sein kann.[997]

Auch in „De docta ignorantia" widmet sich Cusanus mehrfach der ternaren Struktur von Einheit, Gleichheit und Verbindung. Hier ist besonders aufschlussreich, wie er die Namen „Vater", „Sohn" und „Heiliger" Geist behandelt. Cusanus diskutiert zunächst vorfindliche Ternare in formaler Hinsicht, um dann anzumerken, dass hierfür die Namen „Vater", „Sohn", „Heiliger" Geist gebraucht wurden. Doch diesen Gebrauch erklärt er als eine Redeweise „gemäß einer gewissen (quandam) Ähnlichkeit zu jenen, welche vergänglich sind (ad ista caduca)" und als „bloß unter Hinsicht auf die Geschöpfe" ausgesagt.[998] Man könnte dies so verstehen, dass Cusanus darauf hinaus will, dass vor der absoluten Einheit und Einfachheit des Göttlichen auch die trinitätstheologischen relationalen Differenzierungen unstatthaft wären, wie man dies bei Eckhart von Hochheim zu finden scheint.[999] Cusa-

997 Vgl. auch obig Fn. 923 (S. 308).

998 Vgl. De docta ign. (h I) I c. 9 n. 26, 1-4 und 12-14 sowie I c. 24 n. 80.

999 So z.B. Eckhart: Pr. 2, DW I, 43f über das „Bürglein in der Seele": „sol got iemer dar în geluogen, ez muoz in kosten alle sîne götlîche namen und sîne persônlîche eigenschaft [...] dâ enist er vater noch sun noch heiliger geist in disem sinne". Auch in dieser Passage aber ist diskutabel, inwieweit die aspektuierende Klausel („in diesem sinne") tilgbar

nus selbst hat eine solche Lesart gegenüber Johannes Wenck zurückgewiesen.[1000]

Hier soll eine andere Lesart vorgeschlagen werden: Dass die trinitarischen „Namen" „bloß unter Hinsicht auf die Geschöpfe" statt haben, bezieht sich nicht auf die „Namen", wie sie zumal in den Glaubensartikeln bekannt werden, und ansonsten in letztlich „präzisen" Reformulierungen nur im Vorgriff auf den „divinalen" Sinn entsprechender Sprachausdrücke oder eben im Rückgriff auf die Wahrheit der articula. Der Gebrauch der trinitarischen „Namen" „bloß unter Hinsicht auf die Geschöpfe" bezieht sich vielmehr im

und die Aussage somit verallgemeinerbar ist – wenn aber nicht, wie sich die Betrachtung „in diesem Sinne" zur Trinität an sich selbst verhält und nicht, wie sie von uns konzeptualisiert wird mittels Relationsbegriffen, die vom Gegenständlichen her genommen sind.

1000 Und zwar wendet sich Cusanus in Apol. (h ^{2}II) n. 33-35 vehement gegen die Vorwürfe des Johannes Wenck, wonach seine Lehre von der Enthobenheit Gottes über alle Unterscheidung (distinctio) auch Unterscheidung und Beziehung (relatio) in Gott und damit die Trinität aufhebe. Hier hält er nochmals fest, dass die göttlichen Attribute wechselseitig zu identifizieren sind („so dass die Gerechtigkeit die Güte ist und umgekehrt", vgl. dazu auch obig Fn. 859, S. 286), worin „alle Heiligen, die auf die unendliche Einfachheit Gottes schauten, übereinstimmen", was indes keineswegs die Dreiheit der Personen tangiere. Allerdings müsse hier der Begriff „Andersheit (alteritas)" anders verstanden werden: „(Der Ausdruck) 'Andersheit' kann seine Bedeutung (significatum) nicht beibehalten, da dieser Ausdruck (dictio) dazu gebildet (imposita) ist, dass er eine Andersheit bezeichne, die von der Einheit verschieden und unterschieden ist (divisa, distinca), und demgemäß gibt es keine Andersheit ohne Zahl" – während es bei Gott gerade keine Zahl gebe.
Cusanus beruft sich für Letzteres auf einen „commentator Boethii De trinitate" – es dürfte sich handeln um Thierry von Chartres: Lectiones I, 55 ed. Häring: Commentaries, 151, wo die Bezugnahme durch Cusanus auch vermerkt ist, vgl. auch II, 1.8 S. 154.156, wo sich die von Thierry und in seinem Umfeld vielgebrauchte Wendung „Trinitas est unitas [...]" findet; oder auch Commentum III, 2-4 ed. Ibid., 90: „nullam in deo pluralitatem numeri faciet"; außerdem Abbrev. Monac. II, 8, S. 338f. Dass sich die trinitarischen Personen *nicht* der Zahl nach unterscheiden, war eine (u.a.) im Umfeld der Chartrenser verbreite Lehrmeinung, die sich auch im Commentarius Victorinus findet (vgl. dazu Häring, 44), der womöglich sogar ebenfalls Thierry zuzuschreiben ist. (Die Angaben in u.a. den älteren Cusanus-Editionen beziehen sich auf die Beda-Ausgaben von 1563 oder 1688 und sind insoweit etwas irreführend, als Heerwagen für den Basler Druck von 1563 die Anfangspassage zur *Glosa Victorina* dem *Commentarius Victorinus* vorangestellt hatte, vgl. Häring, 39; schon in PL 95, 391ff ist dieser vermeintliche „Prolog" zum Commentarius Victorinus richtigerweise nicht abgedruckt). Das Thema blieb für die mittelalterlicher Autoren fortwährend wichtig. Ob und in welchem Sinne bei Gott Zahlbegriffe statt haben, wird insbesondere im Anschluss an Boethius in den Sentenzenkommentaren (v.a. I d. 24 q. 1 a. 2) behandelt, so etwa bei Thomas und Bonaventura. Dieser konzediert eine Redeweise von „Zahlen", sofern sie spezifisch verstanden wird, nämlich, wenn dabei jede (substantielle) divisio, separatio, aggregatio, mensuratio ausgeschlossen ist und nur eine Unterscheidung (distinctio) der Personen gemeint ist. Auch wenn Cusanus hier vorsichtigere Sprachregelungen empfiehlt, nämlich den Zahlbegriff von Gott fernzuhalten vorschlägt, besteht in der Sache weitestgehende Übereinstimmung.

engen Sinne auf „Namen“, die auf dem Wege der Aufspürung von *Spuren* der Trinität in Natur und Geist gewonnen werden. Eine solche Aufsuchung wird demnach in dieser Passage in ihrem Status relativiert: Sie erreicht nur eine *entfernte Ähnlichkeit* mit den trinitarischen Personen selbst, es handelt sich von hierher um allenfalls eine *behelfsweise* Namenszuweisung. Dafür spricht bereits, dass Cusanus zuvor sehr deutlich die Differenz betont zwischen „Zeugung“ „nur bei den vergänglichen Dingen“ (in solis rebus caducis) und der *ewigen* Zeugung, die in Gleichheit die Einheit wiederholt, ohne ins Gebiet der Zahl einzutreten.

Eben eine solche „gewisse Ähnlichkeit zu den vergänglichen Dingen“ spricht Cusanus auch an der fraglichen Stelle als Anlass der Benennung von Einheit-Gleichheit-Verbindung als Vater-Sohn-Hl. Geist an. Gegenstand ist dabei gerade nicht schon die *Trinität* im Vollsinne, sondern erst die zuvor erhellte formale *ternare Struktur. Dass* es eine „absolute Gleichheit“ im Falle der Trinität gibt, bleibt insoweit dem Glaubenswissen vorbehalten. Wenn Cusanus, auch noch in der „Apologia doctae ignorantiae“, der Formulierung, „dass Gott weder Vater noch Sohn ist“, zuzustimmen bereit ist, dann insofern, als dies voraussetzte, dass die dabei applizierten Begriffe wie „Vater“ uns tatsächlich begreiflich wären. Diese Hinsicht kommt in der Berufung des Cusanus auf Pseudo-Dionysius besonders deutlich zum Ausdruck. Dieser nämlich hatte in den Schlusspassagen der „Mystischen Theologie“ ausgeführt: Die Allursache (pantōn aitia)

> „ist weder Eines noch Einheit, weder Gottheit noch Güte. Sie ist auch nicht Geist in dem Sinne, wie wir diesen Ausdruck verstehen, noch mit Sohnschaft oder Vaterschaft gleichzusetzen oder mit irgend etwas anderem, von dem wir oder irgendein anderes Wesen Kenntnis besäßen.“[1001]

Es geht also hier um die Verneinung, dass Gott „Vater“ ist *in dem Sinne,* „wie wir diesen Ausdruck verstehen“, also als biologische Vaterschaft – oder eben als bloße vage Annäherung, die hier aber nicht zur Diskussion steht.

Ein Hinweis auf ein derartiges Selbstverständnis ist auch die Auskunft: Die absolute Einheit, die „nichts anderes“ sei als Dreifaltigkeit, habe der erste Band von „De docta ignorantia“ dergestalt behandelt, wie sie *in gewisser Entsprechung* zum Menschen erfasst wird.[1002] Dem entspricht strukturell auch die etwas ausführlichere Erklärung gegen Ende des ersten Werkteils von „De docta ignorantia“[1003], etwa: Gott konnte von Ewigkeit her Dinge schaffen. *Mit Bezug auf diese Dinge* heißt Gott daher „Sohn“. Gott ist die Gleichheit

1001 MT V, hier n. Pseudo-Dionysius Areopagita/Ritter: Mystische Theologie, 79f.
1002 Vgl. De docta ign. (h I) II c. 7 n. 127, 1-5: „[...] quae quidem in quadam correlatione humanius apprehenditur [...]“ .
1003 Vgl. De docta ign. (h I) I c. 24 n. 80.

des Seins (aequalitas essendi) zu jenen Dingen, insofern die Dinge *nicht oberhalb* Gottes und auch *nicht unterhalb* Gottes sein können (da Gott ja absolutes Maximum und absolutes Minimum ist). Eben darum ist wiederum Gott „Sohn". Solche Rekonstruktionen scheinen gar nicht vom Begriff des Sohnes als trinitarischer Person im Vollsinne zu sprechen, sondern *erklären* die Benennung als „Sohn" in der Tat aus dem Bezug zu Geschaffenem. Es ginge dann auch nicht um eine philosophische *Herleitung* trinitätstheologischer Aussagen als solcher. Aufweislich ist eine *formale Struktur* der „trinitas" als Einheit-Gleichheit-Verbindung. Eine solche Struktur hat eine gewisse *Entsprechung* zu trinitätstheologischen Aussagen. Aber sie erschöpft diese Aussagen weder, noch erreicht sie sie überhaupt in ihrem Vollsinn bereits. Cusanus nimmt auch hier dezidiert Bezug auf das augustinische Konzept der „trinitatis vestigia" *in jedem Ding.* Die Schöpfung hat in diesem Sinne für Cusanus ihren *Anfang* in der *Vaterschaft* Gottes, ihre *Vollendung* in der *Sohnschaft*, ihre *Übereinstimmung mit der allgemeinen Ordnung der Dinge* im *Geistsein.*[1004]

[1004] Vgl. De docta ign. (h I) I c. 24 n. 81. Vgl. zu den „vestigia trinitatis" bei Augustinus: De Trin. VI c. 10, 45-49. Cusanus rekurriert wieder und wieder auf diese Thematik, so hebt er z.B. Sermo IV (h XVI) hervor, dass die Trinität aufleuchtet in ihrer „Spur" in den Geschöpfen. Auf solche „Spuren" und Analogien der Trinität im menschlichen Geist wie insbesondere auch in der Naturwirklichkeit verweist Cusanus mehrfach. In Sermo CLXXXVIII (h XVIII) n. 6 etwa vergleicht er die Trinität mit dem Wasser „in seiner Ganzheit", das eins ist und doch in einer Dreiheit existiert von Quelle, Flüssen und Meeren. Bekanntlich wurde bereits die vorsokratische Philosophie aufmerksam auf die hier sofort auftretenden Vagheitsprobleme: Inwiefern ist es hier sinnvoll, zu sagen, dass es sich bei einem Referenzobjekt noch um dasselbe handelt? Wann steigen wir denn in „denselben Fluß"? Quasi-Objekte wie *fließendes Wasser* sind für sich schon ein Ausnahmefall für unsere üblichen metaphysischen Kategorien, da, anders als bei Normalfällen von Einzeldingen, unsere Individualisierungskriterien für Objekt-Identität und -Persistenz problematisch werden, ebenso, wenn zu überlegen ist, inwiefern Selbigkeit (des Wassers) mit weiteren Individuierungen („selber Fluß") vorliegt (gravierender noch als beim sonstigen Standardbeispiel der Statue aus dem Lehm oder des Schiffs aus seinen Einzelteilen). Cusanus macht sich die Irritationen dieses Beispiels nicht nur direkt zunutze, sondern verschärft die Situation noch durch weitere Grenzbetrachtungen (mit Z. 36 kann man von considerationes sprechen). Erstens wird die Zirkularität und Gleichwesentlichkeit kenntlich: Die Quelle ist Prinzip des Flusses und des Meeres (denn wenn der Fluß nicht aus der Quelle fließt, ist er kein Fluß; ebenso wenig das Meer nicht Meer, wenn es nicht die Vereinigung des Wasser aus Quelle und Fluß ist). Ebenso ist das Meer Prinzip von Quelle und Fluß usw., so dass sich aus dem Rückfluß wieder der Ausfluß speist und ein Zirkel entsteht – und damit Ewigkeit. Zweitens betrachte man die Quelle als eine *einzige,* ebenso Fluß und Meer. Dann ist das Wasser notwendigerweise von *einem* (und demselben) Wesen. (Denn zwei verschiedene Gewässer kann es nur bei zwei verschiedenen Quellen usw. geben.) Drittens nehme man an, das Wasser sei unendlich. Dann ist das *ganze* Wasser Quelle (denn nur, wenn das Wasser endlich ist, kann das *Quellen* des Wassers an ein Ende kommen). Dann gibt es, so Cusanus, keinen Fluß mit einem (der Zeit nach) sukzessiven Fließen und dann geht das Meer nicht hervor aus Quelle und Fluß in (zeitlicher) *Abfolge.* Dieses unendliche Wasser ist (nicht in Zeitmomente zerteilt an unterschiedenen Raumteilen, sondern) im „Jetzt der Ewigkeit" – und dieses Jetzt ist *dasselbe* wie das Wasser und ist Quelle, Fluß,

Der Sache nach hätte man erwarten mögen, dass Cusanus mitreflektiert und ausspricht, dass die Namen Vater-Sohn-Hl. Geist gerade *nicht* nur von Geschöpflichem her appliziert werden, sondern von einer Vertrautheit mit v.a. spezifischen biblischen und doxologisch-liturgischen Sprachformen her, v.a. der Glaubenssymbole. Doch scheint Cusanus hier eine andere Perspektive zu wählen: Es geht ihm um eine *philosophische Rekonstruktion* der ternaren Struktur, wie sie im Falle der Trinität vorliegt, soweit diese überhaupt beschreibbar ist (und die vorgelegte Beschreibungsweise erscheint ihm dazu immerhin „höchst erhellend", manifestissima) – und um eine philosophische Rekonstruktion der Applikation von „Namen", *soweit* diese dem Normalmodus unserer Namensapplikation entstammen, namentlich der Anwendung vom Bekannten, Natürlichen her. So verstanden, kommt diese Perspektive z.B. in einer radikal-orthodoxen Lesart, wie sie etwa Johannes Hoff vorlegte, aufgrund dort ins Zentrum gestellter anderer Perspektiven (vom Mysterium der Trinität aus *ansetzend*) kaum zur Geltung, während umgekehrt in einer akzentuiert ‚philosophischen' Lesart, wie sie etwa Kurt Flasch vorlegte, die doch auch hier von Cusanus geltend gemachten Grenzen und Voraussetzungen einer philosophischen Rekonstruktion der Sachstruktur dessen, was der Glaube als Trinität bekennt, allenfalls gering gewichtet werden.

Dafür, dass Cusanus eher *ternare Strukturen* im Blick hat, welche „im Hinblick auf die geschaffenen Dinge" erhellt werden und dann zur Applikation von Namen wie „Dreiheit" (trinitas) führen, spricht auch eine weitere Bemerkung des Cusanus: Die Bezeichnung „Dreiheit"[1005] komme unserem (bei den Gegenständen ansetzenden) Begreifen nach (wie es dem Glauben nach bestellt sein mag, bleibt dabei außen vor) dem absolut-Größten nur durch „Bezug" (respectus[1006]) auf die (messbaren und verursachten) Dinge zu, losgelöst (remoto) davon und „in Wahrheit" aber weder unser Name noch unser Begriff (conceptus) der Dreiheit (trinitas) (wie Cusanus ihn zuvor durch Entwicklung und Überschreitung geometrischer Analogien erörterte). Im Anschluss an diese Grenzmarkierung zwischen der Trinität und unserem

Meer. Analog verhält es sich also mit der einfachen Wesenheit Gottes, die in den drei Personen je dieselbe ist, und mit der Relationierung der Personen zueinander, die also auch nicht „sukzessiv" im Sinne zeitlicher Aufeinanderfolge zu denken ist. Vgl. unter den Bezugnahmen auf die „vestigia trinitatis" auch De sap. (h ^{2}V) I n. 22; Sermo CCXXX (h XIX); in De ven. sap. (h XII) c. 24 n. 72 spricht Cusanus davon, dass er in allem, was ist, sehe, dass die Trinität nachgeahmt werde (imitari), sofern in allem, damit es wirklich ist, Einheit, Seiendheit (entitas) und beider Verbindung (nexus) zu finden sei bzw. die aus Einheit und Seiendheit hervorgehende Liebe (vgl. dazu dann weiters c. 25). Z.B. in De ven. sap. (h XII) c. 31 n. 93 führt Cusanus essentia – virtus – operatio als Momente an, die sich „in allen Dingen finden, so dass alles teilhat an der göttlichen Ordnung".

1005 Vgl. De docta ign. (h I) I c. 20 n. 61, 20-31.

1006 Vgl. De docta ign. (h I) I c. 20 n. 61, 18.29.

Begreifen resümiert Cusanus dann äußerst komprimiert die Vorkommen ternarer Strukturen (in seinen Worten: alles, was „triniter" subsistiert) im Naturwirken, in Denk- und Willensakten usw.

Auch in „De non aliud" hält Cusanus fest, dass das „Geheimnis (secretum) der Dreifaltigkeit nur im Glauben durch eine Gabe Gottes empfangen" wird und „jeden Sinn weit übersteigt".[1007] Die Bezeichnungen bzw. „Namen" „Vater", „Sohn" und „Heiliger Geist" zu gebrauchen, sei zwar „angemessen wegen der Übereinstimmung mit den (heiligen) Schriften". Doch reiche man (was die intellektuale Erschließung von uns aus betrifft) mit diesen Bezeichnungen „weniger genau heran" (an Gott, wie er allen Namen ermöglichend vorausgeht und in keinen Gegensatzbeziehungen steht) als etwa mit dem Begriff des Nicht-Anderen. Umgekehrt strahle „das Nicht-Andere" „deutlich wider" (clare relucescit) in den Begriffen Einheit-Gleichheit-Verknüpfung. Trotzdem will Cusanus nicht die intellektuale Struktureinsicht auch tatsächlich über die überlieferten Namen der trinitarischen Personen stellen; er formuliert vielmehr im Irrealis: Man *käme* mit diesen (Quasi-) Namen „näher heran, *fänden* sie sich eingeführt in der heiligen Schrift".[1008]

Auch in späten Sermones gibt Cusanus seinen Analogiebildungen zwischen Trinität und ternaren Strukturen eine ähnliche Statusbestimmung. Heranziehbar ist etwa Sermo CCXXXIII. Hier geht Cusanus u.a. von der aristotelischen Ursachenlehre aus: Aristoteles habe die Erste Ursache „dreiheitlich (trina)" genannt, weil sie Effizienz-, Form- und Finalursache ist.[1009]

1007 Wie die direkt nachfolgenden Zitate: De non aliud (h XIII) c. 5 n. 19.

1008 Wie die direkt vorausgehenden Zitate: De non aliud (h XIII) c. 5 n. 19.

1009 Vgl. Sermo CCXXXIII (h XIX) n. 1 mit Bezug auf das Credo „Cuicumque", DH 75-76, hier 75, 3. (Cusanus greift, wie Eckhart und andere, auf dieses an spekulativ anschlussfähigen Motiven reiche Credo, das tatsächlich eine Textkompilation u.a. aus Augustinus darstellt, mehrfach zurück, z.B. auch für die Auffassung vom Innesein des Körpers in der Seele, so Cusanus in Sermo XXII.) In n. 2 mutmaßt Cusanus, (Pseudo-) Platon könnte dasselbe gemeint haben (wie Aristoteles, wenn dieser von einer Art der Drei-Einheit hinsichtlich der Ursachentypen gesprochen habe), wenn er schreibt: „alle Dinge sind beim ersten König und geschehen um seinetwillen" (mit Bezug auf Platon: Ep. II, 312e). Denn unter dem „ersten König" könne man die Allmacht und Wirkursache verstehen; unter der Gegenwart aller Dinge beim ersten König als einer Ursache die Formursache bzw. die „Form der Formen", die jede formbare Form in sich einfaltet (complicat); unter der Angabe, dass alles umwillen des ersten Königs geschehe, die Finalursache (vgl. Sermo CCXXXIII (h XIX) n. 2). Dass Aristoteles und andere Philosophen (Anaxagoras und Hermotimus hinsichtlich der Geistigkeit, Platon u.a. in der Rede von einer allerdings als Mittler verstandenen Schöpfervernunft, was aber mit der biblischen Rede von der „vor aller Zeit erschaffenen Weisheit" konvergiere) mittels Überlegungen der ratio zumindest die Dreifaltigkeit „berührten", ist Cusanus in mehreren Werken wichtig, so etwa De beryl. (h ^{2}XI/1) c. 24 n. 35; die aristotelische Dreiursächlichkeit spricht Cusanus, vermutlich Albert folgend (Super DN II, 45), z.B. auch De princ. (h X/2b) n. 14 an, dort bezieht er sich ferner auf Triaden der Platoniker, dabei wohl Proklos folgend, also auf Triaden wie Wesen – Selbigkeit – Andersheit; Gutes – Schönes – Gerechtes; Eines – Intellekt – Seele; vgl. zur Stelle die Angaben im Apparat

Neben dieser allgemein kausalitätstheoretischen Struktur, die Cusanus in formalen Bezug zur Trinität setzt, geht es ihm um weitere Entsprechungen in kausalen Hinsichten und weitere theologische Anschlussdeutungen. So etwa bezüglich eines mehrfachen Verursachtseins von Leben, wobei Cusanus drei Aspekte appropriativ auf die drei göttlichen Personen bezieht.[1010] Eine weitere Strukturanalogie sieht Cusanus in der augustinischen Trias geistiger Funktionen[1011] von Gedächtnis, Wissen und Wille, entsprechend des Grundmotivs seiner mens-Theorie vom Geist als „viva imago dei".[1012] Diese Spezifikation der Gegenstandsbereiche der mentalen Grundfunktionen entspricht der Herleitung der Zusammengehörigkeit von Leben, Wissen und Freude im Falle des vollkommenen göttlichen Lebens. Durch den Zusammenhang von Ursachenlehre, Trinitätstheologie und Geistverständnis ergibt sich für Cusanus auch eine Verortung der einschlägigen göttlichen Attribute (z.B. Allmacht, Ewigkeit, Leben, Wissen, Denken). Betont wird dabei viel stärker die Analogie als die Disanalogie, die sich ggf. in Negationen der bloß-endlichen Verständnisse artikulieren würde. Dies ist allerdings insofern nur eine Akzentuierung, als im Kontext stets eindeutig ist, dass es nicht um Wesensbeschreibungen Gottes im technischen Sinne geht (mit Bezug auf welche korrigierend Negationen anzubringen wären), sondern stets um Bezugnahmen auf ‚Vorbilder', die in Gott und nur in Gott ihre eigentliche Erfüllung und Grundlegung haben.

Letztlich gilt für die cusanischen Analogien und Aufspürungen triadischer Strukturen oder „Spuren" dasselbe, was er selbst anmerkt zu „allen Ähnlich-

mit entsprechenden Quellennachweisen sowie Nikolaus von Kues/Bormann: Tu quis es, 52.

1010 Vgl. Sermo CCXXXIII (h XIX) n. 5: Vom Vater stammt der Besitz einer lebenden Natur (d.i. das *Vermögen* zu leben); vom Sohn als Wort und Weisheit die Formung des rationalen Geistes, so dass er *aktual* lebt und (in Reflexion auf dieses Leben) versteht (*dass* er lebt), wie ja in der intellektualen Natur Denken und Verstehen und Existieren identisch sind; vom Heiligen Geist stammt Glück und Freude. Eben diese drei Wirkungen Gottes in den rationalen Naturen – 1. Lebensvermögen, 2. aktuales Leben bzw. Verstehen und 3. Freude – kommen, so hatte Cusanus zuvor aufgezeigt, Gott selbst per se zu, weil dies Implikate des Begriffs des *besten* Lebens sind: Wer lebt, aber darum nicht weiß, lebt kein *vollkommenes* Leben; und wer lebt und darum weiß, *dass* er lebt, dem kommt notwendig Freude zu.

1011 Auf die Bezüge der cusanischen zur augustinischen mens-Theorie kann hier nicht näher eingegangen werden; vgl. dazu z.B. Kreuzer: Geist und zu Augustinus selbst v.a. die Rekonstruktion des „Scheitern[s] einer Trinitätsschau" und seines „Projekt[es] der Geist-Analyse" bei Brachtendorf: Struktur, hier 79ff.

1012 Vgl. Sermo CCXXXIII (h XIX) n. 6. Cusanus nennt die drei Gegenstandsbereiche von Gedächtnis, Wissen, Wille hier auch „Königreiche" und „Himmel", was einer auch sonst von ihm gebrauchten Metaphorik entspricht (vgl. Fn. 721, S. 241, und z.B. Sermo CXXXV (h XVIII) n. 8-9; Sermo CCXLI (h XIX), n. 9.17f u.ö; Sermo CCXLVI (h XIX) n. 8; Sermo CCLXXIII (h XIX) n. 21). Diese Redeweise folgt einem Schema, das sich wie folgt erklären lässt: „a ist ‚Himmel' für b, wenn a durch b prinzipiiert ist bzw. wenn a auf b hingeordnet ist bzw. wenn a seine Erfüllung in b hat".

keiten, welche die Heiligen geben", also zu allen entsprechenden Analogien in Schriften insbesondere der Kirchenväter:

> „Wer könnte die Weise (modus) begreifen, geschieden-ungeschieden, wie Athanasius sagt, ‚weder die Personen vermischend noch die Substanzen trennend'?".[1013]

Diese Ähnlichkeiten seien sogar unnütz, sofern man *nicht* darum wisse, „dass sie ganz unverhältnismäßig (penitus improportionales)" sind – eine Einsicht, die für Cusanus mit dem Begriff der „docta ignorantia" mit erfasst ist. Insofern wäre es unzureichend, von einer „Philosophie der Trinität" bei Cusanus zu sprechen, sofern damit eine zureichende Erhellung mit Vernunftgründen gemeint ist und sofern mit „Trinität" nicht „Ähnlichkeiten", sondern der volle Gehalt des Glaubensmysteriums selbst gemeint wäre.[1014]

Im Rückblick von „De Genesi" auf „De docta ignorantia" versteht Cusanus denn auch sein Vorgehen bezüglich der „Entfaltung", dass „alles Handelnde teilhat an der drei-einen Natur" in einer Reihe mit „vielen anderen", welche diese Thematik „in verähnlichender Weise (assimilanter)" behandelten.[1015] Wo aber Cusanus von Ähnlichkeit spricht, ist je zugleich mitgesagt, dass es um Ähnlichkeit *in jeweiliger Andersheit* geht, in welcher sich der eine Grund der vielen Ähnlichen je verschieden widerspiegelt, doch nirgends dergestalt, wie er an sich selbst ist.

IV.7.4 Die „Unaussprechlichkeit" der Glaubensmysterien

Bereits unter mehreren Gesichtspunkten war zu beobachten, in welcher Weise Cusanus es versteht, dass der Glaube, den unsere Verehrung der affirmativen Theologie vermittelt, *mittels der docta ignorantia wahrer erfasst* wird[1016]: Der Glaube wird dann ex negativo abgesetzt von epistemischen Ein-

1013 Apol. (h ²II) n. 35 mit Bezug auf das Symbolum Quicomque, DH 75: „[...] necque confundentes personam necque substantiam separantes."

1014 Vgl. indes Flasch: Entwicklung, 54, der von einer „Philosophie der Trinität und der Inkarnation" spricht, die von einer „psychologisch-faktisch[en]" Vorausgesetztheit des „christlichen Glaubens" „unabhängig argumentier[t]". Das ist zumindest insoweit in Einklang mit der hier skizzierten Lesart, als eine derartige Argumentation durchaus in größeren Werkteilen von Cusanus vorgelegt wird, wobei aber, nach der hier vertretenen Auffassung, deren *Status* eine *methodische Suspension* von Voraussetzungen auch des Vernunftgebrauchs überhaupt voraussetzt und deren *Resultat* gerade nicht die Trinität oder Inkarnation im Vollsinne ist, sondern etwa eine formal-annäherungsweise *Struktur* der Ternarität oder eine formale Analyse derjenigen *Bedingungen*, die eine „Offenbarung" erfüllen müsste, damit menschliche und alle Wirklichkeit zur Fülle gelangt; *dass* so entwickelten Strukturen und Bedingungen dann eine *Realität* in Christus entspricht, ist aber kein Resultat allein „unabhängig argumentierende[r] Philosophie" mehr – und wird von Cusanus auch nicht mehr als solches präsentiert.

1015 De gen. (h IV) c. 5 n. 177.

1016 Vgl. De docta ign. (h I) I c. 26 n. 86 (vgl. obig S. 306).

stellungen, deren Gewissheit nur relativer Natur ist, von Beweisbarem, natürlicherweise Einsichtigem und Sachverhalten, von welchen unsere Vernunft durch aufweisliche Gegebenheiten zureichend „überzeugbar" wäre. Glaube hat gerade zu tun mit Momenten, die dem verstehenden und gegenstandsorientierten Begreifen entrinnen, während Verstandesgründe, empirische Daten und auch extrinsezistische Bezeugungen nie mehr als Vermutungen stützen können. Die absolute Gewissheit religiösen Glaubens ist durch alles Weltwissen nicht erreichbar. Von diesem aus ist nur ex negativo vorfindlich, dass die allgemeine *Sehnsucht* des Menschen im Endlichen gerade je unerfüllbar bleibt. Gerade dort, wo die vom Endlichen her nur ersehnbare Möglichkeit, dass diese Sehnsucht begründet und vollendet würde, in die Gewissheit einer Realität umschlagen würde, ist bereits überschritten, was mit philosophischen Mitteln im Sinne „natürlicher Vernunft" herleitbar wäre. Mehr noch, es gilt auch noch retrospektiv, dass unsere begrifflichen Fassungsversuche je zu kurz greifen: Alle beiziehbaren Begriffe von „Einheit" etwa, die noch gleichermaßen im Endlich-Gegenständlichen anwendbar und insoweit uns überhaupt beherrschbar wären, sind ungenügend. Zwar ist die gesamte endliche Wirklichkeit nichts anderes denn Manifestation göttlicher Herrlichkeit, insbesondere in der Allgegenwart ternarer Strukturen als Spuren der göttlichen Drei-Einigkeit, doch entrinnt uns jede genaue Fassung dieser selbst, soweit dabei unsere Begriffe noch von ihrem Normalsinn her Anwendung finden, d.i. von ihrem Sinn, wie sie „unter Hinsicht auf die Geschöpfe" uns handhabbar sind. Damit sind zwar „entfernte Ähnlichkeiten" erschließbar, ja, es sind „höchst erhellende" Einsichten möglich, aber deren Status wäre völlig fehlbestimmt ohne das Wissen darum, dass auch diese stets „ganz unverhältnismäßig" blieben.

Von daher hebt Cusanus auch wieder und wieder hervor, dass die Glaubensmysterien letztlich strikt „unaussprechlich" (ineffabile) sind. Dies gilt etwa für das „unaussprechliche Mysterium des Kreuzes".[1017] „Unaussprechlich" ist nicht nur eine durch andere Adjektive austauschbare Lobpreisung. Gemeint ist freilich auch nicht, dass schlichtweg überhaupt nicht vom Kreuzestod Christi und seiner Heilsbedeutung für uns gesprochen werden könnte. Gemeint ist vielmehr, dass uns keine präzise zureichende *Erklärung* möglich ist, *wie* und *warum* dieses Heil im Kreuzestod erwirkt ist. Dies bleibt ein nur in seinen Wirkungen für uns zu rühmendes, in seinem Status charakterisierbares (etwa als Nichtandersheit von absolut Größtem und absolut Kleinstem) Mysterium und *insofern* ineffabile. Es sind nur Quasi-Erklärungen im Sinne von *konditionalen Annäherungen* etwa des Typs möglich: *Wenn* das Universum vollendet, wenn der Mensch zum ewigen Leben gelangen sollte, *dann*

[1017] Vgl. De docta ign. (h I) III c. 7 n. 220. Siehe schon obig Fn. 476 (S. 169) zur Unaussprechlichkeit von Geburt und Zeugung Christi in Sermo I (h XVI).

müsste dies in einer Instanz geschehen, in welcher alles Endliche inbegriffen ist, also in der Art des Menschen, dann musste der Mangel menschlicher Natur gesamthaft transformiert werden.[1018] Die Faktizität dessen, was im antecedens solcher Konditionale angesprochen wird, bleibt dann ebenso nicht rational herleitbar oder am Naturgeschehen bereits dingfest zu machen, wie es sich letztlich menschlichem Begreifen entzieht, *wie* eine solche Transformation erwirkbar wäre.

Für Cusanus wird im Glauben und in Bezug auf Offenbarung also keineswegs unsere grundsätzliche „Unwissenheit" bezüglich der Glaubensmysterien einfachhin beseitigt. Vielmehr erfassen wir auch darin „in Unwissenheit" nur zumindest bestimmte Umrisse, Strukturbezüge und Wirkungen. So etwa, wenn Cusanus „Über das Geheimnis der Auferstehung" handelt.[1019] Dazu führt Cusanus an, „wie die Wahrheit selbst schön darüber spricht" im Gleichnis vom „Weizenkorn", das stirbt, um „viel Frucht" zu bringen, so müsse Christus, *wenn* er nicht nur *allein* ein Sterblicher ohne Tod bleiben sollte, *frei werden* von der Möglichkeit des Sterbens durch den Tod (und dazu zunächst selbst sterben).[1020] Warum er sodann auch der menschlichen Natur Unsterblichkeit verschaffen konnte, erfassen wir „in Unwissenheit" zumindest insoweit, als wir erfassen (bzw. bestaunen) können, dass Gottes Macht *alles* umfasst[1021] (wie Cusanus in „De docta ignorantia" I und II ausführlich entwickelt hatte, etwa, weil im „Größten" Kleineres in fraglicher Hinsicht als inbegriffen zu denken ist). Wir erfassen dabei aber lediglich gewisse Möglichkeitsbedingungen und Umrisse etwa dergestalt, *dass* bestimmte Bedingungen erforderlich oder geeignet waren, *wenn* bestimmte Ziele (Unsterblichkeit der Menschen) erreicht werden sollten; *wie genau* diese dann erreicht werden, entzieht sich letztlich dem Begreifen.

Nachfolgend[1022] umreißt Cusanus dann, wie die Einung von Mensch und Gott in Jesus Christus auch nach dem irdischen Tod Jesu Bestand haben muss. Weder kann sein Menschsein gesondert als Person bestehen, da es gewissermaßen aufgenommen ist in der Gottheit (bzw. „göttlichen Person").

1018 Hier in Entsprechung zu den Ausführungen in De docta ign. (h I) III c. 7 n. 218-220.

1019 Vgl. De docta ign. (h I) III c. 7.

1020 Vgl. De docta ign. (h I) III c. 7 n. 224, vgl. c. 8 n. 227: Die menschliche Natur musste *in der Zeit* zum Größten gelangen (pervenire), damit ein Mensch auferstehen kann. Cusanus spricht an einigen Stellen nicht von Auferstehung, sondern Unsterblichkeit und lässt u.a. platonische Motive anklingen, etwa, wenn er von einem schattenhaften Abbild spricht, das abgelegt werde (dimissa umbrosa imago, n. 224, 16). Es ist im Kontext aber deutlich, dass er keineswegs im platonischen Sinne eine naturhafte Eigentümlichkeit des Seelisch-Geistigen meint (vgl. n. 227) und dass ihm die Einheit von Körper und Seele für den Personbegriff wichtig ist (vgl. n. 223-224). Wie sich dann die Rede von einem Auferstehen *unseres* Körpers ggf. explizieren ließe, ist nicht näherhin sein Thema.

1021 Vgl. De docta ign. (h I) III c. 7 n. 222.

1022 Vgl. De docta ign. (h I) III c. 7 n. 223-225.

Der Mensch ist aber Einheit von Körper und Seele. Diese Einheit bzw. „die Wahrheit des Menschseins" also hatte ihren Bestand in Gott und daher vergingen weder Körper noch Seele Jesu, sondern nur das „zeitlich Geborene" bzw. die „niedere Natur". „Wahrheit des Körpers" und „Wahrheit der Seele" waren so vereinigt, so dass „der wahre Mensch" ersteht, dessen „schattenhaftes Abbild" „in der Zeit erschienen" war.[1023] Insofern Jesus als wahrer Mensch *gesehen* wird, ist sein Menschsein auf ihn als (Einzel-)Mensch *eingeschränkt*, insofern es mit der Gottheit vereint gedacht wird, *absolut*.[1024] Cusanus ist sich offensichtlich bewusst, dass die spekulative Rekonstruktion dieser Sachverhalte über die „Kleinheit und Unwissenheit unseres Geistes (ingenium)" geht und er zieht das Gleichnis vom Weizenkorn abermals heran, nun unter dem Aspekt, dass im Naturprozess die Wesenheit der Art (essentia specifica) bleibt, wenn das numerisch-einzelne Korn (numerus grani) vergeht.[1025] Damit wird natürlich allenfalls ein Teilaspekt (das Nichtvergehen in höherer Hinsicht betreffend) des zuvor Umrissenen in wiederum vager Analogie verständlich. Die hypostatische Union und die Implikationen für Redeweisen von Jesu Auferstehung *bleiben* weit größer als die Kleinheit unseres Verstehens. Genau genommen markiert Cusanus hier eher ex negativo, wie nicht davon zu sprechen ist: Nicht starb die Person Christi, nicht waren Seele und Körper getrennt, nicht vergingen diese, nicht kann Jesu Person getrennt von der Gottheit Bestand haben usw. Wie umgekehrt zu sprechen wäre, muss Cusanus unter Applikation von Termini umreißen, die dabei, wenn allein im endlichen Sinne verstanden, eigentlich versagen, oder umgekehrt, die von dorther erst *ihre eigentliche Wahrheit* haben. Dann bleibt aber letztlich unserem endlichen Wissen entzogen, *was* die „Wahrheit des Menschseins" ist (jenseits dessen, dass sie mit Christus zu identifizieren ist).

1023 Vgl. De docta ign. (h I) III c. 7 n. 224.

1024 Vgl. De docta ign. (h I) III c. 7 n. 225, 11-15.

1025 Vgl. De docta ign. (h I) III c. 7 n. 225, 1-10; das Einbezogensein aller Artglieder in das Höchste der Art war u.a. in c. 3 n. 197 et passim Thema; es wird hinsichtlich des Art-Wesens aller Menschen u.a. auch in c. 8 n. 227, 12ff angesprochen.

V. Negative Theologie zwischen Performanz und Diskurs – Systematischer Ertrag

V.1 Resümee

Die vorausliegende Darstellung (in Abschnitt IV) unternahm eine Rekonstruktion der sprachtheoretischen und methodologischen Grundbestimmungen der cusanischen negativen Theologie. Die Verzahnung von Sprachtheorie und Methodologie hat in der Sache liegende Gründe: Negative Theologie, insoweit sie Probleme der Benennung des Göttlichen reflektiert, ist zugleich kritische Methodologie der Rede von Gott und damit der Theologie überhaupt. Es war die leitende Absicht der hier entwickelten Cusanusinterpretation, zu prüfen, inwieweit dieses Unternehmen im Status philosophisch-theologischer Propädeutik verortbar ist, d.h. im Zusammenhang der Erarbeitung von Kriterien, Rahmenbegriffen und Möglichkeitsbedingungen der Rede von Gott, also der Theologie.

Eine solche Verortung kommt der negativen Theologie nach Cusanus dezidiert zu, insoweit sie zu identifizieren ist mit dem Projekt einer „docta ignorantia“ als einer kritischen Reflexion der Möglichkeiten und Grenzen bestimmten Wissens, seiner Prinzipien und deren epistemischer und sprachlicher Zugänglichkeit und Entzogenheit. In diesem Sinne spricht Cusanus davon (vgl. Abschnitt IV.7), dass die „docta ignorantia“ den Glauben „wahrer erfasse“[1026], jenen Glauben, der für die „affirmative Theologie“ je vermittelt ist im Glauben durch die Verehrung (cultura) des Göttlichen. Die konkrete *Durchführung* solcher kritischer Erfassung der Gehalte des Glaubens bzw. deren kritische Begleitung im Modus der docta ignorantia setzt dabei die Verehrung des Göttlichen je schon voraus. Demgegenüber ist aber unbenommen, dass die Erarbeitung der *Grundlagen*, der leitenden Kriterien und Rahmenbegriffe dessen, was hier „docta ignorantia“ heißt, *als philosophische Theologie* möglich ist. Dies jedenfalls, wenn darunter kein Unternehmen *schlechterdings* „autonomer“ und „voraussetzungsfreier“ Vernunft im Sinne der überkommenen Verständnisse „natürlicher Theologie“ oder „reiner Vernunft“ verstanden wird, sondern ein Unternehmen, welches einer methodischen Suspension kontingenter Glaubensvoraussetzungen nachfolgt.[1027]

1026 Vgl. zu De docta ign. (h I) I c. 26 n. 86 obige Fn. 918 (S. 306).

1027 Eine solche Konstellierung entspricht in dieser Hinsicht der Auffassung religionsphilosophischer Methodologie Maurice Blondels. Vgl. v.a. Blondel/Verweyen: Methode, 121.144f u.ö.

Als Hintergrundfolie der Rekonstruktion des cusanischen Vorgehens war damit nicht intendiert, eine solche Option Cusanus selbst zuzuschreiben, sondern von ihr ausgehend herausarbeiten zu können, welcher Geltungsstatus den Teilschritten seines Verfahrens und deren Resultaten zukommt.

Für diese Interpretationsvoraussetzungen war beansprucht worden, dass sie dem cusanischen Vorgehen zumindest adäquater sind, als etwa die Voraussetzungen der Cusanuslektüren Flaschs[1028], wonach Glaubensvoraussetzungen nur psychologische Relevanz zukäme und mittels ihrer gewonnene Resultate gleichwohl als Resultate einer „Inkarnationsphilosophie" oder „Trinitätsphilosophie" gewertet werden könnten.[1029] Stattdessen wurde der deiktische, indexikalische und erstpersonale Charakter eines Sichzeigens des Adressaten christlichen Glaubens betont.[1030] Damit zusammenhängend waren die Aufweise ternarischer Strukturen durch Cusanus als Nachweis einer zumindest annäherungsweisen Denkbarkeit von Ternarität verstanden worden, aber nicht als Nachweis einer Realität der Trinität mit allein philosophisch-„natürlichen" Mitteln. Vielmehr stellen solche Ternaren, insoweit sie unter Hinsicht auf die Geschöpfe gewonnen werden, nach Cusanus nur eine „entfernte Ähnlichkeit"[1031] vor, was gleichfalls für von daher verstehbare „Namen" gilt, auch für die personalen Attributionen, soweit unser Verstehen dessen, was „Geist" oder „Vaterschaft" ausmacht, hier gerade zu kurz greift. So gewinnbare „Spuren" der Trinität wären nach Cusanus dezidiert gerade „unnütz", wüßte man nicht darum, dass sie als Analogien gleichwohl je gänzlich unverhältnismäßig bleiben, wie es eine „Torheit" wäre, solche Wahrscheinlichkeiten (probationes) schon für zureichende „Leitern" zum Unendlichen zu halten.[1032]

Diese Vorbehalte entsprechen präzise der Glaubensanalyse, wie sie Cusanus seit seinen frühen Sermones, aber auch in späten Werken umreißt, wonach die absolute Gewissheit religiösen Glaubens strikt zu unterscheiden ist von allem, was durch Ursachen, Gründe, Zeichen, Beweisbares und aus apparent Ersichtlichem zu gewinnen wäre.[1033] Auch alle von uns rekapitulierbaren Einzelgehalte bewegen sich, soweit sie unsere aus Endlichem her rührenden Gehalte begrifflich applizieren, auf der Ebene fallibler Annäherungen.

So bleiben uns die Geheimnisse des Glaubens ihren Wirkungen nach zu rühmen und in ihren allgegenwärtigen Spuren zu erschließen, aber zureichend herleitbar sind sie ebensowenig, wie sie *an sich selbst* zureichend benennbar sind. Wir haben demgegenüber vielmehr, so Cusanus, jeweils her-

1028 Vgl. besonders obige Fn. 964 (S. 322) und 969 (S. 323).
1029 Vgl. besonders die Hinweise in Fn. 921 (S. 307) und Fn. 1010 (S. 338).
1030 So anhand von Sermo CLXXI (h XVIII), vgl. obig S. 324.
1031 Vgl. obig S. 332 zu De docta ign. (h I) I c. 9 n. 26 und I c. 24 n. 80 (Fn. 998).
1032 Vgl. Sermo IV (h XVI) n. 7 und dazu obig S. 317 (mit Fn. 947).
1033 So u.a. in den Sermones III und IV (h XVI), vgl. obig S. 315.

auszustellen, inwieweit unser Verstehen gerade misslingt – wie im Falle unserer ontologischen Basisbegriffe, so auch im Zusammenhang der Glaubensmysterien und des Gehalts geschichtlicher Offenbarungsgehalte im engeren Sinne: Unsere Begriffe von Einheit etwa versagen in Bezug auf die absolute Einfachheit des Göttlichen ebenso[1034], wie Gott als „absolut Größtes" nicht von unserem Begriff der „Größe" her zu verstehen ist[1035], wie auch die Einheit von Gottheit und Menschheit in Christus nach unseren Begriffen je nur unzureichend beschreibbar ist.[1036] Auch hier ist die Einsicht in die Inadäquatheit und Disproportionalität unserer Begriffe gegenüber der absoluten Einfachheit des Göttlichen, gegenüber dem Geheimnis der Inkarnation[1037], gegenüber dem *Wie* göttlichen Wirkens, das nur Gott selbst kennt[1038], nicht von resignativem Effekt, sondern schon der erste Schritt eines Aufstiegs[1039].

Umgekehrt gilt Cusanus der Glaube an Christus gerade als konzentriertes Interpretament von Wirklichkeit. Der absolute Sinn von Wirklichkeit, wie er in allen Manifestationen mittelbar, implizit und „kursorisch" mit-artikuliert wird, ist in Christus „eingefaltet".[1040] Dies schließt das Inbegriffensein aller überhaupt vollziehbaren Benennungen im eigentlichen Namen Gottes ein – im „eigentlichen" und „präzisen" Namen, wie er uns unbekannt und unaus-

[1034] Z.B. anhand von De docta ign. (h I) III c. 2 (siehe obig S. 327f). Vgl. auch die Auffassung J. Ratzingers, wonach normative Sprachregelungen der Dogmengeschichte vielfach ‚negativ-theologisch' verstehbar sind, insofern sie Fehlkonzeptualisierungen *ausschließen*, aber gerade kein unabhängiges, abschließendes, zureichendes Verstehen von Glaubensmysterien zur Sprache bringen: So kann mit Ratzinger „Trinitätslehre als negative Theologie" verstanden werden, sofern sie sich „zuerst einmal negativ rechtfertigen lässt als Erweis der Weglosigkeit aller anderen Wege. Vielleicht ist das sogar das Einzige, was wir hier wirklich können. Trinitätslehre wäre dann wesentlich negativ, als die einzig bleibende Form der Abweisung alles Durchschauenwollens zu verstehen, als die Chiffre für die Unauflösbarkeit des Geheimnisses Gott. Sie würde fragwürdig, wo sie ihrerseits in ein einfaches positives Wissenwollen überginge." (Ratzinger: Einführung, 133) Damit ist, wie überhaupt für legitime Ausarbeitungen negativer Theologie zu beanspruchen ist, keineswegs eine Ausflucht vor rationaler Bemühung intendiert, vielmehr gilt genau umgekehrt, wie Ratzinger grundsätzlich festhält: „Wenn die Theologie zu allerlei Ungereimtheiten kommt und sie mit dem Verweis auf das Mysterium nicht nur entschuldigen, sondern womöglich kanonisieren will, liegt ein Missbrauch der wahren Idee des ‚Mysteriums' vor, dessen Sinn nicht die Zerstörung des Verstandes ist, sondern das vielmehr Glauben als Verstehen ermöglichen will." (ebd., 50).

[1035] So in De ven. sap. (h XII) c. 33 (vgl. obig S. 243, mit Fn. 725).

[1036] Vgl. z.B. obig S. 341 zu De docta ign. (h I) III c. 7.

[1037] Vgl. etwa die obig S. 169 (mit Fn. 476) und S. 340 (hier Fn. 1017) behandelten Redeweise in Sermo I (h XVI) n. 10 von der „nativitas ineffabile" und der „generatio inenarrabile".

[1038] So nach De docta ign. (h I) II c. 12 (vgl. obig S. 228 mit Fn. 674) und De poss. (h XI/2) n. 32 und n. 34.

[1039] Vgl. das Verständnis „mystischer Theologie" in Sermo VI und obig S. 174 (Fn. 499).

[1040] Dies war u.a. in Abschnitt IV.5 anhand von Sermo CCLVIII herausgestellt worden.

sprechlich ist und durch das Tetragramm und Christus vertreten wird[1041] und für uns nur im Modus metonymischer Kommunikation ansprechbar, aber uns nicht als ein eigentlicher „Redeteil" verfügbar ist.[1042] Von daher weist Cusanus (etwa in Sermo XX, wie in Abschnitt IV.1 nachvollzogen) den Negationen auch präzise die Funktion zu, den Namen Gottes als wunderbar, unaussprechlich und unbekannt herauszuheben.

Dies macht bereits deutlich, dass das „Mehrwissen", das Cusanus dem Christen in Bezug auf die articula fidei zuschreibt[1043], keineswegs die Grenzen der „docta ignorantia" übersteigt, sondern sie vielmehr erneut im Modus eines Wissens *ex negativo* spezifiziert und bekräftigt: Gott offenbart sich gerade darin, dass ihm gegenüber jeder Intellekt zu gering ist, ein Bild oder einen Begriff von ihm zu gewinnen, wie Cusanus in Bezug auf die Areopagrede[1044] resümiert, ganz ähnlich, wie er in Joh 1,18 angesprochen sieht, dass offenbar wird, *dass* niemand Gott je gesehen hat.[1045] Auch hier bestätigt sich der Interpretationsvorschlag, negative Theologie als kritisches Moment zu verstehen, welches alle Versuche kritisch begleitet, die Performanz religiösen Glaubens in ein Glaubenswissen zu vermitteln, dessen Gehalte dabei in präzisen Begriffen zu versprachlichen versucht werden.

Damit ist zugleich gesagt, dass einer solchen kritischen Begleitung mit obliegt, ihr Bezogensein auf den Vollzug religiösen Glaubens ebenso zu reflektieren, wie sie zu reflektieren hat, auf welchen *Grundlagen* ein solches Verfahren aufruht. Dabei kommt den Zurückweisungen endlicher Verstehensmodalitäten, wie sie negative Theologie vollzieht, keineswegs nur „negative" Funktion zu. Vielmehr, wie Cusanus formuliert, sind die Negationen „schwanger mit Affirmation"[1046] und haben die Funktion einer Leitung für das „Verlangen des Geistes". Negative Theologie erschließt, inwiefern menschliche Suche nach letztem Sinn im Endlichen nicht sättigbar ist.[1047] Sie setzt das Bezogensein menschlichen Strebens voraus, bietet menschlichem Intellekt „Übungen" an[1048], die eine Loslösung von endlichen Verstehens-

1041 Vgl. v.a. obige Behandlungen von Sermo I und De docta ign. in Abschnitt IV.1.

1042 Vgl. Sermo XX (h XVI) n. 7 (s. obig S. 189ff).

1043 So in Sermo IV (h XVI) n. 26, vgl. obig S. 310 Fn. 924.

1044 In De quaer. (h IV) c. 1 n. 18, vgl. obig S. 320 (Fn. 952).

1045 In Sermo CCLVIII (h XIX) n. 7, vgl. obig S. 264f.

1046 So u.a. in Sermo CCLVIII (h XIX) n. 12, vgl. obig S. 269f.

1047 So etwa in Sermo XXII (h XVI) n. 33 (vgl. obig S. 91 Fn. 235) oder in der anthropologisch-kosmologischen Hinleitung zu Christus in De docta ign., wonach menschliche Suche im Endlichen und dessen Gesamt, also im „Universum", nicht zur „Ruhe" und Erfüllung kommt (De docta ign. (h I) III c. 2), sondern ein Zusammenfall dieser allgemeinen Sehnsucht mit einer geschichtlich-ereignishaften Konkretion nötig wäre, welche das Gesamt von Wirklichkeit einschließen könnte, was einzig in der Gattung des Menschen ersichtlich wäre, vgl. obig S. 326 Fn. 977.

1048 So spricht Cusanus in den Eingangspassagen von De beryl. (h ^{2}XI/1) (c. 1 n. 2) davon, dass die Arkandisziplin, wie sie bei (Pseudo-) Platon (Ep. II 312d7-e1, 314a) oder

bedingungen und Orientierungen mit einschließen[1049], arbeitet fortwährend an der Unterscheidung der Verehrung Gottes und idolatrischer Praxis[1050], oder, mit Cusanus gesprochen: Es geht negativer Theologie darum, dass Gott „in rechter Weise gemäß seinem Namen gesucht wird", so dass das Lob Gottes „seinem Namen gemäß reiche bis zur Grenze des Vermögens unserer irdischen Natur".[1051] Dies meint allerdings auch, dass alle uns verfügbaren *einzelnen* Namen Gott gerade nicht „gemäß seinem Namen" nennen. Insbesondere gilt dies für Gott als höchst-einfaches Prinzip von allem[1052] – und ihn als solchen von allem abzuheben, was Gott nicht ist, obliegt wiederum negativer Theologie.[1053] Während der „eigentliche" und „präzise" Name Gottes zugleich anzeigen würde, *was* Gott ist[1054], bleibt uns die quidditas Gottes unerfassbar, was die Negationspflichtigkeit aller (vermeintlichen) Wesensaussagen einschließt.

Negative Theologie ist von daher, von Cusanus her verstanden, bezogen auf die absolute Einfachheit und All-Prinzipialität des Göttlichen[1055], wie es Nichts *von* Allem ist. Dies ist aber nicht der einzige Modus der Hinsichtnahme auf Gott. Vielmehr hatte Cusanus, wie von seinen frühesten Sermo-

Pseudo-Dionysius (MT I, 2) in Bezug auf die intellektuale Schau des Göttlichen auferlegt wird, darin begründet sei, dass, wer den Sinnen verhaftet bleibe und von Erhebungen des Intellekts nichts wisse, solche „erhabenen Dinge" gering achte und das Göttliche nicht erfasse – anders als wer geübt (exercitatum) ist im (Gebrauch seines) Intellekts; solchem begegne „nichts Erstrebenswerteres" (nihil desiderabilius). „Für Übung des Intellekts" (pro exercitatione intellectus) ist auch die Schrift De princ. (h X/2b) intendiert (vgl. n. 1). Zum Lassen der Welt vgl. auch De poss. (h XI/2) n. 39; vgl. obige Fn. 302 (S. 108). „Selbst-Übung" (seipsum exercitando) als Ausrichtung der natürlichen Leidenschaften ist auch ein wichtiger Aspekt des Trainings im „Globusspiel", vgl. De ludo (h IX) I n. 54: „durch tüchtige Übung kann auch ein gekrümmter Globus *geregelt* werden, damit nach vielen unsteten Biegungen die Bewegung zur Ruhe kommt im *Reich des Lebens*" (das Gott selbst als Fülle des Lebens ist, wohin Christus als urbildlicher Lebensentwurf orientiert, vgl. De ludo (h IX) I n. 51 und zu Letzterem auch II n. 68-70, wonach „[...] vita Christi est forma exemplaris omnium ibi viventium [...]", n. 68, und alle lebendige Bewegung des Denkens anzielt, die Ursache ihres Lebens zu sehen, n. 70). Derartige „Übung" verbindet das „Lassen" von Welt und Sinnlichkeit mit den Zurückweisungen negativer Theologie, wie z.B. auch De sap. (h ^{2}V) I n. 17 oder De quaer. (h IV) c. 5 n. 49f manifest und u.a. in Abschnitt III.1 in Bezug auf die Bewegung menschlichen Geistes hin zur Einfachheit des Göttlichen thematisiert.

1049 So ist z.B. in Sermo XXII (h XVI) n. 42 die Rede davon, dass Christus „in simplicitate et puritate animi" zu erwählen sei, was eine Dynamik des Abscheidens von Vielheit voraussetzt. De ven. sap. (h XII) c. 15 n. 45 spricht davon, dass der Mensch sich und alles hinzugeben habe.

1050 Dies wird z.B. De Deo absc. (h IV) n. 7 (vgl. obig S. 249 Fn. 745) deutlich; vgl. auch die Behandlung von Sermo CCLVIII (h XIX) in Abschnitt IV.5.

1051 De quaer. (h IV) c. 1 n. 31.

1052 Vgl. z.B. Sermo CCXLIV (h XIX) n. 17 (vgl. obig S. 233).

1053 Dies war etwa an Sermo XXII (h XVI) n. 10 nachvollzogen worden, vgl. obig S. 196f.

1054 So z.B. explizit Sermo XX (h XVI) n. 6 (vgl. obig S. 184).

1055 Siehe beispielsweise Sermo XXII (h XVI) n. 10, vgl. obig S. 197.

nes über seine beiden philosophisch-theologischen Hauptwerke („De docta ignorantia“ und „De coniecturis“) bis hin zu seinen spätesten Werken nachvollzogen (und v.a. in Abschnitt IV.6 resümiert) wurde, systematisch die Weisen der Rede von Gott auf unterschiedliche Weisen der Hinsichtnahme bezogen.[1056] Dies implizierte für die fragliche Thematik eine Modifikation von Lesarten, die Cusanus einen grundsätzlichen Theoriewandel unterstellen, der von einem unbefriedigenden Ende[1057] von „De docta ignorantia“ zu einer „Lichtung“ im Spätwerk fortschreiten würde.[1058]

So ist für Cusanus (wie in Abschnitt IV.3 rekapituliert) durchaus eine „Allnennbarkeit“ des Göttlichen gegeben. Diese besteht allerdings gerade nicht der Genauigkeit nach im Ausgang von unserem endlichen Vermögen der Namensproduktion: Dieses setzt je Sinngehalte voraus, wie wir sie auffassen können, nämlich im Ausgang je vom uns Bekannten her und in nur ungefährer Passung[1059] und jeweiliger Abgrenzung von Gesichtspunkten[1060], wonach wir uns Erfassliches[1061] mit Lautgestalten belegen. Die Allnennbarkeit des Göttlichen besteht vielmehr insofern, als alle Benennung letztlich begründet ist im unendlichen Vermögen Gottes.[1062] In dieser Hinsicht übersteigt die Bezeichnungskraft der Worte[1063] unser Sinnsetzungsvermögen. Wenngleich an die absolute Einfachheit des Göttlichen keine distinkte Prädikation heranreicht, wird gerade in der Vielheit von Sprachformen die Unennbarkeit des Göttlichen umso vielfältiger deutlich[1064], wie das Wesen des Menschseins in der Vielfalt menschlicher Individuen „besser entfaltet“ wird oder wie durch die Vielfalt der Einzeldinge die Unerreichbarkeit des absolut-Unendlichen klarer gemacht wird[1065].

Zwar verhält sich das Göttliche, insoweit es der Ein- und Ausgrenzung einzelner, begrenzter Sinngehalte vorausgeht, zu allem Bejahbaren als das, was von diesem her *nicht* an sich selbst einholbar ist. Unter dieser Hinsicht

1056 Bildhaft deutlich etwa in der Rede von den unterschiedlichen „Welten“, deren jede „nicht wie eine andere spricht“ in De coni. (h II) I c. 13 n. 69 (vgl. obig S. 242 mit Fn. 722), oder in den Verhältnisbestimmungen De sap. (h ²V) II n. 32 (vgl. obig S. 295f) oder in den Hinsichtnahmen, die De poss. (h XI/2) n. 68 in Bezug auf das „ewige Sein“ dazu führen, von ihm alles oder nichts zu verneinen (vgl. obig S. 301f).

1057 So Meuthen, vgl. obig S. 348 mit Fn. 578.

1058 So Flasch, vgl. obig S. 152 mit Fn. 434.

1059 Vgl. De docta ign. (h I) I c. 1 n. 2 (vgl. obig S. 203).

1060 Vgl. etwa De docta ign. (h I) I c. 1 n. 2 und n. 4; I c. 24 n. 74.78 (vgl. obig S. 227f und S. 272).

1061 Vgl. z.B. De non aliud (h XIII) Prop. 16 n. 121 (vgl. obig S. 229).

1062 Vgl. De docta ign. (h I) I c. 24 n. 79 (vgl. obig S. 228).

1063 Vgl. De ven. sap. (h XII) c. 33 n. 100 (vgl. obig S. 235).

1064 Vgl. Sermo CLXX (h XVIII) n. 8 (vgl. obig S. 167 mit Fn. 468).

1065 Vgl. De gen. (h IV) c. 2 n. 154.

ist ein Vorrang des Verneinten unabweislich.[1066] Allerdings kann der Ursprungsbezug aller Sinngehalte nicht nur gleichsam in unmittelbarem Kurzschluss auf das absolute und erste Prinzip rückbezogen werden und dann nur in negativen Gegenhalt zu uns möglichen Sachbestimmungen treten. Es kann auch dem Rückbezug auf Gott als Voraussetzung allen Sinnverstehens und aller Fraglichkeiten in der Weise Rechnung getragen werden, dass diese Rückbezogenheit je selbst zur Sprache kommt. So scheint in jeder auf Gott beziehbaren Frage auf, wie Gott bereits deren Voraussetzung ist.[1067] Zwar käme es einem Kategorienfehler gleich, Gott im Gegenstandsbereich unserer Sachbestimmungen, Reflexionsbegriffe und Instantiierungen erster Prinzipien zu verorten, also diese auf Gott *anzuwenden*. Aber durchaus kann eine solche Anwendung nicht nur einfachhin negiert werden, sondern kann ins Bewusstsein gehoben werden, dass Gott *für die jeweilige Weise der Hinsichtnahme* das ermöglichende Prinzip ist – eine Vorgehensweise, deren Produktivität v.a. in Abschnitt IV.4 verfolgt wurde.

Insofern nimmt Cusanus die traditionelle Unterscheidung von negationspflichtigen Wesensbeschreibungen und allfälligen Erfassungen göttlichen Wirkens in spezifischer Weise auf: Die via affirmativa bezieht er auf die Verdeutlichung, inwiefern Gott Prinzip von Allem, Präsupposition jeder Frage und möglichen Aussage ist[1068], absoluter Horizont aller Herauseinzelung distinkter Gegenständlichkeit und entsprechender Aussageformen. Zugleich ist, wie als cantus firmus des cusanischen Wirklichkeitsverständnisses v.a. in Abschnitt IV.5 exemplifiziert wurde, Gott und die Verherrlichung Gottes Ziel aller endlichen Wirklichkeit. Von daher sind die Namen, inwiefern sie auf Gott bezogen sind, je Reflex der Orientierung menschlicher Suche und menschlichen Strebens[1069], ja mehr noch, sie spiegeln wider, wie alle Wirklichkeit in Gott gründet und auf die Verherrlichung Gottes als Finalursache bezogen ist: Gott wird „von allen Substanzen gepriesen", wie Cusanus mit Pseudo-Dionysius sagt.[1070]

In dieser Hinsicht beschreiben die Namen freilich nicht Gott an sich selbst, sondern Gott, wie er Ziel menschlicher Sehnsucht ist, anders gesagt, es sind „Namen unseres Verlangens" – was im genitivus obiectivus darauf zu beziehen ist, dass sie zunächst dieses Verlangen (und nicht Gott an sich selbst) charakterisieren, aber zugleich ist im genitivus subiectivus zu verste-

1066 So z.B. verfolgt an De princ. (h X/2b) n. 34 (vgl. obig S. 298) und De poss. (h XI/2) n. 66ff (vgl. obig S. 300ff).

1067 Vgl. bes. De sap. (h ^{2}V) II n. 24 (s. obig S. 239).

1068 Besonders deutlich De sap. (h ^{2}V) II n. 32, vgl. obig S. 295f.

1069 Angeführt seien hier nur noch exemplarisch De princ. (h X/2b) n. 26 (vgl. obig S. 186); De docta ign. (h I) I c. 1 n. 2 (vgl. obig S. 201); De quaer. (h IV) c. 1 n. 19 und n. 31.

1070 De ven. sap. (h XII) c. 18 n. 53, zitierend Pseudo-Dionysius: DN VII, 3 (Dionysiaca I, 405).

hen, dass diejenigen Namen, die von unserer Sehnsucht geprägt und gebraucht werden, intendieren, *Gott* zu bezeichnen.[1071]

Darob sind gleichwohl keineswegs alle Benennungen egalitär gleichauf gestellt, vielmehr ergibt sich ein relativer Vorrang. Cusanus beschreibt ihn u.a. als eine Besserstellung von Begriffen, welche „mehr einfalten", mehr an Wirkmacht erschließen[1072] oder in „einfacherer" Weise an Gott „teilhaben"[1073]. Freilich sollte eine solche Charakterisierung nicht bezogen werden auf Gott selbst, der an sich selbst nicht in der Weise teilhabbar ist, wie wir ansonsten von Teilhaberelationen sprechen, vielmehr geht es um die relative Tauglichkeit der „Namen unseres Verlangens", unser Streben und Verstehen auf Gott selbst hin zu orientieren: So etwa sind Namen wie „Leben" nur behelfsweise gebrauchbar[1074], im Wissen darum, dass Gott mehr ist, als was wir darunter verstehen können[1075], aber zugleich im Ausblick auf das Ziel menschlichen Strebens, wie es menschliches Hoffen als „ewiges Leben" anspricht.[1076] So sind Prinzipien wie „Gutheit" uns nicht, wie sie alle Vollendung einschließen würden, an sich selbst verstehbar. Sie sind aber im Modus einer „scientia laudis" als Lobpreisungen auf Gott beziehbar[1077], insofern wir die Vollendung der von ihnen artikulierten Potentialitäten in Gott vorauszusetzen haben, *wenn* relative Zukommen von Gutheit letztlich Bestand haben sollen.

Analoges gilt für die mannigfachen Eigenproduktionen des Cusanus von Benennungen des Göttlichen: Ihnen mag ein jeweils relativer Vorrang zukommen. So nennt Cusanus etwa „non aliud" eine „genauere" Kennzeichnung als „das Gute"[1078]. Gleichwohl bleiben solche Namen im Status von „Umschreibungen"[1079] und in relativem Bezug zu Gott, wie er an sich selbst von uns aus unnennbar bleibt[1080]. Sie unternehmen keine materiale Sachbestimmung, sondern reflektieren das Verhältnis unserer Eigenschaftsbegriffe zu Gott, wie er Voraussetzung und Vollendung der von ihnen ansprechbaren Seinsvollzüge und Vollkommenheiten ist. Auch dabei nimmt, wie v.a. in Ab-

1071 Vgl. Sermo CCLVIII (h XIX) n. 10-11 (s. obig S. 267ff).

1072 Vgl. u.a. Sermo XXII (h XVI) n. 12 (vgl. obig S. 199).

1073 Vgl. De docta ign. (h I) I c. 18, vgl. obig S. 42f und S. 277f.

1074 Vgl. De ven. sap. (h XII) c. 33 n. 98 und c. 34 n. 103, s. obig S. 236.

1075 Vgl. Sermo CCLVIII (h XIX) n. 11, s. obig S. 268f.

1076 Vgl. Sermo XXII (h XVI) n. 33, s. obig S. 326f mit Fn. 977.

1077 Vgl. De ven. sap. (h XII) c. 18 n. 57; vgl. hier auch die Bestimmung: „[...] ignoret, quid illa sint [...]".

1078 Vgl. De non aliud (h XIII) c. 24 n. 107, s. obig S. 280.

1079 So spricht, wie zu Sermo XX (h XVI) n. 6 (vgl. obig S. 185 Fn. 529f) verglichen, Hugo Rippelin: Compendium theologicae veritatis c. 24, f. 27b von einer Art der Umschreibung (circumlocutio) für Bezugnahmen auf Gott wie etwa im Anselmschen Gottesbegriff.

1080 Der relative Vorzug des Namens „non aliud" war z.B. nach De non aliud (h XIII) c. 22 n. 99 diskutiert worden, s. obig S. 280.

schnitt IV.2 ausführlich nachvollzogen, die Betrachtung Gottes als „absoluter Größe“ und Aktualität den Weg hin zur Vollkommenheit.[1081]

Das Begründetsein aller Benennung in der Performanz menschlicher Suche verhält sich gerade komplementär zur Unmöglichkeit, *zureichend deskriptiv und explanativ bestimmen* zu können, worin diese Suche gründet und worauf sie zielt[1082]. Die insoweit bleibende Nichterreichbarkeit macht in der Verbindung beider Momente gerade den Vorzug des Göttlichen aus: „Weil ich ihn nicht kenne, bete ich ihn an“[1083]. Die Unabschließbarkeit seines Unterfangens und die Nichtsättigbarkeit in allen endlichen Bestimmbarkeiten charakterisiert ineins den menschlichen Intellekt, sofern er mit *weniger* nicht zufrieden sein kann, als auch sein letztes Ziel, sofern seine Suche in allem, was menschliches Begreifen zu erfassen vermag, nicht aufgeht.[1084]

Zufrieden sein kann die menschliche Suche auch nicht mit der bloßen Transformierbarkeit aller Kandidaten von Sachbestimmungen des Grundes von Wirklichkeit in „Negationen“. Im Modus der Negation von sachbestimmenden Eigenschaften bis hin zu Identifikationen mit ersten Prinzipien in der Architektur unseres epistemologischen und ontologischen Begriffsschemas, also der Beiziehung von „Namen“ wie „Sein“ oder „Wahrheit“ oder „Gerechtigkeit“ u.dgl.[1085] soll vielmehr nicht nur verstanden werden, dass Gott „nichts von Allem“ ist, sondern auch, dass er dies gerade insofern ist, als er höchst-einfaches Prinzip von Allem ist. Auch Begriffe wie „absolute Genauigkeit“ oder „Possest“ können noch insoweit missverständlich erscheinen, als sie gedacht werden von den begrenzten Realisierungen und semantischen Gegensatzverhältnissen im Endlichen her. Sofern deren Anwendbarkeit in Bezug auf die absolute Einfachheit und Aktualität des Göttlichen entfällt, muss dies dem Intellekt als „Ineinsfall der Gegensätze“ erscheinen. Aber Gott *realisiert* nicht diese Gegensätze als solche, sondern tritt gar nicht erst in solche Relationen der Verschiedenheit zu Einzelobjekten und Einzelgehalten, wie sie zwischen diesen *bestehen* müssen, um von Gegensätzen allererst sprechen zu können.[1086] Das gilt auch für die Gegensätzlichkeit von Affirmatio-

1081 Vgl. z.B. die Diskussion mit Bezug auf Sermo I (h XVI) n. 6, s. obig S. 160.

1082 Dies wurde schon kenntlich an Sermo II, s. oben S. 171.

1083 So in De Deo absc. (h IV) n. 1, vgl. obig S. 250.

1084 Vgl. etwa die obig, S. 89 Fn. 227, S. 91 Fn. 235, S. 250 Fn. 749 angeführten Passagen, darunter De ven. sap. (h XII) c. 12 n. 32.

1085 Vgl. z.B. Sermo XXII (h XVI) n. 10, s. obig S. 197.

1086 Vgl. z.B. De docta ign. (h I) I c. 4 n. 12 (s. obig S. 210f); De docta ign. (h I) I c. 16 n. 43; c. 19 n. 57 (s. obig S. 288f), De ven. sap. (h XII) c. 13 n. 35 (s. obig S. 218) und die Bevorzugung des Terminus „posse ipsum“ z.B. De ap. theor. (h XII) n. 5 (s. obig S. 220). Gott ist zwar aus der Perspektive unseres Intellekts nicht verschieden vom Moment des Ineinsfalls der Gegensätze, doch insoweit er diesen selbst vorausliegt, erscheint es zumindest missverständlich, davon zu sprechen, dass die „coincidentia oppositorum“ „Keim der gesamten Gotteslehre des Cusaners“ sei, wie etwa Meurer: Gotteslehre, 53

nen und Negationen. Zu einem vollkommenen Wissen von Gott stehen sie letztlich und objektiv gleichermaßen in nicht einmal von diesen her bemessbarer Distanz[1087], auch wenn in Bezug auf ihre subjektiv-erkenntnisleitende und manuduktorische Funktion kontext- und situationsspezifische relative Vorzüge auszumachen sind. Daher kann Gott selbstverständlich auch weder als Konjunktion noch Disjunktion von Gegensätzen als solchen verstanden werden, soweit dies unterstellen würde, dass diese in Bezug auf Gott überhaupt noch objektiv Bestand hätten.[1088]

Wenn Cusanus gleichwohl dem Verneinten einen „Vorrang" zubilligt, dann insofern, als das Göttliche gerade als Prinzip und Ursprung aller Bejahung diesem vorausliegt und sich daher und in dieser Hinsicht zu allem einzelnen Aussprechbaren als Negation verhält: Nichts von diesem erreicht schon an sich selbst, was ihm als absoluter Horizont aller Ausfällung von Einzelgehalten vorausliegt.[1089] Aber selbstverständlich verweist eine in diesem Sinne orientierte Negation gleichfalls nur mittelbar auf das Göttliche und ist insoweit nur ein Teilmoment des Bestrebens, dass das Lob Gottes *seinem eigentlichen Namen gemäß* – der keineswegs von uns schon im Modus der Negation *aussprechbar* wäre – „bis zur Grenze des Vermögens" unserer Natur reiche – eine Grenze, die jedenfalls die Affirmationen und Lobpreisungen insoweit noch nicht *ausschöpfen*, als sie je behaftet sind von semantischen Limitationen. Negative Theologie macht diese Limitationen bewusst, indem sie zugleich verweist auf den absoluten Horizont, der die Voraussetzung dieser Eingrenzungen ausmacht und ohne welchen der Wirklichkeitsbezug und Sinnanspruch jeglicher Rede sich verlöre. Die Voraussetzung für die cusanische Zuversicht, dass Gott, wenn auch nicht von uns in präziser Weise benennbar, so doch im Modus einer „Wissenschaft des Lobes" geradezu „allnennbar" ist und dass die erkenntnisleitenden „Negationen" in diesem Bezug „schwanger sind mit Affirmation", sind dabei nicht nur theoretischer (wie v.a. in den Abschnitten II-III nachvollzogen), sondern (wie v.a. in den Abschnitten IV.1 und IV.5 herausgestellt) auch vorprädikativer und performativer Natur.

formuliert und in Bezug v.a. auf De docta ign. (h I) z.B. Flasch: Entwicklung immer wieder das Grundanliegen dieses Werks als „Koinzidenzphilosophie" apostrophiert.

1087 Vgl. z.B. Sermo CCLVIII (h XIX) n. 12, s. obig S. 270f.

1088 Vgl. De beryl. (h ²XI/1) c. 22 und De coni. (h II) I c. 5 n. 21, s. obig S. s. obig S. 290-292.

1089 Vgl. z.B. De princ. (h X/2b) n. 34; Apol. (h ²II) n. 32-33; De poss. (h XI/2) n. 66-67; s. obig S. 298-301.

V.2 Profilierungen der These und Ausblicke

> „Große Fische werden nur gefangen, wenn das Schiff des Glaubens in die Höhe der Einsicht (intelligentia) geführt wird. Denn die Weisen dieser Welt rasten nicht, wenn der Glaube ohne Begründung bzw. ohne den Verstand (ratio) überredet. Darum legte Petrus eine Begründung (ratio) für den Glauben dar und trug eine solche auf. Kluge werden gefangen, wenn sie in der Höhe der Weisheit den Glauben sehen. Petrus und alle seine Gefährten konnten dann die Netze für den Fang großer Fische auswerfen, nachdem Petrus den Glauben so in die Höhe geführt hatte. Denn der Glaube wird in die Höhe geführt durch den Verstand (ratio), so wie Öl in einem Gefäß, wenn man Wasser zufügt. Das Wasser macht zwar leicht, aber noch darüber schwimmt das Öl. Der Glaube wird nicht geringer durch Begründungen (rationes), sondern höher.“[1090]

Diese Passage aus Sermo CXCIII kann sehr gut das Verhältnis von Glaube und Vernunft verdeutlichen, wie Cusanus es versteht, und zwar in seiner Ambiguität: Einerseits sind „rationes“ erforderlich; Petrus selbst hat sie (in 1 Petr 3, 15) aufgetragen. Andererseits, dies macht das Bild von „Wasser“ und „Öl“ deutlich, gibt es schlechterdings vonseiten des Wassers keine Transformation ins „Öl“, das „Öl“ muss vielmehr bereits da sein, soll es durch „rationes“ empor geführt werden können zur „Höhe der Einsicht“. Diesen Status wird man, vonseiten der Theologie als Glaubenswissenschaft her formuliert, auch den „rationes“ philosophisch-theologischer Propädeutik zugestehen können und dürfen: Sie produzieren nicht etwa das „Öl“, und sie sind auch nicht nur rhetorisch-funktional dienstvoll, um im Sinne einer „rationalen Demonstrationsapologetik“ „große Fische“ zu fangen, sondern sie fangen „große Fische“ legitimerweise nur dann, wenn sie tatsächlich „rationes“ vorlegen. Diese wiederum dienen nicht nur „ad extram“, zum „Fischefangen“, sondern sie führen ganz allgemein den Glauben zur „Höhe der Einsicht“, jedenfalls im Erfolgsfall. Der Modus dieser manuductio zur „Höhe der Einsicht“ wird von Cusanus als „docta ignorantia“ bestimmt. Mittels ihrer, so formuliert er, erfassen wir „den Glauben wahrer“, und zwar einen Glauben, der durch die „affirmative Theologie“ unsere Verehrung (Gottes) (cultura) vermittelt.[1091]

1090 Cusanus: Sermo CXCIII (zum 6.7.1455, Sonntag der Oktav nach Peter und Paul) (h XVIII) n. 6, mit Bezug auf Lk 5,4ff.

1091 Vgl. De docta ign. (h I) I c. 26 n. 86, 3-10 (wie obig bereits angeführt und diskutiert, vgl. S. 306 und 342).

Insofern die Erkenntniskritik der „docta ignorantia" wesentlich die Funktion „negativer Theologie" betont und Cusanus im fraglichen Sermo und vielerorts deren erkenntnisleitende Dienlichkeit betont, ist es text- und sachgemäß, diese Hinführung zur „Höhe der Einsicht" zumindest wesentlich auf diese Dienstfunktion negativer Theologie zu beziehen. Dies schließt selbstverständlich das wiederholt nachvollzogene (vgl. bes. Abschnitt IV.6) Ineinandergreifen und wechselseitige Sich-Bestimmen von „affirmativer", „negativer" und „eminenter" Weise der Rede und des Verstehens ein.

Wenn aber negative Theologie konstitutiv *bezogen ist* auf Kult und Glaube, ist es zugleich möglich, ihr eine relative Selbständigkeit und methodische Vorgeordnetheit gegenüber der operativen *Einlösung* dieses Bezugs zuzuweisen. Dieser Status wurde hier als philosophisch-theologische Propädeutik bestimmt. Dabei kann es dann freilich nicht um eine *„unabhängige"* Gotteserkenntnis gehen, sondern, mit Pannenberg, um die *philosophisch*-theologische Erarbeitung von *Rahmenbegriffen* des Glaubensverstehens und von *Minimalbedingungen* der Rede vom Göttlichen.

Sofern eine solche Erarbeitung jene Momente stark gewichtet, welche für Traditionen „negativer Theologie" konstitutiv sind (vgl. dazu v.a. Abschnitt I.2), kann ein solches Vorgehen im Arbeitsbereich philosophisch-theologischer Propädeutik verstanden werden als negative Theologie. Dieser Akzent beansprucht selbstredend keine Exklusivität. Es soll also nicht gesagt sein, dass die Grundfragen philosophisch-theologischer Propädeutik nur unter Vorzeichen apophatischer Theologie erarbeitbar wären, und ebensowenig, dass negative Theologie *nur* in diesem methodischen Status auftritt oder verstanden werden sollte – sondern, dass eine solche Verortung durchführbar, historisch (am Methodenverständnis des Cusanus) belegbar und in der Sache zumindest gegenüber gegenwärtigen Problemlagen weiterführend ist.

Aufgrund verbreiteter anderweitiger Verständnisse dessen, was Entwürfe „negativer Theologie" wie derjenige des Cusanus intendieren, sei dabei ein Punkt nochmals besonders hervorgehoben: Negativer Theologie geht es um die *begründete* Zurückweisung vorläufiger oder unangemessener Versprachlichungen und Konzeptualisierungen. Negativer Theologie ist daher mit aufgegeben, die *Grundlagen und Kriterien* einer solcher Begründung zu erarbeiten. Schon Maimonides hat dies in großer Klarheit ausgesprochen: Es genüge keineswegs, einfach *nur Negationen auszusprechen*, man müsse vielmehr die Vernunftnotwendigkeit der Negation allererst einsehen.[1092]

1092 Vgl. Dux I, 60 = lat. 59, f. 23v: „ut addas remotionem alicuius ab eo *per probationem non nomine solo*". So schon in I, 59 (lat. 58), f. 22v: „de quibus *probatum* est quid debent ab eo removeri" und „cuius impossibilitas *probata est*"; „Igitur iam patet tibi quod tanto perfectior eris quanto de pluribus *probare poteris* quod abnegari *debent* a Creatore".

Die Entwicklung dieser Grundlagen und Kriterien nimmt naturgemäß Anhalt an den jeweiligen philosophischen Hintergrundtheorien. Die Distanz heutiger Diskussions- und Verstehensvoraussetzungen gegenüber jenen der Ansätze, an welchen Cusanus sich orientiert und die er teilweise dezidiert revitalisiert, sollte dabei nicht eigens hervorgehoben werden müssen. Gemäß dem hier vorausgesetzten Begriff negativer Theologie (vgl. v.a. Abschnitt I.2), wonach diese zumal dort zum Einsatz kommt, wo primärsprachliche Rede von und zu Gott zu übertragen versucht wird in wohlbestimmte wissenschaftliche Theoriesprache, ist deren Betätigung ohnehin grundsätzlich relativ auf derartige Hintergrundtheorien wissenschaftlicher Versprachlichungen zu verstehen.

Negative Theologie weist dann solche Versprachlichungen zurück, welche der Geheimnishaftigkeit und Transzendenz des Göttlichen unzureichend Rechnung tragen. Dies wurde im Falle der cusanischen Theologie beispielsweise verfolgt in Bezug auf Anwendungsprobleme ontologischer Grundbegriffe wie des Formbegriffs (v.a. in Abschnitt II.1), der gleichzeitig Grundbegriff sachbestimmender Gegenstandserfassung ist, sofern das Wesen der Sache der Form nach begriffen wird, und epistemologischer Grundbegriff, sofern es die Form wäre, welche den Begriff vom Wesen der Sache im Geiste repräsentieren, präformieren oder aktualisieren würde (vgl. indes v.a. Abschnitte III.3-III.5). Analoges gilt für den Seinsbegriff, sofern seine Zuschreibung an stabile Einzelsubstanzen deren Formbestimmtheit korreliert bzw. nachfolgt (in u.a. dieser Hinsicht v.a. in Abschnitt II.2, als Unterfall allgemeinerer sprachtheoretischer Reflexionen u.a. auch in den Abschnitten IV.2, IV.4 und IV.6 diskutiert). Die exemplarisch verfolgten Problematisierungen des Cusanus erstrecken sich weiter z.B. auf Aussagen von Kausalverhältnissen, aber auch die Passförmigkeit sämtlicher Kategorien sprachlicher Ausdrücke gemäß ihrer Normalanwendung (wie u.a. in Abschnitt IV.1 behandelt).

Zum anderen obliegt es negativer Theologie, wenn sie die Grundlagen und Rahmenbegriffe der Rede vom Göttlichen und ihr zugrunde liegender Konzeptualisierungen zu erarbeiten hat, zu erschließen, unter welchen Bedingungen dieser Rede überhaupt Sinn zuzuschreiben ist. Wie (v.a. in den Abschnitten IV.5 und IV.7) zu zeigen versucht wurde, stellt Cusanus diese Frage freilich nicht in der Weise, wie sie in modernen und spätmodernen Kontexten gegenüber etwa nihilistischen oder naturalistischen Wirklichkeitsverständnissen zu verhandeln ist. Cusanus setzt vielmehr voraus, dass der menschlichen Natur eine Suchbewegung innewohnt, die einerseits unabschließbar, andererseits zugleich je im Status eines Vorgriffes begriffen ist (wie v.a. in Abschnitt III.1 erörtert). Diese Suchbewegung tendiert auf eine absolute Sinnfülle hin, gegenüber welcher jede Einzelbestimmung von Sinngehalten bereits eine nachträgliche und von dieser her ermöglichte Einschränkung darstellt. Diese Zuversicht, die Cusanus selbst im Glaubensbegriff fasst, gründet in einer Wirklichkeitsauffassung, die vor jeder theoretischen Versprachlichung in prädiskursiven Vollzügen und doxologischen Sprachformen sich artikuliert und manifestiert, in der Erfassung aller Wirklichkeit als Manifestation göttlicher Herrlichkeit und in der Zurückführung aller Theologie auf den Vollzug einer „Wissenschaft des Lobes". Unter einer radikalen methodischen Suspension dieser kontingenten und prädiskursiven Vorbedingungen würden allein äußerlich betrachtbare Resultate der cusanischen Erkenntniskritik, was die Unwissbarkeit und Unbeschreibbarkeit des Göttlichen betrifft, sich nicht unterscheiden vom Befund in Bezug auf eine absolute Leere von Sinn, wie sie der cusanische Begriff des „Chaos" umschreibt. Dies ergibt den aus moderner Sicht womöglich befremdlichen Befund, dass ohne ein konstitutives Moment kontingenter Vorentscheidung schlechterdings kein Sinnverstehen vollziehbar wäre. In diesem rudimentären Sinn liegt nach Cusanus ein Glaubensakt aller Vernunftanstrengung schon voraus.

Ein weiterer gegenüber modernen Begriffen von Vernunftautonomie sperriger Sachverhalt ist dabei hervorzuheben: Wie spätestens dort sichtbar wird, wo Cusanus auf die Mysterien des Glaubens im engeren Sinne zu sprechen kommt, ist für ihn, was philosophisch etwa als „Form der Formen" jeglicher Formbestimmung und damit aller (relativ bzw. vermeintlich) genauen Gegenstandsauffassung zugrunde liegt, je schon christologisch verstanden. Dieser Aspekt tritt keineswegs erst hinzu. Nicht nur gibt es kein Hinüberphilosophieren beispielsweise von der Analyse ternarischer Strukturen oder einer Erschließung der Strukturen eines möglichen absoluten Heilsereignisses zum Mysterium der Trinität und Inkarnation im Vollsinne. Auch handelt es sich dabei genau betrachtet nicht um Strukturen, die schon an sich selbst vonseiten „natürlicher Rationalität" einzusehen wären und die dann nur noch gewissermaßen *zusätzlich* durch einen Glaubensakt oder eine nachträgliche Integration in kontingente religiöse Sprachformen und Vorstellungskontexte *mit* anzusprechen wären. Vielmehr sind diese kontingenten Momente geltungslogisch und semantisch primär: Von der Trinität her, wenngleich diese an sich selbst schlechterdings geheimnishaft bleibt, versteht Cusanus, wie menschlicher Vernunftvollzug überhaupt möglich ist, von Christus her, wie menschliche Suche auf eine absolute Sinnfülle hin orientiert ist. Letztere Bestimmungen sind erst *nachträgliche* Möglichkeiten einer Reformulierung unter Anschluss an philosophische Vokabulare; ihren Vollzugssinn aber beziehen sie nicht aus der Konsistenz philosophischer Systematik, sondern aus einem Vollzug des Glaubens unter kontingenten Bedingungen, die damit zu Bedingungen auch des Vollzugs von Verstehen werden, oder, mit Cusanus formuliert, alles Verstehen ist dann *Entfaltung* des Glaubens.

Diese Nachordnung allen Verstehens gegenüber dem Glauben ermöglicht aber andererseits Cusanus, zumindest auf mittlere Frist (beispielsweise weitestgehend in den beiden ersten der drei Bücher von „De docta ignorantia") Glaubensvoraussetzungen im engeren Sinne methodisch insoweit zu suspendieren, dass Interpreten wie etwa Senger für zumindest diese Werkteile, Flasch auch noch darüberhinaus, die cusanische Argumentation als „voraussetzungsfrei" und streng „philosophisch" auffassen können. Die gesamte Erkenntniskritik, die Kritik der Anwendungsbedingungen ontologischer Schematisierungen und auch die theologisch-anthropologisch erschlossenen Bedingungen einer möglichen absoluten Offenbarung zehren aber in theologischer Hinsicht von den vortheoretischen Implikationen der ersten Worte von „De docta ignorantia": davon, dass *Gott* es ist, der die menschliche Sehnsucht begründet hat, die sich in dieser Kritik ihrer Möglichkeitsbedingungen und Grenzen vergewissert[1093] – und zwar Gott, auf den sich die menschliche Sehnsucht *im Vollzug des Glaubens bereits richtet.*

Rekonstruiert man die geltungslogische Struktur dieses Ansatzes, so handelt es sich um ein striktes Konditional: *Wenn* menschliche Suche wohlbegründet sein soll, *wenn* Sinnverstehen möglich sein soll, *dann* ist ein absoluter Horizont von Sinn vorauszusetzen, wie Cusanus ihn in „De docta ignorantia" etwa als „absolute Größe" und virtuelle Aktualität aller relativen Sinnvollzüge anspricht. Die *praktische Vollziehbarkeit* des consequens dieser Formulierung zehrt freilich von kontingenten Bedingungen, die einen solchen absoluten Horizont überhaupt für menschliche Praxis und Orientierung im Ganzen von Wirklichkeit adressierbar machen, sie zehrt, von dem „Leben, das wir mit diesen Begriffen führen"[1094], und zwar im Rahmen je *kontingenter* Vollzugsbedingungen. Cusanus setzt diese Bedingungen voraus, aber klammert sie mittelfristig für Teile seines Argumentationsgangs aus. Ihren Status reflektiert er selten eigens, mit Ausnahme v.a. von Ausführungen zum Glaubensbegriff (vgl. v.a. Abschnitt IV.7).

Die vorstehend knapp resümierten Grundlinien des hier zur Diskussion gestellten Versuchs betreffen also die *allgemeinen* Konturen von Grundlegungsfragen philosophisch-theologischer Propädeutik ebenso wie des Begriffs „negativer Theologie" (Abschnitt I.2), sowie deren Erprobung an einer maßgeblichen klassischen Ausarbeitung negativer Theologie, derjenigen des Cusanus (Abschnitte II-IV). Was damit selbstverständlich noch nicht unternommen oder beansprucht wurde, ist, diesen Vorschlag auch in einer

1093 Vgl. De docta ign. (h I) I c. 1 n. 2: „*Divino munere* omnibus in rebus naturale quoddam desiderium inesse conspicimus [...]".

1094 So eine öfters von Putnam im Anschluss an Wittgenstein gebrauchte Formulierung („life/lives we live/lead with our Concepts"), vgl. z.B. Putnam/Conant: Mathematics, 263; Putnam: Anti-realist, 186; Putnam: Realism, 20, vgl. auch Conant: Introduction, xlix, liii-liv, lxv. Putnam bezieht sich dabei zumeist v.a. auf ethische Kontexte, vgl. aber Anwendungen seines Verständnisses von Philosophie und Lebensform in Anschluss an Pierre Hadot auf religiöse Lebensformen wie z.B. in Putnam: Thoughts, 34.

Durcharbeitung gegenwärtiger Fragestellungen im Feld philosophisch-theologischer Propädeutik unter zeitgenössischen Diskussionsbedingungen zu bewähren. Gelegentliche Stellungnahmen zu diesen Fragestellungen konnten allenfalls ausblickhafte Schlaglichter vorstellen. Analoges gilt für eine Bewährung an anderen klassischen Entwürfen negativer Theologie (unter den ebenfalls nur schlaglichtartigen Bezugnahmen sei die Hinführung in Abschnitt IV.5 erwähnt). Anschlussfragen wie diese würden eigenständige Behandlungen erfordern und sollen nachfolgend auch nicht etwa mit nur keimhaften Ausblicken nochmals vorgestellt werden.

Stattdessen soll nachfolgend eine Absetzung ex negativo des hier umrissenen und exemplarisch erprobten Verständnisses negativer Theologie als philosophisch-theologischer Propädeutik vorgenommen werden. Denn einerseits sind in den letzten Jahren unterschiedlichste Versuche einer Revitalisierung und Fortschreibung von Traditionen negativer Theologie zur Vorlage gekommen, deren Profil und Erkenntnisinteresse teilweise abweichend bis komplementär zum hier vorgeschlagenen Verständnis liegt. Andererseits werden inzwischen vermehrt nicht nur intuitive, sondern systematisch durchgearbeitete Bedenken und Einwände gegenüber sowohl klassischen Entwürfen negativer Theologie wie rezenten Aktualisierungsversuchen geäußert – so etwa vonseiten einiger Religionsphilosophen analytischer Schulung, aber auch, wie in der wohl anspruchsvollsten und wichtigsten Wortmeldung Magnus Striets[1095], der negative Theologie einer freiheitstheoretisch profilierten transzendentalen Begründungsstruktur entgegensetzt. Soweit dies für eine Profilierung des hier unternommenen Versuchs dienlich erscheint, wird nachstehend auf einige dieser abweichenden Verständnisse Bezug genommen – womit zugleich gesagt ist, dass damit weder Vollständigkeit beansprucht wird, noch ein jeweils eigenständiger Beitrag zur genaueren Erschließung der entsprechenden Einzelansätze.

V.2.1 Bloße Bestimmungslosigkeit?

Ein in unterschiedlichsten Variationen vorgebrachter Vorbehalt gegenüber klassischen Entwürfen Negativer Theologie und jüngeren Versuchen, an diese anzuknüpfen, betrifft die Fragestellung: Läuft nicht negative Theologie letztlich auf eine Bestimmungslosigkeit religiöser Rede und einen Agnostizismus hinaus? Dieser Vorbehalt ist ernst zu nehmen. Er drängt sich vielleicht besonders auf, wo Parallelen zwischen „negativer Theologie“ und „postmodernem Denken“ gesucht werden – nicht selten ohne eine zureichende Orientierung an den tatsächlichen Traditionen negativer Theologie.

1095 Vgl. Striet: Offenbares Geheimnis sowie Striet: Grenzen, mit den nachfolgenden Diskussionsbeiträgen, S. 34-52.

Demgegenüber ist Helmut Hoping und Jan-Heiner Tück zuzustimmen in ihren Vorbehalten gegen „radikale[ ] Formen negativer Theologie, die dazu tendieren, die Bestimmungslosigkeit zur einzigen Bestimmung zu machen".[1096] Es war gerade die Absicht der hier vorgelegten Studie, einerseits aufzuzeigen, dass eine solche radikale Schwundform bei Cusanus keineswegs vorliegt, andererseits den Status solcher Bestimmtheit näher zu charakterisieren – mit einem Befund, welcher (v.a. Abschnitte IV.5 und IV.7) der These von Hoping und Tück weitestgehend entspricht: „Die Identität des gläubigen Menschen wurzelt letztlich in der *Acclamatio Nominis Dei.*"[1097]

In der Richtung eines solchen Vorbehalts gegenüber Denkformen, welche die Bestimmtheit religiösen Glaubens schlichtweg ruinieren würden (was, der hier vertretenen Lesart zufolge, zumindest für die cusanische negative Theologie nicht der Fall wäre), liegt auch das berechtigte Anliegen Magnus Striets, dass die Rede von Gott ihre „Bestimmtheit" nicht verlieren möge.[1098] Dieser Terminus ist allerdings präzisierungsbedürftig, zumal im Lichte des für diese Arbeit orientierenden Verständnisses negativer Theologie an der Schnittstelle einer Transformation der Adresse und Gehalte primärsprachlicher Rede von und zu Gott in die Theoriesprache wissenschaftlich-theologischen Diskurses. Magnus Striet scheint dabei eine Alternativität von „bestimmter" und „unbestimmter" Rede von Gott vorauszusetzen[1099], die in methodologischer Hinsicht ergänzbar wäre. Denn „Bestimmtheit" religiöser Rede, soweit sie entweder eine *Zuschreibung von eindeutigen und ihrem Gehalt nach völlig transparenten Attributen* oder aber eine *Gesichertheit der Referenz* meint, ist, nach dem hier umrissenen Verständnis religiöser Kommunikation und der Geltungsvoraussetzungen negativer Theologie, nicht zureichend durch menschliche Möglichkeiten der Bedeutungsabsprache und rationalen Konstruktion zu haben. Vielmehr ist bereits kritisch aufzuweisen, dass es ein Kategorienfehler wäre, unsere sonstigen Verfahren der *Gegenstands- und Sachverhaltsbestim-*

[1096] Hoping/Tück: Thesen, 28 (fast wortgleich Striet: Offenbares Geheimnis, 5: „Gegen eine weitläufig vorherrschende Tendenz, dem Gottesgedanken Nichtbestimmbarkeit als seine einzig mögliche Bestimmtheit zu prädizieren [...]"); zustimmend dazu auch Kirschner: Gott, 44 mit Verweis auch auf Hochstaffl: Negative Theologie, 235, der festhält: Negative Theologie kann und darf nicht (soll sie noch sachgemäße Theologie sein), „beim Negationsmoment stehenbleib[en]"; es wäre dies in der Tat „eine skeptizistische Kümmerform des Begriffs negativer Theologie", „die keinen Verweis auf eine zu affirmierende, absolute Transzendenz tragen könnte". Vgl. indes die positive Generalisierung bei Halbmayr: Renaissance, 69: „Die Traditionen der negativen Theologie geben ein vorzügliches Instrumentarium an die Hand, diese Unerkennbar- und Unbegreiflichkeit Gottes so zum Ausdruck zu bringen, dass das Absolut nicht in ein unbestimmtes, dunkles Nichts verfällt, sondern sein affirmativer, heilsgeschichtlicher Bezug zur Welt gewahrt bleibt."

[1097] Hoping/Tück: Thesen, 29.

[1098] Vgl. z.B. Striet: Offenbares Geheimnis, 18ff.

[1099] Vgl. Kirschner: Gott, 44 mit Bezug auf Striet: Offenbares Geheimnis, 53ff.

mung anzuwenden auf Gott als Grund und absoluten Horizont jeder Gegenstandsbestimmung.

Dieses Anliegen ist insoweit durchaus konform demjenigen des Duns Scotus, an dessen Kritik negativer Theologie Striet sich zunächst orientiert: „Noli mensurare Deum secundum Averroem“[1100], diese Formel des Duns Scotus hätte Cusanus, der ja wieder und wieder auf die Unangemessenheit überkommener Schematisierungen für das Verständnis der Gehalte religiöser Rede hinweist, sich allerdings zu eigen machen können. Bei Duns Scotus meint dieser Vorbehalt gegenüber einem Maßanlegen an Gott im Stile und mit den Schemata eines Averroes insbesondere die Absetzung der *Freiheit göttlichen Wirkens* von einer Modellierung des Göttlichen nach der Ordnung der Kausalverhältnisse oder als Lieferanten von Formbegriffen.

Freilich setzt Cusanus schon in seiner Betrachtung semantischer Maximität (vgl. v.a. Abschnitt IV.2) nochmals eine schärfere Zäsur als Duns Scotus, der Gott als Unendlichkeit als „innere[n] Modus jedweden intensiv Unendlichen“ begreift.[1101] Auf diese Absetzung wird noch zurückzukommen sein. Was jedenfalls die Frage betrifft, wie eine „Bestimmtheit“ religiöser Rede zu sichern ist, besteht insoweit eine Nähe etwa zwischen Duns Scotus und Cusanus, als dies die Absetzung von untauglichen Elementen eines Begriffsschemas betrifft, das nur innerweltliche, naturale, nichtpersonale, gegenständliche Relationen, Notwendigkeiten, Modalitäten, Intensionen zu erfassen erlaubt. Unter der Frage nach Bedingungen einer „Bestimmtheit“ religiöser Rede und einer Inanspruchnahme eines absoluten Horizontes des Wirklichkeitsverständnisses ist zumindest in Bezug auf Cusanus zu konstatieren, dass dieser dabei eine Gewissheit ansetzt, die im Rahmen transzendentaler Reflexion nur als Möglichkeit in den Blick kommt. In theologischer Sicht erscheint dann die Unmöglichkeit einer *Letzt*sicherung der Referenz religiöser Rede mit rationalen Mitteln nicht nur ein Vorzug, sondern gerade ein *Kriterium* sachgemäßer religiöser Rede.

Gleichwohl muss religiöse Rede insoweit „bestimmt“ sein, als bereits die rationale Rekonstruktion von Bedingungen der Vernunft verwiesen ist an prädiskursive Voraussetzungen und Initien der Vernunft, die, in der Sicht des Cusanus, theologisch gesprochen, zusammen fallen mit den Bedingungen religiösen Glaubens. Die *Adresse* jeder Rede *von Gott* wäre insoweit als performativ vereindeutigt zu präsumieren, als sie sich *als solche* beziehen muss auf ihren ersten Grund und das letzte Ziel menschlicher Suche, *oder anderenfalls* Gegenstand jener Zurückweisungen sein muss, die Cusanus auf alle

1100 Duns Scotus: Met. V q. 2 n. 42, Opera philosophica III, 425.

1101 Honnefelder: Scotus – Der Philosoph, 205. An den im diesem Kontext der Soctus-Forschung maßgeblichen Studien Ludger Honnefelders, v.a. Honnefelder: Ens inquantum ens, orientiert sich auch weitestgehend Striet: Offenbares Geheimnis.

Fehlidentifikationen von Göttlichem und Götzenhaftem bezieht. *Ob* dem allerdings *im Einzelfall* so ist, ist vonseiten menschlicher Rationalität und aus endlichen Bedingungen schöpfender Sprachkompetenz grundsätzlich nicht letztlich positiv vorentscheidbar, aber zumindest in Gegenhalt zu Kriterien kritisch prüfbar, wie sie die cusanische negative Theologie erarbeitet. Damit hängt zusammen, dass die Anstrengung negativer Theologie schon insoweit keineswegs schlechterdings „unbestimmte" Sprachformen im Gefolge haben kann, als die Negationen, wie Cusanus formuliert, „schwanger sind mit Affirmation": Sie sind orientiert auf Grund und Ziel menschlicher und aller Wirklichkeit und ihrer Dynamik, was sich unter anderem abbildet darin, dass semantische und axiologische Maximität in den cusanischen Grenzbetrachtungen koinzidieren.

Dem Anliegen Striets, eine methodologische Basis für den Vollzug religiöser Praxis zu bieten, sollte die cusanische negative Theologie daher durchaus Rechnung tragen können. Ähnliches sollte für seine Forderung einer Differenzierung von Gott und Welt gelten, ist diese doch gerade der Ausgangspunkt der Negationen, insofern sie endliche Differenzen von der Einfachheit des Göttlichen fernzuhalten unternehmen, freilich ohne dieses *an sich selbst* und *materialiter* zu „bestimmen".

Es werden indes auch Lesarten vertreten, die negativer Theologie eine sehr weitreichende „Unbestimmtheit" resultierender Sprachformen zuschreiben und eine noch größere Ununterscheidbarkeit zu agnostizistischen Auffassungen – und die deutlicher eine Absetzung erfordern. Als Beispiel sei die Kritik Anthony Kennys herausgegriffen. Dieser schlägt eine Klassifikation von Positionen bezüglich religiöser Sprache und insbesondere der Proposition „Gott existiert" (p) vor, die sich wie folgt zusammen fassen läßt:

(Positivismus)	p hat keine Bedeutung und keinen Wahrheitswert (auch keinen unbekannten).
(Agnostizismus)	p hat Bedeutung und einen Wahrheitswert, der aber unbekannt ist.
(positiver Atheismus)	p hat Bedeutung und ist falsch.
(Theismus)	p hat Bedeutung und ist wahr.[1102]

Kenny diagnostiziert nun eine große Nähe der „positivistischen" Position mit der Tradition „negativer Theologie" und schreibt deren Klassikern „ag-

1102 Vgl. Kenny: Worshipping, 442f. Ich resümiere zusammenfassend und schematisierend. Die Kennzeichnungen sollten dabei als bloße Kurzbenennungen verstanden werden; Kenny selbst spricht einige – vermehrbare – begriffs- und ideengeschichtliche Probleme an, die resultieren würden, wenn diese behelfsweisen Kurzbenennungen verstanden würden als Zusammenfassungen der theoretischen Verpflichtungen bestimmter Klassiker oder Strömungen.

nostische“ Positionen zu.[1103] Diese nämlich würden auf Thesen wie die folgenden verpflichtet sein:

(1) Prädikate wie „gut“, „weise“, auch Handlungszuschreibungen usw. sind nicht wörtlich wahr.
(2) Zu (1) kommt nichts weiter hinzu als ein *ehrfurchtsvoller Stil.*
(3) Solche Prädikate werden nur „metaphorisch“ ausgesagt.[1104]
(4) Es kann keine Wissenschaft der Theologie geben.[1105]

Was versteht Kenny dabei (ad 3) überhaupt unter „metaphorischer“ Rede? Offenbar setzt er voraus, dass (deskriptive) Rede entweder „wörtlich“ *oder* „metaphorisch“ ist. Kennys Erklärungsversuch beruht auf einer Unterscheidung folgender Form:

(L) Wörtliche Wahrheit ist Wahrheit *innerhalb* eines Sprachspiels.
(M) Eine Metapher zu verwenden, heißt, ein Wort in einem Sprachspiel zu gebrauchen, welches *nicht* die „Heimat“ dieses Wortes ist.[1106]

1103 Vgl. Ibid., 445: „Eriugena's work reaches a level of agnosticism not to be paralleled among Christian philosophers for centuries to come [...]“ und 446: „Negative theology reaches a climax of agnosticism in Nicholas of Cusa's De Docta Ignorantia.“ und 447: „Cusa's agnosticism goes further than that of his predecessors [...]“. Dies bezieht Kenny darauf, dass auch negative Prädikate nach Cusanus „irreführend“ seien. Tatsächlich hatten sich dagegen diesbezüglich sehr viele Autoren in Traditionen negativer Theologie ähnlich geäußert, z.B. Pseudo-Dionysius, vgl. obig S. 287 mit Fn. 860.

1104 Vgl. Ibid., 444, Zusammenstellung und Paraphrase durch mich (ad (2) vgl. „This language [...] does not really add anything, except a tone of awe, to the denial that any of these predicates are literally true of god.“ S. 447 ist dann mit Bezug auf Cusanus die Rede davon, dass wir „metaphor and symbol“ gebrauchen müssten, da „wörtliche“ Sprache unfähig sei, das göttliche Mysterium zu begreifen; S. 447f. vergleicht Kenny diese „Lösung“ der „Paradoxie“ religiöser Rede mit Löungsversuchen des Berry-Paradoxons). Kenny bezieht sich dazu auf Eriugena. Angeführt werden von ihm nur drei kurze Passagen, zunächst (ohne genaue Stellenangabe) Iohannes Scotus Eriugena/Sheldon-Williams/Bieler: De divisione naturae I, 190, 30-33 / PL 122, 510B, 17: „nil de deo proprie posse dici quoniam superat omnem intellectum omnesque sensibiles intelligibilesque significationes qui melius nesciendo scitur, cuius ignorantia vera est sapientia, qui verius fideliusque negatur in omnibus quam [af]firmatur“. Dieselbe Passage mit fast wortgleich identischer Kommentierung angeführt bei Kenny: Medieval philosophy, 287.

1105 Vgl. Kenny: Worshipping, 448o. Denn, so Kenny, wenn religiöse Rede irrig wörtlich genommen wird, treten Widersprüche auf. Dem sei in der scholastischen und rationalistischen Philosophie so gewesen.

1106 Vgl. Ibid., 448. Natürlich ist diese Erklärung, wie auch meine eingeschobenen scare quotes anzeigen, etwas untechnisch. Vorausgesetzt wird offenbar, dass es pro Sprachausdruck w jeweils einen sprachlichen Kontext c gibt, der dessen eigentlichen Gebrauch („Heimat“) bildet. Ein Wort wird dann wörtlich verwendet, wenn es in c gebraucht wird, sonst metaphorisch. Dieser Präzisierungsversuch zeigt auch, warum für Kenny offenbar ein Wort stets *entweder* „wörtlich“ oder „metaphorisch“ gebraucht wird; auch, dass alternative Klassifikationen nicht angesprochen und daher als mögliche Lösungsangebote nicht erwogen werden, bestätigt diesen Befund. Was die Vereindeutigung eines ursprünglichen Kontextes pro Wort(verwendung) betrifft, so werden in der Metaphernforschung üblicherweise komplexere Analysemodelle zugrunde gelegt. Kenny, der

Während einige Philosophen, so Kenny, (L) akzeptieren und tatsächlich der Auffassung sind, es *gebe* ein „religiöses Sprachspiel“, in welchem der Gottesbegriff zu verorten sei, müssen (mit 3) bei Verneinung der Existenz eines „religiösen Sprachspiels“ religiöse Ausdrücke *allesamt* als metaphorisch verstanden werden. Klassiker negativer Theologie sprechen zwar in der Tat davon, dass bestimmte Prädikate von Gott nicht „in eigentlichem Sinne“ (proprie) aussagbar sind. Aber dies bezieht sich auf jene Bedeutung, die uns aus Applikationen für Endliches vertraut und verständlich ist. Es wird aber durchaus vertreten, dass dieselben Worte ihren *ersten und eigentlichsten* Sinn – der uns indes nicht zureichend transparent ist – bei Gott haben. Unterschieden wird dann also zwischen einerseits (i) einem *Sinnverständnis* gemäß unserem endlichen Verstehen und unseren Applikationen für endliche Objekte sowie andererseits (ii) einem Sinnverständnis gemäß dem Ineinsfall und Begründetsein aller Prädikate im Göttlichen. Die *Wortverwendungen* können dabei ggf. gleich lauten.

Auch ist die Reduktion der Differenz zu agnostizistischen Auffassungen auf bloße *Stilfragen* (ad 2) irrig. Natürlich kommt „hinzu“, dass Gott ehrfurchtsvoll adressiert wird, doch erschöpft sich der Gehalt insbesondere der eminenten Redeweisen in Anwendung auf Gott keineswegs allein darin. Vielmehr wird *u.a.* in der Aussage „Gott ist gut“ und abermals in Aussagen der Form „Gott ist besser als gut“ mitgemeint, dass Gott *Prinzip* dessen ist, was wir als „gut“ bewerten. Wenn man diesbezüglich von „Metaphern“ sprechen wollte, dann müsste man dies in einem weiterführenden Sinne verstehen.[1107] Daher ist es für Vertreter negativer Theologie auch keineswegs

u.a. auch eine Monographie zu Wittgenstein verfasste, bezieht sich (implizit) auf auch in der religionsphilosophischen Wittgenstein-Rezeption populäre Redeweisen. Wittgenstein selbst dürfte, wie Putnam: On negative theology, 409 plausibel darlegt, „Sprachspiel“ als Modus eines fokussierenden analytischen Zugriffs auf ein Ganzes von Kommunikation verstanden haben, so dass weder die Frage sinnvoll wäre, *wieviele* Sprachspiele es gibt, noch, *welchem* Sprachspiel ein Wort (im Unterschied insbesondere zu einer ggf. näher kontextualisierten Sequenz seines Gebrauchs) an sich ein-eindeutig ursprünglich zugehörte. Vgl. insbesondere Putnams Erklärung: „Like the term ‚context‘, the term ‚language game‘ singles out a part of language for a certain kind of attention, but neither has a determinate denotation apart from a context of use.“

1107 So in vielen jüngeren Beiträgen zur Metaphernforschung, beispielsweise schon bei Kurz: Metapher. Dieser weist auf die geringe explanative und hermeneutische Leistungsfähigkeit von Substitutionstheorien von Metaphern hin, wonach ein „eigentliches“ Wort durch ein „fremdes“ ersetzt würde, zwischen welchen irgendeine Ähnlichkeit oder Analogie bestehen müsste. Als weit ergiebiger erweisen sich, so Kurz, „Interaktionstheorien“ von Metaphern, die auch für Fälle anwendbar sind, wo ein „eigentlicher“ Ausdruck gar nicht unterstellbar wäre und ein „metaphorischer“ Ausdruck nur ersetzbar wäre um den Preis eines *Verlusts* an Bedeutung. Die Analyse von Metaphern richtet sich dann nach ihrer Stellung und Funktion im Kontext, wobei eine semantische Inkongruenz zwischen Metapher und Kontext zu erklären ist, und zwar im Modus einer wechselseitigen Interpretation. Man könnte Kennys These, wonach es ein religiöses Sprachspiel

„selbstwidersprüchlich, überhaupt von Gott zu sprechen, wenn Gott unbegreiflich ist“[1108]. Denn Gott ist gerade nicht in *jeder* Hinsicht unbegreiflich und unnennbar, auch und insbesondere nicht für Anselm, auf den Kenny sich explizit beziehen möchte[1109]; begreiflich und benennbar ist *u.a.* eben dies (soweit Probleme der Applikation von Kausalrelationen zunächst außen vor belassen werden), dass Gott erster Ursprung bestimmter Wirkungen ist.

Von hier aus wird aber verständlich, warum Kenny in der Tat eine Nähe zwischen negativer Theologie und „Positivismus“ sieht. Denn, so könnte man die bei Kenny zugrunde liegende Überlegung herausstellen, ein typischer Vertreter negativer Theologie diagnostiziert prinzipielle Probleme mit der Identifikation der präzisen Bedeutung religiöser Rede: Es ist – in konstitutiven Grenzfällen jedenfalls – letztlich nicht zureichend genau angebbar, *welche* Proposition genau gemeint sein soll, wenn eine Aussage von Gott getroffen wird. *Alle* Reformulierungen, die wir in präziser Terminologie (Kennys „wörtlicher“ Rede) geben könnten, sind nicht wirklich geeignet, einen distinkten Wahrmacher in einer wahren und letztlich präzisen Aussage von Gott zu treffen. Wir haben insoweit *keine letztlich zureichend präzise Proposition vor uns*, über deren Wahrheitswert wir dann Gewissheit hätten. Insoweit besteht in der Tat eine Parallele.

Was Kenny indes völlig unterschlägt, ist, dass kein Vertreter negativer Theologie religiöse Rede schlichtweg für bedeutungslos erachten würde, und auch keineswegs einfachhin als falsch *wie in sonstigen Fällen falscher Sätze.* Für sonstige Sätze gibt es isolierbare, benennbare Wahrmacher, die genau dann bestehen, wenn diese Sätze wahr sind. Gott ist aber kein Objekt solcher

schlichtweg nicht gebe, unter Heranziehung von Weinrichs Terminologie wohlwollend so zu interpretieren versuchen, dass religiöse Rede sich notwendigerweise „Bildspender“ bedient, die nicht eigentlich Gott selbst, sondern Wirkungen Gottes sind. Doch dies kann Kenny nicht meinen, wenn er zugleich die Differenz reduktiv nur in Stilfragen sieht (ad 2), denn dann wäre durchaus noch „weiteres“ mit ausgesagt, nämlich u.a. eben dies, dass Gott Ursache entsprechender als „Bildspender“ fungierender Wirkungen ist.

1108 Vgl. Kenny: Worshipping, 441.

1109 Vgl. dagegen ibid., 445f: „How can Anselm avoid the conclusion that the word ‘God’ is meaningless? How is it possible to know what a word means if what it means cannot even be thought about? If a thing is ineffable, what is one saying when one tries to identify the thing? Anselm attempts to make a distinction between understanding words and understanding the thing which they describe. But this distinction can only be effective if the things in question are to some extent describable and to that extent are not ineffable, as Anselm believed that God was.“ Dass Gott „ineffabile“ ist, meint (auch) bei Anselm aber keineswegs, dass er in *jeglichem* Sinne „unbeschreibbar“ (alltagssprachlich aufgefasst und nicht näherhin technisch präzisiert) wäre, sondern schließt deskriptive Wesensbestimmungen in einem *terminologischen* Sinne aus; vgl. etwa Monologion c. 65-66. Dezidiert kann nach Anselm insbesondere die Metabestimmung ausgesagt und auch verstanden werden, dass Gott größer ist als was gedacht werden kann, ebenso wie die – begründetermaßen einsichtige – Negativbestimmung, wonach Gott eben „ineffabile“ ist; vgl. Responsio IX.

Art, sondern „die Wahrheit selbst", wie Cusanus und viele andere formulieren. Von daher sollten *umgekehrt* Formulierungen wie „es gibt hier eine Wahrheit, die gewusst werden kann" irritierend erscheinen.[1110] Dass natürlich alle von Kenny behandelten Vertreter negativer Theologie auch eine Aussage wie „Gott existiert" in zumindest vorläufiger Annäherung bejahen, kommt hinzu, allerdings mit der Komplikation, dass diese Vertreter in fast jedem Kontext auch darauf aufmerksam machen, dass es hier keineswegs um eine Applikation desselben Existenz- oder Seinsbegriffs geht wie bei endlichen Objekten, die, in Ansehung ihrer Washeit und in Gegenhalt zu sonstigen Sachverhalten, sein *können oder eben auch nicht*. Vielmehr kann, worauf etwa Manstetten eindrücklich hingewiesen hat, in Bezug auf Gott gerade *unsere Gewissheit über die Anwendung des Existenzausdrucks* ins Wanken geraten – ein Wanken, welches die Formulierungen eines Cusanus selbst illustrieren und reflektieren (vgl. v.a. Abschnitt II.2).[1111]

Sogar Kennys Redeweise davon, dass Vertreter negativer Theologie „agnostische" Thesen zu vertreten scheinen, wird von daher zumindest erklärlich. Denn wir haben, je genauer wir zusehen, desto weniger eine zureichend präzise und zureichend verständliche Proposition *überhaupt zur Hand*, für welche wir sagen könnten, dass wir um *deren* Wahrheitswert von unabhängigen Bedingungen her wüssten. Das erklärt sich für Cusanus und viele andere aber eben darin, dass Gott nicht ein Einzelobjekt ist, von dem einzelne Wahrheiten gelten, sondern Wahrheit in eminentem Sinne selbst. Putnam bringt diese Irritation und Umwendung unserer Begriffe von Wahrheit und Realität im religiösen Bewusstsein in prägnanter Weise in einer Passage zum Ausdruck, die in Länge zitiert sei:

> „Heutzutage verbinden ‚analytische Metaphysiker' üblicherweise die Möglichkeit von ‚Objektivität' in einem Diskurs mit der Möglichkeit, ihn als ‚der Realität entsprechend' aufzufassen. Die Möglichkeit, dass beispielsweise mathematische oder ethische Äußerungen objektive Aussagen machen, ohne Beschreibungen zu sein, entgeht solchen Überlegungen sehr häufig. Behaupte ich, dass religiöse Sprache ebenfalls objektive Ansprüche erhebt, ohne der Realität zu entsprechen?
>
> Keineswegs. Aber muss ich dann nicht behaupten, dass sie einen außerordentlichen Teil oder ein außerordentliches Gebiet der Realität beschreibt? Die Antwort ist: Eine religiöse Person empfindet, dass die Realität Gottes [the Reality of God] derart ist, dass nicht nur Gott kein ‚Teil' dessen ist, was man gewöhnlich ‚Realität' nennt. Sondern im Vergleich mit der Realität Gottes wird es problematisch, das, was wir normalerweise ‚Realität' nennen, legitimerweise so zu nennen.

1110 Vgl. Ibid., 442.

1111 Vgl. Manstetten: Abgeschiedenheit, 115ff.

> Hier betreten wir das Problem der ‚Transzendenz' Gottes. Wir können auch sagen: ‚der Realität entsprechen' hat in Anwendung auf religiöse Sprache eine vollständig andere Bedeutung."[1112]

Diese „andere Bedeutung" ist aber keineswegs *keine* Bedeutung und – in der Perspektive religiösen Bewusstseins – keineswegs eine bloß „uneigentliche" Bedeutung, sondern vielmehr diejenige, dergegenüber die alltägliche Bedeutung von „Wahrheit" oder „Realität" selbst *abkünftig* ist. Kennys Interpretationsversuche bleiben dagegen diesbezüglich einer reduktiven Alleinstellung jener Perspektive verhaftet, die Putnam im Anfangsteil des Zitats anspricht – und eben darum sind weder die Annäherungen negativer Theologie an „positivistische" wie „agnostizistische" Positionen plausibel.

Eine sprachphilosophisch elaboriertere Variante des Bedenkens, dass negative Theologie auf einen Agnostizismus hinauslaufe, hat bereits George Englebretsen vorgetragen. Ihm zufolge lässt, bei Zugrundelegung einer aristotelischen Unterscheidung von Typen der Negation, eine Negation der Form „a ist nicht F" nur zwei Lesarten zu:

(1) Verneinung eines (positiven) Attributs: a ist nicht F

(2) Bejahung eines (negativen) Attributs: a ist nicht-F[1113]

Englebretsen setzt nun voraus, dass ein Prädikat jeweils in oppositionalen Bezügen zu *spezifischen alternativen* Prädikaten steht (z.B. „rot" in Opposition zu anderen Farbbestimmungen). Im Falle (2) wissen wir dann, dass a eines dieser oppositionalen Prädikate zukommt (z.B. irgendeine Farbbestimmung außer rot, also eine Disjunktion aus „weiß", „schwarz" usw.). So gelesen, ist jede Negation zugleich eine positive Bestimmung. Es gäbe dann keinen Unterschied zwischen den Behauptungen, zu sagen, dass alle wahre Rede von Gott im Modus von Negationen geschehe *oder* von analogen Aussagen *oder* von Negationen oder analogen Aussagen.

Wenn andererseits Negationen im ersteren Sinne (1) aufgefasst werden, dann wäre mit diesen jeweils *gar kein* Wissen um a verbunden.[1114] Man hätte dann gerade so gut schweigen können[1115] oder einen Agnostizismus vertreten können.[1116]

Diese Argumentation, dies hat Joseph A. Buijs bereits präzise benannt, beruht auf der problematischen Annahme, dass als „Wissen von etwas" nur ein *direktes* Wissen vom *Wesen* einer Sache zählt.[1117] Es sei aber nicht einzusehen, warum nicht auch *indirektes* Wissen in Betracht kommen sollte – und

1112 Putnam: On negative theology, 410.

1113 Vgl. Englebretsen: Logic, 230.

1114 Vgl. Ibid., 231: „[...] we will never know anything about that subject [...]".

1115 Vgl. Ibid., 232: „it leads directly to the theology of silence".

1116 Vgl. Ibid., 232: „My hunch now ist that the theologies of analogy and silence are either incomprehensible or else indescernible from agnosticism."

1117 Vgl. Buijs: Comments, 89f.

im Falle von (2) würde eine fortdauernde Reihung entsprechender Negationen „schlussendlich" zu einem „ähnlichen Ergebnis" kommen.[1118] Das Ergebnis divergiert allerdings im Falle des Göttlichen durchaus, denn „negative Attribute" in dem Sinne, dass diese jeweils äquivalent sind mit einer Disjunktion ihrer gegensätzlichen Attribute, sind von Gott schlechterdings gar nicht aussagbar und auch eine vollständige Induktion über *sämtliche* erwägbaren uns verständlichen Attribute würde das Wesen Gottes noch nicht positiv erfassen. Schlimmer noch: Wie bereits in der Hinführung zu Abschnitt IV diskutiert worden war, ist der Befund, dass von *Gott* sämtliche „positiven" Attributionen fernzuhalten sind, äquivalent mit dem Befund in Bezug auf schlicht sinnlose Lautkombinationen. Insoweit also bliebe Gott in der Tat nicht nur radikal unbestimmt, sondern auch der Ausdruck „Gott" nicht anhand des bloßen sprachlichen Negativbefundes unterscheidbar von sinnlosen Lautkombinationen.

Die cusanische Prädikationstheorie ist demgegenüber wesentlich komplexer und voraussetzungsreicher: Dem Göttlichen kommen *deshalb* keine „positiven Attribute" im sonstigen Normalsinne zu, weil Gott als absoluter Sinnhorizont *Voraussetzung* jeder Ausfällung fasslicher Sinngehalte ist (vgl. v.a. Abschnitt IV.4 und in ontologischer Hinsicht schon Abschnitt II.1) und weil Gott die limitativen Seinsvollzüge, die einzelne Sachverhaltsbestimmungen erfassen, sämtlich virtualiter einschließt, womit das Göttliche in semantischer wie axiologischer Hinsicht als Maximität quasi-„bestimmt" ist. Eine solche Quasi-„Bestimmung" ist indes keine materiale Gegenstandsbestimmung, sondern eine metasprachliche Beschreibung des *Verhältnisses* unserer objektsprachlichen Gegenstandsbestimmungen zum Göttlichen, die ihre Fundierung zugleich auch in der Orientierung unseres Strebensvollzugs hat.

V.2.2 Reduzierbar auf philosophische Gotteslehre?

Mit dem eben diskutierten Vorbehalt hängt ein zweiter, gleichfalls berechtigter zusammen: Ist der Gottesbegriff negativer Theologie nicht austauschbar mit einem philosophischen Gottesbegriff? Diese Anfrage findet sich vor allem auch in der Weise, wie ebenfalls etwa von Magnus Striet vorgetragen[1119], dass gefragt wird, ob nicht negative Theologie die biblische Gottesrede ruiniere durch einen überformenden Anhalt an insbesondere platonistischer Tradition. In nach wie vor höchst beachtenswerter Weise hat diese Frage Wolfhart Pannenberg bereits 1959 behandelt, ausgehend von der

1118 Vgl. Ibid., 92.

1119 Vgl. Striet: Offenbares Geheimnis, 23.41ff u.ö., z.B. auch S. 48: „die negative Theologie neuplatonisch-dionysischer Provenienz" – werden damit auch die negativen Theologien der Apologeten und Kirchenväter mit erfasst, werden diese also auch als im Grunde Spielart des „Neuplatonismus" gewertet?

Insistenz etwa von Harnack, Friedrich Loofs oder Albrecht Ritschl, dass religiösem Glauben eine „Verschiedenartigkeit" zukomme gegenüber philosophischen Denkformen; beispielsweise hatte Ritschl davon gesprochen, dass ein Begriff Gottes als einem „grenzenlosen unbestimmten Sein[ ]" einen „metaphysischen Götzen" ausmache.[1120] Pannenberg diskutiert dies insbesondere im Blick auf die Thematik der „Andersartigkeit und Unerkennbarkeit des Ursprungs"[1121] und von „Gottes Andersartigkeit als Unbegreiflichkeit und Unaussprechlichkeit"[1122]. Pannenberg kommt gegenüber Harnack, Ritschl und anderen zu einem ausgewogeneren, aber durchaus spannungsvollen Befund, ausgehend von der natürlich stark generalisierenden Interpretationsthese, dass die philosophische Gotteslehre der griechischen Antike wesentlich davon bestimmt sei, das Göttliche als „Ursprung des Vorhandenen" zu begreifen. Damit werde das Göttliche zugleich in „Zugehörigkeit zur normalen Ordnung des Geschehens" verstanden, so dass ihm ein „eigenartige[r] Immanenzcharakter" zukomme[1123], was „die Umkehrung nahe" legt, dass das „wahrhaft Göttliche" auch „nichts anderes sein" könne „als der für das Zustandekommen der bekannten Wirklichkeit nötige und zu ihrer Erklärung vorauszusetzende Ursprung."[1124] Von da aus ist umgekehrt die „Unzugänglichkeit" des Göttlichen „für menschliches Begreifen" bereits vorgezeichnet, da „der eine, letzte Ursprung von den Dingen der alltäglichen Umwelt ganz verschieden sein muß."[1125] Es versteht sich, dass eine solche Denkform der Struktur eines Offenbarungsglaubens nicht zureichend gemäß sein kann, welche *Singularität und* Universalität gleichermaßen maximal gewichtet. Gleichwohl hat nach Pannenberg der Anspruch auf Universalität methodisch Anhalt zu nehmen an der philosophischen Tradition, soll Gott, wie dies ebenfalls biblischer Tradition gemäß ist, als von universaler Geltung ausweislich sein und mithin „als Ursprung auch des Vorhandenen wenigstens denkbar bleiben".[1126] Damit kommt dem philosophischen Gottesdenken insbesondere eine kriteriologische Funktion zu. Die Fragestellung verschiebt sich dann von derjenigen nach einer Kompatibilität *oder* Inkompatibilität dahingehend, *inwieweit* der christlichen Theologie ein „Durchbrechen" von Limitationen griechisch-philosophischen Gottesdenkens gelang. Zugleich sind damit Vorstellungen korrigiert, welche eine „Ergänzbarkeit" eines philosophischen Gottesbegriffs durch Offenbarungstheologie annehmen würden:

1120 Ritschl: Theologie und Metaphysik, 20, angeführt bei Pannenberg: Aufnahme, 2.
1121 Pannenberg: Aufnahme, 7ff.
1122 ibid., 22ff.
1123 ibid., 4.
1124 ibid., 5.
1125 ibid., 7.
1126 ibid., 15.

„Jede bloße Synthese muß hier oberflächlich bleiben. Die Theologie muß bis zu den Elementen des philosophischen Gottesgedankens vordringen und diese Elemente im kritischen Licht des biblischen Gottesglaubens umgestalten."[1127]

Das „Durchbrechen" ist also keine Ergänzung als „bloße Synthese", sondern ein „Umgestalten". Zugleich wurde allerdings auch dem philosophischen Gottesbegriff eine *kriteriologische* Funktion zugebilligt. Damit sind bereits die Grundkonturen eines Spannungsfeldes skizziert, in welchem sich auch die späteren Ausarbeitungen Pannenbergs orientieren werden. Aber wie von daher eine tatsächliche „Umgestaltung" vollziehbar ist, bleibt in diesem frühen Aufsatz methodologisch noch unterbestimmt: Nach welchen Kriterien (philosophischen? aus Offenbarung gewonnenen?) und methodischen Verfahrensweisen (primär offenbarungshermeneutischen?) wird jeweils „umgestaltet"? Welchen Status (glaubenswissenschaftlichen?) haben die Resultate solcher Umgestaltungen? Eine eindeutigere methodologische Bestimmung Pannenbergs liegt vor mit dem Rückgriff auf eine Verortung von kriteriologischen Rahmenbegriffen der Gottesrede in den „praeambula fidei": Dabei spricht Pannenberg davon, dass es um eine philosophische Erarbeitung von Minimalbedingungen und Rahmenbegriffen für Möglichkeiten der Rede von Gott geht, die durchaus mit „aufgrund von Offenbarung zur Sprache kommenden Gottesbestimmungen" „in Widerspruch treten" können, jedoch müsse „das Recht solchen Widerspruchs dann *auf dem Boden der Diskussion um die Fassung jenes Rahmenbegriffs erwiesen werden.*"[1128] Dieser „Boden" ist wiederum das so umrissene Feld einer *philosophisch*-theologischen Propädeutik.

Damit ist bereits grundsätzlich vorgezeichet, wie auch auf den Einwand zu reagieren wäre, negativer Theologie komme einer Reduktion der Theologie auf eine spezifische *philosophische Gotteslehre* gleich. Eine solche Reaktion kann freilich nur *jeweils* im Blick auf zur Frage stehende *konkrete Ausarbeitungen* negativer Theologie entwickelbar sein. Was das *cusanische* Anliegen und Vorgehen betrifft, so fällt der Befund gemäß der Interpretationsthesen dieser Arbeit sehr eindeutig aus: Die negative Theologie hat bei Cusanus erklärtermaßen die Funktion, einer „wahreren" Erfassung des Glaubens zuzu-

1127 ibid., 16. Pannenberg begründet diesen Vorbehalt aus beiderlei Ansprüchen: „Die philosophische Frage nach dem wahren Gott zielt ja gerade auf die für das Göttliche wesentlichen, seine Natur bestimmenden Momente. Es widerspricht daher der Eigenart des philosophischen Gottesgedankens, wenn gerade die für Gott wesentlichen Züge etwa einer Offenbarung vorbehalten bleiben. Andererseits kann keine christliche Theologie sich damit zufrieden geben, daß der Inhalt der geschichtlichen Offenbarung Gottes in Jesus Christus etwa nur eine unwesentliche Ergänzung oder gar eine bloße Illustration des philosophischen Gottesbegriffs darstellte." (16)

1128 Pannenberg: Systematische Theologie. 3 Bände, I, 120, vgl. obig S. 9.21.147.

arbeiten. Sie soll manuduktorisch menschliche Suche nach Sinn orientieren und ggf. korrigieren. Sie begleitet zugleich kritisch Überführungen in sachbestimmende Präzisierungsversuche, erinnert an deren Teilhabe und Begründetsein in der Performanz religiöser Primärsprache, insbesondere im Lobpreis göttlicher Herrlichkeit, welcher das Grundmotiv aller Wirklichkeit ist. Sie orientiert die Suche des Menschen auf die absolute Fülle von Sinn, die Ziel seines natürlichen Strebens ist und mit Christus als der Wahrheit im eminenten Sinn ineinsfällt. Die Nichterreichbarkeit des Göttlichen mit unseren Termini materialer Gegenstandsbeschreibung erweist dieses gerade ex negativo als einzig würdigen Gegenstand menschlicher Suchbewegung, sofern diese in allem Endlichen, das seinen relativen Vorzügen nach beschreibbar und wertbar ist, strikt nicht „sättigbar" ist – ein Grundmotiv, das prägnant zum Ausdruck kommt im Hinweis „Eben deshalb, *weil ich ihn nicht kenne*, bete ich ihn an."[1129] In jedem Fall gilt auch für Cusanus, dass nichts gänzlich Unbekanntes Gegenstand menschlichen Strebens und menschlicher Liebe sein kann (vgl. v.a. Abschnitt III.1). Diese Voraussetzungen werden durchaus jener Forderung gerecht, auf der etwa Duns Scotus insisiert: „Negationes etiam non summe amamus"[1130] – freilich mit im Falle des Cusanus abweichenden Resultaten.

Dass auch andere Ausarbeitungen negativer Theologie einem solchen Anliegen Rechnung tragen, kann im Rahmen dieser Arbeit nicht aufgezeigt werden. Zumindest angemerkt sei aber der höchst enge Zusammenhang der pseudo-dionysischen Attributionstheorie mit sowohl biblischen wie liturgischen „Symbolen".[1131] Um außerdem nur einen Ansatzpunkt herauszugreifen, so hat etwa Michael J. Dodds OP konzise anhand der thomasischen Theologie nachgewiesen, dass ein Ausschluss von „Bewegung", wie er seit den frühesten Artikulationen negativer Theologie zu deren elementaren Implikationen gehört, keineswegs in einem Widerspruch dazu steht, Gott als absolute Liebe und letzten Gegenstand von Liebe zu begreifen.[1132]

1129 De Deo absc. (h IV) n. 1.

1130 Duns Scotus: Ordinatio I d.3 p.l q. l-2 n. 10, vgl. Striet: Offenbares Geheimnis, 11. 127.135.

1131 Vgl. z.B. Bebis: Ecclesiastical Hierarchy; Golitzin: Mysticism; Golitzin: introibo; Golitzin: ‚Suddenly, Christ'; Perl: Symbol (siehe auch obig S. 153f mit Fn. 436).

1132 Vgl. Dodds: unchanging god. Korrelativ zu einem Einsatz beim univoken Begriff von Liebe könnte auch schon in Bezug auf Duns Scotus gefragt werden, inwieweit nicht auch unsere Begriffe von „Sein" und „Liebe" dann, wenn diese als „intensive" Begriffe gefasst werden und die Unendlichkeit des Göttlichen ihren Inbegriff ausmacht, in dessen Geheimnishaftigkeit mit hinein genommen sind.

V.2.3 Überwindbar in Offenbarungshermeneutik?

Die vorstehend im Anschluss an Pannenberg skizzierte Zuordnung von philosophischer und offenbarungsbezogener Rede vom Göttlichen legt auch bereits die Grundlage für eine Reaktion auf eine weitere der Sache nach naheliegende Anfrage: Ist nicht durch die Offenbarung Gottes die Nichtwissbarkeit Gottes überholt und damit auch negative Theologie? Demgegenüber hebt wiederum Pannenberg gerade hervor, dass es zutiefst zur Eigenart des Glaubens Israels gehört, dass „Gott gerade in seinem Geschichtshandeln verborgen" bleibt, dass von Gott „keine Gestalt gesehen" wird und dass, wenn „Philo die Unbenennbarkeit Gottes aus dem zweiten Gebot begründet hat", er damit zwar „gewiß nicht dessen historischen Sinn" traf –

> „aber er entfernte sich vielleicht doch nicht allzusehr vom Geist des Alten Testamentes. In jedem Benennungsakt ist ja etwas von der Besitzergreifung wirksam [...]. Auch dem Urchristentum ist das Wissen von der heiligen Andersartigkeit und Unbegreiflichkeit Gottes nicht verloren gegangen".[1133]

Pannenberg geht zurecht sogar noch wesentlich weiter:

> „Die philosophische These der Unbegreiflichkeit Gottes eignet sich [...] nicht als Hohlraum, der durch irgendwelche Offenbarungsinhalte ausgefüllt werden könnte. Jene Feststellung [...] meint doch, daß Gott dem Menschen *wesentlich* unbegreiflich ist und bleibt. [...] Wäre nicht an die Philosophie die Frage zu richten gewesen, ob sie denn ihrerseits mit der Unbegreiflichkeit und Andersartigkeit Gottes ganz ernst macht? Hätte nicht das ‚Neue' der christlichen Botschaft in bezug auf die Gotteserkenntnis darin erblickt werden können, daß nur im Blick auf Gottes Gegenwart im Geschick Jesu Christi der Mensch die Unbegreiflichkeit Gottes aushalten kann, um so im Angesicht der Wahrheit Gottes auch wahrhaft Mensch zu sein? [...] Auch der an Christus Glaubende sieht sich noch der unbegreiflichen Größe Gottes gegenüber."[1134]

In dieser Perspektive beschreitet der Versuch, „den Inhalt der Liebesoffenbarung Gottes als etwas zweites neben die unbegreifliche Größe Gottes zu setzen, also gerade einen verhängnisvollen Weg".[1135] Auch die Offenbarungstheologie ist daher nochmals *als negative Theologie* sachgemäß zu erschließen: In Gottes Offenbarung zeigt sich in spezifischer und radikaler Weise, *dass*

[1133] Pannenberg: Aufnahme, 25f.
[1134] ibid., 26f.
[1135] ibid., 27.

und wie Gott andersartig ist, als unsere rationalen Überlegungen dies ein- oder ausschließen könnten.

Diese Zuordnung, die Pannenberg anhand der spekulativen Theologie der frühesten Apologeten und Kirchenväter entwickelt, kann ähnlich auch für Cusanus aufrecht erhalten werden. Besonders deutlich wurde dies etwa, wenn Cusanus Joh 1,18 („Niemand hat Gott je gesehen ...") kommentiert: Er formuliert die Aussage dahingehend um, dass Christus *genau dies* geoffenbart habe, *dass* niemand Gott je gesehen hat.[1136] Weit entfernt davon, dass Gottes Offenbarung in Christus desen Verborgenheit tilgen würde, wird *diese Verborgenheit selbst* in Christus gerade *in spezifischer Weise bekräftigt und erhellt.*

V.2.4 Gegensatz zu transzendentaler Dialektik der Freiheit?

Der Duktus, in dem Cusanus selbst die Offenbarung Gottes in Christus als Offenbarung der Verborgenheit des Göttlichen anspricht, scheint aber zugleich deutlich verschieden von demjenigen Pannenbergs. Pannenberg nämlich hatte die in Gottes Offenbarung erhellte „Andersartigkeit Gottes", die ungleich „radikaler" erscheint als jene, welche die antike Philosophie anspricht, wenn sie diese „nur als die Unbegreiflichkeit des Weltgrundes" erschließt, verstanden als die „alle Erwartungen und Planungen durchkreuzende und überbietende Andersartigkeit der Freiheit Gottes gerade in seinem Handeln".[1137] Ist dagegen Cusanus nicht doch allzusehr darin begriffen, sich an substanzmetaphysischen Schematisierungen abzuarbeiten? Und noch grundsätzlicher gefragt: Kann und muss nicht Gott insbesondere als absolute *Freiheit* begriffen werden? Liegt damit nicht durchaus eine sachhaltige Bestimmung des Göttlichen vor? – In diese Richtung geht besonders die Kritik „negativer Theologie" Magnus Striets.[1138] Das dabei zugrunde liegende Anliegen ist demjenigen des Cusanus – dessen Entwurf von Striet freilich gar nicht behandelt wird – allerdings durchaus nicht allzu fern.

Wie besonders bei der Behandlung der cusanischen mens-Theorie und deren abbildlichem Entsprechungsverhältnis im Vollzug ihrer Kreativität deutlich wurde (vgl. Abschnitt III), spielt in der cusanischen Anthropologie, mens-Theorie und Theologie der Freiheitsbegriff eine maßgebliche Rolle: Die Vernunftseele nennt Cusanus eine „freie Kraft"[1139]; „in Freiheit zu sein"

[1136] Vgl. Sermo CCLVIII (h XIX) n. 7 (s. obig S. 264 und S. 346).

[1137] Pannenberg: Aufnahme, 44.

[1138] Vgl. z.B. Striet: Offenbares Geheimnis, 43ff.131.149ff u.ö.

[1139] De ludo (h IX) I n. 31. Auf den nachfolgenden Ausführungen basiert auch die kompaktere Diskussion in Ströbele: Freiheit, bes. 159ff.

hießt insofern näherhin, „gemäß dem Intellekt tätig zu sein"[1140]. Kennzeichnend für diese Intellekt-Tätigkeit ist das Selbstbewegtsein.[1141] Das meint nicht nur eine Freiheit *von* Determinanten[1142], sondern eine Wesensbestimmung der mens selbst. Sie realisiert ihre Freiheit in der „freien Kraft der Verähnlichung"[1143]. Dabei bezieht sie sich wiederum je schon und zuerst auf sich selbst. „Frei" ist die mens auch, insofern ihrer Entfaltung ihrer Natur nach keine endlichen Grenzen gesetzt ist, sie mithin immerzu weiter Perfektion und Einsicht zustreben kann. Diese Selbstbewegung ist zugleich eine Annäherungsbewegung. Deren letztes Ziel ist das Göttliche, für das, weil alle Vollendung einschließend und übergreifend, jede Perfektibilität und Potentialität naturgemäß entfällt.

Cusanus fasst in christologischer Terminologie, worin dies ermöglicht und vollendet ist: Die „Freiheit der Söhne Gottes"[1144] fundiert und realisiert sich darin, dass wir Christus, Gottes Sohn, folgen. Cusanus greift dazu Ansätze in der Tradition der Frömmigkeitstheologie bzw. mystischen Theologie auf, wonach das Erreichen letztlicher Freiheit von endlichen Bedingungen das Entfallen von Eigenwillen und Selbstbezogenheit voraussetzt, wie dies die Leittugend der Demut, ihrem Tiefensinn nach, motiviert.[1145]

Dem Menschen ist also insofern Freiheit eigentümlich, als er darin in einer nicht abschließbaren „selbstbewegten" Suchbewegung der Annäherung auf das Göttliche hin orientiert ist. In dieser Zielorientierung kann Gott als Ziel menschlicher Suche in selbstbewegter Freiheit etwa auch als „absolute Freiheit" bezeichnet werden.[1146]

Diese Bewegung vollzieht also die Gesamtorientierung des endlichen auf den göttlichen „Geist" (vgl. besonders Abschnitte III.1 und III.4). Die dabei zugrundeliegende Dialektik von Gegebensein und Entzogensein des Göttlichen hat Entsprechungen auf der Ebene der Prädikationen (vgl. zusammensehend Abschnitt IV.6). Diese können demnach nicht als univok aufgefasst werden. Der Freiheitsbegriff ist zwar *behelfsweise* auf Gott anwendbar. Insofern hat er dann aber gleichen Status wie andere Annäherungs- und Grenzbegriffe, darunter die Begriffe „Geist", „Gerechtigkeit", „Friede" oder „Liebe", sofern diese vorausweisend begriffen sind in ihrem Ermöglichungsgrund

1140 Vgl. Sermo CLXIX (h XVIII) n. 2; oder Sermo CLXXXV (h XVIII) n. 9, wonach die mens *proprie* „Freiheit der Seele" zu nennen ist.

1141 De ludo (h IX) I n. 36.

1142 Vgl. z.B. Sermo CLII (h XVIII), 7.4.1454, n. 2: „von keiner Leidenschaft betroffen, einfach, gesund, licht".

1143 Vgl. z.B. Sermo CLXVIII (h XVIII) n. 7-9.

1144 Vgl. Sermo CLXIX (h XVIII) n. 16.

1145 Vgl. z.B. Sermo CLXXXII B (h XVIII) n. 3.

1146 Von der „Freiheit" Gottes spricht z.B. De beryl. (h ^{2}XI/1) c. 24 n. 37, trinitätstheologische Voraussetzungen auch für die Freiheit der mens verhandelt beispielsweise De vis. (h VI) c. 18 n. 81.

und Ziel. Es handelt sich dann weniger um objektive Bestimmungen als um Weisen unserer Hinsichtnahme. Als solche sind sie von manuduktorischer Funktion – sie leiten unser Erkennen, Sprechen und unsere spirituelle Praxis.

Es gibt für sie keine jeweils ontologisch distinkten „Wahrmacher". An deren Stelle tritt die Einfachheit des Göttlichen selbst. Das bildet sich darin ab, dass Cusanus sie „in kreisförmiger Weise" vertauschbar nennt. Sie vollziehen eine je relative Annäherung auf den Ursprung aller Wirklichkeit, wie dies die präsuppositionale Dialektik menschlichen Verstehens und sprachlichen Sinns abbildet. Dieses Schema (vgl. Abschnitt IV.4) würde hier eine Frage der Form „Kommt Gott ‚Freiheit' zu?" also gerade weder einfachhin bejahen noch verneinen, sondern stattdessen die Struktur einer solchen Bezugnahme auf Gott zur Darstellung bringen: „Gott ist *die absolute Voraussetzung* aller relativen Vollzugsformen von Freiheit."

Von daher ist der Bezugssinn behelfsweiser Aussagen wie der Bestimmung Gottes als Freiheit also keineswegs leer und bleibt die Gottesrede keineswegs einfachhin „unbestimmt", wenngleich ausgenommen von präzisen Gegenstandsbestimmungen. Aussageformen des Typs „Gott ist (absolute) Freiheit„ verweisen – zumal in jenem Vorgriff, welcher sich im Schema der cusanischen Prädikationstheorie als „divinale" Redeweise abbildet – aber auf das Ziel menschlicher Suchbewegung, das sie gerade mittels negativ-theologischer Korrektive und Qualifikatoren von aller Verwechslung mit endlichen Bestimmbarkeiten unterscheiden.

Diese Absetzung gilt auch für einen Begriff von Freiheit, der seinen Ursprung in den Bedingtheiten bewussten Lebens hat – dem Anwendungsbereich eines solchen Begriffs liegt das Göttliche voraus, anstatt davon eingeschlossen zu sein. Freilich gibt gerade die theoretische Unableitbakeit bereits menschlicher Freiheit darauf einen Vorblick: Die traditionelle Terminologie erfasst dies im Ausgenommensein der Seele von Materialität und Vielheit. Ihrer Einfachheit[1147] kommt ein Verweischarakter zu auf die absolute Einfachheit des Göttlichen. Cusanus greift dieses Entzogensein menschlicher Subjektivität und Freiheit gegenüber allen im Medium allgemeiner Begrifflichkeit operierenden Begründungs- und Retorsionsfiguren[1148] in eigentümlicher Form auf.

Um den Status einer solchen manuduktorisch-behelfsweisen Bestimmung des Göttlichen als „absoluter Freiheit" näherhin zu präzisieren, bietet sich die

1147 Vgl. auch Ströbele: Einfachheit.

1148 Vgl. dazu einführend und in Bezug auf die Situierung fundamentaltheologischer Grundlegungsfragen Hoff: Sprachverlust, 65ff; zum kantischen Freiheitsbegriff 79ff; zum methodischen Ansatz Rahners bei einem „für jeden Erkenntnis- oder Freiheitsakt konstitutiven Moment unbedingter Bejahung" (289) und zur Gebundenheit von Freiheitsspielräumen an „die ‚autoritären' Züge von Diskursen, die das Subjekt mit seiner eigenen Endlichkeit konfrontieren" (313), 289ff.

Qualifikation als „absolute Metapher“[1149] an: So verstanden, bezieht sich diese Bestimmung auf Gott als Woher menschlicher Freiheit und ihres Selbstverständnisses.

Die ansonsten von Cusanus aufgewiesenen Bedingtheiten sprachlicher Annäherungsversuche an das Göttliche kommen dabei gleichfalls zum tragen: Das betrift die Absetzung von allem gegenständlich Seienden ebenso wie von den Kausalrelationen zwischen dessen Instanzen. So insistiert Cusanus darauf, dass Gott zwar „Ursprung“ (principium) genannt werden könne, aber in einem transzendent-transzendentalen Sinne und nicht, wie Ursprungsbeziehungen in „der Natur“ vorliegen. Entgegen dort bestehender je relativer Notwendigkeit und Eingeschränktheit ist Gott Prinzip für die Natur im Ganzen und deren Bedingtheiten gegenüber „übernatürlich und frei“.[1150] Hier bestehen durchaus Parallelen etwa zur scotistischen Betonung göttlicher Freiheit gegenüber den Notwendigkeitsbeziehungen natürlicher Wirkungszusammenhänge. Die Dialektik von „In- und Übersein“, Gegeben- und Entzogensein zwischen endlich-menschlichem und göttlich-„ewigem“ Geist kennzeichnet bei Cusanus also in ontologischer wie auch sprachlicher Hinsicht eine kategorische Zäsur, die tiefer greift als diejenige, die Pröpper, Striet und andere ziehen, wenn sie dem Menschen eine formal unbedingte, material bedingte, Gott aber eine in beider Hinsicht unbedingte „Freiheit“ zuschreiben.[1151]

V.2.5 Überwunden in univoker Ontologie?

Eine weitere grundsätzliche Problematik betrifft das Verhältnis „negativer Theologie“ zu univoker und analoger Rede vom Göttlichen. So kann im Sinne der Einwendungen Magnus Striets und seiner Anknüpfung an Duns Scotus gefragt werden: Muss nicht „Sein“ univok verstanden werden? Und unterläuft und unterminiert ein solcher univoker Seinsbegriff dann nicht die Vorbehalte negativer Theologie? Und wenn man einen solchen Weg nicht einschlagen möchte, kann andererseits im Blick etwa auf Thomas von Aquin gefragt werden: Ist nicht mit einer Theorie „analoger Rede“ bereits das Bezugsproblem negativer Theologie zureichend bearbeitet? Beide Fragerichtungen führen in Zusammenhänge, deren Aufarbeitung eine ausführliche und eigene Behandlung erfordern würde – was weit hinausführen würde über Erkenntnisinteresse, Anliegen und Möglichkeiten dieser Arbeit. Es sollen aber zumindest einige Ansatzstellen einer möglichen Diskussion benannt werden.

1149 Vgl. dazu, im Anschluss an Blumenberg und materialiter, was die Rede von Gottes „Handeln“ betrifft, an Karl Barth: Körtner: Der handelnde Gott; Körtner: Der verborgene Gott, 117ff.

1150 Vgl. De beryl. (h ^{2}XI/1) c. 24 n. 37.

1151 Vgl. Striet: Offenbares Geheimnis, 17.

Was zunächst den Ansatz bei einem univoken Seinsbegriff betrifft, so stellt dieser bei Duns Scotus nur einen Minimalsinn vor: „Sein", insofern es univok von Gott und Endlichem aussagbar ist, kommt darin semantisch überein, dass es *nichtwidersprüchliche Assertibilität* (bzw. Konzeptualisierbarkeit und Instantiierbarkeit) meint. Dabei handelt es sich offenkundig um ein Merkmal von Gehalten, nicht von Objekten. Darin liegt das entscheidende Moment, das Duns Scotus ermöglicht, eine radikale Alternative zu, wie Honnefelder formuliert, „der im England des 13. Jahrhunderts dominierenden Auslegung der aristotelisch-boethianischen Semantik" zu entwickeln – einer Semantik, in welcher „univoke Prädikation eine Begriffseinheit" meint, „die an eine Sacheinheit in der Weise einer Art- oder Gattungsnatur gebunden und damit auf den kategorialen Bereich beschränkt ist".[1152] Stattdessen liegt beim univoken Seinsbegriff des Duns Scotus, von dieser Semantik und Epistemologie aus beschrieben, eine „Dopplung einer quiditativen und einer denom[i]nativ-qualifizierenden Prädikation" vor, für welche ein „noetisch-noematische[r] Parallelismus, wie wir ihn bei Art- und Gattungsbegriff vor uns haben, nicht zutrifft".[1153] Damit ist für Duns Scotus ein Gehalt gegeben, der überhaupt erst eine Erkenntnis Gottes ermöglicht. Denn ohne einen solchen univoken (Teil-)Gehalt könnte gar nicht von *einem* Seinsbegriff (und entsprechend von *einem* Begriff des Guten) gesprochen werden, sondern es würde dann eine Äquivokation vorliegen. Dies würde insbesondere dann gelten, wenn *jeder* tatsächlich von Gott assertible Begriff allein Gott *eigentümlich* wäre – eine Position, die Duns Scotus bei Heinrich von Ghent vertreten sieht.[1154] Eine *Analogie* oder ein *Kausalverhältnis* zwischen dem Göttlichen und Endlichem können wir nach Duns Scotus überhaupt nur konzeptualisieren, wenn uns allererst ein (univoker) Begriff Gottes möglich ist.[1155]

Weit entfernt davon, die Innovativität und Tragfähigkeit dieses radikalen Neuansatzes hier adäquat würdigen zu können, sei lediglich auf Ansatzstellen einer möglichen Diskussion vor dem Hintergrund der cusanischen negativen Theologie verwiesen. So kann etwa gefragt werden, inwieweit Gott bzw. ein uns möglicher Begriff von Gott tatsächlich dergestalt erwägbar ist, dass beurteilt werden kann, ob diesem ein Seinkönnen zuordnenbar ist. Müsste dazu nicht das *Wesen* Gottes uns bereits verständlich geworden sein? Selbstredend wird man Gott aber nicht identifizieren wollen mit erst einem *Minimalsinn* nichtwidersprüchlicher Erwägbarkeit, Assertibilität und Instantiierbarkeit. Aber bleibt ein solcher Minimalsinn nicht doch noch zu sehr dem noetisch-noematischen Schema verhaftet, oder anders gesagt, der Vorstellung, die

1152 Honnefelder: Scotus – Der Philosoph, 200f.

1153 ibid., 203.

1154 Vgl. Hoffmann: Einleitung, xxiii.

1155 Vgl. Ibid., xxiii.

Konstituenten der Ontologie als stabile Substanzen zu begreifen, welchen jeweils Sein zukommen kann, muss oder nicht kann – auch wenn dies auf der Ebene der *logischen* Verträglichkeit ihrer quidditates verhandelt wird? War nicht vielleicht doch der thomasische Ansatz, das Göttliche einer Dualität von Sein und Wesen vorausliegend aufzufassen und als absoluten Akt zu denken, die radikalere Kritik einer Einordnung Gottes in substanzmetaphysische Schematisierungen (oder der Schachzug Eckharts von Hochheim, die Abarbeitung an einem vom Gegenständlichen her gewonnenen Seinsbegriff zu unterlaufen durch Bezugnahme auf einen Grenzbegriff reinen Intelligierens)? Und wie verhält sich überhaupt der Gottesbegriff zu den sonstigen Fällen von Seiendem? Cusanus etwa hatte ja durchaus zugestanden, dass Gott zwar *nicht der Genauigkeit nach* (sofern es um Gehalte geht, die *wir* genau verstehen) „Sein" zu nennen ist, wohl aber so genannt werden müsse unter der Hinsicht, dass er Prinzip für das Begreifen alles Prinzipiierten ist.[1156] Aber diese Verstehens- und Aussageweise stellt bei Cusanus eine *spezifische Weise der Hinsichtnahme* dar, die nicht einfachhin mit anderen Aussageweisen kombinierbar ist. Wie verhält es sich diesbezüglich bei Duns Scotus? Honnefelder reformuliert den diesbezüglichen scotistischen Vorschlag dahingehend, dass Gott gedacht werden solle als „Inbegriff dessen [...], was im allgemeinsten Begriff ‚Seiendes' gedacht wird"; das werde möglich, wenn man den Seinsbegriff versteht

> „als eine intensive Größe, die als endlich, aber auch als unendlich gedacht werden kann, weil dieses Verständnis von ‚Seiend' es gestattet, die Bestimmung ‚Seiend' als eine solche und unabhängig vom inneren Modus ihrer Intensität zu denken und sie zugleich im Modus der Unendlichkeit zu denken [...], als Begriff einer ‚Quantität qualitativer Mächtigkeit' [...]. Denn der innere Modus jedweden intensiv Unendlichen ist nichts anderes als die Unendlichkeit selbst, welche auf innerliche Weise dasjenige bezeichnet, dem nichts fehlt und das jedes Endliche über jedes angebbare Maß hinaus übersteigt [...]. In seiner höchsten Stufe kann der Begriff daher expliziert werden als ein solches, das jedes endliche Seiende übertrifft, und zwar nicht nur in einem bestimmten Maß, sondern über jedes bestimmte und bestimmbare Maß hinaus"[1157].

Damit wäre also gleichsam ein Maximalsinn oder -modus von Sein umrissen. Während beim Minimalsinn fraglich ist, inwiefern wir zureichende Gründe kennen können, ihn Gott zuzuschreiben, ohne Gottes Wesen bereits zu kennen, stellt sich für einen solchen Maximalsinn die Frage, wie er von jenem Minimalsinn ausgehend überhaupt in den Blick kommen kann. Zehrt

1156 Vgl. z.B. De princ. (h X/2b) n. 18 und die Diskussion in Abschnitt II.2, obig S. 76.
1157 Honnefelder: Scotus – Der Philosoph, 205.

eine solche Inanspruchnahme eines „Inbegriffs" von „Unendlichkeit selbst" nicht von ähnlichen Voraussetzungen, wie sie Duns Scotus für die Unterstellung einer „Analogie" gerade außerhalb unserer Zugänglichkeit ansah? Besteht für dieses Verhältnis nicht doch eine strukturelle Entsprechung zu jenem, das Cusanus umreißt, wenn er Gott als Präsupposition jeder Sach- und Sachverhaltsbestimmung anspricht? Wenn Gott „jedes Endliche über jedes angebbare Maß hinaus übersteigt", entspricht dies nicht den cusanischen Vorbehalten gegenüber einer Einordnung Gottes in „Verhältnismäßigkeiten"? Tatsächlich ist das von Cusanus etwa in „De docta ignorantia" veranschlagte Kriterium in Termini formuliert, welche Bedeutungs- und Sacheinheit zusammensieht: Ein „Verhältnis" bestünde genau dann, wenn von etwas „zu etwas Anderem (in aliquo) Übereinstimmung (convenientia) in einem Punkt und gleichzeitig Andersheit (alteritas)" besteht.[1158] Aber ist dieses Kriterium nicht auch reformulierbar für intensive Verhältnisse? Wenn dann eine „Übereinstimmung" im Minimalsinn von Nichtwidersprüchlichkeit vorliegt, wie verhält es sich dann mit der „Andersheit"? Muss sie nicht gleichsam entweder auf Verhältnismäßigkeit zusammenschrumpfen oder die Distanz zwischen „Inbegriff" und univokem Minimalsinn gleichsam wieder ins Unendliche verlagern? Und führt nicht die Bezugnahme auf Gott, insofern er „die Unendlichkeit selbst" ist, in Kontexte, in welchen die Anwendungsbedingungen unserer Dingfestmachungen von Oppositionsbezügen fragwürdig werden (und damit die „Geltung des Widerspruchsprinzips" im Sinne einer Logik, wie sie als Anwendung von Begriffen rekonstrukierbar ist, die in disjunktiven Relationen stehen)?

Auch wenn eine Weiterverfolgung dieserart Fragen eine intensive Durcharbeitung erfordern würde, die im Rahmen dieser Arbeit nicht möglich ist, sollte zumindest angedeutet werden, dass, wenngleich beider Mittel und Wege stark divergieren, zumindest in ihrem Verhältnis zu Traditionen negativer Theologie, Anliegen und Ansprüche von Duns Scotus und Cusanus durchaus Parallelen aufweisen. So etwa, was das konstatierte Ungenügen substanzmetaphysischer Schematisierungen betrifft, ebenso wie beider Ansprüche, Minimalbedingungen einer Vollziehbarkeit der Rede vom Göttlichen zu erarbeiten, welche dem „In- und Übersein" (Beierwaltes) des Göttlichen Rechnung tragen – sei es als Inbegriff des Seinsbegriffs und seiner Entzogenheit gegenüber jedem endlichen Maß, sei es u.a. als absoluter Präsupposition auch von Anwendungen unseres Seinsbegriffs.

Was das Verhältnis der cusanischen negativen Theologie zu Theorien analoger Attribution betrifft, so sollte dieses Verhältnis nach der hier vertretenen Lesart dergestalt verstanden werden, dass Cusanus eine *fortschreitende Präzisierung* dessen unternimmt, was eine „analoge Prädikation" ausmacht.

1158 Vgl. De docta ign. (h I) I c. 1 n. 3.

Sofern der Begriff „analoger Prädikation“ respezifiert, was traditionell der „via affirmativa“ als „via causalitatis“ zugeordnet wurde, verhält sich analoge Rede seit jeher komplementär zur „via negativa“ – ein Verhältnis, dessen Reformulierungen bei Cusanus v.a. in Abschnitt IV.6 rekapituliert wurden.

Dass selbst für eine negative Theologie, welche auf eine radikale Äquivokation statt Univokation oder Analogie zu setzen scheint, nämlich für die maimonidische negative Theologie, eine Gegensätzlichkeit etwa zu Thomas von Aquin durchaus nicht nur so gesehen werden kann, wie „die Geschichte normalerweise erzählt wird“[1159], hat bereits Hilary Putnam vorgeschlagen:

> „Ich halte lediglich fest, dass die Analogie zwischen Medizin und Gesundheit im Lebewesen, die Thomas verwendet, um die Lehre analoger Prädikation (im Falle Gottes) zu erklären, stark nahe legt, dass, wenn wir Gott ‚gut‘ oder ‚weise‘ oder ‚seiend‘ nennen, wir uns nicht auf diese Weise auf ihn beziehen, weil er gut oder weise oder seiend in einem Sinne ist, wie etwas Geschaffenes dies ist (da diese Namen nicht univok auf Geschaffenes und Gott angewandt werden, auch wenn ‚wir Gott nur durch das Geschaffene nennen können‘), sondern weil Gott das ‚Prinzip‘ oder der Grund ist von (dem, was wir nennen:) Güte und Weisheit und dem Sein des Geschaffenen. Und dies ist genau die maimonidische Theorie der Handlungsattribute!“[1160]

Freilich mag die Entsprechung weniger genau sein, als Putnam suggeriert: Maimonides hatte die Handlungsattribution dezidiert nur bezogen wissen wollen auf eine Ähnlichkeit *von Wirkungen*, so dass sie von Gott nichts aussagen würde, als dass Gott Urheber *ähnlicher Wirkungen* ist, wie sie uns Anlass geben, etwa *menschlichen* Urhebern *ähnlicher Wirkungen* bestimmte Begriffe beizulegen. Thomas indes geht es durchaus darum, dass die Begriffe, die wir Wirkungen beilegen, in einem *inneren* Bezug stehen zu Begriffen, die wir annäherungsweise Gott beilegen. Aber im Hintergrund steht für Maimonides durchaus ein Rückbezug der Wirkungen wie auch unserer Orientierungsversuche auf Gott: Die Auffassung, dass solche Handlungsattribute unser Verstehen und unsere Praxis orientieren auf Gott als einfachen Urheber aller Wirklichkeit und Bestimmung menschlichen Daseins überhaupt, so dass Gott und sein Handeln etwa „gut“ zu nennen zugleich ein *Modell* für diese

1159 Vgl. Putnam: On negative theology, 416f: „As the story is usually told, the disagreement between Maimonides and Aquinas is perfectly straightforward: Aquinas, although agreeing that we cannot predicate any attribute of God in the same (literal) way that we predicate it of a creature, did think that we could predicate Goodness, Power, Wisdom, Existence and the rest of God by *analogia*, analogy. While this is not exactly false, as usual, on closer examination, the situation turns out to be more complicated than this account would suggest.“

1160 ibid., 417. Putnam führt auch die These von McInerny: Aquinas and Analogy an, wonach „proportio“ keinen eigenständigen Typ von Analogie bezeichnet, sondern ein Synonym für „analogia“ darstellt.

unsere Orientierung vorstellt. Beider divergierende Stellungnahmen im Einzelnen erklärt Putnam dann mit unterschiedlichen Kontextbedingungen und vor allem auch unterschiedlichen *praktischen* „religiösen Versuchungen", auf welche beider *Theorieangebote* zugleich reagieren: Im Falle des Maimonides gegen ein Wörtlichnehmen von Attributionen, das diesem als „Idolatrie" gilt und das wir heute „Fundamentalismus" nennen würden, im Falle des Thomas die Gefahr, jeden Gehalt des Gottesbegriffs zu verlieren und die *Zugänglichkeit* Gottes zu verlieren – eine Gefahr, die er auch im Ansatz des Maimonides sah, sofern wir (nach der Lesart des Thomas) dann nur noch *sprechen* würden von Gottes Güte, nicht aber mehr an diese *glauben* würden.[1161] Nichtsdestoweniger hält Thomas das *letztliche Ungenügen* aller Begriffe, mittels welcher wir den *Gehalt* dieses Glaubens ausdrücken könnten, nicht weniger scharf fest. In jedem Fall aber ist es, wie zuletzt etwa Gregory P. Rocca OP und Thierry-Dominique Humbrecht OP aufgezeigt haben[1162], exegetisch zwingend, von einer „negativen Theologie" des heiligen Thomas sprechen zu können. Dabei lässt sich die „negative Theologie" schon bei Thomas begreifen als Näherbestimmung der *Möglichkeiten und Grenzen* analoger Rede vom Göttlichen.

Ähnliches kann für Cusanus beansprucht werden – auch wenn dieser fast nie den Terminus einer „analogia" im direkten Anschluss etwa an die thomasische Problembehandlung gebraucht. Unter den zahlreichen Gesichtspunkten, unter welchen die cusanische negative Theologie den Bezug unserer Namen auf das Göttliche, wie er in Ausarbeitungen von „Analogietheorien" zu verstehen versucht wurde, näher präzisiert, seien hier nur schlaglichtartig einige wenige genannt: Dieser Bezug kann nicht als eine „Teilhabe" von Endlichem am Göttlichen angemessen verstanden werden. Er kann auch nicht als Proportionalität in jenem Sinne konzeptualisiert werden, wie Cusanus eine solche in „De docta ignorantia" der Genauigkeit nach ausschließt (vgl. v.a. auch Abschnitte III.4 und IV.2) und auch unsere Normalverständnisse von Kausalbeziehungen sind unangebracht. Das Verhältnis endlicher Sinngehalte zu ihrem Begründetsein in Gott ist in vielen Kontexten angemessener durch Rekurs auf eben diese Präsuppositionalität zu erinnern als durch einfache Affirmation *oder auch* Negation solcher Sinngehalte (vgl. v.a. Abschnitt IV.4). Das Verhältnis unserer Begriffe zu Gott ist durch die Vermitteltheit der mens und ihrer Gegenstände zu rekonstruieren, wobei letztere gerade nicht in einer gegebenen Gegegenständlichkeit oder in Wesens- bzw. Formbegriffen an sich selbst zu sehen sind, sondern in der Zeichenhaftigkeit aller intelligiblen Wirklichkeit (vgl. v.a. Abschnitte III.2-III.5).

1161 Vgl. Putnam: On negative theology, 418.
1162 Vgl. Rocca: Speaking (die Überarbeitung einer bereits 1989 verteidigten Dissertationsschrift); Humbrecht: Théologie négative.

V.2.6 Parasitär gegenüber „affirmativer Theologie"?

Eine weitere Anfrage an Traditionen negativer Theologie betrifft die Verhältnisbestimmung von „Affirmationen" und „Negationen". Wenn es sich in der Tat so verhält, wie Hoffstaffl zurecht betont, dass Theologie nicht „beim Negationsmoment stehenbleib[en]" darf, sondern einen „Verweis auf eine [...] absolute Transzendenz tragen" muss[1163], kommt dann nicht sachlich „affirmativer Theologie" eine Priorität zu? Oder noch schärfer formuliert: Verhält sich nicht negative Theologie gleichsam parasitär zu „affirmativer" Theologie? In diese Richtung tendiert auch eine Stellungnahme Hans Urs von Balthasars. Dieser spricht von einer „alles bewusste denkerische Bemühen [...] unterfassende[n] Grundtatsache des Menschen". Sie bestehe

> „in einer ‚Setzung' oder ‚Bejahung' [...] Gottes [...], die alle nachfolgenden möglichen, ja notwendigen Negationen sowohl fordert wie übersteht, weil das von ihr Gemeinte immer schon (als Eminenz) darüber hinaus ist."[1164]

Dem ist grundsätzlich zuzustimmen, es ist aber zu fragen, welcher Status einer solchen „Bejahung [...] Gottes" zukommt. Balthasar selbst bezieht dies auf die Natur *im Licht der Gnade* – und mithin nicht auf eine „negative[ ] Theologie, soweit sie logisch der Selbstoffenbarung Gottes vorausliegt".[1165] Ohne die Legitimität einer solchen Auffassung bestreiten zu wollen, war es das Anliegen dieser Arbeit, zu diskutieren, inwieweit negative Theologie auch im Status philosophisch-theologischer Propädeutik verortbar ist. Dabei ergab sich für die cusanische Auffassung (vgl. v.a. Abschnitt IV.6), dass das Verhältnis von „affirmativer" und „negativer" Theologie nicht absolut zu bestimmen ist, sondern jeweiligen Modalitäten der Hinsichtnahme unterliegt. Soweit dabei ein „affirmatives Moment" nicht bezogen wird auf eine Präzision von Wesens- und Gegenstandsbestimmungen, sondern auf die Rückbezogenheit *jeder* Aussageweise auf einen vorausliegenden absoluten Grund, oder soweit ein Aussagevollzug partizipiert am Lobpreis göttlicher Herrlichkeit und am Rückbezug menschlicher Sinnsuche auf die absolute Fülle von Sinn, kann in der Tat mit Cusanus davon gesprochen werden, dass

1163 Vgl. Hochstaffl: Negative Theologie, 235 (vgl. obig S. 359 mit Fn. 1096).

1164 Balthasar: Theologik II, 89; auch diskutiert bei Kirschner: Gott, 41. Kirschner, dessen Problemdiagnose der hier vorgelegten in mehrfacher Hinsicht thematisch nahe steht, spricht davon dass „solche Negation bezogen auf die grundlegende Affirmation Gottes im Glauben" verbleibe, „die überhaupt erst die Grundlage theologischen Redens von Gott bildet". Absicht der hier vorgelegten Studie war, zu präzisieren, inwieweit eine solche Grundlage im Bereich einer philosophisch-theologischen Propädeutik entwickelbar ist und bei Cusanus auch bereits entwickelt wurde, und zwar insbesondere im Vollzug einer „Wissenschaft des Lobes".

1165 Balthasar: Theologik II, 83; wiederum auch bei Kirschner: Gott, 41 angeführt.

Gott „allnennbar“ ist. Unter jeweils anderer Hinsicht allerdings liegt das Göttliche jeder Bejahbarkeit genauer Sachverhaltsbeschreibungen als deren Negation voraus oder relativiert sich das Verhältnis von affirmativen oder negativen Aussageweisen als bloßen, einzelne Bestimmungen auseinanderfaltenden, Modalitäten gegenüber der absoluten Aktualität und Einfachheit des Göttlichen. Diese Auffassung hat partielle Nähen z.B. zu derjenigen Kevin Harts:

> „Negative theology plays a role within the phenomenon of positive theology but it also shows that positive theology is situated with regards to a radical negative theology which precedes it. In short, negative theology performs the deconstruction of positive theology.“[1166]

Allerdings suggeriert eine solche Formulierung, bei „positiver Theologie“ handele es sich um eine stabil greifbare Systematisierung, die an sich selbst *Gegenstand* dekonstruktiver Verfahren wäre, während *negative* Theologie eine solche Dekonstruktion jeweils *vollzöge*. Dem mag kontextspezifisch durchaus so sein. Cusanus legt die Verhältnisse aber von vornherein dynamisch und perspektivisch an: Was hier „positive Theologie“ genannt wird, ist bei ihm primär fundiert im dialektischen Rekurs auf Präsuppositionen jeder und auch „negativer“ Aussagen sowie vollzogen als Partizipation an einer „Wissenschaft des Lobes“, die teilhat am entsprechenden Verweis-Charakter aller Wirklichkeit. Und „negative Theologie“, soweit damit primär ein Verfahren der Zurückweisung endlicher Sinngehalte im Vorgriff auf deren „divinalen“ und absoluten Sinn gemeint ist, ist selbst von nur relativem und modalem Charakter im Gegenhalt zur absoluten Aktualität des Göttlichen. Insoweit es „dekonstruktiver“ Praxis darum geht, jene kontingenten Momente zu verfolgen, welche die *Wiederholbarkeit* von Sinn allererst ermöglichen, kann man durchaus umgekehrt formulieren, dass eine „Dekonstruktion“ negativer Theologie auf vortheoretisch-„affirmative“, performative Momente rekurriert. Und insoweit dekonstruktiver Semiologie die Differenz von singulärer Bedeutungs*intuition* und universaler Bedeutungs*intention* zugrunde liegt[1167], sind „Affirmationen“ und „Negationen“ ohnehin gleichauf. An dieser Stelle sei auch ein wiederholtes und letztes Mal erinnert, dass „negative Theologie“ durchaus nicht, weder bei Cusanus noch irgendeinem anderen maßgeblichen Klassiker ihrer Tradition, eine Negation *aller* Ausdrucksformen unter *jeder* Hinsicht meint (vgl. ausführlich IV.6). Ihr klassischer Zuständigkeitsbereich betraf spezifisch Wesensaussagen, während die „via affirmativa“ grundsätzlich als „via causalitatis“ von gleichfalls relativer Legitimität galt, insoweit sie nämlich nicht Gott an sich selbst beschreibt, sondern seine Wirkungen bzw.

1166 Hart: Trespass, 201f.

1167 So die leitende Grundidee in der diesbezüglich grundlegenden Darstellung von Derrida: Stimme.

Handlungen. Cusanus stellt demgegenüber bereits einen außerordentlichen Extremfall dar, was den Grad an Formalisierung und dadurch bedingter Universalisierung der Reformulierung dieser Tradition betrifft – aber gerade auch bei Cusanus kommt „den Negationen“ durchaus nicht unter jeder Hinsicht ein erster oder letzter Rang zu.

Gegen Ende des Dialogs über das Globusspiel, aufgefordert, noch einen „angenehmen Schluss“ (delectabile conclusio) zu bieten, kommt Cusanus nach Auslassungen über Gott als absoluten Wert auf das Verhältnis von Sehen und Nichtsehen, Wissen und Nichtwissen zu sprechen. Er verwendet dabei das u.a. auch von Pseudo-Dionysius gebrauchte Bild des „überhellen Dunkels“:

> „Denn das Übermaß des Sonnenlichtes wird negativ gesehen, denn das, was gesehen wird, ist nicht die Sonne, denn das Übermaß (excellentia) des Lichtes der Sonne ist so groß, dass es nicht gesehen werden kann.“[1168]

Das Nichtsehen der Sonne, wie sie ist, ist also ein „negatives Sehen“, das aber doch insoweit ein „Sehen“ ist, als, soweit dieses sich als Nichtsehen weiß, damit das „Übermaß des Sonnenlichts“ zum Bewusstsein kommt. Sehen zu Nichtsehen verhalten sich wie Affirmation und Aussagevollzug zu Negation und Schweigen.

1168 De ludo (h IX) II n. 119.

VI. Zitierte Literatur

Werke des Cusanus

Für die Werke des Cusanus wird der kritische Text der Heidelberger Ausgabe (Sigle h) verwendet: Nicolai de Cusa: Opera omnia, iussu et auctoritate Academiae Litterarum Heidelbergensis ad codicum fidem edita, Leipzig – Hamburg 1932 ff.

Die häufiger zitierten Schriften werden nach folgenden Kurzbezeichnungen zitiert:

Apol. — Apologia doctae ignorantiae, h II, ed. R. Klibansky, Leipzig 1932 (1449).

Comp. — Compendium, h XI, 3, ed. B. Decker / C. Bormann, Hamburg 1964 (1463/1464).

Crib. Alk. — Cribratio Alkorani, h VIII, ed. L. Hagemann, Hamburg 1986 (1460/61).

De aequal. — De aequalitate, h X 1, ed. I. G. Senger, Hamburg (1459).

De ap. theor. — De apice theoriae, h XII, ed. R. Klibansky / C. Bormann, Hamburg 1982 (1464).

De beryl. — De Beryllo, h XI, 1, ed. I. G. Senger / C. Bormann, Hamburg 1972 (1458).

De coni. — De coniecturis, h III, ed. I. Koch / C. Bormann / I. G. Senger; Hamburg 1972 (um 1442).

De dato — De dato patris luminum, h IV, ed. P. Wilpert, Hamburg 1959 (1445/46).

De Deo absc. — Dialogus de deo abscondito, h IV, ed. P. Wilpert, Hamburg 1959 (um 1445).

De fil. — De filiatione Dei, h IV, ed. P. Wilpert, Hamburg 1959 (um 1445–1447).

De gen. — Dialogus de genesi, h IV, ed. P. Wilpert, Hamburg 1959 (um 1445–1447).

De ludo — Dialogus de ludo globi, h IX, ed. I. G. Senger, Hamburg 1998 (1462/63).

De mente — Idiota de mente, h V, ed. R. Steiger, Hamburg 2. Aufl. 1983 (1450).

De non aliud — Directio speculantis seu de non aliud, h XIII, ed. L. Bauer / P. Wilpert, Hamburg 1944 (1461/1462).

De pace — De pace fidei, cum epistula ad Ioannem de Segobia, h VII, ed. R. Klibansky / H. Bascour, Hamburg 1959.

De poss. — Trialogus de possest, h XI, 2, ed. R. Steiger, Hamburg 1972 (1460).

De princ. — De Principio, h X, 2b, ed. C. Bormann / A. D. Riemann, Hamburg 1988 (1459).

De quaer. De quaerendo Deum, h IV, ed. P. Wilpert, Hamburg 1959 (um 1445–1447).

De sap. Idiota de sapientia, h V, ed. R. Steiger, Hamburg 2. Aufl. 1983 (1450).

De theol. compl. De theologicis complementis, h X, 2a, ed. A. D. Riemann / C. Bormann, Hamburg 1994 (1453).

De ven. sap. De venatione sapientiae, h XII, ed. R. Klibansky / I. G. Senger, Hamburg 1982 (1462/1463).

De vis. De visione Dei, h VI, ed. A. D. Riemann, Hamburg 2000 (1453).

Do docta ign. De docta ignorantia, h I, ed. E. Hoffmann / R. Klibansky, Leipzig 1932 (1438–1440).

Häufig zitierte Primärtexte anderer Autoren

Die Zitation antiker und mittelalterlicher Primärtexte erfolgt, insoweit der genaue Textbestand nach jeweiligen Editionsentscheidungen für die Argumentation der Arbeit unerheblich und die Zugänglichkeit selbstverständlich ist und ggf. eindeutig aus den gebräuchlichen Repertorien hervorgeht, nach Abschnittszählungen der jeweiligen Konventionen und, wo aus Gründen einheitlicher Nachvollziehbarkeit geboten, unter Angabe der jeweils eingesehenen Edition, wobei die Abkürzungskonventionen gemäß Schwertner befolgt werden (Schwertner: Abkürzungsverzeichnis). Häufiger ausgewertete und nach Kurznotationen zitierte Texte werden dagegen nachstehend benannt.

Maimonides

Die Zitation der Werke Moshe ben Maimons ist jeweils am Ort nachgewiesen; sein philosophisch-theologisches Hauptwerk, Dalālat al-ḥāʾirīn, wird in der lateinischen Übertragung kurz zitiert als

Dux Rabi Mossei Aegyptii dux seu director dubitantium aut perplexorum, ed. Agostino Giustiniani, Paris 1520.

Thomas von Aquin

Für die Werke des heiligen Thomas wurde, soweit bereits erschienen, eingesehen: Editio Leonina: Sancti Thomae Aquinatis doctoris angelici Opera omnia iussu Leonis XIII. P.M. edita, cura et studio fratrum praedicatorum, Rom 1882ff. Die nachfolgenden Kurznotationen werden gebraucht:

De Trin. Super libros Boethii De Trinitate (ed. Leonina v. 50, 1992)

SCG Summa contra Gentiles (ed. Leonina v. 13-15, 1918-30)

STh Summa theologiae (ed. Leonina v. 4-12, 1888-1906)

I Sent. Scriptum super libros Sententiarum magistri Petri Lombardi episcopi Parisiensis, t. 1 / 2, ed. P. Mandonnet, Paris 1929.

III Sent., IV Sent. Scriptum super libros Sententiarum magistri Petri Lombardi episcopi Parisiensis, t. 3-4, ed. M. F. Moos, Paris 1956 / 1947.

De pot. Quaestiones disputatae de potentia, zitiert nach der Ausgabe und Übersetzung: Thomas von Aquin/Grotz: Über Gottes Vermögen, De potentia Dei.

Eckhart von Hochheim

Werke Eckharts werden zitiert nach der kritischen Gesamtausgabe der deutschen Werke (Sigle DW) und lateinischen Werke (Sigle LW):

DW Meister Eckhart: Die deutschen und lateinischen Werke, hrsg. im Auftrage der Deutschen Forschungsgemeinschaft, Kohlhammer, Stuttgart 1958ff.

Band 1: Predigten [1-24], ed. J. Quint, 1958.

Band 2: Predigten [25-29], ed. J. Quint, 1971.

Band 3: Predigten [60-86], ed. J. Quint, 1976.

Band 4/1: Predigten [87-105], ed. G. Steer, 2003.

Band 4/2: Predigten [106ff], ed. G. Steer, 2003ff.

Band 5: Meister Eckharts Traktate [Daz buoch der götlîchen troestunge, Von dem edeln menschen, Die rede der underscheidunge, Von abegescheidenheit], ed. J. Quint, 1963.

Die Predigten werden hieraus kurz zitiert als „Pr.“, das „Buoch der götlîchen troestunge“ als „BgT“.

Die lateinischen Werke (LW) werden mit den nachfolgend genannten Kurznotationen zitiert aus:

Band 1, Hauptteil 1: Magistri Echardi prologi, expositio libri Genesis, liber parabolarum Genesis, ed. K. Weiß, 1964.

Band 1, Hauptteil 2: Magistri Echardi prologi in opus tripartitum et expositio libri Genesis secundum recensionem Cod. Oxoniensis Bodleiani Laud misc. 222 (L). Liber parabolarum Genesis, editio altera, ed. L. Sturlese, 1987ff.

Prol. gen. Prologus generalis in Opus tripartitum (nach den Handschriften C und T aus LW I/1, 148-165)

Prol. op. prop. Prologus in Opus propositionum (nach den Handschriften C und T aus LW I/1, 166-182)

In Gen. I Expositio Libri Genesis (nach den Handschriften C und T aus LW I/1, 185-444)

In Gen. II Liber parabolorum Genesis (LW I/1, 445-702)

Band 2: Magistri Echardi expositio libri Exodi, sermones et lectiones super Ecclesiastici cap. 24, expositio libri Sapientiae, expositio Cantici Canticorum cap. 1,6, ed. H. Fischer / J. Koch / K. Weiß, 1992.

In Ex. Expositio Libri Exodi (LW II, 1-227)

Band 3: Magistri Echardi expositio sancti evangelii secundum Iohannem, ed. K. Christ et al., 1994.

In Ioh. Expositio sancti Evangelii secundum Iohannem (LW III, 1-712)

Band 4: Magistri Echardi sermones, ed. E. Benz et al., 1956.

Band 5: Magistri Echardi opera Parisiensia. Tractatus super oratione dominica. Responsio ad articulos sibi impositos de scriptis et dictis suis. Acta Echardiana, ed. B. Geyer, L. Sturlese et al., 2006.

Weitere Literatur

Aertsen, Jan A.: Medieval philosophy and the transcendentals. Leiden 1996.

Alcinous/Dillon, John M.: The handbook of Platonism. Oxford 1993.

André, João Maria: Nikolaus von Kues und die Kraft des Wortes. Trier 2006.

Andres, Friedrich: Die Stufen der Contemplatio in Bonaventuras Itinerarium mentis in Deum und im Benjamin maior des Richard von St. Viktor. In: Franziskanische Studien 8 (1921), 189-200.

Arfé, Pasquale: The Annotations of Nicolaus Cusanus and Giovanni Andrea Bussi on the 'Asklepius'. In: Journal of the Warburg and Courtauld Institutes 62 (1999), 29-59.

Aris, Marc Aeilko: „Praegnans affirmatio" – Gotteserkenntnis als Ästhetik des Nichtsichtbaren bei Nikolaus von Kues. In: Theologische Quartalschrift 181 (2001), 97-111.

Armstrong, Arthur Hilary: The Architecture of the Intelligible Universe in the Philosophy of Plotinus. Cambridge 1940.

Auer, Alfons: Autonome Moral und christlicher Glaube. Düsseldorf [2]1989.

Avicenna/Marmura, Michael E.: The metaphysics of The healing. A parallel English-Arabic text. Provo, Utah 2005.

Avicenna/Riet, Simone van: Avicenna Latinus. Leiden 1977-80.

Bäck, Allan: On reduplication: Logical theories of qualification. Leiden u.a. 1996.

Bader, Günter: Die Emergenz des Namens: Amnesie, Aphasie, Theologie. Tübingen 2006.

Id.: Psalterspiel: Skizze einer Theologie des Psalters. Tübingen 2009.

Balthasar, Hans Urs von: Das Scholienwerk des Johannes von Scythopolis. In: Scholastik 15 (1940), 16-38.

Id.: Theologik II. Einsiedeln 1985.

Id.: Theologie der Geschichte: Ein Grundriss. Kerygma und Gegenwart. Einsiedeln – Freiburg i. Br. [6]2004.

Bauke-Ruegg, Jan: Die Allmacht Gottes: Systematisch-theologische Erwägungen zwischen Metaphysik, Postmoderne und Poesie. Berlin 1998.

Bebis, George S.: The Ecclesiastical Hierarchy of Dionysius the Areopagite: A Liturgical Interpretation. In: Greek Orthodox Theological Review 19 (1974), 159-175.

Beierwaltes, Werner: Cusanus und Proklos. Zum neuplatonischen Ursprung des Non-Aliud. In: Nicolo' Cusano agli inizi del mondo moderno (Akten des Cusanus-Kongresses in Brixen 1964). Florenz 1970, 137-140.

Id.: Denken des Einen. Studien zum Neuplatonismus und dessen Wirkungsgeschichte. Frankfurt/M. 1985.

Id.: Platonismus im Christentum. Frankfurt/M. 1998.

Bender, Melanie: The dawn of the invisible: the reception of the platonic doctrine on beauty in the Christian middle ages. Pseudo-Dionysius the Areopagite, Albert the Great, Thomas Aquinas, Nicholas of Cusa. Münster 2010.

Benor, Ehud: Meaning and Reference in Maimonides' Negative Theology. In: The Harvard theological review 88 (1995), 339-360.

Benz, Hubert: Cusanus' Sprach- und Signifikationstheorie in Idiota De mente. In: Perspektiven der Philososophie. Neues Jahrbuch 27 (2001), 103-128.

Id.: Nikolaus von Kues: Wegbereiter neuzeitlicher Denkweise oder kritischer Interpret traditioneller philosophisch-theologischer Konzeptionen? In: Jan A. Aertsen/Martin Pickavé (Hgg.): „Herbst des Mittelalters"? Berlin 2004, 371-392.

Bergmann, Rolf/Schützeichel, Rudolf/Tiefenbach, Heinrich, et al.: Althochdeutsch. Bd. 2: Wörter und Namen. Forschungsgeschichte. Heidelberg 1987.

Bidese, Ermenegildo: Die Strukturen des freien und kreativen Handelns: Interpretationen und Perspektiven aus der linguistischen Forschung Noam A. Chomskys und der ethischen Reflexion Thomas von Aquins. Würzburg 2002.

Bitter, Georg: Über ‚manuductio-Stufen' zur ‚Summa evangelii' – Eine kleine Laudatio in Form eines Vergleichs. Für Wolfgang Lentzen-Deis. In: Litterae Cusanae 8 (2008), 2-5.

Blondel, Maurice/Verweyen, Hansjürgen: Zur Methode der Religionsphilosophie. Einsiedeln 1974.

Blumenberg, Hans: Die Legitimität der Neuzeit. Frankfurt/Main ²1999.

Blumrich, Rüdiger: Die deutschen Predigten Marquards von Lindau: Ein franziskanischer Beitrag zur Theologia mystica In: Maarten J. F. M. Hoenen/Alain de Libera (Hgg.): Albertus Magnus und der Albertismus. Leiden 1995, 155-172.

Bocken, Inigo: Sein und Zahl. Die Bedeutung der Arithmetik in der frühen Philosophie des Nikolaus Cusanus. In: Inigo Bocken/Wilhelm Dupré/Paul van der Velde (Hgg.): The Persistent Challenge. Religion, Truth, and Scholarship. Essays in honor of Klaus Klostermaier. Maastricht 2004, 205-224.

Id.: Die Zahl als Grundlage der Bedeutung bei Nikolaus von Kues. In: Mitteilungen und Forschungsbeiträge der Cusanus-Gesellschaft 29 (2005), 201-220.

Id.: Die Kreativität des Grundes ohne Grund. Das Nichtandere des Nicolaus Cusanus und der Versuch einer pragmatischen Metaphysik in der Renaissance. In: Julian Nida-Rümelin/Elif Özman (Hgg.): Welt der Gründe. Hamburg 2012, 751-762.

Id.: Performative vision: Jan van Eyck, Nicholas of Cusa, and the devotio moderna. In: Gerhard Jaritz (Hg.): Ritual, Images, and Daily Life: The Medieval Perspective. Münster u.a. 2012, 95-106.

Boland, Vivian: Ideas in God according to Saint Thomas Aquinas. Leiden 1996.

Bonner, Anthony: The art and logic of Ramon Llull. Leiden 2007.

Borchert, Ernst: Der Einfluss des Nominalismus auf die Christologie der Spätscholastik nach dem Trakat De communicatione idiomatum des Nicolaus Oresme; Untersuchungen und Textausgabe. Münster i. W. 1940.

Bormann, Karl: Die Koordinierung der Erkenntnisstufen (descensus und ascensus) bei Nikolaus von Kues. In: Mitteilungen und Forschungsbeiträge der Cusanus-Gesellschaft 11 (1975), 62-79.

Bormann, Karl/Riemann, Adelaida Dorothea: Nicolai Cusani De theologicis complementis. Nonnulla in prooemio editionis criticae notanda. In: Gregorio Piaia (Hg.): Concordia

Discors: Studi su Niccolò Cusano e l'umanesimo europeo offerti a Giovanni Santinello. Padova 1993, 217-236.

Borsche, Tilman: Was etwas ist. Fragen nach der Wahrheit der Bedeutung bei Platon, Augustin, Nikolaus von Kues und Nietzsche. München 1992.

Brachtendorf, Johannes: Die Struktur des menschlichen Geistes. Selbstreflexion und Erkenntnis Gottes in „De Trinitate". Hamburg 2000.

Brandt, Ria van den: Die Eckhart-Predigten der Sammlung ‚Paradisus anime intelligentis' näher betrachtet. In: Maarten J. F. M. Hoenen/Alain de Libera (Hgg.): Albertus Magnus und der Albertismus. Leiden 1995, 173-187.

Bredow, Gerda von: Das Vermächtnis des Nikolaus von Kues. Heidelberg 1955.

Id.: Der Gedanke der Singularitas in der Altersphilosophie des Nikolaus von Kues. In: Mitteilungen und Forschungsbeiträge der Cusanus-Gesellschaft 4 (1964), 375-383.

Id.: Gott der Nichtandere. Erwägungen zur Interpretation der cusanischen Philosophie. In: Philosophisches Jahrbuch 73 (1965), 15-22.

Id.: Der Sinn der Formel „meliori modo quo". In: Mitteilungen und Forschungsbeiträge der Cusanus-Gesellschaft 6 (1967), 21-26.

Id.: Complicatio/explicatio. In: Historisches Wörterbuch der Philosophie 1 (1971), 1026-1028.

Id.: Platonismus im Mittelalter. Eine Einführung. Freiburg i. Br. 1972.

Id.: Participatio Singularitatis. Einzigartigkeit als Grundmuster der Weltgestaltung. In: Archiv für Geschichte der Philosophie 71 (1989), 216-230.

Brown, Stephen F.: Reflections on the Structural Sources of Bonaventure's *Itinerarium mentis in Deum*. In: Ghita Holmström-Hintikka (Hg.): Medieval philosophy and modern times. Dordrecht – Boston 2000, 1-16.

Brunner, Fernand: Deus forma essendi. In: Maurice de Gandillac/Edouard Jeauneau (Hgg.): Entretiens sur la Renaissance du 12e siècle. Paris 1968, 85-116.

Brüntrup, Alfons: Können und Sein. Der Zusammenhang der Spätschriften des Nikolaus von Kues. München – Salzburg 1973.

Buijs, Joseph A.: Comments on Maimonides' Negative Theology. In: New Scholasticism 49 (1975), 87-93.

Id.: The Negative Theology of Maimonides and Aquinas. In: Review of Metaphysics 41 (1988), 723-738.

Bultmann, Rudolf: Anknüpfung und Widerspruch. In: Theologische Zeitschrift 2 (1946), 401-418.

Bunte, Wolfgang: Rabbinische Traditionen bei Nikolaus von Lyra. Ein Beitrag zur Schriftauslegung des Spätmittelalters. Frankfurt am Main – Berlin u.a. 1994.

Butzenberger, Klaus: Einige Aspekte zur catuskoti unter besonderer Berücksichtigung Nagarjunas. In: Synthesis Philosophica 10/2 (1990), 567-580.

Caminiti, Francis N.: Nikolaus von Kues und Bonaventura. In: Mitteilungen und Forschungsbeiträge der Cusanus-Gesellschaft 4 (1964), 129-144.

Caputo, John D.: Mysticism and transgression. Derrida and Meister Eckhart. In: Derrida and Deconstruction. New York – London 1989, 24-39.

Carabine, Deirdre: The Unknown God. Negative Theology in the Platonic Tradition. From Plato to Eriugena. Leuven 1995.

Casarella, Peter J.: Language and ‚theologia sermocinalis' in Nicholas of Cusa's ‚Idiota de sapientia' (1450). In: Clyde L. Miller (Hg.): Old and New in the Fifteenth Century. Binghamton – New York 1991, 131-142.

Cassirer, Ernst: Individuum und Kosmos in der Philosophie der Renaissance. Darmstadt 1963.

Chevalier, Jacques: Histoire de la pensée. Paris 1966.

Colomer, Eusebio: Nikolaus von Kues und Raimundus Llull. Berlin 1961.

Conant, James: Introduction. In: Hilary Putnam (Hg.): Realism with a human face. Cambridge/Mass. 1990, xv-lxxiv.

Counet, Jean-Michel: Mathématique et dialectique chez Nicolas de Cues. Paris 2000.

Cranefield, Paul F.: On the origin of the phrase ‚Nihil est in intellectu quod non prius fuerit in sensu'. In: Journal of the History of Medicine and Allied Sciences 25 (1970), 77-80.

D'Amico, Claudia: La recepción del pensamiento de Proclo en la obra de Nicolás de Cusa. In: Anales del Seminario de Historia de la Filosofía 26 (2009), 107-134.

Dahm, Albert: Die Soteriologie des Nikolaus von Kues. Ihre Entwicklung von seinen frühen Predigten bis zum Jahr 1445. Münster 1997.

Dangelmayr, Siegfried: Gotteserkenntnis und Gottesbegriff in den philosophischen Schriften des Nikolaus von Kues. Meisenheim am Glan 1969.

de Lubac, Henri: Exégèse médiévale. Bd. II/1. Paris 1961.

de Mottoni, Barbara Faes: Mensura im Werk De mensura angelorum des Aegidius Romanus. In: Albert Zimmermann (Hg.): Mensura. Berlin – New York 1983, 86-102.

Degenhardt, Ingeborg: Studien zum Wandel des Eckhartbildes. Leiden 1967.

Derrida, Jacques: Die Stimme und das Phänomen. Ein Essay über das Problem des Zeichens in der Philosophie Husserls. Frankfurt/M. 1979.

Id.: Wie nicht sprechen. Wien 1989.

Dillon, John M.: The Middle Platonists. London 1977.

Dobie, Robert J.: Logos and revelation: Ibn 'Arabi, Meister Eckhart, and mystical hermeneutics. Washington, DC 2010.

Dodds, Michael J.: The unchanging god of love. A study of the teaching of St. Thomas Aquinas on divine immutability in view of certain contemporary criticism of this doctrine. Fribourg, Suisse 1986.

Dondaine, Hyacinthe-F.: Le Corpus Dionysien de l'université de Paris au XIIIe siècle. Rom 1953.

Dronke, Peter: Eine Theorie über fabula und imago im 12. Jh. In: Hans Fromm/Wolfgang Harms/Uwe Ruberg (Hgg.): Verbum et Signum. FS F. Ohly, Bd. 2. München 1975, 161-176.

Duclow, Donald F.: The Dynamics of Analogy in Nicholas of Cusa. In: International philosophical quarterly 21 (1981), 294-301.

Id.: Life and Works. In: Christopher M. Bellitto/Thomas M. Izbicki/Gerald Christianson (Hgg.): Introducing Nicholas of Cusa. A guide to a renaissance man. New York u.a. 2004, 25-58.

Durantel, Jean: Saint Thomas et le Pseudo-Denis. Paris 1919.

Ebach, Jürgen: Gottes Name(n) oder: Wie die Bibel von Gott spricht. In: Bibel und Kirche 65/2 (2010), 62-67.

Eckert, Michael: Das Heilige und das Schöne. Relecture von U. Ecos Einführung in die Ästhetik des Mittelalters. In: Ciencia de las Religiones. Homenaje al Prof. Dr. Norbert Schiffers. Cochabamba 1992, 47-98.

Id.: Fackel oder Schleppe? Wider die Zerrissenheit der ehrwürdigen Tradition von Philosophie und Theologie. In: Theologische Quartalschrift 2 (1998), 167-169.

Eco, Umberto: Die Suche nach der vollkommenen Sprache. München 1994.

Elpert, Jan Bernd: Loqui est revelare – verbum ostensio mentis. Die sprachphilosophischen Jagdzüge des Nikolaus von Kues. Frankfurt/M. 2002.

Emery, Kent: Denys the Carthusian on the Cognition of Divine Attributes and the Principal Name of God: A propos the Unity of a Philosophical Experience. In: Martin Pickavé (Hg.): Die Logik des Transzendentalen. Festschrift für Jan A. Aertsen zum 65. Geburtstag. Berlin – New York 2003, 454-483.

Englebretsen, George: The Logic of Negative Theology. In: The New Scholasticism 47 (1973), 228-232.

Faber, Eva Maria: Universale concretum. Zur Auslegung eines christologischen Motivs. In: Zeitschrift für katholische Theologie 122 (2000), 299-316.

Faßnacht, Martin: Kyriotop. Personale Formation von Religion bei Paulus. Münster (Diss.) 2005.

Feil, Ernst: Religio. Die Geschichte eines neuzeitlichen Grundbegriffs vom Frühchristentum bis zur Reformation. 4 Bände. Göttingen 1986.

Feingold, Lawrence: The Natural Desire to See God according to St Thomas Aquinas and His Interpreters. Rom 2001.

Feldman, Seymour: A Scholastic Misinterpretation of Maimonides' Doctrine of Divine Attributes. In: Journal of Jewish Studies 19 (1968), 23-29.

Festugière, André-Jean: Le Dieu inconnu et la gnose. La révélation d'Hermès Trismégiste. 4 Bände. Paris 1950-1954.

Fidora, Alexander/Niederberger, Andreas: Von Bagdad nach Toledo: Das „Buch der Ursachen" und seine Rezeption im Mittelalter; lateinisch-deutscher Text, Kommentar und Wirkungsgeschichte des Liber de causis. Mainz 2001.

Fischer, Christine: Deus incomprehensibilis et ineffabilis. Zur Gotteslehre des Nicolaus Cusanus. Jena (Diss.) 1999.

Flasch, Kurt: Ars imitatur naturam. In: Kurt Flasch (Hg.): Parusia. Studien zur Philosophie Platons und zur Problemgeschichte des Platonismus. Frankfurt/M. 1965, 265-306.

Id.: Die Metaphysik des Einen bei Nikolaus von Kues. Problemgeschichtliche Stellung und systematische Bedeutung. Leiden 1973.

Id.: Von Dietrich zu Albert. In: Freiburger Zeitschrift für Philosophie und Theologie 32 (1985), 7-26.

Id.: Nikolaus von Kues: Geschichte einer Entwicklung. Vorlesungen zur Einführung in seine Philosophie. Frankfurt/M. 1998.

Id.: Nicolaus Cusanus. München 2001.

Forster, Karl: Idiomenkommunikation. In: Lexikon für Theologie und Kirche, 2. Aufl. 5 (1960), 607-609.

Frost, Stefanie: Die Meister Eckhart-Rezeption des Nikolaus von Kues. In: Harald Schwaetzer/Klaus Reinhardt (Hgg.): Nicolaus Cusanus. Perspektiven seiner Geistphilosophie. Regensburg 2003, 149-162.

Fuchs, Peter/Luhmann, Niklas: Reden und Schweigen. Frankfurt/M. 1989.

Gadamer, Hans Georg: Rezension zu Hans Blumenberg: ‚Die Legitimität der Neuzeit'. In: Philosophische Rundschau 15 (1968), 201-209.

Gandillac, Maurice de: Nikolaus von Cues. Düsseldorf 1953.

Id.: Explicatio – complicatio chez Nicolas de Cues. In: Gregorio Piaia (Hg.): Concordia Discors. Studi su Niccolò Cusano e L'umanesimo europeo offerti a Giovanni Santinello (Festschrift für G. Santinello). Padova 1993, 77-106.

Gärtner, Kurt: Die Vaterunserpredigt des Nikolaus von Kues. In: Klaus Reinhardt/Harald Schwaetzer (Hgg.): Nikolaus von Kues als Prediger. Regensburg 2004, 45-59.

Id.: Die deutsche Vaterunser-Erklärung des Nikolaus von Kues – mit den Augen Eckharts gelesen. In: Harald Schwaetzer/Georg Steer (Hgg.): Meister Eckhart und Nikolaus von Kues. Stuttgart 2011, 121-132.

Geis, Lioba: Das „Siegel der Ewigkeit" als Universalsymbol. Diagrammatik bei Heymericus de Campo (1395-1460). In: Dominik Gross/Stefanie Westermann (Hgg.): Vom Bild zur Erkenntnis? Visualisierungskonzepte in den Wissenschaften. Kassel 2007, 131-147.

Gerrits, Gerry H.: Inter timorem et spem: A study of the theological thought of Gerard Zerbolt of Zutphen (1367 – 1398). Leiden 1986.

Gerson, Lloyd P.: Aristotle and other Platonists. Ithaca, NY u.a. 2006.

Glock, Hans-Johann: Does Ontology Exist? In: Philosophy 77 (2002), 231-256.

Golitzin, Alexander: The Mysticism of Dionysius Areopagite: Platonist or Christian? In: Mystics Quarterly 19 (1993), 98-114.

Id.: Et introibo ad altare Dei. The mystagogy of Dionysius Areopagita, with special reference to its predecessors in the eastern christian tradition. Thessaloniki 1994.

Id.: ‚Suddenly, Christ': the Place of Negative Theology in the Mystagogy of Dionysius Areopagites. In: Michael Kessler/Christian Sheppard (Hgg.): Mystics: Presence and Aporia. Chicago 2003, 8-37.

Grabmann, Martin: Die Geschichte der scholastischen Methode. Freiburg i.Br. 1911.

Grillmeier, Alois: Fulgentius von Ruspe, De Fide ad Petrum, und die Summa Sententiarum. Eine Studie zum Werden der frühscholastischen Systematik. In: Scholastik 34 (1959), 526-565.

Grotz, Stephan: Negationen des Absoluten: Meister Eckhart, Cusanus, Hegel. Hamburg 2009.

Grünbeck, Elisabeth: Christologische Schriftargumentation und Bildersprache. Zum Konflikt zwischen Metapherninterpretation und dogmatischen Schriftbeweistraditionen in der patristischen Auslegung des 44. (45.) Psalms. Leiden New York Köln 1994.

Guillén, Domingo García: Verbum Abbreviatum. In: Facies Domini 4 (2012), 31-72.

Gustafson, Gustaf Joseph: The theory of natural appetency in the philosophy of St. Thomas. Washington DC 1944.

Hackett, Jeremiah: The Reception of Meister Eckhart: Mysticism, Philosophy and Theology in Henry of Friemar (the Elder) and Jordanus of Quedlinburg. In: Andreas Speer/Lydia Wegener (Hgg.): Meister Eckhart in Erfurt. Berlin 2010, 554-586.

Hadot, Pierre: Philosophie als Lebensform. Berlin 1991.

Hägg, Henny Fiskå: Clement of Alexandria and the beginnings of Christian apophaticism. Oxford – New York 2006.

Halbmayr, Alois: Zur Renaissance der negativen Theologie. In: Salzburger Theologische Zeitschrift 7 (2003), 69-71.

Hallauer, Hermann Josef/Meuthen, Erich: Nikolaus von Kues. Bischof von Brixen 1450 – 1464. Gesammelte Aufsätze. Bozen 2002.

Häring, Nikolaus M.: Commentaries on Boethius by Thierry of Chartres and his school. Toronto 1971.

Hart, Kevin: The trespass of the sign: Deconstruction, theology, and philosophy. New York [2]2000.

Hasse, Dag Nikolaus: Avicenna's „Giver of Forms" in Latin Philosophy, especially in the Works of Albertus Magnus. In: Dag Nikolaus Hasse/Amos Bertolacci (Hgg.): The Arabic, Hebrew and Latin Reception of Avicenna's Metaphysics. Berlin-Boston 2012, 225-250.

Hasselhoff, Görge K.: The Reception of Maimonides in the Latin West: An Introductory Survey. In: Jewish Studies Quarterly 9 (2002), 1-20.

Id.: Dicit Rabbi Moyses. Studien zum Bild von Moses Maimonides im lateinischen Westen vom 13. bis 15. Jahrhundert. Würzburg 2004.

Haubst, Rudolf: Schöpfer und Schöpfung. Zur spekulativ-mystischen Gotteserkentnnis bei Nikolaus von Kues. In: Wissenschaft und Weisheit. Zeitschrift für augustinisch-franziskanische Theologie und Philosophie in der Gegenwart 13 (1950), 167-172.

Id.: Das Bild des Einen und Dreieinen Gottes in der Welt nach Nikolaus von Kues. Trier 1952.

Id.: Die Thomas- und Proklos-Exzerpte des ‚Nicolaus Treverensis' in Codicillus Straßburg 84. In: Mitteilungen und Forschungsbeiträge der Cusanus-Gesellschaft 1 (1961), 17-51.

Id.: Ein Predigtzyklus des jungen Cusanus über tätiges und beschauliches Leben. In: Mitteilungen und Forschungsbeiträge der Cusanus-Gesellschaft 7 (1969), 15-46.

Id.: Nikolaus von Kues als Verteidiger und Interpret Meister Eckharts. In: Udo Kern (Hg.): Freiheit und Gelassenheit. Meister Eckhart heute. Mainz – München 1980, 75-96.

Id.: Die erkenntnistheoretische und mystische Bedeutung der Mauer der Koinzidenz. In: Mitteilungen und Forschungsbeiträge der Cusanus-Gesellschaft 18 (1989), 167-191.

Id.: Streifzüge in die Cusanische Theologie. München 1991.

Haug, Walter: Die Mauer des Paradieses. In: Walter Haug (Hg.): Brechungen auf dem Weg zur Individualität. Kleine Schriften zur Literatur des Mittelalters. Tübingen 1997, 606-616.

Id.: Positivierung von Negativität. Letzte kleine Schriften. Tübingen 2008.

Heidegger, Martin: Wegmarken. Frankfurt/M. 1967.

Heinzmann, Richard: Die Summa „Colligite fragmenta" des Magister Hubertus (Clm 28779). Ein Beitrag zur theologischen Systembildung in der Scholastik. München 1974.

Hennigfeld, Jochem: Verbum, Signum. La définition du langage chez S. Augustin et Nicolas de Cusa. In: Archives de philosophie 54 (1991), 255-268.

Id.: Geschichte der Sprachphilosophie. New York 1993.

Henrich, Dieter: Fluchtlinien. Philosophische Essays. Frankfurt/M. 1982.

Id.: Konzepte. Essays zur Philosophie in der Zeit. Frankfurt/M. 1987.

Heymericus de Campo/Imbach, Ruedi/Ladner, Pascal: Opera selecta, Bd. 1. Freiburg, Schweiz 2001.

Hirschberger, Johannes: Das Prinzip der Inkommensurabilität bei Nikolaus von Kues. In: Mitteilungen und Forschungsbeiträge der Cusanus-Gesellschaft 11 (1975), 39-61.

Hochstaffl, Josef: Negative Theologie. Ein Versuch zur Vermittlung des patristischen Begriffs. München 1976.

Hoff, Johannes: Spiritualität und Sprachverlust: Theologie nach Foucault und Derrida. Paderborn u.a. 1999.

Id.: Kontingenz, Berührung, Überschreitung. Zur philosophischen Propädeutik christlicher Mystik nach Nikolaus von Kues. Freiburg i. Br. 2007.

Hoffmann, Tobias: Einleitung. In: Tobias Hoffmann (Hg.): Johannes Duns Scotus: Die Univozität des Seienden. Texte zur Metaphysik. Göttingen 2001, ix-xlv.

Honnefelder, Ludger: Ens inquantum ens. Der Begriff des Seienden als solchen als Gegenstand der Metaphysik nach der Lehre des Johannes Duns Scotus. Münster [2]1989.

Id.: Johannes Duns Scotus – Der Philosoph. In: Herbert Schneider (Hg.): Einzigkeit und Liebe nach Johannes Duns Scotus. Beiträge auf der Tagung der Johannes-Duns-Skotus-Akademie vom 5.-8. November 2008 in Köln zum 700. Todestag von Johannes Duns Scotus. Mönchengladbach 2009, 195-206.

Hoping, Helmut/Tück, Jan-Heiner: Thesen zur inhaltlichen Bestimmtheit des Glaubens und zur Aufgabe der Dogmatik. In: Salzburger Theologische Zeitschrift 7 (2003), 26-32.

Hopkins, Jasper: Nicholas of Cusa's debate with John Wenck. A translation and an appraisal of De ignota litteratura and Apologia doctae ignorantiae. Minneapolis 1981.

Id.: Nicholas of Cusa's Dialectical Mysticism. Minneapolis 1985.

Id.: Nicholas of Cusa's Intellectual Relationship to Anselm of Canterbury. In: Peter J. Casarella (Hg.): The legacy of learned ignorance. Washington, D.C 2006, 54-73.

Id.: „Non est quicquam expers pulchritudinis." Il tema della bellezza nei ‚Sermoni' di Nicola Cusano. In: Cesare Catà (Hg.): A caccia dell'infinito. L'umano e la ricerca del divino nell'opera di Nicola Cusano. Rom 2010, 63-74.

Horten, Max/Avicenna: Das Buch der Genesung der Seele. Die Metaphysik Avicennas enthaltend die Metaphysik, Theologie, Kosmologie und Ethik. Halle a. S. 1907.

Hoye, William J.: Gotteserkenntnis per essentiam im 13. Jahrhundert. In: Albert Zimmermann (Hg.): Die Auseinandersetzungen an der Pariser Universität im XIII. Jahrhundert. Berlin 1976, 269–284.

Hübener, Wolfgang: Die Nominalismuslegende. Über das Mißverhältnis zwischen Dichtung und Wahrheit in der Deutung der Wirkungsgeschichte des Ockhamismus. In: Norbert W. Bolz/Wolfgang Hübener (Hgg.): Spiegel und Gleichnis (FS Jacob Taubes). Würzburg 1983, 87-111.

Hübner, Wolfgang: Zodiacus Christianus: Jüdisch-christliche Adaptationen des Tierkreises von der Antike bis zur Gegenwart. Königstein im Taunus 1983.

Humbrecht, Thierry-Dominique: Théologie négative et noms divins chez Saint Thomas d'Aquin. Paris 2006.

Imbach, Ruedi: Selbsterkenntnis und Dialog. Aspekte des philosophischen Denkens im 12. Jahrhundert. In: Wolfgang Haubrichs/Gisela Vollmann-Profe (Hgg.): Aspekte des 12. Jahrhunderts: Freisinger Kolloquium 1998. Berlin 2000, 11-28.

Iohannes Scotus Eriugena/Sheldon-Williams, Inglis Patrick/Bieler, Ludwig: De divisione naturae (Periphyseon). Dublin 1968.

Izmirlieva, Valentina: All the names of the Lord: Lists, mysticism, and magic. Chicago 2008.

Jacobi, Klaus: Die Methode der Cusanischen Philosophie. München 1969.

Id.: Nikolaus von Kues. Einführung in sein philosophisches Denken. Freiburg i. Br. – München 1979.

Jäger, Sigrun: Meister Eckhart – ein Wort im Wort: Versuch einer theologischen Deutung von vier deutschen Predigten. Berlin 2008.

Jakobson, Roman: Grundlagen der Sprache. Berlin 1960.

Johannes de Garlandia/Wilson, Evelyn F.: The Stella maris of John of Garland. Edition, together with a study of certain collections of Mary legends made in northern France in the Twelfth and Thirteenth Centuries. Cambridge, Mass. 1946.

Jüngel, Eberhard: Gott als Geheimnis der Welt. Tübingen 1977.

Kandler, Karl-Hermann: Theologia mystica – theologia facialis – theologia sermocinalis bei Nikolaus von Kues. In: Burkhard Mojsisch/Olaf Pluta (Hgg.): Historia philosophiae medii aevi: Studien zur Geschichte der Philosophie des Mittelalters. Amsterdam – Philadelphia 1991, 467-476.

Kant, Immanuel: Logik. Ein Handbuch zu Vorlesungen. Königsberg 1800.

Id.: Der Streit der Fakultäten. In: Königlich Preußische Akademie der Wissenschaften (Hg.): Kant's gesammelte Schriften („Akademieausgabe“), Bd. VII. Berlin 1968, 1-115.

Id.: Kritik der reinen Vernunft, Werke, hg. W. Weischedel, Bd. III-IV. Frankfurt/M. 1978.

Kenny, Anthony John Patrick: A new history of Western philosophy, Bd. 2: Medieval philosophy. Oxford 2005.

Id.: Worshipping an unknown god. In: Ratio 19/4 (2006), 441-453.

Kim, Hyoung-Soo: Gotteserkenntnis und Selbsterkenntnis bei Nicolaus Cusanus: Erkenntnismöglichkeit des Geistes durch Gottesnamen. Sankt Ottilien 2010.

Kirschner, Martin: Gott – größer als gedacht. Die Transformation der Vernunft aus der Begegnung mit Gott bei Anselm von Canterbury. Freiburg i. Br. 2013.

Klein, Wolf Peter: Am Anfang war das Wort: Theorie- und wissenschaftsgeschichtliche Elemente frühneuzeitlichen Sprachbewußtseins. Berlin 1992.

Klibansky, Raymond: Ein Proklos-Fund und seine Bedeutung. Heidelberg 1929.

Id.: Zur Geschichte der Überlieferung der Docta Ignorantia des Nikolaus von Kues. In: Paul Wilpert/Hans Gerhard Senger (Hgg.): Cusanus: De docta ignorantia. Die belehrte Unwissenheit Buch III. Hamburg ^{2}1999, 209-240.

Klibansky, Raymond/Hoffmann, Ernst: Vorwort. In: Ernst Hoffmann/Raymond Klibansky (Hgg.): Cusanus-Texte 1, 1: Predigten 1, „Dies Sanctificatus“ vom Jahre 1439. Heidelberg 1929, 3-6.

Kluxen, Wolfgang: Literargeschichtliches zum lateinischen Moses Maimonides. In: Recherches de Théologie Ancienne et Médiévale 21 (1954), 23-50.

Id.: Philosophische Ethik bei Thomas von Aquin. Mainz 1964.

Koch, Anton Friedrich: Versuch über Wahrheit und Zeit. Paderborn 2006.

Koch, Josef: Die ars coniecturalis des Nikolaus von Kues. Köln – Opladen 1956.

Koch, Josef/Nikolaus von Kues: Vier Predigten im Geiste Eckharts. Heidelberg 1937.

Köpf, Ulrich: Die Anfänge der theologischen Wissenschaftstheorie im 13. Jahrhundert. Tübingen 1974.

Körtner, Ulrich H. J.: Der handelnde Gott. Zum Verständnis der absoluten Metapher vom Handeln Gottes bei Karl Barth. In: Neue Zeitschrift für Systematische Theologie und Religionsphilosophie 31 (1989), 18-40.

Id.: Der verborgene Gott. Neukirchen-Vluyn 2000.

Krämer, Hans Joachim: Der Ursprung der Geistmetaphysik. Untersuchungen zur Geschichte des Platonismus zwischen Platon und Plotin. Amsterdam 1964.

Kremer, Klaus: Die neuplatonische Seinsphilosophie und ihre Wirkung auf Thomas von Aquin. Leiden 1966.

Id.: Erkennen bei Nikolaus von Kues. Apriorismus – Assimilation – Abstraktion. In: Mitteilungen und Forschungsbeiträge der Cusanus-Gesellschaft 13 (1978), 23-57.

Id.: Das kognitive und affektive Apriori bei der Erfassung des Sittlichen. In: Mitteilungen und Forschungsbeiträge der Cusanus-Gesellschaft 26 (2000), 101-144.

Id.: Größe und Grenzen der menschlichen Vernunft (intellectus) nach Cusanus. In: Kazuhiko Yamaki (Hg.): Nicholas of Cusa. A Medieval Thinker for the Modern Age. Richmond 2002, 5-35.

Id.: Praegustatio naturalis sapientiae: Gott suchen mit Nikolaus von Kues. Münster 2004.

Id.: Plotins negative Theologie. „Wir sagen, was es nicht ist. Was es aber ist, das sagen wir nicht.". In: Werner Schüßler (Hg.): Wie lässt sich über Gott sprechen? Von der negativen Theologie Plotins bis zum religiösen Sprachspiel Wittgensteins. Darmstadt 2008, 9-27.

Kreuzer, Johann: Der Geist als imago Dei – Augustinus und Cusanus. In: Klaus Reinhardt/Harald Schwaetzer (Hgg.): Nikolaus von Kues in der Geschichte des Platonismus. Regensburg 2007, 65-86.

Kunzler, Michael: Die Herrlichkeit Gottes hinter der Paradiesesmauer. Ein Vergleich über die Aussagen zur beseligenden Gottesschau bei Nikolaus von Kues und bei den Griechen auf den Verhandlungen des Konzils von Ferrara-Florenz. In: Theologie und Glaube 86 (1996), 552-563.

Kurz, Gerhard: Metapher, Allegorie, Symbol. Göttingen 1993.

Lampe, Geoffrey W.: A patristic Greek lexicon. Oxford 1961.

Lang, Albert: Die Bedeutung Alberts des Großen für die Aufrollung der fundamentaltheologischen Frage. In: Heinrich Ostlender (Hg.): Studia Albertina. FS B. Geyer. Münster 1952, 343-373.

Id.: Die Entfaltung des apologetischen Problems in der Scholastik des Mittelalters. Freiburg i. Br. 1962.

Lee, Sangsup: Wirklichsein und Gedachtsein: Die Theorie vom Sein des Gedachten bei Thomas von Aquin unter besonderer Berücksichtigung seiner Verbum-Lehre. Würzburg 2006.

Leget, Carlo: Living with God. Thomas Aquinas on the relation between life on earth and „life" after death. Leuven 1997.

Leinkauf, Thomas: Die Bestimmung des Einzelseienden durch die Begriffe ‚contractio', ‚singularitas' und ‚aequalitas' bei Nicolaus Cusanus. In: Archiv für Begriffsgeschichte 37 (1994), 180-211.

Lemay, Richard: Abu Maʿshar and Latin aristotelianism in the twelfth century. The recovery of Aristotle's natural philosophy through Arabic astrology. Beirut 1962.

Lentzen-Deis, Wolfgang: Cusanische Prinzipien der Glaubensvermittlung. In: Trierer Theologische Zeitschrift 96 (1987), 98-110.

Id.: Den Glauben Christi teilen: Theologie und Verkündigung bei Nikolaus von Kues. Stuttgart 1991.

Libera, Alain de: Albert le Grand et la philosophie. Paris 1990.

Lietzmann, Hans: Kleine Schriften. Berlin 1958.

Lloyd, Anthony C.: The Later Neoplatonists. In: Arthur Hilary Armstrong (Hg.): The Cambridge History of Later Greek and Early Medieval Philosophy. Cambridge 1967, 272-325.

Lohr, Charles: Ars, Scientia und „Chaos" nach Ramon Lull und Nikolaus von Kues. In: Klaus Reinhardt/Harald Schwaetzer (Hgg.): Nikolaus von Kues – Vordenker moderner Naturwissenschaft? Regensburg 2003, 55-70.

Id.: Chaos nach Ramon Lull und Nikolaus von Kues. In: Ermenegildo Bidese (Hg.): Ramon Llull und Nikolaus von Kues: eine Begegnung im Zeichen der Toleranz. Akten des Internationalen Kongresses zu Ramon Llull und Nikolaus von Kues (Brixen und Bozen, 25. – 27. November 2004). Turnhout 2005, 125-138.

Lonergan, Bernard J. F./Doran, Robert M./Shields, Michael G.: Collected works of Bernard Lonergan, v. 12: The Triune God: systematics. Toronto 2007.

Löser, Freimut: Predigen in dominikanischen Konventen. „Kölner Klosterpredigten" und „Paradisus anime intelligentis". In: Burkhard Hasebrink/Hans-Jochen Schiewer/Nigel F. Palmer (Hgg.): Paradisus anime intelligentis: Studien zu einer dominikanischen Predigtsammlung aus dem Umkreis Meister Eckharts. Tübingen 2009, 227-264.

Löser, Werner: „Universale concretum" als Grundgesetz der oeconomia revelationis. In: Walter Kern/Hermann J. Pottmeyer/Max Seckler (Hgg.): Handbuch der Fundamentaltheologie, Bd. 2: Traktat Offenbarung. Freiburg i. Br. [2]2000, 83-93.

Lubac, Henri de: Über die Wege Gottes. Freiburg i. Br. 1958.

Maimonides, Moses/Weiss, Adolf: Führer der Unschlüssigen. Hamburg [2]1995.

Manns, Frédéric: L'origine du thème *Verbum abbreviatum*. In: Antonianum 56/1 (1981), 208-210.

Manstetten, Rainer: Abgeschiedenheit. Von der negativen Theologie zur negativen Anthropologie: Nikolaus von Kues und Meister Eckhart. In: Theologische Quartalsschrift 181 (2001), 112-133.

Markschies, Christoph: Der Mensch Jesus Christus im Angesicht Gottes. Zwei Modelle des Verständnisses von Jesaja 52,13-53,12 in der patristischen Literatur und deren Entwicklung. In: Bernd Janowski/Peter Stuhlmacher (Hgg.): Der leidende Gottesknecht. Tübingen 1996, 187-236.

McInerny, Ralph M.: Aquinas and Analogy: Where Caietanus went wrong. In: Philosophical topics 20 (1992), 103-124.

McLelland, Joseph C.: God the anonymous. A study in Alexandrian philosophical theology. Cambridge, Mass. 1976.

McTighe, Thomas P.: The Meaning of the Couple ‚Complicatio-Explicatio' in the Philosophy of Nicholas of Cusa. In: Proceedings of the American Catholic Philosophical Association 32 (1958), 206-214.

Meurer, Karl: Die Gotteslehre des Nicolaus von Kues in ihren philosophischen Konsequenzen. Bonn (Diss.) 1971.

Meuthen, Erich: Nikolaus von Kues 1401-2001. In: Mitteilungen und Forschungsbeiträge der Cusanus-Gesellschaft 28 (2002), 3-26.

Miernowski, Jan: Le dieu néant. Théologies négatives à l'aube des temps modernes. Leiden – New York – Köln 1998.

Mieth, Dietmar: Moral und Erfahrung, Band 2. Freiburg/Schweiz 1998.

Id.: Meister Eckhart. Mystik und Lebenskunst. Düsseldorf 2003.

Miller, Clyde L.: Reading Cusanus. Washington D.C. 2003.

Minazzoli, Agnès: L'héritage du „Corpus Hermétique" dans la philosophie de Nicolas de Cues. In: La Ciudad de Dios 205 (1992), 101-122.

Moffit Watts, Pauline: Nicolaus Cusanus. Leiden 1982.

Mojsisch, Burkhard: Meister Eckhart. Analogie, Univozitat und Einheit. Hamburg 1983.

Möller, Joseph: Die Rede von Gott in der Philosophie der Gegenwart. In: Klaus Kremer (Hg.): Um Möglichkeit oder Unmöglichkeit natürlicher Gotteserkenntnis heute. Leiden 1985, 92-108.

Montes Peral, Luis Ángel: Akateleptos Theos. Der unfaßbare Gott. Leiden u.a. 1987.

Moos, Peter von: Was galt im lateinischen Mittelalter als das Literarische an der Literatur? In: Joachim Heinzle (Hg.): Literarische Interessenbildung. Symposion Maurach. Stuttgart 1993, 431-451.

Moritz, Arne: Speculatio. Wissenschaft unterhalb der docta ignorantia. In: Harald Schwaetzer (Hg.): Nicolaus Cusanus: Perspektiven seiner Geistphilosophie. Regensburg 2003, 201-212.

Mortley, Raoul: What is negative theology? The Western origins. In: David W. Dockrill/Raoul Mortley (Hgg.): The via negativa: Papers on the history and significance of negative theology from the Via Negativa Conference held at St. Paul's College, University of Sydney. Delacroix 1981, 5-12.

Müller, Gerhard Ludwig: Idiomenkommunikation. In: Lexikon für Theologie und Kirche, 3. Aufl. 5 (1996), 404-406.

Nagel, Fritz: Nicolaus Cusanus und die Entstehung der exakten Wissenschaften. Münster 1984.

Neis, Cordula: Ursprache. In: Gerda Haßler/Cordula Neis (Hgg.): Lexikon sprachtheoretischer Grundbegriffe des 17. und 18. Jahrhunderts, Band 2. Berlin – New York 2009, 485-513.

Niesner, Manuela: „Wer mit juden well disputiren". Deutschsprachige Adversus-Judaeos-Literatur des 14. Jahrhunderts. Tübingen 2005.

Nikolaus von Kues/Bormann, Karl: Compendium. Hamburg 1964.

Id.: Über den Beryll. Hamburg 1987.

Id.: Tu quis es (De principio). Über den Ursprung. Hamburg 2001.

Nikolaus von Kues/Dupré, Dietlind/Dupré, Wilhelm, et al.: Philosophisch-theologische Schriften. Herausgegeben und eingeführt von Leo Gabriel, übersetzt und kommentiert von Dietlind und Wilhelm Dupré, 3 Bände. Wien 1964.

Nikolaus von Kues/Euler, Walter Andreas/Schwaetzer, Harald, et al.: Predigten in deutscher Übersetzung. Band 3: Sermones CXXII-CCIII. Münster 2007.

Nikolaus von Kues/Hopkins, Jasper: Nicholas of Cusa's early sermons, 1430-1441. Loveland, Colo. 2003.

Id.: Nicholas of Cusa's didactic sermons. A selection. Loveland, Colo. 2008.

Nikolaus von Kues/Koch, Josef/Happ, Winfried: Mutmaßungen. Hamburg 1988.

Nikolaus von Kues/Koch, Josef/Teske, Hans: Die Auslegung des Vaterunsers in vier Predigten. Heidelberg 1940.

Nikolaus von Kues/Sikora, Josef/Bohnenstädt, Elisabeth: Predigten: 1430-1441. Heidelberg 1952.

Nikolaus von Kues/Steiger, Renate: Der Laie über die Weisheit. Hamburg 1988.

Id.: Dreiergespräch über das Können-Ist. Hamburg 1991.

Id.: Der Laie über den Geist. Hamburg 1995.

Nikolaus von Kues/Wilpert, Paul/Senger, Hans Gerhard: De docta ignorantia. Hamburg 1994.

Norris, Clarke: The Problem of the Reality and Multiplicity of Divine Ideas in Christian Neoplatonism. In: Dominic J. O. O'Meara (Hg.): Neoplatonism and Christian Thought. Albany 1982, 109-207.

O'Leary, Joseph Stephen: Questioning back the overcoming of metaphysics in Christian tradition. Minneapolis [u.a.] 1985.

Offermann, Ulrich: Christus – Wahrheit des Denkens. Eine Untersuchung zur Schrift De docta ignorantia. Münster 1991.

Oliver, Simon: Motion according to Aquinas and Newton. In: Modern Theology 17 (2001), 163-199.

Id.: Philosophy, God, and motion. London 2005.

Osborn, Eric F.: Negative theology and apologetic. In: David W. Dockrill/Raoul Mortley (Hgg.): The via negativa: Papers on the history and significance of negative theology from the Via Negativa Conference held at St. Paul's College, University of Sydney. Delacroix 1981, 59-64.

Palmer, Darryl W.: Atheism, Apologetic, and Negative Theology in the Greek Apologists of the Second Century. In: Vigiliae Christianae 37/3 (1983), 234-259.

Pannenberg, Wolfhart: Die Aufnahme des philosophischen Gottesbegriffs als dogmatisches Problem der frühchristlichen Theologie. In: Zeitschrift für Kirchengeschichte 70 (1959), 1-45.

Id.: Systematische Theologie. 3 Bände. Göttingen 1988.

Id.: Analogie und Offenbarung. Eine kritische Untersuchung zur Geschichte des Analogiebegriffs in der Lehre von der Gotteserkenntnis. Göttingen 2007.

Pascal, Blaise/Brunschvicg, Léon: Pensées. Paris 1994.

Pascal, Blaise/Lafuma, Louis: Pensées. Paris 1973.

Pattin, Adriaan: Le Liber de causis. Edition établie à l'aide de 90 manuscrits avec introduction et notes. In: Tijdschrift voor Filosofie 28 (1966), 90-203.

Perl, Eric Justin David: Symbol, Sacrament and Hierarchy in Dionysius the Areopagite. In: The Greek Orthodox Theological Review 39 (1994), 311-356.

Id.: Theophany. The neoplatonic philosophy of Dionysius the Areopagite. Albany 2007.

Peters, Jürgen: Grenze und Überstieg in der Philosophie des Nicolaus von Cues. In: Symposion 4 (1955), 91-215.

Philipp, David: Lichtblick des Friedens. Grundlinien einer sapientialen Theologie der Religionen im Anschluss an Nikolaus von Kues. Berlin 2006.

Philipp der Kanzler/Wicki, Nikolaus: Philippi Cancellarii Summa de bono. Bern 1985.

Pinckaers, Servais: La nature vertueuse de l'espérance. In: Revue thomiste: revue doctrinale de théologie et de philosophie 58 (1958), 405-442.

Pluta, Olaf: Die Philosophie im 14. und 15. Jahrhundert. Amsterdam 1988.

Proclus/Dodds, Eric Robertson: The elements of theology. A revised text with translation, introduction and commentary. Oxford ²1964.

Proclus/Morrow, Glenn R./Dillon, John M.: Proclus' commentary on Plato's Parmenides. Princeton, NJ u.a. 1992.

Proclus, Diadochus/Cousin, Victor: Procli Commentarium in Platonis Parmenidem. Hildesheim ²1980.

Pseudo-Dionysius Areopagita/Ritter, Adolf Martin: Über die Mystische Theologie und Briefe. Stuttgart 1994.

Puech, Henri-Charles: La ténèbre mystique chez le Ps. Denys l'Aréopagite et dans la tradition patristique. In: Etudes carmélitaines mystiques et missionnaires; Pères Carmes 23 (1938), 33-53.

Purcell, William M.: Transumptio. A Rhetorical Doctrine of the Thirteenth Century. In: Rhetorica 4 (1987), 369-410.

Putnam, Hilary: Realism with a human face. Cambridge/Mass. 1990.

Id.: On negative theology. In: Faith and philosophy 14 (1997), 407-422.

Id.: Was Wittgenstein *really* an Anti-realist about Mathematics? In: Timothy McCarthy/Sean C. Stidd (Hgg.): Wittgenstein in America. Oxford 2001, 140-194.

Id.: Thoughts Addressed to an Analytical Thomist. In: Craig Paterson/Matthew S. Pugh (Hgg.): Analytical Thomism: Traditions in dialogue. Aldershot – Burlington, Vt. 2006, 25-36.

Putnam, Hilary/Conant, James: On Wittgenstein's Philosophy of Mathematics. In: Proceedings of the Aristotelian Society, Supplementary Volume 70 (2006), 243-264.

Quinn, John Francis: The scientia sermocinalis of St. Bonaventura and his use of language regarding the mystery of the Trinity. In: Wolfgang Kluxen (Hg.): Sprache und Erkenntnis im Mittelalter. Akten des VI. Internationalen Kongresses für mittelalterliche Philosophie der Société Internationale pour l'Etude de la Philosophie Médiévale, 29. August – 3. September 1977 in Bonn. Berlin 1981, 413-423.

Ratzinger, Joseph: Einführung in das Christentum. München 1968.

Reinhardt, Klaus: „Wo sollen wir Brot kaufen..." (Joh 6,5). Gedanken aus einer Predigt des Nikolaus von Kues über die Predigt als lebendige Verkündigung des Wortes Gottes. In: Trierer theologische Zeitschrift 102 (1993), 101-109.

Id.: Der Begriff des Intellektes in Sermo CLXXXVII „Spiritus autem Paraclitus" (Jo 14,26). In: Harald Schwaetzer/Marie-Anne Vannier (Hgg.): Zum Intellektverständnis von Meister Eckhart und Nikolaus von Kues. Münster 2012, 169-176.

Riedenauer, Markus: Pluralität und Rationalität. Die Herausforderung der Vernunft durch religiöse und kulturelle Vielfalt nach Nikolaus Cusanus. Stuttgart 2007.

Ritschl, Albrecht: Theologie und Metaphysik. Zur Verständigung und Abwehr. Bonn ²1887.

Rocca, Gregory P.: Speaking the incomprehensible God. Thomas Aquinas on the interplay of positive and negative theology. Washington, D.C. 2004.

Roesner, Martina: Verwandelnder Blick. Meister Eckharts spekulative Deutung der eucharistischen Realpräsenz. In: Theologie und Philosophie 89 (2014), 86-112.

Rombach, Heinrich: Substanz, System, Struktur. Die Ontologie des Funktionalismus und der philosophische Hintergrund der modernen Wissenschaft. 2 Bände. Freiburg – München 1965.

Roth, Ulli: Suchende Vernunft. Der Glaubensbegriff des Nicolaus Cusanus. Münster 2000.

Rubio, Mercedes: Aquinas and Maimonides on the possibility of the knowledge of God: An examination of The Quaestio de attributis. Dordrecht 2006.

Ruello, Francis: Les ‚noms divins' et leurs ‚raisons' selon Saint Albert le Grand, commentateur du ‚de divinis nominibus'. Paris 1963.

Ruh, Kurt: Geschichte der abendländischen Mystik. Bd. 1: Die Grundlegung durch die Kirchenväter und die Mönchstheologie des 12. Jahrhunderts. München 1990.

Runia, David Theunis: Clement of Alexandria and the Philonic doctrine of the divine power(s). In: Vigiliae christianae 58 (2004), 256-276.

Rusconi, Cecilia: Cusanus und Thierry von Chartres. Die Einteilung der spekulativen Wissenschaften und der Begriff der forma essendi in „De Possest" und im Kommentar „Librum hunc". In: Harald Schwaetzer/Kirsten Zeyer (Hgg.): Das europäische Erbe im Denken des Nikolaus von Kues. Münster 2008, 285-302.

Ryle, Gilbert: Der Begriff des Geistes. Stuttgart 1969.

Sabathé, Martin: La trinité rédemptrice dans le Commentaire de l'évangile de Saint Jean par Thomas d'Aquin. Paris 2011.

Santinello, Giovanni: Il pensiero di Nicolò Cusano nella sua prospettiva estetica. Padova 1958.

Id.: Tota pulchra es, amica mea (Sermo de Pulchritudine). Edizione critica e introduzione a cura di Giovanni Santinello. Padua 1958.

Id.: Mittelalterliche Quellen der ästhetischen Weltanschauung des Nikolaus von Kues. Berlin 1963.

Schärtl, Thomas: Gottesrede als universale concretum. In: Peter Walter (Hg.): Gottesrede in postsäkularer Kultur. Freiburg 2007, 165-200.

Schleiermacher, Friedrich Daniel Ernst/Frank, Manfred: Dialektik. Frankfurt/M. 2001.

Schmidt-Biggemann, Wilhelm: Philosophia perennis. Historische Umrisse abendländischer Spiritualität in Antike, Mittelalter und Früher Neuzeit. Frankfurt/M. 1998.

Id.: Philosophia perennis: Historical outlines of Western spirituality in ancient, medieval and early modern thought. Dordrecht, The Netherlands 2004.

Schnarr, Hermann: Modi essendi. Interpretationen zu den Schriften De docta ignorantia, De coniecturis und De venatione sapientiae von Nikolaus von Kues. Münster 1973.

Schneider, Gerhard: Die Apostelgeschichte. Freiburg 1982.

Schneider, Jakob Hans Josef: Scientia sermocinalis/realis. In: Archiv für Begriffsgeschichte 35 (1992), 54-92.

Schönberger, Rolf: Negationes non summe amamus. Duns Scotus' Auseinandersetzung mit der negativen Theologie. In: Ludger Honnefelder/Rega Wood/Mechthild Dreyer (Hgg.): John Duns Scotus. Metaphysics and Ethics. Leiden 1996, 475-496.

Schrimpf, Gangolf: Die Axiomenschrift des Boethius (De hebdomadibus) als philosophisches Lehrbuch des Mittelalters. Leiden 1966.

Schumacher, Lydia: Divine illumination. The history and future of Augustine's theory of knowledge. Malden, Mass. u.a. 2011.

Schumacher, Thomas: Trinität: Zur Interpretation eines Strukturelements Cusanischen Denkens. München 1997.

Schüßler, Werner: Leibniz' Auffassung des menschlichen Verstandes (intellectus). Eine Untersuchung zum Standpunktwechsel zwischen „système commun" und „système nouveau" und dem Versuch ihrer Vermittlung. Berlin u.a. 1992.

Schwaetzer, Harald: Aequalitas. Erkenntnistheoretische und soziale Implikationen eines christologischen Begriffs bei Nikolaus von Kues. Eine Studie zu seiner Schrift De aequalitate. Hildesheim 2000.

Id.: Einheit und Vielheit als Problem des Partizipationsgedankens bei Nikolaus von Kues. In: Johannes Brachtendorf/Stephan Herzberg (Hgg.): Einheit und Vielheit als metaphysisches Problem. Tübingen 2011, 137-156.

Schwarz, Willi: Das Problem der Seinsvermittlung bei Nikolaus von Cues. Leiden 1970.

Schwertner, Siegfried M.: Internationales Abkürzungsverzeichnis für Theologie und Grenzgebiete. Berlin – New York 1992.

Seckler, Max: Apologetik, I. Begriff, III. Geschichtlich, IV. Systematisch. In: Lexikon für Theologie und Kirche (3. Auflage) 1 (1993), 834-842.

Id.: Fundamentaltheologie: Aufgaben, Aufbau, Begriff und Namen. In: Walter Kern/Hermann J. Pottmeyer/Max Seckler (Hgg.): Handbuch der Fundamentaltheologie Bd. 4: Traktat Theologische Erkenntnislehre. Freiburg i. Br. 2000, 331-402.

Id.: Theologie als Glaubenswissenschaft. In: Max Seckler/Walter Kern/H. J. Pottmeyer (Hgg.): Handbuch der Fundamentaltheologie Bd. 4: Traktat Theologische Erkenntnislehre. Freiburg i. Br. 2000, 131-184.

Id.: Intrinsezistische Fundamentaltheologie. Der Paradigmenwechsel vom „Hörer des Wortes" zum „Begriff des Christentums" im Werk Karl Rahners. In: Theologische Quartalschrift 185 (2005), 237-254.

Seidl, Horst: Bemerkungen zu Erkenntnis als Maßverhältnis bei Aristoteles und Thomas von Aquin. In: Albert Zimmermann (Hg.): Mensura. Berlin – New York 1983, 32-42.

Senger, Hans Gerhard: Die Philosophie des Nikolaus von Kues vor dem Jahre 1440. Untersuchungen zur Entwicklung einer Philosophie in der Frühzeit des Nikolaus (1430 – 1440). Münster 1971.

Id.: Die Sprache der Metaphysik. In: Klaus Jacobi (Hg.): Nikolaus von Kues. Einführung in sein philosophisches Denken. München 1979, 74-100.

Id.: Aristotelismus vs. Platonismus. Zur Konkurrenz von zwei Archetypen der Philosophie im Spätmittelalter. In: Albert Zimmermann (Hg.): Aristotelisches Erbe im arabisch-lateinischen Mittelalter. Übersetzungen, Kommentare, Interpretationen. Für den Druck besorgt von Gudrun Vuillemin-Diem. Berlin – New York 1986, 53-80.

Id.: Einleitung. In: Paul Wilpert/Hans Gerhard Senger (Hgg.): Cusanus: De docta ignorantia. Die belehrte Unwissenheit Buch III. Hamburg [2]1999, viii-xvi.

Shatz, David: The biblical and rabbinic background to medieval Jewish philosophy. In: Daniel H. Frank/Oliver Leaman (Hgg.): The Cambridge companion to medieval Jewish philosophy. Cambridge 2003, 16-37.

Simon de Tornai/Warichez, Joseph: Les Disputationes de Simon de Tournai: Texte inédit. Louvain 1932.

Slenczka, Notker: Gottesbeweis und Gotteserfahrung. In: Edmund Runggaldier/Benedikt Schick (Hgg.): Letztbegründungen und Gott. Berlin – New York 2011, 6-30.

Söhngen, Gottlieb: Philosophische Einübung in die Theologie. München 1964.

Id.: Die Weisheit der Theologie durch den Weg der Wissenschaft. In: Mysterium Salutis 1 (1965), 905-980.

Speer, Andreas: Thomas von Aquin und die Kunst. Eine hermeneutische Anfrage zur mittelalterlichen Ästhetik. In: Archiv für Kulturgeschichte 72 (1990), 323-343.

Id.: Kunst und Schönheit. Kritische Überlegungen zur mittelalterlichen Ästhetik. In: Ingrid Craemer-Rugenberg/Andreas Speer (Hgg.): Scientia und ars im Hoch- und Spätmittelalter. Berlin – New York 1994, 945-966.

Id.: Vom Globusspiel – kritische Studie zur Edition. In: Recherches de théologie et philosophie médiévales 66 (1999), 155-161.

Spruit, Leen: Renaissance Views of Active Perception. In: Simo Knuuttila/Pekka A. Kärkkäinen (Hgg.): Theories of Perception in Medieval and Early Modern Philosophy. Berlin 2008, 203-224.

Stadler, Michael: Rekonstruktion einer Philosophie der Ungegenständlichkeit. Zur Struktur des cusanischen Denkens. München 1983.

Stead, Christopher: Doctrine and philosophy in early Christianity: Arius, Athanasius, Augustine. Aldershot 2000.

Steiger, Renate: Die Lebendigkeit des erkennenden Geistes bei Nikolaus von Kues In: Mitteilungen und Forschungsbeiträge der Cusanus-Gesellschaft 13 (1978), 167-181.

Stock, Konrad: Einleitung in die Systematische Theologie. Berlin u.a. 2011.

Stoellger, Philipp: Metapher und Lebenswelt. Hans Blumenbergs Metaphorologie als Lebenswelthermeneutik und ihr religionsphänomenologischer Horizont. Tübingen 2000.

Stohr, Albert: Die Hauptrichtungen der spekulativen Trinitätslehre in der Theologie des 13. Jahrhunderts. In: Theologische Quartalschrift 106 (1925), 113-135.

Stolina, Ralf: Niemand hat Gott je gesehen: Traktat über negative Theologie. Berlin – New York 2000.

Strauch, Philipp: Paradisus anime intelligentis aus der Oxforder Handschrift Cod. Laud. Misc. 479 nach E. Sievers' Abschrift. Berlin 1919.

Striet, Magnus: Offenbares Geheimnis. Zur Kritik der negativen Theologie. Regensburg 2003.

Id.: Grenzen des Nicht-Sprechens. Annäherungen an die negative Gottesrede. In: Alois Halbmayr/Gregor Maria Hoff (Hgg.): Negative Theologie heute? Zum aktuellen Stellenwert einer umstrittenen Tradition. Freiburg u.a. 2008, 20-33.

Ströbele, Christian: Die Einfachheit Gottes und der Seele. Apophatische Theologie und Psychologie bei Margarete Porete, Eckhart von Hochheim und Nikolaus von Kues. In: Elena Filippi/Harald Schwaetzer (Hgg.): Spiegel der Seele. Reflexionen in Mystik und Malerei. Münster 2012, 103-128.

Id.: Christliche und Islamische Mystik. Parallelen, Probleme, Perspektiven. In: HerderKorrespondenz 68 (2014), 93-98.

Id.: »Möglichkeit« und »Wirklichkeit« bei Eckhart von Hochheim und Nikolaus von Kues. In: Christine Büchner/Andrés Quéro-Sanchez (Hgg.): Verschieden im Einssein. Eine interdisziplinäre Untersuchung zu Meister Eckharts Verständnis von Wirklichkeit. Stuttgart (angekündigt) 2014.

Id.: „Der Du die Freiheit selbst bist ..." Möglichkeiten und Grenzen des Freiheitsbegriffs als Attribut Gottes. In: Milad Karimi/Amir Dziri (Hgg.): Freiheit im Angesicht Gottes. Interdisziplinäre Positionen zum Freiheitsdiskurs in Religion und Gesellschaft. Münster 2015, 105-138.

Id. (Hg.): Singularität und Universalität im Denken des Cusanus. Regensburg 2015.

Sturm, Hans Peter: Tetralogos – Ein erster Versuch. Die vier Positionen der Aussage und die vier Glieder des Geistes in der Mandukya-Upanishad und der ars coniecturalis des Nicolaus Cusanus. In: Notker Schneider/Ram Adhar Mall/Dieter Lohmar (Hgg.): Einheit und Vielfalt. Das Verstehen der Kulturen. Amsterdam u.a. 1998, 85-98.

Suntrup, Rudolf: Der Gebrauch der Quellen in der Argumentation von ‚De libris teutonicalibus'. In: Nikolaus Staubach (Hg.): Kirchenreform von unten. Gerhard Zerbolt von Zutphen und die Brüder vom gemeinsamen Leben. Frankfurt am Main – Berlin – Bern – Bruxelles – New York – Oxford – Wien 2004, 264-276.

Tatarkiewicz, Wladyslaw: Geschichte der Ästhetik. Basel 1980.

Teske, Roland J.: Augustine of Hippo on Seeing with the Eyes of the Mind. In: Craig J. N. De Paulo/Patrick Messina/Marc Stier (Hgg.): Ambiguity in the Western Mind. New York 2005, 72-87.

Id.: Studies in the philosophy of William of Auvergne, Bishop of Paris (1228-1249). Milwaukee, Wis 2006.

Thacker, Eugene: After life. Chicago u.a. 2010.

Theill-Wunder, Hella: Die archaische Verborgenheit. Die philosophischen Wurzeln der negativen Theologie. München 1970.

Theruvathu, Prasad Joseph Nellivilathekkathil: Ineffabilis in the Thought of Nicolas of Cusa. Münster 2010.

Thoma, Clemens: Gott III. Judentum. In: Theologische Realenzyklopädie 13 (1984), 626-645.

Thomas von Aquin/Grotz, Stephan: Über Gottes Vermögen, De potentia Dei. Hamburg 2009.

Valente, Luisa: Logique et théologie. Les écoles parisiennes entre 1150 et 1220 [zuerst Diss. Paris 1999]. Paris 2008.

Valentin, Joachim: Atheismus in der Spur Gottes. Theologie nach Derrida. Mit einem Vorwort von Hansjürgen Verweyen. Mainz 1997.

Vansteenberghe, Edmond: Autour de la „Docte Ignorance“. Münster 1915.

Id.: Le Cardinal Nicolas de Cues. Paris 1920.

Velthoven, Theo van: Gottesschau und menschliche Kreativität. Studien zur Erkenntnislehre des Nikolaus von Kues. Leiden 1977.

Verweyen, Hansjürgen: Einleitung. In: Hansjürgen Verweyen (Hg.): Maurice Blondel: Zur Methode der Religionsphilosophie. Einsiedeln 1974, 13-100.

Id.: Nach Gott fragen. Anselms Gottesbegriff als Anleitung. Essen 1978.

Vinzent, Markus/Eckhart von Hochheim: Meister Eckhart, On the Lord's prayer, De oratione Dominica. Introduction, text, translation, and commentary. Leuven u.a. 2012.

Volkmann-Schluck, Karl-Heinz: Nikolaus Cusanus. Die Philosophie im Übergang vom Mittelalter zur Neuzeit. Frankfurt/M. 1957.

Wackerzapp, Herbert: Der Einfluß Meister Eckharts auf die ersten philosophischen Schriften des Nikolaus von Kues (1440-1450) (hg. von Josef Koch). Münster 1962.

Walter, Jochen: Pagane Texte und Wertvorstellungen bei Lactanz. Göttingen 2006.

Weidemann, Hermann: Zum Begriff des ti ên einai und zum Verständnis von Met. Z4, 1029b22-1030a6. In: Christof Rapp (Hg.): Aristoteles, Metaphysik, Die Substanzbücher (Zeta, Eta, Theta). Berlin 1996, 75-104.

Weiner, Sebastian Florian: Eriugenas negative Ontologie. Amsterdam – Philadelphia 2007.

Welsch, Wolfgang: Immer nur der Mensch? Entwürfe zu einer anderen Anthropologie. Berlin 2011.

Westerkamp, Dirk: Via negativa: Sprache und Methode der negativen Theologie. München 2006.

Whittaker, John: Neopythagorean and negative theology. In: Symbolae Osloenses 44 (1969), 109-125.

Wilde, Mauritius: Das neue Bild vom Gottesbild. Bild und Theologie bei Meister Eckhart. Freiburg/Schweiz 2000.

Wilpert, Paul: Das Problem der coincidentia oppositorum in der Philosophie des Nicolaus von Cues. In: Josef Koch (Hg.): Humanismus, Mystik und Kunst in der Welt des Mittelalters. Leiden/Köln 1953, 39-55.

Winter, Stephan (Hg.): „Das sei euer vernünftiger Gottesdienst“ (Röm. 12,1). Liturgiewissenschaft und Philosophie im Dialog. Regensburg 2006.

Wippel, John F.: Metaphysical themes in Thomas Aquinas. Washington, D.C. 1984.

Wolfson, Harry Austryn: Philo: Foundations of religious philosophy in judaism, christianity, and islam. Cambridge, Mass. 1947.

Id.: Albinus and Plotinus on Divine Attributes. In: The Harvard Theological Review 45/2 (1952), 115-130.

Id.: Extradeical and Intradeical Interpretations of Platonic Ideas. In: Journal of the History of Ideas 22/1 (1961), 3-32.

Wolter, Johannes: Apparitio Dei. Der theophanische Charakter der Schöpfung nach Nikolaus von Kues. Münster 2004.

Yamaki, Kazuhiko: Die ‚manuductio' von der ‚ratio' zur Intuition in ‚De visione Dei'. In: Mitteilungen und Forschungsbeiträge der Cusanus-Gesellschaft 18 (1989), 276-295.

Yukio, Iwakuma: The Division of Philosophy and the Place of the Trivium from the 9th to the Mid-12th Centuries. In: Sten Ebbesen/Russell L. Friedman (Hgg.): Medieval Analyses in Language and Cognition: Acts of the Symposium „The Copenhagen School of Medieval Philosophy". Kopenhagen 1999, 165-190.